CAHIERS
COLONIAUX

DE 1889 *3443*

RÉUNIS ET PRÉSENTÉS

PAR

Henri MAGER

Armand COLIN & Cie, Éditeurs

5, RUE DE MÉZIÈRES, PARIS

CAHIERS COLONIAUX DE 1889

IL A ÉTÉ TIRÉ

Vingt exemplaires numérotés sur papier de Hollande

Prix : 8 fr.

Paris. — Imp. E. Capiomont et Cie, rue des Poitevins, 6.

CAHIERS
COLONIAUX
DE 1889

RÉUNIS ET PRÉSENTÉS

PAR

HENRI MAGER

PARIS

LIBRAIRIE CLASSIQUE ARMAND COLIN ET Cie
1, 3, 5, RUE DE MÉZIÈRES

—

1889

LES

CAHIERS COLONIAUX DE 1889

L'utilité des colonies et les avantages qu'elles peuvent donner à leur Métropole n'ont jamais été niés. — Seule la politique coloniale pratiquée par certains de nos ministres a été sévèrement condamnée. — Sans colonie, pas de commerce d'exportation. — Nos plus forts clients de l'Europe désertent notre marché. — Les débouchés de l'Amérique du Sud nous seront bientôt fermés. — Seul le marché colonial est resté ferme : nos exportations aux colonies augmentent même de valeur chaque année. — Si elles ne s'accroissent pas davantage, cela tient à ce que, la Métropole ne protégeant pas les produits coloniaux à leur entrée en France, les colonies ne protègent pas suffisamment les produits métropolitains. — Cela tient à ce que nous étouffons nos colonies sous un régime d'oppression. — Elles veulent la liberté économique et l'égalité politique. — Elles repoussent le régime des décrets et réclament le régime de la loi, qu'il s'agisse d'assimilation ou de décentralisation. — Accroître notre puissance coloniale en satisfaisant aux vœux des colons, c'est augmenter les forces de la patrie.

Ni un parti colonial, ni un parti anticolonial, n'existent en France.

Tous les économistes, tous les hommes politiques, à quelque groupe qu'ils appartiennent, qu'ils se rangent à la Droite ou même à l'Extrême-Gauche, tous, ont reconnu que les établissements coloniaux peuvent être de fructueuses opérations.

Il ne faut pas que l'on se méprenne sur le but de l'opposition bruyante qui, depuis six ans, s'attaque avec tant d'âpreté à la politique coloniale de tel ou tel ministre.

Ce n'est pas le principe qui est visé, c'est la méthode qui est condamnée, avec juste raison, bien souvent.

En juillet 1885, un député disait à la tribune de la Chambre : « Nous sommes en présence d'une Extrême-Gauche qui a mis sur son drapeau — plus de politique coloniale », lorsque, de tous les bancs, s'éleva ce cri réitéré : « C'est une erreur. »

« C'est une erreur », s'écriaient, entre autres, M. Peytral et M. Granet, qui se faisaient d'ailleurs élire trois mois après, dans les Bouches-du-Rhône, sur un programme qui ne condamnait que la politique d'aventure et les conquêtes « conduites par le hasard ».

Insistant sur cette distinction, M. Granet répondait le 29 juillet 1885 à un ancien ministre : « *Nous sommes contre votre méthode et non contre la politique coloniale.* »

M. Granet formulait, en ces mots, non pas une opinion personnelle, mais la pensée commune à un certain nombre de ses collègues.

Reprenez tous les écrits, tous les discours des hommes qui ont abordé les questions coloniales et vous constaterez qu'ils aboutissent tous à la même distinction entre le principe et la méthode, défendant l'un, critiquant l'autre.

Je n'en veux pour exemple que M. Yves Guyot et M. Clémenceau.

Dans ses *Lettres sur la politique coloniale*, M. Yves Guyot s'attaque à cette « opinion qui préconise les conquêtes, les expéditions lointaines, les bombardements intelligents, les protectorats imposés à coups de fusil ». Il fait un parallèle entre nos possessions et celles de l'Angleterre : il ne dissimule pas tous les avantages des colonies telles que le Canada, l'Australie, le Cap « qui ont un gouvernement responsable devant leurs habitants ». L'autonomie coloniale le séduit : il cite ce rapport de 1881 qui constate que, pendant les onze dernières années, les colonies anglaises n'ont coûté à la mère patrie, année moyenne, que 2 millions de livres sterling, tandis que le commerce annuel entre la Grande-Bretagne et elles avait été de 60 millions de livres à l'importation et de 50 millions de livres à l'exportation ; et M. Yves Guyot conclut : « Oui, le résultat est très beau : je ne le nie pas ! »

M. Clémenceau, lui aussi, avouait à la tribune de la Chambre des députés que « le placement colonial peut être bon ». « On nous a fait, disait-il, une citation de Stuart Mill qui dit que les peuples vieux et riches ont dans la fondation des colonies un excellent placement financier. » Le placement peut être bon ou mauvais : c'est comme si je disais : voulez-vous vous enrichir, faites du commerce ! En effet, le commerce est un moyen de s'enrichir, mais c'est aussi un moyen de se ruiner : cela dépend de la *manière* dont on le fait. »

M. Clémenceau, repoussant tout aphorisme absolu, s'élevait en 1885, comme M. Granet, contre un système, contre la méthode conquérante. Mais ce n'est plus l'heure, en 1889, de s'attarder à un débat désormais sans portée. M. Tirard constatait dans son Rapport du 14 mars 1889 que « les expéditions lointaines sont arrivées à leur terme » : l'ère en est close ; laissons donc maintenant discuter par les écoles ces questions spéculatives d'expansion armée, ou de conquêtes pacifiques. Plaçons-nous sur un terrain pratique, en face du problème tel qu'il est posé.

Nous possédons un domaine colonial — quelle qu'en soit l'origine — mettons-le en valeur : discutons sur le régime politique et économique qui convient le mieux à chacune de nos colonies prises en particulier, pour en favoriser l'essor, en assurer le rendement, en accroître la force et la richesse, pour faire de ces enfants des provinces, telles que le Canada et l'Australie.

**

Nous devons aborder et résoudre ce problème d'autant plus promptement que les colonies sont une nécessité économique.

On ne pourrait le nier.

Sans colonie, plus de commerce d'exportation.

a.

Il suffit de jeter les yeux sur les statistiques officielles pour s'en convaincre.

Nos exportations, en produits français, atteignaient :

En 1872...... ...... 3 milliards 761 millions.
En 1873............ 3   »   787   »
En 1875............ 3   »   872   »

Depuis 1875, chaque année ce chiffre est allé s'affaiblissant.

Il est descendu progressivement :

En 1882 à........... 3 milliards 574 millions.
En 1883 à........... 3   »   451   »
En 1886 à........... 3   »   248   »
En 1887 à........... 3   »   246   »
En 1888 à........... 3   »   210   »

Ainsi, en quatorze années notre commerce d'exportation est tombé de plus d'un demi-milliard, de 662 millions de francs.

Nous constatons là le plus effroyable péril qui menace notre patrie.

La chute de notre commerce extérieur n'est pas un accident fortuit et passager. Nous assistons, depuis 1875, à une crise chaque jour plus intense. Et si nous pénétrons les causes de cet effondrement, nous devons reconnaître que le mal ira sans cesse en s'accentuant et nous pouvons prévoir, qu'avant peu d'années, nos exportations auront faibli d'un milliard sur trois.

La preuve ? les motifs ? me dira-t-on ?

La démonstration du fait brutal est dans les chiffres des statistiques ; point n'est besoin de les commenter, il suffit de les lire.

Nous avons vendu :

	en 1875 pour	en 1882 pour	en 1886 pour	en 1887 pour
à l'Angleterre..	1.067 mill.	961 mill.	855 mill.	819 mill.
à l'Allemagne..	426 mill.	338 mill.	282 mill.	270 mlll.
à la Suède.....	375 mill.	249 mill.	192 mill.	216 mill.
à l'Italie.......	218 mill.	200 mill.	189 mill.	192 mill.
aux États-Unis	264 mill.	365 mill.	209 mill.	216 mill.
Au total....	2.290 mill.	2.113 mill.	1.7?7 mill.	1.714 mill.

Avec nos plus forts clients, nous perdons déjà de

1875 à 1887, 576 millions, dans les cinq dernières années 400 millions de francs.

Sur les marchés de l'Amérique du Sud, nous perdions de 1872 à 1875, 130 millions, notre vente s'abaissant de 354 millions à 224 millions : elle n'était même en 1885 que de 209 millions : *de 1872 à 1885, l'Amérique du Sud réduisait ses achats de 145 millions, presque de moitié.*

En 1872, le Brésil nous achetait p. 78 mill.,	en 1887, p. 59 mill.
» l'Uruguay » » 46 »	» » 19 »
» le Chili » » 44 »	» » 10 »
» le Pérou » » 44 »	» » 5 »
» le Guatémala » » 4 »	» » 1 »

Les motifs ?

Pourquoi nos ventes ont-elles faibli dans de telles proportions ; pourquoi faibliront-elles davantage encore ?

Elles diminuent au Brésil, parce que ce pays qui fait encore moitié de ses achats en peaux ouvrées et en cuirs, en confection, en beurre salé, pourra avant peu obtenir ces produits de son industrie nationale.

Elles ont diminué et diminueront à l'Uruguay, parce que cette république qui nous achète pour dix millions de vins, sur une importation totale de 19 millions, donne maintenant tous ses soins à la culture de la vigne qui sera bientôt, avec les céréales, une des bases de sa production agricole : ses plantations de vignes, déjà très nombreuses, autour de Montévidéo, se multiplient dans tout le sud, et les raisins sont de bonne qualité.

Elles ont diminé au Chili, où nous vendions en 1873 pour 7 millions de francs de lainages, en 1886, pour un million ; où nous vendions en 1873 pour 4 millions de sucre raffiné, en 1886 pour 1 million ; *elles diminueront*, et il nous sera impossible de remonter le courant ; nous vendions pour deux millions de vins, nous n'en vendrons plus, parce que nous avons développé au Chili la culture et l'industrie vinicoles : « Dans tous les vignobles, appartenant à des Chiliens —

m'écrit la Chambre de commerce française de Valparaiso — il y a des Français chargés de la culture de la vigne et du soin des vins. » Aussi la viticulture est-elle devenue une des principales sources de la richesse du Chili.

On vante souvent le débouché de la Plata ; on a dit que la République Argentine était notre plus belle colonie.

Grave erreur !

Notre chiffre d'exportation semble, il est vrai, ici n'avoir pas faibli ; nous viendions pour 101 millions de francs en 1872, pour 95 millions en 1873 et nous vendons encore pour 95 millions en 1885 ; pour 110 millions en 1886. Mais tandis que le chiffre de nos expéditions restait sensiblement au même niveau, celui de nos concurrents augmentait et la France qui avait fourni d'abord 24 pour 100, puis 19 pour 100 de la valeur totale des importations, n'apporte plus à Buenos-Ayres et à Rosario que pour 16 pour 100 de cette valeur ; pendant ce temps l'Angleterre montait de 31 à 38 pour 100.

Sur une vente moyenne de 100 millions, nous livrons à la République Argentine 30 millions de vins, 20 millions de lainages, 10 millions de peaux préparées ; nous avons vendu en 1883, 6 millions de sucre raffiné. Ces débouchés nous seront fermés avant peu.

Les vignes indigènes font déjà à nos vins une concurrence plus redoutable que les vins espagnols et italiens ; « il ne faut pas se dissimuler, écrit le vice-consul de France, à Rosario — dans un rapport sur la situation économique de 1887 — que la production des vins argentins sera un jour très considérable et que notre principale branche d'importation dans ce pays pourra être atteinte »; la République Argentine ne commence-t-elle pas déjà même à venir vendre ses vins sur le marché français !

Si les industries manufacturières, les tissages et les filatures de laine sont encore peu développées, sauf à

Buenos-Ayres, on peut prédire un essor prochain à toutes les industries qui ont pour objet la transformation des produits du pays, et l'on sait que la République Argentine nourrit 100 millions de moutons, qui rendent 200 millions de kilos de laine ; les peaux de vaches, de chevaux, de porcs, de daims, de brebis et d'agneaux, commencent à être travaillées dans le pays qui fabrique aujourd'hui toutes ses selles, ses gants, ses chaussures. La canne à sucre de Tucuman, de Santiago, de Salta, suffira bientôt aux besoins de la consommation sucrière.

N'oublions pas aussi que, parmi les marchandises que nous expédions à la République Argentine, une importante fraction est de fabrication étrangère ; ainsi, sur 25 millions de francs de bijouterie qui figuraient aux expéditions de 1885, 1 million 600 000 francs seulement étaient de fabrication française !

Croire, comme on le fait souvent, que nos produits s'imposent à l'étranger par *leur bonne qualité et leur goût* est une *pure illusion*. Ne soyons pas aveuglés par un amour-propre dangereux ; croyons plutôt qu'il y a chez tous les peuples des ouvriers aussi habiles que les nôtres, des articles aussi fins, et n'oublions pas que ces industries de luxe, que l'on représente souvent comme essentiellement françaises et dont nous tirons vanité — l'ébénisterie et l'orfèvrerie, entre autres — occupent à Paris, plus de 10000 ouvriers de toutes nationalités étrangères.

On nous emprunte quelquefois la mode, sans acheter nos produits.

Écoutez ce que dit le gérant du consulat de France, à Batavia, dans un rapport du 19 octobre 1888 : « pour les modes, les dames et les demoiselles viennent toujours visiter les magasins de nos Français ; c'est un passe-temps, un but de promenade le soir, un attrait pour leur curiosité, surtout après l'arrivée des différentes malles qui desservent Java. *Elles achètent fort peu de choses*, mais se rendent assez bien compte des modes nouvelles et confectionnent à la maison la plupart des vêtements nécessaires à leurs toilettes. »

On rejette parfois aussi et notre marchandise et notre mode. Le gérant du Consulat de France à Québec, dans son rapport sur le commerce du Canada, —'la Nouvelle France ! — ajoute: « Nos vins ne sont pas appréciés à leur juste valeur ; ils cèdent le pas aux produits plus alcoolisés de l'Espagne et du Portugal... nos eaux-de-vie ne peuvent pas supporter la concurrence des genièvres et des whiskeys, qui plaisent généralement davantage au goût des nombreux consommateurs de ce genre de spiritueux... nos produits industriels ne sont pas recherchés et ne répondent pas à des besoins populaires... »

Ce n'est donc ni dans les débouchés européens, ni dans les débouchés sud-américains, ni par le goût de l'ouvrier, ni par la qualité du produit, que nous pouvons espérer le relèvement de notre commerce qui serait le salut du pays.

*
* *

Notre état économique n'est pas désespéré cependant, grâce aux colonies.

Alors que tous nos clients s'éloignent de nous, préférant aux nôtres, les marchandises allemandes et anglaises, ou développent leur industrie nationale, *seul, le marché colonial reste ferme.*

L'ensemble de nos colonies nous achète pour 210 millions de francs de 1875 à 1884; l'Algérie entre dans ces chiffres pour 150 millions; les autres colonies pour 60.

En 1884, nos ventes aux colonies atteignaient 207 millions ; 1885, 231 millions ; en 1886, 245 millions.

Ces chiffres sont empruntés à la Direction des douanes (sortie de France). Suivant les renseignements plus précis fournis par les douanes coloniales (à l'entrée aux colonies) nos possessions, autres que l'Algérie, auraient dépassé de beaucoup en 1885,

60 ou 64 millions et auraient même atteint 100 millions, à savoir :

Cochinchine	47	millions.
Sénégal	13	»
Martinique	8	»
Guadeloupe	8	»
Guyane	5	»
Nouvelle-Calédonie	5	»
Réunion	5	»
Saint-Pierre et Miquelon	4	»
Inde	2	»
Tahiti	1	»

Si l'on compare l'Algérie à la République Argentine,
ce parallèle sera tout à l'avantage de notre colonie
méditerranéenne.

L'Algérie nous achète deux fois plus que la République Argentine : la statistique métropolitaine de
1885 accuse 167 millions pour l'Algérie et 95 millions
pour la République Argentine; le commerce de la
France est devenu, depuis l'occupation française
d'Alger, 50 fois plus fort ; tandis qu'à la République
Argentine nous descendons de 24 o/o à 16 o/o pour les
importations générales et que l'Angleterre monte de
31 à 38 o/o; en Algérie, nous entrons pour 75 o/o
dans le commerce général et l'Angleterre n'y est que
pour 6 o/o. L'industrie qui pourra naître en Algérie
ne mettra pas en péril nos exportations en cotonnade,
lainage, vêtements, café, sucre. Qu'on n'insinue pas
que la Plata a l'avantage sur nos colonies de ne nous
rien coûter! N'est-ce pas un capital considérable que
ces 190 000 Français qui y résident à cette heure,
ayant déserté leur patrie, nous refusant leur quote-
part d'impôt, après avoir reçu les bénéfices de l'instruction, refusant la dette glorieuse du sang; qui, au
lieu d'alimenter notre commerce intérieur par une
dépense annuelle de 2 à 3 000 francs par tête, vont
dans un pays où chaque habitant achète 13 francs de
produits français et 45 francs de produits anglais.

Ne nous a-t-on pas assez dit que ces déserteurs
étaient, là-bas, des agents de notre influence au profit de

notre commerce français. M. E. Daireaux, qui connaît la République Argentine pour y avoir résidé plus de dix ans, répond : « Le commerce d'échange de la France est moindre qu'il n'était il y a quelques années... le commerce est passé rapidement des mains françaises aux mains des Allemands. »

Si l'Algérie coûte encore à la France, la faute en est aux vices de notre système colonial, puisque la Nouvelle-Zélande, qui devrait être une colonie française et que nous avons dédaignée, ne coûte rien à l'Angleterre, paye ses dépenses et sert même à sa métropole une rente de 40 millions de francs pour l'intérêt et l'amortissement des capitaux qu'elle a empruntés. L'Algérie aurait des excédents de recette de 10 ou de 20 millions, si les Français d'Algérie supportaient, comme ceux de la Plata, des droits de douane de 40 et de 50 pour 100.

A ceux qui vous vanteront les colonies libres, répondez que si le Tonkin nous a coûté quelques milliers d'hommes, la République Argentine a coûté à notre commerce et à notre armée un million de citoyens partis sans espoir de retour avec leur épargne, leurs capitaux, notre argent.

**

Ainsi, le commerce d'exportation entre la France et ses colonies se maintient à un chiffre constant. Malgré ce résultat satisfaisant, on est en droit de se demander pourquoi ces exportations ne progressent pas davantage? Deux causes, à mon avis, ont arrêté l'essor de notre commerce colonial; d'un côté une cause d'ordre général tenant au caractère de nos négociants qui ne savent pas pratiquer le commerce d'exportation, et à l'insouciance du gouvernement pour toutes les choses coloniales; d'un autre côté, une cause particulière tenant à l'état d'asservissement administratif imposé à nos colonies.

Réagir contre le caractère de nos négociants est

œuvre du temps. Les conseils les plus expérimentés leur sont prodigués dans mille conférences et dans mille brochures; ils doivent fabriquer des articles spéciaux pour chaque débouché, se conformer au goût du pays, s'affranchir comme leurs concurrents étrangers de l'intermédiaire des commissionnaires, envoyer sur place des voyageurs ou des représentants, soigner leurs échantillons, étudier les voies et moyens d'expédition, répondre à leurs correspondants, consentir à un long crédit, suivre l'état des marchés. La nécessité de la lutte commerciale forcera bien un jour ou l'autre nos commerçants à suivre ces conseils.

Réagir contre l'insouciance du gouvernement est notre devoir commun. Cette insouciance peut parfois être grosse de conséquences, puisqu'elle n'a pas pour seul résultat le ·ralentissement de notre commerce extérieur, ce qui suffirait cependant à justifier nos critiques, puisqu'elle est de nature à provoquer des complications internationales plus redoutables que les incidents que créerait une politique active et fière, comme nous l'ont prouvé les événements de Sagallo; la Russie nous avait vu abandonner à l'Angleterre les îles de Cook, abandonner au Chili l'île de Pâques, abandonner à l'Italie la baie d'Adulis, et la Russie avait pensé que nous lui abandonnerions de même un village de la côte africaine au sud d'Adulis, car derrière Atchinoff, il y avait le Tsar et la nation russe. Aux Anglais, aux Chiliens, aux Italiens, nous avons laissé se partager nos territoires coloniaux; sur les Russes, nous avons tiré. Il eût été plus habile de faire respecter nos droits par tous. Si le gouvernement français, cédant moins aux attaques d'une opposition qui oublie bien souvent 'la Patrie pour le jeu des coteries, avait eu plus de souci de notre dignité, nous n'aurions pas été la risée du Chili ; en ne les encourageant pas, nous aurions évité ces incidents de Sagallo qui faillirent rompre l'alliance politique de la Russie et de la France.

Le gouvernement doit sollicitude et protection au commerce extérieur; il a le devoir de lui ouvrir et de lui conserver des débouchés : M. Jules Ferry semble être le seul ministre qui se soit montré soucieux de ce devoir ; le gouvernement devrait s'intéresser davantage à toutes les questions de transport maritime; il devrait, par des publications semblables au « Reports consulars », de Washington, renseigner le commerce sur l'état permanent de tous les marchés et organiser des musées d'échantillons sur une base pratique.

Le plus urgent est encore de *réagir contre l'état d'asservissement imposé aux colonies*. Dans notre organisation actuelle, le Français qui passe de la métropole dans une possession perd ses droits de citoyen; il devient la chose d'un homme, d'un sous-secrétaire d'État omnipotent; du régime de la loi, il passe sous le régime des décrets; il ne bénéficie plus des principes qui ont triomphé avec la Déclaration des droits de l'homme et du citoyen: il n'a plus le droit de concourir à la formation de la loi qui le régira ; il n'a plus le droit, selon l'expression de Fox, d'être bien gouverné : nos colonies ne sont pas le prolongement du sol de la Patrie !

Qu'on ne vienne pas prétendre qu'il y a lieu de distinguer les colonies soumises aux sénatus-consultes des colonies régies par décrets. Dans les unes comme dans les autres « l'administration est intolérable », l'expression est de M. Hurard, député d'une colonie dotée du régime des sénatus-consultes.

Le colon, n'étant protégé ni dans sa personne, ni dans son commerce, au point de vue politique, dira avec le *Saïgon républicain* : « La France ressemble à ces parents mauvais envers certains de leurs enfants, et leur donnant tout juste le strict nécessaire, pour ne pas paraître trop odieux aux yeux des gens », et au point de vue économique, il dira, avec la Chambre de commerce de Gorée : « Nous ne pourrions protéger les produits métropolitains que si nos produits coloniaux étaient admis en France en franchise. »

La question se trouve ainsi posée carrément. Si nous voulons écouler nos produits dans nos colonies, si nous voulons qu'ils soient protégés ou préférés, il faut cesser de traiter les colons comme des étrangers, il faut cesser de les traiter plus mal que des étrangers, des ennemis ; on sait que les produits tunisiens, par exemple, payent à l'entrée en France deux fois plus que les produits européens similaires ; si nous voulons que nos colonies puissent nous acheter et nous payer, il faut aussi développer leur outillage économique pour en assurer le rendement et, si nous ne voulons rien faire pour elles, il ne faut pas les condamner à ne rien faire par elles-mêmes. Il faut que le sous-secrétariat des colonies cesse d'entraver l'essor de nos possessions en voulant tout régenter, sans rien connaître. Trop longtemps, pour nous comme pour la France d'outre-mer, la Métropole a été « la marâtre odieuse »: il faut que, dans cette année du Centenaire de 1789, nous détruisions le « régime du bon plaisir », que nous affranchissions nos colonies en les plaçant sous le « régime de la loi. »

***

Dans cette grosse question de l'organisation à donner aux colonies françaises, il est un principe qui doit dominer toutes les discussions : à savoir, que chaque colonie doit être considérée isolément, que chacune d'elle doit être dotée de l'organisation particulière que réclament sa situation, ses mœurs, son histoire, ses colons.

Le vœu des colons doit être la base de toute réorganisation.

C'est dans cette pensée que j'ai provoqué la rédaction des *Cahiers coloniaux de 1889.*

Je me suis adressé à nos colonies, à nos possessions, et j'ai demandé à toutes : « Comment voulez-vous vivre et vous développer, quels sont vos besoins, vos aspirations, quels sont vos vœux? » Et toutes les colonies m'ont répondu.

Comme je voulais faire œuvre impartiale, pour faire œuvre utile, je ne me suis pas mis en rapport avec un homme ou un groupe d'une colonie, en lui disant : « Résumez le sentiment de votre colonie ». C'eût été une œuvre personnelle, perfide et déloyale.

Dans nos colonies, comme partout où plusieurs hommes sont en présence, il y a des divergences de vue et de tendance; mon devoir était de faire arriver jusqu'à la mère patrie l'écho de toutes les doléances; je ne me suis pas même cru en droit de dire ou d'insinuer que tels vœux étaient ceux d'une majorité, tels autres ceux d'une minorité.

J'ai pensé pouvoir faire entendre impartialement les vœux de la France coloniale, en m'adressant tout à la fois aux Conseils généraux, aux Chambres de commerce, aux groupes politiques, aux représentants élus des colonies. J'ai bien reconnu dans cette détermination un écueil, puisqu'à côté de chaque vœu, m'adressant à l'opposition comme à la majorité des conseils et de l'opinion, je devais placer un vœu contraire, ou tout au moins une critique et une réserve.

Cet écueil, dangereux lorsqu'on ignore la force respective et la composition des partis, arrive à disparaître totalement, si l'on veut grouper les idées générales qui se dégagent des *Cahiers coloniaux de 1889*.

Les plus saillantes de ces idées se rapportent au régime politique, au régime financier, à la situation morale.

Au point de vue du régime politique, certaines de nos colonies demandent l'assimilation; aucune ne veut l'autonomie réelle, et il semble que l'on peut appliquer à toutes les colonies ce que M. Robe dit de l'Algérie : « L'assimilation est notre but, nous ne sommes divisés que sur la question d'heure et d'opportunité. » Les colonies étrangères ont marché de la dépendance à l'autonomie; en suivant une voie opposée, certaines colonies françaises paraissent devoir trouver dans la décentralisation plutôt une attente à l'assimilation qu'un pas vers l'autonomie.

L'assimilation! Les Antilles semblent la désirer: « Je demande pour ma colonie tous les avantages et toutes les charges de l'assimilation », dit M. Gerville-Réache, député de la Guadeloupe.

La Chambre de commerce de la Pointe-à-Pître demande l'assimilation de la colonie à un département français.

« Quand donc viendra l'assimilation si désirée », ajoute M. Hurard, député de la Martinique.

Mais M. Rollin, président du Conseil général de la Guadeloupe, insinue quelques réserves, et ne pense pas qu'une assimilation complète soit applicable aux Antilles.

Et le Président du Conseil général de la Guyane, M. Le Blond, avoue que « la Guyane ne se trouve pas en mesure de revendiquer l'assimilation absolue ».

Il est certain cependant que pour nos colonies d'Amérique l'assimilation est le but final. Il reste à savoir si cette assimilation doit être immédiate ou progressive, si elle doit être le fait d'une loi de rattachement ou d'un concordat entre la France et les colonies, car nous voyons clairement ce que la colonie dotée du régime des sénatus-consultes, doit perdre à son changement d'état. Elle donne sa liberté; avant d'en consentir le sacrifice, n'est-il pas sage qu'elle demande à quel régime seront soumis ses sucres, son café, son cacao?

Quant à la Réunion, elle entend conserver le bénéfice du sénatus-consulte de 1866; elle repousse l'assimilation absolue, ne demandant que l'assimilation politique, parce que les droits individuels et politiques des Français des îles doivent être les mêmes que ceux des Français du continent; elle demande aussi une décentralisation administrative, avec une assemblée colo-

niale jouissant de nombreuses franchises, « parce que
les affaires intérieures de l'île ne peuvent être ni conduites à distance, ni livrées sans partage au manda-
taire du pouvoir métropolitain ».

L'Algérie ne semble-t-elle pas désirer un régime
semblable, selon l'expression de M. Eugène Robe :
« une décentralisation aussi large que possible ».

La Tunisie ne peut demander que l'assimilation
commerciale.

Nos colonies plus lointaines ont senti davantage la
nécessité de régler elles-mêmes les détails de leur
administration.

La Cochinchine demande « la modification du
conseil colonial dans un sens plus libéral ».

L'opinion publique en Nouvelle-Calédonie paraît
être opposée à toute idée d'assimilation absolue à la
Métropole. « Elle préférerait de beaucoup voir appliquer un système d'autonomie tempérée, rappelant
celui qui est appliqué dans les colonies australiennes, »
dit M. Pelatan, président du conseil général de la
Nouvelle-Calédonie.

Le Président du Conseil général de Tahiti, M. Cardella, demande une autonomie spéciale, « l'administration intérieure des Établissements français de l'Océanie
devenant l'apanage exclusif des mandataires du pays ».

Au point de vue du régime financier, on aurait
peut-être pensé que nos colonies allaient se plaindre,
dans leurs doléances, de n'être pas suffisamment
soutenues par la Métropole, en ce qui concerne les
subventions budgétaires.

Il n'en est rien.

Sur un budget colonial de 52 millions, chiffre pour
1890, il est attribué 10 millions à la transportation et
à la relégation, 12 millions à l'Annam et au Tonkin,
24 millions aux fonctionnaires supérieurs; 4 millions
et demi pour le chemin de fer et le port de la Réunion,
le chemin de fer de Dakar à Saint-Louis, les routes
du haut Sénégal et le câble télégraphique sous-marin

du Tonkin ; enfin, 1 million et demi seulement, en subvention aux services locaux des colonies.

Presque toutes, sinon toutes, renonceraient à leur subvention en échange de quelques libertés.

« Si le gouvernement comprenait bien l'intérêt de la colonie de Saint-Pierre et Miquelon, dit M. Clément, membre du Conseil général de ces îles, il devrait lui assurer son autonomie et lui supprimer la subvention de 35 ou 40 000 francs, qu'il lui alloue tous les ans. »

« Le budget de Mayotte, écrit M. de Faymoreau, délégué de l'île, ne peut s'équilibrer qu'à l'aide d'une subvention métropolitaine de 35 000 francs. Si ce budget était voté et établi par ceux qui le payent, les habitants de la colonie, les économies qui y seraient apportées permettraient probablement l'équilibre, sans subvention métropolitaine » ;

» De son côté, le Président du Conseil général de la Nouvelle-Calédonie, M. Pelatan, nous écrit : « La Nouvelle-Calédonie est tellement désireuse de jouir de la plus large indépendance, au point de vue financier, qu'elle renoncerait volontiers, pour l'obtenir, à la maigre subvention que lui sert encore la Métropole. »

La Cochinchine n'en est-elle pas aussi « à offrir à la France de lui solder même toutes les dépenses de souveraineté ».

Au point de vue de la situation morale, ce qui frappe étrangement est l'état de découragement profond qui se manifeste dans chaque Cahier des colonies, et qui se traduit parfois sous la forme la plus violente.

Les colons reprochent amèrement à la Métropole, en visant le Ministre, de ne pas avoir pour eux la sollicitude qui est due aux besoins de tous les Français sur le sol national ; de ne faire aucun cas de leurs vœux.

— Dans le Cahier de la Guadeloupe :

M. de La Roncière « espère que les vœux de la Chambre de commerce ne seront pas aussi stériles que les précédents » ; M. L. Raiffer constate « avec tristesse que l'île Marie-Galante, qui ne veut pas mourir, est abandonnée par la mère patrie, qui semble vouloir l'anéantir », et M. Gerville-Réache avoue qu'il eût été dangereux de monter à la tribune de la Chambre des députés pour parler en faveur des colonies, tant « la Chambre était prévenue contre toute proposition intéressant les colonies ».

— Dans le Cahier de la Martinique :

M. Hurard juge l'administration « intolérable » et en donne des preuves.

— Dans le Cahier de la Guyane :

Le Président du Conseil général parle de « l'indifférence du gouvernement et de l'arbitraire du département » et il ajoute « le second Empire devait consommer la ruine de la colonie, la Guyane se meurt de la rtansportation ».

— Dans le Cahier de l'Inde :

Le Président du Conseil général écrit : « Ces vœux, j'en suis sûr, resteront dans les cartons du Ministère, comme tous ceux qui ont été formulés jusqu'à ce jour... Pondichéry n'a jamais été connu du Ministère. »

— Dans le Cahier de Saint-Pierre et Miquelon :

M. Clément constate que « le Conseil général n'a jamais été écouté ».

— Dans le Cahier de la Nouvelle-Calédonie :

M. Moncelon : « la méthode d'administration coloniale française sème sous les pas du colon tant d'entraves, de difficultés, de complications inutiles, que les plus zélés se dégoûtent, que les plus habiles et les plus fortunés succombent, que les plus vivaces prennent la fuite et passent à l'étranger ! »

— Dans le Cahier de Tahiti :

Le Président du Conseil général se demande « par quel moyen la colonie peut échapper à l'intervention ruineuse de la Métropole, à l'étreinte administrative qui la paralyse ».

— Dans le Cahier de la Cochinchine :

Le Président du Conseil général nous jette cet

avertissement : « Le régime, auquel est soumis la Cochinchine, la conduit directement à la ruine. »

Comme notre direction coloniale conduirait infailliblement à la ruine toutes nos autres colonies !

Les colonies n'ont jamais adressé à la mère patrie un cri d'alarme que lorsqu'elles se sont senties menacées d'un danger imminent et terrible.

Lorsqu'en 1887 on imposa à la Cochinchine notre régime douanier, aggravé du tarif général, la Chambre de commerce de Saïgon demanda grâce. L'expérience continua et les faillites se multiplièrent, venant attester une crise profonde.

L'assemblée générale coloniale de l'île Sainte-Lucie-la-Fidèle, écrivait en 1793 à son député extraordinaire près de la Convention : « Que fait donc ce ministre Monge, qui depuis six mois de promesses, ne nous a pas encore envoyé un seul vaisseau ? Voudrait-il ainsi nous faire repentir d'avoir soutenu la cause de la République? Il se trompe ; la mauvaise foi ou l'ignorance des agents de la République ne nous rendront jamais parjures au serment que nous lui avons fait. Nous manquons de tout, absolument de tout ; cela ne nous empêchera pas de défendre jusqu'à la mort cette colonie, pour la conserver intacte à la France, ainsi que nous l'avons juré. Tant pis pour la République et pour nous, si ceux qu'elle a placés au Ministère ne font pas comme nous leur devoir. Il est très probable que nous succomberons, si on nous abandonne à la fureur de nos ennemis, et qu'alors la République perdra pour toujours, et par sa faute, des îles puissantes. »

La voix de Sainte-Lucie ne fut point écoutée en 1793 ; quelques mois plus tard, elle devenait — pour toujours — prisonnière de l'Angleterre. Les Français tombés en la défendant, étaient morts au cri de « *Vive la République* »! et de « *Vive la France* »!

Près de cent ans se sont écoulés; les colonies adressent à la mère patrie, dans ces *Cahiers coloniaux*

b

de 1889, un nouveau cri d'alarme. Souvenons-nous du sort de l'île Sainte-Lucie-la-Fidèle.

Aux cris de ses martyrs, répondez enfin par celui de « *Vivent les Colonies* » ! vous tous patriotes dont la joie emplira le cœur, lorsque vous lirez à chacune des pages des *Cahiers coloniaux de 1889*, quelle fidélité, quel amour profond, passionné, indissoluble, quelle vénération, nos colonies donnent à la Patrie, malgré leurs souffrances, malgré son indifférence ; vous tous, négociants et industriels qui sentez le besoin d'ouvrir et de développer les débouchés coloniaux, au moment où tous les marchés étrangers commencent à se fermer pour vos produits, et qui reconnaîtrez après avoir lu ces Cahiers que le développement du commerce est une conséquence fatale du régime organique.

***

Quel sera le résultat de la publication de ces *Cahiers coloniaux de 1889* ?

Ces Cahiers, — ces enquêtes, — doivent être et seront le point de départ de la réorganisation du régime politique et économique des Colonies. Ils ne sauraient servir de base à l'Administration pour cette réforme parce que le principe qui les a inspirés s'impose : *cette réorganisation doit être l'œuvre des colons* et non pas l'élaboration des bureaux et des conseils métropolitains.

Deux procédés s'offrent à l'initiative du sous-secrétaire d'État ; il peut réunir dans chaque colonie une commission spéciale chargée d'élaborer un projet organique conforme aux vœux des colons; il peut aussi demander aux conseils généraux, sous forme d'avis, une délibération sur la constitution que la colonie préfère : pour donner à cette consultation une plus haute portée, le sous-secrétaire d'État pourrait faire procéder à de nouvelles élections, ce qui amènerait dans les conseils une étroite communion avec le sentiment du pays.

D'ici là que chaque colonie ne cesse de reprendre et d'approfondir ces *solutions* qui ont été élaborées un peu en hâte pour nos Cahiers. Si, au mois d'octobre prochain, ces réformes n'ont pas encore abouti, que les nouveaux élus reçoivent un mandat défini ; que les colonies qui ne jouissent pas encore de la députation transmettent à leur délégué leurs vœux précis.

Spontanément naîtra un *parti colonial ;* il sera puissant, car il sera basé sur la justice et sur le droit, et, n'ayant pour programme que les revendications de chaque possession, il aura pour défenseurs les amis coalisés de toutes les colonies, qui se prêteront un mutuel appui.

Ce jour-là, nous rappelerons aux pouvoirs publics la Déclaration des droits de l'homme et du citoyen ; « tous les citoyens ont le droit de concourir personnellement ou par leurs représentants à la formation de la loi qui les régit » ; nous rappelerons les *Cahiers coloniaux de 1889 ;* nous trouverons une nouvelle force dans les délibérations qui auront été d'ici là prises aux colonies, et nous forcerons enfin à entendre les vœux que le Ministère n'aura pas encore réalisés.

Nous poursuivrons cette tâche, sans défaillances, parce que les colonies qui n'exigeront de la mère patrie, aucun sacrifice, aucune dépense, dès qu'elles seront sagement organisées, sont pour nous l'unique espoir de salut de notre commerce extérieur, et parce qu'en garantissant le développement de notre commerce, elles assureront en même temps les ressources de notre marine, notre prestige, notre richesse nationale, notre force économique, la puissance enfin, et l'espérance suprême de la Patrie meurtrie.

Henri MAGER.

14 juillet 1889.

CAHIER DE LA GUADELOUPE

La France équinoxiale comprenait avec la Guyane toutes les Iles Caraïbes : la Trinité, Tabago, Grenade, les Grenadines, Saint-Vincent, Sainte-Lucie, la Martinique, la Dominique, la Guadeloupe, Saint-Christophe, Antigoa, Sainte-Croix, sans parler d'Haïti, furent colonisées par les Français. La plupart de ces riches possessions nous ont été arrachées une à une.

Dès 1630, Antigoa est abandonnée ; en 1676, la Trinité est restituée aux Espagnols.

L'île Saint-Christophe est perdue en 1713 au traité d'Utrecht :

Art. 12. — Le Roy Très Chrétien fera remettre à la Reine de la Grande-Bretagne le jour de l'échange des ratifications du présent traité de paix des lettres et actes authentiques qui feront foi de la cession faite à perpétuité à la Reine et à la couronne de la Grande-Bretagne de l'île de Saint-Christophe que les sujets de Sa Majesté Britannique désormais posséderont seuls.....

Sainte-Croix, en 1733, est vendue 320 000 livres aux Danois.

Les Antilles méridionales, Tabago, Grenade, les Grenadines, Saint-Vincent, avec la Dominique, sont cédées au traité de Paris de 1763 :

Art. 9. — Le Roi Très Chrétien cède et garantit à Sa Majesté Britannique, en toute propriété, les îles de la Grenade et des Grenadines... et le partage des îles appelées neutres est convenu et fixé de manière que celles de Saint-Vincent, la Dominique et Tabago resteront en toute propriété à la Grande-Bretagne et que celle de Sainte-Lucie sera remise à la France.....

Le traité de Paris de 1814 nous enlève cette dernière épave :

Art. 8. — Sa Majesté Britannique stipulant pour elle et ses alliés s'engage à restituer à Sa Majesté Très Chrétienne, dans les délais qui seront ci-après fixés, les colonies, pêcheries, comptoirs et établissements de tout genre que la France possédait au 1er janvier 1792 dans les mers et sur les continents de l'Amérique, de l'Afrique et de l'Asie, à l'exception toutefois des îles de... Sainte-Lucie et de l'Ile-de-France et de ses dépendances, notamment Rodrigue et les Séchelles.

La France ne possède plus dans la mer des Antilles que la Guadeloupe avec ses dépendances et la Martinique.

La Guadeloupe a cinq dépendances : la Désirade et les deux îles de la Petite-Terre ; — Marie-Galante ; — les Saintes (Terre de Bas, Ilet à Cabris, Terre de Haut, Percée, Grand Ilet, la Coche, les Augustins) ; — l'île de Saint-Martin, dont la France ne possède que les deux tiers depuis 1648 ; — l'île de Saint-Barthélemy et les îlots voisins occupés par la Suède en 1784 et rétrocédés à la France en 1877.

CONSEIL GÉNÉRAL

Le Conseil général de la Guadeloupe a été institué par le sénatus-consulte du 3 mai 1854, qui règle la constitution des colonies de la Guadeloupe, de la Martinique et de la Réunion. Ses attributions ont été modifiées et étendues par le sénatus-consulte du 4 juillet 1866.

Les conseillers généraux sont élus pour six ans et se renouvellent par moitié tous les trois ans ; ils sont indéfiniment rééligibles.

Par décret en date du 7 novembre 1879, le nombre des conseillers généraux de la Guadeloupe, de la Martinique et de la Réunion a été fixé à 36. Le Conseil élit son président, son vice-président et ses secrétaires.

Un décret en date du 13 juin 1879 a institué une commission coloniale ou de permanence dans les colonies de la Guadeloupe, de la Martinique et de la Réunion.

LES VŒUX DU CONSEIL GÉNÉRAL

Organisation administrative. — L'organisation administrative, telle qu'elle existe avec les modifications apportées tout récemment aux pouvoirs des gouverneurs par les décrets de 1879, 1880 et 1882, et sur le fonctionnement de la Direction de l'intérieur par les décrets de 1883 et 1884, semble donner toute satisfaction à l'opinion publique ; et le Conseil général n'a jamais eu l'occasion de formuler un vœu tendant à une modification nouvelle de cette organisation. Les pouvoirs laissés au gouverneur sont très suffisants pour assurer la bonne marche des affaires du pays et n'ont rien d'exagérés. Il convient surtout de lui conserver les droits qui lui sont conférés par le sénatus-consulte de 1866 et par le décret du 11 août de la même année. Le Conseil général, mal informé, peut en effet adopter des résolutions dont l'exécution serait plus nuisible que favorable aux intérêts du pays.

Sur l'organisation judiciaire deux vœux ont été émis par le Conseil général dont l'un, qui est renouvelé chaque année tant par l'assemblée locale que par les Conseils municipaux de l'arrondissement de la Basse-Terre, a trait à *l'installation d'une seconde cour d'assises au chef-lieu*

La situation topographique des deux villes principales et le peu de fréquence des moyens de transport font qu'un juré de l'arrondissement de la Basse-Terre, qui est appelé à siéger à la cour d'assises de la Pointe-à-Pitre, se voit condamner à rester vingt ou vingt-cinq jours éloigné de sa famille et de ses intérêts. Il en résulte pour les jurés de cet arrondissement une situation intolérable qui leur fait prendre en horreur l'institution du jury.

L'établissement d'une seconde cour d'assises à la Basse-Terre serait donc un véritable bienfait pour les populations de ce centre auxquelles on donnerait ainsi une grande satisfaction.

Le Conseil général a également appuyé, dans sa cession de décembre 1887, un vœu des habitants de Marie-Galante tendant au *rétablissement du tribunal de première instance* qui existait autrefois dans cette localité. Il y aurait lieu d'accorder la plus sérieuse attention à ce désir d'une dépendance de la Guadeloupe, dont le chiffre de la population nous paraît comporter une juridiction de première instance.

Des discussions récentes qui ont eu lieu à la Chambre des députés laissent craindre que la métropole penserait à installer dans la colonie, au lieu et place des tribunaux actuels formés de trois juges, des tribunaux à un seul juge; mais on doit espérer que cette conception ne recevra pas d'exécution et qu'on renoncera à l'idée de faire rendre la justice par un seul homme dans un pays où les divisions de castes sont encore si vives et si profondes.

Besoins et aspirations. — La Guadeloupe ne peut vivre que par l'agriculture. A part l'industrie sucrière, qui n'existe elle-même que par un produit agricole, la canne, on ne voit pas encore quelle autre industrie pourrait s'établir fructueusement dans le pays. Il faut donc aider l'agriculture à vivre et encourager son extension par tous les moyens possibles. En tête de ces moyens s'inscrivent la question des innovations dans le travail de la terre et dans la préparation des produits et la question des ouvriers ou de la main-d'œuvre.

Pour la première question, les propriétaires grands et petits font de louables efforts pour se maintenir à la hauteur des progrès réalisés de nos jours par la science, et il n'est pas une découverte nouvelle, un instrument inventé, qu'ils n'essayent d'appliquer à leurs travaux des champs ou dans leurs fabriques.

Reste la question des bras qui prend chaque jour une importance plus considérable et dont on peut dire qu'avant longtemps ce sera d'elle que dépendra la vie ou la mort de la colonie.

Il n'est pas d'esprit sérieux, impartial et absolument dégagé de toute préoccupation mesquine qui, après avoir examiné longuement, attentivement et *pratiquement* le fonctionnement de la main-d'œuvre à la Guadeloupe, ne se pose comme axiome indiscutable, comme vérité indéniable, cette proposition :

« L'immigration est, dans l'état actuel des choses, indispensable à la prospérité de la colonie. »

Et cette vérité serait acceptée de tous si, très malheureusement, la politique ne s'était glissée dans la question.

Le cadre très court de cet exposé ne permet pas de développer ici même, d'énumérer, les raisons multiples qui militent en faveur de l'immigration ; mais on peut affirmer que sa suppression serait la mort à très courte échéance de la colonie.

Quant aux travailleurs indigènes, qui se composent pour la très grande majorité de descendants d'Africains dont les premiers ont été importés comme esclaves vers le milieu du seizième siècle, ils s'éloignent chaque jour des ateliers des grandes exploitations pour se livrer à des travaux plus conformes à leurs goûts ou leur offrant plus d'espoir de gain ; ils achètent des parcelles de terres avec lesquelles ils forment la petite propriété qui prend tous les jours une extension plus considérable, ou bien ils travaillent, à l'association, avec les grands propriétaires, un ou plusieurs hectares de terre; c'est là ce qu'on appelle le colonage partiaire. Ce n'est donc pas sur ces bras que l'on peut compter, non pas pour développer, mais seulement pour entretenir les grandes plantations.

L'immigrant, quelle que soit sa nationalité, est donc indispensable à la Guadeloupe.

Les aspirations de nos compatriotes sont simples assurément. Satisfaits des libertés dont ils jouissent, le plus vif désir de la majorité de la population peut se limiter à l'acquisition d'un petit bien-être. Il serait surtout à désirer que la population pût rester étrangère aux questions politiques dont elle ne comprend encore que très vaguement les péripéties et qui ne se résument pour elle que dans des questions de personnes ou de races.

Assimilation. — A plusieurs reprises différentes, le Conseil général a été amené à émettre le vœu de l'*assimilation complète de la colonie à la métropole.* Ce vœu a même été adopté par l'unanimité du Conseil. Mais en allant au fond des choses, on verrait bien que cette unanimité est factice. Elle est composée en effet, et pour la très grande majorité, d'opinions de personnages qui votaient l'assimilation, les uns avec l'ignorance absolue de ses conséquences, et les autres parce que le vœu renfermait une question de patriotisme dans laquelle ils ne voulaient pas apporter de notes discordantes. Mais il faut bien avouer que l'assimilation est une mesure inapplicable dans la colonie où elle provoquerait les plus grands troubles, les 80/100e de la population ne payent aucun autre impôt que l'impôt de consommation, et le jour où l'on voudrait faire payer l'impôt foncier à cette population qui n'en a pas la moindre idée, on rencontrerait des obstacles insurmontables.

On ne peut donc songer à l'assimilation que pour certains points où d'ailleurs elle a déjà été appliquée en grande partie; mais il ne faut pas rêver une assimilation complète.

Rouage financier, équilibre budgétaire. — Et pendant que nous sommes sur l'assimilation, c'est le lieu de faire remarquer le tort occasionné à la colonie par l'application de la loi du 30 octobre 1886 sur la laïcité de l'instruction primaire.

Cette loi a élevé les dépenses de l'instruction publique à la somme de 869 453ʳ,78 sur un budget ordinaire de 5 027 130ʳ,00. Cette situation est bien faite pour alarmer ceux qui envisagent froidement les conséquences d'une telle charge. C'est l'équilibre du budget rompu sans moyen de le rétablir autrement que par des impôts nouveaux. De plus, la laïcisation n'a encore eu chez nous qu'une partie de son effet; il faudra songer bientôt à la construction des écoles et du logement des professeurs. On évalue la dépense qui résultera de ce chef à 1 400 000 francs. Que deviendra le budget de la colonie sous cette dette formidable?

Défense militaire et navale. — La Guadeloupe ne possède aujourd'hui aucun moyen pour résister à l'agression d'un simple croiseur en bois et à voiles, et il suffirait d'un cuirassé qui menacerait de bombarder les villes et bourgs qui sont tous situés sur le littoral de l'île, pour s'en rendre maître.

Les dernières mesures prises à l'égard des troupes coloniales n'ont laissé à la Guadeloupe qu'une garnison de cent hommes environ. Ce retrait des troupes a été pour le commerce du chef-lieu d'un effet désastreux et dans la dernière session du Conseil général, l'un de ses membres a appelé l'attention de la métropole sur ce point.

Avantage que la métropole pourra tirer de la possession de la Guadeloupe et de ses dépendances. — En ce qui a trait aux avantages que peut retirer la France de la possession de la Guadeloupe, il y a d'abord à observer, que c'est avec la Martinique les deux seules stations navales et points de relâche ou de refuge que puissent rencontrer les navires français de guerre ou de commerce dans l'Atlantique. Si la France renonçait à ces deux colonies, il n'est pas besoin de démontrer qu'elle devrait renoncer, en même temps, à être une puissance maritime de premier ordre. Au point de vue commercial, la Guadeloupe reçoit annuellement de 8 à 10 millions de marchandises françaises et autant de marchandises étrangères. On pourrait, au moyen de quelques mesures de protection, éloigner la marchandise étrangère de nos ports. L'assemblée locale est déjà entrée dans cette voie, ainsi que je vais l'indiquer tout à l'heure.

Le mouvement de la navigation a été en 1887 de 502 navires français jaugeant 476 428 tonnes contre 328 navires étrangers pour 76 697 tonnes.

La colonie possède d'excellents ports, et parmi eux le port de la Pointe-à-Pitre qui se trouve à douze jours par steamers des côtes de France.

Les assemblées du pays — Conseil général, conseils municipaux, chambres d'agriculture et de commerce — ont, à plusieurs reprises différentes, émis un vœu qu'il serait de la plus haute importance pour la prospérité du pays de voir se réaliser. Il s'agirait d'obtenir des pouvoirs métropolitains, le *dégrèvement à l'entrée en France des droits qui frappent nos denrées secondaires :* cacao et café surtout. Ce *desideratum* obtenu donnerait un essor nouveau et très vif à la culture de ces denrées et la colonie y trouverait tant pour les particuliers que pour la caisse publique, des ressources incalculables.

Pour donner l'exemple à la France d'un droit protecteur, tel que celui que la colonie réclame pour ses denrées secondaires, le Conseil général a frappé d'un droit de douane toutes les marchandises de provenance étrangère, espérant ainsi que, par réciprocité, la métropole voudra bien faire droit à nos justes revendications.

Enfin, le climat de la Guadeloupe, un peu malsain sur les côtes, aux abords tout particulièrement des embouchures de rivières qui forment souvent des lagons, devient d'une salubrité absolue dès qu'on s'élève seulement à une altitude d'une centaine de mètres.

A partir de cette région, l'Européen n'a rien à redouter des maladies des pays chauds.

A 600 mètres de hauteur, il est indemne même de la fièvre jaune. Ce serait donc une excellente station pour l'organisation d'une armée coloniale.

ROLLIN,
Président du Conseil général.

CHAMBRES DE COMMERCE

Cette institution, créée par un arrêté local du 31 juillet 1832, a remplacé l'institution des Syndics des communes, organisée en vertu de la dépêche ministérielle du 22 février 1777.

Des arrêts de 1852, 1861, 1887 ont réglementé à nouveau les Chambres de commerce.

Ces Chambres, établies dans les villes de la Basse-Terre et de la Pointe-à-Pitre, sont composées de neuf membres à la Basse-Terre et de douze membres à la Pointe-à-Pitre. Le Directeur de l'Intérieur en est membre de droit, il préside les séances auxquelles il assiste.

Les membres des Chambres de commerce sont élus pour six ans ; le renouvellement a lieu par tiers tous les deux ans ; ils sont indéfiniment rééligibles.

Les Chambres nomment chaque année dans leur sein un président, un vice-président et soit un secrétaire-trésorier, soit un secrétaire et un trésorier.

La Guadeloupe possède en outre trois Chambres d'agriculture, une par arrondissement : elles ont leur siège à la Basse-Terre, à la Pointe-à-Pitre et au Grand Bourg de Marie-Galante. Les membres titulaires de ces Chambres sont nommés pour trois ans par le gouverneur, sur la proposition du Directeur de l'Intérieur et la présentation des conseils municipaux.

VŒUX ÉMIS PAR LE COMMERCE
DE LA GUADELOUPE ET DE SES DÉPENDANCES

EXTRAIT DU REGISTRE DES DÉLIBÉRATIONS DE LA CHAMBRE DE COMMERCE DE LA POINTE-À-PITRE, GUADELOUPE

DEUXIÈME DÉLIBÉRATION
Séance du 9 mars 1889.

« Monsieur le Président expose qu'il a consulté, à
« l'égard des vœux formulés par le commerce de la Guade-
« loupe et de ses dépendances, la Chambre de commerce
« de la Basse-Terre et MM. les conseillers généraux de
« Marie-Galante ; il donne lecture des réponses qu'il a
« reçues d'eux.

« Après avoir entendu les membres présents, M. le
« Président résume en ces termes les vœux de la Chambre :

« 1º *Assimilation de la colonie à un département français,*
« vœu déjà émis par toutes les assemblées du pays.

« 2º *Rattachement des colonies françaises à la ligne télé-*
« *graphique française,* reliant déjà la France au Vénézuéla.
« La compagnie anglaise reçoit de la colonie, une subven-
« tion annuelle de cinquante mille francs, qui serait assuré-
« ment donnée de préférence à la compagnie française.

« 3º *Aide de la métropole dans les travaux d'amélioration*
« *du port de la Pointe-à-Pitre et pour faciliter la création*
« *d'une voie ferrée dans la colonie.*

« 4º *Droits différentiels pour nos denrées secondaires,*
« *café, cacao, etc., par réciprocité* de ce qu'ont proposé et
« décidé toutes les commissions coloniales, en frappant
« d'un droit élevé de douane bien des marchandises
« étrangères qui faisaient concurrence aux produits simi-
« laires français.

« 5º *Rétablissement des garnisons dans les villes de la*
« *Basse-Terre, de la Pointe-à-Pitre et dans les dépen-*
« *dances: Marie-Galante, Saint-Martin, Saint-Barthélemy.*

« M. de la Roncière espère que ce vœu ne sera pas aussi
« stérile que les précédents.

« M. Gervais insiste pour le rétablissement des garni-
« sons qu'il considère comme un lien de plus entre la
« métropole et ses colonies.

« C'est une satisfaction et une garantie pour elles d'être
« sous l'égide de ces vaillants soldats qui rappellent les
« gloires de la France et en font espérer de nouvelles.
« L'uniforme français est cher à nos populations si fran-
« çaises elles-mêmes et qui, dans leurs aspirations vers l'as-
« similation complète, placent au premier rang leur ardent
« désir d'être prêtes, au premier signal, à verser leur sang
« pour la patrie. La présence des troupes est encore un
« signe de la protection que nous sommes en droit
« d'attendre de la métropole. Elle égaie nos villes, tout
« en étant une source de revenus pour le commerce. Le
« tambour qui bat, le clairon qui sonne, la manœuvre, la

1.

« musique militaire, sont autant de causes qui prédisposent
« nos jeunes créoles à s'acquitter de la dette du sang envers
« la patrie. »

Pour copie conforme :

Le Président de la Chambre de commerce,

A. BEAUPERTHUY.

LETTRE DU PRÉSIDENT DE LA CHAMBRE DE COMMERCE DE BASSE-TERRE.

En réponse à la demande adressée par le Président de la Chambre
de commerce de la Pointe-à-Pitre.

Basse-Terre, le *15 février 1889*.

Monsieur et cher collègue,

En s'adressant au président de la Chambre du plus
grand centre commercial de la colonie, M. Henri Mager
a pensé avec raison que de là pouvaient se formuler les
vœux qu'il désire connaître sur les diverses matières énumérées dans sa lettre dont vous avez bien voulu m'envoyer
un extrait.

Aussi, je ne puis que m'associer d'avance à ce que vous
ferez à ce sujet, en vous priant pourtant de faire ressortir
dans votre réponse que le *seul vœu particulier à la partie
de la Guadeloupe dont les intérêts ressortent de la Chambre
d'ici, doit porter sur la protection qu'il y aurait lieu
d'obtenir pour ses denrées secondaires, café, cacao, etc.,*
en abaissant les droits qui les frappent en France, tout
comme ces mêmes denrées étrangères; et ceci, *par réciprocité* de ce qu'ont proposé toutes les commissions coloniales en frappant d'un droit élevé de douane bien des
marchandises étrangères qui faisaient concurrence aux
produits similaires français.

Veuillez agréer...

Le Président,

signé : A. FAVREAU.

LETTRE DE M. L. RAIFFER, CONSEILLER GÉNÉRAL DE MARIE-GALANTE.

En réponse à la demande adressée par le Président de la Chambre de commerce de la Pointe-à-Pitre.

... L'île de Marie-Galante, dépendance de la Guadeloupe, relève exclusivement, au point de vue commercial, du grand port de la Pointe-à-Pitre; elle y exporte ses denrées et en tire toutes choses nécessaires à ses besoins. Marie-Galante et la Pointe-à-Pitre sont reliées par des voiliers et une ligne de bateaux à vapeur. Ce dernier mode de communication, affecté spécialement au service postal, ne fonctionne qu'une fois par semaine, quoique la compagnie touche annuellement de la colonie une subvention de 90 000 francs. Mais il faut dire que les services fonctionnent, chez nous, en raison inverse des subventions qui leur sont allouées. Nous n'avons ni téléphone, ni ligne télégraphique, alors que notre population dépasse 16 000 âmes et que notre apport soit d'un dixième dans la production totale de la Guadeloupe.

Nous possédons deux fabriques de sucre blanc; mais pour que notre production fût ce qu'elle pourrait être, il faudrait que ces établissements prolongeassent leurs réseaux de chemin de fer dans l'intérieur de l'île, et surtout que nous eussions un troisième centre de fabrication en la commune du Vieux-Fort.

Ce quartier, vierge de toute exploitation, présente un sol d'une fertilité remarquable et, d'autre part, possède un courant d'eau qui faciliterait singulièrement la mise en valeur des champs qu'il parcourt. En l'état actuel, qui n'est, il faut l'espérer, que transitoire, la dépendance donne outre des sucres blancs, du sucre brut, produit par le système primitif (dit du père Labate), des mélasses, du tafia et du bois de campêche.

Nos côtes sont une source de richesses pour des armateurs américains qui viennent chaque année séjourner, de mars à juin, dans la magnifique baie de Saint-Louis, pour se livrer à la pêche de la baleine noire que les courants du Gulf-Stream conduisent dans nos eaux à l'époque de leur parturition.

Ces étrangers, qui profitent de notre bien, ne nous laissent rien en retour, car les Yankees, hommes pratiques par excellence, arrivent avec tous les approvisionnements nécessaires pour leur campagne de pêche. Il serait à désirer que des armateurs métropolitains remplaçassent ceux des États-Unis; tous les Français profiteraient de cette pêche et la dépendance aussi, car elle verrait s'élever des installations qui permettraient d'utiliser des bras et de transformer, avec gros bénéfices, en noir animal et en engrais, ce qui reste du poisson quand il a donné toute son huile (*caput mortuum*), qui jusqu'à présent est abandonné aux flots. Nous constatons avec tristesse que notre dépendance, qui ne veut pas mourir et qui possède tous les éléments nécessaires de vitalité, est abandonnée par la mère patrie, qui, mal renseignée assurément sur son importance et ses besoins, semble vouloir l'anéantir en faisant disparaître une à une les institutions dont elle jouissait et que doit posséder d'ailleurs toute terre française.

C'est ainsi qu'on nous a enlevé successivement :

1º Le commandant particulier;
2º Le chef du service maritime;
3º La lieutenance de gendarmerie;
4º La garnison d'infanterie de marine;
5º L'hôpital militaire et son chirurgien;
6º Le tribunal de première instance qui va être remplacé par une justice de paix (vote de la Chambre de 1888).

Et pourtant notre position géographique n'a point changé; la même distance nous sépare toujours du continent guadeloupéen, et c'est cette distance qui nous avait fait accorder les garanties indispensables que nous possédions depuis si longtemps et qu'on nous enlève aujourd'hui.

Je serais heureux, Monsieur, si cette esquisse vraie pouvait attirer l'attention de votre correspondant sur l'état déplorable qui est fait à Marie-Galante; et espérons que la haute influence dont il jouit, à juste titre, nous fera rendre les institutions dont nous regrettons la perte.

Recevez...

Signé : L. RAIFFER.

REPRÉSENTATION COLONIALE

Aux termes des lois du 30 novembre 1875, 28 juillet 1881 et 16 juin 1885, la colonie de la Guadeloupe élit deux députés.

Aux termes de l'art. 2 de la loi du 24 février 1875, la Guadeloupe élit un sénateur.

LA GUADELOUPE

ÉTAT DU CRÉDIT

Le fait qui se produit à la Guadeloupe est celui que l'on observe partout : on y voit des libéraux et des retardataires. Il n'est personne cependant de ces derniers qui rêve le retour du régime détruit en 1848 : la liberté humaine est reconnue et respectée. Mais qu'il s'agisse des manifestations de la vie politique française ou des questions soulevées par les intérêts moraux et économiques de la colonie, les tendances dont nous parlons se dessinent et il n'y a pas lieu de s'en plaindre plus que d'un phénomène normal. Il est déjà remarquable qu'on soit d'accord sur les questions économiques essentielles. Quant à l'immigration, c'est une nécessité passagère. Ce sont surtout les abus dont elle était entourée dans le passé qui ont provoqué contre elle une hostilité qui n'a pas désarmé.

En politique, les masses sont conduites par des idées générales. Le peuple de la Guadeloupe sait une chose : c'est qu'il doit la liberté à la République et il confond l'une et l'autre dans son attachement. Cette idée très simple suffit à lui indiquer la voie à suivre. Ajoutez à cela

que l'instruction est aussi répandue que dans un département de la métropole. En faut-il davantage pour que
l'on se reconnaisse même à travers les questions de personnes qui surgissent plus qu'il ne conviendrait? Il faut
laisser marcher les choses du train où elles vont, en favorisant autant que possible la petite culture, garantie d'indépendance.

Le Parlement, pour atténuer les effets d'une crise économique qui sévissait sur le principal produit de l'agriculture coloniale, le sucre, a fait bénéficier ce produit des
avantages que les industries similaires de la métropole
tiraient de la législation. C'est un résultat considérable.

Mais la protection de la loi serait insuffisante si le crédit
se maintenait en son état actuel. Lorsqu'on examine, en
effet, les conditions du travail agricole, les progrès réalisés, ceux à obtenir, on reconnaît que le principal objectif
doit être de procurer à la terre, dont les charges sont
écrasantes, des capitaux à bon marché. Tout reste à faire
dans cette voie. Le loyer de l'argent est ce qu'il était il y
a trente ans, excessif, pesant lourdement sur l'agriculture,
qui ne profite pas des bonnes années, et s'épuise à la première mauvaise. Un établissement de prêts à long terme,
le Crédit foncier colonial, institué en 1863, est chargé de
pourvoir, — moyennant une garantie que la colonie lui
accorde d'après une formule vicieuse, source de procès, —
aux besoins de créations et d'exploitations agricoles. Le
propriétaire va là sans espoir; il subit un intérêt de 9 pour
100, qui porte, avec l'amortissement, ses obligations
annuelles à 12 pour 100. Si le prix des sucres est ferme,
il remplit ses engagements sans que l'amélioration des
cours soit sensible pour lui. Mais dès que les prix
s'affaissent, il en ressent d'autant plus le contre-coup que
la terre ne peut pas fournir le revenu normal que les conditions du prêt exigent qu'on retire d'elle.

Tel est le déplorable état du crédit à la Guadeloupe.
Quand on l'aura relevé, étendu à la petite culture, quand
le Parlement aura établi sur le café et autres produits
coloniaux les droits différentiels que les colonies de-

mandent en toute justice, enfin grâce aussi au fonctionnement, dans les fabriques sucrières d'outre-mer, de ce merveilleux procédé d'extraction destiné, par la diffusion, à utiliser jusqu'à l'épuisement la matière première, la Guadeloupe, ainsi que la Martinique et la Réunion, pourra avoir des revendications successives, mais les plus pressantes auront été satisfaites.

G. SARLAT,

Député de la Guadeloupe.

RÉGIME POLITIQUE ET ÉCONOMIQUE

Vous me demandez mon avis, Monsieur, sur les régimes politique et économique de la Guadeloupe, je n'hésite pas à vous répondre que je les trouve très défectueux. Leur défaut provient de ce qu'ils procèdent à la fois de deux principes contraires : le principe de l'assimilation à la France et le principe de l'autonomie des colonies anglaises.

Le régime politique est inspiré en partie par le principe d'assimilation, en partie par le principe d'autonomie. Nous avons une représentation dans les Chambres, mais elle ne possède, en ce qui concerne la colonie, qu'une partie des attributions de la représentation nationale au regard des départements. Elle ne vote pas les impôts de la colonie, elle ne lui alloue pas sa quote-part dans les ressources publiques. Les Chambres nous discutent l'honneur du service militaire et nos adversaires extraparlementaires et parlementaires nous reprochent de ne pas payer l'impôt du sang.

Nous sommes, en règle générale, politiquement assimilés à la mère patrie, ce qui n'empêche pas les Chambres de menacer et de désorganiser nos services civils, de nous en refuser de légitimes, sous prétexte de réaliser quelques milliers de francs d'économies. Je me suis vu douloureusement contraint, à la commission du budget, de subir des réductions et des changements regrettables dans l'organisation judiciaire de toutes les colonies, afin de sauver la cour d'appel de la Guadeloupe dont l'existence indispensable était mise en question.

Le régime économique est inspiré en majorité par le principe d'autonomie, en sorte que l'on voit des produits français métropolitains taxés à l'entrée dans la colonie comme des produits étrangers, quoiqu'un peu moins ; et, en revanche, on peut constater que nos produits, nos cacaos, nos vanilles, nos cafés, nos roucous, nos épices, sont taxés à l'entrée en France absolument comme les produits similaires étrangers. C'est là une organisation absurde, contre laquelle, hélas ! nos efforts aussi constants qu'énergiques restent impuissants, bien qu'ils aient pour eux le bon sens et la raison.

J'estime qu'il faut opter entre l'assimilation et l'autonomie et, quant à moi, j'ai opté et j'opte résolument. Je demande pour ma colonie, sans d'ailleurs m'occuper des autres qui sont libres de préférer tout autre régime, sans que j'aie rien à y voir, je demande, dis-je, pour ma colonie tous les avantages et toutes les charges de l'assimilation. Je désire qu'elle paye tous les impôts de la métropole, mais qu'elle jouisse aussi intégralement de toutes ses institutions.

Et maintenant, pourquoi la tribune de la Chambre n'a-t-elle pas entendu mes doléances et mes revendications ? Parce que je n'aime pas jouer le rôle de corneilles qui abattent des noix. J'ai tenu compte de l'impopularité si profonde que les affaires du Tonkin ont jeté sur les questions coloniales, j'ai eu égard aux difficultés budgétaires de la France, raisons diverses qui rendaient la Chambre actuelle si prévenue contre toute motion, contre toute proposition intéressant nos colonies. Le mot d'ordre de cette Chambre était que les colonies doivent se suffire à elles-mêmes et donner la paix à la France. Que de fois ai-je eu à démontrer à mes nombreux amis de tous les groupes combien une telle manière de voir était étroite et peu raisonnable.

Si j'avais voulu porter le débat à la tribune, malgré

les sympathies nombreuses dont j'ai reçu tant de fois d'incontestables témoignages de mes collègues, j'aurais fait plus qu'un four, j'aurais compromis les intérêts dont j'ai la garde. J'ai mieux aimé les défendre sans bruit et je continuerai à le faire de même, jusqu'au jour où je me trouverai en face d'une majorité qui veuille examiner les questions coloniales sans prévention et sans colère, comme le comportent d'aussi graves intérêts. Alors je demanderai pour la Guadeloupe qu'elle soit traitée comme un département, que ses enfants payent les impôts comme les enfants des départements, qu'ils fassent le service militaire comme eux ; que les cacaos, les cafés, les vanilles, les roucous, les épices de la colonie entrent en France sans payer de droits de douanes ; que les produits et denrées de France entrent dans ses ports sans payer de droits de douanes ; que les écoles, que les travaux publics, les chemins et les ports guadeloupéens soient traités comme les écoles, les travaux, les chemins et les ports de la mère patrie.

Voilà d'un mot, Monsieur, toute ma pensée sur l'organisation actuelle de notre Département des Antilles. C'est aussi celle de tous mes amis guadeloupéens.

G. GERVILLE - RÉACHE,

Député de la Guadeloupe.

ASSIMILATION

M. Isaac, sénateur de la Guadeloupe, a proposé au Sénat d'étudier les modifications à introduire dans l'organisation des colonies et possessions françaises et de rechercher, notamment, dans quelle mesure et dans quelles parties pourrait être réalisée l'assimilation aux départements des colonies placées actuellement sous le régime du sénatus-consulte du 3 mai 1854.

M. Isaac, pour appuyer sa proposition, a rédigé comme rapporteur une longue étude de quelques centaines de pages sur l'organisation législative et administrative des colonies.

Détachons-en quelques idées empruntées au chapitre où M. Isaac prouve l'imperfection de l'organisation actuelle.

L'organisation des colonies a donné lieu à des critiques qu'il convient maintenant de résumer sommairement.

La première de ces critiques se rapporte à l'absence de garanties légales qui caractérise ce qu'on appelle le régime des décrets.

Si un pareil régime peut convenir, et encore dans une mesure limitée, à des établissements en voie de formation, à l'égard desquels l'action incessante du gouvernement est susceptible d'aider à un travail de développement qui s'accomplit tous les jours, il ne saurait en être ainsi des anciennes colonies qui ont parcouru déjà toutes les phases de leur évolution...

Les habitants des colonies françaises se trouvent, en résumé, dans cette situation, qui peut paraître étrange à l'heure qu'il est, qu'ils obéissent à une loi à la confection de laquelle ils n'ont point pris part, et qu'ils supportent, dans certains cas, comme dans celui des dépenses obligatoires qui peuvent leur être imposées par l'autorité exécutive seule, des charges fiscales qu'ils n'ont pas librement consenties...

Déclarer que des pays sont des prolongements du sol national, que les agglomérations d'individus qui s'y sont formées à titre définitif sont composées de citoyens investis des mêmes droits que les habitants des autres parties du territoire, et laisser subsister à leur égard des restrictions de la nature de celles dont il s'agit ici, est-ce que cela ne paraît pas un non-sens? Et n'est-on pas tenté de penser que tout système, si défectueux qu'il pût être par ailleurs, où se trouverait cette garantie que la loi fût effectivement discutée et votée par les représentants de ceux qui la subissent, vaudrait encore mieux qu'un pareil régime? La vérité, qu'il faut dire, est que le système des décrets est inconciliable avec la présence, dans les Chambres françaises, de mandataires élus par les populations coloniales...

« Mais il est intéressant de constater que, même sous l'empire d'institutions qui ne comprenaient pas la représentation coloniale, le régime pur et simple des décrets, tel qu'il fonctionne aujourd'hui, fut considéré comme une chose exorbitante...

Le rapporteur devant la Chambre des pairs de la loi du 18 juillet 1845, M. Mérilhou, insistant au sujet de cette loi sur les limites de la double action du pouvoir législatif et du pouvoir exécutif, s'exprimait ainsi.....

« ... Que dans des crises passagères, que pour des lieux éloignés où la volonté de la métropole ne pourrait se manifester utilement en temps opportun, des pouvoirs extraordinaires soient conférés aux agents du gouvernement, cela peut se concevoir; ces délégations sont toujours transitoires. Mais que l'autorité législative délègue ses attributions au gouvernement qui siège à côté d'elle, et qui peut se concerter avec elle d'une manière incessante et continue; qu'une délégation de ce genre se fasse avec un caractère définitif et permanent; qu'elle porte, non sur des mesures passagères et provisoires, mais sur des institutions durables, sur des résolutions qui peuvent, par leurs conséquences, engager l'autorité législative elle-même, sans sa volonté ou contre sa volonté, c'est une marche qui conduit à la confusion des pouvoirs et qu'une Chambre législative ne saurait sanctionner... »

— M. Leroy-Beaulieu, l'éminent économiste, dans son ouvrage « De la colonisation chez les peuples modernes », s'exprime à ce sujet de la manière suivante : « Nous trouvons complètement exorbitante la prétention que le pouvoir exécutif a émise et fait valoir dans certains pays de gouverner les colonies par des décrets ou règlements, sans l'intervention du pouvoir législatif métropolitain, ou même l'attribution à la Chambre non élective, le Sénat, des modifications à apporter dans le régime des colonies. C'est, suivant nous, un système exorbitant et déraisonnable à bien des titres; il a pour objet de soustraire aux représentants naturels de la nation l'examen d'affaires qui touchent si gravement les intérêts nationaux présents et futurs; c'est donc un empiètement du pouvoir exécutif sur les attributions essentielles de la représentation du peuple; il a pour conséquence, en outre, de faire artificiellement le silence autour des questions coloniales, de les enterrer sans bruit, ou de les trancher avec le minimum possible de discussions et d'informations; il excite, par conséquent, à très juste titre, la défiance et le mécontentement des colons. Ce n'est jamais par des décrets, règlements ou sénatus-consultes, c'est uniquement par des lois que l'on doit décider du régime des colonies... »

Entre le système de l'autonomie coloniale, dont le sénatus-consulte

e 1866 avait posé le premier fondement, et celui de l'assimilation qui
emble être la conséquence inévitable d'un régime de suffrage universel et
e représentation parlementaire, on n'a pas encore opté. Tandis que la com-
lète séparation de législation et d'intérêts organisée en 1854 et 1866 est
maintenue, on accomplit tous les jours, sans programme arrêté, des actes
oit de simple centralisation soit de véritable assimilation, qui ne font
qu'accentuer encore la discordance entre les deux systèmes...

Cette autonomie est critiquée d'ailleurs aussi sur le principal point par où
elle a pu être considérée par quelques-uns comme un avantage ; en établissant une séparation complète entre les budgets locaux et le budget général,
elle a eu pour effet d'affaiblir aux yeux des pouvoirs législatifs métropolitains l'intérêt qui doit s'attacher aux affaires des colonies. Ils ne sont pas
amenés à s'enquérir de la situation de ces pays, à rechercher les moyens
d'aider au développement de leur propriété...

On reconnaît que les sénatus-consultes de 1854 et de 1866, mal combinés
d'ailleurs avec les ordonnances de la période antérieure, ne sont plus une
base convenable pour les institutions coloniales. Proposer de les réformer,
ce n'est pas faire autre chose que de continuer une œuvre commencée
depuis longtemps, et malheureusement interrompue trop souvent. Mais
quelle serait la nature de ces réformes ?...

M. Isaac répond a cette question en présentant un projet d'organisation.

PROJET D'ORGANISATION LÉGISLATIVE ET ADMINISTRATIVE
DES COLONIES.

CHAPITRE II

Dispositions particulières à la Guadeloupe et à la Martinique.

1er. — DISTRIBUTION DES POUVOIRS LÉGISLATIFS.

Art. 10. — Seront communes aux départements et aux colonies de la
Guadeloupe et de la Martinique, sous toutes réserves des restrictions ou
modifications qui pourront y être insérées, les lois à venir concernant :

1° L'exercice des droits politiques ;
2° La législation civile, commerciale et criminelle en général ;
3° Le recrutement des armées de terre et de mer ;
4° L'exercice des cultes ;
5° L'instruction publique ;
6° La presse et les réunions ;
7° L'organisation municipale.

Art. 11. — Seront réglés par des lois spéciales :

1° L'application auxdites colonies des lois antérieures de la métropole,
en ce qui concerne les matières énumérées en l'article précédent ;
2° Le régime commercial et les relations des colonies avec la métropole
et les pays étrangers ;
3° La détermination des pouvoirs de l'autorité exécutive, relativement
aux mesures de haute police et de sûreté générale ;
4° L'organisation judiciaire ;
5° Les tarifs, le mode d'assiette et les règles de perception des impôts
établis au profit de l'État ;
6° Les matières domaniales, en ce qui concerne l'acquisition, l'aliénation
ou l'échange de biens immobiliers, pour le compte de l'État.

Art. 12. — Des décrets rendus en la forme des règlements d'administration publique, après consultation des conseils généraux ou du conseil supérieur des colonies, pourront statuer sur :

1° L'organisation et les attributions des pouvoirs administratifs, en ce qui n'est pas réglé par la présente loi ;

2° Les matières domaniales, sauf les exceptions mentionnées au chapitre 5 de l'article 11 ci-dessus, et aux chapitres 1, 2, 3 et 4 de l'article 47, ci-après ;

3° Le régime monétaire, le taux de l'intérêt et les institutions de crédit ;

4° Le notariat, les offices ministériels et les tarifs judiciaires,

5° L'organisation du service des postes et télégraphes ;

6° La police des ports et rades.

Art. 13. Sous réserve des délégations et attributions spéciales de pouvoirs résultant de la présente loi, des décrets du Président de la République statueront sur tout ce qui concerne la simple exécution des lois.

Art. 14. Seront réglés par des résolutions des Conseils généraux rendus sur la proposition de l'administration locale :

1° Le régime et la police des eaux et forêts, de la chasse, de la pêche ;

2° La police municipale et rurale, sans préjudice des dispositions de la loi municipale du 5 avril 1884 ;

3° L'organisation des gardes nationales et milices ;

4° La grande et la petite voirie ;

5° La police, à l'intérieur, du commerce et de l'industrie ;

6° La police des poids et mesures ;

7° Les conditions auxquelles seront tenus de satisfaire les candidats aux fonctions rétribuées exclusivement sur les fonds départementaux, et les règles qui leur sont applicables, en ce qui concerne les nominations, l'avancement ou les révocations.

Art. 15. Les résolutions des Conseils généraux sur les matières indiquées en l'article précédent seront soumises à l'approbation du Président de la République.

Néanmoins, elles pourront être rendues provisoirement exécutoires par le Préfet en conseil de préfecture.

Art. 17. — Des décrets du Président de la République peuvent, sur la demande des Conseils généraux, ordonner la promulgation dans les colonies, des lois de la métropole concernant les matières énumérées aux articles 12 et 14.

2. — DIVISIONS TERRITORIALES ET POUVOIRS DÉPARTEMENTAUX.

Art. 19. — Chacune des colonies de la Guadeloupe et de la Martinique forme un département, divisé en arrondissements, cantons et communes.

Le Ministre de (Marine ou Commerce) remplit à l'égard de ces départements les attributions dévolues en France au Ministre de l'Intérieur.

Art. 20. — L'administration générale du département est confiée à un préfet...

Art. 21. — Le Préfet relève spécialement du Ministre (Marine ou Commerce). Il correspond, par son intermédiaire, avec les autres Ministres, relativement aux matières de son administration qui ressortissent à leurs départements respectifs.

Art. 23. — Le Préfet est assisté dans son administration par un Conseil de préfecture composé de trois membres.

Art. 24. — Des sous-préfets peuvent être placés dans les principaux arrondissements de chaque colonie.

Art. 25. — Un secrétaire général, sous les ordres du Préfet, surveille et centralise les services.

Art. 26. — La cour et les tribunaux de la Martinique et de la Guadeloupe forment un même corps avec l'administration judiciaire de France, et relèvent, comme celle-ci, du Ministre de la Justice. Les conseillers de la cour et juges des tribunaux de première instance sont inamovibles.

Art. 28. — Il y a, dans chacune des deux colonies, un trésorier, agent direct du Ministre des Finances, et qui relève de la Cour des comptes.

Art. 30. — Un officier supérieur ou général est chargé, sous les ordres du Ministre de la Marine et des colonies, du commandement supérieur des troupes dans chaque colonie. Il obéit aux réquisitions de l'autorité civile. Il ne peut ordonner, en temps de paix, aucun mouvement de troupes ou changement de garnison qu'avec l'assentiment du Préfet.

Il correspond avec le Ministre de la Marine et des colonies par l'intermédiaire du Préfet.

Art. 34. — Les préfets, sous-préfets, secrétaires généraux, conseillers de préfecture, sont nommés par décrets, sur la proposition du Ministre (Marine ou Commerce), et détachés des cadres du Ministère de l'Intérieur.

3. — RÉGIME FINANCIER.

Art. 35. — Les recettes et dépenses des colonies se divisent en deux catégories, savoir : les recettes et dépenses du service général : les recettes et dépenses du service local.

Art. 38. — Les recettes et dépenses du service général des colonies font partie des recettes et dépenses de l'État, et sont fixées annuellement par la loi du budget.

4. — CONSEILS GÉNÉRAUX.

Art. 41. — Il y a dans chaque colonie un Conseil général. La loi du 10 août 1871 est applicable à la formation et au fonctionnement de ce Conseil, sauf les réserves et modifications ci-après :

Art. 42. — Le nombre des membres du Conseil général est fixé à 36, et sera réparti entre les cantons, proportionnellement à leur population.

Art. 58. — Le projet de budget du service local est préparé et présenté par le préfet, qui est tenu de le communiquer à la commission départementale, avec les pièces à l'appui, dix jours au moins avant l'ouverture de la session d'août.

Le budget, délibéré par le Conseil général, est définitivement réglé par décret. Il peut être rendu provisoirement exécutoire par le préfet en conseil de préfecture.

Il se divise en budget ordinaire et extraordinaire...

CAHIER DE LA MARTINIQUE .

Jusqu'en 1664, dit l'*Annuaire de la Martinique*, les lois générales et les principes du droit public et administratif de la métropole avaient été communs à la colonie : l'assimilation était complète.

A partir de l'établissement d'un conseil supérieur de justice, de police et de finances, la nécessité de l'enregistrement des lois commença à créer un droit colonial spécial ; ce droit devint de plus en plus exceptionnel jusqu'à la Révolution de 1789. La colonie fut encore maintenue sous un régime spécial par l'Assemblée nationale et la Législative; quoique représentée dans ces assemblées, elle devait avoir une constitution particulière.

Complètement assimilée aux départements de France par la constitution dite du Directoire de 1705, elle fut remise sous un régime législatif spécial par celle du Consulat, puis par les chartes de 1814 et de 1830. Des ordonnances de Charles X y réorganisèrent l'administration, l'ordre judiciaire, le régime hypothécaire, et rendirent applicables les code pénal, d'instruction criminelle et de procédure civile.

A la suite de la révolution de 1830, les droits civils furent accordés par l'ordonnance de Louis-Philippe du 24 février 1831 à tous les hommes de couleur libres, puis la loi du 24 avril 1833 attribua les droits civils et politiques à toute personne née libre ou ayant acquis légalement la liberté : ce fut le retour au régime décrété le 28 mars 1792 par l'Assemblée législative et que la conquête anglaise avait aboli. Une autre loi du même jour, qu'on a appelée la Charte coloniale, institua un Conseil colonial, élu par des censitaires, qui fut investi d'une partie du pouvoir législatif ; il a subsisté jusqu'en 1837. En 1837, la colonie a été divisée en communes, et le régime municipal, qui y avait été exercé de 1780 à 1791, a été rétabli.

Après avoir détruit l'esclavage par le décret du 27 avril, la République de 1818 rendit à la colonie le bénéfice de la représentation à l'Assemblée nationale et organisa les élections sur la base du suffrage universel. Mais le coup d'État du 2 décembre 1851 et la nouvelle constitution remirent la Martinique sous un régime transitoire, qui ne fut modifié, sous l'empire de Napoléon III, que par le sénatus-consulte, du 8 mai 1854, organique de la constitution coloniale et du conseil général.

L'expédition du Mexique (1862-1867) renouvela le brillant spectacle qu'avait offert la Martinique pendant la guerre de l'Indépendance américaine : le port vaste et sûr de Fort-de-France devint, comme au siècle dernier, le lieu de relâche et de ravitaillement de toute la flotte française. Mais la colonie prit une part plus active à cette guerre : elle y envoya des marins, levés en vertu des lois sur l'inscription maritime, qui sont appliquées à la Martinique depuis 1848 ; elle y envoya surtout une troupe de jeunes volontaires et d'ouvriers indigènes du génie militaire. Ces enfants du pays se distinguèrent par leur bravoure, leur ardeur et leur esprit de discipline, et rendirent au corps expéditionnaire d'éclatants services, qui leur valurent les honneurs d'un ordre du jour spécial (8 novembre 1861).

Vers cette même époque s'est accomplie pour la colonie une grande réforme économique. La loi du 3 juillet 1861 avait aboli le régime commercial, connu sous le nom de pacte colonial, qui fermait les marchés étrangers aux colonies et ne leur permettait le commerce d'importation et d'exportation qu'avec la métropole ; cette loi avait donné, en un mot, la liberté du commerce et de navigation. Elle a été complétée par le sénatus-consulte du 4 juillet 1866, qui a accordé aux colonies le droit de voter elles-mêmes leur tarif de douane et d'octroi de mer ; mais cet acte leur a imposé, en retour, la charge de toutes les dépenses, autres que celles de souveraineté, qui sont restées au compte de la métropole.

Les changements survenus en France à la suite du 4 septembre 1870 ont rétabli dans la colonie le suffrage universel, supprimé depuis 1852, et avec le suffrage universel la représentation dans la législature métropolitaine.

CONSEIL GÉNÉRAL

Le Conseil général a été organisé par le décret du 26 juillet 1854, promulgué dans la colonie le 5 septembre suivant. Les décrets du 1er août, 20 août 1886 et 20 décembre 1887 ont, sur certains points, modifié son organisation. Les attributions sont réglées par l'article 13 du sénatus-consulte du 3 mai 1854, modifié par le sénatus-consulte du 4 juillet 1866.

Il est composé de 36 membres, élus par le suffrage universel, conformément aux décrets du 3 décembre 1870 et du 7 novembre 1879. Le président, le vice-président et les secrétaires sont nommés pour chaque session par le Conseil.

La commission coloniale de permanence, instituée par le décret du 12 juin 1879, est composée de 4 membres au moins et de 7 au plus, élus chaque année par le Conseil général à la fin de la session ordinaire.

VŒUX ÉMIS PAR LE CONSEIL GÉNÉRAL
DE LA MARTINIQUE

Assimilation. — Le Conseil, considérant que la Martinique qui est française depuis plus de deux siècles, qui jouit depuis 1870 des mêmes droits politiques que la métropole, se trouve dans les meilleures conditions possibles pour être assimilée complètement à la mère patrie, considérant qu'il importe de faire disparaître les différences humiliantes qui existent entre la colonie et un département français, qu'elles exposent notre population si patriotique aux reproches souvent reproduits d'échapper aux charges inhérentes à la qualité de citoyens français tout en bénéficiant des avantages qui y sont attachés ; que pour parvenir à cette assimilation tant désirée, l'assemblée locale abandonnant sans regret tous les droits et prérogatives qu'elle tient du sénatus-consulte du 4 juillet 1866 et qui sont inconnus aux conseils généraux métropolitains, renouvelle en l'accentuant le vœu qu'il a émis le 24 novembre 1874 et demande que la Martinique soit constituée le plus tôt possible en département français. (*Adopté à l'unanimité, session ordinaire de novembre 1882.*)

Loi militaire. — Le Conseil renouvelle son vœu de l'année dernière, au pouvoir métropolitain, de faire cesser au plus tôt la situation humiliante pour leur patriotisme qui est faite aux créoles, en appliquant dans le plus bref délai possible, la loi militaire aux colonies. (*Adopté à l'unanimité moins une voix, session ordinaire de 1882.*)

— Le Conseil renouvelle son vœu pour l'application du service militaire aux colonies et envoie ses félicitations aux troupes qui combattent au Tonkin et en Chine. (*Session ordinaire de 1884.*)

— Le conseil renouvelle le vœu qu'il a déjà émis de l'assimilation complète de la Martinique à la mère patrie, surtout en ce qui touche le service militaire. (*Adopté à l'unanimité, session ordinaire de novembre 1885.[1]*)

---

[1]. **La loi militaire de** 1889 dispose sous TITRE VI. — *Recrutement en Algérie et aux colonies.*

Art. 81. — Les dispositions de la présente loi sont applicables dans les colonies de la Guadeloupe, de la Martinique, de la Guyane et de la Réunion.

Elles sont également applicables en Algérie et dans toutes les colonies non désignées au paragraphe précédent, mais sous les réserves suivantes :

« En dehors d'exceptions motivées, et dont il serait fait mention dans le compte rendu prévu par l'article 86 ci-après, les Français et naturalisés Français résidant en Algérie ou dans l'une des colonies autres que la Guadeloupe, la Martinique, la Guyane et la Réunion, sont incorporés dans les corps stationnés soit en Algérie, soit aux colonies, et, après une année de présence effective sous les drapeaux, envoyés dans la disponibilité, s'ils ont satisfait aux conditions de conduite et d'instruction militaire déterminées par le ministre de la guerre.

« S'il ne se trouve pas de corps stationné dans un rayon fixé par arrêté ministériel, ces jeunes gens sont dispensés de la présence effective sous les drapeaux. Dans le cas où cette situation se modifierait avant qu'ils aient atteint l'âge de trente ans révolus, ils accompliraient une année de service dans le corps de troupes le plus voisin.

« En cas de mobilisation générale, les hommes valides qui ont terminé leurs vingt années de service sont réincorporés avec la réserve de l'armée territoriale, sans cependant pouvoir être appelés à servir hors du territoire de l'Algérie et des colonies.

« Si un Français ou naturalisé Français, ayant bénéficié des dispositions

Cour d'assises. — Le Conseil renouvelle le vœu formulé en 1886 tendant à ce que la cour d'assises soit transférée à Fort-de-France dans le double but de la commodité du public et de la réduction des frais. (*Session de 1887.*)

Évêché. — Le Conseil renouvelle le vœu émis par lui l'année dernière, tendant à ce que le siège de l'évêché soit transporté à Fort-de-France et insiste pour que le Conseil d'État, soit saisi de ses protestations contre l'inscription d'office au budget de la colonie de la subvention à l'évêché malgré le refus de l'évêque de prouver que les ressources de la cathédrale sont insuffisantes. (*Adoptée, session de 1882.*)

CHAMBRES DE COMMERCE

Les Chambres de commerce créées par ordonnance locale du 17 juillet 1820, sous la dénomination de Bureaux de commerce, ont été de nouveau réglementées par les arrêtés du 5 avril 1818 et du 17 mars 1855.

Les Chambres de commerce sont composées de 10 membres à Saint-Pierre et de 6 membres à Fort-de-France y compris le président.

Le directeur de l'intérieur est membre de droit de ces deux Chambres, et il préside les séances auxquelles il assiste.

Les membres de la Chambre de commerce sont élus pour 6 ans et sont toujours rééligibles. Ils sont renouvelés par moitié tous les 3 ans.

Le président est choisi par le gouverneur parmi les membres de chaque Chambre; il est nommé pour 3 ans.

---

du paragraphe 2 du présent article, transportait son établissement en France avant l'âge de trente ans, il devrait compléter, dans un des corps de la métropole, le temps de service dans l'armée active prescrit par l'article 37 de la présente loi, sans toutefois pouvoir être retenu sous les drapeaux au delà de l'âge de trente ans.

« Les Français ou naturalisés Français établis dans un pays de protectorat où seront stationnées des troupes françaises pourront être admis, sur leur demande, à bénéficier des dispositions qui précèdent. »

A la suite du vote de l'art. 81 à la Chambre des Députés, le 9 juillet 1889, M. Hurard monta à la tribune pour faire cette déclaration.

M. Hurard. « La déclaration que je viens porter à cette tribune vise moins l'article 82 que l'article 81 du projet de loi en discussion sur le recrutement de l'armée. Je vous demande la permission de la présenter entre ces deux articles.

« L'article de la loi que la Chambre vient de voter consacre un principe nouveau en appelant au service militaire les colonies de la Martinique, de la Guadeloupe, de la Guyane et de la Réunion.

« Au nom des populations de ces contrées si françaises, qui ont pris part à toutes vos luttes comme volontaires, nous, leurs représentants, nous vous remercions d'avoir fait cesser un privilège dont souffraient notre patriotisme de Français et notre orgueil de créoles. (*Très bien! très bien! à gauche et au centre.*)

« Depuis 1870, nous avons toujours demandé avec une énergie qui ne s'est jamais lassée à être soumis à la loi de recrutement et de payer la dette de sang.

« A l'égard de ces colonies, c'est une véritable œuvre de réparation que vous venez d'accomplir.

« S'il était besoin d'un nouveau bienfait pour augmenter leur attachement à la République, il n'y en aurait pas, messieurs, de plus précieux que celui qui nous met enfin dans la plénitude de nos droits et de nos devoirs de citoyens en nous appelant comme nos frères métropolitains à servir la patrie dans l'armée, en temps de paix, aussi bien que sur les champs de bataille. (*Applaudissements à gauche.*)

REPRÉSENTATION COLONIALE

L'article 21 de la loi du 30 novembre 1875, promulguée dans la colonie le 21 janvier 1876, accorde un député à la Martinique, comme à la Guadeloupe et à la Réunion; la loi du 21 juillet 1881, portant modification au tableau des circonscriptions électorales, attribue deux députés à chacune de ces trois colonies.

La loi du 24 février 1875 et l'article 2 de la loi du 9 décembre 1884 accordent à la Martinique un sénateur, comme à la Guadeloupe, à la Réunion et aux Indes françaises.

NOTE SUR LE RÉGIME COLONIAL

A la Martinique, — je puis bien ajouter, ainsi qu'à la Guadeloupe, car ce que je vais dire s'applique aussi bien à l'une et à l'autre colonies, — on a peine à comprendre la façon dont s'entend en haut lieu l'idée seule de colonisation et l'on voudrait que, dans les bureaux de la rue Royale, les fonctionnaires eussent, à tous les degrés de la hiérarchie, tout au moins quelques notions sommaires sur les pays dont ils ont la direction, sur les habitants, leurs mœurs, leur tempérament, les courants commerciaux, industriels ou agricoles qui peuvent s'y produire ou y être provoqués.

Ce qui fait défaut dans l'Administration centrale des colonies, c'est un programme au point de vue colonisation, c'est une vue d'ensemble au point de vue des colonies. Ce qui surabonde, c'est le morcellement, l'émiettement à l'infini des détails de chaque service, de chaque bureau. S'il m'était permis d'employer une expression vulgaire, mais empruntée à l'industrie, je dirais que le grand mal vient de ce que les fonctionnaires, même d'un ordre relativement élevé, *travaillent à la pièce.*

Si l'on veut décider un courant migrateur, il est nécessaire de donner à l'existence du colon une ampleur qui soit une compensation à l'immigrant. Compensation juste, puisque celui qui vient s'établir dans une colonie, après ce travail souvent pénible de la liquidation de ses affaires dans la métropole, se sépare le plus fréquemment de sa famille et de ses amis, quitte un lieu natal empli de doux et touchants souvenirs, et court des risques périlleux et quelquefois mortels, hélas! d'un acclimatement dans une région qui est loin d'être similaire à celle dans laquelle il est né.

A l'encontre de ce desideratum, l'émigrant se heurte à une administration qui, dans la plupart des colonies, est demeurée, ou à peu près, ce qu'elle était il y a cent ans.

Dès qu'il est débarqué, il se trouve transplanté en pleine *époque antérépublicaine*. L'administration est intolérable; le gouverneur omnipotent.

Ni la liberté de réunion, ni la liberté de la presse, ni la liberté commerciale n'ont cette intégralité réelle qui doit constituer l'apanage des pays neufs. Mille liens ténus les entourent, les contiennent et sont autant de tracasseries pour le colon.

S'il n'est pas forcé par des circonstances impérieuses de demeurer dans le pays, l'émigrant va chercher fortune dans une colonie étrangère, ou revient en France, où, en tout état de cause, il écrit et parle. Ses plaintes, ses doléances, la précision de ses griefs détournent les aventureux, arrêtent le mouvement migrateur et déterminent un courant d'opinion contraire aux intérêts de la colonisation.

L'émigrant habitué, en France, à la liberté, au libre exercice de ses droits de citoyen, ne doit pas être soumis, par le fait de son expatriation en nos possessions françaises, à des mesures de police agaçantes, à une réglementation vexatoire, à des taxes et à des droits de douane exorbitants.

Il doit sentir son émancipation, dès qu'il est descendu à terre. Ce qu'il recherche, en effet, c'est une contrée clémente dans laquelle il rencontre une existence élargie, un vaste champ d'action qui lui permette de réaliser, par un travail ardent et opiniâtre, l'aisance après laquelle il aspire et l'indépendance qu'il rêve.

La question commerciale est une de ses déceptions et non des moins grandes.

Les produits qui arrivent de France, naturellement majorés des frais de transport, de courtage, d'intérêt de l'argent, de capital mis plus longtemps en valeur, montent pour certains articles à un prix qui atteint presque le double de celui auquel ils se vendent dans la métropole; en revanche, la taxe pesant sur les produits étrangers est relevée, sous prétexte qu'il importe de favoriser le commerce métropolitain et de lui assurer des débouchés en empêchant la concurrence.

De là, cette cherté de la vie dans nos possessions d'outre-mer; cherté qui disparaîtrait immédiatement, si le gouvernement, reconnaissant qu'il est temps de considérer les colonies, non plus comme un champ d'expérience trop ouvert à quelques incapacités administratives, mais bien comme le terrain par excellence du développement des intérêts matériels, de l'influence politique de la nation, de l'expansion de la race, et, par suite comprenant la nécessité d'opérer largement avec une grandeur de vue en rapport avec la grandeur du but, revenait résolument et avec persévérance à la formule économique de Turgot : Laissez faire, laissez passer.

Ce n'est pas la peine de quitter la France, se dit-on avec raison, si l'on doit être, à tous les points de vue, plus mal aux colonies. A la formule de Turgot on en a malheureusement substitué une autre regrettable. La question de colonisation n'est, pour bien des gens, qu'une question de comptabilité stricte. Tout doit être enserré entre le « doit » et l' « avoir ». Une colonie, qu'est-ce que cela coûte en fait d'argent et qu'est-ce que cela rapporte? Tout est là. Ceux-là seuls qui sont allés au loin, qui ont fait de la colonisation vraie, peuvent se rendre compte du mal qui résulte de cette façon de voir.

Des esprits superficiels objectent que la Martinique réclame le libre-échange en matière d'importation et la protection en matière d'exportation. Ils voient là une antinomie.

En France, on peut sans graves inconvénients, faire supporter à l'agriculture et à l'industrie, la lourde charge de la bataille commerciale ; la vaste étendue du territoire tout d'un seul tenant, la multiplicité des voies de communication, canaux, routes, services fluviaux, chemins de fer, présentent au commerce une concurrence favorable ; le tarif des transports homologués par l'État, pour la plupart, permettent de fixer à coup sûr le prix de revient et le prix initial de vente des denrées, par conséquent, d'opérer avec une sécurité suffisante, indispensable à la réussite des affaires.

La Martinique est loin de se trouver dans ce cas. L'exiguïté de son territoire — 98 000 hectares ! — ne saurait par exemple compenser la défectuosité de son outillage sucrier pour lequel elle a pourtant fait d'énormes sacrifices.

En tout cas, l'industrie coloniale n'est pas comme l'industrie métropolitaine aussi susceptible de mille transformations incessantes que le voisinage des grands centres, de laboratoires toujours en gestation de progrès scientifiques, développe à l'infini et avec une rapidité que favorise singulièrement la surabondance de capitaux.

De plus, au point de vue intérieur, son système routier est incomplet ; elle ne possède point de canaux, et le chemin de fer est demeuré pour elle presque une légende européenne. Au point de vue extérieur, elle se trouve dans l'obligation d'employer exclusivement la voie maritime pour exporter ses produits.

Quoique la vapeur ait sensiblement amélioré la régularité de la navigation, celle-ci n'en est pas moins demeurée très incertaine. L'irrégularité de l'arrivée et du départ des voiliers, le prix du fret, qui, étant libre, subit les variations économiques de l'offre et de la demande, l'inégalité de la durée des voyages, tout concourt à placer le producteur des Antilles dans une position commerciale désavantageuse.

Quels que soient son habileté, sa perspicacité, son flair, il lui est impossible de prévoir, si au jour dit, le nombre des navires sur rade sera suffisant pour permettre l'embarquement de ses produits ; si ses prévisions se trouvent jus-

tifiées, il est obligé de subir la surélévation du prix du
fret, qui était hier à 25 fr. et qui subitement peut s'élever
à 35, 40, 50 ou 60 fr., sous peine de ne pas arriver à temps
à destination, de voir couler ses sucres, sans préjudice de
la diminution conséquente de l'intérêt du capital mis en
valeur, etc.

Faut-il parler de l'exportation?

Qui ne voit qu'une protection bien entendue de produits
coloniaux n'a rien qui puisse offusquer les plus libre-
échangistes. Ici encore nous pouvons alléguer l'exiguïté
du sol, la disproportion des moyens industriels, etc.

Quand l'industrie sucrière métropolitaine, grâce à sa force
de résistance plus grande aux fluctuations désavantageuses
des marchés tant français qu'étrangers, écrase par sa concurrence constante la production sucrière de nos possessions d'outre-mer, qui est en quelque sorte leur seule
source de recettes, une protection ne devient-elle pas
de leur part la plus légitime des revendications?

Quelles raisons peut-il y avoir à ce que la France ne
fournisse pas à ses colonies, si éprouvées par la crise
sucrière, un allégement sous forme d'exonération partielle
des droits frappant le cacao, le café et autres denrées
secondaires venant de cette partie de son territoire, ou
sous forme de majoration des droits qui frappent ces produits venant de l'étranger?

Est-ce que, en définitive, les colonies ne sont pas le
prolongement de la France? Ne doit-on pas s'étonner avec
Gambetta que ces parties de la France soient traitées
comme des pays étrangers? Arrêter à la frontière française par des tarifs de douane des produits français,
n'est-ce pas là la plus absurde, la plus inique des antino-
mies?

Quittant le terrain commercial et industriel, faut-il
parler des lois libérales appliquées aux colonies? Les gouverneurs en faussent souvent le principe, parce qu'ils se
sentent trop omnipotents. Du haut en bas de l'échelle
administrative, c'est le sentiment exagéré de leur pouvoir qui domine chez tous les détenteurs de l'autorité.

Ils ne sont pas encore pénétrés de cette idée très juste et très simple pourtant qu'ils sont les serviteurs du peuple qui les paye.

Si en France, on souffre de ce travers des fonctionnaires combien plus grand est le mal aux colonies, ces pays si récemment nés à l'égalité civile.

Je connais des communes à la Martinique où le maire n'est rien, et un simple brigadier de gendarmerie tout. Le suffrage universel n'a qu'à s'y bien tenir. De connivence avec un simple gendarme, qui peut être mal intentionné, le directeur de l'intérieur peut tenir en échec pendant des mois le suffrage universel.

Traîner un maire en police correctionnelle, pour un mot que ce gendarme, stylé contre ce maire, a trouvé exagéré de la part de ce dernier, ce chef élu d'une commune, ne tarde pas, grâce à une magistrature complaisante, à être condamné à la prison.

De là à la suspension puis à la révocation, il n'y a qu'un pas, et il est vite franchi. Le dossier est hâtivement expédié rue Royale et ce maire, sans être entendu, est sacrifié.

C'est la monnaie courante des injustices dont nous sommes victimes.

Sans protection du côté du directeur de l'intérieur, il n'est pas plus protégé rue Royale, où l'on peut entasser contre lui toutes les accusations les plus accablantes, sans qu'il ait pu à son tour formuler ses griefs ou présenter une justification.

Le maire n'est, à proprement parler, que le représentant d'une autorité essentiellement *locale*, partant inférieure. Pour certains fonctionnaires, l'investiture métropolitaine, même dans les rangs inférieurs de l'administration, donne à celui qui en a le bénéfice une supériorité devant laquelle tout fonctionnaire d'origine coloniale doit se courber, à plus forte raison, un représentant de ce suffrage universel qui n'a pas jusqu'ici précisément gagné la sympathie même des détenteurs les plus infimes de l'autorité.

En France, ce représentant autorisé du suffrage universel eût été traité avec quelques égards ; à la Martinique le préjugé administratif est contre lui et ce préjugé le poursuit jusqu'aux bureaux des colonies.

Quand se produit en sa faveur l'intervention d'un député, c'est le côté électoral qui frappe et qui choque.

Singulier encouragement, on l'avouera, pour ceux qui seraient sollicités par leurs concitoyens à ceindre une écharpe qui cache dans ses plis tant de luttes, de misères et de déceptions !

Singulière façon de faire aimer et servir le suffrage universel et avec lui la République ! Peut-on s'étonner après cela que, dans certaines communes, le sentiment du devoir électoral soit à ce point énervé, émoussé que les électeurs finissent par se désintéresser absolument de la chose publique ?

Les lois qui nous régissent sont plus libérales que ceux qui sont chargés de les faire appliquer ; inévitablement elles doivent être faussées dans leur application. Tant pis pour ceux qui se fient naïvement à l'interprétation équitable de leur lettre et de leur esprit.

Quand viendra l'assimilation si désirée, et qui, de l'avis de la très grande majorité, doit mettre un terme à tant d'erreurs, à tant d'abus ? nul ne le sait !... En attendant, on la réclame passionnément avec la conviction profonde que son avènement ouvrira l'ère des réformes indispensables au développement politique, intellectuel, industriel, agricole et commercial de la colonie.

M. HURARD,

Député de la Martinique,

NOTE SUR L'ORGANISATION COLONIALE

On répète souvent que les Français ne sont pas colonisateurs. Cette assertion est une erreur à laquelle il faut renoncer définitivement, car tous les peuples peuvent et savent coloniser, pourvu qu'ils trouvent ailleurs comme chez eux leurs conditions particulières d'existence.

Les différentes races humaines se meuvent dans une

perpétuelle migration et se fixent là où elles rencontrent la satisfaction de leurs besoins.

Mais l'heure d'une véritable colonisation n'est plus, la terre est désormais partagée entre les occupants actuels; les Européens ont envahi et acquis toutes les régions du globe qui conviennent à leur manière d'être. On ne doit pas espérer qu'ils prospéreront et se multiplieront sous des climats meurtriers par l'excès de la chaleur ou du froid.

La France fut une des premières nations conquérantes; elle a, dans ses annales, des faits d'aventure et d'héroïsme glorieux pour ses enfants, qui ont parcouru avec audace et intelligence l'Afrique, l'Amérique, l'Asie et l'Océanie; mais les gouvernements successifs de notre pays n'ont jamais songé à conserver les riches et immenses territoires que nos hommes de courageuse initiative, nos braves soldats et nos intrépides marins leur offraient, leur procuraient, leur donnaient.

La troisième République sera-t-elle plus heureuse? C'est la question que nos gouvernants doivent se poser et faire étudier. Le problème est complexe, parce que nos possessions d'outre-mer ne se ressemblent pas; on peut les classer en groupes distincts, et chacun de ceux-ci exige un régime spécial. Nous avons conservé de notre ancien et vaste empire colonial quelques Antilles, l'île de la Réunion, le Sénégal et la Guyane. Quant à l'Inde française, elle est si petite, qu'on a pu dire qu'elle n'existe qu'à titre de souvenir et de regrets.

Il faut assimiler à la mère patrie les Antilles et l'île de la Réunion qui ne sont plus des colonies mais de vrais départements, aussi avancés en civilisation et en progrès que la France elle-même. Au Sénégal, nous devons continuer la politique et l'administration du général Faidherbe. La Guyane est une terre vierge que nous n'avons pas encore exploitée; on ne la peuplera jamais avec des Français venus d'Europe. Ce sont les créoles des Antilles et du Sénégal qui, faisant alliance avec les indigènes, pourront fournir d'habitants cette magnifique contrée. Elle sera notre plus belle et notre plus riche colonie. Dans l'Océanie, nous avons Taïti et la Nouvelle-Calédonie. Cette dernière île serait la seule possession française qui pût offrir à nos émigrants un séjour favorable et un avenir assuré, elle est devenue malheureusement et par nécessité une colonie pénitentiaire. Taïti est surtout un poste militaire. Son heureuse population mérite d'être protégée et encouragée pour qu'elle ne disparaisse point.

En Cochinchine, au Tonkin, à Madagascar, sur les côtes occidentales d'Afrique, nous n'aurons pas de colonies proprement dites. Ces contrées resteront toujours de vastes possessions, qui, déjà peuplées, doivent devenir de grands débouchés pour notre industrie et notre commerce.

Mais afin d'assigner son rôle à chacun de nos pays d'outre-mer, il est temps de reviser la législation colo- niale, faite de pièces et de morceaux rapportés, empruntés à toutes les constitutions qui se sont succédé en France. Nos colonies comme la Métropole doivent être soumises au *régime de la loi*, afin de leur donner une sécurité que le système des décrets ne peut pas leur assurer.

ALLÈGRE,
Sénateur de la Martinique.

CAHIER

DE L'ILE DE LA RÉUNION

L'île de la Réunion a été découverte le 9 février 1528 par le Portugais don Pedro de Mascarenhas, revenant de l'Inde en Europe : elle fut prise au nom du roi de France, le 26 juin 1638, par Salomon Goubert. Cette cérémonie fut répétée, en septembre 1642, par de Pronis, agent de la Compagnie des Indes à Madagascar, et en octobre 1649, à la Possession, par Roger le Bourg, sur l'ordre de Flacourt, qui donna à l'île Mascareigne le nom de Bourbon.

En 1764, la Compagnie des Indes ayant fait faillite, ses domaines retournèrent au Roi. Une ordonnance du 25 septembre 1766 confia l'Administration des îles Bourbon et de France à un gouverneur général, avec un gouverneur particulier à Bourbon.

Le 25 mai 1790, se réunit à Saint-Denis l'assemblée générale des Députés des quartiers, au nombre de 125 : cette assemblée élut les députés à l'assemblée nationale. L'assemblée coloniale, qui succéda à l'assemblée générale, arbora le drapeau tricolore le 19 juillet 1791. Le 13 mars, l'île prit le nom de la Réunion; trois jours après, le 16, la République fut proclamée.

Le régime révolutionnaire cessa avec l'arrivée du général Decaen, *capitaine général des Établissements à l'Est du cap de Bonne-Espérance*, porteur de l'arrêté consulaire du 2 février 1803 sur l'organisation administrative de la Réunion et de Maurice : la Réunion retourna, comme avant 1790, sous la direction de l'île-sœur, où résida le gouverneur général. Le 15 août 1806, une proclamation du gouverneur donna à la Réunion le nom de Bonaparte. Le nom de Bourbon lui fut rendu en 1815; après la proclamation de la République, le 9 juin 1848, elle reprit le nom de la Réunion.

CONSEIL GÉNÉRAL

Le sénatus-consulte du 3 mai 1854 créait un Conseil général à la Réunion. Le décret du 26 juillet 1854 fixait à 24 le nombre des membres de ce Conseil.

Le sénatus-consulte du 4 juillet 1866 élargit les attributions du Conseil : l'arrêté du 9 février 1871 — à la suite du décret du 3 décembre 1870 donnant à la colonie le suffrage universel — promulgua la législation applicable aux élections des conseillers généraux. Un décret du 1er juin 1879 instituait une commission coloniale et le décret du 7 novembre 1879 élevait à 36 le nombre des conseillers généraux.

CONSTITUTION COLONIALE

Dans sa session de 1871, le Conseil général a délibéré sur un projet de constitution coloniale propre à la colonie.

Voici le rapport de la Commission, avec les modifications apportées par le Conseil à la suite de ses délibérations :

Par décrets des 10 septembre et 3 décembre 1870, la République nous a restitué nos droits politiques. Il reste à les affermir et à achever l'œuvre commencée par elle. Dans ce but, le Ministère se prépare à demander à l'Assemblée nationale la revision du régime constitutionnel des colonies. Vous avez voulu ne pas rester étrangers à cet acte si grave par lui-même, si important pour notre avenir, et pensant qu'il serait utile de faire connaître vos vues sur la réforme qui se prépare, vous avez confié à une Commission spéciale l'étude des questions qui s'y rattachent.

Cette Commission, qui revient aujourd'hui devant vous, doit d'abord déclarer que les membres qui la composent n'ont eu aucune peine à s'entendre sur les principes qui devaient servir de bases à son travail, et deviendront définitivement, elle l'espère, les fondements de nos institutions coloniales. Aussi la plupart des propositions qu'elle vous soumet, ont-elles été arrêtées à l'unanimité. Puisse-t-il en être de même de vos votes ! Puissent les vœux du Pays, que vous avez reçu mandat de formuler, parvenir à la Métropole avec cette force qu'imprime toujours aux délibérations d'une assemblée la communauté des sentiments et des convictions de ceux qui la composent !

Ces principes, dont elle a cherché à s'inspirer, sont ceux sur lesquels reposent les lois organiques de tous les peuples libres, grands ou petits. Ils se déduisent de cet axiome, depuis longtemps incontesté, qu'une constitution est un pacte qui intervient à la fois dans l'intérêt de la société et de chacun de ses membres, et qui a pour but d'assurer à ceux-ci l'usage de leurs droits individuels et politiques : à celle-là, les moyens de fonctionner et de maintenir l'ordre et la justice qui sont les conditions mêmes de son existence.

Votre Commission a donc divisé son travail en deux parties : la première a trait aux droits individuels et politiques : la seconde, à l'organisation des pouvoirs publics.

PREMIÈRE PARTIE

Droits individuels et politiques

Ici, notre formule est bien simple, car elle se résume en deux mots; assimilation avec la Métropole.

Nous demandons l'assimilation pour les droits individuels, parce que ces droits ne se modifient pas d'une latitude à l'autre; parce que c'est en échange du respect et de la protection qu'elle leur doit et qu'elle leur promet, que la société reçoit l'investiture du pouvoir ; parce qu'ils existent en dehors et au-dessus de la volonté du législateur, qui n'a d'autre mission que de les entourer de garanties tutélaires.

Nous demandons l'assimilation pour les droits politiques parce qu'ils sont la source même de l'autorité publique, et que celle-ci n'est légitime que si tous ont pu concourir à l'édifier ; parce qu'il n'y a pas deux classes de Français, les uns capables par la raison qu'ils sont sur le continent, les autres frappés d'incapacité par cela seul qu'ils habitent notre île.

Ces vérités n'avaient même pas besoin d'être énoncées devant vous, car tous, vous avez souffert et gémi de la situation exceptionnelle qui nous a toujours été imposée, de cet îlotisme qu'une institution barbare a fait long-temps peser sur nous, mais que depuis vingt ans rien n'explique ni ne justifie.

Comme conséquence de ce premier principe que les colons de la Réunion doivent être assimilés aux habitants de la France pour tout ce qui concerne la jouissance et l'exercice des droits individuels :

1o Les lois métropolitaines qui garantissent la liberté individuelle, la liberté religieuse, la liberté d'enseignement, la liberté de la presse, l'invio-labilité du domicile et de la propriété, le jugement par le jury, les droits de réunion, d'association et de pétition, et qui déjà ne seraient pas en vigueur dans la colonie, y seront immédiatement rendus exécutoires ;

2o Les lois à venir qui auraient pour but de mieux assurer l'exercice des droits individuels, y seront aussi promulguées dès qu'elles l'auront été en France.

Comme conséquence de ce second principe, que l'exercice des droits poli-tiques doit être garanti aux citoyens français de la Réunion dans les mêmes conditions qu'aux citoyens français de la Métropole, la loi électorale sera ici ce qu'elle sera là-bas.

En dehors de cette formule générale, nous n'avons rien à exprimer, sinon ce vœu, que l'extention la plus large soit donnée aux mesures protec-trices des droits individuels et qu'aucune restriction d'aucune sorte ne soit apportée au suffrage universel.

DEUXIÈME PARTIE

Organisation des pouvoirs publics

Nous avons à parcourir les trois ordres de pouvoirs : législatif — exécutif — judiciaire.

I. — POUVOIR LÉGISLATIF

1o *Représentation à l'Assemblée nationale*

L'assimilation avec la Métropole pour les droits individuels et politiques entraine à notre profit la participation à la représentation nationale, qu'à aucune époque, du reste, le Gouvernement républicain n'a songé à nous refuser.

La loi de 1791, et plus tard celle de 1848 qui nous est en ce moment appliquée, fixaient à deux le nombre des sièges qui nous sont réservés au sein de l'Assemblée nationale. Votre Commission a pensé que ce nombre pourrait être élevé à trois, par suite des conditions défavorables où nous place notre éloignement de la France.

2o *Assemblée coloniale*

L'un des vœux les plus ardents du pays, est d'avoir enfin une représen-tation locale investie d'une autorité plus complète et mieux dessinée que la vôtre. Il a depuis longtemps compris que les affaires intérieures ne pouvaient être ni conduites à distance, ni livrées sans partage au manda-taire du Pouvoir métropolitain parmi nous. En dehors des lois d'intérêt général dont la connaissance est et doit demeurer réservée au corps légis-latif, en dehors des actes d'exécution qui sont du ressort du chef de la colonie, il y a une large place qui resterait vide ou plutôt qui serait bien vite usurpée, si une assemblée coloniale n'était chargée de l'occuper.

Cette assemblée devra être assez nombreuse pour que les principales nuances de l'opinion, les aptitudes et les intérêts divers s'y trouvent représentés; elle devra être établie dans des conditions d'indépendance vis-à-vis du Pouvoir; enfin ses attributions devront être assez étendues pour qu'elle puisse suffire aux besoins multiples qui naissent de la vie sociale, besoins que notre isolement rend souvent plus impérieux, et que l'Assemblée nationale ne peut toujours ni exactement connaître, ni satisfaire en temps opportun.

Voici dans quels termes votre Commission pense que l'organisation de l'assemblée coloniale pourrait être réglée :

1. — Il y aura à la Réunion une assemblée coloniale formée de cinquante membres.

2. — Les conditions d'éligibilité seront celles déterminées par la loi électorale.

3. — Toutefois ne pourront être élus membres de l'Assemblée coloniale : 1o les maires, tant qu'ils seront nommés par le Gouvernement; 2o les personnes exerçant des fonctions publiques rétribuées, soit sur le budget du service local, soit sur le budget métropolitain.

Si un membre de l'Assemblée vient à se trouver dans l'une ou l'autre de ces deux situations, il sera considéré comme démissionnaire.

4. — L'élection aura lieu par commune. Les sections électorales seront déterminées par l'Assemblée coloniale.

5. — La répartition des représentants entre les divers cantons de l'île aura lieu proportionnellement, au nombre des électeurs inscrits. Après épuisement des unités, les représentants appartiendront aux circonscriptions électorales qui auront les fractions les plus fortes.

6. — Avant la clôture de la dernière session ordinaire qui précédera l'époque de son renouvellement, l'Assemblée fera cette répartition et celle des élections électorales.

7. — Le Conseil général actuel, et, à défaut, le Gouverneur, procédera à la première répartition.

8. — L'Assemblée coloniale se réunira en session ordinaire chaque année, sans qu'il soit besoin d'une convocation spéciale. Cette réunion aura lieu le troisième lundi du mois de mai, à moins que, par un décret, l'Assemblée ne détermine une autre époque pour l'ouverture de ses travaux ordinaires.

9. — Elle pourra, en outre, être réunie en session extraordinaire, sur la convocation du Gouverneur, toutes les fois que les circonstances l'exigeront. Dans ce cas l'objet de la session et sa durée seront déterminés par l'arrêté de la convocation.

10. — La session ordinaire sera de deux mois. L'Assemblée pourra la prolonger d'un mois, si les affaires l'exigent; mais ce temps passé, la session ne pourra être continuée sans un arrêté du Gouverneur.

11. — L'Assemblée vérifie elle-même les pouvoirs, valide l'élection et reçoit la démission de ses membres.

12. — Le membre élu dans plusieurs circonscriptions électorales est tenu de déclarer son option aussitôt après la validation de ses pouvoirs; faute par lui de le prononcer, l'Assemblée détermine par le sort, à quelle circonscription électorale il appartiendra.

13. — A l'ouverture de chaque session ordinaire, elle procède à l'élection d'un président, d'un vice-président et de deux secrétaires. Le bureau de la dernière session reste en fonctions jusqu'au moment où le nouveau bureau est formé.

14. — A chaque nouvelle législature, le plus âgé des membres présents remplit les fonctions de président; le plus jeune remplit les fonctions de secrétaire.

Il est procédé immédiatement à l'élection du président, du vice-président et des secrétaires.

L'élection a lieu à la majorité absolue des suffrages; si les deux premiers tours de scrutins n'ont pas donné de résultat, il est procédé à un scrutin de ballotage entre les deux candidats qui ont obtenu le plus de voix. En cas d'égalité de suffrages, le plus âgé est nommé.

15. — Les séances de l'Assemblée coloniale sont publiques. Les procès-verbaux sont publiés. Toutefois, elle peut se réunir en comité secret.

16. — Dans le but d'assurer la liberté d'action et la tranquillité de l'Assemblée, le président a le droit de requérir la force publique.

17. — L'Assemblée fait elle-même son règlement.

18. — Elle est renouvelée intégralement tous les trois ans. Les membres sortants sont indéfiniment rééligibles.

19. — Elle peut être dissoute par le Gouverneur qui est alors tenu de convoquer les électeurs et de réunir une nouvelle assemblée dans les deux mois.

20. — En cas de vacance par option, décès, démission ou autrement, le collège électoral qui doit pourvoir à la vacance est convoqué dans le mois, du jour où elle a été dénoncée au Gouverneur.

21. — Est démissionnaire, tout membre qui, dans le cours d'une session, a manqué à dix séances sans excuses admises par l'Assemblée.

22. — Les délibérations de l'Assemblée ne sont valables qu'autant que la moitié plus un du nombre de ses membres y a concouru, et qu'elles ont été rendues à la majorité absolue des suffrages exprimés.

23. — Chaque membre a le droit d'initiative sur les questions qui sont de la compétence de l'Assemblée.

24. — L'Assemblée coloniale adresse au Ministre, par l'intermédiaire de son président, les réclamations qu'elle peut avoir à présenter dans l'intérêt spécial de la Colonie.

25. — Le gouverneur fait l'ouverture de la session;

26. — Il nomme un ou plusieurs commissaires pour soutenir les propositions qu'il présente à l'assemblée.

27. — Ces commissaires assistent aux séances et sont entendus quand ils le demandent.

28. — Aucune proposition, lorsqu'elle est rejetée, ne peut être présentée de nouveau dans la même session.

Attributions du Pouvoir législatif métropolitain et de l'Assemblée coloniale.

Votre commission vous propose de demander que ces attributions soient fixées de la manière suivante :

Sont faites par le Pouvoir législatif de la République :

1° Les lois relatives à la Constitution coloniale;

2° Les lois relatives à l'exercice des droits individuels et politiques;

3° Les lois civiles et criminelles;

4° Les lois sur l'organisation judiciaire;

5° Les lois sur l'organisation militaire.

Sont réglées par décrets de l'Assemblée coloniale, le Gouvernement entendu, toutes les matières qui ne sont pas réservées par la disposition ci-dessus.

Cette formule ne nous a pas paru cependant suffisante.

Dans sa généralité, elle embrasse, il est vrai, d'une part, toutes les lois qui peuvent affecter d'une manière directe les intérêts moraux ou matériels de l'État et qui garantissent l'unité nationale; de l'autre, les matières d'intérêt local. Mais les attributions de l'Assemblée coloniale, qui ne peuvent, du reste, avoir sur tous les points la même étendue, ont besoin d'être mieux précisées. C'est ce que votre Commission a cherché à faire en prenant pour guide le sénatus-consulte du 4 juillet 1866.

Le sénatus-consulte de 1866 comprend deux séries de matières : les unes, sur lesquelles le Conseil général exerce un pouvoir souverain; les autres, sur lesquelles il exerce un pouvoir subordonné; les premières seules y sont limitativement déterminées.

D'après votre Commission, le contraire devrait avoir lieu pour l'Assemblée coloniale. Il faudrait indiquer d'une façon purement énonciative les questions que l'Assemblée pourra trancher, mais fixer d'une manière limitative celles sur lesquelles elle devra simplement délibérer.

C'est dans cette pensée qu'elle vous soumet la rédaction suivante :

Sont réglées par décrets de l'Assemblée coloniale, le Gouvernement entendu, toutes les matières qui, par la disposition ci-dessus, ne sont pas réservées aux lois de l'Etat.

Elle statue notamment :

1° Sur l'organisation administrative, pour tous les services soldés par le budget local ;

2° Sur le régime municipal ;

3° Sur le régime des eaux et forêts ;

4° Sur les acquisitions, aliénations et échanges des propriétés mobilières et immobilières de la Colonie ;

5° Sur le changement de destination et d'affectation des propriétés de la Colonie ;

6° Sur le mode de gestion des propriétés de la Colonie ;

7° Sur les baux de biens donnés ou pris à ferme ou à loyer, quelle qu'en soit la durée ;

8° Sur les actions à intenter ou à soutenir au nom de la Colonie, sauf dans les cas d'urgence, où le Gouvernement peut intenter toute action ou y défendre, sans délibération préalable de l'Assemblée, et faire tous actes conservatoires ;

9° Sur les transactions qui concernent les droits de la Colonie ;

10° Sur l'acceptation ou le refus des dons et legs faits à la Colonie ;

11° Sur le classement, la direction et le déclassement des routes ;

12° Sur le classement et la direction des chemins d'intérêt collectif, la désignation des communes qui doivent concourir à l'entretien de ces chemins, le tout après avis des conseils municipaux ;

13° Sur les offres faites par les communes, par des associations ou des particuliers pour concourir à la dépense des routes, des chemins et d'autres travaux à la charge de la Colonie ;

14° Sur les concessions à des associations, à des compagnies ou à des particuliers, des travaux d'intérêt colonial ;

15° Sur la part contributive de la Colonie dans la dépense des travaux à exécuter par l'Etat et qui intéressent la Colonie ;

16° Sur les projets, plans et devis des travaux exécutés sur les fonds de la Colonie, et sur les marchés de plus d'une année ;

17° Sur les assurances des propriétés mobilières et immobilières de la Colonie ;

18° Sur l'établissement et l'organisation des caisses de retraite et autres modes de rémunération, en faveur du personnel autre que le personnel emprunté aux services métropolitains ;

19° Sur le concours de la Colonie dans les dépenses de travaux qui intéressent à la fois la Colonie et les communes ;

20° Sur le règlement d'admission dans un établissement public des aliénés dont l'état n'est pas compromettant pour l'ordre public et la sûreté des personnes ;

21° Sur les difficultés relatives à la répartition de la dépense des travaux qui intéressent plusieurs communes.

Toutefois : 1° Aucune concession, même provisoire des terres de la Colonie ne pourra être faite qu'après deux votes, tous deux favorables à l'aliénation et intervenus dans deux sessions différentes ;

2° Aucune aliénation à titre onéreux des biens immobiliers de la Colonie, ne sera ordonnée, aucun bail d'une durée de vingt années et plus ne sera sanctionné, si ce n'est à la majorité absolue des membres composant l'Assemblée coloniale.

L'Assemblée coloniale vote les taxes et contributions de toute nature nécessaires pour l'acquittement des dépenses de la Colonie. Elle en détermine le mode d'assiette et les règles de perception.

Elle discute et vote, sur la présentation du Gouverneur, le budget de la Colonie.

Elle entend, débat et approuve le compte des exercices clos.

Elle vote les droits de douane sur les marchandises étrangères, et les droits d'octroi de mer sur les marchandises de toute provenance, qu'elles aient ou non des similaires dans la Colonie.

Elle édicte des peines correctionnelles pour assurer l'exécution de ses décrets en matière de contributions indirectes et en matière d'eaux et forêts. Sur ce point, ses délibérations seront soumises à la sanction du pouvoir législatif métropolitain, mais elles pourront être rendues provisoirement exécutoires par le Gouverneur.

L'Assemblée coloniale délibère :

1° Sur le mode de recrutement et de protection des immigrants qui restent placés, dans la Colonie, sous un régime spécial ;

2° Sur les emprunts à contracter et sur les garanties pécuniaires à consentir ;

3° Sur les changements proposés à la circonscription du territoire des arrondissements, des cantons et des communes, et la désignation des chefs-lieux.

Les délibérations sur ces trois points ne seront exécutoires qu'après avoir été approuvées par le pouvoir législatif métropolitain.

Il est essentiel, en déterminant les attributions de l'Assemblée coloniale :

1° De lui reconnaître le droit absolu de voter l'impôt ; d'effacer la distinction qui existe entre les dépenses obligatoires et les dépenses facultatives, distinction qui, sans profit pour l'intérêt public, met, d'une part les représentants du pays dans un état de dépendance, de suspicion et d'impuissance ; de l'autre, le chef de la Colonie dans une situation fausse et contraire au principe même de la division des pouvoirs ;

2° De lui confier le droit d'examiner, d'admettre ou de rejeter les comptes d'exercice, et de surveiller ainsi l'emploi des crédits qu'elle ouvre ;

3° De stipuler, au profit de chacun de ses membres, l'initiative parlementaire ;

4° De préciser le caractère purement fiscal de l'octroi de mer par ces mots : « qu'elles aient ou non des similaires dans la Colonie. »

2. — POUVOIR EXÉCUTIF.

D'après le projet que nous vous soumettons, l'organisation du régime municipal et celle du régime administratif sont du domaine de l'Assemblée coloniale. Il devient donc inutile d'en fixer les bases dans la Constitution elle-même. Il en est autrement des attributions du Gouverneur, délégué du Pouvoir exécutif métropolitain parmi nous. Aussi, votre Commission les a-t-elle examinées ; mais elle estime que ces attributions ne doivent subir aucun amoindrissement en dehors de celui qui résulte de l'accroissement même des pouvoirs de l'Assemblée locale.

Le Gouverneur est assisté depuis 1825 du Conseil privé. A ce sujet, un membre a reproduit l'observation suivante, soumise à la Chambre, en 1832, par les délégués des colonies : « le gouvernement se sentira toujours, sans « doute, le besoin de s'entourer de la plus grande quantité de lumières pos- « sible, et, par conséquent, le besoin même d'un Conseil ; mais ce Conseil « ne doit ni gêner ni alléger sa responsabilité. Dès lors, la loi constitutive « n'a pas à en faire une mention spéciale, ni à connaître de son organisa- « tion. » Il a donc été d'avis de proposer la suppression du Conseil privé.

Cette opinion n'a pas été partagée par la majorité de la commission qui a jugé, au contraire, qu'il fallait fortifier l'élément civil de ce Conseil, en portant de deux à quatre le nombre des citoyens appelés à en faire partie.

3. — POUVOIR JUDICIAIRE.

Dans l'ordre judiciaire, la Commission a unanimement émis le vœu que le Conseil privé ne fonctionnât plus comme tribunal du contentieux administratif.

Elle pense qu'une seule justice doit exister, celle que distribuent les tribunaux ordinaires ; elle pense que la juridiction administrative ne présente aucun avantage et offre de très sérieux inconvénients. Mais comme c'est là une question d'intérêt général qui ne sera pas résolue à notre profit, à l'exclusion de la France, votre Commission croit que si elle n'est pas immédiatement tranchée, il est nécessaire, au moins, d'appliquer de suite le droit commun aux appels des jugements conventionnels relatifs au commerce étranger, aux douanes et aux guildives, appels qui sont encore soumis au Conseil privé en vertu de l'article 162 de l'ordonnance du 21 août 1825.

L'organisation de la magistrature coloniale a aussi fixé notre attention. Elle devrait être rattachée au Ministère de la justice de façon à ne plus former un cadre à part et à entrer dans le cadre général. Ainsi, les mouvements n'auraient plus lieu d'une colonie à l'autre, mais de la Métropole aux colonies, et réciproquement.

Comme conséquence, le principe de l'inamovibilité et toute loi modifiant l'organisation actuelle seraient sans retard appliqués à la Réunion.

Enfin, la Commission a formulé un double vœu d'un caractère général, auquel vous vous associerez certainement.

Elle sollicite d'abord l'abrogation de l'article 29 de l'arrêté du gouvernement consulaire du 13 pluviôse, an XI, de l'art. 3, ch. 7, du règlement du 25 août 1818, de l'art. 58 de l'ordonnance du 21 août 1825 — 22 août 1833 — dispositions qui ne sont que la reproduction plus ou moins littérale de l'article 75 de la Constitution de l'an VIII.

Dans un État libre les agents du Gouvernement doivent être aussi bien responsables de leurs actes que les citoyens eux-mêmes. La « garantie des fonctionnaires publics » a trop duré ; elle doit disparaître. En dernier lieu, Messieurs, vous n'avez pas oublié que depuis longtemps le pays demande que la Constitution soit indépendante de celle des autres colonies. Votre Commission vous propose de renouveler ce vœu.

Sans doute, il n'entre pas dans notre pensée à nous, qui voulons une assimilation complète avec la métropole pour les droits individuels et politiques, et une large décentralisation administrative, d'exclure les autres colonies de ce que nous considérons comme un avantage, un bienfait, un progrès. Mais nous leur devons le respect de leur liberté, comme nous réclamons le respect de la nôtre. Si leurs besoins, leurs tendances, leurs aspirations ne sont pas les nôtres, à nous qui tenons à justifier cette parole de Montesquieu : « les peuples des îles sont plus portés à la liberté que ceux du continent »; alors que chacun suive sa voie, il y a un sentiment dans lequel nous nous rencontrerons toujours, et c'est celui qui fait la véritable unité nationale. Ce sentiment est l'amour de la mère patrie, de notre France, aujourd'hui mutilée, demain renaissante, sous l'égide de la République.

DÉCENTRALISATION OU ASSIMILATION

Un voyage, cher monsieur, que je viens de faire à Madagascar, ne m'a pas permis de répondre plus tôt à votre communication.

Vous me mettez en présence d'une série de questions, que vous voulez bien me prier de résoudre : organisation politique et administrative de la colonie, situation financière, réformes à accomplir, aspiration du pays.

Sur les premiers points je n'ai qu'à vous renvoyer d'une part au sénatus-consulte de 1866, qui est la charte de la Réunion et des Antilles, d'autre part au dernier budget voté, qui donne l'état de nos recettes et de nos dépenses, bien amoindries, ainsi que la nomenclature des impôts existants.

Quant aux aspirations de la colonie, il m'est très difficile de vous répondre, parce que, sur ce chapitre, l'opinion est très divisée ici, encore moins puis-je vous parler en tant que président du Conseil général : la réserve que je fais à cet égard est trop naturelle pour que j'aie besoin de l'expliquer. Les uns, parmi nos colons, — et je dois le reconnaître, bien que j'aie soutenu cette opinion, c'est le plus petit nombre — souhaitent l'assimilation progressive de la colonie à la Métropole et sa transformation en un département français, mais sans que cette assimilation puisse nous assujettir aux mêmes impôts que ceux payés en France. C'est ce qui se passe en Corse. Ils voient cette réforme dans l'avenir comme une chose désirable, vers laquelle on doit tendre lentement et patiemment, sans secousses.

La grande majorité des colons s'en tient, au contraire, au programme sur lequel ont été élus en 1870, M. de la Serre et M. de Mahy, deux hommes dont notre colonie s'honore : assimilation politique et autonomie administrative. Si ce programme pouvait être appliqué à la lettre, si, en même temps, une autonomie plus large était assurée aux communes, si la colonie, représentée au Parlement, bénéficiait de toutes les lois politiques et judiciaires de la Métropole, jouissait néanmoins d'une manière effective de cette sorte de self-gouvernement que semble lui accorder le sénatus-consulte de 1866, si elle avait la libre administration de ses finances, sous le haut contrôle de l'État, ce serait l'âge d'or politique et il serait absurde de se plaindre d'un état de choses plus favorable, à vrai dire, que la situation départementale en France.

Mais il n'en va pas ainsi, et on nous oppose cependant notre prétendue indépendance financière pour mettre à notre charge des dépenses d'État et pour refuser de nous laisser participer au bénéfice de certaines créations telle que la Caisse des Écoles. Or la colonie de la Réunion n'avait pas attendu les lois actuelles pour rendre absolument gratuite l'instruction primaire dans toutes nos communes.

Puis il y a le régime des décrets.

Il semblerait que le gouvernement ne dût avoir recours aux décrets que pour régler l'application des lois existantes, c'est ce qui résulte du moins du sénatus-consulte. Dans la pratique le contraire a lieu. Si les colonies ont recours au Conseil d'État, elles succombent toujours. De plus, le ministère n'entend et ne veut entendre que les déclarations officielles du gouverneur et du directeur de l'intérieur. De là cette unanimité des Antilles à réclamer l'assimilation. Elles aspirent à être régies par la loi commune et à s'affranchir ainsi du bon plaisir du Département.

C'est la conséquence d'une application incomplète ou abusive du sénatus-consulte.

Un point sur lequel toutes les colonies françaises sont d'accord, c'est le dévouement à la France, c'est l'attachement sans réserve à la mère patrie. Un mot seul, la mère patrie, en dit plus qu'un long poème,

Il y a cinq ans, la Réunion donnait une nouvelle preuve de sa fidélité en envoyant à la guerre malgache sept cents de ses enfants, qui ont puissamment aidé l'armée régulière et qui, — à défaut des récompenses promises, — ont du moins le sentiment d'un devoir accompli.

Plus récemment cette colonie, qui ne possède aucune industrie sienne (elle est seulement agricole), qui ne peut prospérer que par la liberté du commerce, qui n'a rien à protéger contre des produits similaires extérieurs, cette colonie n'hésitait pas — en violation de ses traditions commerciales et au préjudice de ses intérêts — à mettre des droits de douane considérables sur toutes les marchandises non françaises.

Hâtons-nous d'ajouter que, de son côté, la Métropole n'a jamais marchandé son assistance à sa fille de la mer des Indes, faite à son image, fidèle et vraie miniature de la France; il serait trop long d'énumérer ses bienfaits, dont le dernier — et le plus onéreux pour elle — fut l'établissement à la Réunion d'un chemin de fer et d'un port.

L. BRUNET.

Mai 1889.   Président du Conseil général
                             de l'île de la Réunion.

CHAMBRE DE COMMERCE

La chambre do commerce a été constituée par les arrêtés dos 7 août 1830. 4 août 1849, 4 mai 1847 et 28 mars 1871. Dissoute par arrêté du 20 septembre 1888, elle a été reconstituée depuis. — La chambre d'agriculture a été reconstituée le 3 mars 1886.

REPRÉSENTATION COLONIALE

Un décret du 8 septembre 1870 rendit à l'île de la Réunion la représentation au Parlement français. La loi de 1875 décide que la Réunion nomme un député.

La loi du 28 juillet 1881 accorde à l'île, en la divisant en deux circonscriptions électorales, un second député à la Chambre.

Les lois do 1875 et de 1881 attribuent un sénateur à la Réunion.

LE VŒU DE L'ILE DE LA RÉUNION

Vous voulez bien, mon cher monsieur Henri Mager, me demander, pour vos Cahiers Coloniaux, le *vœu* de notre île Bourbon, que j'ai l'honneur de représenter à la Chambre des députés. Ce vœu émis depuis longues années, est résumé dans la formule suivante que l'Assemblée nationale de 1871 a ratifié : « *Assimilation politique avec la métropole — décentralisation administrative* ».

La métropole nous avait accordé la décentralisation administrative avant l'assimilation politique. Le Sénatus-consulte de 1866 que nous devons à M. de Chasseloup-Laubat, ministre de la marine et des colonies, est devenu pour nous une véritable charte de décentralisation administrative encore en vigueur dans les dispositions essentielles. Améliorée sur un point capital (la nomination des membres de nos conseils locaux dévolue au suffrage universel), elle nous laisse, sous réserve du contrôle de la métropole, la connaissance et le règlement de toute la série d'affaires d'intérêt local, qui, pour les départements métropolitains, sont réglées par le ministère de l'intérieur et par le Parlement.

L'assimilation politique nous a été donnée par un ensemble d'actes du gouvernement républicain depuis 1870.

Le premier de ces actes a été la restitution de notre droit à la représentation directe dans le Parlement métropolitain. Nous en sommes redevables au Gouvernement de la Défense nationale qui a renoué, à cet égard, la tradition de l'ancien régime et de la Révolution française. Le terme le plus récent de notre assimilation est la loi militaire qui nous accorde, *sur notre demande*, et dans les mêmes conditions que pour la métropole, le service militaire dont nous avions été exempts jusqu'à présent. Dans l'intervalle de ces deux dates — 1870, représentation directe; 1889, la loi militaire, — nous avons obtenu l'application aux colonies de tous les droits politiques qui sont l'apanage de tout Français. La plupart de ces mesures sont dues à la libérale initiative d'amiraux, ministres de la marine et des colonies, conformément aux vœux de la population, émis par voie de pétition ou de délibération des pouvoirs locaux, présentés et soutenus auprès du gouvernement central et des Chambres par les sénateurs et députés des colonies.

Dans cette organisation, la métropole n'a gardé à sa charge que les dépenses des services de souveraineté dont elle se réserve à elle seule l'appréciation : traitement des gouverneurs, solde des troupes, *personnel* de la justice et des cultes, trésorerie. Ces dépenses sont réglées par la métropole et elles sont inscrites au budget de l'État; elles sont discutées et votées chaque année par le parlement, le parlement peut d'ailleurs imposer et impose en effet aux colonies des contingents financiers qui viennent dans une plus ou moins large mesure, en déduction de ces dépenses.

Tout le reste est à la charge du budget local de la colonie; palais du gouverneur, frais du secrétariat du gouvernement et du conseil privé, personnel et matériel; dépenses de l'instruction publique, personnel et matériel; dépenses des directions de l'intérieur (nos préfectures coloniales) personnel et matériel; police générale, personnel et matériel, prisons, frais du matériel de la justice et des cultes, tribunaux, palais de justice, églises, casernement des troupes, travaux publics, routes, etc., etc., tout cela est à la charge de la colonie, tandis que pour les départements métropolitains la plupart de ces dépenses sont à la charge de l'État.

Il est pourvu aux dépenses des services qui viennent d'être énumérées, au moyen de ressources provenant d'impôts votés par le conseil général, perçus dans la colonie et employés à ses besoins, toujours sous le contrôle du gouverneur, du ministre, du conseil d'État et du Parlement.

Cette organisation, tout en entretenant dans la colonie une vie politique intense par les larges attributions du Conseil général, permet à la métropole de restreindre à sa volonté les dépenses inscrites au budget de l'État pour le service colonial. Et l'on peut dire que, recettes et dépenses compensées, les colonies sont loin d'être une charge budgétaire pour la mère patrie. En outre des contingents financiers réclamés ou qui peuvent être réclamés aux colonies, il faut tenir compte des bénéfices du vaste courant d'affaires qu'elles entretiennent avec la métropole et qui est le principal aliment de la marine marchande. Il faut tenir compte des impôts perçus sur les denrées coloniales en France et dont la moitié au moins retombe sur la production coloniale. Il ne faut pas oublier enfin, selon la remarque d'un publiciste de haute compétence, M. Jules Duval : « Il ne faut pas oublier que le problème colonial « est, de sa nature, un vaste problème social. On est sûr « de se tromper en le réduisant à un travail arithmétique « et en voulant ramener toute la question à un bilan. La « colonisation embrasse les intérêts moraux, religieux et « politiques aussi bien que les intérêts matériels ». Selon l'expression d'un marin éminent, l'amiral Bouët-Willaumez : « Les colonies sont des postes commerciaux et « militaires de première importance, ce sont les étapes « maritimes de la France, indispensables sur l'océan « Atlantique et sur l'océan Indien. Elles sont autant de « parcelles de la France aussi françaises que la mère « patrie elle-même, par le cœur et les souvenirs. »

Parcelle de la France et française jusque dans les moelles, sentinelle avancée de la France dans l'hémisphère austral, l'île de la Réunion n'a pas d'autre vœu que de conserver le régime qu'elle tient de la métropole. Que ce régime soit susceptible, dans le détail, de certaines améliorations qui la fassent cadrer de plus en plus exactement avec la donnée *assimilation politique, décentralisation administrative*, nul ne le conteste. Peu à peu ces améliorations se réaliseront. Ce qui est certain, c'est qu'aucune nation n'a traité ses colonies avec autant de libéralité, de confiance, de générosité que ne l'a fait la France.

En matière politique, nous avons tous les droits que possèdent nos concitoyens de la métropole. En matière administrative, nous sommes plus libres qu'eux. Les départements métropolitains ne possèdent pas la large décentralisation qui a été octroyée aux colonies de la Martinique, de la Guadeloupe et de la Réunion.

Le vœu de la colonie que je représente, c'est le maintien, le développement, de l'organisation actuelle. En même temps que ce vœu, j'exprime en son nom, sa profonde gratitude envers la métropole, son filial amour, sa fidélité.

DE MAHY,
Député de l'île de la Réunion,
Vice-Président de la Chambre des Députés.

CAHIER DE LA GUYANE

———

Dès 1555, les Français prennent possession des côtes de la Guyane; ils fondent le poste de Brest à deux milles à l'ouest de la ville actuelle de Macapa. En 1605, Henri IV signe des lettres patentes créant la vice-royauté des Iles et Terre-Ferme d'Amérique, de l'Orénoque à l'Amazone.

En 1633, Louis XIII accorde à une Compagnie française le privilège d'exploitation de la Guyane.

Par lettres patentes de 1638, confirmées en 1640, Richelieu approuve la création d'une nouvelle Compagnie de colonisation : les privilèges accordés s'étendent à tout le pays compris entre l'Orénoque et l'Amazone.

Déjà en 1580, le géographe Gabriel Soarès assigne au Brésil comme limite un des bras de la rivière des Amazones :

« Le Brésil commence au delà de la rivière des Amazones; depuis la rivière de Vincent-Pinçon, qui marque la *limite*, à la pointe de la rivière des Amazones, dit cap Corso, qui est sous l'équateur, il y a 15 lieues. »

Ainsi, selon Gabriel Soarès, la frontière est formée par la rivière de Vincent-Pinçon qui, d'après la description de ce géographe, est le bras septentrional du fleuve, le bras qui baigne Macapa et que l'on nomme actuellement le canal de Bragança, au nord de l'île Cavianna : l'Amazone proprement dite ou Marañon est le bras qui longe le cap Corso, à l'extrémité méridionale de l'île Cavianna.

D'autre part, le 13 décembre 1614, Jérôme de Albuquerque écrivait à l'ambassadeur d'Espagne, à Paris, que la limite du Brésil doit être fixée à « l'Amazone dont la berge septentrionale est française. »

En 1691, le marquis de Férolles, gouverneur de Cayenne, informé que les Portugais avaient débarqué près de Macapa, écrit au général Antonio de Albuquerque, gouverneur du Para, pour lui signifier que l'Amazone sert de limites aux deux puissances et que toute la rive septentrionale de ce fleuve appartient à la monarchie française; pour donner plus de force à ses prétentions, il occupe la forteresse de Macapa. Les négociations qui furent ouvertes après le traité provisionnel de 1700 aboutirent au traité du 18 juin 1701 par lequel Louis XIV consentait à abandonner toute prétention sur la rive droite de l'Amazone : ce fleuve était ainsi confirmé comme frontière. Mais le Portugal prend rang parmi les ennemis de la France, rompt toute transaction et considère le traité de 1701 comme non avenu. A Utrecht, le 5 mars 1712, — le Portugal reprend pour base de discussion les contestations de 1700 et 1701 ; il demande que le roi de France cède au roi de Portugal les droits qu'il prétend avoir sur les terres situées entre la rivière des Amazones et celle de Vincent Pinçon, nonobstant le traité provisionnel de 1700 et celui de 1701, qui avait accordé au roi de France les Terres du Cap Nord, il veut que les Français renoncent à la navigation de l'Amazone.

Le traité conclu à Utrecht, le 11 avril 1713, décide que la France renonce à la navigation de cette rivière, que les deux rives de l'Amazone appartiendront désormais au Portugal, qu'il est interdit aux sujets français d'aller trafiquer dans son embouchure, que la frontière commune sera fixée à la rivière de Vincent Pinçon ou Yapock (réellement Oyapock de Vincent Pinçon, *Oyapock*, signifiant rivière).

Suivant la description de Gabriel Soarès, les terres en litige étaient limitées au nord par le bras de Vincent-Pinçon, au sud par le bras dit Marañon ; le traité d'Utrecht accorde ces terres au Portugal, maître du Brésil : la frontière n'est plus dès lors le Marañon, elle est portée au Vincent-Pinçon, au canal de Bragança.

Le traité d'Utrecht, loin de mettre fin au conflit, fut l'origine d'une discussion nouvelle qui n'est pas encore close.

La rivière de Vincent-Pinçon est-elle le canal de Bragança ? Les Portugais le contestèrent. Dans la seconde partie du dix-huitième siècle, ils s'avancèrent au nord du canal de Bragança, multiplièrent les missions chez les populations indiennes de l'intérieur, établirent quelques postes militaires, et, en 1744, ils construisirent la forteresse de San-José de Macapa, à deux lieues en amont de l'ancienne forteresse de Sao-Antonio de Macapa prise en 1696 par M. de Férolles et démolie en 1700.

La France répondit à cette provocation en établissant en 1777 une mission sur la rive gauche de la Manaye, un poste sur la rivière de Carapaporis, en entretenant des ingénieurs, gardiens des limites, à Counani et à Maccari sur le Carapaporis. Sous la pression des événements, le poste de Carapaporis fut évacué en 1792.

Le traité de Madrid du 29 septembre 1801 décidait en son article 4 :

« Les limites entre les deux Guyanes, française et portugaise, seront déterminées à l'avenir par la rivière de Carapanatuba ou Campanatuba, qui se jette dans l'Amazone à environ 1/3 de degré de l'Equateur, latitude septentrionale, au-dessus du fort de Macapa. »

Le traité d'Amiens, du 25 mars 1802 qui ne devait pas plus recevoir son exécution que les précédents, fixa la limite à la rivière

LA GUYANE, D'APRÈS HENRI MAGER

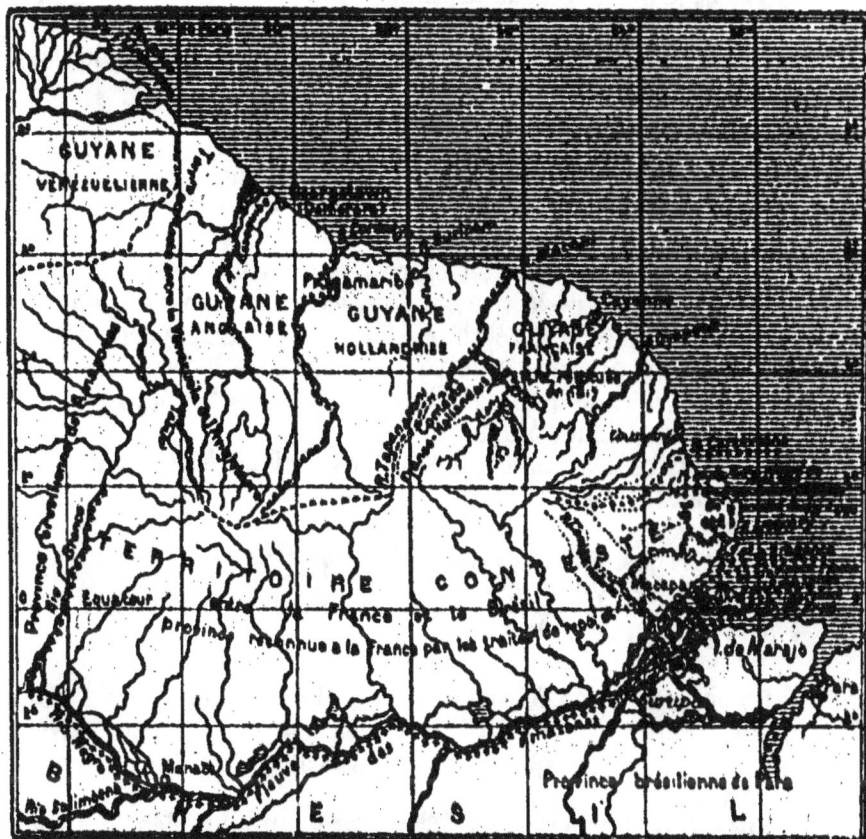

LÉGENDE

●●●●●●●●●● Frontière de la Guyane française au traité de 1701 par lequel Louis XIV abandonne toute prétention sur la rive droite du fleuve des Amazones ou Marahon.

●●●●●●●●●● Rectification de frontière consentie au traité d'Utrecht (11 avril 1713) : Louis XIV renonce « aux deux bords de la rivière des Amazones » et à la navigation de cette rivière : la limite est portée à la rivière de Vincent-Pinçon ou canal de Bragança.

●●●●●●●●●● Frontière transactionnelle fixée par le traité de Madrid (29 sept. 1801) : la Guyane française est limitée par le canal de Bragança et la rivière Carapanatuba : Macapa est port français.

●●●●●●●●●● Frontière du Rio Carsevenne, actuellement offerte par le Brésil.

Araguay (Araguary) « qui dans tout son cours serait commune aux deux nations. »

Le traité de Paris, du 30 mai 1814, stipulait que la Guyane serait restituée à la France telle qu'elle existait au 1er janvier 1792, et le traité de Vienne, du 9 juin 1815, fixa enfin, que le prince régent du royaume de Portugal et du Brésil restituerait la Guyane française jusqu'à la rivière d'Oyapock (dont l'embouchure est située entre le 4me et le 5me degré de latitude septentrionale) et que l'on procéderait à l'amiable à la fixation définitive des limites des Guyanes portugaise et française, conformément au sens précis de l'article 8 du traité d'Utrecht :

« S. M. T. C. se désiste..... de tous droits et prétentions..... sur la propriété des Terres appelées du Cap du Nord et situées entre la rivière des Amazones et celle de Yapoc ou de Vincent-Pinçon. »

Pour établir un cordon entre nos quartiers de l'Oyapock et les esclaves révoltés de la province de Pará, le gouvernement français fut amené en 1836 à rétablir le poste de Carapaporis (Maccari ou Vincent-Pinçon) à peu près vers l'endroit où il avait été maintenu de 1777 à 1792 : 50 hommes furent placés sur un petit îlot entre le lac Maccari et le lac Mapa.

Le Ministre des Affaires étrangères écrivait à cet égard au Ministre de la Marine :

« Je crois que, du moment que la colonie de Cayenne est en état de « former des établissements au delà de l'Oyapock, il y a tout lieu de les « autoriser et de les protéger. Nous ne ferions là que tirer parti d'un terri- « toire qui nous appartient. »

Le poste de Mapa fut évacué en 1840 au moment où de nouvelles négociations devaient être ouvertes. Les offres de nos adversaires furent si dérisoires que M. Guizot crut devoir, dès 1848, ajourner les négociations.

Elles furent reprises en 1853. Après un long débat, nous avons réclamé alors dans notre ultimatum le bras nord de l'Araguary, ou à son défaut le canal de Carapaporis.

Le Brésil veut bien accorder les territoires de Couripi, Rocaoua, Ouassa, Cachipour, Counani, mais nous refuse le territoire de Mapa ; il propose comme limite la ligne de la rivière Carsevenne : les meilleures cartes brésiliennes indiquent même le Carsevenne, comme « Frontière projetée. »

Le « Contesté brésilien » ne s'étend donc plus à proprement parler de l'Oyapock à l'Amazone, il ne comprend plus que la région comprise entre le Carsevenne et l'Amazone.

Le traité d'Utrecht retirait aux Français la navigation de l'Amazone : tel est le seul fait certain à retenir de ce traité.

« Aujourd'hui que l'Amazone est ouvert, depuis le 7 septembre 1867, à tous les pavillons, le traité d'Utrecht se trouve par là même annulé. »

Il existe bien il est vrai un canal naturel longeant de près l'Amazone, et on aurait pu songer à le prendre pour frontière :

« Du bras de Matapy au confluent de Rio-Negro, un peu au nord du grand fleuve, du Rio-Mar, se trouve un faux Amazone, constitué par une ligne ininterrompue de furos et de lacs. Ne perdons pas de vue cependant que ce faux Amazone ne serait qu'une frontière illogique et provisoire. La France, selon l'esprit, sinon selon la lettre, du traité d'Utrecht, a recouvré ses droits à la totalité de la rive gauche de l'Amazone, la France, dit un rapport officiel, doit revendiquer la totalité de ses droits. »

« Le Territoire contesté, peut-on lire dans l'Annuaire de la Guyane française (Cayenne, imprimerie du Gouvernement, 1888), s'étend entre l'Oyapock et l'Amazone. »

La frontière nord-ouest de la Guyane française est contestée comme la frontière sud-est.

Depuis 1668, le Maroni sépare la colonie française de la colonie hollandaise ; ce fleuve est formé de deux affluents, le Tapanahoni et l'Aoua. Bien que le Tapanahoni semble être une limite difficilement contestable, la colonie de Surinam prétend avoir des droits topographiques à la ligne de l'Aoua : d'après nos adversaires, la frontière devrait suivre le cours de l'affluent le plus considérable du Maroni, c'est-à-dire l'Aoua, prolongé lui-même par l'Itany et des sous-affluents.

Nous répondrons à cette prétention : on ne peut admettre comme vérité scientifique que le cours supérieur d'un fleuve doit être fatalement la branche supérieure la plus étendue puisque le Missouri est bien plus important que le Mississipi supérieur et que de même la Moldau est plus étendue que l'Elbe supérieur ; — rien ne prouve d'ailleurs jusqu'ici, en l'état des connaissances actuelles de la géographie, que le cours de l'Aoua, prolongé par les affluents, soit plus développé que le cours du Tapanahoni, toutes ces rivières prenant leur source dans les mêmes collines, celles des Tumuc-Humac ; le docteur Crevaux pensait d'ailleurs que le Tapanahoni est plus étendu que l'Aoua : le voyageur Coudreau l'affirme « le Tapanahoni, dit-il, offre un plus grand développement que l'Aoua » ; — les cartes de d'Anville et des géographes les plus autorisés du dix-huitième siècle marquent la frontière française le long du Tapanahoni.

N'est-il pas évident qu'en choisissant pour limite le Maroni les négociateurs de 1668 entendaient partager la Guyane en corrects morceaux. Ce fleuve a une direction presque rectiligne : ce fut cette direction nord-est-sud-ouest qui fut adoptée, plus que le thalweg du fleuve : le Tapanahoni prolonge cette direction sensiblement en ligne droite, alors que l'Aoua et ses sous-affluents ont un cours tourmenté, tortueux, qui, loin de limiter la Guyane à l'ouest, l'enserre au sud.

La Tapanahoni est donc une frontière correcte et naturelle, politique et historique.

Dans une conférence faite à Cayenne, le 28 juin 1888, le voyageur

Coudreau croyait de son devoir de dire en présence du gouverneur de la Guyane : « Cette question du Contesté franco-hollandais reste ouverte : il faut reconnaître qu'elle a été étudiée jusqu'à ce jour par nos mandataires avec une singulière légèreté..... »

CONSEIL GÉNÉRAL

Le Conseil général a été organisé par le décret du 23 décembre 1878, promulgué dans la colonie le 30 janvier 1879. Il est composé de seize membres élus par le suffrage universel pour 6 ans. Le président, le vice-président et les secrétaires sont nommés pour chaque session par le Conseil.

VŒUX DU CONSEIL GÉNÉRAL DE LA GUYANE

Le Président du Conseil général de la Guyane, qui a l'honneur d'exposer ici le résumé des vœux formulés par les mandataires élus du pays, n'a pas la témérité de penser qu'il soit à même, surtout dans le délai qui lui est imparti, d'énumérer tous les *desiderata* de la colonie, ainsi que toutes les matières qui peuvent trouver place dans un programme de politique coloniale. Il se bornera donc à indiquer les besoins les plus importants de la Guyane et ses principales aspirations.

Mais avant d'aborder l'énoncé des réformes revendiquées par le Conseil général, peut-être n'est-il pas sans intérêt de montrer sommairement ce qu'a été jadis l'organisation de la colonie et ce qu'elle est aujourd'hui.

Ancienne organisation. — Sous l'ancien régime, avant d'entrer dans le domaine national comme après, la Guyane, de même que les colonies antillaises, était administrée de la même manière que les provinces de France. Il était alors de principe que les Français qui s'établissent aux colonies conservant leur nationalité, leurs idées, leurs besoins et leurs habitudes, transportaient également avec eux leurs droits et leurs lois. Il paraissait rationnel et équitable de les entourer de la même sollicitude que ceux qui restaient attachés au sol natal et de leur assurer les mêmes garanties.

La Guyane donc, au point de vue politique et administratif, était placée sous le régime du droit commun.

L'intendant, qui administrait concurremment avec le gouverneur, avait pour mission spéciale de veiller « à ce que les conseils souverains jugeassent toutes matières civiles et criminelles conformément aux édits, ordonnances et à la coutume de la bonne ville, prévoté et vicomté de Paris ».

Malheureusement l'esclavage venant introduire l'exception dans les institutions coloniales, les pouvoirs des représentants du roi s'étendirent successivement; ils eurent le droit de statuer sur un grand nombre de questions et de proposer à Sa Majesté tous les changements qu'il leur paraissait nécessaire d'apporter aux anciennes ordonnances. De là une confusion qui détruisit à la longue l'harmonie existant entre la législation coloniale et la législation métropolitaine.

La Révolution, malgré ses embarras de toute nature, s'occupa activement des colonies : les premiers représentants de la nation ayant souffert compatissaient aux souffrances d'autrui; ayant subi l'oppression, ils détestaient les oppresseurs. La Constituante admit dans son sein leurs députés, la Convention les organisa en départements, supprima les droits de douane et de consommation applicables à leurs produits et abolit l'esclavage.

Le Consulat et l'Empire leur enleva les améliorations dues aux assemblées de la Révolution. La loi du 30 floréal an X rétablit l'esclavage et décida que les colonies resteraient soumises pendant dix ans au régime des règlements.

La Restauration suivit les mêmes errements ; elle ne rendit pas aux colonies leurs assemblées locales ; les gouverneurs, investis d'attributions multiples, se trouvèrent plus puissants que le roi ; ils eurent le droit de suspendre l'exécution des lois et décrets et même de les modifier.

La nécessité d'une réforme administrative se faisant

sentir, l'ordonnance du 27 août 1828 fut rendue : elle est encore en vigueur.

La Monarchie de Juillet se montra plus libérale envers les colonies. Elle les plaça sous le régime des lois particulières. Le Pouvoir législatif se réservait le droit de prononcer sur l'exercice des droits politiques, les matières civiles et criminelles, l'organisation judiciaire, les relations extérieures. Un conseil colonial établissait le budget local. Certaines recettes et dépenses, en plus grand nombre que de nos jours, restaient inscrites au budget de l'État et arrêtées par la loi annuelle des finances.

La République de 1848 ne vécut pas suffisamment pour remettre, suivant son désir, les institutions coloniales en harmonie avec celles de la métropole. Elle eut néanmoins le temps d'abolir définitivement l'esclavage, de rétablir la représentation législative et d'appliquer le suffrage universel.

La Constitution de 1852 supprima la participation des colonies à la représentation nationale et édicta que leur constitution serait réglée par des sénatus-consultes.

Le sénatus-consulte du 3 mai 1854 réserva au Sénat, quant aux trois grandes colonies, un certain nombre d'attributions. La Guyane, qui jusqu'alors avait été traitée sur le même pied que les Antilles et la Réunion, fut rangée parmi les colonies régies exclusivement par des décrets : devenant colonie pénitentiaire, elle ne fut sans doute plus jugée digne de liberté !

Organisation actuelle. — La troisième République a réparé en partie les maux occasionnés par l'Empire. Le sénatus-consulte du 3 mai 1854 est toujours en vigueur, bien que modifié par le décret du 23 décembre 1878, institutif d'un Conseil général possédant les mêmes attributions que celles conférées par le sénatus-consulte de 1866 aux trois grandes colonies.

Cette organisation a déjà donné lieu à des critiques réitérées auxquelles s'associe entièrement le pays, qui pense que le sénatus-consulte de 1854 doit être considéré comme virtuellement abrogé par la Constitution de 1875.

C'est également l'opinion du Parlement puisque annuellement il modifie, au moyen de la loi des finances, l'organisation des colonies.

Assimilation. — La Guyane, composée de citoyens
français investis de tous les droits politiques, pourvue d'un
représentant au Parlement, ne saurait rester plus longtemps sous la dépendance exclusive du Pouvoir exécutif.

L'assimilation, pour quiconque a une expérience des
choses coloniales, est le but vers lequel tendent toutes les
colonies françaises. La France imprime si bien à ses possessions son caractère, sa langue, ses idées qu'elles deviennent, comme l'a dit Gambetta, des prolongements du sol
national. Malheureusement la Guyane, ayant trop vécu du
régime des décrets, ne se trouve pas en mesure de revendiquer comme ses sœurs des Antilles l'assimilation absolue.
Comme elles, la Guyane n'a pas reçu de bonne heure l'impulsion d'un Conseil général ; ses administrateurs, appartenant tous à l'armée ou à la marine, se sont médiocrement
préoccupés d'assurer son développement matériel et intellectuel, ils n'ont eu qu'un souci : le respect de l'autorité.

Autonomie. — Elle demande encore moins l'autonomie.
Ce système, bon peut-être pour des colonies possédant
d'abondantes ressources, ne saurait convenir à un établissement qui ne peut ni suffire à ses besoins ni pourvoir à
sa défense. La Guyane tient à rester en relation étroite
avec sa métropole dont la protection lui est indispensable ;
profondément française, elle ne rêve pas l'indépendance et
ne veut pas être exposée à passer sous une domination
étrangère. Pour le moment, elle désire simplement être
replacée sous le régime des lois.

Administration centrale. — Ici se rattache la question
de l'administration centrale des colonies.

Tout a été dit pour ou contre la création d'un ministère
spécial. Quelles que soient les défectuosités de cette combinaison, c'est à elle que se rallie la Guyane.

Sa défense ne sera jamais plus négligée qu'elle ne l'a été
par le département de la marine, mais elle se plaît à
espérer qu'en revanche ses autres intérêts seront beaucoup

mieux protégés. Le département de la marine a habitué les colonies à trop d'indifférence et d'arbitraire pour qu'elles n'aspirent pas à vivre sous une autre direction. Le sous-secrétariat d'État ne leur a fait éprouver que des déceptions. Elles s'imaginaient que, soucieux de la richesse et de la grandeur de la France, il aurait travaillé au développement de leur production ; elles ont remarqué qu'il n'était, ainsi que cela a été dit, qu'une école de ministres. Soumis aux fluctuations de la politique, les sous-secrétaires d'État ont besoin de s'assimiler nombre de questions auxquelles ils sont étrangers : de là des contradictions, des tâtonnements, des lenteurs qui ont fini par faire regretter la compétence spéciale de l'ancien directeur des colonies.

La Guyane demande, pour la sécurité et la bonne gestion de ses intérêts, la création d'un ministère spécial des colonies et la réorganisation du Conseil supérieur. Elle estime, avec des hommes compétents, que cette assemblée ne doit plus être présidée par le chef de l'Administration centrale, qu'elle doit se réunir à des époques déterminées, enfin qu'en certaines matières sa consultation préalable doit être obligatoire.

Organisation administrative. — Administrativement, la Guyane est régie par l'ordonnance du 27 août 1828 — 22 août 1833.

La direction des services civils et militaires est confiée au gouverneur ayant à ses côtés des chefs d'administration qui préparent et contresignent ses arrêtés.

Primitivement, les chefs d'administration étaient au nombre de quatre : le Commandant militaire, l'Ordonnateur, le Directeur général de l'intérieur et le Procureur général.

Les fonctions de Commandant militaire ont été supprimées par le décret du 2 mai 1882. Le commandant supérieur des troupes, qui avait hérité des principaux pouvoirs du commandant militaire, a été remplacé, en 1887, par le commandant d'armes qui ne siège plus au Conseil privé.

L'Ordonnateur, officier du commissariat, a été supprimé

en septembre 1882 ; le chef du service administratif de la marine a été appelé, par décret du 20 octobre 1887, à faire partie du Conseil privé.

Le Directeur de l'intérieur est devenu, depuis 1882, le premier chef d'administration.

Le poste de Procureur général a été tour à tour supprimé et rétabli. En février 1886, la Cour d'appel de la Guyane ayant fait place à un tribunal supérieur, le Procureur général a disparu nominativement ; mais, en fait, il subsiste, car toutes ses fonctions judiciaires et administratives ont été dévolues au Procureur de la République, chef du service judiciaire.

Un emploi de chef d'administration, spécial à la Guyane et à la Nouvelle-Calédonie, a été créé en juillet 1885 ; c'est celui de Directeur de l'Administration pénitentiaire.

Près du Gouverneur est institué un Conseil privé dont la consultation préalable est tantôt obligatoire, tantôt facultative. Ce Conseil se compose des chefs d'administration et de deux notables ; il se constitue en Conseil de contentieux administratif par l'adjonction de deux magistrats.

L'organisation administrative contient de nombreuses imperfections qu'il importe de faire promptement disparaître.

Le Représentant du pouvoir central, comme le Préfet en France, doit avoir la direction effective des services et assumer la responsabilité d'actes qu'il inspire. C'est un fait indiscutable que le gouverneur annihile ses chefs d'administration, qui parfois connaissent mieux que lui les aspirations de la population avec laquelle ils sont en contact journalier. Le gouverneur, autocrate invisible, du fond de son cabinet, ordonne des mesures qui souvent répugnent aussi bien à ses administrés qu'à ses chefs d'administration. Il cherche toujours dans la vieille ordonnance de 1828 un texte pour justifier ses arrêtés. Monument en ruine d'un autre âge, cette ordonnance doit faire place à une législation plus en rapport avec les institutions actuelles de la colonie.

La Guyane demande, à ce propos, que ses fonctionnaires ne soient pas si souvent déplacés ; elle verrait avec plaisir la modification du décret du 16 juillet 1884, organique des directions de l'Intérieur. Les projets s'entassent sur les projets parce que les chefs d'administration et leurs collaborateurs sont remplacés avant d'avoir eu le temps de se pénétrer des besoins du pays. Pour qu'il y ait suite dans les idées et dans l'exécution des travaux, il faut que la Guyane cesse d'être considérée comme un lieu d'apprentissage pour les administrateurs.

Organisation judiciaire. — La justice a été organisée par ordonnance du 21 décembre 1828 ; modifiée par les décrets du 16 août 1854, 3 octobre 1880 et 20 février 1886, elle a besoin d'être totalement remaniée.

Si les colonies jouissaient d'une constitution , il est permis de penser que leur organisation ne serait pas modifiée par un simple article de la loi des finances. C'est ainsi que le décret du 20 février 1886, rendu en conformité de la loi des finances de 1885, a substitué un tribunal supérieur à la Cour d'appel de la Guyane et confié les pouvoirs de la Chambre des mises en accusation au Procureur de la République, chef du service de la justice.

Voici comment s'exprimait naguère à ce sujet le titulaire actuel de ces fonctions :

« S'il examine l'étendue de ses attributions multiples, « les droits redoutables qu'il tient de la législation, s'il « considère que, maître de l'action publique, il demeure « également seul juge du résultat des informations « ouvertes sur les réquisitions, le Procureur de la Répu- « blique, chef du service judiciaire à la Guyane, quel « qu'il soit, doit se sentir effrayé ! Il ne doit point redouter « la responsabilité de ses actes, responsabilité que tout « magistrat digne de ce nom doit savoir assumer, mais « l'erreur, plus fâcheuse en ces matières qu'en tout autre, « l'erreur inhérente à la faiblesse de notre nature ! »

Si le magistrat est effrayé, que doit éprouver le justiciable ! Pourtant, un député l'a fait observer, « l'honneur,

« la liberté et la fortune des citoyens coloniaux sont aussi
« sacrés que ceux des citoyens métropolitains. »

La Guyane réclame de nouveau les garanties que lui
assurait l'ancienne organisation, et, de plus, la substitution
du jury à l'assessorat.

Instruction publique. — C'est en matière d'instruction
publique que l'indifférence du gouvernement s'est le plus
fortement manifestée à la Guyane.

Tandis que les Conseils généraux des Antilles s'impo-
saient des sacrifices pour hâter le développement intellectuel de la population, la Guyane, complètement livrée
aux mains du pouvoir exécutif, croupissait dans l'ignorance.

La plupart de ses quartiers étaient dépourvus d'école,
les plus heureux possédaient une école mixte; Cayenne
seule était dotée de deux écoles primaires, l'une de
garçons et l'autre de filles, d'un établissement secondaire
spécial, appelé improprement collège, et d'un pensionnat
libre de jeunes filles. Tous ces établissements étaient
dirigés exclusivement par des congrégations religieuses.

A peine installé, le Conseil général, ne voulant pas rester
étranger au mouvement sans pareil qui se faisait partout
en faveur de l'instruction publique, votait des fonds pour
la création d'un véritable collège qui fut confié à l'Uni-
versité. Ce fut une faute; il aurait dû, imitant l'exemple
de la France, prodiguer d'abord l'instruction à la masse,
augmenter les écoles primaires et les laïciser. Aussi les
résultats ne répondirent pas aux espérances. Les professeurs du collège n'apportèrent d'ailleurs aucun zèle à
l'accomplissement de leurs devoirs; on eut à leur repro-
cher, non seulement le désintéressement de leur mission,
mais encore l'antipathie contre ceux qu'ils étaient chargés
d'instruire. L'un d'eux, dans un ouvrage sur le Contesté
brésilien, exprimait son étonnement que la colonie pût
dépenser cent mille francs par an « pour faire fort mal
« frotter, par des professeurs européens, trente petits
« messieurs en bois d'ébène ».

Une réforme s'imposait : le Conseil général le comprenant, vota la suppression du collège et son remplacement par une école primaire supérieure qui, dans l'état actuel de la colonie, répond mieux à ses besoins. La Guyane espère que le Département ne lui ménagera pas son concours pour réaliser une réforme devenue indispensable. L'enseignement primaire, régi par des arrêtés locaux, doit être réorganisé sur la triple base : laïcisation, gratuité et obligation.

Défense de la Colonie. — La France, uniquement préoccupée de ses frontières, néglige la défense de ses colonies. Toutes sont incapables de résister à une attaque, ainsi que le constate le général Thory dans un article dont il convient de citer le passage suivant : « L'armement de « nos colonies se compose de canons presque tous vieux « et peu aptes à les défendre contre un ennemi sérieux. « Pas un d'entre eux n'est capable de percer, presqu'à « bout portant, la cuirasse d'un cuirassé du plus faible « échantillon. Les canons de 16 centimètres, modèle « 1858-60, se chargeant par la bouche, sont du plus « ancien modèle de canons rayés que nous ayons construits; c'est l'enfance de l'art; ils sont en fonte; de plus, « le projectile qu'ils lancent n'a qu'une vitesse très faible « et est par suite impuissant. »

La Guyane demande :

1° La construction, dans les environs de Cayenne, d'un certain nombre de batteries armées de canons nouveau modèle;

2° L'augmentation de sa garnison qui, déjà insuffisante, a été encore réduite au profit de l'Indo-Chine;

3° L'envoi, pour le service de la subdivision navale, d'avisos sérieux pouvant, au besoin, secourir les navires de commerce et les caboteurs en détresse et contribuer à la défense de la colonie, et non des bateaux fluviaux, du genre de l'*Oyapock*, incapables ni de supporter la haute mer ni de résister à un boulet.

Régime commercial et financier. — Autrefois, le régime commercial de la Guyane était basé sur cette considération que les colonies ne sont que des établissements instités pour opérer la consommation et le débouché des produits de la métropole, et, d'autre part, pour alimenter ses industries par leurs matières premières. D'où pour elles une double obligation :

1° De transporter, sous pavillon français, leurs denrées sur les marchés métropolitains, où elles obtenaient un traitement de faveur ;

2° De s'approvisionner des produits de la métropole, à l'exclusion de tous autres.

Ce système, connu sous le nom de *pacte colonial*, appliqué, suivant les époques, avec plus ou moins de rigueur, a subsisté jusqu'en 1860.

En matière financière, les règles étaient les mêmes que dans la métropole, le roi seul avait le droit d'ordonner les impositions et d'en régler l'usage.

L'impôt était, par suite, fixé par ordonnance des administrateurs coloniaux rendue conformément aux instructions du roi, pour lequel le recouvrement en était effectué.

Le décret du 23 décembre 1878, en laissant au Conseil général le soin de voter les taxes et contributions nécessaires à l'acquittement des dépenses locales, a placé le régime commercial de la Guyane dans le domaine des décrets et a motivé des critiques très vives.

On se plaint surtout qu'après la suppression des droits de douane frappant les produits étrangers, le Conseil général ait voté des droits d'octroi de mer qui atteignent également la marchandise française et la marchandise étrangère. On regrette que l'assemblée locale vote souverainement les droits d'octroi et établisse, sous la sanction d'un décret en Conseil d'État, les tarifs de douanes.

La Guyane ne voit pas d'inconvénients sérieux à ce que ces questions, qui touchent, en effet, à l'intérêt national, soient réglées par le pouvoir législatif, pourvu que le budget de l'État prenne à sa charge une partie des dépenses locales.

Si la métropole veut obtenir de la colonie des avantages commerciaux, il faut : 1° que son industrie, trop amie de la routine, s'efforce de produire au même prix que

4.

l'étranger; 2° qu'elle relie la Guyane avec elle et les
autres colonies, au moyen d'un câble sous-marin, afin de
faciliter les opérations commerciales; dans l'état actuel
des choses, la guerre pourrait être déclarée, des victoires
remportées, que la colonie ignorerait la déclaration de
guerre et courrait le risque d'être affamée, surtout si
l'Angleterre accédait à la triple alliance; 3° qu'en vue de
favoriser la culture, elle opère une notable réduction sur
les droits qui frappent à leur entrée en France les denrées
coloniales; 4° qu'elle accorde à la colonie une forte subvention pour entreprendre ses grands travaux publics,
creuser son port envasé, qui oblige les armateurs métropolitains à exiger du commerce local un fret élevé dou-
blant le prix de la marchandise.

La Guyane, par patriotisme, vient de donner satisfaction aux doléances de l'industrie et du commerce français,
en établissant un tarif différentiel élevé pour les marchandises de provenance étrangère[1]. Elle espère que la France
qui, plus que jamais a besoin de débouchés pour la
consommation de ses produits, comprendra qu'il est de
son intérêt de tirer partie des immenses richesses
enfoncées au sein de la colonie.

La Guyane est un diamant brut qui ne demande qu'à
être taillé pour acquérir un prix inestimable. Pas n'est

---

[1]. Ces lignes ont été écrites le 1er mars 1889. Le ministère de la marine et
des colonies n'ayant pas approuvé le tarif d'importation dont il s'agit, le
Conseil général était convoqué le 19 mars en session extraordinaire pour
rétablir l'équilibre du budget. M. Th. Le Blond ouvrait la première séance
par ces mots : «... Malheureusement nous avions compté sans l'intervention de
certaines influences qui possèdent le secret de toujours avoir raison devant le
Pouvoir central. A ces protestations intéressées se sont jointes celles des
conseils d'administration des placers de la Guyane dont le siège social est
établi à Paris ; de sorte qu'au lieu du décret en Conseil d'État approuvant les
tarifs que nous avions votés dans la plénitude de nos droits, le ministère, sans
se préoccuper de notre situation si intéressante pourtant, et des sacrifices que
nous nous imposions pour relever le pays, a adressé au chef de la colonie
l'ordre de rapporter l'arrêté rendant provisoirement exécutoire ces tarifs
d'importation. Ce n'est pas sans un certain étonnement que j'ai lu au
Moniteur officiel de la Guyane la décision du département. La première
pensée qui m'est venue a été de vous demander le maintien des tarifs. Du
moment en effet que la métropole semble nous abandonner à nos propres
forces après les malheurs immérités qui nous ont frappés, il paraissait naturel
de lui faire connaître que nous maintenions ces droits. Mais, messieurs, il
importe de ne pas aggraver les difficultés au milieu desquelles nous nous
débattons en créant un conflit sans issue, puisque le département pourrait
toujours se refuser à sanctionner nos votes. » — H. M.

besoin de faire des tentatives de colonisation sur le Contesté brésilien; ces solitudes seront peuplées le jour où la colonie pourra s'épancher au dehors. Si néanmoins elle désire que la France poursuive le cours de ses revendications sur les Contestés brésilien et hollandais, c'est à cause des gisements aurifères qu'ils contiennent. A ce point de vue seulement, il serait bon de hâter la solution des litiges, et non pour renouveler de folles expéditions à l'instigation d'aventuriers. Car, « il faut que la France, — « ainsi que l'a dit M. Isaac, sénateur de la Guadeloupe, — « cesse de considérer comme une extension nécessaire de « sa puissance des agrandissements territoriaux qui multi- « plieraient ses charges sans lui procurer, d'une manière « certaine, une augmentation de ses revenus. »

La vieille Guyane tant dédaignée est pour le moins aussi riche que le territoire de Counani, si vanté par les explorateurs. Son sol, d'une fertilité inouïe, bien cultivé, produirait à profusion toutes les denrées intertropicales. Ses forêts renferment des bois de construction navale, de charpente et d'ébénisterie, les plus beaux et les plus durs du monde, des plantes médicinales et textiles, des résines et des gommes, notamment du caoutchouc, avec lequel le Brésil se fait des revenus considérables. De son sol on peut extraire en abondance l'or, le fer, le cuivre, etc.

Immigration et transportation. — La France ne se procurera des avantages de la colonie que si la population de celle-ci, au lieu de diminuer, augmente sans cesse.

La décadence de la Guyane date de l'expédition mal conçue et mal dirigée de 1763. Douze mille colons, parqués pêle-mêle sur les rivages de Kourou ou sur les rochers des Iles du Salut, périrent de l'imprévoyance du gouvernement central et de la mésintelligence qui régnait entre le gouverneur de Turgot, esprit étroit, et l'intendant M. de Chauvallou.

Depuis cette époque, la Guyane ne parut propre qu'à servir de lieu d'exil; 18 fructidor et 2 décembre y déportèrent leurs adversaires. Ces malheureuses victimes de nos discordes politiques, éloignées de tous les objets de leurs affections, succombèrent vite sous le poids des chagrins et des privations. On accusa de leur mort le climat meur-trier de la Guyane, qui fut baptisé du nom sinistre de guillotine sèche.

Le second Empire devait consommer la ruine de la colonie en l'affectant au service de la transportation. Le nom de Cayenne ne fut plus prononcé qu'avec horreur; c'est ce que constatent encore, avec une immense tristesse, tous ceux de ses enfants qui se rendent en France. La Guyane, il faut avoir le courage de le dire, sans restriction et sans ambage, se meurt de la transportation. Devenue le séjour des forçats, elle fut traitée comme un lépreux, on s'éloigna d'elle avec crainte et dégoût. Méprisée de tous, elle ne tarda pas à se ressentir des funestes effets de la situation qui lui était imposée.

Sa population diminua dans de telles proportions que le département de la marine alarmé consentit à laisser entrer sur son territoire quelques convois d'Africains. L'immi-gration africaine, la meilleur de toutes, à cause de sa force de résistance au climat et de sa facilité à fusionner avec la population, rendit de grands services à la colon. Mais pour éviter de froisser les susceptibilités de l'Angleterre, qui prétendait qu'elle n'était autre chose que la traite déguisée, elle fut brusquement supprimée.

Cependant la Guyane continuant à souffrir de la pénu-rie de main-d'œuvre, un accord intervint entre la France et l'Angleterre pour l'introduction dans la colonie d'immi-grants indiens. En 1876, à la suite de plaintes émanant des agents britanniques, l'immigration indienne, à son tour, a été suspendue.

La diminution des travailleurs amenant une élévation considérable des salaires, les agriculteurs durent succes-sivement plier bagages, les produits de la terre ne suffi-sant plus à rémunérer leur travail. Depuis douze ans la population de la Guyane décroît constamment ainsi que ses ressources. Tout le monde est presque unanime à recon-naître que c'est de l'immigration qu'elle doit attendre son relèvement et sa prospérité.

Quelques-uns, il est vrai, objectent que l'immigration ne se décrète pas, que la Guyane doit attirer chez elle le trop-plein des colonies voisines : « Ayez, lui dit-on, une table « bien servie, et il se trouvera toujours des convives pour « y prendre place. »

Sans doute, mais comment dresser cette table, si elle n'a pas d'aliments à y servir ? L'immigration libre, excellente pour une contrée peuplée, ne peut être d'aucun secours efficace dans un pays possédant 20 000 habitants disséminés sur une étendue de territoire de 1 310 000 hectares.

Le Conseil général, sentant la colonie s'enfoncer de plus en plus dans l'ornière, s'efforce vainement d'empêcher l'enlisement. A toutes ses sessions, avec une ténacité digne d'un meilleur sort, il demande la reprise de l'immigration indienne. L'Angleterre lui oppose toujours des fins de non-recevoir qui l'ont amené à traiter récemment avec un entrepreneur pour l'introduction à Cayenne d'un convoi d'Africains, lesquels trouvant un pays semblable au leur, ayant les mêmes produits, s'attacheront à son sol qu'ils feront fructifier. Que la France, si elle ne veut pas la mort de la Guyane, ne se laisse pas plus longtemps abuser par de généreux esprits qui, égarés par la philanthropie, s'imaginent, de bonne foi, voir l'esclavage dans l'immigration réglementée. C'est là, on ne saurait trop le répéter, qu'est le salut et dans la réalisation d'un programme semblable à celui de M. le sous-secrétaire d'État, Étienne.

Si les forçats avaient été astreints, comme le voulait la loi du 30 mai 1854, « aux travaux les plus pénibles de la colonisation »; s'ils avaient assaini le pays par des défrichements, percé des canaux, créé des routes, ils auraient compensé, dans une certaine mesure, le mal qu'ils faisaient et la colonie ne serait pas dans une profonde misère. Mais la transportation n'a jamais travaillé que pour elle seule, et, le plus souvent, en pure perte, créant à grands frais des établissements qu'elle abandonne sans motifs plausibles pour réoccuper quelque temps après ; ce qui porte à penser, comme l'a fait remarquer un des rapporteurs du budget de la marine, qu'en agissant de cette façon, on a en vue de dépenser quand même les crédit votés suivant les regrettables traditions du département de la marine. Les chefs de service et les directeurs de l'Administration pénitentiaire qui se sont succédé à la Guyane ont eu pour unique objectif : grossir le plus possible les recettes du budget sur ressources spéciales et ce au détriment de la colonie, témoin les droits d'octroi de mer qu'ils se refusent à payer en se retranchant derrière une dépêche ministérielle, abrogée par un décret postérieur.

L'élément pénal, aux termes du décret de 1852, ne devant avoir aucune communication avec la population libre, le décret du 30 mai 1860 détermina le Maroni comme territoire pénitentiaire. Au mépris de ces deux actes et des protestations indignées des habitants, les transportés libérés comme ceux en cours de peine se répandirent sur toute la surface de la Guyane, à l'Oyapock, à Kourou, aux Iles du Salut, à Roura, au Chantier forestier de l'Orapu, à Cayenne, au centre même de la colonie. Qu'ont-ils fait ? Rien.

L'Administration pénitentiaire s'est toujours désintéressée de l'avenir de la Guyane ; sa participation à l'exécution des travaux publics, bien que s'effectuant à titre onéreux, est presque nulle. « Le service des ponts et « chaussées pourrait trouver une compensation au man- « que de bras et à l'augmentation des salaires dans l'em- « ploi de la transportation en ce qui concerne les travaux « de terrassement et de grande voirie, mais malheureuse- « ment nos effectifs sont insuffisants. C'est ainsi que l'en- « semble des travaux publics, grande et petite voirie, « dispose à peine de 70 à 80 hommes. »

Ce qu'écrivait le directeur des ponts et chaussées, en 1884, est encore vrai de nos jours. Il faut que l'élément pénal appauvrisse et élimine l'élément honnête, tel est le but poursuivi par le département de la marine ; la transportation ne suffisait pas apparemment à la tâche, les récidivistes ont été envoyés à son aide. Alors que la modique subvention servie par l'État à la colonie est annuellement diminuée, le budget pénitentiaire augmente sans cesse ; des millions sont dépensés dont ne profite nullement le service local, auquel on refuse systématiquement main-d'œuvre, cession de matériaux, prêt momentané d'outillage.

Chemin de fer. — En juin 1883, le Conseil général était saisi d'une lettre du directeur de l'Administration pénitentiaire demandant la concession de 100 000 hectares de terre pour l'élevage du bétail. « Nous créerons des routes, « disait-il, nous creuserons des canaux, nous construirons « des ponts, en un mot, nous assainirons le pays en y « semant l'abondance et les commodités. Il est probable « même qu'avec l'adhésion du département, nous dote- « rons d'une voie ferrée d'exploitation cette portion du « pays qui sera, dès lors, appelée à une prospérité cer- « taine. » La concession a été accordée, mais aucun des travaux promis n'a été exécuté. Le Conseil général ne cessant de rappeler à l'Administration pénitentiaire ses promesses, le département envoya un ingénieur, M. Suais, pour étudier attentivement la question. Les travaux préli-minaires ont été achevés en 1887, le Conseil général a consenti sans hésitation à supporter sa part de la dépense. La Guyane réclame l'exécution de cette voie ferrée dont les avantages ont été longuement exposés dans le rapport présenté à la Représentation locale à sa session ordinaire de 1887.

Le Conseil général, perdant tout espoir d'obtenir la main-d'œuvre pénale gratuite et le concours de la trans-portation pour le relèvement du pays, a dû réclamer, à diverses reprises, la concentration des transportés sur le territoire du Maroni. Cependant beaucoup de bons esprits sont convaincus que la transportation bien dirigée ferait de la Guyane méconnue et improductive la plus belle et la plus riche des possessions françaises. Ils estiment que ce but serait atteint si le département, abandonnant les errements du passé, fixait, de concert avec les représen-tants du pays, les grandes lignes d'un plan de colonisation et laissait toute latitude d'exécution à un homme de valeur dévoué aux intérêts de la Guyane. Cet homme, la colonie croit le posséder en son gouverneur actuel, l'honorable M. Gerville-Réache ; elle a pleine confiance dans son énergie et son expérience des choses coloniales, et c'est grâce à cette confiance qu'elle n'a pas hésité à voter un emprunt de 5 millions pour l'exécution de travaux extraordinaires qui doivent la faire sortir de l'ornière.

Les finances de l'État gagneraient à l'utilisation par le service local des forces de la transportation. Celle-ci produirait une grande partie des vivres nécessaires à son alimentation, le reste des fournitures serait confié au commerce local qui ferait ses livraisons au fur et à mesure des besoins. On ne serait plus ainsi dans la pénible nécessité de faire venir des États-Unis d'Amérique et de France des quantités considérables de denrées à moitié avariées pour les faire condamner mensuellement.

La colonie avait conçu beaucoup d'espérances de la mise en œuvre du programme de colonisation élaboré par M. Étienne. Ce projet, qui était le retour à l'application de la loi de 1854, semble avoir été enterré. Pendant ce temps, à la Guyane, le mal s'accroît chaque jour. Les vases ont envahi la rade de Cayenne, les navires d'un fort tonnage restent mouillés au large durant une ou deux semaines avant de pouvoir franchir la barre ; les quais ne sont plus accessibles qu'à marée haute même aux chalands. L'agriculture a complètement disparu ; seule l'industrie aurifère subsiste et, bien qu'elle soit accusée d'enrichir quelques personnes et de démoraliser le reste de la population, c'est elle qui alimente le pays. Sans elle, la colonie n'existerait pas, ou du moins la France aurait été dans l'obligation soit de consentir à son profit d'énormes subventions, soit d'agiter la question de sa cession à une autre puissance.

La Guyane se débattait de toute son énergie pour sortir de son état de marasme quand elle a été frappée près du cœur. Un incendie épouvantable est venu détruire la partie la plus riche de Cayenne, semant partout le découragement et la misère. Dans sa détresse vers qui se retournera-t-elle, sinon vers la France, laquelle, en rejetant sur

elle la lie des grandes villes, a empêché son développement.
La France doit à la colonie réparation de l'iniquité dont
elle est victime. Qu'elle se souvienne qu'abandonnée à ses
propres ressources, placée sous un régime d'exception,
souillée par la transportation, la Guyane n'a pas cessé un
seul instant d'être profondément attachée à sa métropole.
Aux jours sombres de 1870 elle a pleuré sur nos désastres,
elle a participé dans la limite de ses moyens au paiement
à l'Allemagne victorieuse de la contribution des cinq milliards. Aujourd'hui encore, malgré sa population restreinte, elle demande qu'application lui soit faite de la loi
militaire, afin que, vienne la guerre, ses enfants puissent
disputer à l'ennemi le territoire national et prendre une
part plus effective des revers ou de la gloire de la patrie.

*La Guyane espère que la métropole lui viendra en aide
comme elle avait jadis secouru la Martinique et la Guadeloupe ; éprouvées, toutes les colonies doivent avoir également
part à sa sollicitude.*

Elle lui accordera en outre :

*1° L'abrogation expresse du senatus-consulte du 3 mai
1854 ;*

2° Le rétablissement de la Cour d'appel ;

*3° La garantie pour la réalisation de l'emprunt qu'elle
doit négocier avec le Crédit foncier ;*

*4° La suppression du contingent imposé par la loi annuelle
des finances ;*

*5° La promulgation immédiate d'un règlement qui per-
mettrait de disposer d'une somme de 180 000 francs, produit des successions vacantes, laquelle dort dans les caisses
du Trésor ;*

*6° L'autorisation de recruter des travailleurs sur les
côtes de l'Afrique, et l'utilisation des forces de la transportation placée sous la direction de l'Administration de
l'intérieur ;*

*7° L'établissement d'un câble sous-marin la reliant avec
la métropole; la construction d'une voie ferrée, et la réduction des droits frappant les denrées coloniales à leur entrée
en France ;*

8° *Enfin, l'amélioration de sa défense terrestre et mari-*
time.

La France ne restera pas sourde à la voix de la Guyane,
indifférente à ses malheurs : la mère ne saurait délaisser
sa fille !

Le Président du Conseil général de la Guyane française,

THÉOD. LE BLOND.

Cayenne, le 1er mars 1889.

CHAMBRE DE COMMERCE

La Chambre de commerce de la Guyane est régie par l'arrêté du 9 mai 1881, modifié par les arrêtés du 9 juin 1881 et du 25 novembre 1882.

VŒUX DE LA CHAMBRE DE COMMERCE
DE LA GUYANE

Chambre de commerce. Ses attributions. Vœux infruc-
tueux. — La Chambre de commerce depuis sa création
qui remonte à 1881, pénétrée de toute l'importance de la
mission qui lui est dévolue comme mandataire et comme
organe du commerce de la colonie, connaissant la situation
fâcheuse de ce pays qui se meurt lentement, faute de
bras, comprenant qu'il était de son devoir de s'occuper le
plus activement des intérêts majeurs qu'elle doit sauvegarder, n'a pas cessé de faire entendre sa voix et de formuler des vœux qui sont restés presque tous infructueux.

La Guyane. Ses ressources. — Est-il nécessaire de rappeler ici ce qu'est la Guyane? N'est-il pas avéré que ce
pays, par l'étendue de son territoire, par la fertilité de son
sol profond, inépuisable, propre à toutes les cultures
tropicales, par ses immenses richesses forestières et

minières, est, sans conteste, une des contrées les plus favorisées du monde entier. Cependant, par suite de l'abandon de la culture et de toutes industries, la main d'œuvre faisant entièrement défaut, la colonie, ne produisant presque aucune denrée alimentaire et d'exportation, est devenue tributaire de la France et de l'étranger pour tout ce qui est nécessaire à son existence et à ses besoins.

Que faut-il donc pour rappeler ce pays à la vie qui semble lui échapper? que faut-il pour le rendre prospère, en tirant parti de tous ces biens, de toutes ces richesses répandues à profusion sur son sol ?

Reprise immédiate de l'immigration sans laquelle la Guyane ne pourra jamais se relever. — Il faut la reprise immédiate de l'immigration qui a été supprimée depuis 1876; mais une immigration large, constante, d'où qu'elle vienne, établie sur des bases sérieuses, pouvant fournir largement à la culture et à l'industrie aurifère les bras qui leur sont indispensables et qui leur font défaut depuis trop longtemps. Il faut enfin que l'Administration centrale à Paris, qui semble oublier les anciennes colonies, s'occupe davantage de notre chère Guyane et donne satisfaction aux *desiderata* des assemblées locales.

Appel aux sentiments généreux du département des Colonies en faveur de la Guyane. — Il faut que le département tourne ses regards vers notre colonie qu'il paraît vouloir abandonner; qu'il prenne en considération la situation critique de ce pays, éminemment français, qu'il écoute ses doléances et qu'il mette tout en œuvre pour le relever et le placer au rang qu'il doit occuper, et cela dans l'intérêt même de la France, de son commerce et de son industrie.

Situation du commerce de la colonie et de l'industrie aurifère. — Au milieu d'une situation déjà tendue et qui s'est encore fortement aggravée par l'incendie du 11 août 1888 qui a détruit la partie la plus riche et la plus commerçante de la ville de Cayenne, le commerce, quoique déjà fortement atteint et ressentant pleinement les effets de la crise inévitable produite par l'incendie, reste encore néanmoins avec l'industrie aurifère qui périclite, elle aussi, faute de bras et par suite de l'élévation des salaires, les seules sources qui alimentent sérieusement le budget.

Création d'un nouveau tarif de droits d'importation. — C'est ainsi que le Conseil général, avec l'avis favorable de la Chambre de commerce, vient d'imposer un grand sacrifice au commerce de la colonie, en votant un nouveau tarif des douanes pouvant produire 400 000 fr. de plus que les années précédentes, par l'augmentation des seuls droits d'importation qui ont été plus que doublés.

Création de droits différentiels sur les marchandises étrangères. — Des droits différentiels sur les marchandises étrangères ont été également votés, afin de protéger les marchandises françaises et pour prouver à la métropole que la Guyane a le cœur français. Du reste la colonie reçoit presque tout de France et ne consomme que fort peu de marchandises étrangères.

La transportation. Ses obligations. Demande de la gratuité de la main-d'œuvre pénale. — Il y a plus de 35 ans que la transportation a été dirigée sur la Guyane par le néfaste gouvernement de l'Empire et qu'elle y est établie. Depuis cette époque, de 1854 à ce jour, qu'a-t-elle donné, qu'a-t-elle fait pour la colonie, en compensation de la souillure qu'elle lui apportait? Tournez vos regards, cherchez de toutes parts, vous ne verrez rien, absolument rien. Elle aurait pu cependant produire beaucoup et être d'une bien grande utilité pour toute la colonie et surtout pour la ville de Cayenne qu'elle aurait assainie et embellie; mais très regrettablement, on n'a pas su l'utiliser ni en tirer parti. La Direction pénitentiaire, avec tout son attirail considérable et son régiment d'employés, dépense des sommes fabuleuses et ne produit pas grand chose.

Que la transportation soit enlevée demain de Cayenne, elle n'y aura laissé de son passage dans cette ville, que le stigmate dont le pays se trouve frappé éternellement. Cependant la Chambre de commerce n'a pas épargné ses vœux. Presque dans toutes ses séances, elle n'a pas cessé de demander que la transportation soit employée *gratuitement* à des travaux urgents et utiles pour la colonie, tels que l'assainissement de la ville, le nettoyage des rues et des quais, la confection des routes, l'entretien des voies de communication déjà établies et des canaux de dessèchement, etc.; mais ces vœux ont été stériles, l'Administration centrale persistant toujours et quand même à refuser la gratuité de la main-d'œuvre pénale.

Maintien à Cayenne de la transportation. — La Chambre ne demande pas que la transportation soit enlevée de Cayenne et reléguée au Maroni; mais elle persiste à réclamer qu'elle soit utilisée *gratuitement* pour le plus grand bien de la ville et de la colonie.

Rade et port. Travaux urgents et indispensables. — Depuis quelque temps, par suite d'un phénomène qui se renouvelle périodiquement, les vases ont envahi le port et l'entrée de la rade de Cayenne. Il en résulte que, malgré les travaux et les dépenses considérables qui ont été récemment faits pour l'amélioration des quais, le déchargement des navires est devenu fort difficile. Aussi s'agit-il de faire encore de grands sacrifices et de nouveaux travaux pour parer à toutes ces difficultés et pour que le port, la rade et les quais puissent être accessibles en tous temps et en toutes marées.

Nécessité absolue d'un câble télégraphique sous-marin. — Depuis longtemps, la Guyane est privée d'un câble télégraphique sous-marin pouvant la relier avec la métropole et les autres parties du monde. Notre colonie est la seule qui ne jouit point des bienfaits de l'électricité qui a résolu un des plus beaux problèmes connus jusqu'ici : celui de ne plus laisser de distance dans le monde entier.

La Chambre demande donc qu'un câble relie la colonie a la métropole le plus tôt possible.

Ligne télégraphique existant à la Guyane. — La seule ligne télégraphique qui existe à la Guyane a été établie pour les besoins du service pénitentiaire. Elle part de Cayenne, traverse les quartiers sous le vent et relie le chef-lieu avec le Maroni.

Sémaphore. — Un sémaphore est établi aux îles du Salut. Il communique avec la ligne télégraphique qui correspond de Cayenne au Maroni.

Téléphone. — Il n'existe pas de téléphones publics à Cayenne. Ceux qui y sont établis sont pour les besoins des services administratifs. Ils relient seulement les bureaux des diverses administrations avec le Gouvernement.

Attribution au commerce local de la fourniture des denrées de toutes sortes consommées dans la colonie par l'administration pénitentiaire. — Au début de la transportation à la Guyane, tous les marchés pour les fournitures (matériel et vivres) destinées à l'administration pénitentiaire étaient passés à Cayenne, et le commerce local, de même que cette administration, y trouvait chacun son compte. Par ordre ministériel et sous le fallacieux prétexte de réaliser des bénéfices, les marchés sont déjà, depuis plusieurs années, passés dans la métropole et tout est expédié directement de France.

La Chambre de commerce n'a pas cessé de formuler des vœux pour que l'on revienne à l'ancien état de choses. Elle base sa demande sur des considérations qui sont entièrement à l'avantage de l'administration pénitentiaire et de ses rationnaires. Les fournitures qui viennent de France sont expédiées en très grandes quantités et ne sont pas toujours examinées avec soin par les commissions appelées à les recevoir. Aussi bien il en résulte des pertes et des condamnations considérables et souvent les rationnaires reçoivent des vivres déjà détériorés ou qui ne sont pas frais. Très souvent encore les approvisionnements demandés étant en retard, l'administration pénitentiaire affame le pays en accaparant tout ce qu'il y a de disponible sur le marché.

Si donc les adjudications avaient lieu à Cayenne, les fournitures étant faites sur place, au fur et à mesure des besoins, les mêmes inconvénients n'existeraient point et les rationnaires recevraient, en tout temps, des denrées fraîches et de bonne qualité.

Marché Raveau ! — Il est probable qu'on n'aurait pas vu passer à Cayenne un marché aussi onéreux pour l'État que celui qui a été contracté avec M. Raveau, publiciste, pour le service des deux bateaux à vapeur destinés au ravitaillement des pénitenciers. M. Raveau, c'est-à-dire la maison Wacongne et Antier à laquelle ce contrat a été cédé, reçoit une subvention de 60 000 francs par an et il lui est encore payé un fret de 25 francs par tonneau pour toutes les marchandises et le matériel transportés de Cayenne au Maroni. Ce fret est plus élevé que celui de France à Cayenne, l'Administration pénitentiaire ne payant que 20 francs par tonneau à la maison Demange, de Nantes.

Ce qu'il y a de plus désastreux, c'est que le service pénitentiaire qui charge un nombre considérable de tonneaux, est dans l'obligation de donner tout son fret aux bateaux de la maison Wacongne et Antier, quand il lui est facile de trouver sur place des navires pouvant porter ses marchandises à moitié prix.

Voilà de l'économie sage et bien comprise !

Emprunt de 5 millions voté par le Conseil général pour les besoins indispensables de la colonie. — *Pour pouvoir entreprendre les grands travaux d'utilité publique que nécessite la colonie, tels que ceux du port, de la rade et des quais, de la conduite d'eau, du câble télégraphique sous-marin et de beaucoup d'autres qui sont indispensables, et encore pour pouvoir alimenter la caisse de l'immigration, le Conseil général a voté un emprunt de cinq millions. Le Crédit foncier, pressenti à ce sujet, serait tout disposé à prêter cette somme à la colonie ; mais il lui faut la garantie de l'État.*

La Chambre de commerce pense que le Département accueillera favorablement le vote du Conseil général et l'appuiera chaleureusement auprès des Chambres pour la garantie qui est demandée.

Le Département ne peut pas moins faire pour la Guyane qu'il n'a fait pour l'Algérie, la Guadeloupe, le Sénégal et les autres colonies, alors que celles-ci ont été frappées à leur tour. La colonie attend donc avec une entière confiance la décision du Parlement.

EUG. GAUTREZ,
Président de la Chambre de commerce
de la Guyane française.

Cayenne, 16 février 1889,

REPRÉSENTATION COLONIALE

La loi du 8 avril 1879 a rétabli la représentation de la Guyane à la Chambre des députés.

CE QUI A ÉTÉ FAIT A LA GUYANE FRANÇAISE

CE QU'IL Y FAUT FAIRE

Ce n'est pas en quelques lignes qu'il est possible de traiter une question aussi vaste que celle de la colonisation de la Guyane française ; il faudrait entrer dans tous les détails, et tout un volume y suffirait peut-être à peine.

Quoi qu'il en soit, essayons de dire en quelques mots ce qu'est cette colonie, ce qui y a été fait jusqu'ici, et ce qu'il faudrait y faire.

Que la Guyane soit une des plus belles, des plus riches possessions de la France, c'est ce dont ne doutent aujourd'hui que ceux qui n'ont jamais vu ce pays de près, ou ceux qui, s'en tenant aux préjugés répandus sur son compte, ne se donnent pas la peine de rechercher la vérité.

Maintenant, que rien n'ait été fait jusqu'ici pour essayer d'en tirer tout le parti qu'on en pourrait tirer, c'est ce qui, d'autre part, n'est pas contestable.

A qui en revient la responsabilité ?

En est-elle exclusivement à la métropole ? En est-elle exclusivement à la colonie elle-même ?

Nous n'adoptons aucune de ces deux opinions ; et sans entrer dans une discussion de détail qui nous entraînerait trop loin, nous mettons en fait que les torts peuvent être très bien partagés, non pas entre la métropole et la *masse* de la colonie, mais entre la métropole et les administrations successives de cette colonie, quelque branche de ces administrations que l'on considère d'ailleurs.

Que le premier et le principal *desideratum* de la Guyane soit l'introduction dans son sein, le plus promptement possible, d'immenses flots de population qui viendraient y relever l'agriculture, aujourd'hui complètement anéantie par l'entraînement au gain, facile pour tout le monde, aux mines d'or, c'est ce qu'il serait puéril de contester.

Mais si, sous ce rapport, l'Administration centrale des colonies n'a pas toujours fait toute diligence et apporté out soin pour amener à la Guyane une immigration véritablement utile, stable et durable, de leur côté, les administrateurs de la colonie, et un grand nombre de ses habitants mêmes, ont-ils toujours fait tout le nécessaire pour encourager cette immigration, lorsqu'elle a été inaugurée, d'abord, par l'introduction d'immigrants africains, ensuite d'immigrants indiens ? Ont-ils toujours fait tout le nécessaire pour décider ces immigrants à rester dans le pays, à y faire souche, à ne pas réclamer leur rapatriement, le contrat d'engagement expiré ?

Si nous pouvions entrer dans les détails, nous craindrions que l'examen des faits ne justifiât trop le partage des torts qui est dans notre pensée.

Que l'Administration centrale des colonies n'ait jamais voulu faire réellement servir la transportation, qu'on a infligée à la Guyane depuis 1854, aux travaux publics de la colonie, à son développement, en un mot, à sa colonisation ; qu'elle n'ait jamais voulu surtout mettre gratuitement au service de la colonie la main-d'œuvre pénale, alors que, utilisée ou non, cette transportation n'en coûtait pas moins les mêmes sommes énormes au budget de la

France ; elle a eu tort, mille fois tort ; et ce n'est pas seulement la législation de 1854 qui lui inflige ce tort, mais encore l'intérêt bien entendu de la France elle-même.

Mais, d'autre part, les administrations de la colonie, un grand nombre d'habitants eux-mêmes, ont-ils toujours poursuivi ce *desideratum* avec tout le calme , toute la modération, tout le tact, tout le souci exclusif des seuls intérêts généraux que commandait une question aussi délicate. Et lorsque par hasard il s'est trouvé quelque gouverneur bien intentionné qui, découvrant les abus, voulant y remédier, voulait amener sinon directement, du moins indirectement l'Administration centrale à les redresser, lui en a-t-on là-bas facilité la tâche ? Pour la satisfaction de quelques vaniteuses personnalités, pour ménager certains intérêts privés se dissimulant mal, ne lui a-t-on pas, au contraire, suscité toutes sortes de difficultés, au mépris des sympathies de la grande masse des populations, jusqu'à ce qu'on l'obligeât un jour à quitter la place ?

Ici encore, les détails ne pourraient peut-être que justifier le partage des responsabilités.

Que, d'une façon générale, le Pouvoir central ait été loin jusqu'ici de faire tout le nécessaire pour la bonne administration de la Guyane, tant au point de vue administratif même qu'au point de vue législatif, c'est encore ce que personne ne voudrait contester.

Néanmoins, l'Empire disparu, la République n'a-t-elle pas restitué certaines franchises, certaines libertés à la Guyane ?

De quelle façon en a-t-on usé depuis dix ans ? En a-t-on usé d'une façon encourageante, c'est-à-dire de façon à bien démontrer que les administrateurs n'avaient d'autre souci que l'intérêt général de la métropole et des populations locales elles-mêmes ?

Nous n'en voulons qu'un exemple. — Le 10 août 1888, un immense incendie anéantissait la moitié de la ville de Cayenne. De là, nécessité de créer de nouvelles ressources au pays, de créer de nouveaux impôts, en attendant l'as-

sistance que voudrait ou pourrait prêter la métropole.
Que font les pouvoirs publics à la Guyane ? Ils surélèvent
les tarifs de douane, au point de les rendre en quelque
sorte prohibitifs des produits d'importation métropolitaine, au point certainement de soulever un tolle général
de la masse de la population, qui, déjà si vivement éprouvée
par l'incendie, entrevoit le comble de la misère au bout
d'une mesure prise illégalement d'ailleurs, et en violation
d'une des dernières lois de finances, puisque de ce chef,
l'Administration centrale a dû en faire suspendre l'application.

Et pourtant, on dit que le commerce de Cayenne sou-
tient cette puérilité, qu'en consentant à cette surélévation
des tarifs de douanes, il a consenti un immense sacrifice
au profit des populations. — De semblables thèses ne se
discutent pas.

Et c'est ainsi que tout en repoussant, avec raison, l'*assimilation* et l'*autonomie*, l'on espère encourager la métropole à élargir le cercle des libertés locales ! Et c'est ainsi
que l'on espère captiver ses bonnes grâces !

Mais, trêve aux récriminations.

Reconnaissons franchement plutôt que les torts passés
sont égaux, et voyons plutôt sommairement quels remèdes
généraux il y a lieu d'apporter à la situation de la colonie.

A notre compte — et ici nous ne parlons exclusivement
que de la Guyane — à notre compte, disons-nous, et à part
quelques réformes de détail, comme, par exemple, une
réforme de la magistrature, et quelques autres dans l'examen desquelles il nous est impossible d'entrer, la législation actuelle de la Guyane est largement suffisante si l'on
sait et si l'on veut en tirer réellement bon parti.

Mais, pour en tirer bon parti, c'est surtout une réforme
générale de personnel qu'il faudrait inaugurer dans notre
belle colonie.

Au point de vue du gouvernement, il ne faut plus, comme
on l'a souvent dit avec raison, que la Guyane continue à
servir de déversoir à tout ce qu'il y a de fonctionnaires
insuffisants dans l'Administration des colonies. Il faut au

contraire que dorénavant la métropole n'envoie là-bas que des hommes de valeur, énergiques, animés du seul amour du bien public. Il faut surtout que, lorsqu'ils ont donné des gages, elle les y maintienne en les encourageant malgré tout débordement de passions locales.

Au point de vue d'administration locale, il faut doré-navant que les principaux Conseils ne se composent plus que d'hommes intègres, également animés du seul amour du bien public, qui délibèrent sans pensées de derrière la tête, et qui sachent au besoin faire litière de tous intérêts particuliers, pour ne voir que l'intérêt vrai de la grande masse de leur pays.

De ces deux choses, l'une dépend de l'Administration centrale des colonies ; et si elle voulait, demain elle pourrait inaugurer tout un ordre de choses nouveau, avec la plus grande facilité. — L'autre dépend du suffrage uni-versel. Malheureusement ici, nous ne pouvons dire ce que nous disons du gouvernement. Le suffrage universel ne saurait avoir la même facilité de changer ses hommes. Abusé, souvent trompé comme partout, grâce hélas ! à l'insuffisance de son éducation politique, il n'est destiné que pour trop longtemps encore à passer par mille déceptions.

Maintenant, qu'en présence des nouveaux malheurs qui viennent de frapper la Guyane, la métropole ait pour devoir de lui venir en aide, non seulement par une reprise de l'immigration, non seulement par une utilisation réelle de la transportation, mais encore financièrement, soit par une large subvention annuelle, soit en autorisant un emprunt, et en donnant sa garantie, soit de toute autre façon, c'est là une chose absolument incontestable, aussi bien dans l'intérêt de la Guyane, que dans l'intérêt propre de la France même.

De toutes ces choses, nous le répétons, les unes sont immédiatement possibles, les autres offrent certaines dif-ficultés, et nous ne nous les dissimulons pas, nous qui savons au milieu de quels embarras financiers se débat notre pays en ce moment, nous qui savons à quelles éventualités la France peut être exposée quelque jour.

Mais que du moins, elle fasse enfin le possible, sans se préoccuper des exigences par trop excessives, et aussi sans marchander plus longtemps. Car si nous comprenons qu'une métropole ne se mette pas dans l'embarras pour ses colonies, nous ne saurions comprendre qu'une métropole ne cherche pas à aider ses plus belles et anciennes possessions, alors qu'il ne lui en doive que peut coûter et qu'il ne doive lui en revenir que profit.

Maintenant que, de leur côté, les administrations de la Guyane y mettent un peu du leur, et nous sommes assurés que tout ira pour le mieux.

GUSTAVE FRANCONIE,
Député de la Guyane.

POLITIQUE INDIENNE

La question des populations indigènes du territoire indien n'est pas moins importante pour la Guyane que la question de la colonisation pénale.

L'histoire économique et sociale de la colonie présente quatre phases qui ont été successivement celles de :

L'essai de l'établissement de l'esclavage des Indiens,

L'établissement de l'esclavage des noirs,

L'utilisation des Indiens,

La liberté.

De 1600 à 1730, les colons guerroyeurs, débarqués sur les rives de la France équinoxiale dans la pensée d'y exploiter les trésors de l'Eldorado, cherchèrent à réduire en esclavage la population indigène pour se faire la main-d'œuvre dont ils avaient besoin. De grandes guerres avec les autochtones s'ensuivirent : à plusieurs reprises les Indiens vaincus se dispersèrent.

De 1730 à 1789 on voit s'établir en même temps l'esclavage des noirs et l'utilisation des Indiens. Ces derniers, organisés en Réductions par les jésuites à Kourou, à l'Approuague, à Ouanari, à l'Oyapock, au Camopi et à Ouassa, étaient au nombre de 12 000 vers 1760, plus civilisés que les nègres esclaves, plus nombreux que ceux-ci et fournissant plus des deux tiers de la production agricole de la colonie. Agriculteurs, marins, soldats, ouvriers, les Indiens étaient alors réellement l'élément le plus civilisé de la colonie après l'élément métropolitain. Malheureusement l'expulsion des jésuites en 1762 ruina les Réductions que les gouvernements de Louis XV et de Louis XVI eurent le tort de ne pas maintenir ou reconstituer sous la direction d'administrateurs laïques.

La période contemporaine est la période de tous les tâtonnements, il semble que la colonie ait perdu sa voie. La colonisation pénale a dévoré des milliers d'hommes et des millions, sans qu'il en soit résulté aucun bénéfice pour la Guyane. Les placers ont donné depuis leur origine plus de 150 millions de francs sans qu'on puiss· voir en quoi la prospérité de la colonie en a été accrue. La Guyane, riche et prospère en 1760, à l'époque des Réductions indiennes, n'a jamais vu depuis renaître ces heureux jours. Elle est beaucoup plus pauvre qu'il y a cent ans, et son avenir paraît de plus en plus incertain.

Le moment est opportun de reparler, après cent ans de silence, des Indiens de Guyane et du parti qu'en pourrait tirer la colonie.

Au siècle précédent ce ne fut qu'aux Indiens de la côte que s'adressèrent les missionnaires. Ils commençaient seulement à étendre leur œuvre dans l'intérieur quand il furent expulsés. Aujourd'hui les Indiens de la côte, peu nombreux, peuvent être considérés à peu près comme une quantité négligeable. Il faut aller chercher les populations indiennes dans les territoires lointains de l'intérieur.

Depuis l'illustre voyageur J. B. Le Blond, qui en 1787, synthétisa le premier les questions se rattachant à la haute Guyane et à ses populations, Le Blond qui, le premier, conçut le projet de la résurrection, sur un plan nouveau, des anciennes Réductions de Guyane, aucun voyageur en Guyane ne semble se rendre compte de l'avenir réservé aux riches terres du haut pays et aux précieuses populations indigènes qui l'habitent. Patris, Mentelle, de Bauve, Milthiade, Leprieur, Crevaux ne pensèrent qu'à leurs levés et passèrent les yeux fixés sur leur boussole.

Près de cent ans plus tard, un missionnaire de l'Instruction publique, M. Henri Coudreau, reprit les idées de son prédécesseur Le Blond.

Les voyages de ce dernier explorateur révélèrent la haute Guyane; 20 tribus y furent découvertes donnant un total d'environ 20 000 indigènes. Le climat fut vérifié sain, d'une moyenne de température ne dépassant pas 22°, le pays fut reconnu riche, regorgeant de produits spontanés: cacao, caoutchouc, salsepareille, ipéca, sans parler de l'or et des pierres précieuses.

Le procédé d'utilisation des Indiens est le même pour toute l'Amérique latine. D'abord longues études scientifiques préalables du territoire indien, et concurremment lente influence établie sur les indigènes par la persuasion, par le seul ascendant que l'Européen peut acquérir sur ces nobles et heureuses races indiennes, en leur prouvant sa supériorité. Plus tard une organisation des plus simples, des plus patriarcales, et une petite immigration métropolitaine bien choisie. Peu à peu le métissage donnant à la contrée une race fixe et bien adaptée.

Voici, d'après M. Henri Coudreau, la liste des 29 tribus de notre haute Guyane.

On peut diviser toutes les tribus indiennes de la Guyane française en trois classes : 1o les tribus créolisées ; 2o les tribus sociables, faisant des échanges avec les tribus sociables et les civilisées; 3o les tribus solitaires, n'ayant de relations avec personne si ce n'est des relations de guerre.

Sur la côte on trouve, à Sinnamary, à Iracouba, à Mana, au Maroni, les *Galibis*, au nombre de quelques centaines, peuplade peu intéressante, ivrogne, violente qui en est restée jusqu'à ce jour à la vie sauvage, vivant nue et n'ayant pour ainsi dire pas fait un pas vers la civilisation.

Dans le bas Oyapock vit une population d'environ 600 Indiens vêtus, complètement créolisés, produisant e commerçant pour le moins autant que les autres créoles, ayant des goélettes pour leurs grandes pêches et leurs voyages à Cayenne et de grands abatis fournissant la bonne partie de la farine de manioc consommée dans la colonie. Ce sont les *Arouas* à Ouassa, les *Palicours* à Rocaoua ; les *Caripounes*, les *Nouragues* et quelques débris d'autres tribus dans le bas Oyapock. Ces tribus sont les seules civilisées de toute notre population indienne.

Au centre de la Guyane ce sont les *Emerillons*, les anciens Pirious de la mission de Saint-Paul, qui ont une dizaine de villages dans le haut de l'Approuagne, à l'Inini et à l'Ouacqui. Au nord-ouest des Emerillons se trouvent les *Tayras* qui occupent les sources de la Mana et de l'Abounami. A l'est ce sont les *Paricouras* qui habitent entre la haute Approuagne et le bas Camopi; ces trois tribus sont sociables.

Entre l'Itany et le Tapanahoni vivent les *Oyaricoulets* et les *Comayanas* qui sont solitaires et les *Yacopoyes* qui sont sociables. Les Oyaricoulets, qui paraissent être les anciens *Amikouanes* ou Longues-Oreilles des vieux auteurs, doivent être nombreux car ils s'étendent sur une grande étendue de pays, des nègres Bonis aux indiens Trios, ce qui est attesté par les attaques qu'ils dirigent de temps à autre contre l'une ou l'autre de ces deux tribus.

Dans les Tumuc-Humac orientales vivent les *Oyampis* au milieu desquels se trouvent quelques *Caïcouchianes*, quelques *Yaouararapis* et quelques *Tamocomes*. Les *Calayouas* ont émigré entre le moyen Yary et le moyen Parou, au sud du premier degré de latitude nord. Ces tribus sont sociables. Les Oyampis, les plus nombreux de ce groupe, étaient fort nombreux au commencement de ce siècle. Ils ne comptent plus aujourd'hui que 12 petits villages et environ 300 individus, la variole les a décimés.

Entre les Tumuc-Humac orientales et les Tumuc-Humac occidentales vivent les deux tribus solitaires des *Elélianas*, aux sources du
Ouanapi, et des *Coussaris*, aux sources du Couyary.

Dans les Tumuc-Humac occidentales, en plus des petits groupes
Roucouyennes d'Apoiké et de *Pililipou*, vivent dans les forêts de la
haute Itany, du haut Yary et du haut Parou, des tribus demi-soli-
taires, demi-sociables, les *Cantachianas*, les *Caouayous*, les *Caraoua-
yanas*, les *Taouahinayes*, les *Pianayes*, les *Campoyanas*, les *Potto-
pitianas*, les *Chiquianas*, les *Orichianas* et les *Tounayanas*. Cet
important groupe de dix tribus est peu connu, mais M. Henri Coudreau affirme qu'il existe : tous les chefs Roucouyennes du haut
Yary et au haut Parou qui sont venus le visiter lui ont parlé avec
une certaine insistance de leurs voisins de la frontière du nord. Dans
le voisinage des tribus les plus occidentales de ce groupe vit, aux
sources du Tapanahoni, la tribu sociable des *Trios*.

Enfin, au nord des Tumuc-Humac, occupant le haut Parou et le
haut Yari et leurs affluents sur plus de 100 lieues de pays, se trouve
l'importante tribu des *Roucouyennes*, la plus nombreuse, la plus
policée, la plus intelligente et la plus laborieuse de tout notre
groupe indien. Elle compte environ 30 villages et 150 pacolos. La
population roucouyenne paraît s'élever maintenant à environ
4 000 individus.

La seule énumération de ces 29 tribus qui vivent sur les
domaines de notre haute Guyane ne démontre-t-elle pas qu'il existe
dans notre colonie une *question indienne* et qu'il ne serait pas
oiseux de se remettre à s'occuper un peu de notre *Territoire
indien ?*

Dans une conférence faite à la Société de géographie commerciale
de Paris, le 21 mai 1889, M. Henri Coudreau s'exprimait ainsi en
demandant l'organisation d'une *Province indienne* en Guyane :

« L'Indien nous est utile, nécessaire, presque indispensable. Attirer l'Indien,
le conserver, le civiliser, se croiser avec lui est pour la race blanche en
haute Guyane et en Guyane centrale une question d'être ou de ne pas être.
Nous ne pouvons pas grand'chose sans lui dans le présent et surtout dans
l'avenir... Je suis partisan de la création dans notre colonie de Guyane d'une
Direction des Indiens : ce service devrait fonctionner au milieu des Indiens ;
sa tâche serait d'une part de diriger les Indiens, de représenter auprès
d'eux la loi, la justice, la règle, en un mot, notre civilisation ; et d'autre
part d'aider les colons qui, peu à peu, viendraient parmi les indigènes.
Cette Direction devrait être autonome, affranchie de la tutelle des bureaux
coloniaux, au début du moins. Ce serait un protectorat d'un genre particulier et nouveau. »

SITUATION

DU

TERRITOIRE CONTESTÉ

« Le territoire contesté entre la France et le Brésil est limité au nord par l'Oyapock et la ligne de partage des eaux entre l'Atlantique et l'Amazone, au sud par l'Amazone et le Rio Negro, à l'est par l'océan Atlantique, à l'ouest par le Rio Branco continué par le Takutu. Sur les frontières septentrionales s'étendent les Guyanes française, hollandaise et anglaise ; les frontières occidentales et méridionales sont bordées par le Brésil. »

I. — Entre l'Oyapock et l'Araguary les principaux centres sont Cachipour, Counani et Mapa.

Le Brésil offrant à la France de fixer la frontière commune au Rio Carsevenne laisserait sur notre territoire Cachipour et Counani et se réserverait Mapa.

Les prétentions brésiliennes ne pouvant être acceptées et le Brésil ayant avancé ses colonies militaires jusqu'à l'Araguary, le territoire entre l'Oyapock et l'Araguary est demeuré jusqu'en 1886 sans organisation administrative ou fédérative.

En 1886 quelques habitants de cette partie septentrionale du Contesté se groupèrent pour s'organiser et pour constituer un État indépendant. Ils pensèrent qu'ils étaient en droit de faire appel à un Français, sinon à la France.

Tel est l'origine de l'acte du 23 octobre 1886 qu'il convient de citer pour les tendances qu'il certifie :

Nous soussigné, Trajane Supriano, capitaine en chef de la rivière de Counani, principal capitaine des pays appelés vulgairement Pays contestés, mais declarés n utres et indépendants par convention passée entre la France et le Brésil en 1841, déclarons.....

Et il s'ensuit que nous voulons :

1° Nous régir sous les lois françaises, c'est-à-dire que nous adoptons le code français pour législation dans notre pays ;

2° Que la langue française soit la langue gouvernementale ;

3° Que ce soit un Français que nous désignons à l'avance, M. Jules Gros, qui soit notre président à vie ;

4° Nous déclarons en outre, toujours au nom des principaux personnages du pays en question, et au nom du capitaine de Cachipour, mon subordonné, que depuis une année nous travaillons à former une République qui sera reconnue par la France et le Brésil.

La déclaration d'indépendance des capitaines de Counani et de Cachipour fut approuvée peu après par le capitaine de Mapa

Quels sont les tendances de ces populations ? Écoutons d'abord M. Jules Gros :

« Bien qu'elles soient d'origines diverses les différentes populations répandues par petits groupes dans la Guyane indépendante s'accordent sur cette opinion générale qu'il faut enfin qu'elles aient une existence propre, une autonomie, des lois qui les rendront les égales des autres populations des pays civilisés.

« Les habitants de Counani, dont la très grande majorité a été recrutée parmi des esclaves fugitifs du Brésil, se sont montrés ardemment portés vers la France, surtout pendant tout le temps qu'a duré l'esclavage. Leur peur bien naturelle était de se voir absorbés par le Brésil et rendus aux maîtres auxquels ils avaient échappé. Cela explique l'insistance qu'ils ont mise pour se faire annexer par notre colonie de la Guyane française. Aujourd'hui les mêmes craintes n'existent plus puisque l'esclavage est définitivement aboli, mais l'affection des Counaniens pour la France a subsisté. C'est pour cela que, ne pouvant devenir Français, ils ont proclamé la République et nommé un Français président à vie de ce nouvel État.

« Les habitants de la région arrosée par l'Ouassa et le Cachipour, bien que contenant, outre les anciens esclaves brésiliens, des descendants des tribus indiennes qui occupaient autrefois cette contrée, partagent l'amour des Counaniens pour la France et se sont joints à eux avec enthousiasme pour former la République de la Guyane indépendante.

« Il n'en était pas de même de Mapa, dont la population, le double à elle seule de toutes les autres réunies, a des origines plus disparates. Outre l'élément esclave, elle comprend des soldats déserteurs, des condamnés brésiliens fugitifs, et des hommes libres d'origine européenne ou américaine.

« Mapa est en réalité une riche cité commerçante, en relation avec Cayenne, centre de consommation et surtout avec Para, le grand marché brésilien. Le Brésil n'a pas cessé de désirer vivement de devenir maître de ce centre important, mais les gens de Mapa ne veulent, eux, être ni dépendants du Brésil, ni dépendants de Cayenne, bien que l'explorateur Henri Coudreau y ait rencontré un puissant parti français.

« Aujourd'hui les choses ont changé. Quand un émissaire de M. Jules Gros, M. Jacquelin, visita en 1888 les gens de Mapa et qu'il leur montra, dans de nombreux journaux français, le but que poursuivait le président nommé par Counani; quand ils surent qu'il ne s'agissait nullement d'introduire chez eux les rouages compliqués et coûteux de notre administration, mais seulement de développer chez eux l'esprit commercial, industriel et agricole, par l'introduction de nouveaux bras européens, de créer des écoles pour leurs enfants, un état civil pour tous, des papiers réguliers permettant à leurs goélettes d'entrer dans les ports au même titre que tous les bâtiments civilisés; quand ils envisagèrent la perspective d'un rapide développement par suite de la sécurité des fortunes acquises, d'une propriété définitive, ils se rangèrent unanimement sous le drapeau du président français et ils l'attendent aujourd'hui avec une vive impatience.

« Si le gouvernement français veut utiliser tous ces bons vouloirs, il peut, à bref délai, faciliter la création d'une riche colonie libre qui aura pour la France l'avantage de ne lui rien coûter et d'être un admirable débouché pour tout ce qu'il y a chez nous d'activités inutilisées, de bons vouloirs enrayés par l'encombrement, et enfin un centre de consommation de nos produits industriels et de production pour toutes les matières premières, pour lesquelles nous sommes encore les tributaires des étrangers. »

M. Jules Gros a raison lorsqu'il dit que « l'affection des habitants du Territoire contesté pour la France a subsisté. »

Un Counanien, qui ne semble avoir aucune sympathie pour M. Jules Gros, disait récemment dans le *Bulletin de la Société de géographie commerciale* de Paris :

« Counani finira par rester entre les mains des Français parce que nous sommes tous Français de cœur à Counani. »

Le gouvernement français ne toléra pas la fondation d'un État indépendant du Contesté, parce qu'il n'a jamais cessé de revendiquer ce territoire contre le Brésil et qu'il n'entend aliéner aucun de nos droits à ce pays

II. — De l'Araguary à l'Amazone le Brésil agit en maître ; il perçoit les impôts ; il établit des postes : une ligne de vapeur relie Mapa à Para pour drainer tous les produits du Contesté. Il est temps que le gouvernement français intervienne.

III. — Le moment est d'autant plus favorable que le port amazonien de Macapa, que nous revendiquons, souhaite notre domination de tous ses vœux.

Un voyageur n'a-t-il pas écrit :

« Macapa est une ville française située à l'embouchure du fleuve des Amazones, sur la rive gauche, à 330 kilomètres du cap Nord actuel.

« Quand je dis française, j'entends qu'elle l'est par l'esprit de ses habitants.

« Il ne tient qu'à un rien que cette ville se révolte contre le Brésil.

« Les raisons pour lesquelles les populations de la France équinoxiale veulent toujours rester françaises ne sont pas des raisons de sentiment, mais des raisons autrement solides, des raisons d'intérêt. A Macapa, comme à Mapa, les commerçants, les notables n'osent rien entreprendre faute de sécurité. On voit que le gouvernement brésilien est impuissant à faire respecter l'ordre dans ses provinces. On pêche un peu, on s'adonne un peu aux ménageries, au caoutchouc, mais on ne travaille pas à l'or, bien qu'on en brûle d'envie : on n'ose faire aucune grande entreprise. Quel est le gouvernement ferme qui fera respecter les droits et régner la justice ? Quel est le gouvernement capable d'aider ces contrées dans leur développement, de les doter de routes, de canaux, de services à vapeur, d'établissement de crédit ? On attend la France.

« Leurs intérêts matériels poussent ces populations dans nos bras. Leur farine de manioc, leur poisson, leur caoutchouc, presque tous leurs produits, même ceux de Macapa, comme ceux du Lago Novo et de l'Araguary, sont vendus en presque totalité à Cayenne. Les vents et les courants rattachent l'Amazone et la côte septentrionale à Cayenne et non à la ville des Tocantins (Parà). Pour les actes de la vie civile, mariage, baptême, ces populations se rendent à Cayenne. L'empire n'y envoie aucun padre, aucun officier de l'état civil, ni à son présidio de Macapa, ni à sa colonie de l'Apourema.

« Pourquoi les gens aisés de ces districts envoient-ils leurs enfants dans les établissements d'enseignement primaire et secondaire de Cayenne et non de Para ? N'est-ce pas l'indice de leur préférence pour la France ? On trouve encore une preuve de cette préférence dans la façon dont s'installèrent primitivement les habitants. Pourquoi toutes les habitations et les faziendas, de l'Araguary au Cachipour, sont-elles situées sur la rive gauche des fleuves. La raison en est certaine : ces gens ne voulaient pas être brésiliens ; en s'établissant sur les rives gauches ils pensaient que si leur fleuve était pris pour frontière ils resteraient toujours Français.

« Capitale d'une colonie française, Macapa, située sur la véritable embouchure de l'Amazone, serait la capitale du fleuve. Tout le commerce de l'immense bassin amazonien aboutirait à son port : tous les vapeurs de l'Amérique du Sud auraient Macapa pour port d'arrivée et de départ : ce serait un Suez, et ce serait un Chang-Haï..... »

CAHIER DU SÉNÉGAL

Dès 1364, les Normands abordent à Rufisque, dans la baie de Gorée.

La première société française qui établit des comptoirs sur le fleuve du Sénégal est la Compagnie normande ou Association des Marchands de Dieppe et de Rouen ; elle commerce de 1626 à 1664.

Lui succédèrent : la Compagnie des Indes occidentales (1664-1675); la Compagnie d'Afrique (1673-1682); la Compagnie du Sénégal (1682-1695); la Compagnie du Sénégal, Cap nord et Côte d'Afrique (1695-1709); la Compagnie du Sénégal (1709-1719); la Compagnie des Indes (1710-1758).

En 1758, les Anglais s'emparèrent de toutes les possessions de la Compagnie des Indes au Sénégal : le traité de Paris, de 1763, reconnaît ces conquêtes : les Français ne conservent que la côte située entre le cap Vert et la rivière de Gambie avec l'île de Gorée.

Mais le traité de Versailles de 1783 restitua à la France toutes les possessions de la côte occidentale d'Afrique qui lui avaient été enlevées par le traité de 1763.

Le ministre de la Marine et des Colonies soumit vers cette époque à l'examen des Chambres de commerce du royaume, la question suivante : « Quelle est la manière la plus avantageuse pour l'État de suivre le commerce du Sénégal, soit en permettant le commerce aux divers négociants des ports, soit en faisant de ce commerce une branche exclusive ? »

La plupart des réponses conclurent en faveur de la liberté : de cette époque, date la fondation à Saint-Louis et à Gorée de comptoirs libres.

Le gouvernement n'en accorda pas moins le privilège du commerce à la Compagnie du Sénégal, mais en le restreignant à la vente de la gomme.

Le 15 avril 1789, les habitants de l'île Saint-Louis, réunis en assemblée générale, rédigèrent leur cahier, long réquisitoire contre le privilège et les compagnies.

Ce vœu aboutit à la loi du 23 janvier 1791 qui déclarait « le commerce du Sénégal libre pour tout Français ».

L'art. VIII du traité de Paris du 30 mai 1814, qui restituait à la

Franco le Sénégal, depuis le cap Blanc, ne fut exécuté que trois ans après, le 25 janvier 1817.

Actuellement les territoires soumis à la suzeraineté de la France, le sont à titres divers :

1° Les uns sont possédés : leurs populations sont sujets français,

ZONE D'INFLUENCE FRANÇAISE
DANS L'AFRIQUE OCCIDENTALE

La teinte grisée couvre les Pays qui sont soumis à l'influence française.
Les chiffres placés entre parenthèses indiquent les dates principales de l'expansion française.

soumis aux lois françaises; tels sont : l'île Saint-Louis, l'île de Gorée, l'île d'Arguin, Portendick, etc.

2° Les autres sont annexés : gouvernés tantôt par des chefs nommés par le gouvernement colonial, tantôt par des chefs élus : ces peuplades restent soumises aux lois qui les régissent : telles sont, les provinces du Dimar, du Toro, du Damga.

3º D'autres sont soumis au protectorat : chaque traité de protectorat stipule des conditions particulières ; sont soumis au protectorat : le Diolof, le Fouta central, le Fouta-Diallon, le Siné, le Baol, le Bafing, etc.

4º D'autres sont liées par des traités d'amitié ; tels sont, les Maures Douaïch, Trarzas, Bracknas, le Saloum, etc.

En 1863, le général Faidherbe avait songé à relier le Sénégal au Niger, par une ligne de postes et à créer un courant commercial vers le centre de l'Afrique. En 1879, cette idée fut reprise : on songea à relier le Sénégal au Niger et à nos possessions algériennes.

Les Chambres votèrent des crédits en effet pour la construction de postes fortifiés entre le Sénégal et le Niger.

Nous n'étions pas encore maîtres du haut Sénégal.

La campagne de 1880-81 eut pour résultat d'asseoir notre protectorat sur le pays de Bafoulabé à Kita.

La campagne de 1881-82 mettait en échec l'influence de Samory. Entreprise tardivement, il n'était plus possible de prendre possession du territoire entre Kita et le Niger.

Pendant la campagne de 1882-83, le colonel Desbordes atteint le Niger le 1er février, pose le 7 février, la première pierre du port de Bammako ; des traités étaient passés avec les chefs du Bélédongou (Damfa, Momdia, Segala...)

La campagne pacifique de 1883-84 eut pour but de construire le fort Koundou à mi-route entre Kita et Bammako, de transporter à Bammako la canonnière le *Niger*.

Durant la campagne de 1884-85, fut construit le fort de Niagassola, au nord de Kita ; le Douré fut pris et toute la rive gauche du Niger jusqu'à Tiguibiri.

Le lieutenant-colonel Frey, dans la campagne de 1885-86, force Samory à traiter et bat le marabout Mamadou-Lamine.

Dans la campagne de 1886-87, le lieutenant-colonel Galliéni, nommé commandant supérieur du Soudan français, force Mamadou-Lamine à fuir devant notre colonne ; Ahmadou qui avait reçu de son père, El-Hadj-Omar, le royaume de Ségou et l'autorité souveraine sur tout l'empire Toucouleur reconnaît à la France la rive gauche du Niger et place son pays sous le protectorat de la France. L'Almamy Samory nous abandonne, de son côté, la rive gauche du Niger et place sous notre protectorat tous les pays qui reconnaissent actuellement son autorité et toutes ses conquêtes futures ; le protectorat de la France est en outre accepté, au sud, pour tous les États situés entre la Falémé et la Gambie, au nord, sur le pays des Kourouma et sur les Oulads-Embarec ; la canonnière « Niger » atteint Kabara, le port de Tombouctou.

En 1888 et en 1889, les instructions ministérielles ont porté sur la nécessité d'affermir la conquête.

Les possessions françaises du Sénégal forment aujourd'hui un immense quadrilatère compris en latitude entre le 21° degré 20 minutes (cap Blanc) et le 8° degré 20 minutes (Libéria); en longitude, entre le cap Vert et le 8° degré de latitude ouest de Tunis (frontières orientales des États d'Ahmadou et de Samory); les colonies anglaises de la Gambie et les possessions portugaises des Bissagos ne sont plus que des enclaves sans importance.

CONSEIL GÉNÉRAL

Le Conseil général a été institué par les décrets des 4 février et 5 mai 1879. Il se compose de 16 membres élus à raison de 10 pour l'arrondissement de Saint-Louis et de 6 pour celui de Gorée, élus pour 5 ans par le suffrage direct et universel, renouvelable par moitié tous les 3 ans. Une commission coloniale a été instituée par décret du 12 août 1885.

QUELQUES VŒUX DU CONSEIL GÉNÉRAL

DU SÉNÉGAL.

Service militaire. — Le conseil émet le vœu, dans sa session ordinaire de 1882, qu'à partir du 1er janvier 1883, les lois sur le service militaire soient applicables à toute la colonie du Sénégal. (Adopté par 8 voix contre 2.)

Défendant sa proposition, M. Delor disait au Conseil :

« Nous avons tous le désir d'arriver à une assimilation complète avec la métropole, et puisque nous demandons à jouir de tous les droits que cette assimilation confère, il est juste que nous en acceptions toutes les charges. Rappelons-nous aussi que le Sénégal est la plus ancienne colonie de la France et que nous n'avons pas à hésiter sur l'adoption du vœu. »

M. Crespin ajoutait :

« En principe, il n'est pas admissible que nos compatriotes d'Europe viennent ici défendre notre sol et mourir de blessures ou de maladies pendant que nous, les véritables intéressés, nous restorions à l'écart... »

Droits d'importation. — Le conseil adopte, par 8 voix contre 3, dans sa session extraordinaire de 1888, une proposition tendant à augmenter de 2 p. 100 les droits d'importation perçus dans la partie nord, sur les marchandises déjà frappées de 5 p. 100 en maintenant le *statu quo* sur celles frappées de 10 et 15 p. 100 et sur les guinées.

Au cours de la discussion soulevée par la proposition de ce droit frappant indistinctement les produits de toute origine, M. de Bourmeister disait :

« Pourquoi le département ne se préoccupe-t-il pas d'appliquer tout d'abord en France ce qu'il nous demande de faire aujourd'hui au Sénégal ? Nos produits sont admis en franchise dans la Métropole concurremment avec les produits étrangers, et il voudrait que nous frappions d'un droit différentiel les marchandises qui facilitent ici notre commerce. »

Et M. Lamartiny ajoutait :

« Le département ne s'est pas montré toujours aussi soucieux de protéger les droits nationaux et surtout de leur donner la préférence. Tout le matériel des chemins de fer du Haut Fleuve vient de l'étranger, la plupart des bateaux achetés pour son service proviennent de l'Angleterre, et enfin tout dernièrement encore la construction de l'appontement de Rufisque a été confiée à une maison étrangère. »

M. Delor disait, à un autre point de vue :

« N'avez-vous pas lu dans le *Journal officiel* de la colonie la notice dans laquelle on fait savoir que le colonel Galliéni attirait les caravanes du Haut Fleuve vers nos comptoirs ? N'avez-vous pas vu le département annoncer l'envoi de M. Soller pour engager les caravanes de Tombouctou à se rendre également à nos comptoirs ? Et vous voudrez frapper les marchandises étrangères, de bon marché, les seules qu'on puisse introduire dans ces régions, de droits différentiels très élevés : vous voudrez que ces caravanes qui vont jusqu'ici au Maroc où il n'existe pas de droits différentiels, soient mécontentes des achats faits dans vos comptoirs, et n'y reviennent plus ? Vous ne l'admettrez pas, Messieurs. Vous reconnaîtrez, au contraire, que l'établissement de droits différentiels amènerait à un résultat négatif toutes ces heureuses tentatives faites en vue de développer le commerce de notre colonie, le commerce de la France. »

Le conseil adopte, par 8 voix contre 4 (session de 1888), l'augmentation de 2p. 100 sur les droits de sortie perçus dans les rivières du Sud,

« Nous devons dans les rivières du Sud, dit M. Delor, laisser les marchandises exemptes de tous droits d'entrée pour permettre à ces négociants de vendre leurs marchandises dans les meilleures conditions possibles contre les produits du sol... Si déjà les indigènes sont portés à se rendre à Sierra-Leone pour se procurer des marchandises à meilleur marché, le droit à l'entrée forcerait ces négociants à vendre encore plus cher et le consommateur les fuirait de plus en plus. »

Le conseil adopte à l'unanimité (session de 1888) une proposition tendant à ne pas établir dans la colonie des droits différentiels.

École des fils de chefs. — Dans un discours d'ouverture de session, le gouverneur disait le 11 décembre 1888 :

« Le budget ne doit pas être l'objet exclusif de vos délibérations. D'autres questions sollicitent votre attention et c'est de quelques unes d'entre elles que je veux vous entretenir. Au premier rang je place l'instruction publique qui dans ces contrées a une importance capitale. La propagation de la langue française est en effet le moyen le plus efficace pour coloniser pacifiquement. Le jour où les masses indigènes qui vous entourent parleront le français, la colonisation sera faite et le Sénégal sera véritablement devenu une continuation de la France...

« Il est une institution que je recommande à toute votre sollicitude, qu'il est politique de faire revivre et qui revivra, car vous en sentez la nécessité patriotique aussi bien que moi. Vous avez compris que je veux parler de l'ancienne école des fils de chefs et d'interprètes créée par le général Faidhorho, en 1861, et supprimée en 1872... Ceux de ces enfants qui, par leur naissance, leur position sociale, leurs droits de famille, sont destinés à occuper des situations importantes dans les pays soumis à notre protectorat, élevés par nous, polis au contact de notre civilisation, sauront transmettre chez eux les principes de morale qu'ils auront puisés chez nous : ils sauront répandre notre influence et faire rayonner au loin le génie de la France... »

CHAMBRES DE COMMERCE

L'arrêté local du 29 décembre 1869 a créé à Saint-Louis et à Gorée des Chambres de commerce.

Cet arrêté a été complété ou modifié par les arrêtés des 30 avril 1877 et 31 mai 1878.

La Chambre de commerce de Rufisque a été constituée par arrêté du 9 janvier 1883.

VŒUX DE LA CHAMBRE DE COMMERCE

DE GORÉE

Situation économique. — L'arachide est le principal produit d'exportation depuis Saint-Louis jusqu'à la rivière du Saloum incluse.

Voici l'état comparatif de la production durant ces quatre dernières années :

	En 1889.	En 1888.	En 1887.	En 1886.
	tonnes	tonnes	tonnes	tonnes
Cayor et Baol y compris les banlieues de Rufisque et de St-Louis et voie ferrée	18 000	26 500	17 000	17 000
Nianing, Joal, Petite-Côte, ...	3 500	4 200	1 600	14 000
Rivières de Sine et Saloum	4 000	3 500	2 200	1 800
Totaux pour le Sénégal proprem. dit	25 000	34 200	20 800	20 200
Ile de Foundiougne-Saloum (à ajouter .	1 000	1 200	200	100
Rivière de Gambie.	1 500	9 000	4 000	10 000
— de Cazamance.	2 500	1 600	100	100
Totaux.	44 000	46 000	25 000	30 400

« Les prix d'achat au détail aux indigènes sont en 1889 de 17 fr. 50 à 20 fr. à Saint-Louis, 17 fr. 50 à Rufisque, 15 fr., à Nianing, Joal et voie ferrée, 13 fr. à 14 fr. dans le Sine et le Saloum, 11 fr. 50 à 12 fr. dans la rivière de Cazamance, 15 fr. en Gambie les 100 kilos. Les prix du gros à Rufisque et à Saint-Louis pour les arachides du Cayor sont de 20 fr. et les autres sortes en proportion décroissante à mesure qu'on avance vers le Sud. Le prix sur les marchés d'Europe est de 28 francs les 100 kilos.

« Le prix de l'arachide est abaissé partout du fait de diverses circonstances et ne se relèvera pas sensiblement dans l'avenir par suite de la concurrence et de l'extrême abondance de ses similaires de l'Inde et du Levant et surtout des graines du coton dont on réussit à tirer de l'huile comestible. Il serait donc intéressant qu'à côté de l'arachide, on puisse exploiter un autre produit pour combler le déficit qui nous menace. (*Lettre de M. Félix Gros, président de la Chambre de commerce, au gouverneur, du 23 février 1889*).

« J'avais l'an dernier (*lettre de M. Gros, 15 février 1885, au directeur de l'intérieur*) essayé de faire entrer dans les mœurs des indigènes, la production du caoutchouc ; j'ai, dans cet ordre d'idées, fait des efforts considérables pour en arriver à ce résultat et j'avais réussi à faire extraire environ 2 000 kilos de produit surfin de la banlieue de Rufisque. Mais aujourd'hui que l'indigène a une bonne récolte de mil et que celle des arachides est suffisante, il refuse de se procurer ce complément de bien-être : d'un côté parce que la liane du caoutchouc est moins abondante que dans les rivières du Sud, et de l'autre parce qu'il trouve ce travail trop pénible.

« Dans les rivières du Sud, ce n'est que la nécessité qui pousse l'indigène à ce travail : en effet, tant que l'arachide était le principal objet de culture de ces rivières, le caoutchouc y était à peine nommé ; mais à présent que les oléagineux n'y offrent plus un trafic rémunérateur, les naturels s'adonnent au caoutchouc et aux palmistes. »

Lettre du 16 mai 1888 au gouverneur. « Afin de mieux inciter à la culture et d'exciter l'émulation entre les chefs, je suis à me demander s'il ne conviendrait pas d'établir une sorte de concours entre les divers pays producteurs. Ce concours aurait lieu dans les conditions que vous apprécieriez et serait consacré par une distribution de primes aux chefs les plus méritants. Ce serait un concours d'ensemble, tel par exemple, le Cayor par rapport au Baol, le Sine par rapport au Saloum, etc. On n'opposerait pas quantité à quantité, mais on déciderait d'après les efforts qui auraient été faits pour satisfaire l'administration. Peut-être est-ce là un moyen d'intéresser les chefs à une production plus abondante, je crois qu'elle produirait avec le temps d'excellents résultats. Il faut faire produire beaucoup, voilà le but. »

Exploitations agricoles. — « Il y a un peu moins de 25 ans, à la faveur de la situation privilégiée faite en Europe à certains produits du fait de la guerre américaine de sécession la culture du coton fut tentée. Mais ces tentatives de culture n'aboutirent pas, soit qu'elles aient eu à souffrir des ravages des sauterelles soit encore qu'elles aient été impuissantes à lutter contre des entraves, et pour le moins contre des difficultés qui auraient pu être en partie atténuées sinon prévues.

« Il me semble cependant que l'exploitation agricole pourrait réussir sur certains points de notre arrondissement sous l'impulsion d'une puissante société qui aurait des plans bien arrêtés et un personnel dirigeant de tout repos.

« L'indigène quand il travaille pour le compte d'une société ou d'une maison de commerce se fait payer cher et donne relativement peu de travail. Il paraît dès lors onéreux de l'occuper au travail des champs au titre de principal auxiliaire, mais le contraire a lieu quand il est encadré au milieu de bons ouvriers européens. Toutefois il ne serait certainement pas impossible d'obvier à ce sérieux inconvénient qui a été peut-être jusqu'à présent l'un des principaux obstacles de la réussite de toute entreprise agricole, si on obtenait de l'administration locale qu'elle mette un certain nombre des captifs qu'elle libère annuellement à la disposition de telle société qui se présenterait à cet effet.

« Bon nombre de ces captifs sont présentement plus ou moins malheureux et plus ou moins inoccupés, de sorte qu'ils ne sauraient trouver une meilleure utilisation de leurs forces que dans un emploi de cette nature. Cette société serait pour eux une sorte de « ferme modèle » qui

présenterait de bien grands avantages à tous les points de
vue.

« La nature du terrain se prête aisément à peu près à
toute culture dans les environs de Dakar, de M'Bao de
Rufisque et même de Pont où les légumes viennent admirablement. Des plantations d'arbres fruitiers de toute sorte,
de canne à sucre, de caféiers, etc., — des semis d'indigo,
de coton, d'eucalyptus, etc., ne réussiraient pas moins bien
que le jardinage. Et à côté de cela, l'élevage du bétail, des
animaux de basse-cour et de tout ce qui s'y rattache, sans
compter l'industrie de la chasse, car ces parages sont très
giboyeux.

« Mais c'est là une entreprise de longue haleine et il est
indispensable pour réussir vite et bien qu'une ligne de conduite ferme, prudente, persévérante, toute faite d'ordre et
d'économie, préside sans cesse à son organisation et à son
exploitation. Il est non moins utile au succès de l'œuvre que
la direction et le cadre soient Européens et qu'un soin particulier et méticuleux soit apporté à ce qu'ils soient formés
d'hommes du métier, sérieux et consciencieux, pécuniairement intéressés à la réussite. » (*Lettre de M. Félix Gros
au directeur de l'intérieur du 7 juin 1886*).

Industries. — « Une industrie ne peut réussir de nos
côtés, qu'avec le concours de puissants capitaux (*lettre au
directeur de l'intérieur du 9 mars 1886*) et quelquefois
avec le concours d'une subvention locale. Après l'essai qui
va être tenté — d'une huilerie à vapeur à Sor pour la tritu-
ration des arachides, et peut-être d'une savonnerie, d'une
installation pour la conservation du poisson par des moyens
frigorifiques à Dakar; et de la production de la glace qui en
sera la conséquence, — il pourrait arriver que de nouvelles
industries soient essayées. »

Émigration. — « La colonie du Sénégal offre peu de possibilité à l'ouvrier métropolitain pour venir y vivre avec
chance de réussite.

« Le manque d'industries européennes et l'usage de recruter le personnel de toute nature en France par le soin des
correspondants, permet de supposer qu'un ouvrier ou un

employé, arrivant à l'aventure, trouverait difficilement un emploi.

« Le logement et la nourriture qui jouent un si grand rôle dans l'existence sont difficiles, rares et chers, pour quelqu'un qui a de l'argent, à plus forte raison pour un ouvrier qui arriverait sans engagement. Quant aux salaires, l'ouvrier indigène entrant en concurrence avec l'ouvrier métropolitain, celui-ci n'aurait guère que des salaires variant de 5 fr. à 7 fr. 50 par jour ; ces salaires seraient-ils doublés qu'ils semblent devoir être pour lui insuffisants.

« L'ouvrier enrôlé en France pour le compte d'un commerçant peut, au contraire, s'il a la garantie du logement et de la nourriture, réussir dans sa carrière.

« Le rôle de l'Européen consiste uniquement dans le travail de direction, de surveillance, de comptabilité ; il ne faut pas de travail manuel proprement dit. »

Routes. — *Lettre du 26 avril 1886 et délibération du 8 janvier 1887.* « La colonie du Sénégal étant complètement dépourvue de routes carrossables, et des sentiers à peines tracés étant les seules voies de communication qui y existent pour relier entre eux les postes militaires, les chefs-lieux des communes, les centres commerciaux et les villages de l'intérieur, il me semble qu'il y aurait une grande utilité à rechercher les moyens d'ouvrir partout dans l'intérieur et sur les côtes de larges chemins de communication.

« Une idée de progrès de colonisation et de civilisation me paraît s'attacher à cette importante question. Il est incontestable en effet qu'avec de larges trouées dans les fourrés de l'intérieur, l'indigène sera moins chez lui que par le passé, que les déplacements de tous seront plus aisés, que le brigandage se restreindra de plus en plus, que la tranquillité politique pourra être mieux assurée et que l'assimilation du noir à nos mœurs sera plus prompte et plus certaine.

« Les villages annexés payent seulement une modique redevance au gouvernement français et les pays placés sous son protectorat sont, pour ainsi dire, affranchis de toute obligation envers lui. Ils jouissent donc des bienfaits de notre suzeraineté sans en avoir les charges.

« J'estime dès lors qu'il y aurait convenance à inaugurer au Sénégal le régime des prestations, tel qu'il est en usage en France, mais adopté au tempérament des indigènes et à leur état politique. Ces prestations consisteraient dans l'ouverture et l'entretien des routes, dans les plantations et la conservation d'arbres utiles, dans le creusement des ponts, etc. »

Douanes. — « Examinant le budget de 1889, dans sa séance du 15 juin 1888, la Chambre de commerce considérant que les impôts actuels sont insuffisants pour satisfaire aux charges nouvelles qui lui sont imposées par le département et les circonstances, considérant que les droits nouveaux doivent être établis de façon à concilier autant que possible les intérêts supérieurs du commerce et des producteurs avec ceux du fisc, exprime l'avis qu'il y a lieu :

1º De supprimer la taxe locale de consommation, en la remplaçant par des droits différentiels sur les mêmes articles qui ne sont pas de première nécessité ;

2º De maintenir les droits actuels d'octroi de mer, mais de rétablir la dénomination qui leur est propre : « octrois municipaux » ;

3º De maintenir la franchise du port de Gorée, que l'installation d'une douane ruinerait irrémédiablement ;

4º De maintenir les droits à l'importation pour la zone nord de la colonie, sauf à augmenter le *quantum*, selon les nécessités budgétaires. La colonie du Sénégal est divisée en deux sections qui demandent un régime différent en raison de leur situation géographique et politique, le nord et le sud, séparés l'un de l'autre par la Gambie. Le nord est d'une surveillance douanière très facile, et relativement peu onéreuse, tandis que le sud est parsemé de petits bras de fleuve ou de marigots, qui sont autant de facilités pour éluder les droits ; au surplus le sud est simplement placé sous notre protectorat et doit compter avec les colonies voisines étrangères qui l'enclavent, telles que la Gambie, les Bissagos et Sierra-Leone. Dans la section nord on pourrait adopter indistinctement le régime des droits à l'importation ou de ceux à l'exportation ; mais les droits à l'importation sont seuls naturels ; les droits sur l'exportation porteraient atteinte à la production et frapperaient presque exclusivement l'arachide qui lutte déjà si difficilement sur le marché d'Europe contre les productions similaires ;

5° De maintenir les droits à l'exportation pour la zone sud sans modification : les produits d'exportation de cette zone, le caoutchouc et les palmistes peuvent supporter un droit de sortie ;

6° De ne pas instituer de *droits protecteurs : cette catégorie de droits pourrait à la rigueur se comprendre si nos produits étaient admis en franchise en France alors que leurs similaires étrangers y seraient frappés d'un droit élevé,* mais tel n'est pas le cas. Au surplus le voisinage des colonies voisines étrangères est une entrave avec laquelle il faut compter ;

7° De frapper des droits spécifiques et différentiels sur certains articles spéciaux sans distinction de provenance : 20 p. 100 *ad valorem* sur les armes et munitions, 3 fr. 50 sur les vins par hectolitre et sur les bières ; 0 fr. 08 par m. sur les guinées bleues ;

8° De maintenir pour les patentes et licences la législation actuelle (pas de patente dans la rivière du Saloum et dans les rivières du Sud où le commerce paye des redevances aux chefs) ;

9° De maintenir l'impôt personnel, qui implique sur l'indigène une idée de souveraineté ;

10° De maintenir les droits de tonnage sur caboteurs et chalands, droits entrés dans les mœurs ;

11° De refuser les droits d'augmentation proposés pour l'enregistrement et l'hypothèque, ces droits ayant déjà été augmentés ;

12° De s'imposer extraordinairement quand il y aura lieu de satisfaire aux dépenses nécessitées par les grands travaux projetés : une imposition spéciale sera frappée pour un travail déterminé.

REPRÉSENTATION COLONIALE

La loi du 8-9 avril 1879 a rétabli la représentation des colonies du Sénégal et de la Guyane à la Chambre des députés.

ÉTAT DE LA COLONIE

Depuis une dizaine d'années, le Sénégal a fait de grands progrès, et cette colonie continue à se développer magnifiquement.

Diverses causes ont contribué à cette véritable renaissance. Quand le général Faidherbe prit le gouvernement de la colonie, il la trouva, il faut l'avouer, dans un état bien précaire. Elle était loin de la splendeur commerciale qu'elle avait eue autrefois et passagèrement, quand André Bruc était le directeur de la Compagnie du Sénégal et que son commerce s'étendait dans l'intérieur jusqu'au fort Saint-Joseph. A peine peut-on dire qu'en 1854 les Français possédaient Saint-Louis et Gorée. Des malheurs successifs l'avaient profondément frappée. Pendant la Révolution, elle fut abandonnée, elle eut à subir l'influence anglaise et ne retourna définitivement à la France que par le traité de 1814. En 1819, elle fut officiellement occupée par nous, mais dans des conditions bien modestes. Notre expansion ne se fit que petit à petit, par l'annexion du Oualo et par l'établissement de quelques escales sur le fleuve. Faidherbe donna un grand élan à ce mouvement. Au Oualo, il joignit le Dimar et le Toro, brisa l'unité du Fouta en le séparant en trois tronçons, étendit notre influence jusqu'à Médine en créant le poste et en arrêtant El Hadj Omar qui, avant lui, n'avait point rencontré de vainqueur. Il refoula les maures arabes sur la rive droite du fleuve et délimita par là la frontière nord de la colonie. Ses victoires furent suivies de traités de paix avantageux pour la France. En même temps, il portait ses vues jusque sur le Niger et les contrées qu'arrose ce fleuve, travaillait au développement intérieur de la colonie par le commerce et la création d'institutions qui existent encore. Il mérite, par les souvenirs qu'il a laissés au Sénégal, le titre de second fondateur de la colonie.

Sans nous arrêter aux grands travaux entrepris par l'État au Sénégal, tels que le chemin de fer du Haut Fleuve achevé actuellement, de Kayes à Bafoulabé, sur une longueur de 133 kilomètres environ, qui, déjà, rend d'immenses services à nos colonnes de ravitaillement et transporte quelques marchandises et quelques produits coloniaux, mais dont l'importance eût été capitale s'il avait pu être prolongé jusqu'aux rives mêmes du Niger; et le chemin de fer de Dakar à Saint-Louis, sur une longueur de 265 kilomètres dont la réception définitive n'a eu lieu qu'en 1886, et qui, dans quelques années, tout semble le faire espérer, suffira à ses dépenses d'exploitation et d'entretien.

Examinons les travaux accomplis par la colonie même et par ses propres ressources. C'est d'abord une conduite d'eau douce de dix-huit kilomètres pour l'alimentation de la ville de Saint-Louis, une dépense de près de deux millions; l'achèvement des quais autour de l'île; l'agrandissement et le prolongement des quais de Dakar; l'établissement, dans ce port et dans celui de Gorée, de plusieurs débarcadères; la construction d'un warf métallique de 250 mètres de longueur, à Rufisque, travail considérable, mais non encore terminé.

Tous ces travaux ont été exécutés depuis quelques années seulement, après les délibérations éclairées et pleines de patriotisme du conseil général; les communes intéressées y ont également participé.

Des postes militaires ont été également élevés à Kaëdi, sur le Sénégal, et à Fatick, dans le Saloum.

De leur côté, les communes de Saint-Louis, Gorée, Dakar, Rufisque ont fait exécuter d'importants travaux : réfection et pavage des rues, construction d'égouts, éclairage électrique, édification de mairies, etc...

En même temps, un grand essor était donné à l'instruction publique, aux postes et télégraphes et aux plus importants services.

Il faut reconnaître que l'établissement d'un Conseil général, dû à l'amiral Jauréguiberry, l'érection de Rufisque et de Dakar en communes ont contribué grandement à l'impulsion donnée à la colonie depuis quelques années. Mais, si ces institutions ont amené bien des progrès, c'est assurément, nous devons le dire, grâce au concours éclairé et patriotique des membres de nos assemblées locales. On peut dire qu'actuellement la presque totalité des vœux, qui se sont fait jour dans les différents programmes parus, sont accomplis. Il a été, certes, beaucoup fait, mais bien plus encore reste à faire. Au point de vue de l'administration intérieure et particulièrement de celle des indigènes, il y a beaucoup à créer, car, jusqu'ici, presque rien n'a été fait. Et, dans une œuvre de cette nature, il convient de s'inspirer des besoins locaux.

Il faut aussi songer aux dépendances du Sénégal, à nos rivières du Sud, pays de production et de grand commerce. Nous savons que le Département s'en préoccupe et que notre assemblée coloniale ne néglige pas cette partie importante du Sénégal.

Au point de vue des travaux publics, la tâche est encore considérable. L'actif et intelligent ingénieur, qui est à la tête de ce service dans la colonie, devrait établir, en indiquant l'ordre d'exécution, un grand plan des travaux à accomplir pendant une période de quinze ou vingt ans. Le conseil général voterait la dépense de chaque année, suivant la somme dont il pourrait disposer. Ce sont là des dépenses de nature à préparer l'avenir de la colonie et éminemment profitables, bien plus que la somme consacrée, trop généreusement peut-être, au personnel, hâtons-nous de le dire, digne à tous égards de la sollicitude du Conseil. Mais les travaux publics, les grands travaux, sous toutes leurs formes, routes, ponts, canaux, puits, barrages, captations des eaux, postes, télégraphes, ports, balisages, etc., sont la base même et l'œuvre principale de la colonisation.

Au point de vue judiciaire les vœux formulés par la Colonie viennent d'être ratifiés et sanctionnés par le ministère.

Il reste à trancher la difficile question du régime douanier, qui d'ailleurs soulève les mêmes difficultés dans presque toutes les colonies ; on peut dire à ce sujet, et c'est un axiome économique, que les pays neufs ne peuvent être traités comme les vieilles possessions.

Reste aussi la question de la traite des gommes dans le fleuve. Faut-il que ce produit ne soit traité qu'aux escales désignées ? Les derniers événements politiques chez les maures arabes sembleraient faire adopter l'affirmative. Faut-il qu'il soit traité sur tout le cours du fleuve ? L'opinion de la Chambre de commerce de Saint-Louis, des négociants et traitants intéressés est très divisée et ne permet guère une solution prompte et définitive.

Mais, on le voit, depuis dix ans, bien des travaux ont été accomplis. Aussi, malgré la concurrence des produits similaires, malgré des difficultés commerciales, indépendantes de notre volonté et élevées sur les marchés de la métropole, le commerce du Sénégal s'accroît sans cesse, son mouvement et celui de la navigation grandissent chaque année. Des industries locales se créent, des produits nouveaux surgissent ; et si les administrateurs de la colonie sont assez sages, assez prudents pour maintenir la paix et nous attacher les indigènes par un peu de bienveillance et quelques bons procédés, l'avenir et la prospérité du Sénégal semblent désormais assurés.

L'exposition particulière de cette colonie, le rang qu'elle occupe à l'Esplanade des Invalides, montrent les grands progrès qu'elle a pu accomplir dans quelques années, gages de ce qu'elle pourra faire plus brillamment encore dans l'avenir.

ALFRED GASCONI,
Député du Sénégal.

SOUDAN

LA FRANCE

DANS

L'AFRIQUE OCCIDENTALE

Depuis dix ans notre ancien Sénégal a presque doublé son territoire par l'extension qu'il a prise dans les régions de l'intérieur, dans le Soudan. Cette extension, qui est aujourd'hui un fait accompli, a préoccupé tous ceux qui se sont intéressés à l'avenir de la France en Afrique et à l'avenir du Sénégal proprement dit, depuis André Brue, Durand, directeur de la Cie du Sénégal à la fin du siècle dernier, jusqu'au général Faidherbe, gouverneur du Sénégal, de 1854 à 1865. Elle a acquis une importance plus considérable depuis que toutes les nations européennes, Allemagne, Angleterre, Russie, Autriche, etc., s'occupent sérieusement de se créer des établissements en Afrique et de s'annexer des territoires. La conférence de Berlin qui définit et réglemente les droits des puissances sur les diverses contrées africaines est déjà une sorte de partage, de répartition de l'Afrique, partage moral, virtuel si l'on veut, mais qui n'est que le prélude du partage réel, de la prise de possession matérielle. L'heure n'est pas loin où il sera impossible de poser le pied sur un point quelconque « du continent mystérieux » sans y voir flotter un pavillon européen.

En cet état de choses, la conduite de la France dans le Soudan occidental est nettement tracée. Nous avons voulu avoir l'opinion d'un des hommes que leur séjour dans le pays a familiarisés avec la question. Nous nous sommes adressés au docteur Colin et voici ce que cet explorateur nous a répondu :

« La question du Soudan occidental est en train d'entrer dans une voie mauvaise qui pourrait devenir funeste à l'œuvre tout entière. Je veux parler de la tendance que nous semblons avoir depuis deux années à diriger notre action surtout vers le Sud, au détriment des régions du Nord et de notre pénétration plus avant dans l'intérieur, c'est-à-dire vers l'Est. Il faut bien se pénétrer de cette idée que les régions du Sud doivent être abordées par la côte et conséquemment laissées sous l'entière direction du Lieutenant-Gouverneur des Rivières du Sud. Il suffit de jeter les yeux sur une carte pour voir que c'est de la folie de vouloir aller au Fouta-Djallon par le Sénégal et le Soudan. A la rigueur ce projet pouvait être soutenable lorsqu'on croyait que le Falémé, le grand affluent du Sénégal, en amont de Bakel, sortait du Fouta-Djallon, et qu'il était permis d'espérer que tôt ou tard on pourrait la rendre navigable, et par elle, sinon arriver en plein Fouta-Djallon, du moins s'en rapprocher considérablement. A mon dernier voyage, j'ai découvert que cette rivière se divise en deux branches, impraticables fort loin encore de Timbo et de Labé, les deux grandes villes du Fouta. C'est donc une question tranchée et sur laquelle il n'y a plus lieu de revenir. Quant à la route par terre, elle n'est pas défendable. Jamais les gens de Fouta n'apporteront leurs produits à Médine tant qu'il y aura un comptoir dans les Rivières du Sud.

« Il faut revenir au projet primitif, au projet du général Faidherbe, qui est sensé, qui est logique, qui a sa raison d'être et qu'on n'aurait jamais dû perdre de vue avant son complet achèvement : la liaison de la partie navigable du Sénégal à la partie navigable du Niger par une voie quelconque, chemin de fer, tramway Decauville, route charretière, peu importe, pourvu que cette voie nous permette de transporter facilement et économiquement des pièces lourdes et des marchandises d'une faible valeur sous un fort volume. Ainsi nous pourrons immédiatement mettre une flottille de commerce et de protection sur le Niger, et en peu de temps nous pouvons être à Boussa, c'est-à-dire posséder en fait tous les territoires baignés par le fleuve au nord et au sud, à l'est et à l'ouest. Cela fait, et ce ne sera ni long ni difficile, si l'on veut bien s'en occuper, on pourra s'occuper du Transsaharien, c'est-à-dire de relier Tombouctou le point le plus nord de notre empire Soudanien à Ouargla ou mieux à In-Çalah, le point le plus sud de notre territoire algérien. Si en même temps on a mis à exécution l'autre projet du général Faidherbe, une voie ferrée de Porto-Novo à Boussa, on voit que nous tiendrions toute l'Afrique occidentale du golfe de Guinée à la Méditerranée et en longitude du lac Tchad à l'Océan. Le Maroc, isolé dans son coin, ne pouvant plus communiquer avec le Soudan, sans entrer en relations avec nous, sera réellement notre tributaire sans qu'il se soit produit avec les autres puissances européennes aucun de ces conflits que l'on semble tant redouter.

« Nous aurons donc là de véritables Indes africaines. Si nous y ajoutons le Congo, Madagascar et Obock qui peut nous servir de porte d'entrée du côté de l'Orient, nous pourrons dire que nous ne sommes pas les plus mal partagés parmi les puissances coloniales africaines.

« A côté de ce plan d'extension proprement dit auquel à mon avis on doit s'atteler énergiquement, sans perdre une seule minute, parce que nos rivaux sont actifs et font une besogne qui, pour être silencieuse, n'en est pas moins redoutable, il y a la colonisation, la mise en valeur, le développement des pays occupés, c'est-à-dire des populations qui les habitent. Il est reconnu d'une façon unanime par tous ceux qui connaissent l'Afrique tropicale que jamais l'Européen ne pourra s'y livrer à un travail manuel, qu'il ne saurait être que la tête et que c'est l'indigène qui doit fournir ses bras. Il faut donc renoncer à l'espoir de balayer l'élément noir en Afrique comme on a balayé l'élément rouge en Amérique. La grande terre noire va prendre sa revanche sur le monde du Nord, qui depuis des siècles l'a saignée à blanc, à tel point qu'on ne comprend pas comment elle a encore des habitants. Mais le jour est venu où il va falloir compter avec le nègre. Assez longtemps ses frères aînés l'ont broyé sous leur talon, l'ont écrasé de leurs coups d'abord, de leur mépris ensuite, maintenant il va falloir l'élever, car on ne peut se passer de lui.

« Voilà donc l'œuvre telle qu'elle se présente à nous pour l'avenir : d'une part la pénétration, les voies de communication, les routes, et en même temps la diffusion de notre influence, non par le canon, non par des colonnes militaires qui mettent partout le trouble et la ruine, mais par des stations commerciales, par des missions pacifiques, par l'établissement d'agents, qui feront connaître et aimer la France ; de l'autre, l'élévation et le développement du peuple par une éducation patiente, suivie et portant avant tout sur des choses pratiques, sur l'agriculture et sur les premières notions des arts et des industries qui en découlent et qui existent déjà d'ailleurs dans le pays à l'état rudimentaire. Il faut toujours avoir présente à l'esprit la parole de Lenz, le grand voyageur africain : « l'Afrique est la terre des grandes plantations ». Il est indiscutable, ce mot, car sans plantations, sans culture, pas de développement des richesses naturelles du pays, pas d'augmentation de la production et conséquemment pas d'accroissement du commerce. C'est à cette double tâche que devra se consacrer, dans la prochaine législature, l'homme qui aura l'honneur de représenter, je ne dis pas le Sénégal, — devant ces gigantesques conceptions le Sénégal n'est plus qu'un point, — mais la question de l'expansion française en Afrique. Ce sera à lui de faire comprendre à ses collègues combien l'avenir de la France y est intéressé, de les initier à cette question. Si elle était bien connue, bien exposée, les ennemis qu'elle a encore deviendraient ses plus dévoués partisans, car s'ils la combattent, c'est évidemment qu'ils ne la connaissent pas. Et ce faisant, celui-là aura bien mérité, non seulement de son pays, mais de l'humanité tout entière, car il aura rapproché, mêlé dans une vitalité commune, deux races dont l'union est devenue une nécessité absolue. Il aura lancé la vieille Europe fatiguée d'elle-même dans une nouvelle ère de travail et d'activité féconde ; il aura ouvert aux malheureux écrasés sous les injustices du passé, l'horizon lumineux de la liberté et de la dignité individuelle et sociale ; il aura créé un monde, et pour lui, il se sera préparé dans l'histoire une des pages les plus grandioses que conservent les postérités. »

POLITIQUE DE PÉNÉTRATION

Vers le Ouassoulou. — Le traité signé avec Samory porte les limites du territoire protégé par la France, bien au delà du Niger, jusqu'au 8ᵉ degré de longitude ouest de Paris.

Le traité obtenu par le capitaine Peroz dispose :

Art. 1er. Le Niger jusqu'à Tiguibirri, le Bafing de Tiguibirri à ses sources, servent de frontière entre les Possessions françaises dans le Soudan et l'empire de l'Almamy-émir.

Art. 2. L'Almamy-émir place lui, ses héritiers, ses États présents et à venir sous le protectorat de la France.

Art. 3. Le commerce est absolument libre de tout droit (entrée, sortie, séjour, passage), qu'il se fasse par voie terrestre, fluviale ou maritime.

Art. 4. Tout traité, convention, stipulation, contraires aux présentes dispositions, se trouvent abrogés.

Vero Kong et la côte d'Or. — Le capitaine Binger a traversé successivement, de 1887 à 1889, tous les territoires situés entre les États de Samory et nos comptoirs d'Assinie et de Grand Bassam.

M. Treich Laplène, qui s'est joint à lui à Kong, venant des établissements de la côte d'Or, a traité avec le chef du Bondoukou.

Le rapport de la mission du capitaine Binger n'étant pas encore déposé au sous-secrétariat de colonies, nous ne saurions délimiter exactement le territoire que ce voyage a placé dans la zone d'influence du protectorat français.

Disons seulement que nos établissements du Haut-Niger sont reliés maintenant à nos possessions du golfe de Guinée.

Vers Ségou. — Un traité identique, signé avec Ahmoudou, reconnaît à la France la rive gauche du Niger, et place tout son pays sous notre protectorat.

Dans le pays des Maures. — Des traités sont signés avec le Kourouma (capitale Sokolo), avec le Wagondou (capitale Goumbou, fraction du Bakhounou), avec les Oulad-Embarecks :

« Les Oulad-Embareks, dit le capitaine Quiquandon, reprennent un peu aujourd'hui de leur ancienne puissance et leur alliance avec nous nous ouvre le désert jusqu'à Oualata et Tichit. »

Vers Timbouctou. — M. Alfred Gasconi dit, dans son rapport de juillet 1885, sur la mission d'El-Hadj-Abd-el-Kader-Ould-Bakar, envoyé de Timbouctou :

« Pendant l'été de 1883, El-Hadj-Abd-el-Kader-Ould-Bakar de Timbouctou vint à Bamakou, il y vit notre colonne expéditionnaire, fut fortement impressionné par nos établissements militaires et désirant en connaître davantage, il descendit le Ba-Oulé, arriva à Médine, où il fut présenté au capitaine Dumas, qui commandait alors dans cette ville.

C'est là qu'il fut témoin des résultats de l'influence française dans les vallées des affluents du Sénégal jusqu'au Niger.

En relation à Timbouctou avec Bakar, son père, dont il représentait les intérêts commerciaux, Abd-el-Kader lui écrivit alors, l'informant de l'importance commerciale de notre marché de Médine, qui, grandissant chaque jour, devient le centre commercial le plus important de toute cette partie de l'Afrique.

Ces renseignements firent sur l'esprit de Bakar une impression profonde ; habitué à traiter les grandes questions commerciales et l'un des membres les plus influents de la djemâa de Timbouctou, il saisit toute l'importance des informations que lui transmettait Abd-el-Kader. Désirant avoir sur ce sujet de plus amples détails, il rappela immédiatement son fils auprès de lui et, de crainte de voir se divulguer trop tôt ces grandes nouvelles, il le fit arriver de nuit dans la ville afin que son retour fût ignoré des habitants. Après s'être concertés ensemble sur les mesures qu'il y avait à prendre, Bakar réunit douze notables commerçants, membres de la djemâa, leur fit part de la lettre de son fils, de sa propre opinion et leur demanda leur avis. La manière de voir de Bakar fut jugée la seule conforme aux intérêts commerciaux de la ville : de l'avis unanime, il fut résolu que l'on écrirait une lettre aux Français pour leur demander de traiter directement avec eux les affaires commerciales.

Pendant douze jours, El Hadj resta dans la demeure paternelle et la veille de son départ, son père et quelques personnages influents se rendirent auprès du caya, président de la République de Timbouctou, et lui firent part des décisions prises par la djemâa ou Chambre de commerce.

A la suite de la décision du caya, El Hadj-Abd-el-Kader, muni d'une lettre pour le gouverneur du Sénégal, repartit immédiatement et gagna Saint-Louis en suivant la ligne de nos postes : Bamakou, Kita, Médine.

... Le gouvernement métropolitain donna l'ordre de faire venir Abd-el-Kader à Paris...

Les propositions préliminaires et générales qui lui ont été présentées comme bases possibles d'un futur traité commercial ont été les suivantes :

1o Acceptation par la France, en franchise des marchandises provenant de Timbouctou et réciprocité de la part de cette ville ;

2o Subsidiairement, clauses de la nation la plus favorisée ;

3o Présence d'un résident consulaire français à Timbouctou.

Il eût été aisé de traiter en 1885, et de placer à cette époque un résident consulaire à Timbouctou. Aujourd'hui cette tentative serait plus difficilement réalisable. La canonnière *Niger* n'a pu descendre, en 1887, au-dessous des chantiers de Kabara.

Le roi du Massina, Tidiani, un des fils d'Hadjdi-Omar, qui a imposé son protectorat à la République marchande de Timbouctou, obligea le commandant Caron à s'abstenir de toute communication avec ses sujets. Les Touareg Aouélimmiden tiennent toutes les routes qui convergent vers la ville du nord et de l'est.

Les instructions données, le 30 novembre 1886, au lieutenant de vaisseau Caron, par M. Galiéni, commandant supérieur du Soudan français, portent :

« Vous savez que la nécessité d'ouvrir à notre commerce d'importants et nouveaux débouchés est la seule raison des énormes sacrifices que le gouvernement de la République a déjà faits dans les régions soudaniennes. Obéissant aux instructions que m'a données à ce sujet le département de la marine et des colonies, je n'ai cessé de me préoccuper de cette question, et les nombreuses missions d'officiers que j'ai envoyées un peu partout cette année ont eu surtout pour objet d'apporter des renseignements sur les productions des régions visitées et sur la nature des produits manufacturés que nous aurions à y importer.

« Les relations commerciales de Timbouctou se sont surtout effectuées jusqu'à ce jour avec le Maroc, avec Tripoli et avec le centre du Bassam, du

Haoussa, situés vers le sud. Il s'agit de détourner ce mouvement commercial vers Bamakou et de drainer vers le marché que nous voulons créer en ce point, tout le commerce du Soudan septentrional et du Sahara. Je n'insiste pas d'ailleurs sur les avantages qu'aurait ce commerce, particulièrement celui du nord, à quitter les voies longues, dispendieuses et peu sûres, suivies actuellement par les caravanes, pour emprunter la route du Niger et la voie de communication commode et rapide que tous nos efforts tendent à créer entre Bamakou et le Haut Sénégal.

« Vous étudierez donc la question commerciale avec le plus grand soin, vous indiquerez quel est l'accueil fait à nos nouvelles étoffes. Vous ferez connaître dans un rapport spécial les produits indigènes des pays visités ; les produits manufacturés étrangers qui y seront importés ; vous me renseignerez sur l'accueil fait par les Maures à ces derniers produits, sur les perfectionnements qu'il y aurait lieu d'y apporter, sur les moyens les plus propres à expulser ces produits pour les remplacer par nos produits similaires nationaux. Pour les produits indigènes, je vous recommande d'une manière toute particulière le caoutchouc et la gutta-percha qui sous un petit volume, ont actuellement une très grande valeur en Europe ; les indigofères, dont certaines espèces donnent une teinture très belle et très appréciée, les gommes, dont les événements du Soudan égyptien ont considérablement augmenté la valeur sur les marchés européens, les bois pouvant servir à la construction des bâtiments que nous voulons lancer sur le Niger, en construisant la coque sur les lieux mêmes et en ne faisant venir que les machines de la Métropole... »

Le lieutenant de vaisseau Caron résume en ces mots la politique qui s'impose :

« Nous sommes au Soudan et nous y resterons.

« Tous nos efforts doivent maintenant tendre à relier l'Algérie au Soudan français, non par des entreprises grandioses et prématurées, mais par un rayonnement progressif et continu. On peut comparer un point stratégique à un phare dont la lumière s'étend plus ou moins loin. Eh bien, Timbouctou est un phare à longue portée ; au sud de l'Algérie, il en est un autre aussi considérable, le plateau des Hoggars, riche et cultivé. Quand nous y serons établis, tout le Sahara sera éclairé, autrement dit, il subira notre influence, sans que personne puisse venir nous la contester. Aujourd'hui les Anglais et les Espagnols tentent de pénétrer dans le Sahara par des points de la côte occidentale d'Afrique située au sud du Maroc. Le jour où ils viendraient à traverser notre ligne, nous leur dirions comme l'a fait la Compagnie américaine du railway, qui va du Pacifique à l'Atlantique, à une autre Compagnie qui voulait la traverser : « On ne passe pas. »

RIVIÈRES DU SUD

Le territoire des Rivières du Sud, qui s'étend de la rivière de Saloum (cercle de Kaolack) et des possessions de la Gambie aux possessions anglaises de Scarcies, est administré par un lieutenant gouverneur.

Les principales de ces rivières sont :

1º Rivière Cazamance, formant deux cercles, celui de Carabane et celui de Sédhiou, — et au sud de l'enclave portugaise :

2º Rio-Nunez (cercle de Boké).

3º Rio-Pongo (cercle du Rio-Pongo et cercle de Conakry).

4. Mellacorée (cercle de la Mellacorée), avec les rivières Bramaya, Dubréka, Tanéney, Manéah, Morébayah, Béreiré, Forécariah, Tannah.

Les Rivières du Sud sont en relations avec le Fouta-Djallon, par de nombreuses voies : de Timbo, la capitale du Fouta-Djallon, au Rio-Pongo, les caravanes mettent 16 à 17 jours ; elles mettent neuf jours seulement de Timbo à Bramaya ; elles apportent du Fouta-Djallon, de la Falémé, du Bambouk, du Bouré, du Niger : de l'or, du caoutchouc, du café, du cuir, des bestiaux.

NOTE SUR LA NÉCESSITÉ DE SÉPARER

LES RIVIÈRES DU SUD DU GOUVERNEMENT DU SÉNÉGAL

1º *Point de vue politique.* — Les questions politiques qui peuvent être agitées dans le Sud n'ont aucun rapport avec celles du Sénégal. Les Rivières du Sud sont habitées par des gens de races différentes et ayant des intérêts différents.

Les troubles de la Cazamance seuls ont eu quelquefois et rarement un écho dans le Saloum. Quant au Fouta-Djallon, actuellement parcouru par des missions militaires, il n'a de rapport qu'avec les Rivières du Sud et tout au plus avec le Haut fleuve depuis que ce dernier s'est immiscé dans la politique.

En outre, il est juste de remarquer qu'au Sénégal proprement dit, il y a un conseil général et un député ; que les corps élus disposent des ressources du Sud ; que les indigènes du Sud ne sont pas représentés au conseil général et la plupart ne sauraient l'être ; que l'éloignement du Sénégal oblige le représentant du gouverneur à s'engager dans certaines questions pouvant compromettre son chef direct qui, n'étant pas sur les lieux, et souvent n'ayant pas, par la force des choses, les documents nécessaires, ne saurait se prononcer avec une compétence égale à celle de son lieutenant gouverneur qui est sur place ; que pour les questions internationales soulevées il n'appartient pas au gouverneur du Sénégal mais au gouvernement de la République seul le droit de prononcer ; que les dépêches, obligées de passer par le gouverneur et d'être ensuite dirigées sur Paris, subissent un retard toujours préjudiciable au règlement des questions en litige et dont on peut citer de nombreux exemples et qu'il en résulte un véritable préjudice pour les intérêts français ; que le lieutenant gouverneur placé sous l'autorité du gouverneur peut prendre toutes décisions, avoir son budget et administrer (on ne comprend pas quel intérêt autre qu'une question de sentiment — qui ne saurait compter quand il s'agit d'une question d'utilité publique et de progrès — laisserait dans ces conditions les Rivières du Sud rattachées au Sénégal) ; enfin, que les rapports incessants avec les gouverneurs portugais et anglais nécessitent dans les centres des rivières la présence d'un haut représentant du gouvernement qui puisse traiter avec les gouvernements étrangers d'égal à égal pour défendre nos intérêts; que si les affaires sont graves, le lieutenant gouverneur, étant un subordonné, sera obligé d'appeler son chef hiérarchique, et alors le Sénégal se trouve sans gouverneur; que depuis la création du lieutenant gouverneur tous les inconvénients que j'ai l'honneur de signaler ont frappé toutes les personnes qui connaissent le Sénégal et veulent bien juger la question en ne s'inspirant que de la raison pure et des intérêts supérieurs du gouvernement de la République à l'étranger; qu'on a depuis 18 mois, sur la demande d'un gouverneur, essayé de supprimer le lieutenant gouverneur et que des événements graves se sont produits sur différents points de la côte, montrant tout l'intérêt de la présence d'un gouverneur dans le Sud.

Pour toutes ces raisons, je conclus, au point de vue politique, à la création d'un gouverneur distinct.

II° *Au point de vue commercial.* — Le commerce des Rivières du Sud a lieu principalement avec des maisons françaises établies à Marseille.

Le Sénégal est représenté par des maisons de Bordeaux.

La maison Yves Blanchard de Marseille, dont le siège principal est à Gorée et qui est solidement établie dans le Cazamance, comme les Maurel et Prom et les Maurel frères, a une grande factorerie à Samlah (Rio-Nunez). Les autres maisons et établissements français de la côte du Sud font tous partie de la C¹° d'Afrique dont le siège est à Marseille et l'agent général à Sierra-Leone. Les autres maisons de commerce sont anglaises et ont leur siège à Sierra-Leone; enfin les allemandes sont établies à Konakry et y ont pris une influence telle, que nous avons été sur le point de voir le gouvernement allemand s'installer malgré nos droits dans le Dubréka.

Parmi les articles exportés, les cuirs vont en Amérique, le caoutchouc à Liverpool; la gomme, le copal, les graines oléagineuses (arachides, sésames) les produits du bas de la côte anglaise (huile de palme, palmistes) vont à Marseille.

Le siège commercial du Sud est à Sierra-Leone.

En installant un véritable gouverneur à Konakry, il est à présumer que les agences générales françaises tout au moins s'y installeront et que nous verrons se réaliser ce que M. Lemberg a signalé dans un meeting à Sierra-Leone, l'influence française, devenue prépondérante, créera un centre commercial qui annihilera Sierra-Leone. — Du reste, cette dernière ville reçoit les 3/4 de ses produits d'exportation des North Rivers (Rivières du Sud pour nous) et 1/1 du Sherbro et des environs de la ville.

En nous installant à Konakry, qui est un port d'une bonne tenue, plaçant des douanes, si nous établissons un tarif douanier sérieux, nous verrons se créer des entrepôts importants aux dépens de Freetown. Deux lignes anglaises, et une allemande touchent à Konakry au moins une fois et même deux fois par mois; une nouvelle ligne française va fonctionner; nous avons le câble; le Sénégal n'a, à part les importations de kolas, defruits (bananes, ananas, oranges), d'un peu de café, qu'un intérêt restreint avec le Sud; les principales maisons se sont volontairement cantonnées au Sénégal.

Le gouvernement doit au Sud, que tout le monde aujourd'hui reconnaît comme digne du plus vif intérêt, de lui donner le moyen de progresser.

En le séparant du Sénégal, on accroîtra sa puissance commerciale et la métropole en recueillera les fruits, sans gêner en rien le commerce du Sénégal proprement dit. En effet, Gorée est port franc. Les produits du Sud, je l'ai expliqué, vont en général presque tous directement en Europe; les cuirs qui sont achetés par le consul des États-Unis, vont en Amérique. Ses vapeurs qui touchent dans le Sud ne viennent que rarement compléter leurs frets à Rufisque ou à Gorée.

Donc le détachement s'impose.

III. *Au point de vue administratif et financier.* — 1o Difficultés pour l'administration : si le centre est au Sénégal, il en résulte des retards nombreux ; le lieutenant gouverneur est toujours en mission ; sans se renseigner auprès de lui, parfois le gouverneur déplace les commandants et correspond directement avec eux.

Dans les cas graves, il en résulte des retards dans les décisions, les dépêches devant aller du lieutenant gouverneur au gouverneur, puis à Paris, puis revenir par la voie hiérarchique.

L'administration du Sénégal, très occupée par le Sénégal proprement dit, ne peut pas donner au Sud toute son attention.

Au point de vue financier : Les ressources du Sud (douanes) ne sont pas entièrement consacrées au Sud parce que le conseil général qui n'a pas d'intérêt dans le Sud en gère les finances.

Dans le Sud, pays de protectorat, n'existe ni conseil général, ni conseil municipal.

Avec le produit des douanes du Sud et la part légitime à laquelle le pays a droit dans le budget colonial, on pourrait organiser facilement une administration distincte.

La séparation administrative du Sénégal et des Rivières du Sud aurait encore un autre résultat : elle permettrait, à bref délai, à ces territoires de se suffire sans faire appel aux ressources de la métropole.

ÉTABLISSEMENTS FRANÇAIS

DU

GOLFE DE GUINÉE

Les Établissements que la France a occupés dans le golfe de Guinée se divisent naturellement en 3 groupes :

1° Sur la côte d'Ivoire ; le territoire de Basha, Petit-Bériby et Grand-Bériby.

4° Sur la côte d'Or : le territoire de Grand-Bassam, Assinie et dépendances.

3° Sur la côte des Esclaves, le territoire de Agoué et Petit-Popo et le territoire de Kotonou et celui de Porto-Novo.

Des commerçants français, dit M. de Lanessan, avaient fondé dans le bas Niger des établissements commerciaux importants, mais par suite de la négligence de la France ces comptoirs sont passés aux mains des Anglais.

ÉTABLISSEMENTS FRANÇAIS
DU
GOLFE DE GUINÉE
d'après Henri MAGER
Échelle 1: 8.000.000 = 0mm001 pour 8 Kilom

POSSESSIONS DE BÉRIBY

Le traité du 4 février 1868 a cédé à la France les territoires de Basha, Petit-Bériby et Grand-Bériby,

Voici le texte de ce traité :

Mané, roi de Petit-Bériby, Couba, son frère et successeur, Rika, roi de Basha et Bassa Wappoo, Damba-Gué, roi de Grand-Bériby et tous les chefs du pays soumis à leur autorité ayant témoigné le désir d'ouvrir des relations commerciales avec la France et dans ce but demandant à se ranger sous la souveraineté de S. M. Napoléon III, Empereur des Français,

Nous, Crespin, lieutenant de vaisseau, avons conclu au nom de S. M. l'Empereur, le traité dont la teneur suit :

Art. 1er. — Le roi de Petit-Bériby, le roi de Basha et le roi de Grand-

Bériby, concèdent à S. M. l'Empeur des Français, la *souveraineté pleine et entière* de tout le territoire soumis à leur autorité depuis la pointe Basha à l'ouest, jusqu'à la rivière Nahno au fond de la baie de Grand-Bériby, à l'est: les Français auront donc seuls le droit d'y arborer leur pavillon et d'y créer tous établissements ou fortifications qu'ils jugeront utiles ou nécessaires en achetant les terrains aux propriétaires actuels.

Art. 6. — En échange de ces concessions, la protection des bâtiments de guerre français sera accordée aux rois et à leurs sujets contre toute agression d'une nation quelconque.

Le décret du 20 décembre 1883 a ratifié ce traité. Le territoire annexé a été, dès 1868, un peu étendu vers l'est.

La carte officielle de cette région, dressée au Dépôt des Cartes et Plans de la Marine, par M. de Kerlanguy, indique, en effet, comme possessions françaises, toute la région comprise entre la Rivière Hora et la Rivière San-Pedro.

POSSESSIONS DE GRAND-BASSAM, ASSINIE ET DÉPENDANCES

L'établissement de notre protectorat sur Grand-Bassam et Assinie remonte à 1842. Le traité conclu à cette époque avec les princi-

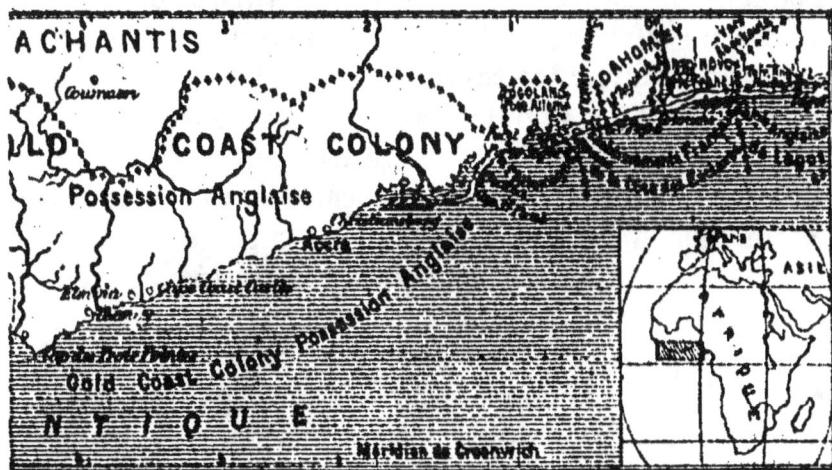

paux chefs du pays nous garantissait la liberté du commerce et l'ouverture des routes commerciales vers l'intérieur.

Trois postes français furent installés à Assinie, Grand-Bassam et Dabou. Ces postes furent abandonnés en 1870, mais la garde des pavillons fut confiée aux représentants de la maison Verdier, de la Rochelle.

Le décret du 16 décembre 1883 a placé nos Établissements de la côte d'Or sous l'autorité d'un résident ayant son siège à Assinie.

AVENIR DE GRAND-BASSAM ET ASSINIE

Les établissements français de Grand-Bassam et Assinie sont fondés depuis 1843. Leur importance ne s'est pas accrue en proportion de celle des colonies anglaises voisines. La raison en est que le littoral seul est exploité. A quelque kilomètres du bord de la mer le pays est inconnu. Des caravanes descendent pourtant de l'intérieur, mais à travers mille difficultés suscitées par la cupidité des roitelets nègres établis sur les routes.

De Grand-Bassam à la rivière Fresco, il n'y a aucune factorerie française : de temps en temps des navires de guerre de Grand-Bassam vont visiter ces points, et des navires de commerce vont y chercher les produits à la saison d'huile.

Pendant 27 années d'occupation militaire, de 1843 à 1870, aucun effort n'a été fait par les gouverneurs de la colonie pour ouvrir les routes au commerce et créer des relations avec les populations de l'intérieur. Dans ces dernières années, plusieurs tentatives ont été faites par l'initiative de la seule maison française du pays; un agent de cette maison, M. Treich-Laplène, a fait signer au roi de Bondoukou, pays au nord d'Assinie, un traité plaçant tout son pays sous le protectorat de la France.

Mais l'impossibilité de conserver pour soi-même le bénéfice d'aussi coûteuses explorations paralyse toute entreprise. C'est la colonie elle-même, par ses propres ressources et pour l'utilité commune, qui doit organiser ces expéditions pacifiques vers l'intérieur, accorder des coutumes aux chefs, transformer ces brigands en gardiens fidèles de la route, attirer enfin les produits vers les factoreries du littoral.

Actuellement la colonie n'a aucune ressource. Elle coûte :

1° Entretien d'une milice d'une quinzaine d'hommes 6000 f.
2° Diverses coutumes annuelles aux rois et chefs 10 000 f.
3° Traitement de l'instituteur d'Assinie. . . . . . . 4 000 f.

4° Entretien d'une canonnière croisant dans les lagunes de Grand-Bassam (budget de la marine) mémoire

Elle coûte donc au total : 20 000 f.

La canonnière de la lagune de Grand-Bassam et la milice indigène du territoire d'Assinie assurent la sécurité. La colonie est administrée par un résident non rétribué dont la mission consiste surtout à garder le pavillon français.

La colonie dépend administrativement du Sénégal; mais, bien que quelques-uns des steamers anglais qui desservent Grand-Bassam fassent escale à Dakar, les communications sont si peu fréquentes et régulières que les relations sont pour ainsi dire nulles; un navire de la station de Dakar vient de temps en temps ravitailler la canonnière; c'est à cela que se borne l'action administrative du Sénégal.

Un grand progrès a été fait cependant ces derniers temps pour la colonisation : Grand-Bassam a été relié au câble télégraphique desservant la côte d'Afrique.

Un second progrès plus important encore vient de s'accomplir : une ligne de vapeurs français, partant chaque mois alternativement du Havre et de Marseille, va relier à la France tous ses établissements épars de la côte d'Afrique et du golfe de Guinée.

A l'aide de ces deux puissants instruments, la colonie peut entrer dans une ère nouvelle. Mais pour cela, il faut qu'elle puisse s'administrer elle-même et jouir d'un budget propre n'ayant à solliciter les subsides ni de la métropole, ni du Sénégal.

Ces ressources indispensables, un régime de douane peut aisément les fournir : des droits peuvent être établis à l'entrée des diverses marchandises. Ces droits seraient établis sur la base de ceux en vigueur au Gabon, avec les tempéraments nécessaires pour que le marché d'Assinie conserve une certaine prime sur les marchés voisins de la colonie anglaise de la côte d'Or.

Grâce à la douane, la colonie sortira alors de son inertie. Le pays sera exploré, les routes seront ouvertes. Des traités d'amitié seront conclus avec les diverses tribus jusque dans le bassin du Niger. Des relations régulières et sûres s'établiront entre l'intérieur et le littoral; la colonie recouvrera ainsi le grand trafic qui, faute de routes et de sécurité, s'écoule actuellement vers la colonie anglaise de l'est.

Ce régime de douane aura en outre le précieux avantage de permettre de favoriser les produits de l'industrie française à peine connus jusqu'ici sur le marché africain. Un régime de faveur joint à des facilités toutes nouvelles de transport, susciteront une grande demande de produits français, et notre industrie verra ainsi se rouvrir pour elle ces comptoirs du golfe de Guinée qu'elle avait anciennement créés et qu'elle a peu à peu presque complètement abandonnés à des rivaux mieux outillés et surtout puissamment soutenus par leurs gouvernements.

A. VERDIER,
Résident à Grand-Bassam et Assinie.

POSSESSION D'AGOUÉ ET POPO

Le protectorat de la France sur Agoué date du 15 avril 1885; et celui sur Grand-Popo, du 11 avril.

Dès 1883, la France avait accepté les demandes de protectorat qui lui étaient adressées par les chefs de Grand-Popo et de Petit-Popo. Mais l'Angleterre s'opposa à notre prise de possession. Elle reconnut cependant nos droits au commencement de 1885. A ce moment la situation n'était plus entière : l'Allemagne s'était emparée de Porto-Séguro, sur lequel nous avions des droits incontestables; elle était intervenue à Petit-Popo et manifestait le désir de s'y établir.

La convention du 14 décembre 1885 cédait à l'Allemagne le territoire de Petit-Popo ou de Porto-Séguro.

Le gouvernement allemand nous laissait libre de nous établir à Grand-Popo, comme à Agoué, à Kotonou et à Porto-Novo.

KOTONOU

Dès mai 1878, la France négociait, avec le roi du Dahomey, la cession de toute la côte située entre Whydah et Kotonou; ces négociations n'ont pas encore abouti. Un journal anglais disait à ce sujet en 1879 : « Le cabinet de Saint-James ne ferait pas de cette question de protectorat un casus belli; il est certain que les intérêts de la civilisation ne seraient nullement compromis, si le Dahomey se voyait placé, comme Tahiti, sous le protectorat de la France ».

Quant au territoire de Kotonou, il a été cédé à la France par le roi du Dahomey, pour faciliter notre établissement à Porto-Novo (traité du 19 mars 1868); ce centre, bien que n'étant pas situé sur une lagune reliée à la mer, constitue une sorte de port, le seul port du royaume de Porto-Novo; les navires qui viennent apporter des marchandises mouillent au large, en face de la plaine du Kotonou.

PORTO-NOVO

Le territoire de Porto-Novo était autrefois habité par des peuplades Nagos ou Yorrubas, venues du nord-est qui furent soumises par les Geigis du Dahomey. Un des princes de la famille royale du Dahomey reçut ce territoire en partage et l'érigea plus tard en royaume, en se déclarant indépendant.

Le 12 août 1863, le roi Sodji, régnant alors à Porto-Novo, concéda à la maison Régis aîné de Marseille la plage qui s'étend de la frontière du Dahomey, à l'ouest, jusqu'à la limite des possessions anglaises, près Badagry, et sollicita le protectorat de la France pour tous ses États. Cette protection lui fut accordée par un traité du 23 février 1863.

Le 1er août suivant, afin d'éviter toute contestation dans l'avenir, les limites du royaume de Porto-Novo furent fixées par une convention passée entre le contre-amiral baron Didelot, commandant en chef la division navale et le gouverneur de Lagos. En décembre 1864, une nouvelle convention, confirmant et précisant la première, fut passée entre le contre-amiral barron Laffon de Ladébat et le lieutenant gouverneur de Lagos; mais à peine cet acte était-il intervenu que le gouvernement impérial renonçait définitivement au royaume de Porto-Novo.

Les conventions de 1863-1864 reconnaissent au royaume de Porto-Novo : 1° la presqu'île située entre la mer et la lagune et qui s'étend depuis Appa, dans l'est, jusqu'à notre possession du Kotonou, à l'ouest; 2° la partie continentale, vaste plateau qui s'infléchit à l'ouest vers la rivière Ouémé qui la sépare du Dahomey et à l'est vers la rivière Addo (limite des possessions anglaises). Les limites vers le nord n'étaient pas définies. Quinze ans plus tard, le 4 octobre 1879, le gouverneur de Lagos informa le consul de France qu'il avait mis provisoirement, le 20 septembre 1879 sous le protectorat de la Grande-Bretagne, la ville indépendante de Kéténou et son territoire pour se rendre aux prières du roi de Kéténou et de ses chefs exposés aux menaces et aux agressions du roi de Porto-Novo.

En 1883, après le rétablissement du protectorat sur Porto-Novo, le gouvernement anglais, au mépris de nos droits, prit sous sa protection le peuple et le territoire d'Appa, et comme ce territoire est contigu à celui de Kotonou, tout l'ensemble de terrain situé entre la plage dans le sud, la lagune dans le nord, et Badagry dans l'est, font maintenant partie du protectorat de Lagos. Cette situation est absolument déplorable : le roi Tofa et les Français établis à Porto-Novo l'envisagent avec une grande amertume.

Il existe à Porto-Novo trois factoreries françaises, trois allemandes, une brésilienne et une anglaise, tenue par un noir de Sierra-Leone : cinq Européens, dont deux Français, sont établis à leur compte et achètent leurs marchandises en gros à Porto-Novo, ou à Lagos.

La population blanche de Porto-Novo, bien que se renouvelant périodiquement, compte vingt Européens ou brésiliens, missionnaires, agents de factoreries, commerçants établis à leur compte, et cinq religieuses : la population de la seule ville de Porto-Novo compte de 25 à 30 000 indigènes, 500 ou 600 noirs, improprement appelés créoles, vêtus à l'européenne et venant du Brésil, du Sierra-Leone ou de Whydah (Ouidah), et un assez grand nombre de noirs musulmans, originaires des bords du Niger.

Jusqu'ici les maisons de commerce de Porto-Novo envoyaient par pirogue ou par vapeur leur correspondance à Lagos, et leur agent dans cette ville leur expédiait de la même manière le courrier d'Europe. Le nouveau service mensuel de France à la côte occidentale d'Afrique fait escale à Kotonou.

Cette ligne aura peut-être pour corollaire la création d'un service postal à Porto-Novo : jusqu'à ce jour l'affranchissement par Lagos était de 0 fr. 42 cent. (four-pence) par lettre ordinaire.

Porto-Novo est desservi par le câble sous-marin qui relie Kotonou à la métropole par Accra, Grand-Bassam, Konacry, et au Gabon par San Thomé.

Comme travaux publics, tout est à faire dans le royaume de Porto-Novo. Il n'existe aucune route dans le pays ; toutes les communications se font par pirogue sur les lagunes ou à terre par d'étroits sentiers.

La résidence installée au centre de la ville commence à tomber en ruines ; le camp des tirailleurs, ensemble de cases en bambous, ne présente aucune garantie de sécurité.

Le territoire de Porto-Novo a reçu une grande extension au

nord-est par le traité qui place les Egba sous le protectorat français : les Egba, au nombre de deux millions, habitent derrière la lagune qui s'étend de Porto-Novo à Lagos; au delà des Egba sont les Yorouba qui confinent au Niger moyen; on remonte en quatre jours par la rivière Addo, de Porto-Novo à Abeokouta, la ville principale des Egba.

CAHIER
DES ÉTABLISSEMENTS DE L'INDE

La première expédition française qui se dirigea vers les mers de l'Inde dans le but de s'y frayer des débouchés commerciaux remonte à l'année 1603. En 1642, le cardinal de Richelieu créa une première Compagnie des Indes Orientales. Colbert reconstitua la Compagnie sur de plus larges bases en 1664 ; le comptoir de Surate est fondé en 1668 ; Pondichéry est acheté au souverain du pays en 1683.

Chandernagor est cédé à la Compagnie, en 1688, par le Grand-Mogol ; Mahé est cédé en 1726 et Karikal en 1739. Les Français s'emparèrent, en 1750, de Yanaon et de Mazulipatam, qui leur sont définitivement cédés deux ans après.

Dans la guerre de 1741, la rupture de la France et de l'Angleterre mit aux prises Pondichéry et Madras ; Mahé de La Bourdonnais force Madras à capituler, le 21 septembre 1746 ; il la rançonne de 10 millions. Les Anglais ne tardent pas à user de représailles : le 26 avril 1748, ils paraissent devant Pondichéry. Dupleix les force à la retraite après avoir défendu la ville pendant quarante-deux jours de tranchée ouverte.

La paix d'Aix-la-Chapelle, conclue la même année, mit fin aux hostilités, et permit à Dupleix, qui rêvait pour la France un empire dans l'Inde, d'y porter bien haut sa puissance. De 1748 à 1756, il obtint du Grand-Mogol la Nababie de Carnate, se fit le protecteur des soubabs d'Arcate et de Décan, auxquels il fit payer un tribut considérable, acquit de vastes accroissements de territoire à Pondichéry, à Karikal, à Mazulipatam, et étendit la domination française sur les quatre provinces de Montfanagar, d'Ellour, de Rajamandri et de Chicakal, ainsi que sur l'île de Seringam, formée par deux bras du Cavéry. Ces différents établissements offraient à notre commerce 200 lieues de côte et un revenu annuel de 20 millions de francs.

Abandonné par la cour de Versailles, Dupleix succomba dans une lutte inégale contre les princes de Tanjaour et de Maïssour, et contre les Maharattes conjurés pour notre ruine avec les Anglais,

Dupleix fut rappelé en 1753.

Pendant la guerre de Sept Ans, profitant de ce que la France n'envoyait plus de renforts dans ses colonies, les Anglais envahirent nos établissements : Pondichéry se rendait le 6 janvier 1761.

De ce moment date la chute de notre prépondérance dans l'Inde. A la suite des traités de 1814 et de 1815, Pondichéry et Chandernagor nous furent remis le 4 décembre 1816, Karikal le 14 janvier 1817, Mahé le 22 février et Yanaon le 12 avril 1817. Il convient d'ajouter cependant que les territoires que nous possédions ne nous furent pas intégralement rendus : les agents de la Restauration ont été victimes d'une véritable spoliation de la part de l'Angleterre lors de la restitution de ces Établissements.

Une convention conclue, le 7 mars 1817, avec le gouvernement anglais, a établi plusieurs stipulations importantes :

1° Le gouvernement français a renoncé au droit que lui accordait une convention du 30 août 1787, de réclamer de la Compagnie des Indes anglaises 300 caisses d'opium au prix de fabrication ; au lieu de ce prix, nous n'avons plus droit d'avoir les 300 caisses qu'au prix moyen des ventes à Calcutta ;

2° Le gouvernement anglais a obtenu le droit d'acheter à un prix déterminé le sel fabriqué dans nos Établissements et excédant les besoins de leur consommation ;

3° En compensation du préjudice résultant pour nos Établissements de ces deux stipulations, le gouvernement anglais s'est engagé à payer au gouvernement français une rente annuelle de 4 lacks de roupies sicas (environ un million de francs).

Par un second traité du 13 mai 1818, qui n'avait d'abord que 15 ans de durée, mais qui depuis a été prorogé indéfiniment d'un commun accord, le gouvernement anglais, dans le but de rendre plus complet le monopole de la Compagnie des Indes, a racheté le droit que nous avions de fabriquer le sel dans nos Établissements, moyennant une indemnité annuelle de 4,008 pagodes (34,580 francs). En conséquence, il a été stipulé qu'il ne serait plus fabriqué de sel sur notre territoire, et que le gouvernement anglais livrerait à l'autorité française, au prix de fabrication, le sel nécessaire à la consommation de nos Établissements. Ce sel est vendu aux consommateurs par le gouvernement français : il en résulte un bénéfice qui est versé dans le trésor local.

Les Établissements français de l'Inde, tels qu'ils ont été réduits par les traités de 1814 et de 1815, se composent aujourd'hui de fractions de territoires isolés les uns des autres.

Ce sont :

I. Sur la côte de Coromandel,

1° Pondichéry, chef-lieu de nos Établissements, rade foraine.

Son territoire se divise en 4 communes : Oulgaret, Villenour, Bahour, Pondichéry, contenant ensemble 93 aldées principales et 141 villages secondaires ; plusieurs sont séparés par des aldées anglaises qui, formant enclave dans nos possessions, les morcellent d'une manière préjudiciable à l'agriculture et à la police.

2º Karikal, dont le territoire se divise en 3 communes : Karikal, la Grande-Aldée, Nédouncadou, renfermant ensemble 110 aldées.

II. Sur la côte d'Orixa,

3º Yanaon et les aldées qui en dépendent.

III. Sur la côte du Malabar,

4º Mahé, avec les aldées qui en dépendent, et qui sont séparées de la ville par un territoire anglais.

IV. Au Bengale,

5º Chandernagor et son territoire, avec Gorély.

Outre les territoires de Pondichéry, Karikal, Yanaon, Mahé, Chandernagor, nous possédons dans l'Inde des Loges à juridiction souveraine et des « maisons de commerce de la France.

LOGES FRANÇAISES DE L'INDE

Les Loges étaient des points de dépôts pour nos négociants : ils y concentraient leurs opérations d'importation et d'exportation.

La situation des Loges de Patna, Cazimbazar, Dacca, Yougdia, Balasore, Mazulipatam, Calicut, Surate, avait été déterminée par la Compagnie des Indes orientales avec une incomparable perspicacité.

Aux termes des traités du 30 mai 1814 et du 20 novembre 1815, les Loges françaises devaient nous être restituées en pleine propriété et revenir sous la suzeraineté de la France, telles que nous les possédions au 1ᵉʳ janvier 1792. Leur restitution s'est effectuée, vers 1817, mais seulement, en réalité, pour les loges à proximité de nos chefs-lieux d'établissements.

Patna. — Cette Loge est située sur le bord du Gange, à 380 milles de Chandernagor ; la Compagnie s'y établit en 1727 ; elle y vendait annuellement 500 à 600 balles de drap à 50 pour 100 de bénéfice ; après 1705, la fabrication des toiles y prit une grande extension.

Cinq petits territoires dépendaient de Patna : Chapra (à 33 milles au nord), Sargniah (sur le bord du Gange, à 15 milles au N.-E.), Fatoua (à 6 milles au S. S.-E.), Bégoum Sara (oublié dans le traité de 1705), Ponnarek (à 39 milles au sud) ; nous possédons sur ces territoires droit de juridiction souveraine.

Plusieurs propositions de location ont été adressées à l'administration française : aucune de ces propositions n'a eu de suite.

Nous pourrions, à Patna (qui fournit le meilleur opium de l'Inde), porter un sérieux préjudice à la ferme de l'opium des Anglais.

Kazimbazar. — La Loge de Kazimbazar est située à 106 milles de Chandernagor, entre la station militaire de Chérampour et la ville de Mourchidabad sur le Bagiritty, une des branches occidentales du Gange.

La Compagnie des Indes retirait de Kazimbazar des soies écrues, des étoffes de soie, des taffetas. Elle écoulait là une grande quantité de marchandises d'Europe à cause de la proximité de la ville de Mourchidabad, où résidait le Nabab.

La Loge se composait d'une maison d'habitation à un étage (aujourd'hui en ruines), d'un magasin attenant à la Loge, d'un terrain entouré de murs où sont construites des paillottes servant à filer la soie : une petite maison, hors de la Loge, servant de cacherie.

Kazimbazar n'est pas occupée.

Dacca. — C'est la plus importante de nos Loges : elle est située à l'Est du Bengale, à 170 milles de Chandernagor.

La majeure partie des terrains français ont été concédés par l'empereur Mahomet Shah, vers 1722.

Après le traité de 1783, la France rentra dans ses possessions de Dacca ; mais les Anglais commencèrent par nous contester les limites du comptoir. En 1819, le commissaire français chargé d'y rétablir notre drapeau vit ses prétentions rejetées par l'Angleterre et dut accepter la restitution qui lui était offerte « en se réservant de provoquer plus tard la fixation définitive » ; les Anglais nous confisquaient une portion de terrain bordant le bassin de la Loge sur lequel avaient été bâties 15 à 20 maisons ; le canal joignant le bassin à la rivière, et les trois quarts de la rue Française (French Golly) qui conduit à la Loge. Plus tard les menaces des Anglais obligèrent notre commissaire à se retirer.

Nous possédons à Dacca, la Loge avec ses dépendances (une très grande maison dans un enclos) ; l'étang avec les terrains attenants ; une gonge (french gonge) d'une faible étendue ; la rue Française (French Golly) ; le jardin de Tesgan, et différents terrains à Dacca, à Norendy (terrains pour les blanchisseurs de toile), à Sirampour (à 40 milles ouest de Dacca). Revenu 300 fr. par an.

Yougdia. — Cette Loge est située à l'extrémité Est du Bengale sur le golfe de ce nom, à 15 milles de Chatigan et à 820 milles de Chandernagor. Elle fut établie sous Dupleix en 1735.

La bonté des eaux de Yougdia offrait à la Compagnie des Indes plus d'avantages pour le blanchissage des toiles qu'aucune autre eau ; cette Loge ne procurait à la France que des toiles d'exportation.

Elle n'est pas occupée.

Balasore. — Cette Loge est située sur la côte ouest du golfe du Bengale, aux confins de la côte d'Orixa, presque à l'embouchure de la rivière de Balasore.

Elle fut établie en 1686 par Duplessis, en vertu d'un « pattah » qui lui fut accordé par le nabab du Bengale. La Loge de Balasore perdit de son importance lorsque celle de Chandernagor fut fondée plus près de l'Hoogly. En 1816, lors de la reprise des Établissements français, un chef fut envoyé pour occuper la Loge de Balasore. La remise en fut faite sans difficulté et le pavillon français y fut arboré. La Loge se composait d'un terrain longeant la rivière, d'une longueur de 38 bigas de l'est à l'ouest, sur 2 bigas de profondeur du nord au sud; d'un second terrain situé au nord de la rivière et mesurant 5 bigas; d'un jardin situé dans le nord-ouest, de 18 bigas.

Ces terrains sont aujourd'hui loués à un indien qui paye annuellement 250 fr. de fermage.

Mazulipatam. — Des vastes domaines français dont la ville de Mazulipatam était autrefois le chef-lieu, il ne reste plus aujourd'hui à la France, dans cette ville dont les Anglais ont la possession depuis 1769, qu'une Loge avec le droit d'y faire flotter le pavillon français.

Le chef du comptoir d'Yanaon y entretient un préposé indigène avec un indien chargé de la garde du pavillon.

Cette Loge rapporte 9000 francs par suite de la renonciation que nous avons faite aux Anglais de notre droit de fabriquer les spiritueux.

De Mazulipatam dépend l'aldée de Francepett (à 3 kilomètres au nord-ouest) et deux terrains habités par 200 Indiens.

Calicut. — Calicut est une ville anglaise de 180 000 habitants. C'est la rade la plus avantageuse de la côte de Malabar.

Nous occupons une faible proportion de la ville (80 000 mètres carrés). Cette partie française est admirablement située au bord de la mer.

Les taxes françaises (impôts sur les maisons et terrains, droit sur 23 boutiques) s'élèvent à 280 fr. 40; les frais de perception sont comptés à 238 fr. 62; le produit net de la Loge est de 41 fr. 78.

A Calicut, nous avons droit de juridiction sur notre Loge, avec la liberté d'importation (même des spiritueux) et d'exportation. En 1861, la ferme de spiritueux y fut adjugée pour 14,880 francs : les protestations des Anglais arrêtèrent l'adjudication.

Surate. — En 1670, l'empereur Anreng Zeb, qui occupait le trône du Mogol, nous accorda comme aux Anglais et aux Hollandais, deux terrains attenant aux murs de la ville de Surate.

Cette Loge fut, jusqu'en 1726, le chef-lieu de la Compagnie française des Indes orientales.

Surate est situé sur le Tapti, à 20 milles de son embouchure, à 150 milles de Bombay. La Loge française comprend : le Jardin français, terrain de 25 à 30 arpents, attenant aux remparts de la ville, partie nord, et l'ancien cimetière des Français, situé à 500 mètres de la ville au bord de la grande route de Surate.

Pendant tout le XVIII° siècle, la France eut un pavillon à Surate dans le Jardin français, 50 hommes pour sa garde et 20 pièces de canon ; il était d'usage que le chef fît porter devant lui deux drapeaux.

La France possède encore le droit de faire flotter son pavillon à Surate ; l'autorité anglaise a reconnu notre droit de juridiction.

Actuellement, le Jardin français et l'ancien cimetière sont loués. Leur loyer a une valeur de 3,000 francs. Le Jardin français renferme de beaux arbres ; la récolte des herbes y est abondante.

Bien que la Loge française, simplement louée, n'ait pas d'habitants, elle n'est pas sans avoir une certaine importance politique. L'esprit du Guzerate, le voisinage des Marates, peuple belliqueux, les colères étouffées après la solution de l'Ilbert Bill, l'écho de nos succès en Indo-Chine nous font un devoir d'occuper Surate.

Si le gouvernement français, après avoir réoccupé Surate, décrétait l'admission temporaire des fibres qui servent à la fabrication des guinées de Pondichéry, un beau village français ne tarderait pas à se former ; les ateliers de tissage se monteraient ; les guinées seraient teintes à Surate ou à Pondichéry, et ces toiles, dirigées sur le Sénégal où elles jouiraient des mêmes avantages que celles de Pondichéry, feraient une concurrence immédiate à la production anglaise.

Maisons de commerce. — Les autres factoreries ou « maisons de commerce de la France » sur lesquelles nous avons des droits incontestables de propriété, mais non de juridiction, sont : Chapra, Soupour, Nounepour, Kirpay, Conicola, Sirampour (à 40 milles de Dacca), Sola, Feringhi-Bazar (pr. de Chittagong), Chopour (avec ses dépendances, Alloudé, Elimbazar, Patorcha, Ottabady...

Mise en valeur des Loges françaises. — Le gouvernement de la France peut-il dédaigner les épaves de la fortune auxquels s'attachent tant de souvenirs ? Rien n'est plus lamentable que l'histoire de ces divers territoires qui auraient dû devenir dans nos mains de puissants éléments de richesse et d'influence.

« Loin de s'appliquer à faire valoir ses droits, dit un rapport officiel, il semble que les administrations qui ont précédé le gouvernement actuel se soient donné pour tâche de les négliger, de les ruiner ou de les amoindrir. »

CONSEIL GÉNÉRAL

Un Conseil général élu a été institué dans les Établissements français de l'Inde par le décret du 25 janvier 1879 qui a été modifié dans quelques-unes de ses dispositions par un autre décret en date du 26 février 1884.

Aux termes de ce dernier acte, le nombre des conseillers généraux est fixé à 30 membres ainsi répartis : Pondichéry 12, Karikal 8, Chandernagor 4, Mahé 3, Yanaon 3 représentants.

Les élections sont faites sur trois listes d'électeurs : la première comprend les électeurs européens et descendants d'Européens ; la deuxième comprend les Indiens ayant renoncé à leur statut personnel pour se soumettre entièrement aux lois civiles françaises ; la troisième, les Indiens non-renonçants, c'est-à-dire restés fidèles au code brahmanique. Les électeurs des trois listes peuvent à leur choix élire des Européens, des renonçants et des non-renonçants. Chacune des trois listes a droit au même nombre de représentants.

VŒUX DU CONSEIL GÉNÉRAL

Dans sa séance du 18 décembre 1888, le Conseil général a voté les conclusions de sa commission, à savoir :

1° Que le contingent des cipahis soit maintenu au chiffre de 365 soldats, sans aucune réduction ;

2° Que les frais de service de trésorier colonial ne soient pas portés au compte de la colonie et restent au budget de l'État, ainsi que cela a été jusqu'à ce jour, ainsi que cela continuera à avoir lieu pour les colonies de la Réunion, de la Guadeloupe et de la Martinique ;

3° Que le traitement des administrateurs des dépendances reste à la charge de l'État comme cela a eu lieu jusqu'ici ;

4° Enfin que des compensations nous soient accordées sur la rente payée par la colonie à l'État, compensations équivalentes aux charges nouvelles que le département veut mettre au budget de la colonie.

Dans sa séance du 5 décembre 1888, le Conseil général s'occupait de la question des pharmaciens.

On lit page 238 des comptes rendus :

Nous avons à appeler votre attention sur la situation qui nous est faite par une récente décision ministérielle portant suppression de l'emploi de pharmacien de 2e classe dans l'Inde. Comme il n'existe aucune pharmacie civile dans la colonie et qu'il n'y a aucun élément pour en créer une, nous nous trouverions dans le plus grand embarras le jour où le pharmacien de première classe, qui sera seul en service à Pondichéry à partir de 1889, viendrait à être malade ou dans la nécessité de prendre congé. Ne serait-ce que pour assurer la préparation des médicaments nécessaires à l'hôpital, il est indispensable que l'on maintienne ici deux pharmaciens de la marine. La commission vous demande d'émettre le vœu qu'il ne soit rien modifié à la situation actuelle et de prier l'administration d'insister auprès du Ministère de la Marine pour qu'il soit sursis à la décision dont nous venons de parler.

NOS VŒUX

Le président du Conseil général des Établissements de l'Inde, M. R. de La Barre de Nanteuil, nous écrivait le 9 avril 1889 au sujet de ces vœux :

« Ces vœux, j'en suis sûr, resteront dans les cartons du Ministère comme tous ceux qui ont été formulés jusqu'à ce jour. Car la Métropole n'a jamais songé à faire droit à ces vœux, comme encore à de justes réclamations que nous lui avons formulées au sujet de la rente de l'Inde [1] s'élevant à un million, dont nous lui demandons la restitution.

« La Métropole nous a toujours opposé la prescription, c'est sa seule réponse.

« Cependant cette rente appartient exclusivement à l'Inde, et si nous l'avions, notre budget serait allégé de ses charges les plus lourdes...

CHAMBRES DE COMMERCE

La Chambre de commerce, réorganisée par arrêté en date du 12 août 1879, est composée de 14 membres élus, dont 9 Européens ou descendants d'Européens et 5 Indiens, ayant tous leur résidence à Pondichéry. Le directeur de l'Intérieur en est membre de droit; il préside les séances auxquelles il assiste.

Les membres de la Chambre de commerce sont élus directement par une assemblée de 80 à 100 négociants, commerçants, courtiers et industriels notables, dont la moitié de la classe européenne ou descendants d'Européens et l'autre moitié de la classe indienne. Leurs fonctions durent six ans : le renouvellement se fait par moitié tous les trois ans.

La Chambre nomme chaque année, dans son sein, un président, un vice-président et un secrétaire-trésorier.

REPRÉSENTATION COLONIALE

Aux termes de l'article 22 de la loi du 30 novembre 1875, l'Inde française élit un député. Depuis la loi du 24 février 1875 (article 2) la colonie nomme un sénateur.

---

1. La protestation du conseil général relativement à la rente de l'Inde se fonde sur ce que l'interdiction de fabriquer du sel a été une perte, non pour la métropole, mais pour la colonie; si la métropole s'est attribuée l'indemnité consentie en échange par le gouvernement anglais, c'est en vertu sans doute de cette idée, redevenue en vigueur sous la Restauration en dépit de la Révolution, que les biens des peuples appartiennent aux rois. Quant à la prescription, refuge ordinaire des plaideurs de mauvaise foi, elle ne peut être opposée par les départements ou les communes à l'État ou par l'État aux départements ou aux communes. L'injustice est d'autant plus criante dans le cas qui nous occupe que — le conseil général le fait observer — les frais de service du trésorier colonial, charge d'État, sont imposés à la Colonie ainsi que le traitement des administrateurs, autre charge d'État. — *Note de M. Jacques Hébrard, sénateur de l'Inde.*

CAHIER DE L'INDO-CHINE

Jusqu'au quinzième siècle, l'Annam fut une province de l'empire de Chine. En 1427, elle conquit son indépendance. Au dix-huitième siècle, en 1749, un colonisateur, Pierre Poivre, avait proposé à la Compagnie des Indes de fonder une colonie en Cochinchine. Il débarqua à Tourane en 1749 et rendit, à Hué, visite au roi de Cochinchine.

Notre compatriote fut très bien accueilli : le roi de Hué fut même amené à écrire une lettre au roi de France pour lui demander son amitié et exprimer le désir « qu'à l'avenir les royaumes de France et de Cochinchine ne forment qu'un seul État ».

Une révolution ayant éclaté en Cochinchine, vers 1785, le roi Nguyèn-Anh, connu plus tard sous le nom de Gia-Long, demanda l'appui de la France. Il envoya à Versailles, avec son fils, le prince Canh-Dzué, l'évêque d'Adran, Mgr Pigneaux de Behaigne, missionnaire de l'Indo-Chine, qu'il chargea de signer un traité avec la France.

Louis XVI reçut très cordialement les envoyés de Nguyèn-Anh ; un traité fut conclu à Versailles le 28 novembre 1787.

Article premier. -- Il y aura une alliance offensive et défensive entre les deux rois de France et de Cochinchine : ils devront se prêter mutuellement secours et assistance contre les ennemis de l'une ou de l'autre des parties contractantes.

Art. 2. — S. M. Louis XVI aura des consuls résidents dans toutes les parties de la côte de la Cochinchine, partout où elle le jugera convenable.

Art. 4. — Le roi de Cochinchine et son conseil d'État céderont à perpétuité à S. M. T. C., à ses héritiers et ses successeurs, le port et le territoire de Han-San (baie de Tourane et la péninsule) et les îles adjacentes de Fai-Fo, au midi, de Hai-Wen, au nord.

Art. 7. — Dans le cas où S. M. T. C. se déterminerait à faire la guerre dans quelque partie de l'Indo, il sera permis au commandant en chef des troupes de France de faire une levée de 14 000 hommes qu'il fera exercer de la même manière qu'en France et qu'on formera à la discipline française.

Art. 8. — Dans le cas où quelques puissances attaqueraient les Français sur le territoire de la Cochinchine, le roi de Cochinchine fournira au moins 60 000 hommes de troupes de terre qu'il habillera et entretiendra à ses frais.

La Révolution de 1789 et le mauvais vouloir du gouverneur de Pondichéry ne permirent pas à la France d'exécuter ce traité.

Gia-Long (1802-1819) assura la puissance et la prospérité de l'Annam que compromirent ses successeurs Minh-Mang (1820-1840), Tieu-Tri (1841-1847), Tu-Duc (1847-1883), qui persécutèrent les étrangers.

Une première démonstration navale fut faite en 1847 sous le règne de Tieu-Tri ; cinq corvettes annamites furent détruites à Tourane. A la suite d'un massacre de chrétiens sous le règne de Tu-Duc, le commandant du Catinat bombarda les forts de Tourane en 1856. Enfin, après l'exécution de missionnaires français et espagnols, la France et l'Espagne envoyèrent, d'un commun accord, une expédition qui s'empara de Tourane, le 31 août 1858, puis transportant le théâtre de la guerre dans la Basse-Cochinchine, s'emparait de Saigon (mars 1860) et soumettait la région voisine (1861) ; trois provinces furent occupées. L'amiral Charner écrivait alors au ministre :

« Si j'avais mille hommes de plus je prendrais les trois autres provinces ; mais aurais-je assez de monde pour les garder ? Je dois m'attacher à ne pas faire un pas en arrière, notre prestige en dépend. »

Jusqu'en 1867, ces trois provinces, que le manque de troupes empêcha de prendre en 1861, restèrent un foyer d'insurrection permanent qui mettait en péril l'avenir de notre colonie.

L'art. 3 du traité du 5 juin 1862 dispose :

Les trois provinces complètes de Bien-Hoa, de Gia-Dinh (Saigon) et de Dinh-Tuong (Mytho) ainsi que l'île de Poulo-Condor sont cédées entièrement par ce traité en toute souveraineté à S. M. l'Empereur des Français.

Et l'art. 5.

Les sujets de l'Empire de France et du royaume d'Espagne pourront librement commercer dans les trois ports de Tourane, Balat et Quang-An (Quang-Yén).

En 1863, Tu-Duc nous offrit de racheter les trois provinces que nous cédait le traité de 1862 : il nous promettait 85 millions et la cession du port de Saigon. Ces propositions furent d'abord acceptées ; notre consul à Bangkok reçut l'ordre de traiter sur cette base.

La convention allait être signée lorsque Napoléon III, auquel cet abandon répugnait, envoya un contre-ordre qui, par un hasard providentiel, arriva à notre consul quelques heures avant le moment fixé pour son entrevue avec Tu-Duc.

En 1867, nous avons ajouté aux trois provinces situées à l'est de la branche orientale du Mékong, les trois provinces situées au sud du fleuve : Ving-Long, Chaudoc, Hà-Tiên, qui nous ont été définitivement cédées par le traité du 15 mars 1874.

Ce traité de 1874 avait surtout pour but de régler la question du Tonkin.

Depuis le commencement du siècle, le Tonkin était agité. En 1858 et en 1861, les chefs des insurgés imploraient l'intervention et le protectorat de la France.

Vers 1873, un négociant français, M. Dupuis, était parvenu à prouver la navigabilité du fleuve Rouge en faisant remonter sa flottille de la mer jusqu'à la frontière de Chine. Les mandarins d'Hanoï, inquiets de cette conquête commerciale, et « croyant pouvoir exploiter nos récents désastres » écrivirent à Hué en demandant qu'on fît intervenir le gouvernement de la Cochinchine pour sommer notre compatriote de renoncer à ses entreprises et de quitter le Tonkin.

Francis Garnier qui avait été le second de M. de La Grée dans la Commission d'exploration d'Indo-Chine, écrivait à ce moment :

> « Je redoute infiniment l'intervention anglaise au Tonkin. Sous un prétexte ou sous un autre, les Anglais se hâtent : ils disent ouvertement qu'il faut nous couper l'herbe sous le pied et réclament énergiquement l'action de la légation d'Angleterre à Pékin auprès du vice-roi du Yun-Nan... Les Anglais poussent la Chine à la conquête du Tonkin et lui proposent d'employer à cette affaire les soldats que la répression de la rébellion mahométane a laissés sans emploi dans le Yun-Nan. »

Le 28 juillet 1873, l'amiral Dupré adressait cette dépêche au ministre de la marine :

> « Le Tonkin est ouvert de fait par le succès de l'entreprise Dupuis dont les bateaux ont remonté le fleuve Rouge jusqu'aux frontières du Yun-Nan. Effet immense dans commerce anglais, allemand, américain. Nécessité absolue occuper Tonkin avant la double invasion dont ce pays est menacé par les Européens et les Chinois et assurer à la France cette route unique. Succès assuré. »

Des négociants anglais venaient d'adresser des pétitions au gouverneur de Hong-Kong pour lui demander d'occuper un point du littoral du Tonkin.

En octobre 1873, Francis Garnier recevait l'ordre d'aller au Tonkin pour faire une enquête sur les plaintes réciproques de M. Dupuis et du gouvernement annamite, pour essayer d'obtenir le retrait des troupes chinoises dont la présence ajoutait aux embarras de la situation, et pour décider le pays à accepter le protectorat français qui seul pouvait le préserver d'une invasion chinoise ou d'une invasion anglaise. Francis Garnier recevait le titre d'envoyé politique et commandant militaire au Tonkin : il emmenait avec lui 50 hommes d'équipage et 30 hommes d'infanterie de marine.

Le 5 novembre 1873, Garnier arrivait à Hanoï. Il se présenta de suite au commandant militaire de la province, et ajournant la question Dupuis, il demanda la conclusion immédiate d'un traité de commerce.

Les mandarins témoignèrent dès le début leur mauvais vouloir ; ils ne cachèrent bientôt plus leurs intentions hostiles. Le corps expéditionnaire se trouva dans une position de plus en plus critique ;

dans l'impossibilité d'arriver à un arrangement, et toute retraite
étant impossible, Garnier se décida à prendre d'assaut la citadelle
d'Hanoï. Ce coup de main réussit, la place fut prise. Avec elle, le
Tonkin.

A la suite de sa victoire, Garnier lança une proclamation au peuple du Tonkin :

« Nous sommes venus, disait-il, pour vous tirer de l'état d'isolement où
vous végétiez ; nous n'avons pas l'intention de changer vos usages ou de
nous emparer de vos biens ; nous vous considérons comme des frères et
nous nous appliquerons de toutes nos forces à faire votre bonheur.

« Nous avons chassé tous ces mandarins qui n'ont aucun amour du peuple
et n'ont d'autres soucis que de s'emparer de ses biens en le saignant jusqu'à
la moelle des os...

« Nous choisirons des hommes du pays pour les mettre à la tête du peuple,
puis nous recommanderons au roi et aux mandarins de traiter le peuple
comme un père traite ses enfants.

« Tous les mandarins que nous aurons nommés seront maintenus en
place et ne seront inquiétés en nulle façon... »

Garnier ordonna aux mandarins de lui remettre leurs cachets. Il
leur en distribua de nouveaux qui constataient le protectorat de la
France sur le Tonkin.

Mais le 21 décembre 1873, Hanoï est subitement assailli par les
Pavillons-Noirs : l'ennemi est repoussé ; en le poursuivant, Garnier
tombe dans un fossé, les rebelles cachés tout près se précipitent sur
lui et lui tranchent la tête. « Cette journée fatale est la source de
tous les désastres et de toutes les hontes qui ont terminé une intervention dont les débuts avaient été si glorieux. »

Haï-Dzuong, Ninh-Binh, Nam-Dinh, Hanoï, sont évacués. Le
traité conclu à Saigon le 5 mars 1874 consacrait cette évacuation.

L'art. 5 stipule que S. M. le roi d'Annam ne reconnaît la pleine et entière
souveraineté de la France que sur le territoire actuellement occupé par elle
en Cochinchine.

Art. 11. — Le gouvernement annamite s'engage à ouvrir au commerce
les ports de Thi-Naï (ou Qui-Nhone) dans la province de Binh-Dinh, de Ninh-
Haï (ou Haï-Phong) dans la province de Haï-Dzuong, la ville de Hanoï et le
passage par le fleuve du Nhi-Ha (fleuve Rouge) depuis la mer jusqu'au
Yun-Nan.

Art. 12. — Les sujets français ou annamites de la France et les étrangers
en général... pourront naviguer et commercer entre la mer et la province
de Yun-Nan par la voie du fleuve Rouge moyennant l'acquittement des droits
fixés et à la condition de s'interdire tout trafic sur les rives du fleuve entre
la mer et Hanoï et entre Hanoï et la frontière de Chine...

Art. 13. — La France nommera dans chacun des ports ouverts au commerce un consul ou agent assisté d'une force suffisante, dont le chiffre ne
devra pas dépasser le nombre de cent hommes, pour assurer sa sécurité et
faire respecter son autorité.

Après l'évacuation du Tonkin, 20 000 chrétiens furent massacrés,
noyés, ou brûlés vifs par les lettrés annamites ; plus de 300 villages
furent brûlés, les fonctionnaires indigènes que nous avions établis
furent chassés ou tués.

Vers la fin de 1878, des bandes chinoises irrégulières envahissent le nord du Tonkin. Le gouvernement annamite demande protection à la fois à Pékin et à Saïgon. La Chine envoie des troupes régulières pour combattre les rebelles ; elle occupe tout le nord du Tonkin. De son côté, en octobre 1878, l'amiral Lafont télégraphie au gouvernement qu'il va expédier au Tonkin une compagnie d'infanterie de marine pour protéger notre concession de Hanoï.

La situation se prolonge jusqu'en 1883. Le 19 mai 1883, le commandant Rivière assiégé dans Hanoï tente une sortie pour dégager la place : il est tué. La Chambre vote des crédits pour venger cette mort ; le général Bouet reprend les places du Delta, l'escadre de l'amiral Courbet bombarde Thuan-An; Son-Tay est enlevé aux troupes chinoises ; le traité du 6 juin 1884, impose notre protectorat effectif à l'Annam ; la Chine y souscrit le 9 juin 1885.

Le traité du 6 juin 1884 dispose :

Article premier. — L'Annam reconnaît et accepte le Protectorat de la France. La France représentera l'Annam dans toutes ses relations extérieures. Les Annamites à l'étranger seront placés sous la protection de la France.

Art. 2. — Une force militaire française occupera Thuan-An d'une façon permanente. Tous les forts et ouvrages militaires de la rivière de Hué seront rasés.

Art. 3. — Les fonctionnaires annamites, — depuis la frontière de la Cochinchine jusqu'à la frontière de la province de Ninh-Binh, — continueront à administrer les provinces comprises dans ces limites, sauf en ce qui concerne les douanes, les travaux publics et en général les services qui exigent une direction unique ou l'emploi d'ingénieurs ou d'agents européens.

Art. 4. — Dans les limites ci-dessus indiquées, le gouvernement annamite déclarera ouverts au commerce de toutes les nations, outre le port de Qui-Nhone, ceux de Tourane et de Xuan-Day. D'autres ports pourront être ultérieurement ouverts après une entente préalable. Le gouvernement français y entretiendra des agents placés sous les ordres de son résident à Hué.

Art. 5. — Un résident général, représentant du gouvernement français, présidera aux relations extérieures de l'Annam et assurera l'exercice régulier du protectorat, sans s'immiscer dans l'administration locale des provinces comprises dans les limites fixées par l'art. 3.

Il résidera dans la citadelle de Hué avec une escorte militaire.

— Le résident général aura droit d'audience privée et personnelle auprès de S. M. le roi d'Annam.

Art. 6. — Au Tonkin, des résidents ou des résidents-adjoints seront placés par le gouvernement de la République dans les chefs-lieux où leur présence sera jugée utile. Ils seront sous les ordres du résident général. Ils habiteront dans la citadelle et, en tout cas, dans l'enceinte même réservée au mandarin ; il leur sera donné, s'il y a lieu, une escorte française ou indigène.

Art. 7. — Les résidents éviteront de s'occuper des détails de l'administration intérieure des provinces, les fonctionnaires indigènes de tout ordre continueront à gouverner et à administrer sous leur contrôle ; mais ils devront être révoqués sur la demande des autorités françaises.

Art. 8. — Les fonctionnaires et employés français de toute catégorie ne communiqueront avec les autorités annamites que par l'intermédiaire des résidents.

Art. 10. — En Annam et au Tonkin, les étrangers de toute nationalité seront placés sous la juridiction française.

Art. 11. — Dans l'Annam proprement dit, les quan-bô percevront l'impôt ancien sous le contrôle des fonctionnaires français et pour le compte de la Cour de Hué.

Au Tonkin, les résidents centraliseront, avec le concours des quan-bô, le service du même impôt, dont ils surveilleront la perception et l'emploi. Une commission composée de commissaires français et annamites déterminera les sommes qui devront être affectées aux diverses branches de l'administration et aux services publics. Le reliquat sera versé dans la caisse de la Cour de Hué.

Art. 12. — Dans tout le royaume, les douanes réorganisées seront entièrement confiées à des administrateurs français. Il n'y aura que des douanes maritimes et de frontières, placées partout où le besoin se fera sentir... Les lois et règlements concernant les contributions indirectes, le régime et le tarif des douanes, et le régime sanitaire de la Cochinchine seront applicables aux territoires de l'Annam et du Tonkin.

Art. 13. — Les citoyens ou protégés français pourront, dans toute l'étendue du Tonkin et dans les ports ouverts de l'Annam, circuler librement, faire le commerce, acquérir des biens meubles et immeubles et en disposer. S.M. le roi d'Annam confirme expressément les garanties stipulées par le traité du 15 mars 1874 en faveur des missionnaires et des chrétiens.

Art. 14. — Les personnes qui voudront voyager dans l'intérieur de l'Annam ne pourront en obtenir l'autorisation que par l'intermédiaire du résident général à Hué ou du gouverneur de la Cochinchine. Ces autorités leur délivreront des passeports qui seront présentés au visa du gouvernement annamite.

Art. 15. — La France s'engage à garantir désormais l'intégrité des États de S. M. le roi d'Annam, à défendre ce souverain contre les agressions du dehors et contre les rebellions du dedans.

À cet effet, l'autorité française pourra occuper militairement sur le territoire de l'Annam et du Tonkin les points qu'elle jugera nécessaire pour assurer l'exercice du Protectorat...

Le décret du 2 mars 1886 a rendu exécutoire le traité du 6 juin 1884.

Par le traité de paix, d'amitié et de commerce conclu à Tien-Tsin, avec la Chine, le 9 juin 1885 :

« La France s'engage à rétablir et à maintenir l'ordre dans les provinces de l'Annam (Tonkin) qui confinent à l'Empire chinois. A cet effet, elle prendra les mesures nécessaires pour disperser ou expulser les bandes de pillards et gens sans aveu qui compromettent la tranquillité publique et pour empêcher qu'elles ne se reforment.

« Les Chinois qui vivent paisiblement en Annam jouiront pour leur personne et pour leurs biens de la même sécurité que les protégés français.

« Le commerce d'importation et d'exportation sera permis aux négociants français ou protégés français et aux négociants chinois par la frontière de terre entre la Chine et le Tonkin : il devra se faire toutefois par certains points qui seront déterminés ultérieurement : deux de ces points seront désignés sur la frontière chinoise, l'un au-dessus de Lao-Kaï, l'autre au delà de Lang-Son ; les commerçants français pourront s'y fixer dans les mêmes conditions et avec les mêmes avantages que dans les ports ouverts au commerce étranger ; le gouvernement de S. M. l'Empereur de Chine y installera des douanes et le gouvernement de la République pourra y entretenir des consuls.

« En vue de développer les relations de commerce, le gouvernement de la République construira des routes au Tonkin et y encouragera la construction de chemins de fer.

« Dans le délai d'un mois, l'île de Formose et les Pescadores seront entièrement évacuées par les troupes françaises. »

Les décrets des 17 et 20 octobre 1887 réalisèrent l'Union Indo-Chinoise en plaçant tous nos établissements indo-chinois sous l'autorité d'un gouverneur général résidant à Saïgon, et ayant sous ses ordres le lieutenant gouverneur de Cochinchine, les résidents généraux du Cambodge et de l'Annam-Tonkin; l'emploi de résident général en Annam-Tonkin a été supprimé en 1889 et remplacé par ceux de résident supérieur à Hué et de résident supérieur à Hanoï; le représentant de la France au Cambodge porte maintenant le titre de résident supérieur. Le décret du 12 novembre 1887, promulgué le 21 décembre, a déterminé les attributions du gouverneur général. Les deux décrets du 19 novembre 1887 ont réorganisé le Conseil privé de la Cochinchine et modifié la composition du Conseil supérieur de l'Indo-Chine, que le décret du 7 décembre 1888 a réorganisé.

LES FRONTIÈRES DE L'INDO-CHINE FRANÇAISE

Quelques écrivains, adoptant sans contrôle les prétentions siamoises qu'appuient quelques auteurs anglais, donnent pour limites occidentales à nos possessions indo-chinoises une ligne sinueuse longeant de près la rivière Noire et suivant la crête des bassins côtiers de l'Annam, depuis le Tonkin jusqu'à la Cochinchine.

Quant au Gouvernement français, il semble disposé à assigner pour limite actuelle de nos possessions le cours du Mékong, tout en réservant l'examen des droits de l'Annam à la rive droite du fleuve.

Plusieurs géographes et plusieurs historiens prouvent en effet que la limite historique, politique et rationnelle se confond avec la ligne de collines qui séparent le bassin du Mékong du bassin du Ménam.

États Chans. — La Birmanie et par suite les possessions britanniques n'ont jamais eu de tributaires dans la vallée du Haut Mékong. Déjà en 1881, M. Jules Ferry disait à lord Lyons qu'il y avait du côté du Haut Mékong des territoires sur lesquels la Birmanie revendiquait des droits de suzeraineté, *bien qu'elle n'eût aucune autorité sur eux.* L'ambassadeur anglais ne fit aucune objection à cette affirmation. Pour garantir la neutralité absolue des États Chans et pour éviter que l'Angleterre ne pousse ses frontières jusqu'au Tonkin, il importe d'installer des commissaires français à Xieng-Tong et à Xieng-Hong, où les Anglais veulent faire aboutir le chemin de fer qu'ils ont projeté de Bangkok à la frontière chinoise.

Principauté laotienne de Louang-Prabang. — Le marché de Louang-Prabang est le plus important de toute la région supérieure du Laos; la ville même compte environ 10 000 habitants.

Les rois de Louang-Prabang ont payé tribu à l'Annam jusque dans ces dernières années.

« La principauté, dit M. de Lanessan, payait un tribut triennal à l'empereur d'Annam. » — « Ce qu'il ne faut pas perdre de vue, écrit M. Léonce Détroyat, dans une étude sur les territoires français de l'Indo-Chine, c'est que le roi de Louang-Prabang payait, il y a deux ans encore, un tribut triennal à Hué... Que deviennent les obligations du Louang-Prabang vis-à-vis de Hué, sous notre protectorat? Le roi de cette principauté continuera-t-il à Dong-Khanh le tribut triennal? »

M. Léonce Détroyat ajoute :

« Aux Archives de Hué, qui ont été épargnées à la suite des incidents du 5 juillet, on trouverait peut-être de très édifiants documents sur les situations respectives de l'Annam et du Louang-Prabang. »

Ces documents ont été retrouvés au ministère des Rites. On y constate que lorsque le roi de Louang-Prabang cessa récemment de payer le tribut, il fit valoir la difficulté des chemins qui rendait les voyages très onéreux.

Francis Garnier écrit dans ses relations de voyage :

« Il convenait de faire sentir au roi de Louang-Prabang que nous pourrions un jour nous substituer aux droits exercés sur sa principauté par la Cour de Hué, devenue aujourd'hui notre vassale, et qu'il devait, dès à présent, tenter de s'appuyer sur l'influence française pour résister aux prétentions des pays voisins. »

Le Siam a placé un commissaire près du roi de Louang-Prabang. Depuis 1887, la France y entretient un vice-consul.

M. de Freycinet commit une faute en négociant avec la cour de Bangkok l'envoi de cet agent.

« M. de Freycinet eût mieux fait sans doute, dit M. Léonce Détroyat, de ne pas traiter avec le Siam des affaires du Louang-Prabang. Il eût été plus prudent, plus politique de s'adresser directement au roi de cette principauté. »

Quoi qu'il en soit, on considère — et le fait est je crois affirmé dans un rapport officiel — que par suite de la présence à Louang-Prabang d'un commissaire siamois et d'un commissaire français, le Siam et la France jouissent de droits égaux dans la principauté et peuvent y prétendre à une égale influence.

Principauté laotienne de Non-Kay. — Non-Kay, chef-lieu du Laos central, est un marché commercial important. Fondé après la destruction par les Siamois de Viên-Chân, capitale du Laos, et tributaire de l'Annam, Non-Kay est le plus grand centre de population que l'on rencontre sur le bord du Mékong de Pnom-Penh à Louang-Prabang. La cour de Bangkok a placé un commissaire siamois près du gouverneur de la principauté. Depuis 1885, elle y envoie des troupes, dans le dessein de soumettre les peuplades du Tran-Ninh sur la rive gauche du Mékong.

Lorsque M. Camille Gauthier, l'explorateur du Laos, passa à Non-Kay, les négociants chinois se plaignirent à lui d'être pressurés par les mandarins siamois ; ils le supplièrent de faire cesser cet état de choses en les protégeant.

« Il y aurait une chose bien simple à faire, conclut M. C. Gauthier, ce serait d'installer à Non-Kay un agent consulaire. Cet agent accorderait la

protection française aux Chinois qui la demanderaient et s'en montreraient
dignes. Cela existe à Bangkok ; le consulat de France y protège plusieurs
milliers de Chinois, d'Annamites, d'Indiens... »

INDO-CHINE, D'APRÈS HENRI MAGER

> •••••••••••• Frontière entre le Tonkin et la Chine.
> ••••••••••• Limite approximative de la Birmanie et de ses tributaires.
> ••••••••••• Frontière des possessions anglaises.
> ••••••••••• Limite orientale des prétentions siamoises.
> ••••••••••• Limite entre le Cambodge et le contesté Khmer-Siamois.
> ••••••••••• Frontière de la Cochinchine.
> •••••••••• Limite réelle du royaume de Siam.

Principauté laotienne de Pone-Pissaye. — A Pone-Pissaye, comme
à Non-Kay, les Siamois ont placé un commissaire près des chefs de la
principauté.

Tran-Ninh. — Depuis quatre ans, les Siamois tentent de passer sur
la rive gauche du Mékong, de s'annexer le Tran-Ninh et d'étendre
leur frontière jusqu'à la Rivière Noire.

De tous temps, le Tran-Ninh a été tributaire de l'Annam. Depuis 1830 même, il a été réorganisé par le roi Minh-Mang et dépend directement de la province de Nghé-An, où il paye l'impôt. Le ministère des Rites de Hué a fourni à ce sujet au gouvernement français des preuves irréfutables telles que les rôles d'impôts, les listes de fonctionnaires annamites, des déclarations de notables.

L'article 15 du traité du 6 juin 1881 oblige le gouvernement français à faire respecter les droits de l'Annam, « à garantir l'intégrité de l'empire. »

D'ailleurs dit encore M. Camille Gauthier :

« Toute la rive gauche du Mékong, au-dessous du 22° degré et surtout à partir du 19° de latitude, a été et doit redevenir tributaire de la Cour de Hué... A mon avis, le Mékong n'avoisine nulle part les possessions siamoises, car, ainsi que j'ai eu l'occasion de l'écrire déjà, en réponse à des prétentions émises par un explorateur anglais, *la vallée entière du Mékong, depuis la Chine jusqu'au Cambodge*, en longueur, et *depuis le bassin du Ménam jusqu'au golfe du Tonkin*, en largeur, se trouve, par sa position géographique même, placée sous notre protectorat. »

Cours moyen du Mékong. — Un autre voyageur, M. J. Taupin, constate que :

« Les provinces laotiennes sont administrées par des gouverneurs indigènes, sous la direction et l'absolue dépendance, depuis 1883, de commissaires-résidents siamois et que la Cour de Bangkok, inquiète de notre rapide extension coloniale en Indo-Chine, a envoyé des hauts fonctionnaires siamois dans les principales provinces laotiennes, à Non-Kay, à Oubôn, à Bassac, à Stung-Treng. »

Dans son discours du trône de 1881, le roi de Siam réclame toute la vallée du Mékong.

En descendant le Mékong on rencontre successivement :

Lakhône, chef-lieu d'une province laotienne ; à l'ouest de cette ville est une colonie annamite de 400 individus, sur la rive droite du fleuve, en relations suivies avec les provinces côtières annamites de Ha-Tinh et de Nghé-An. Un voyageur signale ce fait, signe des tendances de la population catholique, que le prie-dieu de la chapelle catholique de Lakhône est recouvert d'un drapeau tricolore.

Puis *Bassac*, point le plus important du Laos méridional, chef-lieu d'une petite principauté.

« Les communications entre Bassac et la Cochinchine, dit M. Léonce Détroyat, sont très difficiles. Elles sont pour ainsi dire absentes. Il est d'autant plus intéressant d'en créer qu'à l'Est de la principauté se trouve le plateau de Bolovens, dont nous pourrions tirer les plus riches produits du monde. Un agent français vigoureux, habile, parlant la langue du pays, convaincrait le vice-roi, mandarin siamois, de l'intérêt qu'il a à vivre en bonne intelligence avec la France. »

La principauté de Bassac est peuplée de 100 000 habitants environ. Elle s'étend à l'ouest sur la rive droite du fleuve sur plus de 100 kilomètres de profondeur. Le roi de Bassac n'a envoyé un tribut à Bangkok assez récemment que dans le dessein de se ménager une protection. Il est certain, affirment les voyageurs, que le roi actuel de cette principauté préférerait de beaucoup le protectorat français au protectorat siamois.

Stung-Treng, village laotien, point de concentration naturel de toute la vallée du Sé-cong.

« Autrefois, — dit M. de Lanessan, dans un volume récent sur l'Indo-Chine française, — Stung-Treng appartenait au Cambodge. On voit encore à la pointe du Sé-Cong des ruines de monuments Khmers, édifiés à l'époque où les souverains du Cambodge avaient à Stung-Treng une habitation d'été. Aujourd'hui le roi de Siam y entretient un gouverneur militaire. »

« Pourquoi, — ajoute M. Léonce Detroyat, — hésiterions-nous à faire faire retour au Cambodge de ce territoire qu'il possédait autrefois !... Il me semble superflu d'insister davantage pour démontrer la nécessité de placer un agent à Stung-Treng, en attendant son annexion au Cambodge... En désignant Stung-Treng, comme devant faire indispensablement partie du Cambodge, j'ai émis simplement le vœu que la frontière fût remontée jusqu'à Bassac, en absorbant cette ville, bien entendu. »

M. C. Gautier dit, de son côté :

« Le 20 janvier 1888 j'arrivai à Stung-Treng, que je considère comme faisant partie du Cambodge ; je fus reçu par le commissaire siamois qui, pour la circonstance, avait endossé un uniforme de colonel. Il se montra plus aimable que ses collègues du Nord. Évidemment ce fonctionnaire de Bangkok avait le tact de comprendre que moi, citoyen français, appartenant à la nation qui protège le Cambodge et l'Annam, j'étais chez moi à Stung-Treng, tandis que lui était un intrus. Comment pouvons-nous permettre en effet, que la Cour de Siam exerce une autorité quelconque à Stung-Treng, qui est sur la rive gauche du Mékong, dans une région qui n'a jamais été délimitée et qui n'a pas à l'être puisqu'elle fait partie d'un territoire que nous protégeons ? Comment tolérons-nous que les Siamois aient établi des douanes à Stung-Treng ? De cette façon ils empêchent le commerce du Laos de passer par le Cambodge et ils le dirigent sur Battambang. »

M. de Lanessan pense que ce serait commettre la plus lourde des fautes que de laisser en dehors de notre empire les bassins de la Saravane et du Sé-Cong et le magnifique plateau de Bolovens !

« En admettant que nous hésitions à aborder le bassin du Sé-Moun et la principauté de Bassac, il nous sera impossible de ne pas pousser notre frontière au moins jusqu'à la rive gauche du Mékong. »

Et M. de Lanessan ajoute que ne pas embrasser le bassin du Sé-Moun, les provinces d'Angkor et de Battambang, nous condamnerait à absorber plus tard le Siam tout entier.

M. C. Gautier, conclut ainsi avec nous :

« Il ne peut y avoir de malentendu ni de discussion à propos d'un territoire quelconque de la rive gauche du Mékong. Des contestations ne pourraient s'élever que pour certains points de la rive droite : les documents qui vont nous être fournis par la Cour de Hué nous édifieront à ce sujet.

« En attendant, je suis d'avis que notre attitude vis-à-vis des Siamois doit être très ferme et qu'il est temps de leur faire comprendre que nous ne reconnaissons leur autorité sur aucun point de la rive gauche du Mékong. »

M. le capitaine Luce avait été chargé par M. Constans, gouverneur général de l'Indo-Chine, d'aller rassembler à Hué et dans les provinces annamites les documents officiels, historiques et géographiques, les rôles d'impôts, les déclarations des habitants et des indigènes de tous les pays dépendants de l'Annam. Il a pu rapporter en France les preuves matérielles et irréfutables des droits de l'Annam.

Quant aux populations laotiennes de la rive droite, qui habitent au delà du territoire annamite, et quant aux Cambodgiens, qui s'étendent d'Angkor à la principauté d'Oubon, pressurées par les Siamois, elles appellent notre intervention.

ESSAI D'ADMINISTRATION EN INDO-CHINE

QUINZE ADMINISTRATEURS EN SIX ANS

Se sont succédés depuis 1883 dans l'administration de l'Annam et du Tonkin :

MM.

Harmand, Commissaire général de la République Française, du 23 juillet 1883 au 24 décembre 1883, — 5 mois.

Amiral Courbet, du 25 décembre 1883 au 11 février 1884.

Général Millot, du 12 février 1884 au 7 septembre 1884.

Général Brière de l'Isle, du 8 septembre 1884 au 30 septembre 1884.

Lemaire, Résident général, du 1er octobre 1884 au 31 décembre 1884, — 3 mois.

Général Brière de l'Isle du 1er janvier 1885 au 30 mai 1885.

Général de Courcy, Résident général, du 31 mai 1885 au 26 janvier 1886.

Général Warnet, Résident général, p. i., du 27 janvier 1886 au 7 avril 1886.

Paul Bert, Résident général, du 8 avril 1886 au 11 novembre 1886, — 7 mois;

Paulin Vial, Résident général, p. i., du 12 novembre 1886 au 28 janvier 1887, — 2 mois.

Bihourd, Résident général, et intérim de M. Raoul Berger, du 20 janvier 1887 au 2 novembre 1887, — 9 mois.

Constans, Gouverneur de l'Indo-Chine, du 2 novembre 1887 au 14 mai 1888, — 6 mois.

Richaud, Résident général, Gouverneur de l'Indo-Chine par intérim, du 14 mai 1888 au 8 septembre 1888, — 4 mois; Gouverneur du 8 septembre 1888 au 11 mai 1889, — 8 mois.

Piquet, depuis mai 1889.

LA POLITIQUE DE M. HARMAND

Dans une conférence faite à Paris en 1887, M. Harmand, après avoir comparé les procédés coloniaux de l'Angleterre à ceux de la France, ajoutait :

« Quant à moi c'est le système anglais que j'aurais voulu appliquer au Tonkin et il était non seulement possible mais avantageux, si j'avais eu le temps et l'autorité nécessaire, et si je n'avais été attaqué par le ministère même qui avait le devoir de me défendre. Pendant que nos troupes auraient battu les Chinois, ou contenu les Annamites du sud sur la frontière du Tonkin, pendant que les chefs qui les conduisaient à l'ennemi étaient dégagés de toute autre pensée que celle de la guerre, j'organisais immédiatement le territoire occupé, substituant nos administrateurs aux autorités annamites, et ce territoire surveillé par nous, protégé par des milices récentes recrutées suivant l'admirable système des annamites le plus efficace qu'on ait jamais inventé, nous fournissait immédiatement des ressources que nous laissons péricliter de plus en plus depuis le début des hostilités. »

M. Harmand résumait ainsi en 1885 le but que la France, à son avis, devait se proposer en Indo-Chine : créer un empire colonial, un vice-état :

Tandis que la *colonie* est un organisme sorti de la mère patrie avec toutes ses mœurs, toutes ses institutions, et qui ne diffère de la métropole que par une situation économique spéciale, la *possession* est un pays de conquête.

Il n'est pas possible au conquérant, sans s'exposer à de graves mécomptes, d'appliquer dans ses possessions ses institutions, d'y transporter ses mœurs, en un mot la civilisation qui est la résultante de toute son histoire.

Le directeur européen a le devoir d'assurer au peuple subjugué et administré la sécurité complète, la justice, une équitable répartition des charges, l'instruction, les facilités commerciales. C'est non seulement son devoir, mais son intérêt, car à ces conditions seules il peut tirer de ces acquisitions un parti avantageux.

La possession n'est pas faite pour enrichir directement la métropole. Au point de vue économique elle ne doit lui fournir que des revenus et des avantages indirects, par exemple, en offrant à son commerce et à sa marine un nouveau champ d'activité, de nouveaux éléments de fret, etc. Si la gestion du domaine conquis produit des excédents, la sagesse et la prévoyance commandent de les appliquer à l'amélioration du pays, à lui procurer un outillage économique en rapport avec ses besoins, toujours très grands, à faciliter ses rapports avec les pays voisins, à accroître le mérite des agents européens ou indigènes chargés des diverses branches de l'administration, de la surveillance et de l'exploitation du sol. Mais ces excédents ne doivent jamais être versés directement au trésor de la mère patrie : agir de cette façon serait faire le calcul économique et même politique le plus faux qu'il soit possible de concevoir...

... Le climat tropical de l'Indo-Chine ne permet pas de songer à faire de cette contrée une *colonie* au sens propre et exact du terme. Toute cette région asiatique ne peut être considérée que comme un pays de conquête, comme une possession, à administrer par les procédés les plus sages et à faire prospérer par les moyens les plus conformes à la justice et à la moralité politique...

Le peuple Annamite se distingue par une qualité essentielle qui détermine la conduite que nous devons suivre à son égard aujourd'hui. Je veux parler de son homogénéité et d'un sentiment qu'il possède au plus haut degré, qui se rapproche beaucoup par ses effets du patriotisme et que j'appellerai le sens de la race.

On ne traite pas une race comme celle-là d'après des conceptions bureau-
cratiques *a priori* ou en acceptant sans contrôle des légendes intéressées.
Notre devoir de conquérants, si nous avons conscience de la mission qui
nous incombe, consiste à prendre la résolution d'élever cette race annamite non seulement pour notre profit et pour le sien, mais pour celui de
toutes les familles indo-chinoises, sans rompre la chaîne de ses traditions,
de son avenir et de ses ambitions inscrites dans les deux mille années de
son histoire nationale.

Toutes nos déductions quant à notre politique en Annam devraient partir
de cette base : *l'unité de la race annamite*.

L'Annamite n'est point non plus un enfant dont nous avons à faire
l'éducation ; ce n'est point un sauvage sur lequel on peut faire des expéri-
mentations comme sur une table rase. Nous avons affaire à une race, à une
nationalité plus vieille que la nôtre, qui a joué dans son milieu et dans son
temps un rôle considérable et dont les destinées ne sont pas épuisées.

Si, en étudiant une carte de l'Asie orientale, nous considérons la position
de l'Annam relativement à la Chine ou au reste de l'Indo-Chine, nous nous
apercevons bientôt que le rôle de conquérant, joué par la race annamite,
et que nous avons signalé, n'est pas un fait fortuit, mais marqué par des
dates séculaires et répétées, déterminé par la configuration du sol et les
qualités politiques de la nation.

De notre côté, si nous comprenons bien notre tâche, si nous savons nous
montrer dignes de la remplir, nous devons prendre toute cette race, avec
ses mœurs, ses institutions, sa valeur propre vis-à-vis de ses voisins, pour
en faire pour ainsi dire notre compagnon de fortune et notre associé. Ce
n'est qu'en sachant ainsi tirer parti des remarquables qualités de l'Annamite
considéré non comme homme, mais comme race, et sans manifester à son
égard ce hautain mépris qui caractérise d'autres conquérants européens ; ce
n'est qu'en associant nos ambitions présentes à ses ambitions passées et
futures que nous pourrons prétendre au rôle de missionnaires d'une civilisation nouvelle et de fondateurs d'empire.

Notre intervention dans les affaires de l'Annam et notre présence actuelle
au Tonkin sont la conséquence nécessaire de notre débarquement à Saigon
après la première campagne de Chine, et de l'unité de cette race que nous
venons d'entamer. Du jour où nous avons mis le pied sur une seule province du territoire annamite, où nous nous sommes implantés dans le tout
compact de la race annamite, rien ne pouvait plus nous soustraire à
l'obligation, à la nécessité d'accaparer son pays tout entier, pas plus que
nous ne pouvons aujourd'hui éviter de le faire. Toutes les volontés seront
impuissantes pour conjurer cette issue forcée de notre entreprise et les
précautions les mieux combinées en apparence pour l'éloigner ne feront
que la précipiter.

Si, par ce que nous venons de dire, nous avons montré qu'il ne nous est
pas possible de diviser une race semblable à celle de l'Annam, s'il nous est
défendu par la raison politique aussi bien que par la moralité de lui donner
ici un gouvernement, et là de lui en imposer un autre, comme a pu le faire
l'Angleterre dans cette Inde où pullulent les races et les religions les plus
diverses, il faut convenir que nous devons tendre à nous rapprocher de
plus en plus, avec les tempéraments nécessités par notre imprévoyance et
par la soudaineté de notre action, avec les transitions conseillées par la
prudence, de la formule que voici :

*Un seul gouvernement, une seule administration, une seule politique doivent
existe pour tout l'Annam : une seule direction doit présider à notre entreprise.*

En nous signalant cette note, dans une de ses dernières lettres,
M. Harmand ajoutait :

« J'écrivais ces lignes le 15 septembre 1885.
« Depuis lors ma manière de voir n'a pas changé, au contraire.

« Les observations que je suis à même de faire dans l'Inde m'en
« donnent la meilleure confirmation qu'on puisse trouver.

Calcutta, 1er mai 1889.

J. HARMAND.

LA POLITIQUE DE PAUL BERT

« ... L'indépendance administrative de l'Annam et du Tonkin était l'idée
favorite de Paul Bert.

« ... En Annam, les Français n'occuperaient plus que Hué, Thuan-An et les
ports ouverts : le résident général serait le ministre des affaires étrangères
du roi : les douanes, les mines, les régies, les postes et télégraphes, les
travaux publics, et en général tous les services exigeant l'intervention
d'hommes techniques, seraient confiés aux Français ; le produit net en
serait d'ailleurs assuré à l'Annam, qui, pour tout le reste, serait pleinement
indépendant... nous garderions sur l'Annam juste assez d'autorité pour que
d'une part toute intervention occulte dans les affaires du Tonkin lui fût
impossible et, d'autre part, que l'exploitation des richesses de ce pays et de
sa position unique en Indo-Chine ne pût échapper aux Français.

« ... En revanche, le roi d'Annam renoncerait à toute innovation pour les
affaires du Tonkin : non pas qu'il fut question de céder le Tonkin à la
France ; il eût fallu pour cela un nouveau traité, des discussions solennelles
et des ratifications ; mais, par un simple échange de lettres, le roi d'Annam
et le résident général conviendraient que désormais l'administration tout
entière du Tonkin relèverait du seul résident général... » (Joseph Chailley,
Paul Bert au Tonkin).

L'ordonnance royale du 3 juin 1886 avait déjà délégué les pouvoirs
les plus étendus au Kinh-luoc (vice-roi) du Tonkin « dans l'intérêt
de la bonne administration et de la prompte exécution des affaires
multiples d'un territoire aussi vaste, aussi populeux, aussi éloigné
de la capitale que celui du Tonkin ». Le second voyage que Paul Bert
fit à Hué, en septembre 1886, avait pour but de hâter la solution
des mesures qui devaient permettre et amener l'autonomie du Tonkin. Le but allait être atteint lorsque Paul Bert meurt le 11 novembre 1886 des suites d'une maladie dont il avait contracté le germe
dans ce second voyage.

Les principaux actes des sept mois d'administration de Paul Bert
sont :

— L'impôt foncier rendu payable facultativement en argent, ce
qui a coupé court aux exactions des mandarins ;

— La régularisation et l'atténuation de la corvée ;

— La répression des mauvais traitements envers les indigènes ;
le respect des dignitaires annamites ; un traitement fixe donné aux
mandarins au nom de la France ;

— La restitution des pagodes ;

— La fondation d'un hôpital annamite ;

— La réunion d'un Conseil consultatif tonkinois de 40 membres
élus parmi les notables par les chefs de canton ;

— L'institution de Conseils consultatifs provinciaux sur les mêmes bases ;

— La création d'une Académie tonkinoise composée de lettrés pour la conservation des monuments, des stèles, des manuscrits ;

— Des distributions de secours en riz, buffles, argent, pour ramener dans les régions incultes les habitants chassés par la guerre.

Outre les arrêtés sur le service des douanes (franchise pour les marchandises françaises, tarif général pour les marchandises d'Europe, tarif spécial sur les marchandises d'Asie) ; — sur les travaux publics, les concessions des mines, sur les milices ; — outre la création d'un Comité d'études s'occupant de toutes les questions agricoles, industrielles et commerciales, l'organisation d'une exposition à Hanoï ; — l'organisation de l'enseignement, la fondation d'une école d'interprètes, des primes annuelles aux employés qui savent l'annamite ou le chinois ; — les mesures relatives aux municipalités d'Hanoï et d'Haïphong, aux Chambres de commerce ; — outre le traité avec la Banque d'Indo-Chine pour encaisser les ressources du protectorat et pour avancer des fonds en compte courant ; l'adjudication des correspondances fluviales établissant des communications régulières deux ou trois fois par semaine entre toutes les villes du Tonkin...

« Nos deux peuples, disait Paul Bert dans sa proclamation aux populations tonkinoises (8 avril 1886), ne sont pas faits pour se combattre, mais pour travailler ensemble et se compléter l'un par l'autre. »

Et il définissait, en ces mots, nos rapports avec les populations indigènes :

« Rien ne sera changé dans vos rites, dans vos usages : vos traditions seront respectées : vous continuerez à être soumis à vos mêmes lois et règlements et je veillerai scrupuleusement à ce que pas un Tonkinois ne fournisse indûment une journée de corvée, ne paye indûment une sapèque d'impôt.

« Les cantons et les villages seront administrés comme autrefois ; votre système communal ne sera pas modifié ; vous choisirez vous-mêmes vos notables, il seront spécialement chargés de la répartition de l'impôt et prendront, sous leur responsabilité, dans l'étendue de leur territoire administratif, telles mesures de police qui leur paraîtront utiles pour la sauvegarde de vos biens et de vos personnes.

« Pour m'éclairer dans les graves questions d'intérêt général, je réunirai à Hanoï un conseil composé de délégués que vous élirez dans chaque province parmi les notables. Ils me transmettront les vœux de la population en m'éclairant sur ses besoins.

« Je ne puis vous donner une plus grande preuve de ma confiance et de ma sincérité. »

Insistant sur les questions de religion, il ajoutait dans une lettre du 29 juin 1886 :

« La France n'a plus de religion d'État et la religion catholique est simplement aidée d'argent par elle comme les religions protestante, juive et musulmane. Donc à l'étranger elle n'a pas plus à s'occuper de développer la religion du Christ que celle de Mahomet.

« Mais un devoir plus élevé lui incombe. Elle devient la gardienne et la protectrice de la liberté de conscience. Elle ne peut admettre pas plus sur son propre territoire que dans les pays sur lesquels elle a quelque autorité ou quelque influence, qu'un homme soit persécuté, puni, pour avoir obéi à sa foi religieuse. Alors elle intervient et elle réclame non plus le privilège, mais l'égalité et la justice. »

Paul Bert terminait cette même lettre par ces mots :

« La France n'a jamais tyrannisé, ni détruit.

« ... Vous savez bien que la France n'a qu'un désir, rendre à l'Annam sa prospérité sous sa direction morale générale. Vous savez bien que nous ne voulons, ni ne pouvons, prendre l'administration directe, que les événements nous ont imposés en Basse-Cochinchine. La classe des lettrés, si forte précisément parce qu'elle n'est pas une classe fermée, parce qu'elle se recrute dans le peuple entier, restera, comme cela est légitime et nécessaire, dépositaire de l'autorité et fournisseuse des fonctionnaires.

« ... J'ai confiance dans ces races d'Orient qui nous ont montré le chemin ; à notre contact, elles reprendront leur activité engourdie pendant des siècles et nul ne peut prévoir quel magnifique essor donnera à la civilisation l'union, le contact, la concurrence de qualités si différentes et également admirables des races d'Europe et de celles d'Asie. »

LA POLITIQUE DE M. VIAL

M. Paulin Vial écrivait le 6 décembre 1885 :

« Tous les habitants de l'Annam, — au Tonkin et en Cochinchine, on ne doit pas le perdre de vue, — sont de la même race, ont la même organisation, les mêmes usages, les mêmes aspirations. Ils n'ont cessé d'être en relations actives d'une province à l'autre...

« Les propositions du ministère, qui voudrait organiser un protectorat à Hué en rétablissant l'autorité royale sur le Tonkin, auraient ceci de dangereux qu'elles tendraient à consolider un pouvoir dont tous les agents sont et seront toujours hostiles à la France.

« Les hauts mandarins annamites appartiennent tous à la classe des *lettrés*, gens intelligents, actifs, rusés, qui lutteront jusqu'à la dernière heure contre les idées européennes dont leurs études et leurs traditions de service leur ont inspiré le mépris.

« La plupart sont trop âgés et trop imbus de leurs doctrines pour étudier et comprendre notre civilisation ; ils sont nos ennemis naturels ; ils regrettent la perte de leur ancien prestige et ils ne se prêteront loyalement à aucune transaction...

« Pour dominer une population nombreuse et la conquérir moralement, il est prudent d'intéresser à notre domination un noyau d'indigènes influents, actifs, disposés à remplacer au milieu de leurs compatriotes les anciens lettrés, qui sont nos adversaires irréconciliables...

« ... Depuis 1864 jusqu'en 1871 la population de la Basse Cochinchine a été peu à peu amenée à aimer la France. Nous respections les mœurs, les usages et les intérêts des habitants. Nous étions secondés par les principaux propriétaires du pays, par des indigènes jeunes, actifs et ambitieux, qui aspiraient à succéder aux lettrés dans toutes les fonctions administratives. C'est une nouvelle classe dirigeante que nous avions créée, ou plutôt à laquelle nous avions rendu un rôle naturel pour remplacer les mandarins de Hué.

« Nos miliciens, au nombre de dix mille, choisis avec soin par les notables dans des familles connues, complétaient ce faisceau d'hommes étroitement attachés à notre domination par leurs intérêts, compromis pour nous, toujours mêlés à la population qu'ils étaient arrivés à diriger complètement.

« Sous leur inspiration, les habitants de la Basse Cochinchine désiraient comme nous l'assimilation et l'annexion progressive des autres populations de l'Annam, depuis le Binh-Thuan jusqu'à Hué et jusqu'au Tonkin.

« Il faudrait donc gouverner les populations indigènes directement, au moyen des *notables* indigènes eux-mêmes, en notre nom dans le Tonkin et en Basse Cochinchine, au nom du roi de Hué dans la Cochinchine centrale.

« L'expérience de ce système a déjà été faite. C'est le seul qui ait donné de bons résultats. Il donne satisfaction aux Annamites et sécurité aux autorités françaises.

« Il décentralise l'administration du pays et ne permet pas aux habitants de s'unir contre nous dans une action générale.

« Le Résident de Hué devrait administrer l'Annam central au nom du roi, en choisissant lui-même les gouverneurs des provinces et en les faisant surveiller par des délégués français ou par des agents annamites provenant de notre colonie.

« Au Tonkin, le gouvernement aurait à organiser l'organisation de son vaste territoire à mesure que les populations seraient soumises, ainsi qu'on l'a fait en Basse Cochinchine. Ces populations ne demandent qu'à vivre en paix sous un régime régulier dont les intermédiaires soient, comme dans les temps anciens, leurs notables élus aux fonctions de maires et de chefs de canton.

« Que l'on ne craigne pas de livrer le peuple aux exactions de ses maires et de ses chefs de canton. Les Annamites savent se plaindre lorsqu'ils sont victimes d'un abus; ils savent aussi se débarrasser d'un maire ou d'un notable dangereux, en lui refusant leurs suffrages le jour des élections...

« Et une colonie n'a de valeur qu'autant qu'elle est exploitée par une population pacifique, organisée, adonnée à l'agriculture, à l'industrie et au commerce. Ces conditions de prospérité existent en Indo-Chine.

« Aucun peuple de l'Asie ne vaut les Annamites pour nous, car ils sont avant tout agriculteurs et désireux de la paix.

« Tous ceux qui les connaissent sont d'avis que le devoir de la France est de conserver l'empire d'Annam et d'y établir une administration durable, rationnelle, régulière, indépendante des caprices de l'opinion à Paris. Aucune autre contrée dans le monde ne pourrait présenter les avantages que nous trouvons en Indo-Chine.

« Si je me suis permis de critiquer, trop légèrement peut-être, les entraînements irréfléchis avec lesquels on a voulu expérimenter tant de systèmes divers dans notre colonie, c'est que j'ai vu de près quelques unes de ces expériences et leurs déplorables résultats. J'ai vu essayer d'organiser la Basse Cochinchine comme l'Algérie, avec des cercles militaires et des chefs responsables comme les chefs arabes; j'ai vu des partisans de l'organisation de Java, où la population musulmane obéit à des rajahs héréditaires; j'ai vu préparer une tentative de protectorat avec le concours des mandarins de la cour. J'ai vu des choses plus tristes, de graves personnages, dédaignant les inspirations du bon sens, rechercher avec avidité les avis des conseillers anglais, allemands, hollandais et même chinois, au sujet de nos affaires coloniales et maritimes. »

M. P. Vial écrivait le 9 juillet 1887 :

« ... Nous avons en Indo-Chine les éléments d'un florissant empire asiatique capable, en peu d'années, de se suffire à lui-même et de se défendre contre les entreprises des ennemis de la France.

« Mais quel sera l'ouvrier capable de manier cet instrument puissant et délicat.

« ... Si une grande personnalité n'est point chargée d'administrer l'unité indo-chinoise, il vaut mieux laisser pour le moment nos possessions d'Extrême-Orient divisées... Il faut que la tâche de chacun soit proportionnée à ses forces. A moindre homme, moindre besogne. A nos administrateurs ordinaires, il faut de petites administrations, une voie étroite, beaucoup de règlements et peu d'administrés... »

LA POLITIQUE DE M. BIHOURD

Les colons de l'Annam et du Tonkin ont résumé leurs griefs contre l'administration de M. Bihourd, dans une adresse dont la forme est un peu vive mais dont le fond est juste.

Nous en détachons les lignes suivantes :

« Vous vous êtes montré administrateur, monsieur le ministre, mais administrateur métropolitain, aux idées étroites, à la routine tracassière. Vous pouviez faire, vous aviez à faire, grand ; vous avez fait petit.

« Certes nous sommes les premiers à le reconnaître, vous avez mis de l'ordre dans les finances, vous avez rétabli l'équilibre dans le budget, vous avez liquidé le passé sans engager l'avenir.

« En effet, monsieur le ministre, vous avez liquidé, trop liquidé même. En tout et partout, vous avez apporté cette soif de liquidation qui vous possédait. Vous avez surtout liquidé l'œuvre de votre prédécesseur, du regretté Paul Bert, et, liquidant à la hâte, comme on fait d'un héritage sous bénéfice d'inventaire, vous l'avez compromise, vous l'avez tuée en partie.

« A peine arrivé, votre premier soin a été de dire ou de laisser dire par votre entourage : « L'exposition, nous nous en lavons les mains ». Et vous vous en êtes désintéressé.

« Des grands travaux en projet ou en train, en est-il un seul qui ait reçu de vous un encouragement ? Le projet du canal des Rapides est resté dans les cartons. En huit mois, à Hanoï, vous n'avez ni percé une rue, ni ouvert un boulevard. A Haïphong, grâce à vous, l'argent dépensé l'aura été en pure perte, car vous avez refusé, ou vous n'avez pas accordé en temps utile, ce qui est la même chose et offre le même inconvénient, les quelques mille francs nécessaires pour terminer les rues et achever la ville.

« Nous avons voulu faire un square à nos frais. Vous avez répondu : « Cela ne convient pas ; c'est une dépense d'utilité publique qui incombe au Protectorat ». Mais le temps s'est écoulé et de projets en projets jamais acceptés on n'a pas encore mis la main à ce square qui aurait pu être terminé depuis trois mois.

« Il semble que le colon, celui qui vit de longues années loin de sa patrie, qui lutte, qui souffre pour donner à la France une colonie nouvelle, ne mérite pas ce dédain. Il a sa place marquée à côté du soldat qui conquiert. Il féconde la conquête ».

LA POLITIQUE DE M. CONSTANS

M. Constans disait en substance à la Chambre des députés, le 20 novembre 1888 :

Pendant mon séjour en Indo-Chine je me suis trouvé sous les ordres de plusieurs Ministres de la marine et de quatre Sous-secrétaires d'État successifs.

En arrivant j'eus à comparer mes instructions avec les instructions du général Bégin, commandant en chef des forces militaires.

Elles étaient directement opposées. Il fallait en appeler à l'administration supérieure : elle nous donna tort à tous les deux.

Quand je suis arrivé, trois colonnes étaient en marche : on m'a demandé d'en organiser deux autres : j'ai demandé pourquoi, à quoi elles servaient ; on m'a répondu : « Nous n'en savons rien, les expéditions ont été ordonnées de Paris : on les a entreprises, il faut les achever. »

A Hué, pourquoi entretenir un chef de corps avec une petite armée, alors que le traité n'autorise qu'une escorte pour le résident? En violant les traités, on semble provoquer la révolte.

Pour maintenir l'ordre en Annam, le concours du roi est suffisant, et il est indispensable. Le roi s'acquitte de cette mission mieux que personne : il en a donné des preuves. Mais pour avoir son concours, il faut le bien traiter. Or on fait tout le contraire. Ainsi le roi avait auprès de lui un résident en qui il avait toute confiance, qu'il traitait en ami, qui était son conseiller : il a insisté pour qu'on le lui laissât ; quelques jours après, le résident était déplacé.

Qu'on rassure les indigènes, qu'on leur prouve qu'ils n'ont rien à craindre de nous, qu'on les laisse à leurs chefs naturels. Alors on pourra s'établir dans le pays, y faire des affaires, et de riches affaires.

Quand une poignée de Français se trouve à 4 000 lieues de la mère patrie, au milieu de 26 millions d'annamites, ce n'est pas avec quelques baïonnettes de plus ou de moins qu'on peut les défendre. C'est seulement avec le respect des droits du peuple protégé.

Le 28 février 1889, M. Constans ajoutait :

Il existe en Indo-Chine — et c'est ce qui constitue une grosse difficulté — quatre régimes différents : nous sommes les maîtres de la Cochinchine, qui forme l'une de nos colonies ; nous sommes les protecteurs du Cambodge, qui vit sous un régime spécial ; nous sommes également les protecteurs de l'Annam qui est administré d'une autre façon, conformément aux traités existants, et enfin, nous administrons plus directement le Tonkin, dont nous sommes les protecteurs à un autre titre.

Il n'est pas douteux qu'un minimum de protectorat, — bien qu'à priori le système auquel ce mot fait allusion semblerait de nature à nous dégager — est absolument impossible. Nous avons des traités qui nous lient, et que nous devons exécuter scrupuleusement si nous voulons qu'ils soient exécutés par les autres signataires.

Pour ce qui est de la question militaire, on a établi sur des points divers une série de petits paquets de soldats. Lorsque j'ai quitté le Tonkin, il y avait 211 postes. Lorsque vous placez sur un point 25 hommes, éloignés de plusieurs journées de marche de tout autre poste français, vous donnez aux annamites voisins l'idée d'attaquer ces postes qui sont incapables de résister. Il faudrait donc en diminuer le nombre, les reporter vers le littoral, protéger nos deux routes vers la Chine, assurer la liberté du trafic sur ces routes, et avoir dans les ports relativement sains du littoral, dans de bonnes casernes, où ils peuvent être parfaitement installés, comme ils le sont déjà à Saïgon, des dépôts de troupes qui pourraient se porter facilement d'un point à un autre, en passant par de gros postes sagement échelonnés. Ce système permettrait de diminuer, dans une proportion considérable, l'effectif de nos troupes européennes, et on pourrait le réaliser sans crainte et sans aucun péril, par la raison très simple que nous avons actuellement des troupes sur des points où aucun européen n'a encore passé.

Cette première question réglée, il faudra ensuite se préoccuper d'un autre point. Celui de savoir comment il convient d'enrôler les troupes indigènes. Aujourd'hui ces troupes bénéficient, par une faveur toute spéciale, du système que vous voulez créer pour les Français, elles ont le service de trois ans. Au bout de ce temps, chaque soldat se retire, mais depuis peu, on le verse dans la réserve pour deux ans, il rentre chez lui avec des vêtements militaires ; il est exposé à être repris dans un cas de nécessité, il se considère encore comme étant sous les drapeaux ou à peu près, et comme le travail manuel est devenu plus dur pour lui, depuis qu'il a mené la vie militaire, il abuse parfois de l'instruction que nous lui avons donnée pour s'en servir contre nous.

C'est une observation que j'ai souvent faite, quand j'étais dans l'Extrême-Orient, et je me demandais pourquoi on n'accepterait pas des engagements beaucoup plus longs, puisque les annamites y consentiraient aisément. Il est évident que si vous enrôlez pour 7 ou pour 9 ans, dans les conditions où ces hommes voudraient le faire, les rapatriements seraient beaucoup moins nombreux, et qu'en même temps vous auriez une armée plus solide, qui se nationaliserait davantage et qui, possédant beaucoup plus les habitudes de son pays, pourrait vous rendre les plus grands services. Vous pourriez en outre diminuer le nombre des soldats envoyés de France et réaliser en même temps une sérieuse économie.

Vous le feriez sans péril, si vous vouliez respecter les traités et si vous vouliez vous borner à avoir uniquement au Tonkin la surveillance de l'administration. Ce serait là la politique de la sagesse, tandis que si vous vouliez placer, comme on veut le faire, comme on en a menacé les habitants du pays, à côté de chaque préfet ou de chaque sous-préfet, un fonctionnaire civil français, chargé de les surveiller, il est évident que vous soulèverez le pays. Ce sont là des actes auxquels le gouvernement ne songe pas et que le gouvernement précédent ne voulait pas faire davantage.

Si ces trois points sont réglés, nous arrivons bien vite à une solution.

LA POLITIQUE DE M. RICHAUD

A l'ouverture de la session ordinaire du Conseil colonial de 1888, à Saïgon, M. Richaud arrivant à parler de sa politique s'exprimait ainsi :

On a beaucoup discuté et on discute encore pour savoir si l'administration directe ne vaudrait pas mieux que l'action bâtarde, — pardonnez-moi l'expression — de contrôle que nous tenons des traités.

Je n'ai pas à prendre parti dans cette discussion, qui ne peut avoir en ce moment qu'un caractère spéculatif.

Le jour où on voudra la résoudre, l'exemple de la Cochinchine pourra être un argument décisif.

Actuellement, le traité au bas duquel la France a apposé sa signature ne nous donne qu'une action de contrôle ; nous devons le respecter tant qu'il sera fidèlement observé par la Cour de Hué, cosignataire de ce traité.

Toute la question est de savoir jusqu'où s'étend ce droit de contrôle et dans quelles limites nous devons l'exercer, en un mot quelle est la politique que nous devons suivre.

La politique à suivre dans tout pays doit être la résultante des faits accomplis, aussi bien des hauts faits, des actes intelligents que des erreurs et des fautes commises.

Elle doit tenir compte du milieu dans lequel elle opère, des intérêts et des besoins auxquels elle a à donner satisfaction.

Nous sommes venus au Tonkin parce que nos intérêts nous y ont appelés ; notre droit d'intervention n'était pas contestable ; mais nous y sommes venus et ne nous y maintenons que par la force.

Cette situation initiale et actuelle donne un caractère tout particulier à ce qu'il nous a plu d'appeler un Protectorat. Ce Protectorat, disons-le nettement, il n'a pas été sollicité, il est en apparence accepté, et l'attitude des classes dirigeantes peut nous faire craindre qu'il ne soit plutôt subi qu'accepté franchement.

Un instant le trône des Nguyen a été vacant par la fuite du roi Ham-Nghi, celui-là même qui vient d'être capturé et qui s'était ouvertement déclaré contre nous ; nous avons cru devoir y élever S. M. Dong-Khanh et nous nous sommes engagés à laisser ce roi, ses ministres et tous les fonctionnaires indigènes gouverner et administrer le pays. Nous nous sommes engagés enfin à garantir au roi d'Annam l'intégrité de ses Etats et à défendre ce souverain contre les agressions du dehors et contre les rebellions du dedans.

En échange des obligations que nous contractions et pour nous dédommager des charges qui allaient résulter de ces obligations, le traité donne le droit — au Tonkin, mais au Tonkin seulement — à nos résidents de centraliser, avec le concours des quan-bo, le service d'impôt et d'en surveiller la perception et l'emploi.

Dans l'Annam proprement dit, nous avons le droit d'occuper militairement tous les points jugés nécessaires pour assurer l'exercice du protectorat (art. 15), d'exercer un contrôle sur les agents chargés de la perception de l'impôt; mais ces impôts sont intégralement perçus pour le compte de la Cour de Hué.

Dans cette partie du royaume bien des charges nous incombent, mais nous n'y percevons rien pour atténuer ces charges.

Voilà la situation conventionnelle.

Il en résulte que nous sommes dans l'obligation de faire la police intérieure et celle de la frontière de tout le royaume avec le concours des autorités indigènes, et que nous sommes encore tenus, pour nous procurer les ressources destinées à atténuer nos charges, de passer par l'intermédiaire de ces mêmes autorités indigènes. C'est là, Messieurs, que gît toute la difficulté de notre situation, étant donné, comme je vous le disais, le caractère originel de notre protectorat.

Nous avons trouvé au Tonkin une administration indigène admirablement organisée, fortement hiérarchisée et très centralisée. Cette administration peut être entre nos mains ou un instrument admirable de domination, ou notre plus puissant ennemi.

Elle est recrutée parmi les lettrés du pays, qui, eux-mêmes, quoique obtenant leurs grades dans les concours, sont recrutés parmi les familles appartenant aux classes dirigeantes et les plus considérées du pays.

En nombre considérable, se croyant menacés dans leur existence, instruits, intelligents, remuants, exerçant une influence énorme sur le peuple, soupçonneux, craignant que la révolution, que notre présence amène, s'opère à leur détriment, ils se tiennent souvent vis-à-vis de nous sur une réserve qui peut paraître de la complicité avec nos adversaires; dédaigneux de la force, convaincus de leur supériorité intellectuelle, ils estiment que l'adresse et l'habileté — j'atténue l'expression — ont toujours raison de la force.

Il faut nous mettre en face de la situation que nous crée leur présence, et puisque les traités nous font une obligation de les avoir pour auxiliaires principaux de notre action, nous devons tout d'abord leur faire sentir que nous avons la ferme volonté de suivre une ligne de conduite bien déterminée et que rien ne nous détournera de la réalisation de notre programme.

Nous devons aussi avoir pour eux, comme le recommandait Paul Bert, tous les égards qui leur sont dus, leur assurer une existence honorable; mais en échange nous devons exiger d'eux qu'ils servent notre politique, qu'ils assurent la rentrée des impôts et nous aident à ramener le calme et à opérer la complète pacification du pays. Il faut qu'ils sachent que toute trahison de leur part sera sévèrement punie. Mais pour obtenir ce résultat, il faut qu'ils sentent notre action protectrice et que nous soyons à même de surveiller leurs agissements. Voilà pourquoi je veux, à côté de leur forte organisation administrative, organiser un contrôle pénétrant, qui nous permette de surveiller tous leurs actes.

L'exercice de ce contrôle devra nous permettre d'indiquer et d'imposer au besoin les réformes justes et équitables que réclament à la fois notre sécurité et le bien-être des populations.

Nous devons chercher à nous attacher les masses par les bienfaits de la paix, par la sécurité que nous leur procurerons et qu'ils ne connaissent pas depuis bien des années, par des travaux utiles que nous permettra d'entreprendre l'emprunt que je réclame de vous.

Il faut qu'elles sentent notre action, qu'elles la sentent bonne et profitable pour elles, et que notre venue dans le pays ne paraisse point leur avoir donné deux maîtres identiques.

Nous sommes, ne l'oublions pas, en présence d'un peuple imbu des doctrines de Confucius, qui proclame qu'il y a des hommes conducteurs de peuple. Nous nous ferons admettre par eux le jour où ils auront compris que nous sommes les protecteurs de ceux qui les dominaient jusqu'à notre venue, et que notre protection leur procure le bien-être...

Dominer dans les conseils du Roi est la partie la plus importante de notre programme. Il faut que la voix de notre représentant soit écoutée.

Il faut en outre que notre action de contrôle pénètre chaque jour davantage dans tous les rouages de l'administration indigène pour la faire servir à notre action protectrice.

Pour obtenir ce résultat, il nous faut donner au corps des fonctionnaires qui nous représentent auprès des autorités indigènes l'homogénéité qui leur a fait un peu défaut jusqu'à ce jour et une unité de direction. Il faut que ce personnel acquière à force de travail la pratique des institutions locales, l'habitude de parler aux annamites...

Au banquet que lui offrait en janvier 1889 la ville d'Hanoï, M. Richaud ajoutait :

« Nous n'avons pas assez d'hommes, nous n'avons pas assez d'argent.

« Les ennemis du Tonkin ne cessent de répéter que son existence coûte trop cher à la Métropole.

« Mais qu'ils ouvrent le budget du service colonial, ils y verront que l'ensemble des autres colonies, qui ne représentent pas, comme superficie, la dixième partie du Tonkin et de l'Annam et dont la population n'est pas le cinquième de celle du Tonkin, y sont inscrites pour plus de quarante millions ; et il faut encore ajouter à cette somme dix millions payés sur les fonds du budget du service maritime, pour la solde des troupes et l'entretien des navires des stations locales.

« Que coûte le Tonkin tout compris ? dix-sept millions et demi.

« On nous reproche aussi les gros effectifs. Dans une colonie comme la Martinique et comme la Guadeloupe, il y a 500 hommes de troupes. Qu'on établisse une comparaison entre le nombre d'habitants de ces colonies et l'étendue de leur territoire avec la population et l'étendue territoriale de l'Indo-Chine, et l'on verra qu'en entretenant au Tonkin 14 000 hommes de troupes européennes et 18 000 hommes de troupes indigènes, nous sommes bien au-dessous du nombre d'hommes entretenus ailleurs.

« Je n'insiste pas sur ces chiffres qui indiquent le parti pris des attaques dont le Tonkin est l'objet.

« Ne l'oublions pas : toute colonisation est une œuvre d'hommes et d'argent. Les hommes nous les avons, nous demandons à les garder. L'argent manquait ; je l'ai demandé à la Cochinchine. L'emprunt consenti par le Conseil colonial doit mettre à notre disposition les fonds nécessaires pour faire face aux dépenses de premier établissement... »

Dans sa lettre-programme du 1er juillet 1888, M. Richaud avait ainsi résumé la politique qu'il prétendait suivre :

« Donner aux résidents les moyens d'exercer d'une manière efficace leur contrôle, fournir à la population indigène les moyens de développer son bien-être, à la population européenne les moyens de créer des industries nouvelles et de développer son commerce, procurer à tous la sécurité nécessaire à leurs travaux pour mettre en œuvre toutes les richesses naturelles du pays, tel doit être le triple but que nous devons poursuivre...

« Nous devons surtout favoriser la création d'exploitations nouvelles, agricoles ou industrielles, culture et filatures de coton, sucre, café, pavot, thé, plantes oléagineuses et tinctoriales, etc., dont quelques-unes feront certainement la richesse du pays. »

POLITIQUE DE M. PIQUET

Dans la séance de la Chambre des Députés, du 20 juin 1889, M. Proal demandait à M. le Sous-secrétaire d'État aux colonies quelles instructions ont été données à M. Piquet.

M. Étienne, sous-secrétaire d'État aux colonies, répond :

« J'ai envoyé des instructions au gouverneur général, lui indiquant que nous voulions pratiquer de la manière la plus rigoureuse la politique de protectorat.

« Le traité de 1884 nous trace en effet notre ligne de conduite.

« En Annam, nous devons avoir une action purement politique : c'est celle que nous pratiquons. Nous avons prescrit à nos résidents de se borner à être en quelque sorte les conseillers, les moniteurs des mandarins annamites, qu'ils devraient se borner à surveiller et à diriger.

« Au Tonkin, l'action de la France doit être à la fois politique et administrative. Le traité de 1884 nous impose, à cet égard, des obligations auxquelles il nous est interdit d'échapper : nous avons à assurer la récolte de l'impôt par les autorités annamites, sous le contrôle des résidents, et à maintenir l'ordre dans le pays. C'est ce que nous faisons tout en laissant aux mandarins, à l'égard de toute la population indigène, une action administrative aussi complète que possible.

« Pour certains esprits, le Kinh-Luoc, le vice-roi du Tonkin, est un rouage administratif qui devrait disparaître. Nous avons, quant à nous, un sentiment absolument contraire. Suivant en cela la politique de Paul Bert, nous pensons que le Kinh-Luoc doit être le représentant de l'empereur d'Annam au Tonkin : la distance entre l'Annam et le Tonkin étant considérable, il est absolument indispensable que nous ayons au Tonkin un fonctionnaire d'un ordre très élevé qui, en agissant sous le contrôle et la direction de la cour de Hué, puisse suivre les instructions de notre résident supérieur qui représente directement, aujourd'hui, le gouverneur général.

« Au point de vue militaire, nous nous sommes attachés à réduire les nombreux postes établis dans le pays ; il y en avait, il y a quelque temps, 239, nous n'en avons plus maintenant que 125.

« Au lieu de disséminer nos soldats sur toute l'étendue de l'Annam et du Tonkin, notre préoccupation, à mes prédécesseurs et à moi, a été de les concentrer sur quelques points stratégiques où nous construirons des casernes et des hôpitaux, et où, par suite, les conditions hygiéniques seront plus favorables.

« Au point de vue économique, nous avons voulu satisfaire aux légitimes réclamations qui étaient déjà adressées depuis de longs mois. On nous disait que le tarif douanier, inauguré en 1887, avait eu pour résultat de ruiner complètement le commerce de l'Indo-Chine, sans profiter beaucoup au commerce français. Nous avons apporté à ce tarif certaines modifications : par un décret récent, paru au *Journal officiel*, nous en avons élagué tous les droits sur les produits qui n'ont pas de similaires en France, de sorte que les taxes douanières ne frapperont plus, à l'entrée en Indo-Chine, que les marchandises étrangères dont on pourrait s'approvisionner en France.

« La paix et la tranquillité règnent en ce moment dans tout le pays.

« Au point de vue financier, non seulement nous n'aurons pas de déficit, mais, pour l'exercice 1888, nous aurons un excédent qui se chiffrera au minimum par un million ; les rapports qui nous sont arrivés par les derniers courriers de l'Indo-Chine annoncent même un chiffre de deux millions et demi.

« Le gouvernement n'a qu'un désir : c'est de faire que le Tonkin ne soit plus une arme entre les mains des partis, mais devienne définitivement une colonie riche et prospère, prenant place dans les préoccupations légitimes et sérieuses de tous les Français sans distinction d'opinions. »

LA POLITIQUE FRANÇAISE EN INDO-CHINE

A mon avis, ni les différents sous-secrétaires d'État aux colonies, ni les gouverneurs généraux qui se sont succédé en Extrême-Orient, n'ont formulé d'une façon assez précise les grandes lignes de la politique générale qu'il était indispensable de suivre pour mener à bien l'œuvre que nous avons entreprise dans cette partie du monde.

Ministère spécial. — Avant tout, étant donnée l'importance de notre domaine colonial, la création d'un Ministère des colonies, me semble indispensable. Sans ce ministère, pas d'unité de vue, pas de programme.

Conseil supérieur. — A défaut d'un ministère, il serait nécessaire de doubler le sous-secrétaire d'Etat aux colonies d'une sorte de conseil supérieur, composé d'hommes ayant vécu dans ces pays et pouvant en parler à bon escient. Ce conseil, contrairement à ce qui se passe pour le conseil actuel qui n'existe que de nom, et qu'on n'a pas réuni depuis plus de deux ans malgré l'importance des questions très graves qui se présentent chaque jour, devrait avoir des attributions bien définies. L'avis ou les avis émis par ce conseil, ne devraient pas avoir force de loi vis-à-vis du sous-secrétaire d'Etat aux colonies, qui est seul responsable de la politique à suivre, mais il me semble nécessaire d'accorder à ce conseil la faculté d'évoquer les affaires importantes qui ne lui auraient pas été soumises, et au besoin de les déférer directement à la Chambre des députés. Cette manière d'envisager la question me paraît d'autant plus juste que l'avenir de notre domaine colonial, peut dépendre d'une décision prise par le sous-secrétaire d'Etat. Or, la prudence même nous oblige dans ce cas, et avant de prendre une résolution définitive, à la soumettre à une discussion publique dans laquelle tous les intérêts pourraient être défendus.

Ce conseil supérieur devrait être divisé en deux grandes sections, celle de l'Indo-Chine qui est le pivot de notre politique coloniale, et celle de nos autres colonies.

Nous constituerions ainsi, comme l'ont *fait les Anglais*, une sorte de dépôt de nos traditions coloniales, et grâce à l'intervention directe réservée à ses membres nous pourrions nous opposer utilement à certaines fantaisies dangereuses des sous-secrétaires d'Etat aux colonies qui n'y ont jamais mis les pieds et qui ne les connaissent que par les rapports adressés par des fonctionnaires souvent trop désireux d'approuver les vues de leurs chefs hiérarchiques.

Comme le conseil serait présidé par le sous-secrétaire d'État, les discussions se dérouleraient devant lui et il pourrait ainsi se faire une idée plus juste et des choses et des hommes coloniaux.

Le sous-secrétaire d'État, qui voudrait se montrer soucieux de nos intérêts coloniaux, devrait avoir à côté de lui, à Paris, dans ses bureaux, quelques employés choisis parmi les meilleurs de nos colonies; il y aurait ainsi une sorte de spécialisation, et lorsque par exemple, il s'agirait de traiter une affaire concernant l'Indo-Chine, il aurait à sa disposition un homme qui pourrait lui apprendre que Thi-nam est une femme et non un fleuve et que le mot Phu (se prononce fou) veut dire préfet et non pas échappé de Charenton.

Politique de protectorat. — Si nous voulons arriver à un résultat sérieux en Indo-Chine, il faut avant tout nous mettre d'accord sur la politique à y suivre.

Tous ceux qui ont assez vécu dans ces pays pour bien les connaître, étant donné que notre situation en Europe ne nous permet pas de songer à des conquêtes nouvelles, vous diront que nous devons, en Extrême-Orient, pratiquer la politique de protectorat et répudier toute idée d'annexion. Notre domaine, lorsque nous aurons su le mettre en valeur, est suffisant pour assurer des débouchés à l'industrie nationale.

Colonisation chinoise. — Il ne faut pas se contenter des quelques dix-huit millions d'habitants qui s'y trouvent; le peuple annamite ne se développe pas suffisamment pour que nous puissions entrevoir la mise en exploitation de ce domaine dans un avenir rapproché. Tous nos efforts doivent tendre à l'introduction des Chinois dans ces pays qui peuvent offrir l'hospitalité à une trentaine de millions d'entre eux. Or, personne ne pourra contester qu'un Chinois rapporte dès le jour de son arrivée, cinquante francs par an, produits uniquement et par l'opium qu'il consomme et par l'alcool qu'il absorbe. Vous remarquerez que je ne tiens pas compte du bénéfice à retirer sous forme de taxes ou autrement, des produits provenant de la culture et de son industrie. On a prétendu que le Chinois s'enrichissait en Indo-Chine, et qu'une fois riche, il retournait dans son pays, vivre de sa petite fortune. C'est inexact. Oui, le Chinois coolie qui a réalisé quelques centaines de piastres d'économie les emporte en Chine lorsqu'il y retourne : mais le Chinois riche est obligé de laisser sa fortune à l'endroit même où elle a été acquise. C'est ce que tout le monde peut constater à Saïgon où l'on trouve des hommes comme Ban-hap, Vang-tai et tant d'autres qui sont propriétaires des neuf-dixièmes de la ville chinoise (Cho-lon) et des deux tiers de la ville de Saïgon. Vous remarquerez que ces mêmes hommes ne peuvent pas mobiliser leur fortune et la porter en Chine, parce que dès leur arrivée dans le Céleste-Empire, les mandarins ne tarderaient pas, sous forme de contributions de toutes sortes, à leur enlever leur dernier supèque. On a dit que les Chinois, s'ils étaient en grand nombre en Cochinchine, seraient un danger pour la tranquillité publique; c'est encore une erreur. Je crois qu'il n'y a pas grand chose à craindre d'hommes qui vous donnent leur fortune comme garantie de leur tranquillité et qui, comme ils sont essentiellement commerçants, savent mieux que personne que sans tranquillité, il n'y a pas de commerce.

Leur loi religieuse elle-même semble nous inviter à attirer les Chinois chez nous. La religion de Confucius considère la Cochinchine comme terre chinoise, et à ce titre, ils sont autorisés à s'y faire enterrer, d'où possibilité pour eux de s'y fixer et d'y constituer des familles : suivant les prescriptions de cette même religion, le Chinois est obligé de faire rapporter son cadavre de tout autre pays où il a pu mourir.

Songez à l'empire colonial que nous constituerions en Indo-Chine si nous parvenions à peupler de Chinois toutes ces immensités d'excellentes terres qu'on trouve en Cochinchine, au Cambodge, en Annam, au Tonkin et dans la vallée du Laos qui appartiendra au premier occupant.

Pour que le Chinois soit heureux de se fixer en Indo-Chine, il faut abaisser le prix de l'opium, reconnaître les congrégations, les affranchir de toutes nos formalités administratives plus tracassières les unes que les autres, rendre les congrégations responsables pécuniairement de toutes les condamnations prononcées contre leurs membres respectifs, rendre ces congrégations également responsables de tous les impôts à percevoir, et surtout ne les soumettre, en matière civile ou commerciale, à la loi française que quand un Chinois aura un procès soit avec un indigène autre qu'un Chinois, soit avec un Européen; tous les procès entre Chinois devront être jugés par le chef de congrégation; inutile d'ajouter qu'en matière criminelle, correctionnelle et de simple police, ils devront toujours être soumis à la loi française. A ce propos, je dois vous dire que certains délits relatifs aux sociétés secrètes devraient être prévus par une législation spéciale; ces sociétés secrètes jouent dans le monde chinois un rôle très important et il est bon de leur faire savoir qu'on ne les perd pas de vue.

Avenir du Tonkin. — Le Tonkin a une très grande valeur, à mon avis, comme voie de transit pour pénétrer en Chine. Dans la partie moyenne du pays, on peut entreprendre très avantageusement la culture de la canne à sucre, du coton, de la soie, du mûrier et de quelques autres plantes industrielles; quant aux richesses minières du pays elles ne sont pas contestables.

Le Delta doit être uniquement consacré à la culture du riz.

L'Annam. — L'Annam ne produira que du riz, de la soie et quelques plantes aromatiques ou médicinales.

La Cochinchine et ses canaux. — En Cochinchine pas d'autre culture sérieuse que celle du riz; l'avenir de notre colonie dépend du plus ou moins d'extension qu'on donnera à cette culture. Tous les efforts du gouvernement doivent tendre à la mise en exploitation de cette immense région comprise entre la province de Rach-gia, de Soc-trong, de Camao et de Long-Xuyen, ainsi que de la plaine des Joncs. Pour y arriver, il faudra percer d'immenses canaux dans ces contrées, et ces voies de communication une fois créées, on verra, sur les rives, les rizières s'y développer comme par enchantement. Ce serait, je pense, une grosse erreur économique que de pousser à la création des routes; il faudrait se contenter de raccorder les quelques réseaux existant. Les frais d'entretien de ces routes, dont les Annamites ne profitent pas et ne peuvent pas profiter, constituent à l'heure actuelle pour la colonie une charge très lourde.

Dans les *budgets d'arrondissements*, le gouvernement trouvera tous les fonds nécessaires pour doter largement les industriels chargés du creusement de ces canaux, et les Annamites paieront d'autant plus volontiers les impôts perçus dans ce but, qu'ils constateront qu'ils sont employés dans le pays et à leur profit. Aujourd'hui, les indigènes de Cochinchine se plaignent, à bon droit, que les impôts perçus sont employés au Tonkin et en Annam.

L'emprunt. — L'emprunt, dont on a tant parlé dernièrement, est une nécessité si l'on veut outiller économiquement et la Cochinchine et le Tonkin. Cet outillage me semble d'autant plus indispensable que nos possessions sont enserrées entre deux maxillaires formidables et merveilleusement organisées qu'on appelle Hong-Kong et Singapoore. Or, nous ne ferons jamais rien au point de vue économique si nous ne sommes pas de force à lutter contre nos concurrents. On ne saurait trop dépenser pour assurer cet outillage, parce que nous avons à nos portes un débouché incommensurable qui s'appelle la Chine et que notre situation nous permet d'y transporter à très bas prix nos produits. L'Annamite de Cochinchine est pauvre, il n'a jamais su faire d'économies, et il est surchargé d'impôts. Il est donc non moins indispensable d'alléger le plus possible ses charges pour éviter des complications dangereuses; sous toutes les latitudes, la faim est mauvaise conseillère.

Je suis adversaire déclaré des droits de douanes. Oui, nos colonies doivent servir de débouchés aux produits de la métropole, mais en matière de contributions, il est certaines limites qu'il est dangereux de dépasser. Comment veut-on que nous luttions contre Hong-Kong et Singapore, qui sont des ports essentiellement francs, appartenant à une nation libre-échangiste, si nous écrasons d'impôts nos protégés. On a établi des droits ridicules sur les cotonnades étrangères, importées en

Indo-Chine et messieurs les filateurs de Rouen se figurent que grâce à ces taxes nouvelles ils pourront y introduire leurs produits. C'est encore une erreur; avec un peu d'expérience des affaires, ils auraient dû comprendre que les Anglais, en gens pratiques, iront s'établir dans l'Inde française, qu'ils y créeront des filatures et que c'est de là, à l'abri des lois françaises, qu'ils inonderont de leurs produits nos provinces de l'Indo-Chine.

Le Cambodge. — Le Cambodge est par excellence le pays de l'agriculture; les terres y sont merveilleusement fertiles; on peut y entreprendre à peu près toutes les cultures : celle du mûrier, du cotonnier, de l'indigotier, de la canne à sucre, de la cardamone, de la ramie et de tant d'autres produits d'un écoulement facile.

Les habitants nous aiment et il a fallu le malheureux traité de 1884 pour nous aliéner les sympathies d'un peuple qui nous a toujours reçu à bras ouverts, et qui reviendra à ses anciens sentiments le jour où loyalement et sans arrière-pensée, nous y pratiquerons la politique de protectorat dont nous ne devons nous départir à aucun prix.

Au Cambodge, à la question religieuse se mêle la question politique. Toute atteinte portée à la liberté du roi, qui est maître absolu, temporel et spirituel, est considérée comme une atteinte dirigée contre le peuple lui-même. C'est ce qui n'a pas été compris lorsque le traité de 1884 a été signé et c'est de là que proviennent toutes nos difficultés.

L'union indo-chinoise. — Je suis hautement partisan de l'union indo-chinoise en ce sens que, sans unité de direction dans l'administration de notre domaine colonial, nous ne pouvons arriver au résultat tant désiré, c'est-à-dire à la constitution d'un petit empire colonial.

Il va sans dire que l'administration de chacune de ces parties de notre domaine ne peut être la même.

La Cochinchine, colonie française dans toute l'acception du mot, quoique nous n'y ayons que des sujets, doit être administrée comme une colonie d'*exploitation* et non comme une colonie de peuplement. Ce mot exploitation est, je le sais, peu républicain et il répond mal aux traditions de générosité qui sont la base même du caractère français. Je tiens à bien vous faire connaître le sens que j'attache à ce mot exploitation. Il signifie que la Cochinchine est une colonie dans laquelle l'élément français doit diriger le travail indigène et en profiter dans une certaine mesure en compensation des sacrifices consentis par la métropole en faveur des Annamites, soit pour leur assurer la tranquillité, soit pour les mettre à l'abri des exactions de leurs anciens mandarins. Ce que nous devons éviter surtout c'est de faire de cette possession une colonie d'administration dans laquelle les fonctionnaires et les employés abondent; c'est malheureusement la voie dans laquelle nous nous sommes engagés; nous dépensons en frais d'administration plus de la moitié des ressources budgétaires de la colonie.

Je vous ai dit que le nombre de fonctionnaires en Cochinchine était beaucoup trop considérable. On pourrait en supprimer, mais à la condition de leur donner en France des situations équivalentes; il n'est pas admissible, comme on l'a fait dernièrement, de jeter sur le pavé avec quelques mois de solde seulement des Français qui sont allés servir la France au loin. Sur ce point la manière d'agir du Gouvernement s'est très heureusement modifiée.

Un travail considérable s'impose en Cochinchine, c'est celui de la revision du cadastre; on n'a pas assez fait dans ce sens; si, aux anciennes mesures cadastrales des Annamites, on substituait de nouvelles bases de perception pour l'impôt foncier, je suis convaincu que, de ce chef, les ressources de la colonie augmenteraient d'un bon tiers.

L'enseignement donné aux indigènes par des professeurs français a été mal organisé; de ce côté encore des réformes profondes sont à introduire. Avec l'enseignement que nous donnons aux Annamites aujourd'hui, nous faisons des déclassés, des mécontents, qui deviennent bientôt des ennemis, si nous n'en faisons pas des employés du gouvernement.

L'administration des travaux publics pourrait être réorganisée pour faire place à une sorte de service des canaux et des travaux hydrauliques, plus particulièrement chargé de l'entretien des anciens canaux et de la création des voies nouvelles de communication.

Bien d'autres réformes sont à introduire dans l'administration de la Cochinchine; je me contente de vous signaler les principales.

Au Tonkin, à en juger par les traités existant, nous devrions pratiquer une sorte d'administration plus directe qu'en Annam. Je ne suis pas de cet avis. Je crois que nous aurions évité bien des difficultés, si au lieu d'administrer directement, nous nous étions contentés du protectorat, tout en exigeant du gouvernement annamite une contribution annuelle en échange des sacrifices faits par la France lors de la conquête du Tonkin. Je crois que nous n'arriverons jamais à obtenir une tranquillité parfaite, soit en Annam, soit au Tonkin, tant que nous n'aurons pas modifié les traités existant entre la Cour d'Hué et la France. Ces traités, quoi que nous disions, laissent voir le mot annexion écrit entre chacune des lignes : les Annamites le voient comme nous, et ils ne croient pas à nos promesses lorsque nous parlons d'un simple protectorat. Ils ne cessent de nous répondre que nous ferons en Annam ce que nous avons si malheureusement tenté au Cambodge en 1884. Si nous voulions nous assurer les sympathies du peuple annamite, il faudrait établir entre eux et nous, soit pour le Tonkin, soit pour l'Annam proprement dit, une sorte de communauté d'intérêts se traduisant par un budget d'association. A l'heure actuelle que faisons-nous? Nous percevons les impôts, nous les dépensons comme nous l'entendons et les Annamites n'ont rien à y voir. Si, au contraire, nous établissions entre l'Annam et le Tonkin un budget unique et si nous disions à la Cour de Hué, après avoir assuré les dépenses du protectorat, celles de la Cour, celles de l'administration annamite, le service des travaux publics dans les deux parties du royaume, etc., nous partageons avec vous et par moitié ce qui restera du budget, ne pensez-vous pas que nous arriverions ainsi, comme je vous le disais tout à l'heure, à constituer des cointéressés qui travailleraient comme nous à la prospérité commune?

Aujourd'hui que nous sommes seuls à profiter des augmentations de ressources qui peuvent se produire, comment voulez-vous que les Annamites nous viennent en aide pour les développer? Au point de vue administratif, notre rôle doit se borner à une surveillance très sérieuse exercée par quelques représentants de l'autorité française, placés dans chaque province; mais nous devons bien nous garder de nous immiscer directement dans l'administration.

Si nous voulons mettre fin aux exactions des mandarins annamites, si nous voulons trouver des auxiliaires dévoués pour la perception des impôts, il est nécessaire de leur accorder une rémunération. Et c'est ce que nous ne faisons pas.

La constitution de l'armée indigène est l'une des choses les plus délicates à entreprendre. On se figure à tort que plus nous conserverons les Annamites sous les armes, meilleurs soldats ils seront. Je ne suis pas non plus de cet avis. Il est vrai que dans ces derniers temps, nous avons retrouvé parmi les pavillons noirs presque tous les tirailleurs indigènes que nous avons licenciés; mais il ne faut pas oublier que ces mêmes tirailleurs étaient déjà un peu bandits lorsque, à notre arrivée au Tonkin, nous les avons enrégimentés. Si, conformément à la loi annamite, nous prenions nos soldats indigènes parmi les *inscrits*, nous aurions ainsi des hommes bien connus, honnêtes, ayant une place marquée dans leur village, et très désireux d'y retourner après avoir passé deux ou trois années sous les drapeaux. Il ne faut pas se figurer que l'Annamite, quoique très brave, aime l'état militaire. Il paye sa dette à son pays, mais son temps de service une fois terminé, il est heureux de retourner dans sa famille et dans sa commune. Si l'on acceptait cette théorie qui consiste à dire que l'Annamite, après avoir passé une dizaine d'années dans un des régiments formés par nous, n'est plus propre qu'à former un pirate le jour de son licenciement ce serait par là même reconnaître que nous lui avons donné une singulière éducation militaire. Je ne saurais trop réagir contre l'opinion de ceux qui prétendent qu'il faut donner une retraite aux militaires indigènes. Ce serait une folie, et les détourner de l'agriculture.

Je vous l'ai dit et on ne saurait trop le répéter, l'avenir du Tonkin et de l'Annam est dans l'administration du protectorat. Du reste, quel que soit le système politique adopté, il ne vaudra que par l'homme qui sera chargé de l'appliquer sur place et qui le modifiera plus ou moins selon les circonstances et les besoins; si nous voulons faire de la bonne politique en Extrême Orient, il faudra y envoyer des hommes qui conviennent aux situations et non à qui les situations conviennent. C'est malheureusement ce que nous avons fait jusqu'à présent. Nous avons envoyé en qualité de gouverneurs généraux des hommes qui, s'ils avaient été réduits à leur propre connaissance du pays, n'auraient pas pu faire porter leurs malles à l'hôtel, et cependant dès le lendemain de leur arrivée, ils engageaient par une simple signature l'avenir d'un peuple dont ils avaient à peine entendu parler. La France républicaine a un rôle considérable à jouer en Extrême Orient et elle n'y arrivera que si les hommes qui, chez nous, s'occupent des questions coloniales, n'en font pas une arme de parti et veulent bien ne pas confondre les questions de principes avec les questions de personnes.

HENRY TERNISIEN.

TONKIN

On a parfois prétendu que le Tonkin serait pour la France, grâce à la richesse de son sol et au caractère de ses habitants, une colonie bien préférable à l'Algérie. Mais on a objecté, d'un autre côté, au Tonkin, son climat et la piraterie: sont-ce là réellement deux fléaux?

CLIMAT

Témoignage de M. A. Coste. — Le lieutenant de vaisseau A. Coste émet cette opinion sur le climat du Tonkin dans son *Petit Manuel d'hygiène coloniale:*

« Le Tonkin est donc un pays chaud, mais il a l'avantage sur beaucoup d'autres, d'avoir une saison fraîche, un hiver qui dure plusieurs mois ; et comme cette saison fraîche est en même temps sèche, on y jouit pendant toute sa durée d'un climat admirable, ayant beaucoup d'analogie, quoique plus humide, avec celui du pays de Nice et des côtes méditerranéennes de l'Espagne.

« Les chaleurs pendant l'été y sont peut-être un peu plus fortes qu'en Cochinchine, mais on y recouvre facilement et promptement pendant l'hiver les forces perdues pendant l'été, ce qui n'a pas lieu en Cochinchine : et bien des personnes, hommes et femmes, très anémiées par le climat de Saïgon, se sont entièrement rétablies et ont complètement recouvré toute leur santé par un hiver passé au Tonkin.

« ...En somme, le Tonkin est un pays très sain, aussi sain que les pays tropicaux jouissant de la meilleure renommée et les pertes énormes éprouvées par le corps expéditionnaire ne peuvent être attribuées à l'insalubrité du climat, la preuve en est l'insignifiance de celles éprouvées par la population civile européenne, malgré les épidémies, pendant que les soldats mouraient comme des mouches à côté d'elles... »

Et il conclut par ces mots :

« Neuf fois sur dix, l'Européen ne tombe malade au Tonkin que parce qu'il a reçu le soleil sur la tête ou commis quelque imprudence, ou parce qu'il a bu de la mauvaise eau ; si donc on lui donne une bonne habitation et de bonne eau, on peut dire qu'il ne tient qu'à lui de se bien porter. »

Statistique de M. Gustave Lagneau. — M. Gustave Lagneau a présenté à l'Académie des Sciences un tableau comparatif de la mortalité des marins et des soldats français dans nos colonies.

En Algérie, la mortalité, qui atteignait 77 pour 1000 de 1837 à 1848, est descendue actuellement à 12 et 11 pour 1000.

En Tunisie, la mortalité de nos soldats, qui était de 61 pour 1000 en 1881, est actuellement descendue à 12 pour 1000.

A Tahiti et à la Nouvelle-Calédonie, la mortalité n'est que de 8 à 9 pour 1000.

La mortalité moyenne du Sénégal était de 148 pour 1000 de 1832 à 1837 : elle est actuellement de 73 pour 1000, grâce à la moindre durée de séjour et au rapatriement rapide des malades.

Dans l'Inde française, à Pondichéry, la mortalité, considérable pendant les premières années de l'occupation, de 115 pour 1000 en 1861, est progressivement descendue à 20 pour 1000.

Au Tonkin, pendant le mois d'août 1885, époque à laquelle sévissait un choléra très intense, la mortalité n'a pas dépassé 96 pour 1000 ; de 1882 à 1885 la mortalité annuelle a été d'environ 10 pour 1000.

En France, nos jeunes gens de 20 à 30 ans ont une mortalité annuelle de 8 à 10 pour 1000.

La mortalité au Tonkin n'est donc pas plus élevée que la mortalité en France.

Ce fait est ainsi aujourd'hui scientifiquement prouvé.

« Le Tonkin, dit le *Courrier d'Haïphong*, est une de nos colonies les plus salubres, une des rares où des troupes transportées en plein hiver puissent s'acclimater peu à peu et supporter sans inconvénient les grandes chaleurs de l'été. »

Opinion du docteur H. Rey. — Le Dr H. Rey qui a dirigé le Service de santé du corps expéditionnaire du Tonkin écrit dans son livre sur la Géographie médicale :

« Que les troupes soient installées dans des casernes vastes, aérées, élevées au-dessus du sol et pourvues d'eau potable et de bonne qualité, que pendant toute la saison d'été il soit défendu au soldat de sortir pendant les heures chaudes de la journée et qu'enfin pas une pelletée de terre ne soit relevée si ce n'est par des indigènes, — et le Tonkin aura bientôt reconquis sa bonne réputation... »

Selon la formule expressive du Dr Maget « le Tonkin a cinq mois des tropiques et sept bons mois d'Europe »; le Tonkin est le seul des pays de la zone tropicale jouissant d'un hiver véritable et réparateur.

PIRATERIE

Le *Courrier d'Haïphong* explique en ces termes les sentiments de la population indigène pour la France (en avril 1889) :

« Le peuple nous a accueilli plutôt bien que mal, son indifférence était presque sympathique.

« Depuis des années, il souffrait, opprimé par les Chinois pillards, opprimé par les mandarins voleurs, il payait l'impôt dix fois pour une et ne pouvait obtenir justice qu'à prix d'argent.

« Nous sommes venus et nous n'avons rien changé. Aujourd'hui comme hier, le peuple est la victime de ses mandarins et si, la piraterie cessant il n'a plus à payer d'impôt aux pirates, cet impôt il le doit aux mandarins de tout ordre et l'on peut dire sans exagération qu'il paye au moins cinq fois plus qu'il n'est perçu par le trésor.

« Et le peuple se rend très bien compte qu'il est victime, et s'il se détache de nous après nous avoir accueillis comme des libérateurs, si son indifférence devient haineuse, c'est qu'il se dit : « A quoi bon aider les Français, nous ont-ils fait quelque bien ? Nos mandarins nous pillent comme auparavant et vendent la justice au plus offrant. »

Ces plaintes sont justes : comme autrefois l'impôt s'émiette en partant du contribuable pour tomber dans le trésor après avoir enrichi tous les fonctionnaires indigènes de la province. La justice n'existe plus. On nous citait une province où depuis cinq ans le Quan-An n'a pas prononcé un seul jugement. Les parties s'adressent à son tribunal, payent une première fois pour être reçues, une seconde pour être entendues, puis pour un supplément d'information, pour une enquête, jusqu'à ce qu'elles n'aient plus un sapèque à donner; ce jour-là, quand elles se présentent les mains vides, on les chasse du tribunal et l'affaire est enterrée...

« On s'évertue à faire des combinaisons pour balancer les recettes et les dépenses : la seule combinaison possible immédiatement c'est la perception directe de l'impôt annamite par un agent français qui le recevra des mains des notables de la commune.

« Alors, on pourra du jour au lendemain, tripler, quadrupler l'impôt, — aujourd'hui il n'est régulièrement que de 1 franc par habitant — et le porter d'un seul coup à 5 ou 6 francs. Les contribuables payeront sans se faire prier, car ils ont depuis bien longtemps l'habitude de payer bien davantage, et l'impôt annamite seul suffira aux dépenses du Tonkin, sans subvention aucune de la métropole. »

Comment se peut-il qu'après sept ans d'occupation notre administration n'ait pu porter remède aux abus des mandarins, abus commis en notre nom? Est-ce de l'incapacité? est-ce de la complicité?

M. Th. Chesnay directeur de l'*Avenir du Tonkin*, nous écrit à ce sujet :

« Depuis 1884, quatorze résidents généraux ou gouverneurs sont passés au Tonkin, tous sont arrivés avec de bonnes intentions, mais tous avec des idées différentes de celles de leurs prédécesseurs. Aussi peut-on conclure qu'on a employé depuis cinq ans quatorze procédés différents pour l'administration de ce pays et ce qui est plus grave c'est que ce n'est pas fini.

« Que voulez-vous que le colon devienne au milieu de pareilles tribulations car non seulement il y a des questions de personnes entre les hautes autorités administratives, mais on les retrouve encore, ces questions de personnes, dans chaque province ; dire le nombre de résidents administrateurs qui sont passés dans chaque province serait trop scandaleux. On en voit qui, sous tel régime, sont renvoyés en France après un conseil d'enquête, six mois après nous les voyons revenir — ces mêmes personnages — avec un gouverneur nouveau. Que doivent penser les mandarins de notre façon de procéder? Ils en profitent à nos dépens.

« Depuis le gouverneur général jusqu'au dernier des employés, ce n'est plus qu'une succession de question de personnes, tout est affaire de boutique, l'administration civile se querelle avec les militaires ; les fonctionnaires métropolitains avec les coloniaux ; il en résulte un gâchis épouvantable et c'est toujours le colon qui en supporte les tristes conséquences. Mais qui s'en inquiète?

« Le Français qui se décide à partir pour le Tonkin n'est généralement pas millionnaire, souvent il quitte la France après avoir réuni les petits capitaux dont il peut disposer. Les préparatifs, le voyage, l'arrivée, lui coûtent fort cher.

« Que devient-il une fois au Tonkin ? Souvent il ne sait trop quoi faire. Il lui faut étudier le pays, s'installer ; tout cela occasionne de nouveaux frais. Enfin, après avoir parcouru le Tonkin, il finit le plus souvent par demander une concession, il fait une demande. Vous croyez qu'elle sera bien accueillie par le résident de la province. Au lieu de l'aider, celui-ci laisse traîner l'affaire : sur ces entrefaites, le résident est changé, on nomme un intérimaire, celui-là ne veut pas prendre la responsabilité de la régler, il engage le demandeur à attendre le titulaire. Avec ce dernier, nouvelles difficultés. En Extrême-Orient, le temps ne compte guère, le pauvre colon qui espère toujours finit par avoir épuisé toutes ses avances ; on ne lui a pas refusé sa concession, mais comme il n'a jamais reçu de réponse catégorique, découragé, il abandonne son idée, et à bout de ressources, il demande à entrer dans l'administration ; forcé d'insister plus énergiquement, puisqu'à ce moment c'est la lutte pour l'existence, il obtient enfin un emploi de commis des douanes.

« Voilà comment on aide les colons ! A qui incombe la responsabilité de pareilles choses? l'instabilité de nos gouvernants en est seule la cause.

« Les administrateurs ou résidents des provinces du Tonkin ont varié encore plus souvent que les gouverneurs ; comme ces derniers ils ont eu leurs idées et comme toujours elles ont été différentes de celles de leurs prédécesseurs.

« Nous avons vu passer à la tête des provinces du Tonkin des administrateurs ne sachant même pas ce qu'était dans le pays un village, un canton, un mandarin ; souvent ils perdaient leur place avant d'avoir pu l'apprendre. — Il nous faut au Tonkin des administrateurs sachant la langue du pays, connaissant l'indigène, ses coutumes, sa législation. Celui-là ne sera pas à la merci de son interprète et de ses lettrés et on ne verra pas dans la province administrée par un résident, qui réunira toutes ces qualités, les exactions journalières qui se passent sous le nez des autres.

« Nous pouvons citer comme exemple la province de Nam-Dinh, qui était la plus troublée du Tonkin : elle a été administrée par M. Brière, aujourd'hui par M. Lamothe de Carnier, tous deux anciens administrateurs de Cochinchine. Cette province la plus peuplée du Tonkin (2 millions d'habitants) est aujourd'hui en paix et le campagnard du village le plus reculé paie son impôt ; les autorités annamites ne pouvant commettre aucune exaction, sont forcément dévouées. Eh bien, que tous les résidents du Tonkin réunissent les mêmes conditions que les deux exemples que je viens de vous citer, et la pacification sera terminée dans tout le pays. »

La cause réelle de la piraterie n'est pas en effet une idée de patriotisme qui soulèverait les populations indigènes contre l'envahisseur.

C'est nous qui l'avons suscitée. Nous avons indisposé les populations paisibles en réquisitionnant des porteurs, en éloignant de leurs terres des agriculteurs pour en faire des coolies, en brûlant des villages, en commettant mille atrocités, en tyrannisant les indigènes, en établissant partout et sur tout des taxes lourdes, dépassant trois ou quatre fois la valeur des produits; la piraterie n'est que le résultat des tracasseries de nos administrateurs, et des crimes des mandarins que nous couvrons.

VŒUX DES CHAMBRES DE COMMERCE

D'HANOÏ ET D'HAÏPHONG

Les arrêtés des 28 novembre 1884, 3 juin 1886 et 10 décembre 1887 ont institué les Chambres de commerce d'Hanoï et d'Haïphong. A la suite du banquet offert le 13 janvier 1889 au gouverneur général de l'Indo-Chine par la ville d'Hanoï, sur l'initiative du Conseil municipal et de la Chambre de commerce, un membre de cette Chambre parlant au nom de ses collègues résumait ainsi les desiderata de la colonie :

« Nous vous demanderons, Monsieur le Gouverneur général, une revision radicale des tarifs douaniers; la suppression totale du nouveau projet à l'étude voulant réglementer le régime douanier dont l'application, je n'hésite pas à vous le déclarer, serait le dernier coup porté à notre commerce et à notre industrie.

« Nous vous demanderons la création de voies navigables et de voies ferrées, l'établissement de routes sûres et la destruction des actes de piraterie. »

Le 11 février 1889, le *Journal officiel* ayant annoncé l'ouverture des magasins généraux d'Haïphong, les membres de la Chambre de commerce d'Hanoï se réunissent et remettent leur démission au président « en présence du peu de considération que le gouvernement de la Métropole professe à l'égard des protestations de la Chambre de commerce d'Hanoï contre le monopole des magasins généraux. »

Le 12 février, les membres de la Chambre de commerce d'Haïphong remettent également leur démission au président « considérant que tous les vœux émis par la Chambre dans l'importante question des magasins généraux sont demeurés sans effet et qu'une Chambre de commerce n'a aucune raison d'être alors que le gouvernement ne tient aucun compte des avis qu'elle donne dans les questions où elle est consultée. »

Par arrêté du 16 février 1889, le gouverneur général de l'Indo-Chine a réorganisé les Chambres de commerce.

Cet arrêté dispose :

Article premier. — Les chambres de commerce d'Hanoï et d'Haïphong, instituées par les arrêtés des 28 novembre 1884 et 3 juin 1886, ont pour principales attributions : § 1. Comme organes officiels du commerce, de présenter à l'administration leurs vues sur les moyens d'accroître la prospérité de l'industrie et du commerce, sur les améliorations à introduire dans la législation commerciale, les tarifs de douanes, sur l'érection des travaux des ports, la navigation des fleuves et rivières ; de fournir à l'administration les avis, renseignements, qui leur sont demandés, sur les faits et les intérêts industriels et commerciaux, sur la création des établissements financiers, des tribunaux de commerce et sur les projets, règlements locaux en matière de commerce ou d'industrie ; — § 2. Comme mandataires du commerce, pour la gestion d'intérêts collectifs, les chambres de commerce sont chargées de l'administration des établissements créés pour l'usage du commerce et de la publication des bulletins et renseignements de nature à intéresser le commerce intérieur et extérieur.

Art. 4. — Chacune des chambres de commerce d'Hanoï et de Haïphong est composée de douze membres dont un Annamite et un Chinois, élus conformément aux dispositions du présent arrêté. Elle élira son président, son vice-président et son secrétaire. Le résident-maire en est le président d'honneur : il peut toujours assister aux séances, et dans ce cas il exerce la présidence effective.

Art. 5. — La durée du mandat des chambres de commerce est fixée à trois ans.

COCHINCHINE

La Cochinchine française, ou Basse Cochinchine, a pour dépendances le groupe des îles de Poulo-Condor, situé au sud de la presqu'île de Camau.

La population de la Cochinchine atteint le chiffre de 1 795 000 habitants, suivant les statistiques coloniales de 1886, l'ensemble de nos autres colonies ne comptant que 1 119 000 habitants.

CONSEIL COLONIAL

Le conseil colonial a été institué par décret du 8 février 1880, modifié en 1881, 1886, 1887. Il siège à Saigon : il se compose de 6 membres citoyens français, ou naturalisés, six membres asiatiques sujets français, deux membres civils du conseil privé, nommés par décret, deux membres délégués de la chambre de commerce élus dans son sein.

Les uns et les autres sont nommés pour quatre ans : tous les deux ans, ils sont renouvelés par moitié dans chaque catégorie. Les six membres français du conseil colonial sont élus au scrutin secret par le suffrage universel et direct de tous les citoyens français ou naturalisés, domiciliés dans la colonie depuis un an et âgés de 21 ans : les élections ont lieu par circonscription. Les membres indigènes sont élus dans chacune des six circonscriptions, fixé par l'arrêté des 10 mai 1880 et 21 mai 1883 par un collège composé d'un délégué, de chacune des municipalités, désigné par le suffrage des notables.

Les conseils d'arrondissement institués par un arrêté du gouverneur du 12 mai 1882 définitivement organisés par le décret du 5 mars 1889 délibèrent sur les intérêts des arrondissements (budget d'arrondissement, recettes correspondantes, classement des voies coloniales, assiette de l'impôt, circonscriptions administratives) : ils peuvent émettre des vœux sur toutes les questions économiques et d'administration générale : les vœux politiques leur sont interdits. Chaque canton élit un membre au conseil de son arrondissement : sont éligibles tous les indigènes inscrits habitant le canton.

VŒUX DU CONSEIL COLONIAL

Unité politique de l'Indo-Chine. — Dans sa séance du 28 avril 1887 (session extraordinaire), le Conseil demandait, après l'union douanière, l'unité politique de l'Indo-Chine.

Un conseiller, M. Carabelli, défendait en ces termes sa proposition :

« Vous savez tous comme moi que la nouvelle organisation que l'on prépare nous éloigne plus que jamais de cette unité que nous voulons tous, non par intérêt, mais parce qu'elle est dans la nature des choses, parce qu'on ne fera rien de sérieux si ce n'est en vue de l'unité de l'Indo-Chine et en profitant des leçons de l'expérience. Or la seule organisation possible, pratique, vraie, parce que les résultats sont là pour en témoigner, c'est celle qui est pratiquée en Cochinchine, depuis 25 ans. C'est en puisant dans les cadres très larges, trop larges même, de notre administration que l'on pourra organiser ces deux pays de protectorat, qui ne sont que la continuation de la Cochinchine, dont les habitants ont les mêmes mœurs, les mêmes coutumes et la même langue. Voilà ce qu'il y a à faire et c'est ce qu'on l'on a pas fait.

« Nous n'avons plus à nous faire illusion. Le Tonkin et l'Annam sont organisés en vue de leur séparation d'avec la Cochinchine. On veut séparer ce que la nature a uni. Après tant de sacrifices accomplis, il y aurait faiblesse, oubli de nos devoirs, si nous n'élevions pas la voix, si nous ne protestions pas contre ce que nous croyons être le danger tant pour les pays de protectorat, que pour notre colonie, nés pour vivre dans l'avenir, comme ils ont vécu dans le passé, d'une vie commune qui fera leur force, leur richesse, leur prospérité.

C'est pour cela que je vous demande de vous unir à moi pour émettre un vœu demandant au gouvernement métropolitain, après l'union douanière, de mettre à l'étude et de résoudre la question de l'unité politique de l'Indo-Chine. » (*Adopté à l'unanimité.*)

Protection aux producteurs français. — Séance du 19 janvier 1886 :

« Attendu que l'Administration, plus encore que les particuliers, doit se montrer soucieuse des intérêts commerciaux et industriels de la Métropole, et réserver toutes ses faveurs aux Français ;

« Attendu que la pratique constante de l'Administration est en contradiction avec les principes d'un véritable patriotisme ;

« Qu'il y a lieu en conséquence d'inscrire à l'avenir dans tous les cahiers des charges que tous les produits à fournir pour son compte devront être d'origine française ;

« Le Conseil renouvelle ce vœu adopté déjà dans la séance du 4 février 1885. »

Le 19 janvier 1886, le conseil émet en outre le vœu, déjà voté le 6 février 1885, que, pour le service marine et la municipalité, les soumissionnaires devront justifier de leur nationalité française ou indigène.

Protection aux producteurs coloniaux. — M. Garcerie, rapporteur, s'exprime en ces termes, à ce sujet, dans la séance du 28 avril 1887 :

« En dernier lieu, votre Commission vous propose de demander à titre de réciprocité, l'admission en franchise en France des produits naturels ou fabriqués, originaires de Cochinchine et du Cambodge et introduits en France en droiture, ou tout au moins celle de certains de ces produits qui,. n'existant pour ainsi dire pas à l'heure actuelle, pourraient donner lieu à un développement de la culture des plantes riches, tels que café, poivre, cacao, vanille et canelle. Il s'écoulerait de longues années avant que ce droit de réciprocité pût influer sur les recettes fiscales de la Métropole et il aurait l'avantage de faire naître, chez beaucoup de colons, l'idée des entreprises de longue haleine. » (*Adopté à l'unanimité.*)

Tribut de la Cochinchine. — Vœu adopté dans la session de 1882 :

« Attendu que toutes les ressources de la colonie sont insuffisantes pour faire face à ses besoins et pour la doter rapidement des améliorations qui lui sont nécessaires, émet le vœu que la Métropole renonce momentanément à exiger de la colonie la contribution annuelle de 2 millions 500 000 francs qui pèse si lourdement sur le budget de la Cochinchine. »

Organisation judiciaire. — Le Conseil émet trois vœux dans sa séance du 4 février 1885 :

« 1° Le nombre des tribunaux de l'intérieur sera réduit à 3 de même classe, savoir : Mytho, Vinh-Long et Soctrang, dont le siège pourrait être transporté à Cantho qui, par sa position centrale sur le Bassac, commande à toute la région.

« 2° Il sera créé à Saigon une deuxième chambre spécialement chargée de juger les affaires indigènes pour remplacer le tribunal de Binh-Hoa et qui sera présidée par un vice-président.

« 3° Il sera établi dans chaque chef-lieu d'arrondissement administratif, où n'existe pas un tribunal, une justice de paix à compétence étendue de 1re ou de 2e classe suivant l'importance de la localité, à l'exception toutefois de l'arrondissement de Binh-Hoa qui, à cause de son rapprochement de Saigon, ne comporte pas une pareille création. » (*Voir décrets du 9 décembre 1886 et de juin 1889.*)

Le Conseil adopte en outre ce vœu :

— « Attendu que le défaut d'inamovibilité de la magistrature coloniale place cette magistrature dans une condition inférieure à celle de la magistrature métropolitaine ; que sans vouloir examiner la question actuellement pendante de la suppression de l'inamovibilité dans la Métropole, il est juste de dire que la magistrature coloniale doit être recrutée comme celle de la Métropole et jouir des mêmes avantages et immunités ; que même il y aurait des avantages sérieux à ce qu'un roulement fut fait entre les deux magistratures qui ainsi n'en formeraient plus qu'une seule, émet le vœu que la magistrature coloniale soit assimilée autant que possible à celle de la Métropole en ce qui touche le recrutement et les immunités. »

Et du 8 mars 1887 :

— « Attendu que le vœu tendant à la création d'une Chambre des mises en accusation auprès de la Cour d'appel de Saigon, émis pour la première fois en 1884 et renouvelé depuis en 1885 et 1886, n'a pas reçu la solution qu'il comporte, renouvelle ce vœu. »

Vœux divers. — Le Conseil colonial émet encore ces vœux :

— « Attendu que souvent les employés et fonctionnaires qui ont servi en Cochinchine ne trouvent pas d'emploi en Europe dans les administrations correspondantes, le Conseil émet le vœu qu'un certain nombre d'emplois dans les administrations métropolitaines soient, chaque année, réservés aux employés du service local auxquels des infirmités interdisent de séjourner en Cochinchine. » (Session de 1882.)

— « Attendu que le droit donné au gouverneur par le décret du 8 février 1880 de diviser la Cochinchine en circonscriptions pour la nomination des membres du Conseil colonial est un droit dangereux ; qu'en outre, et par suite du déplacement fréquent des employés de l'administration, il arrive souvent que des employés nombreux, inscrits dans une circonscription, sont privés du droit de vote par suite d'un changement de domicile survenu entre l'époque de la révision des listes et celle du vote ; que la faculté de déplacer ainsi les électeurs et par suite de les empêcher de voter pourrait, dans des circonstances données, amener des manœuvres d'autant plus dangereuses qu'elles se dissimuleraient sous l'apparence de services publics, émet le vœu que tous les membres français du Conseil colonial soient élus au scrutin de liste par la colonie tout entière. » (Session de 1882.)

— « Attendu qu'il est impossible de laisser au gouvernement local le droit de réglementer seul les questions d'intérêt général ; qu'il convient de remettre cette portion du pouvoir législatif aux représentants élus de la colonie ; attendu, d'autre part, qu'il convient que les lois et décrets qui sont du ressort de l'autorité métropolitaine et qui touchent aux intérêts locaux de la colonie soient discutés et étudiés par le Conseil colonial, émet le vœu que le décret du 8 février 1880 soit modifié dans ce double sens. » (Session de 1882.)

— « Vu le vœu formulé par le Conseil colonial dans sa session de 1881 tendant à imposer aux indigènes un nom patronymique, conformément aux lois des 6 fructidor an II et 11 germinal an XI, attendu que ce vœu n'a pas reçu satisfaction, le renouvelle. »

Emprunt. — Dans sa session ordinaire de 1888, le Conseil colonial a voté le principe d'un emprunt de 100 millions « pour dégager la situation financière de la Cochinchine, reprendre les travaux, diminuer les impôts et permettre au Tonkin de vivre et de se développer. »

Parlant contre l'emprunt, un conseiller, M. Garcerie, disait :

» Nous nous sommes adressés au Ministre en lui demandant quelle garantie offrait la France à la colonie pour l'emprunt qu'on lui présentait à voter.

« Le Ministre répond simplement que si l'emprunt de 100 millions est trop fort, on pourrait le réduire à 40 millions, et qu'il y a lieu de faire observer au Conseil colonial qu'à l'heure actuelle la Cochinchine coûte encore à la France une somme de six millions de francs. Examinons un peu :

« Le budget colonial de la métropole n'indique qu'une somme de 3 000 000 francs pour dépenses affectées à la colonie pour le service des hôpitaux, du casernement, de la literie, des transports, des vivres, de l'arsenal, des approvisionnements. Les trois autres millions figurent au budget général de la marine et représentent sans doute la solde des marins et soldats détachés en Cochinchine, et aussi au Cambodge, ne l'oublions pas.

« *Je ferai remarquer que la colonie a déjà offert de solder à la France toutes les dépenses de souveraineté*, afin que le rapporteur du budget des colonies, arrivé à ce mot « Cochinchine », pût dire au Parlement : « voici enfin une colonie qui ne nous coûte rien », et prouver ainsi que, tout comme bien d'autres, la race française est capable de fonder des établissements sérieux et profitables à la mère-patrie lorsqu'elle est bien administrée.

« On n'a pas daigné répondre à nos propositions...

« Non, il n'est pas exact que nous coûtions quelque chose à la métropole : car, à moins de fausser toutes les notions de comptabilité sur l'établissement d'un bilan, à côté du passif il faut aussi faire figurer l'actif, et c'est précisément ce que vous oubliez de faire. En fait, vous nous imposez par la toute-puissance des décrets que vous possédez une contribution de onze millions de francs, qui allège d'autant le budget métropolitain. La vérité est donc que non seulement nous payons toutes les dépenses de souveraineté, c'est-à-dire les 6 millions dont parle votre budget, mais que *nous vous venons en aide encore d'une somme de 5 millions.* »

Le président du Conseil colonial, M. Blanchy, a déclaré qu'il ne voterait l'emprunt qu'à certaines conditions :

« Suppression du régime des décrets et loi d'organisation de l'Indo-Chine ;

« Complément du déficit par la métropole ;

« Équilibre du budget tonkinois obtenu par la réduction des dépenses e maintien de la subvention métroplitaine ;

« Déclaration expresse que la Cochinchine sera libérée de tout engagement à venir. »

M. Blanchy disait :

« Notre principal danger réside dans notre instabilité et je ne veux point « parler ici de l'instabilité des personnes, mais de l'instabilité même de nos « institutions.

« N'avez-vous point vu paraître dans ces deux dernières années cette série « de décrets bizarres se supprimant, se modifiant les uns les autres avant « même qu'ils soient arrivés jusqu'à nous. Toutes les idées coloniales, qui « germent dans les cervelles métropolitaines de nos Secrétaires d'État, se « traduisent *ex abrupto* par des mesures brutales, incohérentes, sous le far-« deau desquelles agonise notre malheureuse colonie. Qui donc aurait l'im-« prudence de projeter un établissement durable dans un pays où les valeurs « immobilières peuvent baisser de 20 à 40 p. 100 sur un simple caprice minis-« tériel : la stabilité nous est avant tout nécessaire. »

DES RÉFORMES OU LA RUINE

Le régime auquel est soumise la Cochinchine la conduit directement à la ruine.

Pour ne pas demander au Parlement les sommes nécessaires à l'organisation du Tonkin, nos gouvernants épuisent par intérêt électoral cette malheureuse colonie et drainent depuis depuis deux ans, sans se soucier des conséquences, les 2/5 de son budget au bénéfice du Tonkin. En 1889 les recettes accuseront très probablement un déficit de sept à huit cent mille piastres et cependant le contingent de l'année 1890 sera le même que celui des deux années précédentes.

N'est-il pas étrange que, sur les 19 francs d'impôt payé par chaque habitant de Cochinchine, pays français, il en soit donné 8 au Tonkin, pays protégé, dont les habitants ne sont imposés qu'à raison de 1 fr. 50 par tête.

Que le gouvernement se décide à convoquer à Saigon la commission chargée d'élaborer le projet de loi organique de l'Indo-chine.

Cette commission fixera les attributions du gouverneur général qui doivent être très étendues mais définies, modifiera la composition du conseil colonial de la Cochinchine dans un sens plus libéral, déterminera l'organisation définitive de nos différents services publics et cherchera les moyens de sauver cette Indo-chine qui, bien administrée, sera un jour la plus belle de nos colonies.

BLANCHY,
Président du Conseil colonial de Cochinchine.

CHAMBRE DE COMMERCE

La Chambre de commerce de Saigon compte neuf membres à titre français, un membre étranger, un membre annamite, un membre chinois et un secrétaire archiviste.

La question du régime douanier a été une des plus constantes préoccupations de la Chambre de commerce.

Le 15 octobre 1881, la majorité du Conseil colonial avait accepté par patriotisme l'établissement des droits de douane, en réclamant toutefois l'application d'un tarif spécial.

La loi de finances de 1887 imposa à la colonie les droits du tarif général, sauf quelques modifications à déterminer par règlement.

Le Conseil colonial accepta ce régime (avril 1887); la Chambre de commerce protesta.

L'arrêté du 24 juin 1887 autorisa la perception des droits; l'arrêté du 11 octobre 1887 promulgua le décret du 8 septembre.

En août 1888, la Chambre de commerce de Saigon, adoptait le vœu à l'unanimité : « Que le régime douanier inauguré en Cochinchine par le décret du 8 septembre 1887, d'après la loi votée le 11 février précédent à la Chambre des députés, soit absolument aboli le 1er janvier 1889. »

La chambre légitimait son vœu par sept conclusions :

1° « Le tarif général français n'est pas équitable, car nous sommes Français; il ressemble à une exaction. »

Au lieu de considérer la colonie comme « le prolongement de la France » et d'y faire application des tarifs imposés aux douanes de France, c'est-à-dire des tarifs conventionnels, on y applique le tarif général : une cotonnade anglaise payant 50 francs à l'entrée en France (tarif conventionnel) est taxée à 62 francs à l'entrée en Cochinchine (tarif général); la Cochinchine, considérée auparavant comme pays étranger, recevait à bas prix les articles manufacturés sous le bénéfice d'admission temporaire : ces articles sont soumis aux droits. Il en résulte que certaines marchandises payèrent 22 0/0 (fer), 23 0/0 (cotonnades), 27 0/0 (farines), 50 0/0 (étains) de leur valeur.

2° « Le tarif spécial n'est pas fiscal et modéré, selon les déclarations des auteurs mêmes du projet de loi, il édicte des droits réellement protecteurs et inutiles, puisqu'il frappe des produits non similaires. »

Parmi les produits non similaires, le pétrole paye 14 0/0, les thés 14 0/0, la poterie ordinaire 17 0/0, les allumettes 21 0/0, les comestibles chinois 23 0/0, le café 29 0/0, les bougies de culte (joss sticks) 45 0/0, le tabac, autre que chinois, 79 0/0. Le directeur général des douanes reconnaissait dans son rapport de 1887 que ces taxes constituent une charge trop lourde pour le peuple annamite.

3° « Les charges du régime douanier n'ont aucune compensation pour nous. »

La Cochinchine paye, à l'entrée en France pour la plupart de ses produits, spécialement pour le poivre dont le droit est de 208 francs les 100 kilog.

4° « Le tarif général avec des difficultés d'application est dangereux pour notre réputation commerciale et administrative. »

La douane, par ses erreurs, ses exigences, ses sévérités, mécontente le commerce indigène.

5° « L'utilité du régime protecteur est plus que douteux au point de vue de l'industrie nationale. Elle ne pourra, en tous cas, se produire avant plusieurs années et quand ce pays épuisé de taxes ne pourra plus acheter aux industries protégées. »

La protection est inefficace : les fers belges revenant à 18 ou 19 fr. les 100 kil. et les fers français à 26 ou 28 fr.; la farine américaine et australienne à 7 fr. 35 ou 7 fr. 80 les 100 kil. et la farine française 12 fr. 25 ; si l'Administration du Tonkin avait fait ses adjudications de 1888 en farine française au lieu de farine américaine ou australienne, elle aurait dépensé 931 500 fr. de plus qu'elle n'a fait sur une fourniture de 954 000 fr., soit à peu près 100 0/0.

L'application du tarif général a eu pour résultat de faire tomber de 2 300 000 piastres le commerce de la Cochinchine. Dans le premier semestre de 1888, si la colonie a acheté un chiffre plus élevé de cotonnades françaises, elle a renoncé d'autre part à acheter d'autres produits comme ceux fabriqués sous le bénéfice de l'admission temporaire.

6° « Il était impossible de choisir un plus mauvais moment pour établir le régime douanier en Cochinchine. Il aurait suffi de la consulter pour renoncer à ce projet. »

C'est sur la récolte de riz que la Cochinchine vit et paye ses impôts. En

1887, la vente faiblit de près de 2 millions de piastres, soit de 15 0/0 du chiffre
normal : précisément cette année le budget est porté de 5 600 000 piastres à
7 500 000 piastres, l'impôt devient 33 0/0 plus lourd ; le revenu des habitants
subit ainsi une chute de 48 0/0.

7º « Non seulement le régime douanier tuera le présent, c'est-à-dire la
seule colonie française qui ait des succès budgétaires, la poule aux œufs
d'or de l'Indo-Chine, mais encore il fait avorter le développement glorieux
du commerce français en Extrême-Orient. »

Les faillites, qui n'étaient que de 5 en 1886, de 3 en 1887, s'élèvent à 15 dès
le premier semestre de 1888, premier résultat du régime protecteur ; avec ce
régime pourra-t-on lutter en Indo-Chine, sur les rives du Mékong, avec les
importations siamoises qui ne payent à Bangkok que 3 0/0.

Pour rêver une protection impuissante on ferme d'une barrière infranchissable les voies de pénétration.

En ouvrant la session du Conseil colonial de 1888, M. Richaud,
gouverneur général, reconnaît que :

« L'application du tarif général est venu modifier le régime économique
auquel la Cochinchine devait en partie sa prospérité toujours croissante. »

Et il ajoutait :

« Dès mon arrivée dans la colonie, j'exposai au Département les justes
doléances de la Chambre de commerce et de la population indigène :
d'abord dans un rapport du 9 juin 1888, puis dans un second beaucoup
plus complet et plus pressant daté du 16 septembre. Dès la réception de ce
dernier le Ministre me demanda par dépêche télégraphique un projet de
tarif exemptant les matières qui n'ont pas de similaires dans la Métropole et
qui, de fait, constituent le fond des échanges entre la Cochinchine et les
pays voisins.

« Ce projet a été expédié le 2 novembre.

« C'est là un premier pas vers le retour à l'ancien régime économique ;
mais là ne s'est pas bornée l'action du Département. Avant même d'avoir
reçu mon dernier rapport, et en réponse à un exposé de la situation que
j'avais écrit le 9 juin, le Ministre me prescrivit d'entreprendre immédiatement un travail de revision du tarif général. J'ai saisi les Chambres de commerce de la Cochinchine et du Tonkin, et le travail demandé partira incessamment. »

Une décision du Sous-secrétaire d'État, en date du 30 novembre
1888, instituait une commission « à l'effet d'examiner les modifications à apporter au tarif douanier de l'Indo-Chine, notamment les
produits qui n'ont pas de similaires en France. »

Le nouveau régime douanier de l'Indo-Chine a été institué par
décret du 9 mai 1889.

REPRÉSENTATION COLONIALE

La loi du 28 juillet 1881, qui augmente la représentation des trois départements de l'Algérie, des colonies de la Martinique, de la Guadeloupe et de la
Réunion, stipule dans son article 3 : « La Cochinchine nomme un député. »

CAMBODGE

« L'ancien royaume Kmer, au temps de son plus grand éclat, dit M. J. Moura, dans son Royaume du Cambodge, s'étendait du 9e degré de latitude nord jusqu'au 15e, c'est-à-dire depuis la mer de Chine jusqu'au petit Etat de Korat inclusivement.

« Placé entre deux gouvernements remuants et spoliateurs, celui de Siam et celui de la Cochinchine, le Cambodge a été rogné successivement au nord par les Siamois et au sud par les Annamites. Il a fallu néanmoins aux conquérants trois siècles de lutte pour réduire le Cambodge à la dimension exiguë que nous lui voyons aujourd'hui.

« C'est avec intention que nous avons compris dans les possessions cambodgiennes les toutes petites provinces de Tonlé-Repou, du Saac, de Stung-Poor, de Melou-Prey, situées au sud de Pnom-Domgrec, bien que ces provinces soient occupées et gouvernées depuis longtemps par les Siamois. Cette occupation n'étant qu'une violation manifeste des droits du Cambodge, l'heure de la revendication viendra sûrement tôt ou tard et ces territoires feront retour aux véritables propriétaires. En attendant il ne nous convient pas de reconnaître, à aucun degré, un fait accompli mi-partie par intimidation, mi-partie par la séduction de gouverneurs cambodgiens infidèles, qui ont cédé sans ordre, et malgré la volonté de leurs souverains, des provinces dont on leur avait simplement confié l'administration. »

Parlant de la province de Tonlé-Repou, Francis Garnier ajoute :

« Le commandant de Lagrée alla visiter pendant notre séjour à Khong un ou deux villages qui dépendent de cette province et remonta pendant quelques milles la rivière Repou. Il revint convaincu de l'importance qu'il y aurait, pour le Cambodge et pour le commerce de notre colonie de Cochinchine, à revendiquer la possession d'un territoire dont Siam s'est emparé par une véritable trahison... la session a été consommée en fait, sans avoir jamais été proclamée ou reconnue de part et d'autre, d'une manière officielle. »

« Cette usurpation (sur les provinces de Tonlé-Repou et Melou-Prey) dit de son côté, M. Aymonier, n'a été jusqu'à ce jour ratifiée par aucun traité de la part du Cambodge. »

Vers l'ouest, le Siam confisqua, de 1791 à 1813, les provinces de Angor et de Battambang.

En 1863 le Siam et la France luttaient d'influence au Cambodge. Le Siam avait accrédité un général en qualité de commissaire auprès du roi du Cambodge, et la France en vertu d'une concession royale venait d'occuper la pointe de la douane aux Quatre bras de Pnom-Penh. Siam suscite une révolte, nous l'étouffons; le roi de Siam tente de couronner le roi du Cambodge, Norodom, en lui faisant prêter le serment de vassalité : Norodom partait pour chercher la couronne à Bangkok lorsque le représentant du protectorat français à Oudong fait saluer de 21 coups de canon le pavillon français.

Le roi de Siam restitua la couronne cambodgienne : le chef d'état-major de l'Amiral gouverneur de la Cochinchine française reçut cette couronne des mains d'un mandarin Siamois et la transmit à Norodom qui se la posa lui même sur la tête (1864).

Il est dit dans le traité conclu le 15 juillet 1867 entre la France et le Siam :

Art. 1er. — S. M. le roi de Siam reconnaît solennellement le protectorat de S. M. l'empereur des Français sur le Cambodge.

Art. 3. — S. M. l'empereur des Français s'engage à ne point s'emparer de ce royaume pour l'incorporer à ses possessions de Cochinchine.

Art. 4. — Les provinces de Battambang et d'Angor (Nakon, Siemrap), resteront au royaume de Siam..,

Art. 6. — Les bâtiments sous pavillon français pourront naviguer librement dans les parties du fleuve Mékong et de la mer intérieure qui touchent aux possessions siamoises.

Faisant allusion à l'art. 4, M. Léonce Detroyat écrit :

« Nous nous faisons ainsi volontairement, et l'on peut dire gratuitement les complices d'une iniquité commise à la fin du dix-huitième siècle et contre laquelle tous les souverains de Pnom-Penh ont protesté tour à tour depuis cette époque.

« En dépit du traité de 1867, le roi Norodom, proteste encore !

« Il est impossible que cette situation vague, indéfinie, dure plus longtemps. La fin très prochaine de ce fâcheux état de choses a d'autant plus de prix pour nous que les provinces de Battambang et d'Angor sont les plus fertiles de toutes ces contrées et qu'elles renferment des richesses de toutes sortes qui sont encore à exploiter...

« Il ne suffit pas de dire avec M. de Lanessan : *le traité de 1867 n'existe plus depuis la signature de notre nouveau traité avec le roi du Cambodge :* cette déclaration sera platonique tant que la France ne lui aura pas donné par ses actes une sanction définitive, diplomatique, matérielle.

« L'existence du Cambodge, partant de la Cochinchine, sera toujours précaire, le commerce de tous les pays de l'Indo-Chine, au nord et à l'est des Grands lacs continuera à affluer à Bangkok tant que le Cambodge ne possédera pas comme lignes frontières Battambang et Stung-Streng. »

Sans plus tarder relevons l'ancienne route annamite, dont la chaussée existe encore sur certains points et qui mettait jadis Battambang en communication directe et constante avec Pnom-Penh, malgré les inondations. Occupons Battambang.

LE PROTECTORAT DU CAMBODGE

Par le traité du 17 juin 1884 le roi du Cambodge a accepté toutes réformes administratives, judiciaires, financières et commerciales auxquelles le gouvernement de la République française jugera utile de procéder pour faciliter l'accomplissement de son protectorat.

Le roi du Cambodge continue « à gouverner ses états et à désigner leurs administrateurs » et les fonctionnaires cambodgiens continuent à administrer les provinces, mais cette administration est mise sous notre contrôle et nous nous réservons même le droit de placer des Français dans tous les services relatifs à l'établissement des impôts, aux douanes, aux contributions indirectes, aux travaux publics et en général dans tous « les services exigeant une direction unique ou l'emploi d'ingénieurs ou d'agents européens. »

En résumé la France peut, en vertu de ce traité, substituer presque entièrement ses administrateurs aux administrateurs indigènes, et modifier à sa convenance l'organisation administrative, financière, économique du pays.

LES CONCESSIONS FRANÇAISES

SUR

LES CÔTES DE CHINE

Le traité d'amitié, de commerce et de navigation, conclu à Whampoa le 21 octobre 1844 entre la France et la Chine dispose dans son article 2 :

« Dorénavant tout Français pourra se transporter avec sa famille dans les cinq ports de Canton, Amoy, Fou-Tcheou, Fou, Ning-Pô et Chang-Haï pour y résider et commercer en toute sécurité, sans entraves, ni restrictions. »

et dans son article 22 :

« Tous les Français qui, suivant l'art. 2, arriveront dans un des cinq ports pour y habiter, n'importe quel que soit le nombre des personnes ou la durée de leur séjour, pourront louer des maisons et des magasins pour y déposer des marchandises ou bien *ils pourront affermer des terrains* et bâtir eux-mêmes des maisons et des magasins. Les Français pourront également construire des églises, des hôpitaux, des hospices, des écoles et des cimetières. Les autorités locales, de concert avec le *Consul, détermineront les quartiers les plus convenables pour la résidence des Français* et les endroits dans lesquels pourront avoir lieu les constructions. Le *fermage des terrains* et le loyer des maisons seront réglés de part et d'autre entre les parties intéressées et devront être réglés conformément aux prix locaux. »

et article 27 :

« Il est établi en loi que les Français, qui commettront un crime ou un délit dans les cinq ports, seront constamment régis d'après les lois françaises. »

En discutant ces articles, le *Journal des Débats* du 2 mars 1845 s'exprime ainsi :

« A compter de l'article 22, on entre dans une série d'articles réglementaires destinés à offrir aux Français résidant en Chine toutes les garanties désirables pour leurs personnes et pour leurs propriétés et *à les soustraire à l'action des lois chinoises civiles ou criminelles...* l'article 27 consacre de la manière la plus explicite le principe de l'exterritoralité. »

Le traité de Tien-Tsin, du 27 juin 1858, confirma les stipulations du traité de 1844 et ajouta dans son article 6 :

« L'expérience ayant démontré que l'ouverture de nouveaux ports au commerce étranger est une des nécessités de l'époque, il a été convenu que les ports de Kiung-Tchau (Haï-Nan) et Chaou-Chaou (Swatov) dans la province de Canton, — de Taïwan (Takov) et Tamsui dans l'île de Formose, province de Fo-Kien, — de Tang-Tchau (Chefou) dans la province de Chan-Tong et Nanking dans la province de Kiang-Nan, jouiront des mêmes privilèges que Canton, Chang-Haï, Ning-Pô, Amoy et Fou-Tcheou. »

La convention de Pékin, du 25 octobre 1860, étend ces privilèges à la ville et au port de Tien-Tsin, dans la province de Petchili. Les ports Chinois, ouverts au commerce extérieur sont, avec les 5 ports de 1844, les 7 ports de 1858 et 1860 : Pakhoï, Wenchow (Riv. d'Oukiang), Wuhu (en amont de Nanking), Ichang (sur le Yang-tze), Chin-kiang, Kin-kiang, Hankow et New-Chwang.

CONCESSION FRANÇAISE DE CHANG-HAÏ

M. Ernest Millot, ancien président du Conseil d'Administration municipale de la Concession française de Chang-Haï, disait en 1881 dans une conférence faite à la Société académique Indo-Chinoise :

« Parmi les établissements fondés par les Français dans l'Asie orientale, un des moins connus et cependant un des plus dignes de l'être, est assurément la Concession française de Chang-Haï qui nous a été donnée à perpétuité, moyennant une redevance annuelle de 7 francs par mow (environ 619 mètres carrés). Elevée sur les bords du Wam-Pou, au nord-est de la ville chinoise, la concession a une étendue d'environ 51 hectares et compte actuellement 33 660 habitants, dont 33 330 Chinois, 307 Européens, Américains et Parsis et 23 Japonais Elle est limitée au nord par la Concession anglaise dont elle est séparée par le canal du Yang-King-Pang.

« Plus au nord est la Concession américaine. Ces deux concessions renferment 2000 Européens et Américains et environ 100.000 Chinois. La concession américaine a été englobée en 1863 par sa voisine et, depuis lors, elles sont administrées par une même municipalité...

« L'origine de la Concession française est intimement liée au nom de M. Charles de Montigny, qui a été le fondateur du consulat de Chang-Haï et le créateur de l'influence française dans le nord de la Chine.

« Le traité de Whampoa, conclu le 24 septembre 1844 par M. de Lagrené, stipulait qu'un territoire dont l'étendue devait être déterminée d'après les besoins et les convenances de nos nationaux, serait désigné par l'autorité locale d'accord avec notre consul dans chacun des cinq ports ouverts au commerce, pour la résidence des Français...

« Une étude approfondie fit comprendre à M. de Montigny que la position la plus favorable serait l'espace situé entre la rive nord du Yang-King-Pang et la petite Porte de l'Est de Chang-Haï, espace limité sur le port au nord par le Yang-King-Pang et au sud, par une crique conduisant les eaux du Wam-Pou dans les fossés de la ville. Après plusieurs années de luttes très vives, la concession fut accordée en 1849, avec tous les droits attachés à une possession française.

« Notre consul créa un conseil municipal composé uniquement des résidents français de la concession; ce fut un de ses successeurs le vicomte Brenier de Montmorand qui introduisit au sein de ce conseil, l'élément étranger.

« Tout malfaiteur, à quelque nation qu'il appartînt, ne put être arrêté sur la Concession française sans instruction préalable et mandat d'amener du consul de France...

« M. Ch. de Montigny avait bien auguré de l'avenir du magnifique emplacement de la Concession française. A la suite de l'expédition de Chine, en 1860 elle commença à entrer dans une ère de prospérité réelle. Lorsque la ville de Fou-Tcheou fut détruite par les Taï-Pin à cette époque, Chang-Haï lui succéda comme principal centre de la contrée. Dès lors on vit les maisons s'élever sur les concessions, comme par enchantement, les terrains s'y vendaient à la toise à un prix très élevé, et une modeste maison pour une famille avec un jardin ne se payait pas moins de huit à dix mille francs par année. A partir de cette époque, Chang-Haï devint le port central de toutes les affaires. Aujourd'hui c'est une des places commerciales les plus importantes du monde et, dans toute l'Asie, elle ne le cède qu'à Bombay...

« Le port de Chang-Haï offre un magnifique coup d'œil : les jonques sont refoulées devant les faubourgs de la ville chinoise; plus de cent navires de commerce sont à l'ancre devant la ville européenne, la Concession française à elle seule, compte plus de quarante navires à vapeur appartenant à de puissantes compagnies maritimes françaises, anglaises, américaines, allemandes, chinoises, toutes établies à Chang-Haï et parmi lesquels il faut signaler en première ligne les magnifiques paquebots des « Messageries maritimes ».

CONCESSION FRANÇAISE DE CHANG-HAI

« Pour tout Français qui débarque dans la Concession française de Chang-Haï, ce n'est pas sans un certain étonnement que, si loin du pays natal, il rencontre des agents de police en tenue et qu'il aperçoit des noms de rues écrits en français. Les rues sont larges, tirées au cordeau et bien entretenues; on y remarque le quai de France, le quai du Yang-King-Pang, le quai Confucius, les rues du Consulat, Montauban, Colbert, Protet, Laguerre, des Pères, de l'Administration, Palikao, de la Paix, de Saigon, de Hué, de Tourane, du Moulin, etc., etc.

« L'étendue des terrains de la Concession française, soumis à l'impôt, est de 808 mows 8 fans 4 lis 9 haos, (le mow représente 619 mètres carrés). Le terrain nu est estimé au 30 juin 1881, d'après le rôle d'évaluation de la propriété foncière, en prenant pour base un prix un peu au-dessous du prix marchand, à 2 306 676 taels, qui au change de 6 fr. 50, cours actuel, représente une somme de 14 993 394 francs. A cette même époque, tous ces terrains étaient construits. On voit donc quel important capital les Européens possèdent dans le quartier français, puisque le terrain nu à lui seul représente une somme de 15 millions de francs. Les propriétaires français possèdent pour leur part sur les 808 mows, environ 330 mows de terrains, estimés à une valeur de 1 162 283 taels, soit 7 554.839 francs, abstraction faite des constructions qui peuvent dépasser ce dernier chiffre.

« La Concession est le rendez-vous de tous les étrangers. On y rencontre des gens de toute nationalité. C'est un vaste emporium où vient aboutir, par le Yang-Tsé, tout le commerce de l'intérieur de la Chine avec les deux mondes.

« Le Conseil municipal de la Concession française, composé de huit membres, est nommé par les résidents européens au suffrage universel. Le personnel de l'administration est divisé en trois services : secrétariat et perception, travaux publics, garde municipale. Au total, l'administration occupe un personnel de 196 agents dont 46 Européens et 150 Chinois.

« Le budget municipal de la Concession française est plus important que celui de notre municipalité de Saïgon, lequel ne s'élève qu'à 422 000 francs, tandis que celui de Chang-Haï est de 600 000 francs.

« M. Ch. de Montigny, en instituant un conseil municipal et en lui donnant une grande autonomie, avait décidé, dans le but d'assurer d'une manière durable l'influence française dans ce pays, que ses membres seraient exclusivement pris dans l'élément français. Un de ses successeurs, M. Brenier de Montmorand, a fait modifier le règlement en 1867 par le Ministère des Affaires étrangères, et depuis lors, la Concession française est administrée par quatre conseillers français et quatre étrangers, mais comme, depuis longtemps déjà, les électeurs étrangers sont en majorité sur la Concession française, ce sont eux qui, en réalité font les élections; ainsi, ils nomment, comme conseillers français, des employés de leurs maisons établies sur la concession anglaise, et comme pour être éligible, il suffit de posséder un terrain sur la Concession française, ces derniers font passer un acte de vente fictif qui leur confère tous les droits nécessaires. En 1881, le Conseil était ainsi composé : quatre Français, dont trois étaient employés dans des maisons de commerce de la concession anglaise, le quatrième était le P. Bettembourg, des missions Lazaristes, qui partait pour la France peu de temps après son élection. Les quatre conseillers étrangers comprenaient : trois Anglais, établis sur la concession anglaise, et un Allemand résidant sur la Concession française. Voila comment l'élément étranger parvient à dominer notre Concession et à ruiner notre influence ! A diverses reprises, les résidents français ont adressé à leur Consul, des pétitions dont il n'a été tenu aucun compte; cependant un tel état de choses ne peut durer plus longtemps. Les Français demandent que l'on modifie dans le plus bref délai les règlements actuellement en vigueur, en spécifiant que nul ne pourra à l'avenir être nommé conseiller municipal, s'il n'habite la Concession française, de plus, que les électeurs étrangers, ne pourront voter que pour les quatre conseillers qui leur sont accordés, de manière que l'élément français ait bien à sa tête des Français indépendants, qui auront à cœur l'intérêt de la concession et l'influence de la France. »

En 1882 plusieurs négociants et propriétaires français de la Concession française écrivaient au Ministère des affaires étrangères :

« Nous n'avons échappé à l'*annexion anglaise* en 1875 que grâce à l'énergie et à l'habileté de l'agent qui nous a été envoyé temporairement à cette époque.

« Il est indispensable que le commerce et le droit de propriété sur la Concession soient protégés plus efficacement qu'ils ne le sont en ce moment. »

L'insouciance des consuls français est telle que les règlements de notre concession n'ont pas été modifiés depuis 1868. Les étrangers, plus pratiques, revisent presque chaque année leurs statuts suivant les besoins reconnus; nos consuls, agissant de concert avec les treize consuls des autres puissances, convoquent les électeurs étrangers pour modifier les règlements au nord du Yang-King-Pang, ils n'ont jamais songé à faire réunir les intéressés français pour discuter une revision devenue et reconnue indispensable pour notre territoire.

CONCESSION FRANÇAISE DE CANTON

Canton est après Chang-Haï le port le plus commerçant de l'Empire Chinois : situé sur la rive gauche de la Rivière des Perles (Si-Kiang), à 82 milles de la mer, cette ville a pour avant-port Whampoa.

« Le gouvernement français et le gouvernement anglais ont obtenu deux concessions de même valeur. Le 3 septembre 1861, la concession anglaise, divisée en 82 lots, a été mise en vente aux enchères publiques : chaque lot mesure 90 pieds de face sur 140 1/2 pieds de profondeur : les terrains sans façade ont atteint le prix de 3 500 livres chaque lot. Quant à la partie concédée au gouvernement français, elle n'a pas été alotie : elle est encore déserte. » — (1865).

CONCESSION FRANÇAISE DE CANTON

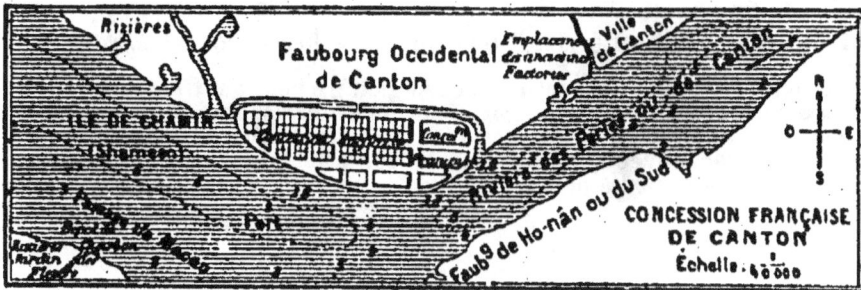

CONCESSION FRANÇAISE DE CANTON
Échelle 40 000

Le journal *La Géographie* disait à ce sujet le 15 février 1889 :

«... Pensant que la France n'avait pas dépensé son argent et la vie de ses soldats pour collectionner des terrains vagues, des négociants français et belges ont demandé à nos autorités consulaires de prendre, à l'exemple des Anglais, les dispositions nécessaires pour mettre en adjudication les lots de la Concession française. Les consuls en ont référé au Ministère des Affaires étrangères et à la légation de Pékin il y a de cela vingt-huit ans et l'on attend encore une solution ! La concession française reste un terrain vague dont les Chinois, qui y sont campés depuis l'émeute de 1883, pour défendre les Européens, reprennent peu à peu possession. Ce n'est pas tout : l'île de Shameen (concédée à perpétuité, partie à l'Angleterre, partie à la France), constituée avec des terres rapportées sur un banc de sable, ne saurait résister au caprice de la rivière des Perles que par un constant entretien des quais qui l'endiguent. Le Ministère des Affaires étrangères en négligeant de réparer nos quais met la sécurité de l'île entière à la merci d'une crue subite du fleuve, exposant ainsi la France à endurer la responsabilité des catastrophes qui pourraient se produire. Il y aurait un moyen d'entretenir les quais de notre Concession : ce serait d'avoir sur notre territoire des résidents payant des taxes municipales... Notre consul habite un local de second ordre sur le territoire anglais et est de ce chef réduit à la protection humiliante de la police britannique qui, au mois d'avril 1888, en profitait pour l'insulter après avoir laissé tenter de l'assassiner... Sur 29 000 balles de soie environ qui s'exportent annuellement de Canton, la France à elle seule, en exporte 14 000. Si Lyon se mettait donc à faire directement ses achats à Canton ce serait un désastre pour les établissements anglo-allemands... »

CONCESSION FRANÇAISE DE TIEN-TSIN

Tien-Tsin est la ville la plus importante de la province du Pet-chili, à 68 milles de l'embouchure du Peiho, à 80 milles de Pékin par la route terrestre : population 900,000 habitants.

« La concession anglaise est à peu près complètement occupée, lit-on dans une note adressée par le Sous-secrétaire d'Etat des colonies aux chambres de commerce le 14 août 1884 : la concession française ne l'est qu'en partie. »

The Treaty ports of China and Japan (London et Hongkong) ajoute :

« La concession française reste encore dans son état primitif. L'unique négociant français qui s'est établi comme propriétaire n'a encore rien fait pour donner de la valeur au terrain : ajoutons même qu'il n'est pas de nationalité française. »

Le 21 mai 1889, on écrivait de Chine à la *République française* :

« Quant à nous qui avons lutté avec l'Angleterre pour ouvrir certains ports de la Chine au commerce étranger, nous qui avons dépensé le sang de nos soldats pour assurer ces conquêtes à la civilisation, nous n'en profitons pas et nous regardons avec apathie monter la marée anglaise, tandis que la vague française se retire peu à peu. »

CAHIER

DES ILES SAINT-PIERRE ET MIQUELON

En 1525, « François Ier envoie Verazini déployer la Salamandre sur Terre-Neuve, la terre nouvellement trouvée » : l'annexion est prononcée.

En 1534, Jacques Cartier explore la plus grande partie de Terre Neuve : il y retourne en 1540 pour y conduire une colonie française.

Vers le milieu du XVIIe siècle, des pêcheurs français fondent une petite colonie à Plaisance : jusqu'en 1687, ils se gouvernent eux-mêmes : à cette époque, le roi de France leur donne une garnison de 50 hommes et place un commandant à la tête de la colonie dont Plaisance, sur la côte sud, demeure le chef-lieu jusqu'au traité d'Utrecht.

Le traité de paix et d'amitié, entre S. M. Très Chrétienne et S. M. là Reine de la Grande-Bretagne, conclu à Utrecht, les 31 mars-11 avril 1712, dispose :

Art. XIII. — L'île de Terre-Neuve avec les îles adjacentes appartiendront désormais et absolument à la G. B., et à cette fin le Roy T. C. fera remettre à ceux qui se trouveront à ce commis en ce païs-là, dans l'espace de sept mois à compter du jour de l'échange des ratifications de ce traité ou plutôt si faire se peut, la ville et le port de Plaisance, et autres lieux que les François pourroient encore posséder dans ladite île, sans que ledit Roy T. C., ses héritiers et successeurs ou quelques-uns de ses sujets, puissent désormais prétendre quoi que ce soit, sur la dite île et les îles adjacentes en tout ou en partie. Il ne leur sera pas permis non plus d'y fortifier aucun lieux, ni d'y *établir* aucune habitation en façon quelconque, si ce n'est *des échafauds* et *cabanes* nécessaires et usitées pour sécher le poisson, ni aborder dans ladite île dans d'autres temps que celui qui est propre pour pêcher et nécessaire pour sécher le poisson. Dans la dite île il ne sera pas permis auxdits sujets de la France de pêcher et de sécher les poissons en aucune autre partie que depuis le lieu appelé *Cap de Bona-Vista* jusqu'à l'extrémité septentrionale de la dite île et de là en suivant la partie occidentale jusqu'au lieu appelé *Pointe-Riche.*

Le traité définitif de paix et d'amitié entre S. M. Britannique, le Roi Très Chrétien, et le roi d'Espagne, signé à Paris le 10 février 1763, ajoute :

Art. V. — Les sujets de la France auront la *liberté de la pêche et de la sécherie* sur une partie des côtes de l'île de Terre-Neuve, telle qu'elle est spécifiée par l'art. XIII du traité d'Utrecht; lequel article est renouvelé et confirmé par le présent traité. Et S. M. Britannique consent de laisser aux sujets du Roi Très Chrétien la *liberté de pêcher dans le golfe Saint-Laurent*, à condition que les sujets de la France n'exercent ladite pêche qu'à la distance de trois lieues de toutes les côtes appartenant à la Grande-Bretagne, soit celles du continent soit celles des îles situées dans ledit golphe Saint-Laurent.

Et pour ce qui concerne la pêche sur les côtes de l'île du Cap-Breton, hors du dit golphe, il ne sera pas permis aux sujets du Roy Très Chrétien d'exercer la dite pêche qu'à la distance de quinze lieues des côtes de l'île du Cap-Breton; et la pêche sur les côtes de la Nouvelle-Écosse ou Acadie, et partout ailleurs hors du dit golphe restera sur le pied des traités antérieurs.

Art. VI. — Le Roi de la Grande-Bretagne *cède les îles de Saint-Pierre et de Miquelon*, en toute propriété, à S. M. Très Chrétienne pour servir d'abri aux pêcheurs *français*.

Et Sa dite Maj. Très Chrétienne s'oblige à ne point fortifier lesdites îles, à n'y établir que des bâtiments civils pour la commodité de la pêche et à n'y entretenir qu'une garde de cinquante hommes pour la police.

TERRE-NEUVE

COLONIE FRANÇAISE DE 1523 A 1713

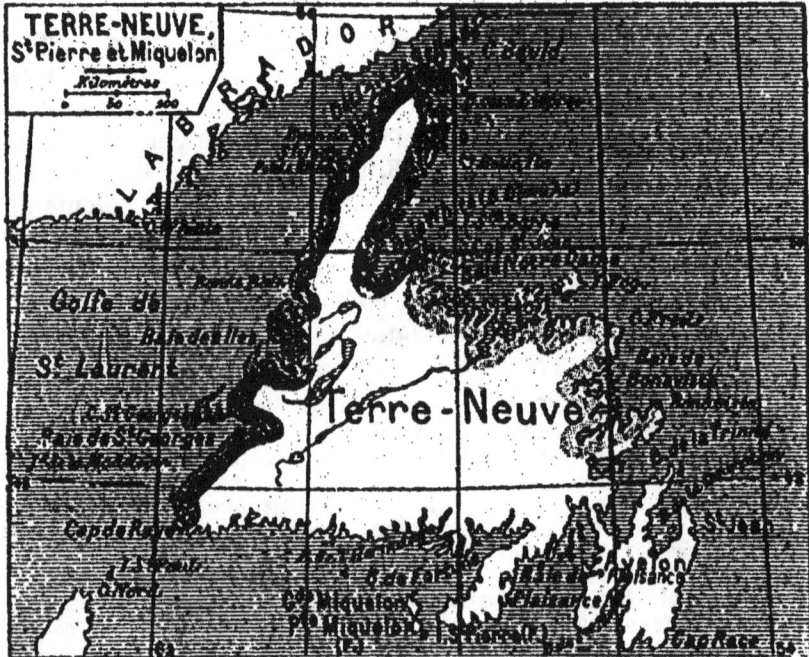

Côte réservée à la France par le traité d'Utrecht (1713), abandonnée au traité de Versailles (1783)
Côte réservée aux Pêcheries françaises par les traités de 1713 et de 1783.

Les traités de 1713 et de 1763 ne s'étaient point expliqués sur la ligne de démarcation de la pêche française de Terre-Neuve. Il y fut pourvu par le traité de Versailles de 1783 : nous renonçâmes à pêcher sur la côte orientale ; on nous assigna une côte ingrate, à partir du *Cap Saint-Jean* passant par le nord et longeant la côte jusqu'au *Cap Raye*.

Le gouvernement français n'avait pu obtenir le *droit exclusif* de pêche dans la zône réservée, le French shore.

Toutefois, une déclaration annexée au traité de 1783 nous ...onnait un: assurance de satisfaction :

« Pour que les pêcheurs des deux nations ne fassent point naître de querelles journalières, S. M. B. prendra les mesures les plus positives pour prévenir que ses sujets ne troublent en aucune manière par leur concurrence la pêche des Français pendant l'exercice temporaire qui leur est accordé sur les côtes de l'île de Terre-Neuve et elle fera *retirer* à cet effet les *établissements sédentaires* qui y seront formés. S. M. B. donnera des ordres pour que les pêcheurs français ne soient pas gênés dans la coupe des bois nécessaires pour la préparation de leurs échafaudages, cabanes et bâtiments de pêche. »

Il semble évident que les pêcheurs anglais ne peuvent pêcher communément avec les navires français. Mais peu à peu des villages s'étant formés le long du French Shore, comme à la baie St-Georges, où il n'y avait que 3 ou 4 familles en 1817, où il se trouve aujourd'hui plus de 4 500 habitants, les colons anglais prétendirent partager avec nous ces baies poissonneuses, ils s'en crurent même les seuls maîtres : des gisements minéraux furent découverts et exploités par les Anglais; sur la côte des bourgs industriels furent créés.

Les envahissements prirent une telle extension qu'en 1866 la Chambre de commerce de Saint-Brieuc réclama l'appui du gouvernement et demanda « que la pêche fut interdite aux pêcheries anglaises dans tous les bancs de la côte de Terre-Neuve qui nous sont réservés par les traités. »

Le ministre de la marine « donna l'ordre au commandant de la subdivision de Terre-Neuve de veiller autant que possible à ce que les Anglais ne pratiquent pas la pêche dans les baies ou bancs attribués à nos nationaux. »

De leur côté, les Anglais continuent à soutenir qu'ils ont le droit de pêcher sur le French Shore ; d'année en année leurs empiètements prennent une plus grande extension : lorsque nos pêcheurs arrivent ils trouvent les filets des Terre-Neuviens tendus sur les meilleurs fonds. Est-il étonnant dans ces conditions que nos armements à destination de Terre-Neuve aient diminuées dans des proportions considérables, que nous ayons abandonné momentanément 400 milles de côtes sur les 770 milles qui nous sont réservés, qu'à chaque saison nouvelle nos armements se réduisent, qu'il y ait des bancs qui ne voient jamais le pavillon français ?

En novembre 1885, un arrangement a été conclu entre le gouvernement français et le gouvernement anglais pour définir les droits respectifs. Le Parlement de Terre-Neuve refusa de reconnaître cette convention en vertu de ce principe « Terre-Neuve aux Terre-Neuviens » et répondit par le Bait Bill.

Les Terre-Neuviens veulent la ruine de nos pêcheries. Le Bait Bill est un des incidents de la lutte. Dans un discours au Conseil général (session de 1888), le gouverneur de la colonie, M. H. de Lamothe, appréciait ainsi la situation faite aux pêcheries françaises par le Bait Bill pour l'interdiction de l'importation à Saint-Pierre de la boëtte de provenance anglaise :

« J'ignore quel sera le sort du *Bait Bill*, de cette mesure qui, dans la pensée de ses auteurs, devait infailliblement amener la ruine des pêcheries françaises. Mais je puis affirmer, sans crainte d'être contredit, que son application n'a exercé sur le résultat d'ensemble de nos opérations de pêche qu'une influence absolument négligeable. Si la législature et le gouvernement de Terre-Neuve, s'apercevant qu'ils ont fait fausse route, se décident à revenir sur une prohibition qui a été, en somme, plus nuisible à leurs nationaux qu'à nous-mêmes, ils nous trouveront tout prêts à renouer les relations d'affaires et de bon voisinage si fâcheusement interrompues. Mais, instruits par l'expérience, nous serons probablement amenés à réclamer quelques garanties de stabilité pour l'avenir... »

Les armements de pêche s'effectuent pour les bancs, (banc de Saint-Pierre, Banquereau, Grand-Banc), — pour la côte Est de Terre-Neuve, vers les havres de Kirpon, du cap Rouge, de Fichot, de Saint-Antoine, de Fleur de Lys, de la Scie, de la Crémaillère), — pour la côte Ouest de Terre-Neuve où les navires suivent la morue en défilant le golfe du Saint-Laurent jusqu'à l'anse des Fleurs, — pour les îles Saint-Pierre et Miquelon.

Les exportations des îles Saint-Pierret et Miquelon se composent exclusivement des produits de pêche.

La colonie comprend 1° l'île Saint-Pierre dont dépendent 6 îlots : le Grand Colombier, le Petit Colombier, l'île aux Chiens, l'île aux Vainqueurs, l'île aux Pigeons, l'île au Massacre, 2° l'île Miquelon divisée en deux parties, la Grande Miquelon et la Petite Miquelon plus communément appelée Langlade.

CONSEIL GÉNÉRAL

Le Conseil général a été organisé par les décrets des 2 avril et 10 mai 1885.

La chambre de commerce des îles Saint-Pierre et Miquelon est régie par l'arrêté du 1er août 1878.

LES VŒUX DU CONSEIL GÉNÉRAL

La colonie de Saint-Pierre et Miquelon se compose d'un groupe de petites îles dont les principales sont les deux Miquelon et Saint-Pierre. Cette dernière, le chef-lieu, est

situé par 46° 46' de latitude nord et 58° 30' de longitude
ouest. Cette possession est tout ce qui nous reste de cet
immense empire colonial que nous avions dans l'Amérique
du Nord et qui nous a été définitivement enlevé par le
traité de Paris du 10 février 1763.

Sa population sédentaire, qui, d'après les chiffres officiels
basés sur un recensement auquel ses auteurs n'ont jamais
rien compris, serait de 6 000 habitants, dépasse en réalité
7 000, nombre plus que doublé d'avril à novembre pendant la saison de pêche.

La grande industrie de la colonie est la pêche de la
morue. La métropole envoie à Saint-Pierre, des ports de
Fécamp, Dieppe, Granville, Saint-Malô, environ 200 navires, de 100 à 400 tonneaux de jauge, montés par près de
6 000 marins. Saint-Pierre arme, de son côté, 220 goélettes
montées par plus de 3 500 hommes, tous sujets français,
le plus grand nombre venant, au printemps, de la Bretagne
et y retournant à l'automne. La petite pêche occupe
encore environ deux mille marins naviguant sur de petites
embarcations à rames et à voiles. Une grande partie de
ceux-ci forment avec les « graviers » (jeunes gens occupés
à la salerie de la morue) et les nombreux ouvriers des
corps d'état de la marine, la population flottante.

Jusqu'en 1887, la « boëtte » ou appât, nécessaire à la
pêche sur les *Bancs*, s'achetait des Anglais de Terre-
Neuve qui l'apportaient sur la rade de Saint-Pierre. Ce
commerce avait enrichi la population de la partie sud-
ouest de cette grande île qui s'approvisionnait dans les
magasins de Saint-Pierre au lieu d'aller se faire *voler* par
les marchands de Saint-Jean de Terre-Neuve, marchands
qui forment aujourd'hui la majorité « bait billiste » du
Parlement terre-neuvien.

Cet état de choses est changé.

Jalouse de la concurrence que lui faisait le commerce de
la colonie française, la majorité du Parlement de Saint-
Jean de Terre-Neuve a voté un « Bill », sanctionné par la
reine Victoria, interdisant formellement l'exportation de
tout poisson pouvant servir d'appât pour la pêche de la

morue. Elle a d'autant mieux visé Saint-Pierre dans ce bill, qu'elle a eu soin d'y insérer une clause par laquelle le Gouvernement se réservait le droit d'accorder, dans certains cas, des *licences d'exportation*. Ces licences sont pour les bâtiments américains et canadiens dont les gouvernements sont à ménager. La flotte française est donc privée de boëttes depuis le printemps de 1888 ou du moins ce n'est qu'assez difficilement qu'elle peut s'en procurer. Il lui reste la faculté d'aller en pêcher sur le « French Shore » partie de Terre-Neuve comprenant toute la côte au nord des caps Ray et Saint-Jean. Le traité d'Utrecht du 11 avril 1713 a en effet reconnu à la France, le droit exclusif de pêche sur toute cette côte ; ce droit a encore été confirmé par le traité de Paris du 30 mai 1814.

Malheureusement, cette côte est bien éloignée des Bancs et les armateurs doivent s'attendre à bien des déceptions, car la boëtte n'y existe pas continuellement comme sur la partie sud de l'île. Il faut y arriver aux bons moments, et on n'arrive pas toujours quand l'on veut, lorsqu'il faut aller avec des bâtiments à voiles et naviguer le plus souvent par des temps de brumes. Ce French-Shore autrefois très fréquenté par les pêcheurs français, était en quelque sorte abandonné depuis quelques années. Notre flotte s'y est composée de plus de 150 navires montés par des équipages de 40 à 70 hommes pour chacun et en 1887 elle était réduite à un effectif de 8 ou 10 bâtiments. Malgré la pêche que l'on semblerait vouloir y pratiquer, celle du capelan et du hareng, le French Shore ne peut manquer de nous échapper complètement et le moment n'en est peut-être pas éloigné.

Les Saint-Pierrais — et avec eux les armateurs métropolitains connaissant bien la pêche — sont unanimes à reconnaître que le plus avantageux, pour la France et pour Terre-Neuve, serait pour la première de renoncer à ses droits sur le French-Shore en échange de l'abrogation du « Bait bill » et de l'engagement pris par le gouvernement anglais de ne jamais y revenir, même par des moyens détournés.

La colonie de Saint-Pierre et Miquelon, essentiellement française, puisqu'elle n'est composée que de Normands, Bretons et Basques et de descendants des mêmes origines, n'a obtenu les institutions municipales qu'en 1872. Ce n'est qu'en 1885 que, sur les instances de son délégué au Conseil supérieur des colonies, l'honorable M. Louis Henrique, elle a été dotée d'un conseil général composé de 13 membres. Cette assemblée jouit de quelques-unes des prérogatives accordées aux assemblées départementales, mais il est dans bien des cas, même dans des questions budgétaires, tenu en tutelle par un conseil privé composé de fonctionnaires, le plus souvent *ignorants et incapables*, et d'un notable choisi par le Gouverneur et par conséquent entièrement à la dévotion de celui-ci.

A ses débuts, le Conseil général demandait l'assimilation pleine et entière aux départements français, en ce qui était possible, bien entendu ; mais il n'a jamais été écouté. —S' le Gouvernement comprenait bien l'intérêt de la colonie de Saint-Pierre et Miquelon, il devrait lui assurer son autonomie et lui supprimer la subvention de 35 ou 40000 francs qu'il lui alloue tous les ans.

La colonie, libre d'administrer ses revenus elle-même, se débarrasserait de son armée de fonctionnaires, qui non contents de lui enlever les 2/3 de son budget, lui gaspille le reste. Il suffit de se tourner vers les colonies anglaises voisines de la nôtre : Terre-Neuve, le Cap Breton et le Prince-Édouard. Chacune de ces îles présente une superficie 400 fois plus grande que celle de notre possession, une population 25 fois plus nombreuse, mais, déduction faite du personnel des douanes, aucune n'est affligée d'un aussi grand nombre de fonctionnaires. Elles administrent leurs finances comme elles l'entendent, font des règlements de police et d'administration en conformité avec leurs mœurs et leurs besoins et n'ont, en fait de fonctionnaires de la Métropole, qu'un Gouverneur investi du pouvoir d'opposer son veto à toute loi qui lui semblerait contraire aux intérêts du Royaume-Uni.

Notre colonie a, à sa tête, un Gouverneur entouré d'un

nombreux personnel soi-disant occupé à son secrétariat, puis une direction de l'Intérieur avec un essaim de chefs de bureaux, commis et écrivains. Si tout ce monde ne fait rien, faute de travail à lui fournir, il n'en touche pas moins de gros émoluments qui, comme ceux du secrétariat du Gouvernement, sortent de la poche des contribuables Saint-Pierrais Et dans tous les services il en est ainsi. Car Saint-Pierre et Miquelon a une organisation administrative tout aussi compliquée que celle de la Cochinchine et de nos autres grandes colonies, avec cette différence que le personnel y est encore plus nombreux en rapport de la population. Voilà la plaie de Saint-Pierre, mais il est à craindre qu'elle ne disparaisse jamais.

Le commerce des morues est très important à Saint-Pierre, d'où il s'en expédie de nombreuses cargaisons sur nos ports de la Manche et du golfe de Gascogne, sur les marchés de nos Antilles, sur celui de la Réunion, sur ceux des États-Unis, de la Nouvelle-Écosse, etc. Le chiffre de ces exportations s'élève de 18 à 20 millions de francs chaque année.

Les importations sont de plus et le mieux de provenances française et américaine. Les produits de France consistent surtout en alcools, vins, cidres, bières, tissus, cordages, sels de pêche, etc., etc., et sont évaluées à un chiffre de 7 à 8 millions de francs. Les articles américains fournissent une valeur à peu près égale et consistent en articles coûtant meilleur marché qu'en France, comme les tabacs, les bois, farines, tissus à voiles, etc.

Au nombre des vœux exprimés par le Conseil général, depuis son origine et qui n'ont reçu aucune satisfaction, il faut citer :

1° *Réduction sérieuse dans le nombre des fonctionnaires et par conséquent dans le chiffre des dépenses rendues obligatoires par le Ministre ;*

2° *Demande d'un député ;*

3° *Demande de la promulgation de la loi du 8 décembre 1833 sur les tribunaux consulaires de commerce ;*

4° *Institution du jury en matière criminelle ;*

5° Promulgation de l'article 3 de la loi du 27 juillet 1872 qui interdit aux militaires présents au corps l'exercice du droit électoral.

Les 7000 Français de Saint-Pierre et Miquelon voient une petite poignée, encore moindre que celles qu'ils forment eux-mêmes, de leurs compatriotes résidant en Cochinchine élire un député qui peut ainsi user de l'autorité que lui donne son mandat pour faire donner satisfaction aux intérêts de ses mandants; ils voient les noirs du Sénégal et de la Guyane jouir du même privilège, privilège qu'on leur a toujours refusé, peut-être parce qu'ils n'ont pu se faire entendre! Il y a là une anomalie qui ne devrait pas exister. Les Français, qu'ils soient d'une grande colonie, qu'ils soient d'une petite, devraient être égaux en tout et partout. Ou aucune colonie ne devrait être représentée aux Chambres ou toutes devraient l'être.

Depuis 1885, le Conseil général demande la promulgation de la loi du 8 décembre 1883; il renouvelle son vœu à toutes ses sessions. Rien ne vient, ni rejet, ni promesses, rien. Et cependant les négociants de Saint-Pierre et Miquelon sont des Français, la plupart nés en France, y ayant reçu leur instruction et sont à la hauteur de la mission confiée à leurs confrères de France de juger les différends commerciaux. L'état actuel des choses présente même une particularité étrange. Avec les promenades que font sans cesse nos fonctionnaires sous prétexte de congés de convalescence, alors qu'ils sont dans une colonie plus saine que la France elle-même, il arrive très fréquemment que les fonctions de juge de première instance et de commerce sont remplies par le greffier des tribunaux, homme très respectable sans doute, mais n'ayant aucun diplôme universitaire. Et ce fonctionnaire est président d'un tribunal de commerce, lorsqu'on semble méconnaître à des négociants, à des hommes du métier, ayant de l'instruction, le droit d'aspirer au même honneur !

Le vœu, sans cesse renouvelé pour l'institution d'un jury en matière criminelle, n'a pas eu plus de succès que le précédent, bien que cependant le Ministre ait une fois répondu que la colonie n'avait pas une population suffisante pour *trouver un jury composé de 12 membres*. Très conciliante, l'Assemblée a répondu qu'il y avait un moyen bien simple de remédier à cet inconvénient, lequel était d'instituer un jury quelconque par un décret spécial avec des conditions toutes spéciales. Ce nouveau vœu est sans nul doute resté enfoui dans les cartons du Ministère.

Il faut cependant ne pas oublier qu'à Saint-Pierre, il a été prononcé par le tribunal criminel, et depuis une douzaine d'années seulement, *trois* condamnations à mort, dont une en 1887 et la dernière au mois de janvier 1889. Il ne faut pas perdre de vue que ce tribunal se compose d'un magistrat, président, de deux officiers du commissariat, juges, et de quatre notables, assesseurs, non pas élus, mais *désignés* par le Conseil privé, ou pour mieux dire par le Gouverneur.

Magistrat, commissaires et notables sont tout à la fois jurés et juges, car les uns comme les autres ont à se prononcer dans les réponses aux questions posées comme sur l'application de la peine. C'est le conseil de guerre composé de pékins auxquels il ne manque que la plume d'oie en guise de sabre !... Un tribunal pareil peut convenir au Gouvernement lorsqu'il s'agit de poursuivre des délits de presse, mais le Conseil général, d'accord avec la population, déclare qu'il ne présente pas de garanties suffisantes à un accusé lorsqu'il peut y aller de sa tête.

La troupe n'est représentée à Saint-Pierre que par un petit nombre de soldats (une soixantaine de l'infanterie de marine et de fusiliers disciplinaires) et une vingtaine de gendarmes. Tous ont le droit de prendre part aux opérations électorales, la loi du 27 juillet 1872 n'ayant jamais été promulguée dans les colonies.

Le vote des militaires présente cet inconvénient que des gens simplement de passage, et qui ne connaissent aucunement les intérêts d'un pays, peuvent arriver, par leurs votes, à les compromettre. Ils peuvent changer complètement le résultat d'une élection, suivant que les suffrages se portent sur tel ou tel candidat.

Leur immixtion dans les élections a été jugée condamnable en France ; elle doit l'être encore davantage dans une colonie comme celle de Saint-Pierre et Miquelon.

Cette petite colonie ne demande qu'à prospérer et ce ne sont pas les conditions de vitalité qui lui manquent. Encore faudrait-il que le gouvernement de la Métropole y aidât, non seulement en donnant une solution favorable aux vœux exprimés par les assemblées, mais encore en n'y envoyant pas comme administrateurs des ignorants et des incapables.

THÉODORE CLÉMENT,
Membre du Conseil général.

REPRÉSENTATION COLONIALE

Le décret du 19 octobre 1883 décide que la colonie de Saint-Pierre et Miquelon sera représentée par un délégué au Conseil supérieur des colonies.

Voici en quelques mots et selon moi ce que Saint-Pierre et Miquelon désire réellement.

Comme on l'a dit avec raison à la Chambre, Saint-Pierre n'est point, à proprement parler, une colonie, en ce sens qu'elle ressemble fort peu à la plupart des autres possessions de la France ainsi dénommées. C'en est une cependant, dans le sens vrai du mot, car il s'agit d'une agrégation exclusivement composée de Français qui se sont établis depuis 1763 sur les îles jusqu'alors incultes et désertes que l'on nomme Saint-Pierre et Miquelon. Là ces Français y ont exercé et y exercent la seule industrie qui y soit possible sur une grande échelle : la pêche de la morue. Cependant ils ont réussi, — grâce surtout au voisinage de Terre-Neuve dont beaucoup de hameaux de pêcheurs sont dans le sud-ouest, beaucoup plus rapprochés de Saint-Pierre que de Saint-Jean, chef-lieu de l'île, — à créer un entrepôt de marchandises que les pêcheurs anglais trouvent chez nous à de meilleures conditions qu'ailleurs. C'est là une des principales causes de la jalousie commerciale que notre modeste colonie inspire à l'aristocratie marchande de Saint-Jean de Terre-Neuve, qui ne voudrait pas qu'un seul des malheureux pêcheurs irlandais d'origine soumis à son exploitation puisse s'en affranchir en achetant chez le voisin des marchandises qui lui conviennent.

Les Français de Saint-Pierre et Miquelon au nombre de plus de 6,000 (ils n'étaient que 2 500 il y a vingt ans) se composent en majeure partie d'intrépides marins qui ne ne le cèdent en rien à leurs frères de la Bretagne, de la Normandie et des Pays-Basques, leurs pays d'origine pour la plupart. Quels sont leurs desiderata? assimilation complète à un département ou à un arrondissement de la Métropole, si vous aimez mieux, mais non autonomie, mot vide de sens pour une population aussi restreinte et, probablement mot assez mal compris par bon nombre de ceux qui l'emploient. Cette colonie ne coûte rien à la France, car il ne faut pas parler des primes données à l'industrie de la pêche en général, dans le but de former de bons marins nécessaires au recrutement de notre flotte. Je me trompe : elle jouit actuellement d'une subvention de 20 000 francs !

Par contre, elle possède un port naturel plus important par le mouvement de sa navigation que *tous* les autres ports de nos colonies et qui présente cette singularité, qu'il est le seul qui n'ait jamais été doté de la plus petite subvention pour y faire faire des travaux qui, une fois exécutés, en décupleraient l'importance. Il y a bientôt 30 ans que cette question est à l'étude et plusieurs années qu'elle est résolue. Des sondages complets ont été exécutés dans le port aux frais de la colonie. Toutes les personnes compétentes reconnaissent qu'il n'existe aucune difficulté pour en opérer le *creusement par dragage*.

400 ou 500 000 francs répartis en plusieurs annuités suffiraient pour mener ce travail à bonne fin.... Bien entendu toutes ces idées reposent dans les fameux cartons que vous savez et l'on n'a rien résolu : c'est dans l'ordre.

Dès son origine, le Conseil général a émis à ce sujet et et à l'unanimité un vœu resté jusqu'ici stérile.

Je ne rappellerai pas combien de millions ont été dépensés ailleurs pour des travaux infiniment moins utiles.

Voilà le principal vœu de la colonie, celui dont l'accomplissement profiterait au moins autant à la métropole qu'à sa colonie.

Que désire-t-elle encore, cette colonie? *un député*. Certains arrondissements en France qui vont en nommer un, sont loin d'avoir comme mouvement d'affaires, sinon comme population, l'importance de Saint-Pierre et Miquelon. M. Henrique, dans un travail qu'il avait fait en 1886, je crois, l'a démontré.

Quant à l'*institution du jury* et à la *création d'un tribunal de commerce*, je ne vois pas de raisons plausibles pour les refuser à cette colonie; mais j'espère qu'elle en sera prochainement dotée.

On se plaint de ne pas pouvoir voter librement dans la colonie, par l'organe du Conseil général, les droits de douane. L'abus qu'ont fait de cette faculté certains conseils généraux de colonies largement subventionnées semble prouver qu'il vaut mieux que les choses restent ainsi à Saint-Pierre et qu'il devrait en être de même pour toutes les colonies.

Je crois avoir démontré en deux mots que l'autonomie pour Saint-Pierre serait un non sens. Son assimilation complète à la métropole serait au contraire on ne peut plus facile. Or dans la métropole qui est-ce qui vote les droits de douane? L'État, par les parlements, et non les Conseils généraux : tirez de là, les conséquences.

Quant à la question du vote des militaires au nombre de 10 ou 12 dans la colonie (car les disciplinaires, qui sont des condamnés, ne votent pas) il semble qu'elle soit sans importance.

CH. SALOMON,
Délégué de Saint-Pierre et Miquelon.

LES PÊCHERIES FRANÇAISES

DE TERRE-NEUVE

Dans une réunion tenue sous la présidence du Commandant de la Colonie, la Chambre de commerce de Saint-Pierre-et-Miquelon émettait les vœux suivants, en 1836, le 26 octobre :

1° Que le gouvernement de la Métropole ne cède aucun des droits de pêche conférés à la France sur le littoral de Terre-Neuve par le traité d'Utrecht et confirmés par ceux subséquents.

2° Que les armateurs de Saint-Pierre soient admis au tirage des places dans les conditions en harmonie avec les armements de la colonie, laissant au gouvernement de la Métropole le soin de fixer les conditions au mieux des intérêts desdits armateurs.

3° Qu'un navire de guerre français stationne dans la baie Saint-Georges pendant toute la durée de la pêche de la boëtte nécessaire à nos banquais afin que les pêcheurs français ne souffrent aucun empêchement de la part des nombreux résidents anglais pour placer leurs rets à hareng.

4° Que le gouvernement français requiert le gouvernement anglais de faire, conformément à la déclaration du roi Georges, fermer, détruire, disparaître ou éloigner tout établissement fixe de la baie Saint-Georges qui se trouverait situé en un endroit qu'un pêcheur français choisirait pour y élever un chauffaud destiné à saler sa pêche quelle qu'elle soit.

5° Que le Gouvernement français veuille bien représenter à celui de Sa Majesté Britannique que la nombreuse population anglaise actuellement établie à Saint-Georges et à Cod-Roy ne saurait voir arriver dans la baie ou le havre qu'elle habite, un aussi grand nombre de goélettes de la Colonie ou de banquais de la Métropole pour y prendre la boëtte nécessaire à leur industrie, sans en en concevoir une jalousie aveugle qui est destinée à se traduire par des querelles continuelles. Qu'en conséquence les pêcheurs de Saint-Pierre, pas plus que les banquais de la Métropole, ne doivent être soumis à la juridiction des magistrats anglais établis soit à Saint-Georges, soit à Cod-Roy pour juger de leurs droits de pêche, etc.

6° Qu'il plaise au Gouvernement français d'autoriser toute goélette de Saint-Pierre ou banquais de la Métropole à s'approvisionner de boëtte dans les havres de la côte Est, par ses moyens ou ceux des pêcheurs français y établis en pêche sans qu'ils soient empêchés par les capitaines prud'hommes ou autres en possession des places de pêche par suite du tirage au sort.

7° Que le Gouvernement français veuille bien déclarer comme boëtte ou appât pour la morue les produits suivants de la mer : hareng, capelan, encornet, homard, sans que les pêcheurs français soient astreints, en tout ou en partie, à reconnaître comme valables les prohibitions, arrêtés, lois ou décrets que le Gouvernement de l'île de Terre-Neuve en Conseil, le Parlement de ladite île ou le Gouvernement de la Reine, pourraient édicter pour réglementer, permettre ou suspendre la pêche des produits sus-désignés sur le littoral de Terre-Neuve, du cap Rayo au cap Saint-Jean en passant par le nord.

La note de M. Th. Clément sur les vœux de Saint-Pierre et Miquelon ayant été communiquée aux Chambres de commerce de Fécamp et de Saint-Brieuc, à cette phrase de M. Clément : « Les Saint-Pierrais — et avec eux les armateurs métropolitains connaissant bien la pêche — sont unanimes à reconnaître que le plus avantageux pour la France et pour Terre-Neuve, serait pour la première de renoncer à ses droits sur le French-Shore… », ces Chambres ont ainsi répondu :

LETTRE DE LA CHAMBRE DE COMMERCE DE FÉCAMP

Fécamp, le 15 mai 1889.

Monsieur,

Dans sa séance d'aujourd'hui, la Chambre de commerce à laquelle ont été soumises vos lettres du 4 mars et du 12 mai dernier, PROTESTE ÉNERGIQUEMENT contre le vœu émis dans les Cahiers de Saint-Pierre-et-Miquelon de renoncer aux droits de la France sur le French-Shore, en échange de l'abrogation du Boët-Bill.

Veuillez agréer, etc.

Le secrétaire-archiviste de la Chambre de commerce,

GEORGES GODARD.

LETTRE DE LA CHAMBRE DE COMMERCE DE SAINT-BRIEUC

Saint-Brieuc, le 29 mai 1889.

Monsieur,

En réponse à votre lettre du 12 mai courant, je viens vous informer que, d'accord avec les armateurs de notre région, notre Chambre de commerce a une opinion complètement opposée à celle des Saint-Pierrais qui considèrent comme avantageux pour la France de renoncer à ses droits sur le French-Shore, en échange de l'abrogation du Boët-Bill.

Nous protestons, au contraire, contre un pareil abandon de nos droits sur une colonie qui a été une source de prospérité et de bien-être pour nos ports de commerce et nous dirons même le principal moyen d'existence des populations du littoral de la Manche.

Renoncer aujourd'hui à nos droits sur le French-Shore serait tout simplement de l'aberration et rien ne satisferait mieux les intérêts de nos jaloux rivaux.

« Je crois la conquête des pêches, écrivait Fontenac,

« plus importante que celle des Indes dont les mines
« s'épuisent, tandis que celles-ci sont inépuisables. »

On ne saurait méconnaître, en effet, que les grandes
pêches, outre leur importance commerciale, présentent
encore un intérêt de premier ordre au point de vue politique. Cette industrie constitue, en effet, un des éléments
les plus féconds et les plus précieux de notre inscription
maritime, et est, par conséquent, intimement liée au développement de notre puissance navale.

On se fera une idée de l'importance de la pêche de la
morue, quand nous aurons dit qu'en 1876, Terre-Neuve a
donné à nos pêcheurs plus de 16 millions de kilogrammes
de morue, représentant neuf millions de francs, et dans
ces chiffres ne sont pas compris les résultats obtenus par
les pêcheurs de Saint-Pierre et Miquelon qui, cette même
année, avaient employé à la pêche plus de deux cents
bateaux.

Nous ne parlons ici que des pêcheries de la côte, car on
a évalué à 2 740 000 quintaux la quantité de poisson pris
annuellement sur les bancs et le long des côtes de Terre-
Neuve, ce qui fait une moyenne de 342 500 000 morues
environ. Les navires anglais et américains en capturent la
plus large part et le rendement de leur pêche joint à celui
des bâtiments français représente une valeur de soixante
et quelques millions de francs.

En présence de ces faits, nous croyons inutile d'insister
davantage sur la nécessité de maintenir intacts nos droits
sur l'exploitation d'une industrie qui a donné de pareils
résultats.

Ce serait bien plutôt le cas d'inviter le Gouvernement à
intervenir plus efficacement qu'il ne l'a fait jusqu'ici en
faveur de nos nationaux, et à prendre les mesures nécessaires pour mettre un terme aux empiétements progres-
sifs des pêcheurs anglais dans les havres de notre arrondissement de pêche, empiétements qui ne tiennent à rien
moins qu'à nous évincer, dans un avenir plus ou moins
long, de la portion déjà restreinte du littoral qui nous est
réservé par les traités.

Nous vous remettons ci-joint à l'appui et comme corollaire de nos revendications copie des vœux formulés dans une réunion de la Chambre de commerce de Saint-Pierre et Miquelon le 26 octobre 1886, sous la présidence du commandant de la colonie, M. de Lamothe, et à la demande du capitaine de vaisseau Leclère, ancien commandant de notre division navale de Terre-Neuve.

M. le commandant Leclère y émit l'opinion que nous avons le droit, d'après les traités, de pêcher non seulement la morue, mais tous les poissons qui fréquentent le littoral de Terre-Neuve tels que le hareng, le saumon, le homard, etc., dans les havres habités par nos nationaux. Il ajoute que la prétention de nous limiter aujourd'hui à la pêche de la morue est absolument insoutenable.

Veuillez agréer, etc.

Le vice-président :

CH. BARATOUX.

Lorsqu'en 1815 l'Angleterre voulut tirer de Waterloo un avantage matériel, elle résolut d'enlever à la France une de ses dernières possessions coloniales : elle donna le choix au gouvernement de Louis XVIII entre les îles Saint-Pierre-et-Miquelon avec les pêcheries de Terre Neuve et l'île de France ou Maurice. Le gouvernement français préféra conserver les pêcheries d'Amérique, « Par suite, dit un écrivain anglais, le monopole français fut restauré dans son intégrité primitive. »

Il doit être encore aujourd'hui respecté. Nous ne pourrions admettre qu'une seule compensation au renoncement d'une partie de nos droits, ce serait l'île Maurice elle-même.

CAHIER

DE LA NOUVELLE-CALÉDONIE

La prise de possession de la Nouvelle-Calédonie et dépenda.ices date du 24 septembre 1853.

Ce jour, 24 septembre 1853, à trois heures de l'après-midi, je soussigné Auguste Febvrier-Despointes, contre-amiral, commandant en chef les forces navales françaises dans la mer Pacifique, agissant d'après les ordres de mon gouvernement, déclare prendre possession de l'île de la Nouvelle-Calédonie et de ses dépendances au nom de S. M. Napoléon III, Empereur des Français.

En conséquence, le pavillon français est arboré sur ladite île (Nouvelle-Calédonie) qui, à compter de ce jour, 24 septembre 1853, devient, *ainsi que ses dépendances*, colonie française...

Les Établissements français de l'Océanie occidentale ne se composent actuellement que de la Nouvelle-Calédonie et des îles voisines (île Nou, en face Nouméa, île des Pins, et le Banc de la Brillante au sud..., îles Boualabio, Paabâ, Neba, Bélep, au nord...) des îles Loyalty ou de la Loyauté, vers l'est; des îles Huon (récifs de d'Entrecasteaux) vers le nord, des îles Chesterfield vers l'ouest. — De ces Établissements dépendent les îles Ouvéa.

CONSEIL GÉNÉRAL

Le Conseil général de la Nouvelle-Calédonie a été créé par décret du 2 avril 1885.

Il est composé de 16 membres, dont 5 pour Nouméa et 11 pour les cinq arrondissements.

Le Conseil nomme une commission coloniale.

VŒUX DU CONSEIL GÉNÉRAL

J'ai soumis, Monsieur, votre questionnaire à la Commission coloniale.

Je dois vous dire, tout d'abord, que mes collègues de la

Commission ont trouvé ce questionnaire bien trop important pour qu'il pût y être répondu pour ainsi dire au pied levé, et dans le court intervalle qu'un paquebot des Messageries reste en rade de Nouméa. Cependant, je vais vous transcrire ici les très courtes réponses mises, au cours d'une discussion rapide, en regard de plusieurs de vos points d'interrogation. J'espère qu'elles seront suffisantes pour vous donner au moins une idée des aspirations de la Nouvelle-Calédonie.

1o *L'opinion publique néo-calédonienne paraît être nettement opposée à toute idée d'assimilation absolue de la Colonie à la Métropole ;*

2o *Elle préférerait de beaucoup voir appliquer un système d'autonomie tempérée, rappelant celui qui est appliqué dans les colonies australiennes, au triple point de vue civil, commercial et administratif ;*

3o *Au point de vue militaire et naval je ne pense pas que la colonie soit d'avis de solliciter une indépendance quelconque ;*

4o *Les indigènes canaques doivent, ce nous semble, entrer dans la voie d'une assimilation future, en étant admis tout d'abord à bénéficier de la propriété individuelle ;*

5o *La Nouvelle-Calédonie est tellement désireuse de jouir de la plus large indépendance au point de vue financier qu'elle renoncerait volontiers, pour l'obtenir, à la maigre subvention que lui sert encore la Métropole ;*

6o *La Colonie désirerait voir étendre les pouvoirs administratifs du Gouverneur à défaut d'une organisation autonome* qui rendrait l'extension de ces pouvoirs inutile. Elle aurait ainsi moins à souffrir de l'ingérence des bureaux de la Marine dans les affaires locales qui seraient menées avec plus d'activité.

En cas d'adoption d'un système autonome de gouvernement local, un *droit de veto* convenablement réglé devrait suffire pour le Gouverneur.

7o *Le système administratif préféré de la Colonie serait celui qui exigerait le minimum d'agents ;*

8o *La Colonie, pourvu qu'elle pût obtenir* !

« 1° *La main-d'œuvre pénale en abondance;*

« 2° *L'administration directe des fonds qui sont accordés par la Métropole pour l'exécution des routes;*

« 3° *La reprise de l'immigration libre des Néo-Hébridais;*

« 4° *Le règlement définitif de la question domaniale toujours discutée;*

« 5° *La représentation au Parlement;*

« 6° *L'annexion des Nouvelles-Hébrides;*

saurait résoudre toutes les questions économiques ou autres qui intéressent la colonisation;

9° Les communications entre la Nouvelle-Calédonie et les Wallis ou même Tahiti sont nulles.

Les seules communications sérieuses ont lieu avec l'Australie d'une part et l'archipel Néo-Hébridais de l'autre.

10° La situation de la Nouvelle-Calédonie aux portes du continent Australien est unique pour la France et son influence dans le Pacifique dépend bien plus de la Calédonie que de Tahiti.

Aussi est-on étonné ici de voir la France négliger la question des Nouvelles-Hébrides qui est pour nous et pour elle d'une importance capitale.

LOUIS PELATAN,
Président du Conseil général.

CHAMBRE DE COMMERCE

La Chambre de Commerce de Nouméa a été instituée par un arrêté local en date du 29 octobre 1879. Par arrêté du 3 janvier 1882, le nombre des membres de la Chambre, primitivement fixé à 7, a été porté à 9, nommés à l'élection. La durée de leurs fonctions est de 3 ans. Le renouvellement des membres se fait annuellement par tiers.

La chambre de commerce nomme chaque année son président et un vice-président. Le directeur de l'intérieur en est président de droit.

Une chambre d'agriculture a été établie en Nouvelle-Calédonie par arrêté du 12 mai 1884. Elle est composée de 30 membres titulaires, résidant à Nouméa, ou pris parmi les colons des différentes localités de l'intérieur : 5 de ces membres sont nommés par le conseil municipal de Nouméa, 10 par les commissions municipales et 15 par l'administration.

La Chambre d'agriculture nomme tous les ans son président et ses vice-présidents.

Les attributions de cette Chambre sont purement consultatives.

REPRÉSENTATION COLONIALE

Le décret du 19 octobre 1883 accorde à la Nouvelle-Calédonie, qui n'a pas de représentant au parlement, un délégué au conseil supérieur des colonies; ce délégué est élu par le suffrage universel.

SITUATION ÉCONOMIQUE DE LA NOUVELLE-CALÉDONIE

SES REVENDICATIONS, SES BESOINS, SES VŒUX

Il s'agit ici de préciser les causes pour lesquelles notre grande colonie du Pacifique est restée dans l'état de stagnation pitoyable où nous la voyons encore à l'heure actuelle, et de formuler nettement les voies et moyens propres, selon la majorité des colons qui y souffrent, à lui procurer la prospérité que comportent sa position stratégique, précieuse pour la métropole, ses ressources et ses richesses naturelles considérables.

En général, l'observateur qui procède par comparaison reste frappé de l'état d'infériorité de nos colonies françaises vis-à-vis des colonies voisines étrangères, anglaises et autres, et cela bien qu'elles soient tout aussi bien situées, tout aussi richement dotées par la nature! Les administrations directement intéressées ont essayé d'expliquer cette anomalie en rejetant la faute sur l'incapacité colonisatrice de nos braves pionniers coloniaux... Mais, comme ceux-ci ont fait leurs preuves en créant l'Inde, le Canada, en jetant le germe des plus belles colonies qui existent, il serait puéril de s'arrêter à de telles insinuations, et le patriotisme comme le respect de la vérité exigent que l'on mette nettement à jour les seules et véritables causes d'une situation pleine de périls, à l'heure même où le relèvement de la mère patrie peut, en grande partie, dépendre de la prospérité de son empire colonial.

Dès nos premières courses dans la marine, un fait topique attira notre attention: artout où nous avions l'occasion de voir les Français à l'œuvre, en dehors de nos colonies, ils se trouvaient dans des conditions de prospérité matérielle qui faisaient presque toujours défaut sur le territoire national; en Amérique, par exemple, au Brésil, à la Plata, au Pérou même — et alors que nos consuls et chargés d'affaires n'avaient là qu'une action fort restreinte et un prestige fort limité — nous avions la vive satisfaction de rencontrer des compatriotes à la tête de maisons florissantes, faisant le plus grand honneur à nos industries spéciales, donnant l'élan de la mode, du bon goût et du bon ton. Comment expliquer ce fait bien précis et d'autant plus saisissant qu'il blessait singulièrement notre amour propre national ? Hélas ! devenu colon nous-même, nous ne tardâmes point à découvrir le mot de l'énigme, et le voici sans ambiguïté : la méthode d'administration coloniale française sème sous le pas du colon tant d'entraves, de difficultés, de complications inutiles, que les plus zélés se dégoûtent, que les plus habiles et les plus fortunés succombent, que les plus vivaces prennent la fuite et passent à l'étranger ! Voilà la vérité vraie, voilà sans phrases et sans détours, la cause capitale de toutes nos déceptions coloniales.

Eh oui, sans doute, le mal est là, il faut bien le reconnaître, puisque nous cherchons le remède et que, pour sauver le malade, il importe avant tout de ne point commettre d'erreur dans le diagnostic !... Considérons les trois Guyanes, si on le veut bien, l'anglaise, la hollandaise et la nôtre, climat semblable, fécondité pareille, situation analogue... Eh bien, les deux premières sont des colonies prospères, en pleine exploitation, avec population relativement considérable, l'autre est encore une solitude à peu près inabordable où, malgré la présence d'une armée de travailleurs forcés, outil de pénétration précieux, la colonisation, dans le sens propre du mot, n'existe pas, A qui la faute ? Et certes elle ne peut incomber qu'à l'administration, à laquelle a toujours été confié le sort de ce pays, et qui n'a pas su prendre à son égard les mesures qui conduisaient nos voisins, mieux avisés, aux résultats avantageux que nous pouvons constater aujourd'hui dans les Guyanes de nos frontières. Rien de surprenant à ce que nos colons, tout courageux, tout entreprenants qu'ils puissent être, ne se soient pas arrêtés dans un pays sans ports, sans routes, sans aucun outillage d'exploitation, où ils ont vite reconnu qu'il était inutile de produire puisque les production! n'y avaient! aucun moyen de circulation et d'écoulement.

Dans la circonstance, nous nous demandons en quoi il serait possible de suspecter la puissance colonisatrice du colon français ? Nous aimons mieux prier nos compatriotes de vouloir bien considérer que, depuis plus de trente ans, la France entretient à grands frais, sur le sol de la Guyane, des milliers de forçats condamnés à exécuter les travaux d'utilité publique par la loi de mai 1854, et que l'administration centrale des colonies, dont dépendent exclusivement ces forçats, n'a pas trouvé le moyen de creuser un port sérieux, des bassins de radoub, quelques routes à travers la forêt vierge, quelques canaux d'assainissement et de transport... rien enfin de ce qui est indispensable aux premiers établissements des colonisateurs! Elle a bâti des casernes pénitentiaires sur les îles du Salut, elle a fait quelques travaux dans l'île même de Cayenne et tout le reste est encore à peu près à l'état de nature.

Mais, si nous examinons maintenant les colonies où, malgré

ces causes premières d'insuccès, nos pionniers français ont
réussi, comme par miracle et grâce à leur caractère intrépide,
à se cramponner et à vivre, nous retrouvons encore la même
administration, mesquine et tracassière, leur dictant ses lois
restrictives du fond de ses bureaux, les assujettisant par voie
de décrets à des règlements bizarres, souvent en contradiction
flagrante avec les besoins locaux, pour l'élaboration desquels
l'avis des intéressés n'est jamais demandé, attendu que ces
décrets sont presque toujours l'œuvre d'administrateurs métro-
litains, n'ayant rien de commun avec l'expérience coloniale et
qui, selon le grand principe d'autorité, veulent toujours appliquer leurs théories qu'ils croient les seules bonnes. Nous avons
vu, récemment encore, de ces *décrets rapportés avant d'être expérimentés,* par le seul fait qu'en arrivant à la colonie qui devait
en être victime on reconnaissait qu'ils se trouvaient absolument
en contradiction avec l'objectif même qu'ils semblaient viser !
La Nouvelle-Calédonie a failli, il y a quelques années, sombrer
complètement sous l'influence d'un factum de cette force, étudié et mûri dans les bureaux du Ministère. Il s'agissait de trouver un moyen de contraindre les colons à restreindre l'élevage
des troupeaux au bénéfice des travaux agricoles, et l'on n'inventa
rien de mieux que de décréter un impôt sur les *terres en friche.*
Or, il arriva qu'au moment d'agir on reconnut que l'élevage
était la ressource à peu près exclusive des colons qui n'avaient
sous la main aucune voie de communication, aucun moyen de
tirer parti de leurs produits agricoles et que, d'autre part, les
deux tiers des terres en friche étant déclarés propriété de l'État,
ce serait l'État lui-même qui supporterait la plus lourde
charge de ce singulier impôt.

Le sentiment qui semble dicter la ligne de conduite de l'administration centrale à l'égard des colonies est la défiance au sujet
du colon. Il faut avoir, comme nous, assisté à la confection d'un
projet de constitution de conseil général à l'usage de certaines
de nos possessions d'outre-mer, pour se faire une idée exacte
des précautions minutieuses prises par les hauts fonctionnaires
de l'administration centrale à l'effet de paralyser tout essor,
toute initiative chez les assemblées locales, et des efforts des
mêmes fonctionnaires pour arriver à faire supporter à ces
mêmes colonies les charges d'un personnel inutile, entravant,
qui n'a souvent d'autre raison d'être que la faveur officielle !

La seule pensée de l'émancipation possible du colon semble
faire frémir les bureaux; leur bête noire, c'est le créole au sang
bouillant et généreux; la moindre aspiration de ces enfants du
soleil à élargir les liens étroits qui paralysent leurs efforts est
une *tendance séparatiste* dangereuse, que l'on étouffe soigneu-
sement sous quelque nouveau décret somnifère. Comme si le
respect, l'amour de la patrie perdait sa vitalité en raison de la

distance, et ne grandissait point, ne grossissait point tout au contraire, sous cette influence, à l'image des fleuves qui s'éloignent de leurs sources!

De ce cauchemar enfantin naissent pourtant les mesures les plus fatales à nos colonies, mesures arrêtées presque toujours en dehors de toute considération de mœurs, de climat, de production, etc. La préoccupation constante du bureaucrate de la rue Royale a toujours été exclusivement de maintenir les colonies dans une sphère d'engourdissement favorable à une direction autocratique, et ce principe invariable se traduit d'une façon caractéristique par cette recommandation suprême aux gouverneurs et aux hauts fonctionnaires en partance pour leurs postes respectifs : *surtout que l'on n'entende jamais parler de vous !*

Du zèle, chez les employés et fonctionnaires, il n'en est guère toléré, mais toute initiative est suspecte d'insubordination, cause du dérangement et du travail à l'administration supérieure et est immédiatement réprimée avec rigueur. De là des changements incessants dans le haut personnel colonial et, de cette instabilité des gouvernants résultent des inconvénients multiples pour les gouvernés.

Bien des fois, journalistes et écrivains ont apprécié et qualifié d'une façon sévère ces malheureux laboratoires du ministère de la marine où tous les principes vitaux de nos colonies sont étouffés uniformément dans des cartons qui sont des sarcophages; c'est qu'en effet, le sous-secrétariat des colonies a été reconnu pour le dernier des endroits où l'on peut se procurer non seulement des renseignements sur les pays d'outre-mer qui vous intéressent, mais même où l'on doit aller chercher aide et protection pour s'établir dans une colonie française.

Alors que les nations étrangères, poussées par la nécessité d'ouvrir à leurs industries nationales des débouchés nouveaux, fondent de tous côtés des colonies nouvelles vers lesquelles elles s'efforcent de faire dériver les courants d'émigration, la France, elle, laisse naïvement passer tous les ans chez les autres les douze à quinze mille Français dont la plupart, en partant, ignorent sans doute que la France possède des colonies sur le territoire desquelles ils pourraient facilement se refaire une situation prospère, à l'abri du pavillon national ! — Et notre commerce agonise pendant qu'un noyau nouveau de consommateurs français se sépare de nous chaque année pour aller se joindre aux consommateurs étrangers. — A qui la faute, encore une fois ? Est-ce à l'émigrant qui s'adresse aux bureaux des colonies où un brave sous-chef, honnête homme s'il en fût jamais, lui débite ces vérités devenues historiques : « Mais, mon ami, que voulez-vous aller faire là-bas... vous y mourrez de misère et d'ennui... Ah! croyez-moi, si vous pouvez vous y procurer une bouchée de pain, restez chez vous ! » Le digne employé faillit être cassé aux gages pour prix de cette franchise intempestive, et l'émigrant fila sur La Plata ?

La faute est-elle à l'émigrant qui, après des démarches sans nombre, maintes reb·ʃades désobligeantes, maintes remises décourageantes, ayant enfin obtenu son passage pour l'une de nos colonies, a vendu son petit patrimoine ou son petit commerce, s'est transporté avec sa famille au port d'embarquement... et auquel il est dit, là, qu'il lui est impossible de trouver place à bord, que le transport est bondé, etc., que son départ est remis au prochain convoi ?... Naturellement, l'émigrant désespéré, furieux, maudissant les institutions bancales de son propre pays, prête immédiatement l'oreille aux propositions séduisantes d'agents d'émigration étrangers, et s'embarque huit jours après dans un confortable navire italien ou argentin qui l'entraîne sur les côtes d'Amérique! Et une fois là, pas d'illusion possible, les Français sont perdus pour la France, car s'ils pensent rester ses clients commerciaux ils se trompent : la doctrine de Monroë sait y mettre bon ordre; le fisc et la douane font actuellement bonne garde du cap Horn à la baie d'Hudson; les pacotilles locales restent seules abordables aux petites ressources des pauvres émigrants.

La faute reste donc entière à ceux qui pourraient faire connaître nos colonies, les richesses considérables et encore inexploitées qu'elles renferment, et qui, bien au contraire, semblent dissimuler ces trésors comme s'ils étaient leur bien, et redoutaient qu'on ne les leur enlevassent... La faute reste à ceux qui, chargés des intérêts des colonies, en détournent, par des mesures absolument vexatoires, le courant d'émigration qui, seul, pourrait les revivifier en les mettant en exploitation, en leur apportant les éléments d'activité qui leur manquent.

Il y a quelques années, un fonctionnaire intelligent et travailleur a publié, au nom du Ministère de la marine, des notices en trois volumes sur les Colonies françaises. C'est un ouvrage de bibliophile fort utile à consulter en ce qui concerne les statistiques locales et en dehors des appréciations personnelles de l'auteur engoué naturellement de la méthode de centralisation à outrance qu'il était chargé d'appliquer luimême... Mais ce n'est point cela qu'il faut à l'émigrant, c'est trop diffus, trop long à lire, trop difficile et trop coûteux à se procurer. C'est un *vade-mecum* de quelques pages seulement — qu'il puisse emporter dans sa poche, qu'il puisse lire et relire pendant la traversée en y puisant chaque fois quelque chose de précis et de sûr capable de le guider dans sa future existence de colon, c'est un petit livret rédigé par un homme ayant pratiqué lui-même et où le colon exposerait simplement et sans farder la vérité le pour et le contre, le fort et le faible de la situation qu'il a lui-même occupée, — qui convient à l'émigrant en partance ; et certes, s'il est une déception pour un grand nombre de Français, c'est de ne point rencontrer partout, à profusion, jusque dans les plus pauvres communes de France, ces petits traités à deux sous qui vulgariseraient si bien des connaissances si précieuses !

Et, pour Dieu ! qu'un grand pays comme la France, ayant un développement de côtes considérable, n'oublie pas qu'il ne saurait vivre et se protéger sans une flotte militaire et commerciale en rapport avec cette importance, que cette flotte elle-même ne pourrait se soutenir et disparaîtrait devant un ennemi quelconque si, à un moment donné, elle ne trouvait, çà et là sur la surface du monde, les colonies, points de refuge protecteurs, de radoub et de ravitaillement ; que la France, grand pays artistique, industriel et commerçant, ne perde pas de vue cette concurrence étrangère contre laquelle elle ne peut plus guère lutter sur une grande partie des marchés où jadis elle régnait souverainement ; qu'elle n'oublie pas, si elle veut vivre, l'obligation pour elle, de se procurer à meilleur compte que par le passé les matières premières exotiques indispensables à ses industries, et la nécessité inéluctable de s'ouvrir de nouveaux débouchés.

Les colonies seules, selon nous et beaucoup d'économistes, peuvent à l'heure actuelle remplir ces conditions à l'égard de la Métropole.

Nous pensons avoir résumé dans les lignes précédentes, et qui, dans notre esprit, devaient servir d'introduction à l'exposé d'une situation particulière, les causes principales de l'état de torpeur, du marasme où sont plongées nos colonies. Les conclusions sont faciles à déduire :

— Mort lente mais sûre de notre marine, de notre commerce, si l'on ne se hâte, par de sages mesures, par des institutions appropriées aux besoins locaux de chacune d'elles, d'assurer à nos possessions d'outre-mer la mainlevée de la tutelle étroite qui les paralyse, la faculté de se mouvoir dans une sphère de liberté plus en rapport avec les progrès accomplis, la possibilité d'exploiter sans entraves les richesses naturelles dont elles abondent, la certitude d'être gouvernées par un personnel stable, formé dans les colonies et réduit au nombre strictement indispensable, enfin le droit pour toutes d'être représentées au Parlement.

II

La Nouvelle-Calédonie est l'une de nos colonies les plus propres à recevoir l'émigration à petites ressources, celle qui ne peut compter que sur ses bras pour assurer son existence.

C'est un de ces pays privilégiés où, malgré les ardeurs du soleil tropical, l'extrême douceur du climat permet à l'européen le travail de la terre et l'exercice de tous les métiers en plein air. C'est le recoin du monde où la mortalité accuse son chiffre le plus réduit, et où la race blanche, ainsi qu'au Canada, se reproduit de la façon la plus heureuse : rien de plaisant à contempler comme les minois épanouis des nombreux et beaux enfants des colons de *la brousse!* En aucun lieu du monde l'air n'est plus transparent, plus embaumé de senteurs vivifiantes, plus sain, plus délicieusement frais et agréable à respirer. Nulle part les eaux vives sont plus multipliées, plus abondantes, plus stables, plus bienfaisantes, plus faciles à aménager. Aucune terre n'a de marais, salants ou autres, plus inoffensifs pour leurs voisins, de broussailles moins chargées de sucs vénéneux et d'épines, de forêts plus vides d'animaux dangereux, de fourrés et d'herbages plus dépourvus de reptiles et d'insectes malfaisants!

Aucune terre non plus ne réunit dans un aussi petit espace (cent lieues dans un sens, et douze à quinze dans l'autre) plus de richesses naturelles; presque tous les métaux sont là, à fleur de terre, comme la houille pour les fondre : l'or, l'argent, le plomb, le cuivre, l'antimoine, le nickel, le cobalt, le fer, le fer chromé, le chrome, etc. Le bassin houiller est reconnu sur un quart de la superficie totale de l'île environ. Des forêts magnifiques où les essences varient à l'infini, selon l'altitude, couvrent près de trois cent mille hectares; elle renferment les bois les plus précieux pour l'ébénisterie, le tour, la gravure, la parfumerie, les constructions navales et de tout genre. Les deltas et les vallées des nombreux cours d'eau offrent des alluvions propres à toutes les cultures tropicales. Les herbages naturels suffisent à l'élevage de nombreux et superbes troupeaux, particularité remarquable sous la zone intertropicale et à peu près unique en l'espèce, car la Nouvelle-Calédonie est la seule colonie française qui puisse se livrer à l'élève du bétail sur une grande échelle.

Les ricins et les bancouliers croissent spontanément de tous côtés, livrant à l'humus qui les dévore, aux rivières qui les emportent à la mer, leurs précieuses matières oléagineuses; sur les rivages de la côte est et du nord, comme sur les îles de ces parages et des Loyalty, des rideaux de cocotiers réjouissent la vue du navigateur tout en fournissant au commerce ces noyaux recherchés qui, desséchés au soleil, s'exportent sous le nom de Coprah.

L'holoturie ou trépang, dont les Chinois sont amateurs, se pêche sur les plateaux de coraux immergés qui s'avancent au large; près des plages le poisson foisonne et attend des pêcheurs pour le préparer et le livrer au commerce. Les crustacés abondent, au sein de la végétation coralligène, sous forme de magnifiques langoustes, et, dans les palétuviers sous l'aspect de crabes de toutes tailles, multiformes et multicolores. Les tortues apportent leurs œufs, leur chair et leur écaille appréciée sur les nombreux îlots sablonneux voisins des côtes, où les indigènes vont également récolter de nombreux et superbes coquillages, de la nacre et des huîtres perlières.

Enfin cette belle colonie possède encore, comme produits naturels, quarante-cinq mille indigènes, de race malayo-mélanésienne, intelligents, fortement constitués, donnant avec les blancs un métissage remarquable, qui peuvent devenir, — si l'on est assez bien avisé pour prendre à leur endroit les mesures d'assimilation qui conviennent à leur tempérament et renoncer aux procédés actuels qui se retournent forcément contre nous, — des auxiliaires véritablement précieux pour la colonisation.

En outre des avantages considérables qu'elle offre à la colonisation même, la Nouvelle-Calédonie constitue un point stratégique de premier ordre pour sa Métropole; ses nombreux et excellents ports naturels, la formidable chaîne de récifs qui l'entoure, permettent, à un moment donné, d'en faire le Gibraltar français de la grande voie océanienne reliant l'Australie à l'Europe par Panama. Des fortifications sommaires suffiraient à en rendre l'accès impossible, tandis que les défenseurs trouveraient, dans les nombreuses ressources locales, tous les éléments indispensables à une résistance prolongée. Dans tous les cas la France possède à ses antipodes, à proximité des grandes colonies anglaises australiennes, au centre d'un monde nouveau susceptible d'un essor commercial immense, un point de relâche et de ravitaillement précieux pourvu d'un élément de force incomparable, la houille, et d'où sa flotte peut rayonner sur tout le Pacifique avec toute la sécurité que doit donner l'assurance d'un refuge inexpugnable.

Question pénitentiaire. — Voilà, il nous semble, des considérations assez sérieuses pour valoir à la Nouvelle-Calédonie quelque intérêt, quelque attention, quelques faveurs de la part de sa métropole.

Eh bien, qu'a-t-elle su faire de ce centre, si merveilleusement doté, de puissance maritime et de colonisation? La pire des choses assurément; elle a transformé ce bijou du Pacifique en une sorte d'enfer inhabitable où l'honnête colon, bloqué par les tracasseries administratives, et qui reste l'observateur fidèle de la loi commune, en est réduit à disputer son lopin de terre arrosé de ses sueurs, à s'ingénier à protéger sa famille et ses serviteurs contre le forçat arrogant, tout fier des prérogatives que lui octroie la loi de 1854, et qui considère la colonisation libre comme une intruse sur cette terre où tous les privilèges, toutes les concessions, toutes les sollicitudes de l'administration, lui

assurent un sort que l'honnête homme ne saurait se faire qu'en
devenant lui-même le pensionnaire du bagne.

Quoi qu'on en ait dit, ces essais de colonisation mixte, dans
des colonies où le forçat est supposé devoir se régénérer par le
travail moralisateur de la terre et le contact direct d'une population honnête, n'ont jamais abouti qu'à des déceptions et à des
dépenses considérables.

En Calédonie, territoire trop étroit, même pour un essai limité,
c'est le colon qui semble fuir devant le forçat; en Australie, où
l'or avait appelé une immigration puissante, c'est le forçat, au
contraire, qui dut fuir devant l'élément libre... On cite aujour-
d'hui, comme de très rares exceptions, les convicts qui ont
réussi à faire souche sur le territoire australien. Nulle part la
boue n'a pu se mélanger à l'eau claire; lorsqu'elle surnage,
c'est cette dernière qui disparaît. Un homme de valeur, ancien
gouverneur militaire, expert en la matière après avoir commandé à Cayenne et à Nouméa, M. E. G. de la Richerie, se prononce à ce sujet de la façon la plus catégorique :

« ... On ne saurait trop engager nos concitoyens à se mettre en garde
contre ce préjugé si répandu : « l'Australie a été fondée par des convicts. »
Non, les convicts n'ont pas fondé l'Australie, pas plus que les forçats ne
fonderont la Nouvelle-Calédonie. Après des vicissitudes sans nombre, la
Nouvelle-Galles du Sud n'a commencé à sortir d'un régime de misères,
pour marcher à une prospérité toujours croissante, qu'après l'introduction
d'immigrants libres. Nous croyons qu'il serait du devoir du gouvernement
de consacrer une partie du fonds pénitentiaire à l'immigration libre, et qu'il
vaudrait mieux sacrifier cent mille francs à l'entretien passager et productif
de vingt familles honnêtes, qu'à l'entretien permanent de cent transportés.
Nous croyons qu'il importe de faire cesser la disproportion entre l'élément
honnête et l'élément criminel, — que celui-ci ne doit pas continuer à figurer
au premier plan, — qu'on ne saurait le tolérer qu'à la condition de le relé-
guer à sa vraie place. — Si cette politique était adoptée résolument, nous
ne mettons pas en doute que, dans peu d'années, un développement réel de
population viendrait prouver que nous savons coloniser là où les conditions
du climat et du sol nous permettent de faire souche. »

Pour arriver à bien faire sentir la nécessité des réformes que
nous allons proposer à la fin de ce travail, il importerait d'entrer
ici dans quelques détails sur l'administration du bagne et sur ce
que l'on nomme, au sous-secrétariat d'État, la colonisation pénale si les limites qui nous sont prescrites n'étaient trop res-
treintes. Qu'il nous suffise de dire qu'à l'heure présente il existe
à la Nouvelle-Calédonie quatorze mille forçats en cours de peine
et libérés forcés à la résidence; que les règlements pénitentiaires
accordent des concessions d'excellentes terres aux uns et aux
autres après un minimum de quatre années de travaux publics;
que les concessionnaires sont bien souvent des misérables de la
pire espèce, encore prêts à tous les crimes, auxquels on prodigue
inconsidérément des faveurs que l'on n'accorde jamais aux colons
libres :

1º Une concession de terre arable qui deviendra définitive à la libération;

2º La ration de vivres pendant trente mois;

3º Un lot d'outils aratoires et le prêt d'animaux de travail;

4º Une indemnité de cent à trois cents francs pour la construction de la case;

5º La faculté de choisir une épouse au couvent de Bouraïl;

6º La ration de vivres pendant trente mois pour la femme, un trousseau de ménage, un secours pécuniaire de cent cinquante francs;

7º Le traitement gratuit à l'hôpital, pour l'homme et sa famille pendant trente mois;

8º La faculté pour le concessionnaire (même en cours de peine) de prendre un nombre indéterminé de domestiques ou ouvriers agricoles (dépêche ministérielle en date du 28 septembre 1882);

9º Le transport, par les chalands et les soins de l'administration, des produits de la ferme aux marchés d'écoulement;

10º Secours et indemnités en cas d'épidémies ou de catastrophes atmosphériques;

11º Transformation assurée des produits agricoles par les usines de l'administration.

Avec ce système, dont l'application est poussée à outrance, les meilleurs terrains de l'île sont gaspillés entre des mains indignes qui les dérobent ainsi à la colonisation libre et n'en obtiennent la plupart du temps, par suite d'inconduite et de paresse, que des résultats pitoyables.

Et ces forçats, ainsi soustraits aux obligations imposées par la même loi du 30 mai 1854 qui, dans son article II prescrit l'exécution des travaux d'utilité publique et des travaux les plus pénibles de la colonisation, n'exécutent point la peine à laquelle ils ont été condamnés; ils se substituent ainsi au colon honnête... et la malheureuse colonie, après vingt-cinq ans d'occupation par le bagne, reste sans routes, sans quais abordables aux grands navires, sans bassin de radoub, sans aucun outillage sérieux permettant son exploitation dans des conditions avantageuses!

On ne s'étonnera point de notre insistance sur une question dont la solution comporte absolument l'avenir de la colonie. Il n'est que trop évident que, dans un temps très court, si des mesures radicales n'interviennent, récidivistes et forçats submergeront définitivement sous leurs flots croissants et démoralisateurs les quatre ou cinq mille colons qui tremblent depuis longtemps déjà devant les tristes perspectives de l'avenir!

Il n'y a pas de colonisation possible dans des conditions pareilles.

De deux choses l'une: en face du territoire limité dont on dispose, où l'on doit supprimer, dès aujourd'hui tout envoi de de condamnés — forçats et récidivistes — à la Nouvelle-Calédonie, ou c'est l'immigration libre qui doit en être exclue, et les colons actuels indemnisés et expropriés!

Tel est le dilemme... à moins, toutefois, que l'on se décide, pour le plus grand bien de tous, à démolir tout l'arsenal des règlements pénitentiaires en vigueur, pour les remplacer par des mesures telles que le criminel ne serait plus tenté de considérer le séjour de *la Nouvelle* comme une villégiature où l'on se prélasse aux frais de l'État, et que chacune de nos colonies verrait s'exécuter rapidement son réseau de routes, ses ports, tous ses travaux publics les plus indispensables.

Il faut bien le reconnaître la France est dupe, à l'heure actuelle, de son excessive débonnaireté à l'égard des gens qui lui font le plus de mal. Les malfaiteurs, s'ils n'augmentent pas en nombre, ce dont nous ne sommes pas sûr, n'ont tout au moins jamais agi avec plus de cynisme... partout, en campagne comme en ville, on pille et l'on attaque sans vergogne en plein jour comme en pleine rue. Pourquoi? C'est que les intéressés n'ignorent pas que ce genre de crime leur assure un avenir très supportable, dans un charmant pays, à l'abri de tous besoins; avec un travail anodin pour se distraire!

Mais nous en avons assez dit sans doute sur ce triste sujet pour démontrer qu'avant toute autre réforme, celle du bagne, de la transportation pénale s'impose comme première condition d'existence de notre grande colonie du Pacifique.

Quant à ce qui nous concerne particulièrement, à la Nouvelle-Calédonie, nous considérons comme plus que suffisant, pour notre part, le contingent de condamnés qui nous a été dévolu jusqu'à ce jour, et nous désirons vivement qu'une décision législative intervienne nous débarrassant de la transportation dès que les mesures seront prises pour la diriger ailleurs.

Nous demandons à ce que les condamnés actuellement en cours de peine soient exclusivement employés aux travaux publics de la colonie; aux travaux des routes surtout, de la voirie et du port de Nouméa, des appontements indispensables aux divers atterrissages des côtes de la colonie, d'une cale de radoub, d'ateliers de construction et de réparation pour les navires... etc. Et qu'aucun d'eux, sous aucun prétexte, ne puisse être installé sur une concession de terre, ne soit employé comme écrivain ou domestique d'intérieur s'il n'est arrivé à libération ou si remise ne lui a été faite du reste de sa peine.

Nous considérons également que la sollicitude de l'administration supérieure doit s'étendre d'une façon plus particulière sur les milliers de libérés qu'elle laisse vagabonder sans asile, sans travail ou sans métier avouable à travers la colonie. Ces malheureux sont quelquefois digne d'intérêt et ne trouvent pas toujours à vivre de leur travail... il importerait qu'ils pussent obtenir facilement, sur leur demande et dans les localités désignées par eux, des petites concessions de bonne terre et des facilités d'installation.

Il est à remarquer que le forçat, arrivé à libération, fuit presque toujours avec joie la concession qu'il avait pu obtenir dans un pénitencier agricole pendant qu'il était encore en cours de peine, et qu'il n'acceptait que pour échapper aux règlements du bagne proprement dit, mais où la promiscuité de ses anciens camarades lui faisait forcément retrouver un bagne au petit-pied à côté de l'autre.

Le plus grand danger pour la colonie vient de la libération; employer ces milliers d'hommes aigris contre la société, démoralisés par le séjour au bagne, école de tous les vices, n'est pas toujours facile ni prudent, nous le savons par expérience, aussi la prise de possession du groupe des Nouvelles-Hébrides par la France était-elle ardemment désirée en Nouvelle-Calédonie, car on savait qu'il existe là des îles très fertiles et presque inhabitées où l'on pouvait en toute sécurité, établir la libération dans les meilleures conditions de prospérité, et au profit de tout le monde. Malheureusement, une politique faible et irrésolue, peu digne de notre grand pays, avouons-le, nous a fait, encore en cette occasion, transiger avec l'éternelle jalousie Anglaise, et signer un acte de neutralité qui arrache à notre colonie l'une de ses plus riches dépendances naturelles! Aujourd'hui, une grande partie des libérés mariés s'entassent dans les faubourgs de Nouméa et de Bouraïl où ils vivent de prostitution; un certain nombre vivent dans des refuges, sans aucun travail, aux frais de l'Etat; le reste fait constamment le tour de la colonie, se faisant nourrir par les colons!

Malgré tous ses inconvénients, le bagne, gros consommateur, a été l'un des meilleurs clients de la production locale, et la colonie s'en serait fort bien accommodée s'il fut resté dans son rôle de bagne, c'est-à-dire d'exécuteur des travaux publics, des routes nécessaires à la colonisation... Mais elle n'a pas tardé à reconnaître qu'elle entretenait en réalité le ver rongeur destiné, à époque fixe, à la flétrir et à l'annihiler; elle a vu l'Etat par un décret, en date du 16 août 1884, lui enlever violemment cent dix mille hectares de son meilleur territoire pour les sacrifier aux utopies dangereuses de la loi de 1854 et, calculant l'envahissement constant de cette pieuvre à laquelle s'ajoute tous les six mois une tentacule nouvelle venant de France, elle a compris que sa mort morale d'abord, effective ensuite, n'était plus qu'une question de temps. De là découragement, crainte de l'avenir qui paralyse tout effort, insouciance et décadence!

Il faut absolument rendre à l'élément libre la prépondérance que des mesures inconsidérées n'auraient jamais dû lui faire perdre, sinon fermer absolument l'accès de la colonie à tout immigrant libre, car ce serait un crime de laisser un honnête homme aller avec sa famille, s'enferrer dans un traquenard sans issue.

Question indigène. — Avec la question pénitentiaire, la question indigène est la plus intéressante à régler, car elle touche également de près à la sécurité du colon, et, sans sécurité, il n'est pas de colonisation possible.

L'indigène néo-calédonien, le *Canaque*, après les trente-six années d'occupation de son pays par la France, reste encore l'homme de la nature, aux instincts sauvages, vivant complètement en dehors de nos lois, sous le régime autocratique de la tribu.

Rien n'a été fait encore pour nous assimiler ces redoutables propriétaires du sol qui, envahis, spoliés, menacés par des accaparements imminents, deviennent par instant bêtes fauves, défendant leur habitat *unguibus et rostro!*

En 1878, une catastrophe épouvantable vint ensanglanter et terrifier la colonie, trois cents colons expièrent par une mort atroce les actes d'empiètement intempestifs de l'administration domaniale du moment... Le chef du domaine, pour faire place aux troupeaux de quelques colons privilégiés, n'avait pas reculé devant les mesures arbitraires les plus risquées; des villages entiers furent expropriés sommairement, sans précautions ni indemnités d'aucune sorte, laissant les légitimes propriétaires transporter leurs pénates et leurs dieux Lares où *ils le pourraient*, pendant que les cimetières, lieux sacrés, même et surtout pour les sauvages, étaient profanés par les sabots du bétail !

Comme toujours, l'administration chercha des faux-fuyants pour se soustraire aux responsabilités... mais les faits étaient patents, et la commission d'enquête, officiellement nommée pour donner satisfaction à l'opinion publique, dût laisser, et pour cause, son rapport dans l'ombre et le silence de quelque carton poudreux !

Eh bien, si l'arbitraire est toujours déplorable et dangereux, c'est encore à l'endroit des indigènes à l'état de nature qu'il devient le plus redoutable, et il est indispensable, pour assurer la paix de la colonie, pour nous rallier l'estime et la confiance des premiers occupants du sol, pour jeter les premières bases de l'assimilation d'une race superbe et que nous avons le plus grand intérêt à ne pas laisser perdre à la colonisation, il est indispensable, disons-nous, de fermer pour l'avenir toute issue à l'arbitraire *en dotant les indigènes de titres définitifs de propriété sur les territoires qui leur sont encore strictement nécessaires.*

En assurant, par ce moyen, à chaque famille indigène la possession désormais incontestable et inviolable de son petit patrimoine, dans les conditions communes à tous les Français, on porte un coup mortel à l'organisation funeste des tribus et l'on acquiert définitivement la confiance et les sympathies d'un peuple avec lequel nous sommes bien forcés de vivre en contact permanent et qui, en résumé, se passerait aujourd'hui difficilement de notre voisinage.

Le décret du 16 août 1884, dont les conséquences ruineraient absolument la colonie si l'on n'était assez bien inspiré pour le rapporter au plus vite, prévoit l'extinction de la race canaque de la Nouvelle-Calédonie, et assure la succession des terres qu'elle occupe aujourd'hui... à l'administration pénitentiaire!!... Hâtons-nous d'ajouter que ce décret émane exclusivement des bureaux des colonies, que, non seulement la colonie n'a pas été consultée, le Conseil supérieur des colonies n'a point été saisi, mais encore que le secret le plus absolu a été gardé par le Ministère à l'égard du délégué de la colonie à ce Conseil, de sorte que l'acte semble être né spontanément et a été imposé, avec sa force de loi, sans qu'aucune voix intéressée ait pu protester contre son inopportunité. Et ce décret, c'est encore l'arbitraire, contre lequel nous nous élevons, nous colons, avec le sentiment de désespoir que provoque en nous la certitude de notre ruine prochaine; c'est encore l'arbitraire qui laisse le champ libre aux convoitises d'un chef du domaine et place en permanence la tête du colon sous l'assommoir du sauvage!

Milice coloniale. — Les jeunes gens nés dans les colonies, les créoles, sont comme l'on sait exemptés de tout service militaire. Tandis que ses concitoyens, nés à la métropole, vont servir la patrie lorsque le moment est venu, le créole, lui, est exclu de cet honneur, et, rendons-lui cette justice, qu'il proteste énergiquement contre cette partialité de la loi.

D'autre part, le déplacement des conscrits calédoniens entraîne les inconvénients multiples de voyages longs et coûteux et des brusques changements de climat toujours plus ou moins préjudiciables à la santé de jeunes gens de cet âge; de plus, des bras robustes sont enlevés à la colonisation qui, comme nous l'avons dit plus haut, a le plus grand besoin de toutes ses forces vives.

Nous croyons, en Nouvelle-Calédonie, que la *création d'une milice coloniale* répondrait à tous les besoins, tout en permettant à la métropole de conserver à sa disposition directe l'infanterie de marine qu'elle entretient à grands frais sur le sol colonial et dont elle peut avoir le plus sérieux besoin à un moment donné.

L'institution d'une milice coloniale, en permettant d'incorporer un certain nombre d'indigènes, ferait également faire un pas considérable vers la civilisation et l'assimilation de la race tout en assurant à la colonie d'excellents défenseurs qui pourraient fort bien devenir les spahis et les turcos de la localité.

Question de la main-d'œuvre. — La Nouvelle-Calédonie, avec sa véritable armée de travailleurs forcés, manque d'une main-d'œuvre appropriée à son genre de travaux.

Jadis, il nous était loisible d'enrôler aux Nouvelles-Hébrides d'excellents travailleurs qui venaient avec empressement chez nous gagner un salaire leur permettant de s'approvisionner au retour d'armes, d'outils, d'objets manufacturés divers, et qui rendaient aux colons les meilleurs services. Mais, vers 1882, le sous-secrétaire d'État interdit par décret l'immigration Néo-Hébridaise, sous l'éternel prétexte sans doute qu'elle n'était qu'une variété de l'esclavage, mais, en réalité, dans l'espoir très risqué de contraindre ainsi les colons, réduits au plus sérieux embarras, à se servir des libérés du bagne dont le nombre et l'oisiveté devenaient compromettants et engageaient la responsabilité de l'État.

En fait, les Néo-Hébridais étaient si bien traités sur nos plantations que, presque tous, leur premier engagement une fois terminé, en contractaient avec empressement un second. Quant aux libérés, ils avaient été si souvent reconnus comme incapables d'aucun travail sérieux, comme susceptibles de toutes les vilenies sur les habitations isolées dans la brousse, que, pas plus après qu'avant, les colons ne purent se décider à prendre l'ours que les bureaux pensaient leur imposer. Résultat final : extinction de toute culture faute de main-d'œuvre ! Et les Anglais, qui prenaient également des travailleurs aux Nouvelles-Hébrides, battirent des mains au spectacle de notre naïveté, et se trouvèrent absolument à l'aise pour recruter leurs ouvriers !

Nous ne parlons pas du Néo-Calédonien en traitant cette question de main-d'œuvre par la raison toute naturelle que la proximité de son foyer, de son village en le rappelant incessamment à ses habitudes de paresse native le rend impropre aux travaux de longue haleine. Le Canaque donne volontiers ce que l'on appelle un coup de main au colon son voisin à condition que la besogne soit de peu de durée, mais, à l'exception des insulaires de Loyalty, il décline généralement tout engagement de quelque importance, en sorte qu'il n'est vraiment pas possible de compter sur lui.

La seule et véritable ressource en main-d'œuvre pour la colonie est aux Nouvelles-Hébrides.

Le 12 juin 1886, M. Delabaume, conseiller général de la Nouvelle-Calédonie, adressait à M. le sous-secrétaire d'État, au nom de l'assemblée, qui l'avait envoyé à Paris les lignes suivantes :

« ... Le rétablissement de l'immigration néo-hébridaise s'impose comme élément de travail... Les engagements d'ailleurs étaient loin d'avoir lo

caractère odieux que leur ont prêté les détracteurs du système. L'accusation
de faire la traite n'a jamais été lancée que par les Anglais qui la pratiquent
ouvertement, à l'abri de la neutralité si précieuse pour eux des Nouvelles-
Hébrides, et leur prétendue indignation dissimulait mal le dépit de n'avoir
pas le monopole du recrutement. Si des abus inévitables se sont produits, ils
ont été peu nombreux, flétris par l'opinion publique et sévèrement répri-
més. Les opérations se faisaient loyalement, sous la surveillance du commissaire du gouvernement et des officiers de marine en croisière fréquente
dans ces parages. Il n'y avait donc aucun motif pour ordonner une suppression très préjudiciable à la colonie, dont la philanthropie était le prétexte,
et dont la préoccupation du sort des libérés était la véritable cause. »

**Instabilité du personnel administratif; son importance
numérique exagérée.** — Dans ces derniers temps, la presse
signalait, avec réflexions amères et ironiques à l'appui, les péripéties extravagantes des déplacements et voyages d'un fonctionnaire colonial et de sa famille, lesquels, avant de se voir définitivement à poste fixe, avaient coûté à l'État plus de quatre-vingt
mille francs !

Ces procédés sont terribles pour le Trésor.... mais ils sont
bien plus préjudiciables encore à la bonne marche de nos
affaires coloniales.

Nous pourrions citer tel chef de bureau des directions de
l'Intérieur qui, en trente années de services, a exécuté vingt-neuf
voyages, des postes divers qu'il a occupés à la Métropole. On a
quelques raisons de se demander, en présence de pareils faits,
comment ces bureaucrates doivent gérer leurs bureaux, et
quelle besogne doivent ourdir ces bureaux ? Mais il n'est point
étonnant du tout que le nombre des employés et fonctionnaires
coloniaux soit aussi démesurément disproportionné avec celui
des colons qu'ils administrent, puisque, sur trois, deux au
moins sont en route !

Nous comprenons parfaitement que le climat de certaines
contrées ne permet aux fonctionnaires européens qu'un séjour
très limité et qu'il y a, là, nécessité de rappeler en convalescence ceux dont le tempérament n'a pas la résistance suffisante....
Mais il ne saurait en être ainsi pour la Nouvelle-Calédonie,
colonie saine par excellence... et voilà que justement on nous
objecte cette situation exceptionnelle comme raison des déplacements du personnel, attendu, dit-on, qu'il n'est pas juste que
les uns s'éternisent dans un pays aussi tempéré et favorable à
la santé pendant que les autres resteraient soumis aux influences
délétères continues des contrées suspectes ! ... Et alors cette
conclusion s'impose : que pour posséder une administration
coloniale acclimatée et susceptible de stabilité il faudrait tout
simplement former cette administration dans les colonies
mêmes, et la recruter, pour partie au moins, dans le monde
colonial naturellement façonné à un climat qui est le sien.

Dans ces conditions, et rien ne s'opposant, à notre humble
avis du moins, à ce que les grades soient pris sur place, il nous

serait peut être permis de posséder enfin des administrateurs coloniaux occupant assez solidement leurs sièges pour arriver à connaître l'esprit de leurs administrés, leurs aptitudes, leurs prétentions et leurs besoins ; habitant assez longtemps la colonie pour la parcourir, la connaître, l'apprécier, s'y attacher, s'y intéresser, l'aimer et prendre véritablement à cœur ses intérêts et sa prospérité.

Ces considérations ont amené le Conseil général de la colonie à inscrire au premier rang des vœux qu'il adresse au Ministère et au Parlement :

« *Le maintien des gouverneurs pendant un laps de temps qui leur permette de* « *connaître la colonie, de concevoir les améliorations et de les exécuter ; —* « *l'extension de leurs attributions au point de vue de l'appréciation des mesures* « *nécessaires dont ils sont meilleurs juges que les bureaux du ministère.* »

La direction de l'Intérieur et l'administration pénitentiaire. — L'administration pénitentiaire de la transportation relève directement du sous-secrétaire d'Etat. A la colonie elle forme un service à part, un État dans l'État ; elle a son budget sur ressources spéciales à elle, elle a sa police à elle, ses agents particuliers des ponts et chaussées et son service topographique. Avec une telle organisation et son immense domaine, elle marche forcément à la tête de la colonie, se riant un peu de l'autorité du Gouverneur qui ne possède qu'une mince influence à côté de la sienne, et n'ayant rien à démêler avec la direction de l'Intérieur dont relèvent les autres services de la colonie.

Aussi, lorsqu'il s'agit, pour la direction de l'Intérieur de faire exécuter des travaux par l'administration pénitentaire, pour le compte de la Colonie ou pour celui de la municipalité de Nouméa, ce sont des objections et des difficultés, des formalités sans nombre, des retards, des impossibilités de tout genre... et c'est avec ce système absolument vicieux et illogique que l'on est arrivé, après vingt-cinq années de tiraillements, à laisser la colonie sans outillage, sans voies de communication, sans moyens d'exploitation d'aucune sorte.

Il serait pourtant juste, si l'on veut faire réparer la maison, de mettre les ouvriers à la disposition du maître du logis, de façon à ce qu'il pût leur désigner les endroits faibles et les bien diriger dans leur œuvre... Eh bien, à la Nouvelle-Calédonie nous n'avons jamais pensé autrement, et nous ne nous sommes jamais bien expliqué le pourquoi, la raison du mécanisme absolument contraire au bons sens, opposé au but que l'on prétend atteindre, et en faveur duquel on émet, du sous-secrétariat d'Etat, des subtilités que nous ne comprenons pas davantage.

Pour que les travaux s'exécutent et qu'ils s'exécutent d'une façon utile pour la Colonie, c'est-à-dire vite et bien, il est indiscutable qu'ils doivent être commandés et dirigés par la colonie qui connaît mieux que personne ses besoins et qui utilisera ces travaux pour son profit personnel... S'imagine-t-on un ingénieur quelconque, envahissant avec une bande d'ouvriers le premier immeuble qu'il rencontre sur sa route, et se livrant là à des embellissements de son cru, imposant ses idées et son goût à un propriétaire forcé ensuite de payer le mémoire?... C'est tout bonnement inouï, insensé,... et nous demandons, avec le conseil général de la Colonie :

« *La subordination de l'administration pénitentiaire à la direction de l'Inté-*
« *rieur ; avec la faculté, pour le gouverneur, d'ordonner les travaux publics à*
« *effectuer ; un service unique des ponts et chaussées relevant de la direction de*
« *l'Intérieur, ainsi qu'un service unique de la topographie, de la police.* »

Cessation du régime des décrets. — La chose qui horripile le plus un Français, fils de 1789, c'est de se voir réglementer par le régime du bon plaisir! Il ne peut s'habituer à l'idée de voir son existence, son avenir, livrés comme un jouet que le premier bureaucrate venu peut à sa guise martyriser avec sa plume et briser un beau jour sous la rédaction d'un décret.

Nous savons bien, tout là-bas, aux Antipodes, que la Loi française, créée et perfectionnée à l'usage de la métropole, ne saurait exactement convenir à des pays comme le nôtre, dont les besoins ne sont pas les mêmes, pays qui se forment et ont besoin de beaucoup de liberté dans leurs allures... Mais nous sommes bien décidés à tout accepter en échange du gâchis qui nous accable et, faute d'une législation qui s'applique parfaitement à notre situation toute spéciale, nous demandons instamment la promulgation, chez nous, de la Loi française, modifiée sur proposition du conseil général et du Gouverneur de la Colonie en ce qu'elle peut avoir d'inapplicable dans les conditions particulières du pays.

Dans ces conditions particulières en effet, nous ne pouvons songer à une assimilation complète sans risquer de nous imposer des entraves sérieuses; il est nécessaire, répétons-le que le Français trouve aux colonies une facilité d'existence et une dose de liberté plus grande qu'en Europe... la vie doit-être large au pays du soleil, et nous sommes de ceux qui pensent que la perte, que l'éloignement d'un pays comme la France demande des compensations!

Mais, néanmoins, nous voulons marcher aussi près que possible de l'assimilation, jusqu'au jour où la force des choses et les intérêts des colons comme de la métropole nous imposeront un régime nouveau, se rapprochant de l'*autonomie*, à l'exemple des colonies si florissantes de l'Angleterre.

Réorganisation du service judiciaire. — La façon pitoyable dont est distribuée la justice à la Nouvelle-Calédonie a été, de tout temps, l'objet des plaintes les plus vives et des critiques les mieux fondées.

Le conseil général local a, à ce sujet et de concert avec l'un des chefs du service judiciaire, élaboré un plan de réformes complet, établissant une situation bien supérieure à ce qui existe, mais donnant peut-être un peu trop d'importance à ce service dans un pays qui, au commencement de 1886, accusait une population civile de 4 161 habitants.

Voici, du reste, les termes mêmes du rapport adressé au nom du conseil général à M. le Président du Conseil des Ministres :

Le Conseil demande :

La création d'une justice de paix dans chaque arrondissement; — la composition du tribunal de première instance à trois juges; — celle du tribunal de commerce comme dans les villes de France; — l'institution complète du jury en matière criminelle; la substitution d'une cour d'appel au tribunal supérieur; la reconstitution du tribunal du contentieux administratif sur des bases qui fassent, dans les débats, la part égale aux justiciables et leur garantissent l'indépendance des juges.

Notre avis personnel, après la réserve formulée plus haut, est que jamais les tribunaux ne seront régulièrement organisés à Nouméa aussi longtemps que la stabilité et l'indépendance de la magistrature coloniale ne seront pas assurés par des traitements en rapport avec sa situation et ses obligations, et l'élévation hiérarchique sur place.

Quant à ce qui concerne la justice de paix des arrondissements, nous pensons, comme le conseil général qu'il y aurait lieu de supprimer les juges-nomades actuels pour les remplacer par les chefs d'arrondissement eux-mêmes, plus que suffisants pour faire très bien la besogne et auxquels on laisserait des pouvoirs assez étendus, dans le but de permettre aux colons de l'intérieur, fort éloignés de la capitale et privés de routes pour s'y rendre, de liquider sur place toutes les affaires ordinaires susceptibles de surgir des circonstances locales de leur existence.

Représentation de la colonie au parlement. — Depuis plus de quinze ans, la Nouvelle-Calédonie réclame son droit d'être représentée au Parlement aussi bien que le sont plusieurs colonies ses sœurs, et comme le devraient être, sans exception, toutes les portions du territoire Français.

On lui a répondu, en 1884, en l'autorisant à élire un délégué au conseil supérieur des colonies que l'on venait de ressusciter sur des bases nouvelles.

La colonie mordit à l'hameçon que lui tendaient les bureaux de la rue Royale, elle prit la chose au sérieux et nomma son délégué; or, moins d'un an après, ce délégué écrivait à la colonie les lignes suivantes :

« Il importe de se faire une idée exacte, précise des fonctions et des attributions du délégué, du cadre dans lequel doit et peut se développer son action; de sa situation auprès d'un ministre qui a toujours dicté sans contrôle ses volontés et imposé ses décisions aux gouverneurs qui sont ses créatures et ses agents.

« Si un député peut, jusqu'à un certain point, influencer les décisions ministérielles par cette faculté si imposante et parfois si redoutable de prendre la parole, en face de la nation entière, à la tribune du Parlement, le délégué, lui, qui n'a que voix consultative, ne peut même pas en appeler des décisions du ministre devant une assemblée purement consultative, composée pour les deux tiers de membres choisis par ce ministre, et à laquelle le ministre a la faculté de ne soumettre que les questions qu'il prépare à cet effet... Le conseil supérieur des colonies, ainsi constitué, n'est pas appelé à rendre les services qu'on pourrait en attendre. »

Dans ces conditions, la délégation n'était en effet qu'un simple trompe-l'œil destiné à apaiser les justes revendications des colonies au sujet de leurs droits à la représentation au Parlement, et à ajourner indéfiniment l'exercice de ce droit compromettant pour le système centralisateur des bureaux. Aujourd'hui, cinq de nos colonies nomment encore leurs délégués au conseil supérieur des colonies alors même que ce conseil n'existe plus que de nom puisque, depuis plus de trois années, il n'a même pas été réuni !

Cette sorte de fantasmagorie administrative est indigne d'un grand pays comme la France où l'honneur national exige qu'aucune catégorie de citoyens ne soit traitée en parias, pas même celle qui s'expatrie pour aller porter au loin, sur le territoire colonial, notre civilisation, notre industrie, notre commerce !

Voilà pourquoi nous réclamons avec insistance la représentation de la Nouvelle-Calédonie au Parlement. Nous y avons tous les droits en raison de l'importance considérable de la colonie, de la grandeur des intérêts français qui y sont en jeu, du nombre même de ses électeurs, nombre égal et même supérieur à celui de plusieurs colonies nommant depuis longtemps sénateur et député.

« Si, dit l'auteur d'une brochure sur cette question, depuis trente ans, nous avions un député, ses sollicitations et ses représentations ne seraient pas demeurées infructueuses comme les molles observations des gouverneurs. La main d'œuvre pénitentiaire eût été utilisée; le port de Nouméa aurait reçu les déblaiements qu'il attend; les quais, les magasins et les bassins seraient construits; les côtes et les approches de l'île eussent été rendues inaccessibles; un réseau de routes la sillonnerait; la colonie serait florissante, et l'on n'aurait jamais songé à expulser l'élément libre pour le remplacer par l'élément pénal, instrument aussi impuissant qu'indigne pour une œuvre de colonisation. »

Autres vœux de la colonie. — Ajoutons encore : 1° *La création d'une banque coloniale facilitant les échanges et les transactions;*

2° *Établissement de douanes, protégeant la colonie contre la concurrence étrangère;*

3° *Approvisionnement de l'État à la colonie des viandes de conserve, nécessaires à la marine et à l'armée, jusqu'à concurrence des quantités que peut fournir la localité.* Ces conserves, étant en grande partie tirées de l'étranger, il ne résulterait de cette mesure aucune concurrence pour les industries métropolitaines;

4° *Abrogation des décrets sur les mines et sur le domaine, les premiers étant remplacés par l'application de la loi de 1810 sur la matière, modifiée par les votes du parlement;*

5° *Promulgation intégrale de la loi municipale de 1884;*

6° *Revision du décret sur le domaine en date du 16 août 1884 avec ajournement de toute imposition sur les terres en friches;*

7° *La construction d'un câble télégraphique, joignant le réseau australien;*

8° *L'annexion du groupe des Nouvelles-Hébrides, avec colonisation d'une partie de leur territoire par les libérés.*

. . . .

Tel est le résumé succinct de la situation de notre belle colonie du Pacifique, des vœux qu'elle adresse à la Métropole à l'effet de briser les liens qui paralysent ses efforts et l'empêchent de se lancer définitivement sur la voie du progrès et de la prospérité que lui promettent ses richesses naturelles, alors qu'elle aura la faculté et les moyens de les exploiter.

LÉON MONCELON,
Ancien délégué élu de la Nouvelle-Calédonie
au Conseil supérieur des colonies.

RÉSUMÉ DU CAHIER

DE LA NOUVELLE-CALÉDONIE

Douée d'un climat salubre et soumise à une température qui permet aux Européens de travailler, sinon aussi facilement qu'en France, du moins dans des conditions supportables, la Nouvelle-Calédonie devrait être déjà peuplée de colons français. Il n'en est rien cependant. Les meilleures terres cultivables sont en grande partie en friche et le nombre des Français libres qui l'habitent, en dehors des fonctionnaires et des militaires, n'atteint pas 4 000 individus des deux sexes, en majeure partie, consacrés au petit commerce.

Les causes de cette déplorable situation sont principalement : la présence du bagne et le mauvais emploi qui a été fait des condamnés ; la subordination exagérée de la Colonie à l'administration métropolitaine.

Avec sa prétention de diriger de Paris toutes les affaires et de s'immiscer jusque dans les moindres détails de l'administration locale, la métropole n'a su ni utiliser convenablement les transportés, ni favoriser le développement de la colonisation libre.

Elle a gaspillé depuis vingt-cinq ans des sommes énormes à l'établissement de fermes pénitentiaires qui ne produisent à peu près rien et laissé la Colonie sans routes, sans ports, sans phares, sans aucun des outils les plus indispensables au commerce.

S'apercevant enfin du mauvais usage qu'elle fait de la main-d'œuvre pénale, elle paraît aujourd'hui vouloir renoncer à ses fermes et à ses ateliers ruineux.

Nous l'encouragerons volontiers dans cette voie.

Elle promet aussi de consacrer désormais une portion importante de la main-d'œuvre pénale aux travaux d'utilité publique. Nous applaudissons à cette décision tardive, à la condition que les pouvoirs coloniaux restent libres de tracer eux-mêmes le plan des travaux et leur ordre d'exécution et qu'ils aient la direction complète des ouvriers.

D'un autre côté, l'administration coloniale métropolitaine met des transportés à la disposition des particuliers pour les travaux les plus pénibles de la colonisation. En principe, les colons ne font pas d'objections à ce second mode d'utilisation de la main-d'œuvre pénale ; mais ils protestent de toute leur énergie contre le trafic des transportés auquel se livre l'administration pénitentiaire.

En cela, ils ont pleinement raison. Ni les lois, ni la morale ne permettent d'acheter des propriétés avec des hommes, ou de payer des indemnités avec des hommes. Les règles les plus simples du gouvernement républicain défendent de se livrer à des opérations financières qu'on ne peut soustraire au contrôle du Parlement que parce que l'argent y est remplacé par des hommes.

Si nous trouvons bon que l'administration mette la main-d'œuvre pénale à la disposition des particuliers, c'est à la condition que les cessions de condamnés soient journellement révocables, et qu'elles soient faites, non pas seulement à un petit nombre de protégés, mais à tous les colons indistinctement ; c'est aussi à la condition qu'elles soient réglées, non par l'administration centrale, mais par les autorités locales mieux placées pour exercer une surveillance efficace. Il faut aussi que la cession de la main-d'œuvre pénale aux particuliers, soit assez limitée pour qu'elle ne fasse pas une concurrence déloyale aux colons libres et aux libérés. Le nombre de ces derniers augmente sans cesse, et ils deviendraient un danger pour la colonie, s'ils n'y trouvaient pas de travail.

Dans les conditions que je viens d'indiquer, la main-d'œuvre pénale pourrait rendre des services à la colonisation libre, qu'elle a, jusqu'à ce jour, rendue à peu près impossible.

On ne devra pas, d'ailleurs, perdre de vue que l'heure est proche où il sera nécessaire, sinon de faire cesser, du moins de restreindre beaucoup la transportation en Nouvelle-Calédonie.

Peut-être devrions-nous, dès aujourd'hui, n'y envoyer que des condamnés aux travaux forcés à perpétuité. C'est je crois, le seul moyen qu'on ait de résoudre la question des libérés.

En résumé, ce que demandent par-dessus tout, les colons libres de la Nouvelle-Calédonie, c'est que la métropole laisse plus d'indépendance aux pouvoirs locaux, qu'elle renonce à ses ateliers et à ses fermes qui ruinent le trésor et entravent le développement de la colonisation libre et enfin qu'elle cesse de trafiquer de la main-d'œuvre pénale en faveur de quelques favoris.

DE LANESSAN,
Délégué de la Nouvelle-Calédonie au
Conseil supérieur des Colonies,
Député de la Seine.

ILES LOYALTY

Le groupe des îles Loyalty (ou îles de la Loyauté) est formé des îles Maré, Lifou et Ouvéa et de quelques îlots sans importance : il s'étend le long de la côte Est, à 100 milles environ de la Grande terre ; en dépendent les îles Beaupré et Walpole.

Leur superficie totale est de 196.000 hectares, surface égale à environ le cinquième de la Corse, à quatre fois le département de la Seine.

La population indigène compte 16000 Canaques.

Les cocotiers en sont les principales richesses.

ILES HUON

Le groupe des îles Huon est situé à 150 milles au nord-ouest de la Nouvelle-Calédonie. Ce groupe comprend les îles Huon, Surprise, Fabre et le Leizour.

Ces îles sont fréquentées par des milliers d'oiseaux de mer à la présence desquels on doit des dépôts d'un engrais qui a fait l'objet d'une sérieuse exploitation.

Les tortues y sont énormes et nombreuses.

ILES CHESTERFIELD

Les îles Chesterfield sont distantes de 500 milles de la pointe nord de la Nouvelle-Calédonie. Ce sont deux longs récifs portant quelques îlots : l'îlot Loup, l'îlot Mouillage, l'îlot Passage, l'île Longue, l'île Avon.

Le commandant Olry, gouverneur de la Nouvelle-Calédonie, en a fait prendre possession, au nom de la France, par le lieutenant de vaisseau Guyon, commandant la *Seudre*, le 15 juin 1878.

L'exploitation de leurs gisements de guano a été concédée à une Compagnie française. Ces gisements ont une richesse de 175000 tonnes.

ILES OUVEA

En 1842, le roi de l'île Ouvéa (îles Wallis), Laveloua, proposa un traité d'amitié au capitaine de frégate Mallet, commandant l'*Embuscade*, qui venait de lui rendre visite.

Ce traité portait à son article premier :

« Il y aura paix et amitié perpétuelle entre S. M. le roi des îles Wallis (ou Ouvea) et S. M. le roi des Français... »

L'année suivante (octobre 1843) Laveloua adressa à Louis-Philippe, en don d'amitié et de suzeraineté, un bâton de commandement.

Le gouverneur de l'Océanie accepta la demande de protectorat; le 9 mars 1844, il écrivait au ministre :

« Je me suis empressé de saisir la première occasion qui s'est présentée pour notifier au roi d'Ouvea et au chef de l'île Foutouna, l'acceptation du protectorat des Wallis par la France... »

De 1842 à 1886, les gouvernements qui se succédèrent à Paris, ne songèrent pas à organiser le protectorat. Mais les missionnaires qui depuis 1837, évangélisaient ces îles, en firent des terres françaises.

La reine actuelle, Amélia, fille de Laveloua, manifesta à plusieurs reprises, en 1880 et en 1883 entr'autres, le désir de voir protéger son indépendance par le drapeau et au besoin par les forces de la France.

En 1886, le *Decrès* se rendit par deux fois à Ouvéa et le 19 novembre, le contre-amiral Marcq de Saint-Hilaire, signait avec la reine un traité qui confirmait celui de 1842.

Ce traité stipule : 1o que le pavillon d'Ouvéa sera écartelé du pavillon français ;

2o Qu'il sera placé, près de la reine, un représentant de la France.

Le décret du 5 avril 1887, inséré au *Bulletin officiel* de l'administration des colonies, a ratifié :

1o Le traité du 4 novembre 1842, par lequel le roi Laveloua, assisté des principaux chefs du pays, place les îles Ouvea ou Wallis, sous le protectorat de la France ;

2o Le traité de commerce signé le même jour avec le roi Laveloua.

3o Le traité du 19 novembre 1880, par lequel la reine Amélia accepte à nouveau le protectorat de la France.

Le gouverneur de la Nouvelle-Calédonie s'est rendu en 1887, à l'île Ouvea pour offrir des présents à la reine, arborer officiellement le drapeau de la France, et installer le résident français.

Ouvea n'a qu'une importance stratégique navale : c'est une escale à mi-chemin de Tahiti et de Nouméa, une position imprenable, un port de concentration et de refuge, en face des Fidji et de Rotuma, au centre des possessions anglaises et allemandes de l'océan Pacifique du Sud.

De l'île Ouvea, dépendent les îles Foutouna et Alofi, situées deux degrés plus à l'ouest.

Le protectorat de 1844 couvrait Foutouna et Alofi avec Ouvea.

En 1887, les deux rois des deux petits royaumes de Foutouna, demandèrent à M. Lamaze, évêque d'Olympe, un protectorat plus effectif : Alofi a toujours subi la domination du parti vainqueur dans Foutouna.

En 1887, le gouverneur de la Nouvelle-Calédonie, accompagné du résident de France dans l'archipel d'Ouvea, a pris possession de l'île Foutouna : le drapeau français hissé devant toute la population a été salué de vingt et un coups de canon.

CAHIER

DES ÉTABLISSEMENTS FRANÇAIS

DE L'OCÉANIE

Le 9 septembre 1842, l'amiral A. du Petit-Thouars répondait à la reine de Tahiti demandant le protectorat de la France :

« J'accepte au nom du roi, et sauf ratification, la proposition que vous me faites de placer les États et le Gouvernement de la reine Pomaré sous la protection de S. M. Louis-Philippe, roi des Français, aux conditions suivantes, savoir :

1o Que la souveraineté de la reine, son autorité et celle des principaux chefs sur le peuple, seront garanties ;

2o Que toutes les lois et les règlements seront faits au nom de la reine Pomaré et signés par elle.

..... Que c'est à ces conditions que la reine et les grands chefs principaux demandent la protection du roi des Français, abandonnent entre ses mains ou au soin de son gouvernement la direction de toutes les affaires avec les gouvernements étrangers, de même que tout ce qui concerne les résidents étrangers, les règlements de port, etc., et de prendre telle autre mesure qu'il pourra juger utile pour la conservation de la bonne harmonie et de la paix.

Le protectorat de la France sur les Établissements de l'Océanie dura de 1844 à 1880.

Le 20 juin 1880, grâce à l'influence acquise par notre Commissaire général de la République, M. Chessé, le roi Pomaré V, fils de la reine Pomaré IV (qui régna de 1827 à 1877) signait cette déclaration :

Nous, Pomaré, roi des îles de la Société et dépendances,

.... Déclarons par les présentes en notre nom personnel et au nom de nos descendants et successeurs,

Remettre complètement et pour toujours entre les mains de la France le gouvernement et l'administration de nos États, comme aussi tous nos droits et pouvoirs sur les îles de la Société et dépendances.

Nos États sont ainsi remis à la France ; mais *nous demandons à ce grand pays de continuer à gouverner notre peuple en tenant compte des lois et coutumes tahitiennes.*

Nous demandons aussi de faire juger toutes les petites affaires par nos conseils de districts, afin d'éviter pour les habitants des déplacements et des frais onéreux.

Nous désirons enfin que l'on continue à laisser toutes les affaires relatives aux terres entre les mains des indigènes.

Quant à nous, nous conservons pour nous-mêmes le titre de roi, et tous les honneurs et préséances attachés à ce titre : le pavillon tahitien, avec le yacht français, pourra, quand nous le voudrons, continuer à flotter sur notre palais.

Nous désirons aussi conserver personnellement le droit de grâce qui nous a été accordé par la loi tahitienne du 28 mars 1866.

Papeete, le 29 juin 1880.

La loi du 30 décembre 1880 ratifia la cession faite par S. M. Pomaré V ; elle fut promulguée en ces termes :

Le Sénat et la Chambre des députés ont adopté,

Le Président de la République promulgue

La loi dont la teneur suit :

Article premier. — Le Président de la République est autorisé à ratifier et à *faire exécuter* les déclarations signées le 29 juin 1880 par le roi Pomaré V et le Commissaire de la République aux îles de la Société portant cession à la France de la souveraineté pleine et entière de tous les territoires dépendant de la couronne de Tahiti.

Art. 2. — L'île de Tahiti et les archipels qui en dépendent sont déclarés colonies françaises.

Art. 3. — La nationalité française est acquise de plein droit à tous les anciens sujets du roi de Tahiti.

Quelle était l'étendue des États des Pomaré ? quelle zone était placée par la loi du 30 décembre 1880 sous la souveraineté de la France ?

Dans un rapport adressé au Président de la République le 28 décembre 1885, le ministre de la marine et des colonies, le vice-amiral Galiber, classait ainsi l'origine de nos Établissements de l'Océanie :

« Quant aux îles de la Société, aux Touamotou et aux Toubouaï, elles constituaient le royaume de Pomaré.....

« L'île Rapa, l'archipel des Marquises et celui des Gambier..... ont été annexés à la France et les indigènes qui les habitent sont des sujets français. »

Tels sont à ce jour les archipels dans lesquels nous avons organisé une administration directe.

La zone d'influence française ne saurait cependant être restreinte à ces îles.

L'annexion à la France des îles Sous-le-Vent (groupe occidental des îles de la Société) date réellement du 9 avril 1880, bien que par suite d'atermoiements bien difficiles à expliquer la date officielle soit le 16 novembre 1887.

Par la convention du 19 juin 1847, qui a été appelée le traité de Jarnac, le roi des Français et la reine du Royaume-Uni s'engagèrent à reconnaître formellement l'indépendance des îles de Huahine, Raïatea et Borabora (sous-le-vent de Tahiti) et des petites îles adjacentes qui dépendent de celles-ci.

Dans ses instructions de septembre 1870, le vice-amiral Jauréguiberry, ministre de la marine et des colonies, invitait le commissaire de la République à Tahiti à annexer les îles Sous-le-Vent, en même temps qu'il transformerait le protectorat de la France sur Tahiti en possession directe. Le gouvernement britannique pressenti autorisa à croire qu'il ne serait pas éloigné de sanctionner le *fait accompli*, si toute complication du côté de l'Allemagne était écartée. Depuis plus d'un an les Allemands convoitaient ces îles ; ils avaient proposé à la reine d'Huahine la signature d'un traité qui leur permettrait d'intervenir directement dans les affaires du gouvernement local. Le commissaire de la République à Tahiti, arrivé le 23 février 1880, pour succéder au capitaine de vaisseau Planche, M. Chessé, manœuvra si habilement que dès le 20 mars 1880 il obtenait de Pomaré V une déclaration par laquelle ce roi lui confiait pendant son absence le gouvernement général et l'administration de Tahiti et des dépendances ; le 9 avril 1880, Raïatea-Tahaa, le groupe le plus important des îles Sous-le-vent, sollicitait la protection de la France.

Cette protection était immédiatement accordée, provisoirement et sous réserves de l'annulation de la convention anglo-française de 1847.

L'île Maupiti sollicita peu après la même faveur ; l'île Huahine se montrait disposée à en faire autant ; l'île Borabora devait suivre le mouvement.

Bien que les instructions ministérielles précédentes aient prescrit d'obtenir le *fait accompli*, lorsqu'il apprit le résultat et le succès, le ministre répondit tout d'abord que le gouvernement français ne saurait accueillir la demande de Raïatea, que cette demande ne pouvait être considérée que comme une marque de déférence et d'amitié pour la France, qu'elle ne pouvait avoir de suites immédiates, et le ministre ajoutait qu'il eût été préférable que « cette démarche n'eût pas été provoquée ». Cette réponse datée du 16 juin 1880 arriva à Tahiti en septembre 1880 à neuf mois de distance des instructions de septembre 1879 qui avaient provoqué l'action.

Les deux documents portent cependant la signature du même ministre, le vice-amiral Jauréguiberry.

Le pavillon du protectorat au yacht français continua néanmoins à flotter provisoirement à l'île Raïatea.

Lorsque le contre-amiral Bergasse du Petit-Thouars qui commandait la division navale du Pacifique revint des Marquises qu'il était allé pacifier, il engagea le commissaire de la République à envoyer un de ses officiers à Raïatea « pour y donner l'ordre de rentrer le pavillon du Protectorat le soir comme d'habitude et de ne plus le rehisser jusqu'à nouvel ordre ». Selon l'amiral, agir ainsi était un acte de prudence qui devait éviter un affront : celui de descendre le pavillon d'après les ordres qu'on allait recevoir.

M. Chessé fit connaître les instructions émanées de Paris, l'entente préalable anglo-française ; il refusa de se soumettre à ces intimidations ; il montra que si le pavillon était retiré, les Allemands s'emparaient de ces îles.

La situation était difficile et tendue ; le courrier d'octobre 1880 n'apporta ni ordre, ni instructions du ministre de la marine et des colonies.

Mais par ce courrier, le consul d'Angleterre avait reçu des instructions. Dès le mois de juin, informé de l'établissement provisoire du drapeau français à Raïatea, lord Lyons, ambassadeur d'Angleterre à Paris, s'était rendu auprès de M. de Freycinet, ministre des affaires étrangères, pour lui demander si le gouvernement français était informé des événements survenus aux îles Sous-le-Vent. M. de Freycinet avait répondu que le ministre de la marine avait effectivement reçu un télégramme du commissaire français à Tahiti mais qu'il avait immédiatement télégraphié en réponse de ne pas accepter la demande de Raïatea. M. de Freycinet confirma par lettre sa déclaration verbale à l'ambassadeur d'Angleterre. Le consul anglais de Tahiti vint en octobre présenter à M. Chessé copie de cette lettre en lui demandant quels arrangements il comptait prendre pour retirer le pavillon du protectorat de Raïatea-Tahaa.

Cette communication devait naturellement causer au commissaire de la République une grande perplexité. Il n'avait reçu du ministre que la lettre du 16 juin qui était en contradiction avec l'affirmation de M. de Freycinet. Selon la copie anglaise M. de Freycinet disait « le ministre de la marine a télégraphié de ne pas accepter » alors que dans sa lettre le ministre disait « cette demande de protection ne présentera pas cependant les inconvénients que l'on peut redouter si le commissaire de la République sait atermoyer et *maintenir les bons rapports dont cette demande est l'expression* jusqu'au jour où le gouvernement français pourra sans difficulté accepter le rôle de protecteur ».

M. Chessé s'arrêtant à l'esprit de cette lettre décida de maintenir le statu quo. Il rendit compte au ministre de ce qui venait de se passer et il sollicita son rappel d'urgence pour le cas où conformément à la lettre de M. de Freycinet les couleurs françaises devraient cesser de flotter à Raïatea.

La petite goélette de guerre *Orohéna* avait pour mission de s'opposer par tous les moyens en son pouvoir à la disparition du pavillon protecteur de Raïatea-Tahaa. Néanmoins, le 16 octobre 1880, lorsque la frégate anglaise *Turquoise* se rendit à Raïatea, oublieux des ordres reçus du commissaire de la République, le capitaine de l'*Orohéna* offrit de rentrer le pavillon protecteur le soir même et de ne plus le rehisser jusqu'à nouvel ordre. Le pavillon fut amené. Il le fut par des Français : il ne l'aurait pas été autrement. Comme toujours, l'Angleterre, là encore, était arrivée à son but grâce à la France.

Pendant que se passaient ces événements, le vice-amiral Cloué succédait au Ministère de la marine et des colonies au vice-amiral Jauréguiberry.

Dès son arrivée il invite le commissaire de la République d'avoir à se préoccuper, avec les précautions et les ménagements nécessaires, au moyen de tirer le meilleur parti possible du percement de l'isthme de Panama; à cet effet, le commissaire de la République devait pacifiquement, silencieusement, sans éclat, mais avec persévérance, tendre à l'absorption par la France de tous les points maritimes où les lignes de paquebots pourraient faire escale; *il fallait installer et entretenir des résidents sur tous les points où existaient des ports dont la possession pourrait être contesté à la France;* il fallait surtout essayer d'installer à Borabora et à Raïatea des agents dévoués aux intérêts français.

Le ministre recommanda au commissaire de la République de suivre de point en point les instructions détaillées remises à M. le contre-amiral Brossard de Corbigny qui partait de France (octobre 1880) pour aller remplacer M. le contre-amiral B. du Petit-Thouars.

Un mois après M. le vice-amiral Cloué envoyait de nouvelles instructions par le télégraphe.

Malheureusement lorsque six mois après le contre-amiral Brossard de Corbigny arriva sur rade de Papeete, il fut constaté qu'aucune de ses instructions ne se référait aux îles Sous-le-Vent. Quant au télégramme chiffré il resta intraduisible par la raison que le ministre avait employé pour télégraphier à M. Chessé le chiffre spécial à la correspondance avec le consul de France à San Francisco.

Lorsqu'il apprit en janvier 1881 les événements d'octobre 1880, le ministre de la marine semble avoir continué à compromettre la cause française en Océanie en dénaturant la vérité et en n'exprimant pas la réelle situation diplomatique existant entre la France et l'Angleterre qui avait d'abord autorisé le maintien provisoire du fait accompli; le gouvernement anglais avait même transmis à son consul à Tahiti les arrangements survenus entre les deux métropoles pour la continuation provisoire du protectorat français à Raïatea.

Informé indirectement de ce fait, M. Chessé reprend la question des îles Sous-le-Vent. Une révolution intérieure avait éclaté à Raïatea; les amis des Français avaient été exilés par les révoltés; les autres chefs avaient changé de nom, ce qui était, selon la coutume du pays, renier la signature donnée sur l'acte de protectorat. Néanmoins après de grandes aporas (assemblées publiques), le 25 mai 1881 la population de Raïatea-Tahaa rehissait solennellement le drapeau du protectorat, et quelques jours après elle autorisait le retour des exilés qui furent ramenés par une goélette de guerre française.

L'Angleterre consentit à un protectorat provisoire et le pavillon au yacht français flotta à Raïatea jusqu'à la convention de 1887 qui abrogea la déclaration de 1847.

L'Allemagne a formellement renoncé à toute prétention sur ces îles par la convention du 17 décembre 1885.

CONSEIL GÉNÉRAL

Le décret du 28 décembre 1885, promulgué dans la colonie le 7 avril 1886, a institué un Conseil général pour les Etablissements français de l'Océanie.

Le Conseil général se compose de 18 membres élus au scrutin de liste : 4 par la ville de Papeete, 6 par le reste de Tahiti et de Moorea, 2 par les îles Marquises, 4 par les îles Tuamotou, 1 par les îles Gambier, 1 par les îles Toubuaï et Rapa. Le mandat est gratuit. Le Conseil nomme au scrutin et à la majorité absolue son président, son vice-président et ses secrétaires. Il élit dans son sein une commission coloniale de cinq membres.

Avant d'être doté d'un Conseil général, les îles de Tahiti et de Moorea élisaient un conseil colonial.

Ce Conseil colonial, élu par ces deux îles seulement, était nommé moitié par les Européens ou descendants d'européens, moitié par les indigènes. Le Conseil général actuel est nommé à l'unité de liste, pour n'établir aucune distinction entre les Français d'origine et les indigènes, puisque la loi du 30 décembre 1880 a conféré à ceux-ci la nationalité française.

Toutefois, alors que tous les Français fixés dans l'île principale sont arrivés rapidement à parler le maori (dont le tahitien est un dialecte) bien peu d'indigènes parlent le français et la possession de la langue française étant une des conditions de l'éligibilité au Conseil général, il en résulte que les Tahitiens ne sont pas éligibles.

CAHIER DE TAHITI

OBSERVATIONS PRÉLIMINAIRES

Avant d'entreprendre l'exposé des besoins et des aspirations de la colonie de Tahiti, d'indiquer, à grands traits, les modifications qu'il convient d'apporter, en vue d'assurer son avenir, au système gouvernemental et administratif dont elle jouit, et qui la perd, il n'est pas inutile de jeter un rapide coup d'œil sur la situation actuelle.

Les Établissements français de l'Océanie comprennent :

Les îles de Tahiti et de Moorea ;

Les archipels des Marquises, des Tuamotu et des Gambiers.

L'archipel Tubuaï et l'île Rapa.

Enfin les îles Sous-le-Vent (Huahine, Raïatea-Tahaa, Bora-Bora et dépendances).

Ces dernières, aujourd'hui en pleine révolte contre le régime politique qu'elles avaient primitivement accepté, forment, depuis leur annexion (20 mars 1888), un Établis sement secondaire distinct s'administrant avec ses propres lois.

Quant aux îles Rurutu et Rimatara qui font partie de l'archipel Tubuai, et viennent, tout récemment, de se mettre sous notre Protectorat, on comprendra qu'il nous faille attendre encore quelque temps avant de pouvoir dire de quelle façon y sera établie l'autorité de la France.

Cette autorité est exercée en conformité des décrets constitutifs du 28 décembre 1885, à Tahiti et Moorea, par un Gouverneur assisté d'un Conseil privé, et ayant sous ses ordres directs deux chefs d'administration et trois chefs de service. Les chefs d'administration sont : le directeur de l'intérieur, le chef du service judiciaire ; les chefs de service s'appellent : le chef du service de la marine, le chef du service de santé, et le trésorier-payeur.

Dans les dépendances, sauf aux îles Sous-le-Vent qui sont administrées par un Résident particulier, cette même autorité a pour détenteurs des fonctionnaires spéciaux, dont le cadre a été tout dernièrement fixé par un acte du pouvoir métropolitain et qui portent le titre d'*administrateurs*.

Les administrateurs relèvent directement du Gouverneur.

La population de tous les Établissements se chiffre par environ 25 000 âmes.

Le siège du gouvernement est à Papeete, l'ancienne capitale des Pomaré.

Autour du pouvoir central et, l'aidant de ses conseils, quand ils sont écoutés , gravitent depuis l'annexion (29 juin 1880) divers comités consultatifs : la Chambre de commerce , qui entretient aussi des relations avec les assemblées similaires de la Métropole ; la Chambre d'agriculture, qui n'est autre que l'ancien Comité agricole et industriel du Protectorat et dont la majeure partie des membres sont à la nomination du chef de la Colonie ; enfin le Conseil supérieur de l'instruction publique, le Comité d'hygiène et de salubrité, etc.

Tous ces rouages fonctionnent comme ils peuvent sans résultats appréciables, il est vrai, tant est grande la force d'inertie gouvernementale, mais du moins sans heurts et sans chaos, à part toutefois la Chambre de commerce qui, composée d'indépendants, a souvent maille à partir avec le pouvoir. Tous ces rouages fonctionnent, disons-nous, et eussent fonctionné sans doute longtemps encore ainsi, sans donner trop d'émotions à l'exécutif, si le décret du 28 décembre 1885, plus haut cité, n'était venu apporter à cet état de chose un adjuvant nécessaire, en instituant dans les Établissements un Conseil général, dont l'effet immédiat le plus tangible a été de secouer la torpeur administrative et de faire sortir enfin la vie publique de sa passivité.

Avec la création du Conseil général la situation de la Colonie est fort heureusement entrée dans une nouvelle phase. A peine née à la vie parlementaire, notre assemblée locale a su faire comprendre à nos dirigeants qu'elle entendait défendre contre toute entreprise adverse, contre les leurs, au besoin, les intérêts de la population qui l'avait nommée.

Il est à peine besoin d'ajouter qu'à partir de ce jour aussi, la lutte, une lutte ouverte parfois, sourde le plus souvent, succéda, entre les deux pouvoirs, avec des alternatives de calme et d'agitation, à la période douloureusement résignée dont nous venons de parler.

L'enjeu principal de cette lutte, ce fut, c'est, on le devine, la libre disposition du budget. Chez nous, comme ailleurs, les questions financières ont le pas sur les autres. L'autorité coloniale, qui s'était habituée de longue date à disposer sans contrôle, suivant son bon plaisir des fonds budgétaires, ne peut se faire à l'idée de renoncer aujourd'hui à un si bel apanage.

Que sortira-t-il de cette nouvelle situation ?

Que doit-il en sortir ? A qui, du personnel administratif émargeant au budget ou des contribuables qui l'alimentent, devra rester le dernier mot ?

Qui doit finalement triompher : de la Direction des colonies, à laquelle obéissent aveuglément ceux qui nous gouvernent, que ses ordres soient ou non contraires à la prospérité du pays ou de la colonie elle-même, mûre pour la gestion de ses intérêts, apte à les servir aussi bien et mieux que personne ?

Nous prétendons, nous, habitants du pays, nous, qui y avons nos familles et nos biens, qui sommes attachés à son sol comme à celui d'une nouvelle patrie, que ce doit être la Colonie.

Ceci dit, il nous reste à examiner par quels moyens cette colonie peut échapper à l'intervention ruineuse de la Métropole dans ses finances, à l'étreinte administrative qui la paralyse ; comment elle arriverait à se débarrasser d'un personnel bureaucratique qui absorbe la plus grande part de ses ressources et l'oblige à réduire à un chiffre dérisoire les crédits nécessaires aux écoles, aux travaux publics ; en un mot, il nous reste à voir ce qu'il convient de faire pour permettre à cette colonie d'alléger ses charges, d'accroître ses revenus, et de rentrer enfin, d'une façon stable et définitive, en devenant maîtresse de son budget, dans des droits qui n'ont jamais cessé d'être siens et des prérogatives qui ne regardent qu'elle.

Ce sera l'objet de l'exposé qu'on va lire.

I

DES ASPIRATIONS DE LA COLONIE EN MATIÈRE ADMINISTRATIVE ET FINANCIÈRE. — DE LA FORME DU GOUVERNEMENT. — POUVOIR EXÉCUTIF. — POUVOIR LÉGISLATIF. — POUVOIR JUDICIAIRE.

C'est une question souvent controversée que celle du régime politique, administratif ou financier à appliquer à nos diverses possessions d'outre-mer.

Les uns la résolvent par l'assimilation, c'est-à-dire l'application complète de l'organisation départementale et de toutes les lois métropolitaines.

Les autres sont, au contraire, en faveur d'une entière autonomie, avec le droit de régler les questions civiles, commerciales, pénales administratives, judiciaires, et même militaires et navales.

D'autres enfin, préfèrent un système intermédiaire au moyen duquel la direction politique et militaire des affaires coloniales restant aux mains de son détenteur actuel, le gouverneur représentant de la France, celle de l'administration intérieure proprement dite, la gestion financière et l'ordonnancement des dépenses qui en découlent, deviendraient, sous certaines conditions, l'apanage exclusif des mandataires du pays, élus par le suffrage universel.

Ce dernier système est le nôtre. Il est, à nos yeux, celui qui convient le mieux à nos Établissements de l'Océanie, et nous allons essayer d'expliquer la manière dont nous comprenons ici son application.

Tout d'abord, il importe de faire remarquer qu'il est un point sur lequel chacun paraît tomber d'accord : le régime administratif actuel est défectueux ; l'édifice colonial, œuvre des bureaux de la rue Royale, s'effondre de toutes parts ; le fait est acquis ; toutes les colonies sont unanimes à demander de sérieuses réformes, et la nôtre ne fait point exception à la règle.

Si maintenant nous ajoutons que les distances, la lenteur et la difficulté des communications avec la métropole, l'ignorance, aujourd'hui reconnue, où se trouve celle-ci des besoins particuliers de chacune de ses possessions, combinées avec les aspirations libérales des populations coloniales, désireuses de s'affranchir de l'étroite tutelle à laquelle elles sont assujetties depuis tant d'années, ont rendu ces réformes nécessaires, indispensables même, nous aurons, pensons-nous, indiqué aussi brièvement que possible, les motifs pour lesquels elles sont aussi vivement réclamées.

Il n'y a plus à le nier : le temps est venu où nos populations, ayant conscience de leur aptitude à faire elles-mêmes leurs propres affaires, sont décidées à se soustraire, au moins progressivement, à des ingérences qui n'ont eu jusqu'ici d'autre résultat que de tarir la source de la richesse publique et de compromettre tous les intérêts. Finira-t-on par le comprendre en haut lieu ? Se résignera-t-on enfin à sacrifier quelques prérogatives, quelques fleurons de la couronne, afin de conserver au joyau colonial tout son prix, toute sa splendeur ? Souhaitons-le, et pour la mère patrie et pour nous. Les vœux que lui adressent ses enfants d'au delà les mers ne doivent point être envisagés par elle comme une marque d'éloignement ou de désaffection : Qu'elle se garde d'une pareille erreur, et soit au contraire bien convaincue que ces aspirations d'ordre purement intérieur, ne visent en rien l'état politique du pays où elles se manifestent et ne sauraient altérer les rapports communs ; qu'à côté d'elles les Français des colonies garderont toujours intacts, comme leur plus précieux bien, le culte du pays, l'amour du sol natal, le dévouement au drapeau !.....

A quoi d'ailleurs se résument ces désidérata et ces vœux, dont au dire de quelques esprits autoritaires, la métropole ne peut faire autrement que de prendre ombrage ? Quel serait en définitive, le mécanisme du système qui permettrait de les faire entrer dans la réalité des faits ?

Pour les Établissements français de l'Océanie, dont nous avons à nous occuper spécialement, ce mécanisme est des plus simples. Il offre en outre, sur celui du régime actuellement en vigueur, et, étant donné l'étendue considérable des archipels composant le territoires, l'avantage d'être, à la fois, moins dispendieux et plus expéditif.

Les lois locales seraient préparées par un conseil colonial, qui prendrait la place du conseil général actuel. Elles deviendraient exécutoires, après approbation du gouverneur.

Basées sur les principes fondamentaux de nos codes, elles seraient appropriées aux besoins du pays et à l'état social de ses habitants, condition essentielle de praticabilité que n'offrent évidemment pas nos lois métropolitaines, faites pour des populations arrivées à un degré de civilisation beaucoup plus avancé que les nôtres.

D'autre part, le Gouverneur, conservant sous réserve de diverses modifications dont nous parlerons en détail, tout à l'heure, une partie des pouvoirs qui lui sont présentement dévolus, l'administration locale aurait à sa tête, au lieu et place du directeur de l'intérieur, le président du conseil colonial, appelé par sa situation même, à remplir les fonctions de chef du service de l'intérieur.

Quant au personnel de ce service, recruté dans la localité, ce qui mettrait fin aux déplacements ruineux, aux voyages incessants sur terre et sur mer, de fonctionnaires contre lesquels, n'ont cessé de s'élever les colonies, il serait réparti entre deux bureaux : le premier, centralisant toute la partie purement administrative ; le second s'occupant uniquement de la comptabilité publique, sous la direction d'un percepteur des finances. Six employés suffiraient largement à faire marcher ces deux bureaux : quatre au second, deux au premier. En y joignant les délégués de l'intérieur dans chaque archipel et le secrétaire particulier du chef de service, on arriverait au nombre de douze agents seulement qui bien choisis et bien payés, feraient à eux seuls la besogne à laquelle est aujourd'hui attelée une véritable armée de budgétivores. La solde à leur attribuer se chiffrerait, au total, par une soixantaine de mille francs ; ce qui équivaut à dire qu'on réaliserait ainsi, de ce chef, sur les dépenses de l'administration de l'intérieur, une économie d'environ 75 000 francs, cette administration, si l'on ajoute au minimum obligatoire de 83 000 fr. prévu par décret, d'abord les émoluments des agents spéciaux des archipels, agents de l'intérieur, puis les frais de voyage, de route et de séjour du personnel, cette administration, revenant à près de 135 000 francs. Et encore, omettons-nous de faire entrer en ligne de compte, les dépenses des congés de convalescence, qui désormais n'auront plus lieu de se produire, puisque le recrutement se fera sur place, dépenses qui grèvent, chaque année, notre budget, d'une somme considérable.

Pour compléter cet aperçu sommaire, ajoutons que le droit de nomination aux emplois locaux, de même que celui de révocation, appartiendraient exclusivement au président du conseil colonial

faisant fonctions de chef de service de l'Intérieur. La révocation
d'un fonctionnaire ne pourrait toutefois être prononcée qu'après
avis motivé du conseil de discipline. La nécessité de cette disposition s'impose, au point de vue de la garantie que devront y trouver,
le cas échéant, contre les caprices d'un chef malveillant, des agents
à qui la retraite apparaît nécessairement comme la terre promise,
comme la récompense de longs et loyaux services.

Voilà pour le côté administratif.

Les modifications à apporter au système financier ne sont pas
moins simples ni moins avantageuses.

Comme nous l'avons laissé entrevoir plus haut, elles consisteraient
à mettre les ressources de la colonie à l'abri des entreprises de la
métropole, ou plutôt du *département*, comme on dit ici.

Le conseil colonial aurait naturellement, ainsi que le conseil
général actuel, le vote des taxes, mais avec des attributions beaucoup plus étendues.

Dispensateur suprême des crédits, ordonnateur des dépenses par
l'intermédiaire de son président, il en serait aussi l'unique contrô-
leur, les comptes liquidatifs d'exercices étant réglés et arrêtés
directement par lui, au lieu de faire le voyage de la Cour des
comptes dont ils ne reviennent jamais. Il statuerait également sur
les demandes de dégrèvement, de remises d'amendes et doubles-
droits, lesquelles sont aujourd'hui du ressort spécial du Conseil privé.
En un mot, il demeurerait seul maître de son budget. Il est vrai de
dire qu'en échange, il lui faudrait renoncer à toute subvention
métropolitaine pour faire face à toutes les dépenses intérieures de
la colonie avec ses propres revenus.

Nous ne pousserons pas plus loin, dans les présentes notes expli-
catives, l'énumération des attributions que nous voudrions voir
donner à l'assemblée législative du pays, nous en rapportant en ce
qui concerne les questions du détail, au projet de constitution générale que nous proposons ci-après. Disons toutefois, pour rassurer
les esprits craintifs, qu'effraieraient par leur étendue, de tels pouvoirs,
qu'ils sont loin, comme on pourrait le croire, de laisser désarmée
l'autorité du chef de la colonie, puisqu'à côté d'eux, et, en guise
du frein contre des empiètements éventuels et possibles, cette autorité disposerait d'un droit de *veto* compensateur.

Mais, nous objectera-t-on encore, c'est une véritable révolution
que vous voulez faire là? Vous modifiez d'un trait de plume une
organisation ayant derrière elle un long passé, un état des choses qui
a déjà fait ses preuves! Que nous importe ! si ce passé est mauvais,
si ces preuves sont de nature à faire renoncer à en attendre de
nouvelles !

Une révolution! soit. Mais une révolution pacifique alors, une
révolution qui doit assurer la prospérité du pays au profit duquel
elle se fera et qui, en définitive, sera profitable à tous, y compris

ceux-là même dont elle semble actuellement battre en brèche les espérances et les secrets désirs.

Comment d'ailleurs se refuser à accueillir un projet qui confie aux mains de gens ayant, par suite de leur long séjour dans la colonie, une connaissance approfondie de ses besoins, la direction de ses affaires, alors qu'il est désormais acquis que la mauvaise administration dont elle souffre de nos jours, tient surtout au peu de connaissance qu'ont nos fonctionnaires de passage de ces mêmes besoins? A coup sûr, le dévouement est un appoint très appréciable quand il est mis au service des intérêts d'un pays, et nos administrateurs, nous devons le proclamer à leur éloge, n'en ont jamais manqué, mais, ainsi que les événements l'ont démontré, il ne suffit pas à assurer le développement industriel, agricole et commercial de ce pays, dans les conditions nouvelles que lui ont faites les progrès incessants des idées libérales et civilisatrices.

Avec une telle constitution, nos Établissements, chacun le comprend, échapperaient aux continuels bouleversements, aux résolutions contradictoires que leur valent les instructions ministérielles leur venant de la rue Royale, instructions aussi changeantes que les ministres dont elles émanent. Nos finances, réglées et contrôlées par notre assemblée locale, seraient assises sur des bases plus stables, et la simplification de la comptabilité publique aidant, l'expédition des affaires ne pourrait manquer d'y gagner en célérité, débarrassés que seront les bureaux des envois de pièces aux départements et des correspondances interminables.

Ajoutons enfin, à l'appui du système dont nous nous faisons volontiers les promoteurs, que ce n'est point sans de sérieux motifs que nous le recommandons à l'attention de tous ceux qui s'occupent des questions coloniales. L'expérience en a déjà été faite et, si nous en sommes de si fervents admirateurs, c'est que nous l'avons vu, il n'y a pas encore si longtemps, fonctionner avec succès dans notre colonie même, au profit des indigènes. Il y fut appliqué pendant toute la durée du protectorat, et nombre de bons esprits s'accordent à reconnaître que les résultats en ont été merveilleux. Pourquoi à notre tour, ne l'adopterions-nous pas?

Nous venons de développer rapidement nos idées sur la façon dont nous comprenons le fonctionnement à Tahiti des pouvoirs exécutif et législatif; il nous reste, pour clore ce chapitre, à dire un mot du troisième pouvoir, du pouvoir judiciaire.

Nous serons bref.

Le personnel de la justice, recruté dans la Métropole, nommé par décrets, continuerait, cela va sans dire, à être payé par la Métropole. Le chef du service judiciaire conserverait les attributions que le 1er acte du 28 décembre 1885 lui a conférées.

Seules, la composition des tribunaux et les formes dans lesquelles les jugements et les arrêts sont rendus, seraient remaniées. Ces tribunaux appliqueraient les lois du pays.

En ce qui concerne le tribunal supérieur jugeant au civil, voici comment nous serions désireux de le voir composé :

Un magistrat président ;

Quatre assesseurs pris parmi les membres du jury, le choix de ces assesseurs appartenant au chef du service judiciaire.

Les arrêts deviendraient définitifs et sans recours, sauf le cas où le président aurait consigné dans le texte que l'arrêt, rendu contrairement à son avis, a violé la loi, auquel cas le chef du service judiciaire se pourvoirait d'office en cassation contre la décision prise.

Au criminel, ce même tribunal supérieur se constituerait avec trois magistrats, assistés de douze jurés, appelés à se prononcer seulement sur la culpabilité de l'accusé, l'application de la peine étant laissée aux juges. Ces juges seraient :

Le président du tribunal supérieur ;

Le président du tribunal de 1re instance ;

Le juge de paix de la circonscription de Papeete.

Le tribunal de 1re instance statuant soit au civil, soit au correctionnel, soit comme chambre de simple police, ne différerait pas comme composition du précédent. Il comprendrait aussi : un magistrat-président, et quatre assesseurs pris dans le jury.

On créerait, d'autre part, une justice de paix à compétence étendue, pour la circonscription de Papeete. Le titulaire de ce poste se transporterait, à jours fixes, à Taravao et à Moorea, afin d'y rendre mensuellement la justice.

Enfin, cinq autres juges de paix pour les archipels, un juge d'instruction, un substitut du procureur de la République, un greffier, un commis-greffier, un ou deux huissiers, un ou deux notaires compléteraient le personnel.

La solde de ces fonctionnaires pourrait être fixée de la manière suivante :

Chef du service...........................	15 000 fr.
Président du Tribunal supérieur.........	12 000
— du Tribunal de 1re instance.....	10 000
Juge de paix de Papeete	8 000
Juge d'instruction......................	8 000
Substitut du Procureur...........	7 000
Greffier..............................	6 000
Commis-greffier	4 000

Les juges de paix des dépendances seraient rétribués à raison de 7 000 francs par an.

On réaliserait ainsi, bien qu'en apparence ces traitements soient élevés, une sérieuse économie sur la dépense de revient du personnel actuel.

Telles sont, à grands traits, les modifications à apporter au fonctionnement du service de la justice. Jointes à celles que nous avons déjà présentées en ce qui concerne les pouvoirs exécutif et législatif, elles complètent un plan d'organisation générale qui n'est pas sans analogie avec le mode de gouvernement dont jouissent les colonies anglaises dites à *Parlement*. Or, il est bon de le rappeler, et, avec insistance au besoin : c'est à l'abri d'institutions de ce genre que ces colonies ont atteint le degré de prospérité que leur envient aujourd'hui les nôtres. Si donc nous en sommes partisans, c'est que nous estimons qu'elles peuvent également faire la fortune de nos possessions d'outre-mer, les arracher à leur langueur, et les élever à un niveau tel qu'elles puissent enfin, un jour, donner à la France et honneur et profit.

Mais c'est assez de commentaires ; passons au projet lui-même.

Le voici, tel que nous l'a inspiré le souci du bien-être et de l'avenir de ce pays.

II

FORME DU GOUVERNEMENT

Article premier. — Le commandement général des Établissements français de l'Océanie est confié à un Gouverneur, sous l'autorité directe du ministre (de la Marine et des Colonies).

Art. 2. — Le Gouverneur a sous ses ordres immédiats, pour diriger les différents services métropolitains à la charge de l'État : le chef du service judiciaire, le chef du service administratif de la Marine et des Colonies, le chef du service de santé et le chef du service militaire.

Nous ne reconnaissons pas l'utilité d'un conseil privé consultatif, placé près du Gouverneur pour éclairer ses décisions, parce que nous plaçons le Gouverneur au-dessus des questions de détails qui seraient réglées par chaque chef de service, sous sa propre responsabilité.

Du Gouverneur. — Le Gouverneur est nommé par un décret du Président de la République : il est le représentant de l'autorité du Président de la République dans la colonie. Ses pouvoirs sont réglés par les lois et les décrets. Les ordres du Gouvernement, sur toutes les parties des services métropolitains à la charge de l'État, lui sont transmis par le ministre de la Marine et des Colonies.

Le Gouverneur exerce l'autorité militaire et l'autorité civile.

Des pouvoirs administratifs du Gouverneur relativement au service de la Marine et autres services métropolitains à la charge de l'État. — *Il appartient au Ministre de déterminer ces pouvoirs.*

Des pouvoirs administratifs du Gouverneur relativement au service intérieur des colonies. — Art. 1er. — Le Gouverneur rend exécutoires : 1° les budgets des recettes et des dépenses du service local, tels qu'ils ont été délibérés, votés et arrêtés par le conseil colonial ;

2° les délibérations du conseil colonial sur l'assiette, les règles de perception et le mode de poursuite des taxes et contributions publiques ;

3° les rôles des contributions ;

4° les délibérations du conseil colonial relatives à l'acquisition, l'aliénation, l'échange et le changement des propriétés de la colonie affectées à un service public ;

5° les délibérations du conseil colonial relatives aux dons, legs pieux ou de bienfaisance faits à la colonie, quelle qu'en soit la valeur.

Art. 2. — Il délivre des actes de francisation exceptionnelle ou provisoire, ainsi que les congés de mer, dans la limite et selon les formes déterminées par la législation sur la matière.

Art. 3. — Le Gouverneur défend ou permet selon qu'il y a lieu, l'exportation des grains, légumes, bestiaux et autres objets de subsistance, et prend, en cas de disette, les mesures nécessaires pour en assurer l'introduction en se conformant à la législation qui les concerne.

Art. 4. — Le Gouverneur veille à l'exécution des lois, décrets et règlements en vigueur dans la colonie.

Art. 5. — § 1er. Le Gouverneur ordonne les mesures générales relatives à la police sanitaire, tant à l'intérieur qu'à l'extérieur de la colonie. — § 2. Il permet ou défend aux bâtiments venant du dehors, la communication avec la terre. — § 3. Il commissionne les personnes non diplômées qui veulent se livrer dans la colonie à l'exercice de la médecine et de la pharmacie, lorsqu'elles ont satisfait aux conditions prescrites pour cet objet par les arrêtés et les règlements.

Art. 6. — § 1er. Le Gouverneur pourvoit à la sûreté et à la tranquillité de la colonie. — § 2. Il a le droit d'expulser des Etablissements français de l'Océanie les étrangers non résidant, à charge d'en référer immédiatement au Ministre.

Des pouvoirs du Gouverneur relativement à l'administration de la Justice. — *Rien de modifié, les mêmes que ceux prévus par le décret organique du 28 décembre 1885.*

Des pouvoirs du Gouverneur à l'égard des fonctionnaires et agents du gouvernement. — *Le décret du 28 décembre 1885, est à maintenir dans ses articles 49, 50 et 51.*

Art. 52. — § 1er. Il donne les ordres généraux concernant les diverses parties du service aux chefs de service qui sont placés sous son autorité immédiate. § 2. — *Rien à changer.*

Art. 53. — Le Gouverneur maintient les chefs de service, etc...

Art. 54. — (*A maintenir*).

Art. 55. — § 1er. *Supprimer* « en conseil » *et maintenir* : « peut le suspendre, etc... — § 2. *A modifier ainsi* : « Toutefois le Gouverneur avant de prendre une mesure quelconque à l'égard des chefs de service, etc. — § 3 et 4 (*A maintenir*).

Art. 56. — § 1 et 2. *A maintenir*; — § 3. *Supprimer* : « Chefs d'administration » *et mettre* : « sont nommés par les chefs de service placés sous son autorité immédiate, comme il est dit à l'article 101 ci-après excepté toutefois pour les employés, sans destination, du service local, dont la nomination et la révocation appartiennent au chef de service de l'intérieur. La révocation ne pourra être prononcée envers un employé, quel qu'il soit, du service local, sans une décision d'un conseil de discipline. — § 4. *A maintenir, sauf la partie suivante* : « ceux nommés par les chefs de service », etc.

Art. 57. — *A modifier comme suit* : « Il se fait remettre, tous les ans, par les chefs de service et de corps, chacun en ce qui le concerne, des notes sur la conduite et la capacité des fonctionnaires, officiers et employés de tous grades, du service judiciaire et autres services métropolitains à la charge de l'État.

« Il fait parvenir ces notes au Ministre avec ses observations.

« Il transmet des renseignements de même nature sur les chefs de service ».

Des rapports du Gouverneur avec les gouverneurs étrangers. — Art. 58. — § 1, 2 et 3 *à maintenir*.

Des pouvoirs du Gouverneur à l'égard de la législation coloniale. — Art. 59. *A maintenir les* § 1 et 2.

§ 3. — *A modifier ainsi qu'il suit* : « Les lois et décrets de la métropole peuvent être promulgués dans la colonie, à la demande du conseil colonial. »

Art. 60. — § 1er. *A modifier de la manière suivante :*

« Le Gouverneur prend, après examen du Conseil colonial, les arrêtés ayant pour objet de régler les matières d'administration et de police en exécution des lois, décrets et décisions du Conseil colonial.

§ 2. — Il procède pour la sanction pénale à donner à ses arrêtés conformément à la législation sur la matière en vigueur dans la colonie.

§ 3. — Les arrêtés du Gouverneur portent les formules suivantes, selon qu'ils sont pris sur le rapport du chef du service judiciaire ou autres chefs du service de l'Intérieur.

Dans le premier cas ils sont libellés ainsi :

« Le Gouverneur des établissements français en Océanie,

« Sur le rapport du chef du service compétent, arrête :

Les deux autres alinéas du paragraphe sont à maintenir, sauf les suppressions de chefs d'administration et on rétablirait ainsi les alinéas :

1er alinéa...... seront contresignés par les chefs de service......

2e alinéa...... contrairement à l'avis du chef de service compétent.

Art. 61, 62, *à supprimer.*

De la responsabilité du Gouverneur. — Art. 63, 64, 65, 66, 67, 68. *A maintenir,*

Art. 69. — En cas de mort, d'absence de la Colonie ou de tout autre empêchement, et lorsqu'il n'y aura pas été pourvu d'avance par le Président de la République, le Gouverneur sera remplacé provisoirement par l'un des chefs de service et en suivant l'ordre établi par l'article 2 du présent projet. § 2. — Les chefs de service intérimaires ne pourront être appelés à remplacer le Gouverneur que si aucun titulaire desdits emplois n'est présent dans la Colonie. — § 3. Si pendant que l'un des chefs de service remplit l'intérim, la sûreté intérieure ou extérieure de la Colonie est menacée, les mouvements des troupes, ceux des bâtiments de guerre attachés au service de la Colonie, et toutes les mesures militaires ne pourront être décidés qu'avec le concours du Conseil de défense composé de la manière suivante :

Le gouvernement p. i., le chef du service administratif de la marine, le commandant des forces navales, le commandant de l'artillerie, le commandant de l'infanterie, le chef du service de santé, le chef du service de l'intérieur.

Du chef du service judiciaire. — Le chef du service judiciaire propose et soumet au gouvernement......

Art. 81 à 83. *Sans modifications.*

Du chef du service administratif. — Art. 86, 87. *A maintenir.*

Art. 90. — *De même, sauf le dernier alinéa à libeller ainsi :*

« L'ordonnancement de toutes les dépenses des services militaires, maritimes et civils compris dans le budget de l'Etat... »

Art. 91 et 92. — *A maintenir.*

Art. 93. — *De même, sauf le dernier alinéa commençant par :* « En ce qui concerne, etc. »

Le modifier ainsi qu'il suit :

« En ce qui concerne le service des Invalides de la marine, les dépenses du personnel civil et militaire, et les dépenses du matériel, le percepteur du service local est soumis à la direction et à la surveillance du chef du service administratif de la marine conformément aux règlements sur la matière. »

Art. 94. — *A maintenir.*

Trésorier-Payeur. — Art. 95 et 96. — *A supprimer.*

Du chef de service de santé. — Art. 97, 98. — *A maintenir.*

Du chef du service militaire. — *Mêmes attributions que celles qui sont données dans les colonies où il est prévu un commandant militaire.*

Dispositions communes aux chefs de service placés sous l'autorité directe du Gouverneur. — Art. 99. — « Les chefs de service sont nommés par décision ministérielle. »

Art. 100. — « Les chefs de service placés, etc. *comme dans le décret.*

De même pour les articles 101, 102, 103, 104, 105, 106, 107, 108, 1er alinéa. *Quant au second il serait à libeller ainsi :* « Les dispositions du paragraphe 1er de l'article 63 du décret organique du 28 décembre 1885, sur la responsabilité du Gouverneur, sont communes aux chefs de service placés sous l'autorité directe du Gouverneur. »

Art. 109, 110. — A maintenir.

Administration de l'intérieur. — L'administration de l'intérieur appartient au président du Conseil colonial, assisté de ce Conseil. Le président est nommé pour six ans. Il est le chef de cette administration. Il a sous ses ordres tous les services qui s'y rattachent.

Art. 71. — Ces attributions comprennent, en ce qui concerne le service général :

Les 1o, 2o, 3o, 4o, 5o, 6o, 7o, à maintenir sauf intercalation entre le mot « épizooties » et « la surveillance des officiers de santé » de la phrase suivante : « Il prescrit l'établissement, la levée et la durée des quarantaines et des cordons sanitaires : il fixe les emplacements des lazarets et autres lieux d'isolement. »

Les 8o, 9o, 10o, 11o, 12o, 13o, 14o, 15o, 16o, 17o, 18o, à maintenir.

§ 2. Maintenu.

§ 3. A supprimer.

Art. 72. — Le chef du service de l'intérieur centralise les budgets particuliers des divers services dépendant de son administration et prépare pour être soumis au Conseil colonial les budgets d'ensemble des dépenses et recettes du service local. Il prend les mesures nécessaires pour en assurer l'exécution après qu'ils ont été régulièrement votés.

Art. 73. — A maintenir sauf à remplacer le membre de phrase suivant : « à la décision du gouvernement en conseil privé » par : « Commission coloniale. »

2e alinéa, à libeller ainsi :

« Il a la liquidation et l'ordonnance de toutes les dépenses du service local ; mais il peut déléguer une partie de ses pouvoirs à ses agents, dans les dépendances, qui deviennent alors, dans une mesure déterminée des ordonnateurs secondaires.

Art. 75. — Remplacer le mot « Gouverneur » par « Conseil colonial. »

Art. 76. — Id. par « Conseil colonial. »

Art. 77. — Supprimer : ou des dispositions modificatives prises en cours d'exercice par le Gouverneur et maintenir le reste.)

Art. 78. — § 1er. A maintenir.

§ 2. — Il pourvoit définitivement à tous les emplois dans tous les services qui se rattachent à son administration.

§ 3. — Il révoque les employés nommés par lui après décision, toutefois d'un Conseil de discipline, appelé à statuer sur les faits incriminés au fonctionnaire.

Art. 79. — § 1er A maintenir. — § 2. Il interdit ou dissout les réunions ou les assemblées qui peuvent troubler l'ordre public. Il se conforme, en ces matières, à la législation en vigueur dans les Etablissements.

Art. 80. — En cas de mort, ou d'absence de la Colonie ou de tout autre empêchement qui oblige le chef de service de l'intérieur à cesser son service, il est provisoirement remplacé par le vice-président du Conseil colonial.

Etablissements secondaires de l'Océanie. — Dans les îles et archipels autres que ceux de Tahiti et Mooréa, c'est-à-dire : aux Marquises, aux Tuamotu, aux îles Sous-le-Vent, aux Tubuai et Rapa, aux Gambier, l'autorité est confiée à un fonctionnaire qui prend le titre d'administrateur.

Les administrateurs sont nommés par le gouverneur sur la proposition du chef de service de l'intérieur.

Ils sont les représentants du gouverneur et du chef du service de l'intérieur.

Ils exercent dans ces localités, par délégation, et, d'après les ordres du gouverneur, le commandement militaire, et l'autorité sur toutes les parties des services métropolitains à la charge de l'État.

Le chef du service de l'intérieur leur donne des ordres et des instructions pour la marche des services qui dépendent de son administration.

Outre ces fonctionnaires, chargés de l'administration générale, il y aura dans chaque archipel, un juge de paix à compétence étendue pour l'administration de la justice.

Cette organisation a besoin d'être développée, elle devra faire l'objet d'une discussion sérieuse au sein du conseil colonial avant d'en arrêter le détail.)

De la formation du conseil colonial. — Art. 1er. Un conseil colonial est institué dans les Établissements français de l'Océanie.

Le conseil colonial élit dans son sein une commission coloniale.

Art. 2. — Le conseil colonial est composé de vingt-sept membres, qui sont répartis entre les sept circonscriptions suivantes :

1re Circonscription. — Ville de Papeete, 6 conseillers.
2e   id.   — Le reste de Tahiti et Mooréa, 6 conseillers.
3e   id.   — Iles Marquises, 4 conseillers.
4e   id.   — Ile Tuamotu, 4 conseillers.
5e   id.   — Ile Gambier, 2 conseillers.
6e   id.   — Tubuai et Rapa, 2 conseillers.
7e   in.   — Iles Sous-le-Vent, 3 conseillers.

Art. 3. — *A maintenir, sauf le dernier alinéa modifié ainsi qu'il suit :* « Les circonscriptions peuvent être divisées en sections de vote par décision du chef de service de l'Intérieur après avis du conseil colonial. ». — § 2. « Les dispositions... *A maintenir en remplaçant à la fin de la phrase,* général *par :* colonial. — § 3. *A maintenir.*

Art. 4. — Ne pourront prendre part au vote, dans chaque circonscription que les habitants des districts dans lesquels l'état civil sera régulièrement organisé et ceux inscrits au rôle d'une contribution directe.

Art. 5 et 6. — *A maintenir.*

Art. 7. — § 1er. *A supprimer* le directeur de l'Intérieur; — § 2 et 3. *A maintenir.* — § 4. *Après :* « ministre des différents cultes subventionnés », *ajouter* « dans les circonscriptions où ils exercent. ». — § 5. *A maintenir.*

Art. 8. — Le mandat de conseiller colonial est incompatible avec les fonctions de l'ordre salarié, etc...

Art. 9. — *A maintenir.*

Art. 10. — Les collèges électoraux sont convoqués par décision du chef de service de l'Intérieur. Il doit y avoir un intervalle de deux mois au moins entre la date, etc. — § 2 et 3. *A maintenir.* — § 4. *A maintenir*; lorsqu'un deuxième tour de scrutin est nécessaire, il y est procédé le quatrième dimanche suivant.

(*Nota :* Il faut environ un mois pour que, dans les archipels comme les Tuamotu, il puisse être procédé à un second tour.)

Art. 11. — *Remplacer dans cet article, le mot* « gouverneur » *par* « le chef du service de l'Intérieur ».

Art. 12 et 13. — *A maintenir.*

Art. 14. — Les élections peuvent être arguées de nullité par tout électeur de la colonie.

Pour réclamer contre les élections, l'électeur aura un délai d'un mois, à partir du jour où le bureau du service de l'Intérieur aura reçu les procès-verbaux des opérations électorales. La réclamation doit être déposée pendant ce mois au bureau de l'Intérieur.

Art. 15. — Les réclamations seront examinées par le conseil colonial qui a seul qualité pour vérifier les pouvoirs de ses membres et valider sans recours leur mandat.

Lorsque la réclamation est fondée sur l'incapacité légale de l'élu, le conseil colonial sursoit à statuer jusqu'à ce que la question préjudiciable ait été jugée par les tribunaux compétents.

Art. 16. — *A supprimer.*

Art. 17. — Le conseiller colonial élu dans plusieurs circonscriptions est tenu de déclarer son option au président du conseil colonial dans les trois jours qui suivront l'ouverture de la session. A défaut d'option, dans ce délai, le conseil colonial déterminera, en séance publique et par la voie du sort, à quelle circonscription le conseiller appartiendra.

Art. 18. — Lorsqu'un conseiller colonial aura manqué à huit séances pendant une session, sans excuse admise par le conseil, il sera déclaré démissionnaire par le conseil colonial.

Art. 19. — Lorsqu'un conseiller colonial donne sa démission, il l'adresse au président de la commission coloniale.

Art. 20. — Le *deuxième alinéa* : « Le conseiller général des îles Gambier et celui des îles Tubuai et Rapa » *est à supprimer*.

Art. 21. — *Deuxième alinéa* : La commission coloniale est chargée de l'exécution du présent article. Elle adresse ses réquisitions au chef du service de l'Intérieur.

Des sessions du conseil colonial. — Art. 22. — Le conseil colonial a, chaque année, deux sessions ordinaires qui commencent de plein droit le undi des mois d'avril et octobre.

Art. 23. — Le conseil colonial peut être réuni extraordinairement : 1o par le chef du service de l'Intérieur; 2o si les deux tiers des membres en adressent la demande écrite à la commission coloniale : celle-ci alors requiert le chef du service de l'Intérieur de convoquer d'urgence.

Art. 24. — L'ouverture de chaque session est faite par le chef du service de l'Intérieur, ou en cas d'empêchement par celui qui le remplace.

Art. 25. — A la première session le conseil colonial, sous la présidence du doyen d'âge, nomme au scrutin secret et à la majorité absolue : son président, son vice-président et ses secrétaires.

Le bureau est nommé pour six ans.

Il peut être remplacé avant cette époque si la majorité du conseil colonial le demande.

Art. 26. — Le conseil fait son règlement intérieur.

Art. 27. — Le chef du service de l'Intérieur préside les séances, mais il n'assiste pas à la délibération quand il s'agit de l'apurement de ses comptes.

Les employés quels qu'ils soient, du service local, peuvent être appelés au conseil pour y être entendus sur les matières qui rentrent dans leurs attributions respectives.

Art. 28. — Les séances du conseil colonial sont publiques, néanmoins sur la demande de cinq membres ou du président, le conseil colonial, par assis et levé, sans débats, décide s'il se formera en comité secret.

Art. 29. — *A maintenir.*

Art. 30. — § 1. *A maintenir.* — § 2. Le résultat... *A maintenir.* — § 3. Au cas où le conseil ne serait pas en nombre pour délibérer, la séance est renvoyée au lendemain et l'assemblée alors délibère, quel que soit le nombre des présents.

Art. 31. — Le conseil colonial... *A maintenir.*

Les journaux ne pourront apprécier une discussion du conseil colonial.....
A maintenir.

Art. 32. — *A maintenir.*

Art. 33. — Tout acte et toute délibération du conseil colonial relatif à des objets qui ne sont pas légalement compris dans ses attributions sont nuls et de nul effet. Le gouverneur en rend compte immédiatement au ministre. La nullité est prononcée par un décret du Président de la République.

Art. 34. — Toute délibération prise hors des réunions du conseil, prévues et autorisées par la législation, est nulle et de nul effet. Le gouverneur déclare la réunion illégale. prononce la nullité des actes, requiert le procureur de la République pour l'exécution des lois, décrets et arrêtés et l'application, s'il y a lieu, des peines déterminées par l'article 258 du code pénal. En cas de condamnation, les membres condamnés sont déclarés, par le jugement, exclus du conseil et inéligibles pendant les trois années qui suivent la condamnation.

Art. 35. — La dissolution du conseil colonial ne peut être prononcée que par décret du Président de la République.

Le décret de dissolution convoque en même temps les électeurs de la colonie pour le sixième dimanche qui suivra la date de promulgation.

En attendant la réunion du nouveau conseil colonial, le décret de dissolution désigne le fonctionnaire chargé de l'intérim de chef de service de l'Intérieur.

Le nouveau conseil colonial se réunit de plein droit, le quatrième lundi après l'élection, nomme son bureau et sa commission coloniale.

Des attributions du conseil colonial. — Le conseil colonial arrête, chaque année, à sa session ordinaire d'octobre, le maximum, etc... *Mainte-nir la suite.*

Si le conseil colonial se sépare,... etc.

Art. 37. — Chaque année dans sa session d'avril, le conseil colonial, etc... *A maintenir.*

Art. 38. — Le conseil colonial,... etc.

Art. 39. — Le conseil colonial, sur l'avis motivé du chef de service de l'intérieur, nomme et révoque les titulaires des bourses entretenues sur les fonds du budget local.

Le chef du service de l'Intérieur peut prononcer la révocation dans les cas d'urgence. Il en donne avis à la commission coloniale et en fait connaître les motifs.

Art. 40. — Le conseil colonial statue définivement sur les objets ci-après désignés, savoir :

§ 1. *A maintenir en supprimant :* « Quand ces propriétés ne sont pas affec-tées à un service public ». — § 2 et 3. *A maintenir.* — § 4. *A maintenir, en supprimant :* « Lorsque ces propriétés ne sont pas affectées à un service public ». — § 5. *A maintenir en supprimant :* « quand ils ne donnent pas lieu à réclamation ». — § 6, 7, 8 et 9. *A maintenir.* — § 10. *A maintenir, y ajouter à la fin, après État :* « et dont les concessions, proposées par le gou-vernement, sont approuvées par des décrets du Président de la Répu-blique ». — § 11, 12, 13, 14, 15, 16, 17, 18, 19, 20, 21. *A maintenir.* — § 22. *A supprimer sous la réserve indiquée à l'article 45.*

§ 23. (Nouveau). — Il approuve les cahiers des charges, adjudications et marchés de gré à gré, relatifs soit à des fournitures de matières ou de subs-tances, soit à des entreprises de travaux ou de services publics à la charge du service local.

§ 24. (Nouveau). — Il statue sur les demandes en dégrèvement, mais il ne peut, en matière de contributions indirectes, accorder ni remise, ni modéra-tion de droits.

§ 25. (Nouveau). — Il arrête les mercuriales pour les droits *ad valorem.*

§ 26. (Nouveau). — En matière de contributions indirectes, il arrête et rend définitives les transactions consenties dans les cas prévus par les règlements, entre l'administration et les contrevenants.

Il statue sur les remises d'amende et de doubles droits.

Art. 41. — *A supprimer.*

Art. 42. — *A maintenir.*

Art. 43. — *A supprimer sauf les paragraphes 1, 2, 4, 5 et 9.*

Art. 44. — *A supprimer.*

Art. 45. — *A supprimer, excepté les paragraphes 1, 2 et 3.*

§ 5. — Sur tous les autres objets d'intérêt collectif, etc.

Art. 46. — *Supprimer les deux premiers alinéas.* — § 3. Tous vœux politiques lui sont interdits.

§ 4. (Nouveau). — Lorsque le Conseil juge utile d'introduire dans la légis-lation coloniale des modifications ou des dispositions nouvelles, il prépare des arrêtés qui sont promulgués par le gouverneur.

Art. 47. — Les chefs de service, etc..., *à maintenir le tout et remplacer « général par « colonial ».*

Art. 48. — (*A supprimer*).

Art. 49. — Le chef du service de l'Intérieur intente les actions, en vertu de la décision du Conseil colonial, et il peut, sur l'avis conforme de la commission coloniale, défendre à toute action intentée contre la Colonie.

Il fait tous actes conservatoires et interruptifs de déchéance. Le chef du service de l'intérieur, sur l'avis conforme de la commission coloniale, passe les contrats au nom de la Colonie.

Art. 50. — *A supprimer.*

Art. 51. — *Id.*

Le gouvernement peut mettre son *veto* sur tout acte ou délibération du Conseil colonial.

Le *veto* du gouvernement oblige le Conseil colonial à soumettre à une nouvelle délibération la mesure proposée par lui.

Après cette nouvelle délibération si le gouvernement maintient son *veto*, l'affaire est portée devant le Ministre de la Marine et des Colonies, qui tranche le différend.

Du budget et des comptes de la Colonie. — Art. 52. — Le projet de budget de la Colonie est préparé et présenté par le chef du service de l'Intérieur, qui est tenu de le communiquer à la commission coloniale avec pièces à l'appui, dix jours au moins avant l'ouverture de la session d'octobre.

Le budget est réglé définitivement par le Conseil colonial.

Il comprend :

1° Les recettes de toute nature, autres que celles qui, d'après le règlement en vigueur, doivent être reçues au compte du budget de l'Etat.

2° Toutes les dépenses autres que celles relatives au traitement du Gouverneur, au personnel de la justice, aux services militaires.

Art. 54, 55, 56. — *A supprimer.*

Art. 57. — Dans le cas où le Conseil colonial ne se réunirait pas, ou se séparerait sans avoir voté le budget, on continuerait, pour l'année courante, à appliquer le budget de l'exercice précédent.

Art. 58. — Le Conseil colonial entend et débat les comptes de l'administration qui lui sont présentés concernant les recettes et les dépenses du budget local. Les comptes doivent être communiqués à la commission coloniale, avec les pièces à l'appui, dix jours au moins avant la session d'octobre.

Ces comptes sont définitivement réglés par le Conseil colonial.

A la session d'octobre, le chef de service de l'intérieur soumet au Conseil colonial le compte annuel de l'emploi des ressources municipales affectés aux routes et aux chemins d'intérêt commun.

De la Commission coloniale. — Art. 60. — La commission coloniale est élue chaque année, à la fin de la session d'octobre. Elle se compose de conseillers et du président du Conseil colonial.

Les membres de la Commission sont indéfiniment rééligibles.

Art. 61. — Les fonctions de membre de la commission coloniale sont incompatibles avec celles de maire du chef lieu de la colonie.

Art. 62. — La commission coloniale est présidée par le président du Conseil colonial, qui n'est autre que le chef du service de l'Intérieur ; elle élit elle-même son secrétaire ; elle siège dans le local affecté au Conseil colonial et prend, sous l'approbation du Conseil, toutes les mesures nécessaires pour assurer le service.

Art. 63. — *A maintenir.*

Art. 64. — *A maintenir, sauf les mots « et au Gouverneur de la convoquer. »*

Art. 65. — *A maintenir.*

Art. 66. — *A maintenir.*

Art. 67. — *A supprimer.*

Art. 68. — *A maintenir, sauf la partie : « et elle donne son avis, etc. »*

Art. 69. — Le chef du service de l'Intérieur communique à la commission coloniale, au commencement de chaque mois etc.... *maintenir le reste.*

Art. 70. — *A maintenir sauf les mots » par l'administration. »*

Art. 71. — Chaque année, à la session d'avril, la commission coloniale, etc...., *Remplacer « août » par « octobre ». — Le reste à maintenir.*

Art. 72. — La commission coloniale. — § 2, 3, 4. *A maintenir.*

Art. 73, 74. — *A maintenir.*

Art. 75. — En cas de désaccord entre la commission coloniale et son président, l'affaire peut être renvoyée à la plus prochaine session du Conseil colonial, lequel statuera définitivement.

Dispositions générales. — Art. 76, 77, 78. — *A maintenir.*

Même sans avoir sous les yeux le décret organique du 28 décembre 1885, il sera facile de saisir les modifications proposées au régime actuel, de juger l'organisme nouveau et sa portée.

III

PROBLÈMES ÉCONOMIQUES. — DÉFENSE MILITAIRE ET NAVALE. — QUESTIONS DES ILES SOUS-LE-VENT, DE COOK ET DE PAQUES. — VŒUX DE LA POPULATION EUROPÉENNE; VŒUX DES INDIGÈNES. — AVANTAGES QUE LA MÉTROPOLE POURRA TIRER DE LA POSSESSION DES ILES DE L'OCÉANIE FRANÇAISE.

Problèmes économiques. — Nous avons exposé plus haut, que soit indifférence, soit ignorance réelle (nous pencherons plutôt pour les deux hypothèses réunies), la Métropole ne se rendait qu'imparfaitement compte des besoins de la colonie et était impuissante à faire face à la situation qu'ils ont créée. Il nous suffira en effet, dans l'étude complémentaire qui va suivre, d'énumérer ces besoins pour prouver la justesse de notre dire et montrer, à l'appui du projet d'autonomie que nous venons d'ébaucher, que Tahiti n'a décidément à *attendre que de lui-même* la solution des importants problèmes économiques dont dépendent son existence et son avenir.

Les besoins auxquels nous faisons allusion sont malheureusement nombreux, et la nomenclature complète qui en serait dressée, pourrait être fort longue; aussi ne nous occuperons-nous, faute de pouvoir faire mieux, que des plus importants et des plus urgents.

Nous disons : les plus urgents? Hélas! tous sont urgents, car tout est à faire dans notre pauvre contrée : routes, ponts, quais, écoles, hospices, lazarets, édifices publics, etc., et l'ouragan qui l'a récemment dévastée n'a pas peu contribué à augmenter encore sa misère, sa détresse.

D'ailleurs, faut-il le dire! le peu qu'on entreprend ici, semble voué d'avance à la malechance; on construit des ponts pour les voir peu après emporter par les eaux; des routes, qu'on en arrive à cultiver ensuite, sous prétexe d'entretien; des écoles, qu'une administration plus soucieuse de discréditer le conseil général que de favoriser l'enseignement, menace de fermer le lendemain de leur ouverture, parce qu'on lui rogne les crédits extravagants

qu'elle demande pour leur fonctionnement. Depuis plus
de vingt ans, on a entassé plans sur plans, dans le but de
doter le chef-lieu d'un service d'eau abondant et régulier,
aucun n'a abouti.

Papeete attend toujours sa conduite, ses fontaines; et
ses infortunés habitants, à l'instar de ceux de la célèbre
commune de Dieulefit, en sont, plus que jamais réduits à
boire de l'eau sale, laquelle toutefois il faut, pour être
juste s'empresser de l'ajouter, rachète de son mieux ce
léger défaut de limpidité par son extrême rareté.

L'agriculture, cette mamelle d'un pays, pour parler
comme Sully, n'existe chez nous que de nom; l'industrie
est limitée à quelques usines, brasseries ou distilleries;
enfin le commerce et la navigation qui autrefois, ont eu
leurs beaux jours s'acheminent eux aussi, mélancolique-
ment vers le marasme et la ruine.

De ce côté également, tout est à réédifier ou à créer,
mais n'anticipons pas, et pour plus de clarté, examinons
une aussi attristante situation.

Ports, phares. — Le port de Papeete, situé au nord de
l'île Tahiti, est sûr, vaste et profond. On y pénètre par
deux passes: celle du nord, dont la plus grande profondeur
est de 13 mètres, celle de Tannoa, à l'est, plus commode
à l'entrée, mais dont le chenal moins profond ne peut être
parcouru par les navires d'un grand tirant d'eau. Dans
son état actuel, ce port suffit parfaitement à la navigation
quand on y aura posé quelques bouées ou balises, augmenté la puissance des feux de passe, diminué autant que
possible, le taux de ses droits de visite ou d'ancrage, et
exécuté ainsi qu'on se le propose, les réparations nécessaires à ses quais, on aura fait pour lui à peu près tout ce qui
était utile.

Il n'en est pas de même du Port Phaeton, à Taravao,
lequel est d'un accès peu facile aux bâtiments à voiles. Il
est vrai qu'en ce moment, après une période d'incubation
respectable, on paraît enfin s'occuper sérieusement d'y
activer les travaux de construction du bassin de radoub

que la colonie demande à grands cris depuis tant d'années en vue du percement prochain de Panama.

Puisse cette belle ardeur ne se ralentir qu'après l'achèvement complet des travaux !

Aux Marquises, les baies sont généralement accessibles. On trouve dans la baie d'Anaho (île Nuka-Hiva) un bassin naturel où les goélettes vont nettoyer leur carène et se réparer. Un bassin semblable existe au nord de l'île Tauata. Quelques améliorations insignifiantes aux wharfs ou autres accostages suffiraient à assurer dans ces parages la sécurité de la navigation.

Cette même observation peut s'appliquer aux mouillages des îles Sous-le-Vent, Gambier, Tubuai, Raivavae, Rurutu, Rimatara et Rapa.

Mais autre chose est de l'archipel des Tuamotu, que plusieurs navigateurs ont, non sans raison, appelé *archipel dangereux*. Les îles qui le composent sont de longs récifs madréporiques de 400 à 500 mètres de largeur, s'élevant très peu au-dessus du niveau de la mer et entourant des lacs intérieurs ou lagons d'où l'on tire les nacres perlières. L'approche en est pleine de difficultés et de périls. Aussi a-t-on songé, toujours en vue de l'achèvement du canal de Panama, à placer sur trois des plus rapprochées de la grande route maritime conduisant à ce point en Australie, des phares destinés à l'éclairer.

Faudra-t-il voir ici encore un de ces projets dont la Métropole nous berce sans intention ou espoir d'y donner suite? Dans l'intérêt du mouvement commercial et du développement de la richesse publique, espérons qu'il n'en est rien, et que nous sommes cette fois, en face d'une résolution sérieuse et réfléchie.

Services maritimes. — Moyens de communication de Tahiti avec le reste des Établissements et avec la France.— Les moyens de communication de Tahiti avec le reste des Établissements, nos diverses possessions de l'Océanie et enfin avec la France sont insuffisants, sous tous les rapports.

Il n'existe actuellement qu'un seul service régulier, par bâtiment à voiles, reliant Tahiti avec les dépendances, cette ligne comporte six voyages par an et ne dessert pas les îles Marquises, qui ne communiquent plus avec Papeete qu'à l'aide du courrier de San Francisco.

Quant à celui-ci, assuré moyennant une subvention de 75 000 fr., accordée à une maison *étrangère* de la place, par trois navires à voiles également, battant pavillon américain, et accomplissant chacun quatre traversées complètes dans l'année, il est des plus défectueux et, soit par suite des circonstances dans lesquelles ont lieu ces traversées, soit pour tout autre motif, il est à remarquer que les irrégularités de ses départs et de ses arrivées deviennent de plus en plus fréquentes.

Certes, il y aurait bien un moyen de parer à cet inconvénient et qui consisterait simplement à organiser à la place du service à voiles inconstant un service à vapeur; mais jusqu'ici, faute de fonds nécessaires comme aussi par suite de la difficulté de s'entendre sur le point d'atterrissage à choisir sur la côte d'Amérique les uns opinant pour le port actuel, San Francisco, les autres, pour Panama, la nouvelle ligne postale est encore dans les brumes de l'avenir.

On a essayé de même plusieurs fois mais en vain d'établir une ligne régulière entre Tahiti et la Nouvelle-Calédonie. Nous en sommes toujours réduits, pour correspondre avec notre grande sœur du Pacifique, à profiter des rares occasions que nous offrent, tantôt les bâtiments de l'État, tantôt les bâtiments de commerce notamment le steamer anglais «Richmond», qui effectue, tous les quarante-cinq jours environ, en touchant, à l'aller aux Fidgi, aux Tonga, aux Samoa, et au retour à Rarotonga (archipel de Cook), un voyage entre Auckland et Papeete.

Les îles Sous-le-Vent sont en rapports fréquents avec Tahiti. Mais là encore, ces rapports sont soumis aux voyages irréguliers des navires de l'État et des navires marchands, les seuls qui naturellement soient utilisés pour les échanges. Il serait donc vivement à désirer qu'une ligne régulière nous reliât définitivement avec un groupe où nous avons à protéger, à côté de nos intérêts commerciaux, de si grands intérêts politiques.

Quant aux îles de Pâques, Fanning, Caroline et Gilbert, c'est à des intervalles fort éloignés que les bâtiments de commerce de la colonie, allant à l'aventure, y tentent quelques transactions dont le guano fait les principaux frais.

Les îles Sandwich, elles, nous envoient de temps en temps quelques convois de bœufs.

Enfin, en ce qui concerne les relations avec la France, nous avons déjà dit qu'elles étaient assurées par une ligne mensuelle de bateaux à voiles dont le port d'attache en Amérique est San Francisco, et qu'il était à souhaiter qu'on arrivât enfin à s'entendre pour substituer à cette ligne irrégulière et à traversées de trop longues durées un service à vapeur plus rapide et, partant, plus profitable au pays.

Quand nous aurons ajouté que tous les cinq mois un transport de l'État, à défaut du steamer d'Auckland, met Tahiti en communication avec la ligne française des Messageries maritimes établie entre la Nouvelle-Calédonie, Sydney et Marseille ; qu'en outre, cinq ou six voiliers font généralement, chaque année, le voyage de Bordeaux à Papeete, nous en aurons fini avec les moyens de jonction que la colonie et la métropole ont actuellement à leur commune disposition.

On voit par ce qui précède combien nous avions raison de dire, en commençant, qu'ils ne répondaient qu'insuffisamment aux besoins de notre situation ; aussi notre conclusion sera-t-elle celle-ci : le moment est venu, ou plutôt il n'est que temps de doter la colonie d'un double service à vapeur *français* qui la relierait à l'Europe : d'un côté par San Francisco ou Panama ; de l'autre, par la Nouvelle-Calédonie ; et il y a lieu de s'étonner que la Métropole, qui a au moins autant, pour ne pas dire plus, d'intérêt que nous à l'établissement d'un tel service, ait encore à y pourvoir.

Routes, ponts, quais, écoles, hospices, lazarets, câbles, télégraphes, téléphones. — Nous avons déjà eu occasion de parler de l'état de délabrement de nos routes, quais et édifices publics. Nous n'y reviendrons que pour répéter ce que tout le monde sait, du reste, que cette désolante situation tient uniquement à l'absorption, par un personnel administratif trop considérable, de crédits qui trouveraient un meilleur emploi dans les travaux publics. Tout sacrifier au personnel est une tendance fâcheuse, et cette tendance est malheureusement passée dans les habitudes du pouvoir central comme dans celles de l'administration qui nous gouverne. Il faut le reconnaître, on traite décidément un peu trop les colonies en vaches à lait, quelques-uns vont même jusqu'à dire en bureaux de placement pour les protégés et créatures de certains personnages bien en cour. Il est vraiment urgent que cela finisse, si l'on veut que ces colonies puissent vivre et subsister. Avec un pareil régime, un pays est mort avant d'avoir vécu ! Pour son compte, Tahiti étouffe sous l'invasion des administrateurs en herbe, Tahiti demande grâce !!.....

Quand nous serons sortis d'une situation qui grève nos finances, pour le seul profit de quelques-uns ; quand nous aurons conquis la libre disposition de nos revenus, ce que nous donnera la constitution dont nous voudrions voir ici le fonctionnement, à ce moment, mais à ce moment seulement, il nous sera permis de mener à bonne fin la réfection de nos voies intérieures de communications, la réparation de nos bâtiments·publics qui s'effondrent, de nos quais qui s'en vont, l'édification de nos écoles, la construction des ponts que nécessitent nos nombreux cours d'eau.

Alors aussi, nous pourrons songer, sans être obligés de recourir, comme de nos jours, à l'expédient d'un emprunt, à l'installation d'un lazaret pour nous préserver de la fièvre jaune qui pourra nous venir de Panama, à l'organisation d'un hospice où nous abriterons nos malades et nos vieillards ; à la pose d'un câble télégraphique qui nous reliera aux îles Sandwich et, par là, à l'Europe, en desservant sur son parcours les phares des Tuamotu et les îles Marquises. Nous pourrons même aller plus loin, et, bien qu'à la vérité, cet ingénieux appareil, pas plus d'ailleurs qu'un télégraphe et une voie ferrée ne soient, à vrai dire, de première nécessité ici, il ne nous sera point défendu, en vue de mettre en communication plus rapide nos différents établissements publics, puis nos demeures particulières, d'introduire dans la vieille capitale de Pomaré, aux yeux ébahis de nos braves indigènes, l'instrument merveilleux dont Édison a vulgarisé l'emploi, après en avoir ébloui le monde civilisé.

Appelons donc de tous nos vœux l'ère de liberté qui nous apportera tous ces bienfaits !

Colonisation : culture, main-d'œuvre. — On a beaucoup écrit sur Tahiti, sur la fertilité de son sol, la douceur de son climat. On l'a représentée comme un Eden où tout venait à discrétion, où il n'y avait qu'à se baisser pour récolter. Un spirituel écrivain du Figaro, M. Monchoisy lui-même, a fait à ce sujet un livre où notre île enchanteresse est peinte sous des couleurs qui ne laissent rien à désirer, question des « bras » et des colons mise à part. Il faut en rabattre. Non, tout ne pousse pas dans notre beau pays, ou plutôt, tout ce qui pourrait y pousser ne payerait pas le planteur de son temps et de ses sueurs. L'agriculture, chez nous comme ailleurs, ne se fait pas seulement avec de l'enthousiasme, et la réalité nous oblige à déclarer sans hésitation, afin de ne tromper personne, que nos cultures sont limitées à quelques produits, lesquels, de longtemps encore, ne pourront lutter avec avantage sur les marchés de l'Europe avec ceux des Européens, des colons des Antilles, des Hindous, des Chinois ou des Égyptiens.

C'est à tort, par exemple, que certains de nos agriculteurs ont caressé l'espoir de tirer un fructueux parti de la ramie ; la culture de ce textile, le fait est maintenant démontré, est tout simplement ruineux, grâce aux prix excessifs du fret et de la main-d'œuvre indigène.

15.

Les seules industries agricoles qui puissent prospérer *sûrement* ici, les seules sur lesquelles doivent se porter nos efforts et qui méritent d'être encouragées, parce que seules elles sont susceptibles de faire la fortune de la colonie, sont, hélas ! en bien petit nombre.

La première de nos productions, en rareté et en valeur, est sans contredit la *nacre*, que nous donnaient autrefois avec abondance les Tuamotu et les Gambier, mais dont les gisements vont aujourd'hui en s'épuisant chaque jour.

Son mode d'élevage est inconnu. Quels sont les fonds, les eaux, les températures qui lui conviennent ! — Peu le savent, et ceux-là font de leur science un secret.

La deuxième est le beau coton « *longue soie* » dont l'espèce tend à disparaître, et qui ne peut se récolter qu'aux îles de la côte américaine, aux Fidgi et dans notre archipel.

La troisième est celle de la noix de coco, qui, toujours, se vendra de façon à payer, sinon à enrichir le cultivateur.

Le tabac peut aussi être compté parmi les éléments de nos richesses agricoles futures.

Ensuite, viennent le cacao, le café, la vanille et enfin la canne à sucre, limitée à la production nécessaire pour fournir à la consommation locale, la cassonade, la mélasse et le rhum. Et... c'est tout.

Tels sont les produits, les seuls, susceptibles chez nous d'alimenter l'exportation.

Mais, — il y a un mais dont il y a lieu de tenir sérieusement compte, — pour mener à bien toutes ces cultures, il est utile, indispensable d'avoir à son service une main-d'œuvre à bon marché, et... c'est ce que nous n'avons pas. Le peu que nous ayons, quand il nous est possible de l'obtenir, nous revient fort cher, et c'est là, reconnaissons-le, l'obstacle le plus sérieux que l'industrie agricole puisse rencontrer dans ce pays.

L'indigène, qui n'a pas de besoins, l'indigène à qui la montagne et la mer donnent la nourriture, ne se soucie nullement de travailler. L'arracher à sa vie contemplative, à ses veillées religieuses où fleurit l'himene, à ses upa-

upa, à ses siestes entremêlées de cigarettes, est une grosse affaire. Il a fallu y renoncer.

On a essayé de la colonisation chinoise à une certaine époque. Mais les Chinois se sont empressés d'abandonner le travail des champs pour le commerce qui leur a paru plus lucratif. On s'est alors rabattu sur les îles Gilbert. Plusieurs opérations d'immigration ont été tentées dans cet archipel, et on espérait tenir enfin cette main-d'œuvre si précieuse, lorsqu'on s'est aperçu qu'on était en face d'une nouvelle déconvenue; que les travailleurs engagés ne travaillaient pas, et que, par suite, le mieux qui restait à faire c'était de les rapatrier. Résultat final : perte sèche pour la colonie, qui avait fait les frais des opérations, d'environ 200 000 francs !

Il eût été plus pratique peut-être, puisqu'on voulait à tout prix des immigrants, de s'adresser au Tonkin, où, certainement, on aurait pu et où l'on pourrait encore aujourd'hui, plus facilement que jamais, recruter d'excellents laboureurs qui, munis de contrats formels portant rapatriement obligatoire au bout de la période d'engagement, n'auraient pu se jeter dans le commerce, ainsi que l'ont fait les Chinois. Mais on ne pense pas à tout.

Enfin, pour clore l'histoire de l'immigration à Tahiti, il nous faut aussi parler du convoi d'immigrants français que nous a tout dernièrement envoyés la Société de colonisation.

Hélas ! comme les précédentes, cette expédition a abouti à l'insuccès, et la colonie, qui avait fondé sur eux les plus grandes espérances, sera probablement obligée, sous peu, de rapatrier les nouveaux colons. Quelques-uns d'entre eux mêmes, déjà désillusionnés, ont demandé à partir.

Pour expliquer ce nouvel échec, il est bon de dire qu'au lieu de laboureurs, d'agriculteurs que le pays désirait, on lui a expédié, on ne sait pourquoi, des artisans, des ouvriers qui, sauf quelques rares exceptions, sont recrutés le plus souvent, par exemple, parmi les militaires de la garnison qui prennent ici leur congé.

Il convient également d'ajouter que le nombre restreint

des terres domaniales pouvant être mises à la disposition des colons désireux de se fixer à Tahiti, rendra toujours chez nous ces sortes d'opérations difficiles, et l'expérience qui vient d'être faite nous conduit à conseiller, avant d'en recommencer de semblables, de s'assurer d'abord de la possession des terrains sur lesquels elles devront être tentées.

Il sera également utile de prévenir les futurs immigrants que la vie est fort chère dans la colonie, tant au point de vue de la nourriture que du logement et du vêtement, et que, s'ils désirent y réussir, ils feront sagement de n'y point arriver sans les ressources nécessaires à faire face aux premiers besoins.

Les industries. — Les industries, nous l'avons déjà dit, sont clairsemées à Tahiti.

On y compte deux ou trois usines à fabriquer le sucre ou distilleries, deux usines à égrener le coton, une fabrique de glace, deux brasseries, la fabrication de la farine de coco et de manioc et celle de la paille tressée pour chapeaux (canne à sucre, pia, bambou, pandanus, etc.) occupent aussi quelques rares industriels. La plupart des objets de consommation nous viennent du dehors.

Enfin, il convient également de mentionner quelques chantiers de construction de goélettes dont le tonnage s'élève parfois jusqu'à cent tonneaux.

Il y aurait évidemment place pour nombre d'autres industries, celle des voitures, par exemple, véhicules en grande vogue parmi nos Tahitiens, n'était cette éternelle question de la main-d'œuvre, du travail manuel; qui, aussi longtemps qu'elle sera ouverte, arrêtera toutes les initiatives, découragera et paralysera toutes les bonnes volontés. C'est là, nous ne cesserons de le répéter, que gît le grand problème. Celui qui le résoudra fera faire à la colonisation française dans ce pays un pas décisif.

Importations et exportations. — Régime douanier. — Moyens propres à développer les importations françaises.

— **Route de Panama : expansion de la colonisation**. — Le tableau suivant permettra de se rendre un compte approximatif de la valeur des importations et exportations de la colonie. C'est un relevé sommaire, pris à une source officielle, et comprenant les importations et exportations de France et de l'étranger, depuis 1877 jusqu'à l'année qui vient de finir.

ANNÉES	IMPORTATIONS.		EXPORTATIONS	
	DE FRANCE	DE L'ÉTRANGER	POUR FRANCE	POUR L'ÉTRANGER
	f. c.	f. c.	f. c.	f. c.
1877	664.194 73	2.998.333 85	19.713 18	2.434.459 87
1878	208.223 70	3.950.170 49	60.793 26	2.626.854 15
1879	1.015.521 09	3.013.707 99	101.264 »»	2.709.519 66
1880	465.813 25	2.695.844 14	385.752 15	2.956.893 28
1881	751.053 53	4.054.616 90	399.534 70	3.478.902 50
1882	662.267 39	3.729.263 11	» »	3.701.934 45
1883	618.567 60	3.317.518 57	144.667 60	3.573.447 17
1884	513.434 80	4.482.362 25	200.459 02	4.233.834 59
1885	1.220.452 76	3.356.115 03	316.213 05	3.144.910 12
1886	444.585 32	2.685.042 80	137.407 74	3.433.203 02
1887	556.309 86	2.713.157 23	» »	3.215.045 35

Ce tableau, on le voit, est par lui-même assez éloquent pour nous dispenser, à son égard, de tous commentaires. Notre infériorité commerciale vis à vis de l'étranger y est écrite en chiffre si douloureusement significatifs qu'il ne reste plus qu'à se demander ce qu'il convient de faire pour sortir d'une pareille situation.

Pour nous et pour la majeure partie de nos négociants, c'est dans la modification de nos tarifs qu'il faut chercher le remède.

La colonie ne possède qu'un tarif unique pour toutes les marchandises, qu'elles proviennent de France ou de l'étranger, c'est ce tarif qu'il faut changer. Il faut en faire un tarif différentiel protecteur. Il faut en un mot s'arranger de telle façon que nos produits français, bien qu'arrivant dans la colonie grevés déjà de frais de toutes sortes, puissent lutter avec les produits similaires des contrées voisines, la Californie, l'Australie, la Nouvelle-Zélande.

Le conseil général, qui s'est parfaitement rendu compte du danger de laisser subsister cet état de choses, a déjà essayé de réagir; mais son action est actuellement suspendue. Le département (encore ce vilain mot qui nous échappe!) tient seulement à nous imposer la douane dont nous ne voulons à aucun prix, lui préférant le régime moins coûteux de l'octroi de mer, lequel a en outre l'avantage de nous laisser maîtres de nos taxes; aussi n'a-t-il encore donné aucune sanction aux modifications qui lui ont été soumises.

Nous attendons son bon plaisir, faute de pouvoir faire mieux, en l'état de notre constitution: nous sommes patients quand il est nécessaire, quand les circonstances l'exigent.

Toutefois, qu'il nous soit permis de faire respectueusement remarquer aux arbitres de nos destinées que plus il s'écoulera de temps avant qu'ils prennent une décision, plus le préjudice causé *à nos négociants et industriels de la métropole* sera considérable. La route maritime de Panama va bientôt être ouverte au commerce des nations; qu'ils prennent garde que, par leur faute, leur incompréhensible inertie, les navires portant notre pavillon soient seuls à n'en pas bénéficier !...

Mais, puisque nous sommes sur le chapitre de la protection à accorder au commerce national, il nous faut émettre un autre vœu, sans l'accomplissement duquel les bienfaits à attendre du tarif différentiel *d'octroi de mer* (c'est à dessein que nous soulignons octroi de mer) seraient, en quelque sorte, incomplets.

Jusqu'à ce jour, et sans qu'on puisse s'en expliquer le motif, les navires étrangers ont été admis, au même titre que les navires français et, quelquefois, *à leur exclusion*, à naviguer dans toute l'étendue de nos Établissements et à y faire des échanges. Ces faveurs, ces risettes à des pavillons ouvent ennemis du nôtre, causent de sérieuses pertes à os trafiquants; la situation n'est plus tolérable et appelle un changement radical. De même qu'on a pu dire avec juste raison que la France devait être aux Français, de même ici, il est impossible de soutenir que notre colonie ne doive pas appartenir à nos colons. Or, pour qu'elle leur appartienne, en fait comme en droit, il est absolument nécessaire que nos lois maritimes y soient mises à exécution et obéir dans toutes leurs dispositions. Nous en réclamons donc avec énergie la stricte application.

Nous réclamons de même une réglementation définitive et conforme aux intérêts qui s'y rattachent de la fameuse question des nacres perlières, sans cesse soulevée, toujours restée en suspens. Il y va de la prospérité de la colonie dont la nacre constitue, avec le coprah, les cocos, les oranges et le jus de citron, la principale exportation.

Divers projets ont été soumis au sujet de cette question, à la représentation locale; mais comme tous lésaient au profit de concessionnaires éventuels, d'exploiteurs groupés en syndicats, les droits de propriété séculaire des indigènes sur leurs lagons, le rejet, on le pense bien, ne s'en est point fait attendre. Finira-t-on par en trouver un qui conciliera tous les intérêts? Ce serait fort à souhaiter.

Défense militaire et navale. — Questions des îles Sous-le-Vent, des îles de Cook et de Pâques. — Nous n'avons point la prétention de traiter ici la question technique de la défense militaire de la colonie, ayant sur ce sujet profondément conscience de notre ignorance. Mais on nous accordera volontiers qu'il est certains côtés de cette question pour lesquels une absolue compétence n'est pas, à proprement parler, de rigueur et qu'on peut examiner et discuter d'une façon générale, sans avoir, au préalable, passé par l'École de guerre. De ceux-là nous pouvons donc dire un mot.

Personne ne s'avisera, par exemple, de nous traiter d'hérétiques, s'il nous échappe de déclarer qu'à nos yeux, la défense de la colonie serait aussi sûrement et plus économiquement assurée par l'emploi de milices coloniales, recrutées parmi nos vigoureux indigènes, que par celui de troupes métropolitaines? Si c'est là commettre une hérésie, qu'on nous le pardonne en raison de notre sincérité.

Qu'on nous pardonne, aussi par la même occasion, de conseiller dans ce même ordre d'idées, l'établissement, sur divers points de l'île, de batteries côtières; la création d'un arsenal, où nos navires de guerre viendraient se ravitailler ou se réparer; la réfection complète de notre cale de halage qui ne sera bientôt plus bonne à rien, si on la laisse dans son état actuel; la construction rapide du bassin de radoub dont on entretient depuis si longtemps nos espérances, enfin la mise à la disposition du chef de la station locale de quatre à cinq torpilleurs, qui rendraient certainement d'aussi grands services sur nos côtes, qu'ils peuvent en rendre sur les côtes de France.

Maintenant est-ce à dire qu'après avoir pris toutes ces mesures, il ne resterait plus rien à faire pour la sécurité du pays? Ce n'est point notre pensée, car il existe, à notre avis, chez nous, d'autre éléments de faiblesse, qui pourraient, à un moment donné, compromettre cette sécurité et dont il convient, sans délai de se débarrasser. Chacun a compris que je voulais faire allusion ici — et nous voici du même coup lancés dans la politique — aux questions des îles Sous-le-Vent, des îles de Cook et de Pâques.

On connaît les tristes circonstances dans lesquelles s'est accomplie l'annexion des îles Sous-le-Vent, s'est passé « l'incident malheureux », pour emprunter à un administrateur illustre une de ses plus belles expressions philosophiques, qui a suivi la prise officielle de possession. Nous ne reviendrons pas sur ces événements désolants, sur cet étalage public d'apeurement et d'incapacité. Bornons-nous à faire remarquer que si, dès cette époque, la situation dans cet archipel n'était pas plus flatteuse pour nos armes que pour notre diplomatie, il faut convenir qu'après une occupation d'une année, elle n'est guère plus brillante, tenus que nous sommes en échec par une poignée d'insurgés, de *dissidents* (toujours pour parler comme l'administrateur illustre) qu'avec un peu de vigueur on amènerait pourtant si vite à composition.

Il y a là, nous le répétons, pour l'affermissement de notre autorité dans les divers archipels qui composent nos Établissements une source de dangers qu'il serait utile, une fois pour toutes, de faire disparaître résolument, où toutes les tentatives de conciliation ont échoué, tombant dans le mépris, il ne reste plus place, semble-t-il, qu'à l'action ? Gageons qu'on se gardera bien de bouger et d'essayer de sortir du sentier philanthropique où, sous prétexte d'humanité, on traîne nos couleurs et compromet, peut-être sans retour, le prestige du nom français !

Ce manque complet de résolution, de fermeté et d'à-propos qui, décidément, distingue notre administration coloniale, du haut au bas de l'échelle, nous a valu et nous vaudra sûrement encore d'autres déboires. Hier, il laissait passer impunément aux mains des Anglais l'*archipel de Cook,* regardé longtemps comme une *dépendance naturelle de Tahiti ;* puis, à celle des Chiliens, l'*île de Pâques, une des clefs de la route de Panama à Sydney ;* demain peut-être il en laissera échapper d'autres : *Flint, Caroline, Humphrey ?* On n'est pas plus simple, plus insuffisant, plus aveugle, et il a fallu la voix éloquente d'un évêque français, qu'on eût pu supposer, en raison de ses fonctions, incompétent en matière de questions coloniales, pour signaler de pareilles erreurs, montrer au ministère de la rue Royale les bévues qu'il avait commises et le rappeler au sentiment de la vraie politique et du devoir. Honneur à l'évêque Freppel !...

Faisons, en finissant, des vœux pour que là s'arrête l'espèce de cécité dont notre administration supérieure paraît atteinte, car, si le mal s'aggravait, qu'on ne perde pas de vue qu'il en pourrait coûter cher à notre pauvre, mais toujours aimée colonie...

Vœux de la population européenne ; vœux des indigènes. — Avantages que pourra tirer la Métropole de la possession des îles de l'Océanie française. — Indépendamment

des desiderata et des vœux dont nous avons parlé plus haut, il en est d'autres qui, quoique de moindre importance, n'en ont pas moins, aux yeux de la population de la colonie, un caractère d'utilité et d'urgence qui les recommande spécialement à l'attention du pouvoir métropolitain. Voici quels en sont les principaux :

En première ligne, la colonie européenne réclame avec instance, pour la ville de Papeete, la création d'une municipalité sur les bases de la loi de 1884, et, pour les districts, une organisation communale en rapport avec le degré de civilisation des natifs.

Depuis longtemps déjà, on lui a promis ces institutions ; mais on ne se presse guère de tenir les promesses faites. Il est cependant impossible d'en différer davantage l'exécution, car il semble justement étrange qu'un pays, qui est déjà en possession d'un conseil général, en soit encore à attendre son organisation municipale ! C'est encore là une de ces anomalies comme il en existe tant sous notre ciel bleu, et qu'il y aurait intérêt à faire, au plus tôt, disparaître.

Puis vient, en second lieu, la question de la pêche et du commerce des nacres perlières, que nous avons dénommée plus haut *fameuse*, en raison des nombreuses phases par lesquelles elle a passé, sans jamais recevoir de solution.

En ce qui concerne cette question, il serait désirable que la règlementation à intervenir fût confiée aux soins de l'autorité locale, qui aurait à s'entendre, pour sa confection, avec les mandataires du pays. Le motif qui nous conduit à formuler cette proposition est celui-ci : les renseignements que possède le département sont insuffisants pour lui permettre de faire un décret qui réponde aux nécessités de la situation, aux divers intérêts engagés dans la question ; mieux à même que lui de s'en procurer d'exacts, la colonie viendra, au contraire, très facilement à bout des difficultés à vaincre.

L'abrogation du décret du 23 janvier 1884, qui a organisé les églises tahitiennes protestantes, a fait aussi à plusieurs reprises, au sein du Conseil général, l'objet de discussions ardentes, régulièrement suivies de l'expression d'un vœu tendant à ce que cette abrogation fût prononcée dans le plus bref délai au profit du retour pur et simple à la loi de germinal, an X. Ce décret a institué un État dans l'État, et doit en effet disparaître, si l'on veut arracher l'autorité coloniale républicaine, traitée en vassale par le conseil des églises, à une dépendance incompatible avec sa dignité.

A côté de ces vœux, qui. sont ceux qui intéressent le plus vivement la colonie, il convient également d'en mentionner d'autres d'ordre moins élevé, tels que :

1° La suppression de la prime de 3 p. 100 prélevée sans aucun droit par la métropole, en sus de la taxe ordinaire sur la délivrance des mandats-poste, et au sujet de laquelle la population n'a pu, malgré toutes les protestations, obtenir encore satisfaction ;

2° La mise à la charge du budget colonial métropolitain auquel cette dépense incombe, de la solde du personnel secondaire de la Justice ;

3° La perception des impôts par le Trésor public en monnaie chilienne ou péruvienne, qui est la monnaie courante du pays, lequel en est inondé, perception qui se ferait, bien entendu, sous la déduction de la moins-value ;

4° L'envoi dans la colonie d'une plus grande quantité de timbres-poste métropolitains ;

5° Le rejet de l'installation d'une succursale de la Banque de l'Indo-Chine, qui serait plutôt nuisible qu'utile au pays, pourvu déjà d'un établissement de crédit, la Caisse agricole, qui suffit à tous les besoins ;

6° Les débouchés qu'il y aurait lieu d'ouvrir en France aux produits locaux, jusqu'ici tributaires des ports étrangers, etc., etc.

Tels sont, à peu près, les principaux desiderata de la population européenne.

Quant à ceux des indigènes, ils sont bien simples, et, sauf celui qu'ils ont formé relativement à la propriété des lagons des Tuamotu, qu'ils revendiquent, du reste à juste titre, on pourrait presque dire qu'ils se résument à ceci :

paix et tranquillité. Se mêlant peu ou point à la vie politique des Européens, nos braves natifs, devenus bel et
bien, depuis l'annexion de 1880, nos concitoyens, ne
demandent qu'une chose : jouir paisiblement et indistinctement des bienfaits et des maux que la civilisation leur a
apportés et au nombre desquels, ils placent volontiers en
première ligne : — nous parlons des bienfaits — la liberté
de boire, de se réunir, de chanter leurs himene et de dan-
ser leurs upa-upa. Il est encore bien difficile de leur faire
comprendre que l'homme n'est pas uniquement sur la terre
pour s'amuser ; et le mieux est, croyons-nous, de s'en
reposer sur le temps du soin d'achever, sous ce rapport,
leur trop imparfaite éducation. Ce sera, sans doute,
l'œuvre d'une ou plusieurs générations.

Nous voici arrivés à la dernière partie de cette étude sommaire. Il nous reste pour l'achever, à rappeler encore une
fois les avantages que pourra tirer quand elle le voudra,
la Métropole de la possession de nos Établissements. On
ne saurait revenir avec trop d'insistance sur un tel sujet.

Nous nous plaçons ici, bien entendu, dans l'hypothèse
d'une constitution définitive de la colonie d'après notre
projet d'autonomie et supposons qu'elle a obtenu enfin gain
de cause sur toutes les questions administratives, financières et économiques dont nous avons plus haut parlé.

Disons-le de suite, il n'est pas besoin d'être grand clerc
pour s'apercevoir que, quel que soit le point de vue où l'on
se place, que ce soit au point de vue de la défense du pavillon ou à celui de l'extension du commerce national,
ces avantages paraissent devoir être importants et nombreux.

Dans le premier cas, en effet, il importe de considérer
que le gouverneur, représentant du pouvoir central, étant
débarrassé d'une partie des attributions administratives
qui l'absorbaient, pourra désormais consacrer tout son
temps à la direction générale des affaires politiques et militaires d'une contrée que sa situation géographique appelle
tout particulièrement à servir de centre d'approvisionnement, de point de ralliement ou de refuge à nos escadres

du Pacifique. Conclusion : Ce serait évidemment faire injure à ce gouverneur que de supposer que dans d'aussi belles conditions, il ne pourrait imprimer à ces affaires une impulsion dont tout le monde tirerait bénéfice.

D'autre part, il est incontestable que les iles Sous-le-Vent, enfin pacifiées, nos milices instruites et encadrées, notre petite flotte bien approvisionnée, nos côtes mises à l'abri des surprises, viendraient apporter un sérieux appoint à la défense commune que ne pourra que favoriser d'un autre côté, la rapidité de nos communications avec les différents archipels reliés au chef-lieu par des lignes postales régulières et fréquentes.

Est-il besoin enfin d'ajouter, que sans s'exposer à être taxé de faux prophète, il y a tout lieu également de penser que la colonie, pourvue de régime libéral de son choix, ne pourra manquer de sentir son attachement au drapeau s'augmenter en proportion des sacrifices qu'aura consentis en sa faveur la mère patrie. Quelles forces celle-ci ne puisera-t-elle pas, au moment du danger, dans la reconnaissance de populations qui lui auront dû leur fortune et leur tranquillité ?....

Il serait également puéril, au point de vue commercial, de nier les bienfaits du nouveau régime. Qui pourra en effet, se refuser à les voir dans l'arrivée, chez nous, des marchandises françaises, dégrevées de tous les droits possibles, primées et par suite, mises en mesure de lutter à armes au moins égales, avec la concurrence étrangère ; dans la vigoureuse impulsion ainsi donnée à notre industrie nationale ; dans les facilités de ravitaillement et de fret qu'offrira la colonie, rendue à elle-même, à ceux de nos navires qui viendront s'y approvisionner ?

On pourrait, on le voit, s'étendre longuement sur un tel sujet, et, si nous n'étions préoccupés de la nécessité de nous renfermer dans le cadre étroit que nous nous sommes imposé, nous céderions volontiers, nous l'avouons, à la tentation d'ajouter encore quelques traits à ce court tableau, dussions-nous nous répéter.

Mais force nous est de nous arrêter pour terminer par

un dernier et suprême appel à la sollicitude et au désintéressement de la mère patrie.

La France s'apprête à célébrer cette année, le grand centenaire de la Révolution, de la proclamation des Droits de l'Homme. La colonie de Tahiti, certes, s'associera de son mieux à cette fête de la nation. Mais combien sa joie serait plus grande, son allégresse plus profonde, s'il lui était permis d'espérer saluer bientôt, à son tour, à la suite de ce jubilé de la patrie, l'aurore de son autonomie et de sa propre liberté !

Qui fera luire pour elle ce jour heureux entre tous ! Parcelle lointaine du territoire français, de la terre par excellence du gouvernement, du pays par le pays, peut-on refuser plus longtemps à ses citoyens des droits qui sont acquis depuis tant d'années à leurs compatriotes de France ? Pourquoi deux mesures : d'une part, l'indépendance et la liberté, de l'autre, la tutelle et l'asservissement? Cette inégalité choquante entre la grande terre et la petite ne peut plus subsister. Qu'on ne se le dissimule pas, le souffle de liberté qui a agité les continents est arrivé jusqu'à nos îles, et si le bon sens et l'esprit de justice conseillent, à qui mieux mieux, de lui livrer passage, essayer de lui résister serait la pire des folies et l'attestation la plus frappante de l'inaptitude gouvernementale et administrative contre laquelle nos possessions d'outre-mer n'ont cessé de s'élever.

Espérons donc, et c'est sur ce dernier vœu que nous terminerons, dussions-nous être dupes de nos illusions, que les aspirations de la colonie seront enfin comprises en haut lieu, et que le projet d'autonomie que nous soumettons à nos gouvernants, en le plaçant sous les auspices du Grand Anniversaire, recevra d'eux l'accueil que permet d'attendre pour lui le droit à la vie, au bien-être et au progrès sur lequel il est basé.

Papeete, le 13 avril 1889.

F. CARDELLA,
Président du Conseil général.

CH. CROCHET,
Secrétaire-rédacteur du Conseil.

CHAMBRE DE COMMERCE

Organisée par un arrêté du 23 mai 1881, la Chambre de commerce de Papeete se compose de 9 membres dont 6 français et 3 *étrangers :* les premiers sont élus par les commerçants et industriels français, les seconds sont nommés par le gouverneur. La Chambre de commerce nomme, chaque année, dans son sein, un président, un vice-président et un secrétaire, choisis parmi les membres français. Le directeur de l'intérieur est membre de droit de la Chambre de commerce : il préside les séances auxquelles il assiste.

Un arrêté du 27 mai 1884 a remplacé les comités agricoles de la colonie par une Chambre d'agriculture à Papeete, et des comités d'agriculture dans les Dépendances.

REPRÉSENTATION COLONIALE

Le décret du 19 octobre 1883 accorde aux Établissements français de l'Océanie un délégué au Conseil supérieur des colonies.

LES VŒUX DE TAHITI

Tahiti est une terre française, mais avec son caractère particulier, ses usages et ses coutumes. C'est donc à la lente action du temps qu'on doit demander les changements qui permettront le jeu naturel de l'organisme administratif de la métropole. Nous ne parlerons donc ni d'autonomie ni d'assimilation proprement dite quand il s'agira de l'avenir des Établissements français de l'Océanie.

L'autonomie suppose des conditions sociales et politiques que Tahiti est loin de posséder en raison même des différences de race et de la disproportion de nombre entre les Français d'origine et les Tahitiens devenus citoyens français depuis la loi d'annexion. Aussi l'autonomie aurait-elle pour résultat de créer des rivalités, sinon d'amener des conflits dont les suites ne pourraient être que funestes à l'avenir de la colonie. Une politique sérieuse, sans méconnaître les besoins du moment, ne sacrifie jamais l'avenir au présent.

Ces mêmes réflexions s'appliquent aux théories de l'assimilation proprement dite : les solutions extrêmes ne sont point à préconiser en matière coloniale.

La fidélité inébranlable des Tahitiens à la France appelle tous les égards, car cette fidélité est la base même de notre influence dans l'Océanie orientale, la population d'origine française étant peu considérable.

C'est dire que l'Administration doit éloigner les moyens autoritaires et user de modération et de prudence. Les Tahitiens sont jaloux de leur indépendance et connaissent tout le prix de la liberté. Ils attachent le plus grand prix au maintien de leur liberté religieuse, qui a été consacrée par le décret du 23 janvier 1884 qui a organisé les Eglises tahitiennes. Ce décret, préparé avec le plus grand soin et qui réserve tous les droits du pouvoir civil, a été inspiré par la connaissance très sérieuse des besoins du pays. Son maintien s'impose et il serait d'une politique imprudente d'y porter atteinte. Les Tahitiens désirent surtout ne pas être régis en tout par une législation métropolitaine dont ils ne peuvent toujours comprendre les mobiles et voudraient qu'elle fût mise à la portée de leur civilisation. Ce serait un acte de bonne politique que de donner aux justices de paix un pouvoir plus étendu en confiant ces postes importants à des hommes d'un esprit sage et conciliant.

Il ne serait pas moins utile de rendre aux chefs de districts, non par une mesure générale, mais par des décisions successives, la tenue des registres de l'état civil. Il faudrait surtout assurer la représentation des intérêts indigènes dans la mesure de leur importance au Conseil général, qui est composé, à une exception près, de membres français d'origine. La colonie par le chiffre de sa population, le nombre des électeurs qui prennent part aux élections politiques, a droit, à une représentation au Parlement au même titre que les autres colonies qui ont ce précieux avantage de pouvoir faire défendre leurs intérêts par un député.

L'avenir des Établissements français de l'Océanie dépend des communications régulières qui les mettront en rapport direct avec la métropole. Isolés dans le Pacifique, ils ne peuvent prétendre à un développement sérieux de leur commerce et de leur industrie aussi longtemps que l'état de choses actuelles se perpétuera. Leur importance ne se révèlera que le jour où Tahiti sera désigné comme l'une des plus importantes escales des lignes transocéaniques qui ne pourront manquer de s'établir.

C'est vers ce but que doivent tendre tous les efforts. La première mesure à prendre devrait donc être la création d'une ligne de vapeurs unissant Tahiti à la Nouvelle-Calédonie. Ce ne serait pas déjà un avantage à dédaigner que l'union des deux colonies où les intérêts français sont si importants, mais qui, jusqu'à ce jour, vivent à peu près étrangères l'une à l'autre. Nous voulons espérer que les ressources mises à la disposition du Département permettront de mener à bonne fin ce projet. Une subvention importante provoquerait l'initiative et engagerait les armateurs français à s'occuper de la création d'une ligne qui unirait Tahiti non seulement à la Nouvelle-Calédonie, mais aussi à la France, grâce à la grande ligne des Messageries maritimes qui aboutit à Nouméa.

Il est inutile de faire ressortir tous les avantages qui résulteraient d'une semblable création. Tahiti verrait cesser un isolement qui lui est si préjudiciable, et la certitude de pouvoir écouler les produits de l'industrie agricole activerait le développement industriel. La possibilité enfin de se rendre à Tahiti par des lignes françaises déterminerait sans doute un plus grand nombre de nos concitoyens à se fixer dans l'Océanie orientale[1].

L'extension toujours grandissante du commerce austra-

---

1. Est-il besoin de dire que par ce terme de Tahiti nous entendons généraliser l'ensemble de nos possessions, sans oublier les îles Rouroutou et Rimatara, qui viennent d'être placées, cette année même, sous la protection de la France, à la suite des négociations confiées à M. le Pasteur Viénot par M. le Gouverneur Lacascade. — F. P.

lien, le rapide peuplement des grandes îles du Sud, ne peut que provoquer, et plus promptement peut-être qu'on ne pense, la création de lignes transocéaniques. Il ne paraît point douteux que le percement de l'isthme de Panama n'eût activé la réalisation d'un semblable projet; mais sans escompter pour l'heure présente cette probabilité maintenant bien lointaine, il n'en reste pas moins vrai que Tahiti devrait devenir l'escale principale des grandes lignes transocéaniques. De là, des dépenses qui se justifient, et en premier lieu création d'un bassin de radoub destiné à parer aux éventualités de la navigation et qui assurerait une supériorité marquée à Tahiti sur toutes les relâches possibles dans l'Océanie orientale. Au point de vue militaire, il affranchirait notre marine de toutes les servitudes des ports étrangers, et serait appelé à rendre les plus grands services, tout en donnant à Tahiti une situation prépondérante.

Dans le même ordre d'idées l'éclairage de la route maritime à travers les Touamotu s'impose afin de permettre aux navires, marchant à grande vitesse, de n'être pas arrêtés par les dangers de cet archipel.

Si de tels projets pouvaient être menés à bonne fin, le développement du commerce et de l'industrie en serait la conséquence. Non pas que nous voulions rien exagérer alors qu'il s'agit de contrées où les terrains propres à l'agriculture ne sont pas nombreux. Mais il ne paraît pas douteux que la culture du coton ne prît une extension importante alors surtout que le coton océanien présente une supériorité si marquée. Les mêmes remarques pourraient être faites pour la vanille, le café et la culture industrielle du coco du jour où des débouchés leur seraient ouverts.

Il importerait surtout de s'occuper activement de la question nacrière dont l'importance industrielle est considérable. Les mesures les plus rapides devront être prises pour arrêter le dépeuplement des lagons. C'est un point qui doit appeler toute la sollicitude du gouvernement.

L'immigration dans l'Océanie française sera toujours

limitée, car les espaces dont peut disposer la colonisation
sont peu considérables; et il ne faut pas oublier que tout
un archipel est inhabitable pour les Européens, celui des
Tuamotou. Il ne faut pas compter les hectares à mettre en
culture par milliers et milliers, c'est-à-dire que Tahiti et
ses dépendances ne peuvent recevoir les émigrants qu'en
nombre restreint, mais du moins, l'Océanie réserve aux
travailleurs énergiques, par la beauté et la salubrité de son
climat, par la douceur et la bienveillance de ses habitants,
un avenir qui récompensera largement leurs labeurs, car
si éloigné que soit Tahiti de la France, il n'est pas de
colonie, qui mérite et à plus juste titre, d'être appelée une
Nouvelle-France.

FRANK PUAUX,
Délégué de Tahiti.

LETTRE D'UN VIEUX TAHITIEN

No te mea raa to man taata Farani
e rave i te ohipa parai to fenua o
Tahiti, te tavana, tomana, raatira,
haava, parau na tatou, Farani te mo
uehenehe rahi roa, te me maitai, te
me fahiahia raa o te fenua pourua,
hinaroo tatou e rave mai te ioa rahi
o Farani, tatou te tataa i roto i te
pacau no tera tiamaraa raa outou
me faatata faa rearera te hanere.

Parce que par ses hommes d'État,
ses représentants à Tahiti, ses pen-
seurs et ses écrivains, il nous avait
été dit que la France est la plus
libérale, la plus tolérante, la plus
juste, la plus bienveillante et la plus
éclairée des nations, nous nous
sommes librement donnés à elle, en
pleine paix, et nous avons demandé
à porter ce titre si enviable de
Français, inséparable, nous disait-
on, de toutes les libertés dont l'aurore a été l'année dont vous allez
fêter, m'écris-tu, le centenaire à
Paris.

E tera te taata no te fenua atoa,
te enemi pahoi na te fenua rahi o
Farani, haere mai i tera mahana o i
tera mohana mai te fahapu ore hia,
faa ite na tatou teie parau :

Et voilà que des étrangers « sans
doute des ennemis de la grande
nation française » viennent journellement nous tenir ce langage :

« Tera pahoi te hinaroo o te Farani
« faaoro ta outou ture, ta outou ma-
« nao, ta outou fenua, ta outou arii.

« Tout cela n'était qu'un leurre
« destiné à vous faire renoncer à
« vos franchises, à vos coutumes, à
« vos lois, à vos terres, à votre roi.

« Te papetito raa outou Farani, e
« aita no atu outou te taata no te
« tiamaraa, Te taata i muri roa ou
« oti t'ana faahaparaa parai te fenua
« Farani i pihai iho na tatou, (o
« Noumea) me oaoa i muri ia outou,

« On vous baptise Français, et,
« en fait, vous ne jouissez d'aucun
« des droits inséparables de la qua-
« lité de Français. Le dernier forçat
« réhabilité de la terre française là
« plus proche (Nouméa) jouit de

« na vi oia outou i to maú mea raa e
« aita farii mai to mo maitai.

« To faa ite na outou e ariana te
« haero mai raa i Tahiti mea rai to
« taata e rano raa te ohipa i ta outou
« fenua, e marira hia, nehenehe
« outou i haapu i te tarahu no te
« ahururaa rahi. Ehé!! Hoe noa
« taata ruhau te raatira mo tahito
« no te fenua (Tontino) e t'ana taata
« papai raa.

« To mau mateinaá Farani te
« ratou taata parau raa, hoe ahuru
« te taata paruru, faaroo ona ta
« ratou peapea e faa ite ona tera
« mau peapea na te tomite rahi na te
« mau Fenua farani, e i ta outou
« fenua tahito Maorie, outou e rave
« te ioa o Farani e aita te taata meri
« meri outou hoe ahuru te Farani,
« ta ratou manao outou te titi, i muri
« te taata ereero huarau note fenua
« Tenegal muri te taata no te fenua
« To-Tin-Taina; hoe noa ohipa outou
« nehenehe e rave hia, tera pahoi te
« upoi raa moni no te ahururaa, e
« aita roatu te tai fenua horoa moni
« hoe ahuru ia outou. »

Terira raa to parau no te taata no
te fenua atoa.

Parau oe ia ú Mager, afea tatou
faaroo tera mau parau e eha to tatou
manao. Teu ta tatou parau iti.

Afea te matai no te apatoa mo
puhu e to rehi haero mai mo ereere,
pino pino tatou e hiohoe vahi o te
rehi mo ninamu, i reera manao tatou
te matai no te tooa o te rá faaroo te
ereere e nehenehe tatou e hio te
ninamu no te rehi.

To tatou manao e ratou havaro e
afea te Farani hamani to parau i te
parau hia maira, na ite tatou e
Farani to mo maitai, o na te parau
tia, te paari, te hamani maitai, hoe

« tous les droits dont vous êtes
« privés. Vous avez tout perdu et
« vous n'avez rien obtenu.

« On vous avait dit qu'une immi-
« gration conduirait à Tahiti une
« main-d'œuvre suffisante pour vous
« permettre, en faisant cultiver vos
« terres, en friche faute de bras,
« d'arriver à payer l'impôt écrasant.
« Et comme immigrants du Tonkin,
« vous n'avez reçu qu'un vieillard,
« ministre déporté, accompagné de
« son secrétaire.

« Tous les départements français
« ont des mandataires qui peuvent
« faire écouter leurs doléances,
« plaider leur cause, près des Grands
« Conseils de la fédération des
« départements français, (Chambre
« et Sénat) et voilà que le Gouver-
« nement de la France vous a exclus
« de cette fédération et de tous ces
« conseils, et sur votre vieux sol
« Maori, vous n'êtes pas même éli-
« gibles aux assemblées locales.
« Français par consentement volon-
« taire cependant, vous êtes traités
« comme des parias, des esclaves,
« des êtres inférieurs bien au-
« dessous des Noirs conquis du
« Sénégal, des Jaunes, soumis par
« la force, de la Basse Cochinchine,
« et vous n'avez qu'un seul droit,
« celui de payer en silence un impôt
« si écrasant, qu'aucun peuple du
« monde n'en paye un aussi fort. »

Voilà le langage que nous tiennent
journellement les étrangers.

Tu nous demandes, Mager, s'il est
vrai que nous nous soyons laissés
émouvoir; tu nous demandes quel
est notre sentiment. Voici notre
petite parole :

Quand le vent violent du sud-est
amoncelle des nuages qui cachent
momentanément le ciel, souvent un
petit coin du firmament apparaissant
encore bleu permet d'espérer que le
vent d'ouest dissipera en un instant
toutes ces nuées qui font mécon-
naitre l'azur si pur de la voûte
céleste.

S'il n'est que trop vrai qu'au mépris
des engagements les plus sacrés, des
promesses aient été foulées aux
pieds, des privations de droits politiques accomplies, même au cours de

ahuru to Farani parau na tatou i te
mata mua e teie nei.

E norira tatou to taata faaroo, te
vahi ninamu o te rehi, horoa no
tatou te puei e tatou mafatu faa-rue
te matau.

Farani aita havaro na tatou na ite
tatou tá na hanahana, tá na rahi,
ta na mana, faaroo me maitai taatou
e na ite tatou te taotahiraa o te mau
taata Farani i pihai iho te ture.

Hoe hanere matahiti, te fenua
Farani parau ó na te apotetoro no
te tiamaraa, no te parau tia, note
au maitai raa parai te mau fenua
tahito, manao tatou parai te fenua
apii Farani atoa tera te apoçetoro;

Te taata no te fenua atea faa ite
no tatou mea rai te parau me hino i
tera mahana o i tera mahana, no atu,
me faateitei, mai i te mea tatou te
tamari no te fenua Farani te matahiti 1799 Fanari tatou i te matamua.
Fanari tatou mai i teie atu nei.

Iia ora na oe, ò Mager i te atua
mau teie nei e amuri no atu.

ces épreuves, dures pour notre foi
robuste en la France, nous avons pu
constater que de tout ce qu'on nous
avait annoncé : l'affabilité, la tolérance et l'esprit de bienveillance de
la France étaient demeurés, aussi
bien avant qu'après l'annexion, tels
que les représentants de cette grande
nation nous les avaient dépeints.

Et voilà que cette constatation a
été comme le coin de ciel bleu qui
nous a donné de nouveau un grand
courage, et a fortifié nos cœurs dans
l'espérance.

Si une partie des qualités qu'on
nous a décrites comme inhérentes à
la nation française, lui appartient
véritablement, peut-être n'est-ce
qu'un malentendu, qu'un nuage passager qui nous dérobe momentanément l'appréciation de l'autre
partie de ces qualités françaises : la
droiture, le libéralisme, l'équité,
l'égalité de tous les citoyens français
devant la loi.

Nous nous refusons à croire qu'un
siècle après s'être proclamée l'apôtre
de la liberté, du droit, de la justice
et de l'égalité dans le Vieux-Monde,
la France voudra fouler aux pieds
tous ces principes et se parjurer dans
le Nouveau. Et c'est cet espoir qui
nous fait répondre à ta lettre, ò
Mager, que voici notre petite parole:

« Malgré l'habileté des étrangers à
nous montrer, chaque jour, tous les
droits dont nous sommes réellement
privés, nous sommes fiers d'être les
fils d'adoption de la France de 89,
et malgré ces étrangers nous resterons Français. »

Je te salue toi-même, ò Mager,
dans le vrai Dieu et dans la vraie
foi chrétienne, aujourd'hui et pour
toujours.

LES INTÉRÊTS FRANÇAIS

L'OCÉAN PACIFIQUE

Au lendemain de notre arrivée dans l'Océan Pacifique, au lendemain de notre intervention à Tahiti, un ingénieur-hydrographe de la marine, M. Vincendon-Dumoulin, formulait en ces termes la politique française en Océanie :

Toute entreprise du gouvernement qui tend à agrandir le commerce est une entreprise utile et nécessaire, et parmi celles-ci doit se ranger en première ligne la fondation de colonies nouvelles, lorsque, par le choix de leur position, le commerce national doit espérer y rencontrer des spéculations nouvelles... Le commerce extérieur ne saurait exister sans une action directe et immédiate du gouvernement... La possession de nombreuses colonies est certainement pour un État la plus forte base de sa puissance maritime.

Ces considérations générales semblent être celles qui ont dirigé le gouvernement français dans le choix de ses nouvelles possessions dans l'Océanie.

Déjà, pour ainsi dire, chaque groupe a marqué sa spécialité de production : si les îles de la Société semblent réunir tout ce que peuvent fournir en très petite quantité les groupes des Marquises et des Pomotou, la pêche des perles, de la nacre et des holothuries est surtout productive dans les îles Basses ; jusqu'ici cependant les Marquises semblent être les terres du Grand Océan où le bois de santal s'est trouvé en plus grande quantité. Avant peu, toutes ces îles alimenteront entre elles un commerce d'échange très actif qui ne peut manquer de créer un grand nombre de matelots. La tendance de ces peuples pour les voyages sur mer, leur agilité, et je dirai presque leur goût pour les aventures, leur esprit guerrier, semblent promettre d'avance qu'ils seront faciles à ployer à la discipline des marins et qu'un jour ils pourront rendre des services réels à la navigation.

La France, établie *aux îles de la Société*, ne peut manquer *de faire sentir l'influence de son industrie sur les Samoa, les Tonga, les Viti, les Salomon, la Nouvelle-Bretagne et la Nouvelle-Guinée.* Encore quelques années et tous ces peuples auront besoin de nos vêtements pour se couvrir, de nos outils pour se créer des demeures, de nos meubles et enfin de ces mille objets de l'industrie que le confortable, bien plus que le luxe, a créés parmi nous. Dès lors, *Tahiti*, placé pour ainsi dire entre l'Europe et ses archipels, deviendra *l'entrepôt de toute l'Océanie* et nos marchandises se répandront au milieu de tout l'Océan par les soins de nos colons.

La présence des Français, sa position, la nature de son sol donnent à Tahiti des avantages incontestables qui lui assureront, pendant des siècles encore, *une influence prépondérante sur tous les archipels, si toutefois ses habitants savent profiter de ces avantages, ou plutôt si le gouvernement de la France, confié à des mains habiles, sait les diriger* et veiller sur les intérêts des indigènes qui, dès aujourd'hui, sont inséparables de ceux de leurs protecteurs. La population répandue sur ces îles innombrables aura trop besoin de communications pour ne pas devenir une population entièrement maritime. Avant peu l'Océanie comptera peut-être à elle seule plus de matelots que les continents voisins. Il appartient à la France, qui vient de s'asseoir au milieu de ces îles, de ne pas perdre de vue qu'elle peut retirer de ses comptoirs océaniens des avantages immenses pour sa puissance maritime.

Jusqu'ici, toutes les colonies furent commencées par le missionnaire ou le soldat : l'un et l'autre sont insuffisants pour coloniser; mais, pour préparer les voies de colonisation, je préfère le premier. Lorsque, soumis par la parole éloquente de nos prêtres et éclairés par leur conduite, les naturels sont convertis, l'œuvre des missions est terminée; les voies sont préparées pour introduire chez ces peuples l'industrie, cet agent le plus puissant de la civilisation, qui donne les moyens de satisfaire aux besoins des peuples et qui, en créant des intérêts parmi les hommes, les force à se constituer en une société dont chaque membre est lié par les services qu'il peut rendre et recevoir...

Le libre exercice de tous les cultes, une entière liberté religieuse doivent nécessairement être la première garantie offerte par le pavillon français...

Nous n'avons jamais voulu séparer la possession des îles Pomotou de celle des îles de la Société. L'avantage de ces possessions disparaîtrait bien vite devant les frais que pourrait occasionner la prise de possession de chacune de ces îles si l'on devait s'établir solidement sur chacune d'elles. Telle n'a pas été notre pensée : le protectorat accordé par la France à la reine de Tahiti doit s'étendre aussi sur les îles Pomotou, qui dépendent de sa juridiction, sans que la France ait à y dépenser ses deniers.

Pour organiser le gouvernement... chaque île un peu considérable obéira à un chef dépendant de la reine : celle-ci disposera d'une armée régulière d'indigènes et d'une flottille de guerre...

... L'avenir de nos nouvelles colonies dépend plus qu'on ne le pense du choix des hommes que l'émigration y apportera. Nous devons présenter à ces peuples toutes les vertus des nations civilisées et leur en cacher les vices. L'exemple de nos mœurs civilisées que nous allons donner à ces hommes encore enfants doit nous attirer leur mépris et leur haine ou nous mériter leur respect et leur affection.

... Lorsque le problème important de la réunion des deux plus vastes océans du monde sera résolu, toutes les îles de la mer du Sud recevront une nouvelle importance : le commerce de Tahiti s'appuiera sur une plus forte base et prendra un développement beaucoup plus grand; nos possessions dans l'Océanie seront susceptibles d'une prospérité inespérée.

... Nous croyons les îles de la Société et les Marquises bien choisies comme postes militaires : non seulement, en effet, nos escadres pourront de là surveiller la côte américaine et y échelonner des navires en station, mais, grâce aux vents alisés qui soufflent les deux tiers de l'année d'une manière régulière dans ces parages, nos croiseurs seront dans une position avantageuse pour tomber inopinément sur tous les points des colonies anglaises de l'Australie, de la Nouvelle-Zélande, des établissements qui vont se créer dans la mer de Chine et même dans les mers de l'Inde.

Si la France veut rétablir sa puissance sur mer et s'assurer des chances de succès dans une guerre maritime, elle ne doit point perdre de vue que ses établissements dans l'Océanie ne peuvent rester isolés et séparés de nous par une traversée de cinq mois sans aucun point de relâche intermédiaire... La position est bonne, mais elle n'est pas suffisante : ce n'est rien que d'acquérir, il faut pouvoir conserver; nous avons maintenant des possessions dans l'océan du Sud, et dans l'éventualité d'une guerre, nous ne saurions comment y faire arriver nos navires...

C.-A. VINCENDON-DUMOULIN.

Ce programme date de 1844.
Qu'a fait la France en Océanie depuis ces quarante-cinq ans?
Tahiti est-elle devenue l'entrepôt de toute l'Océanie?

Notre influence commerciale a-t-elle rayonnée jusqu'aux Samoa, jusqu'aux Tonga, jusqu'aux Viti, jusqu'aux îles Salomon, jusqu'à la Nouvelle-Bretagne, jusqu'à la Nouvelle-Guinée ?

La colonie dispose-t-elle d'une armée régulière d'indigènes et d'une flotte de guerre ?

Qu'a fait la France pour ne pas laisser ses établissements isolés, séparés d'elle par une navigation de plusieurs mois ?

Inutile de le dissimuler. En ces quarante-cinq ans il n'a été rien entrepris pour assurer et pour permettre le développement normal de la colonie.

Le commerce est languissant : les Anglais vont *créer* un port aux îles de Cook et le commerce de Tahiti sera tué.

Ce n'est pas notre influence qui s'est développée dans les archipels voisins : les Viti ou Fidji, dont le gouvernement français mal inspiré a dédaigné le protectorat, sont sous la puissance anglaise ; les îles Salomon du Nord, la Nouvelle-Bretagne, sont possessions allemandes ; la Nouvelle-Guinée a été partagée entre les Pays-Bas, l'Allemagne et l'Angleterre ; les Samoa sont sous l'influence de l'Allemagne, des États-Unis et de l'Angleterre. Après un demi-siècle, Tahiti n'est pas encore devenue cette prospère colonie commerciale, cet actif centre d'action, cette forte station navale, que voulait Vincendon-Dumoulin pour l'honneur et pour la puissance de la patrie française.

Nous avons tenu un moment ces points de relâche intermédiaires, — vers l'Amérique d'un côté, vers l'Australie et l'Asie de l'autre — qui sont indispensables à la défense de nos établissements : nous étions au rocher Clipperton, nous étions à l'île de Pâques, nous étions aux îles de Cook, nous étions dans les Sporades, nous étions aux Nouvelles-Hébrides, nous allions tenir les îles Salomon.

Nous avons abandonné toutes ces formidables positions, nous avons livré toutes les clefs de l'Océan Pacifique, nous avons renoncé aux bénéfices de notre incomparable situation, maîtres que nous étions de tout l'Océan Pacifique oriental, nous avons ruiné à tout jamais nos établissements océaniens, bêtement et lâchement.

LES ROUTES DE L'OCÉAN PACIFIQUE

Du Centre Amérique à l'Australie la distance est de 130 degrés environ, c'est-à-dire de 32 jours de navigation à vapeur, à la vitesse moyenne de 10 nœuds à l'heure.

Les navires à vapeur ont besoin de relais pour se ravitailler en charbon comme en vivres ; certains de nos navires de guerre dépensent par heure près de 10 000 kilogrammes de charbon soit 2880 tonnes en 12 jours.

Les escales ne sauraient être espacées de plus de 12 jours ou de 14 jours.

Prenez une carte du Pacifique et notez les distances qui séparent les îles abordables.

Les îles Marquises sont à 16 jours de Panama;

L'île Rapa à 19 jours;

Tahiti à 19 ou 21 jours.

Cette trop longue étape, de 16 à 21 jours, doit être coupée; elle peut l'être grâce à la position de l'île de Pâques située à 12 jours du Centre Amérique, à 10 jours de Tahiti.

L'île de Pâques est donc la première étape, le relais indispensable, pour atteindre Tahiti et les îles les plus occidentales, l'archipel de Cook, les îles Samoa, les îles Tonga.

La route de Tahiti à la Nouvelle-Calédonie est partagée par une escale française, l'île Ouvéa.

Si l'île de Pâques est au pouvoir de la France, nos communications sont assurées de Panama ou du Nicaragua jusqu'à Nouméa : aucun *Enlistment Act* ne peut nous atteindre, nos navires se ravitaillent en ports français, à l'île de Pâques, à Tahiti, à Ouvéa, en Nouvelle-Calédonie. Voilà pour ce qui est de la sécurité.

En ce qui concerne le monopole des routes commerciales du Pacifique, constatez que Ouvéa, les Samoa et les Tonga étant à 24 jours des Amériques, les navires de toutes les nations, à destination de ces îles, ne pourraient éviter l'escale — que je voudrais française — de l'île de Pâques, puis l'escale de Tahiti, si un port n'était pas créé, à une longitude peu différente, aux îles de Cook.

Si l'île de Pâques nous échappe, si nous ne sommes pas les maîtres aux îles de Cook, qu'advient-il ?

Les navires étrangers s'arrêtent à l'escale chilienne de l'île de Pâques, puis à l'escale anglaise, au port libre, des îles de Cook : le port de Papeete, dans Tahiti, est désert.

Pour ces raisons, la possession de l'île de Pâques et des îles de Cook est une question grosse de conséquences ; qui tient ces îles est maître des routes commerciales de l'Océan Pacifique.

Au delà de Nouméa, vers l'Australie, notre réseau d'escales est incomplet : Nouméa est à 30 jours de la Réunion, à 18 jours de Saïgon.

Pour assurer les communications de la Nouvelle-Calédonie avec un port français, Saïgon, par exemple, une station devra diviser la route : les îles Salomon semblaient favorables à un établissement naval.

Quels sont les droits de la France sur les différentes îles de l'Océan Pacifique oriental ?

————

LES DROITS DE LA FRANCE

SUR

L'ILE CLIPPERTON

Le 16 avril 1858, était signé ce décret :

Napoléon, par la grâce de Dieu et la volonté nationale, Empereur des Français ; à tous présents et à venir, salut.

Sur le rapport de notre Ministre, secrétaire d'État au département de l'agriculture, du commerce et des travaux publics ;

Vu la convention provisoire passée le 31 mars 1858 entre notre Ministre, secrétaire d'État au département de l'agriculture, du commerce et des travaux publics au nom de l'État, et M. Lockart, pour l'exploitation et la vente du guano récolté sur de nouvelles îles guaniferes,

Avons décrété et décrétons ce qui suit :

Art. 1er. — La convention passée le 31 mars 1858 entre notre Ministre, secrétaire d'État au département de l'agriculture, du commerce et des travaux publics, agissant au nom de l'État, et M. Lockhart, négociant au Havre, est et demeure approuvée. En conséquence, toutes les clauses et conditions stipulées dans ladite convention, tant à la charge de l'État qu'à la charge du concessionnaire, recevront leur pleine et entière exécution.

Que stipulait cette convention ?

Art. 1er. — Dès que M. Lockhart aura révélé au gouvernement français la position à lui connue d'îlots guaniferes nouvellement découverts, le gouvernement déclarera, s'il lui convient ou non, de prendre possession desdites îles au nom de la France ;

Art. 2. — La prise de possession, si elle est décidée par le gouvernement, sera accomplie dans le plus bref délai possible. Elle sera faite au nom de la France par un commissaire qui partira sur le premier navire qu'enverra M. Lockhart, et moyennant l'accomplissement des formalités d'usage en pareil cas. M. Lockhart défrayera le commissaire envoyé à bord de son navire.

Les articles 3 et 13 se réfèrent à l'exploitation du guano.

Cette convention porte la signature de M. E. Rouher et de M. A. Lockhart.

Ce fut en exécution de cette convention que fut prise l'île Clipperton en novembre 1858.

La proclamation constatant la prise de possession du rocher Clipperton fut ainsi formulée après entente entre le ministère et le commissaire français :

Au nom de l'Empereur, et conformément aux ordres qui nous ont été transmis par S. E. le Ministre de la marine, nous soussigné, comte de Kerveguen, lieutenant, commissaire du gouvernement, proclamons et déclarons qu'à partir de ce jour la souveraineté de l'île de Clipperton (située par 10° 19' de latitude nord et 111° 33' de longitude ouest du méri dien de Paris), appartient à S. M. l'Empereur, ou à ses héritiers et successeurs à perpétuité.

Délivré sous notre sceau, à bord du navire marchand *Amiral*, le 17 novembre 1858.

Le comte de KERVEGUEN.

M. le comte de Kerveguen écrivait au ministre le 1er février 1859 à bord de l'*Amiral*.

« ...Le consul général de France à Honolulu m'a remis le duplicata de vos instructions du 6 septembre 1858, qui étendent à quatre nouveaux îlots guaniferes [1] la prise de possession au nom du gouvernement français... »

LES DROITS DE LA FRANCE

SUR

L'ILE DE PAQUES

« L'Angleterre avait commis la faute de ne pas se ménager de possessions sur cette route de l'Amérique à l'Australie. Vous vous êtes chargés de réparer cette faute, vous lui avez livré les clefs de l'Océan Pacifique, de l'Australie. »

Par ces mots, M. Freppel terminait la question qu'il adressait le 21 janvier dernier au ministre de la marine, en lui reprochant l'abandon de l'île de Pâques et des îles de Cook.

« L'île de Pâques, disait l'éminent prélat, située à mi-chemin entre le continent américain et nos possessions de Tahiti, est une possession de premier ordre. Elle a une importance commerciale et maritime des plus considérables. Elle est, en effet, la seule île qui coupe la route d'Australie, en avant de Tahiti. Etant donné qu'un navire ne peut pas faire route pendant plus de douze jours sans se ravitailler, l'île de Pâques sera l'escale obligée pour tous les navires qui, venant de la côte de Panama, se rendent en Australie. La nation qui possédera cette position exceptionnelle commandera la route d'Australie. »

Les droits de la France sur l'île de Pâques sont indiscutables : à maintes reprises, les indigènes nous ont demandé l'organisation du protectorat.

En 1872, sur le conseil de notre compatriote Dutrou-Bornier, qui habitait l'île de Pâques depuis 1866, la reine de l'île, adresse à Tahiti une demande de protectorat officiel ; cette demande était signée des principaux chefs. Le gouvernement français envoie la réponse par l'aviso à vapeur le *Bruat*, « il remercie la reine et les

---

1. Nous ne sommes pas autorisés à déclarer ici les noms de ces quatre îles de l'Océan Pacifique oriental. — H. M.

chefs de leurs sentiments ; il demande à notre compatriote de continuer à favoriser ces tendances ; il laisse entrevoir une prochaine
déclaration d'annexion qui n'est que différée. »

En 1877, après la mort de Dutrou-Bornier, lors du passage du
Seignelay, la reine de l'île renouvelle sa demande à M. Pinart, qui
écrit à ce sujet :

> « La reine nous dit combien elle et son peuple désiraient le protectorat
> de la France, ne nous dissimulant point son aversion pour les Chiliens et
> les Allemands, aversion partagée du reste, nous nous empressons de le
> dire, par les notables de l'île, présents à cet entretien. »

En 1881, un chef de l'île de Pâques, accompagné d'une vingtaine
d'indigènes, est venu jusqu'à Papeete pour demander l'envoi d'un
résident. La France répondit qu'elle considérait les Canaques de l'île
comme ses protégés, mais que les ressources de l'île, malgré sa position stratégique, ne permettaient pas ce luxe administratif.

Néanmoins des relations étroites furent établies. Un rapport
officiel du gouverneur des établissements français de l'Océanie
déclare qu' « un bâtiment français apporte chaque année toutes les
provisions nécessaires et charge chaque fois environ 20 tonneaux de
laine, un peu de suif et quelques centaines de béliers ».

L'île de Pâques est d'autant plus française que notre drapeau y a
flotté pendant onze années sur la maison de Dutrou-Bornier.

Lorsque notre compatriote aborde pour la première fois dans l'île,
le 6 novembre 1866, il constate que le roi est un fou qui ne domine
que par la terreur.

> « Au nom de l'empereur des Français, Dutrou-Bornier déclare le roi hors
> la loi, il proclame ses esclaves libres. »

Dutrou-Bornier ajoute dans sa correspondance :

> « Le lendemain, trois des principaux chefs vinrent me proposer d'être roi ;
> le père Roussel me dit d'accepter d'être Paraïta, ce qui signifie régent. Cela
> nous donnera de l'influence sur le peuple. »

Il ajoute dans sa lettre du 3 février 1869 :

> « Depuis la mort du roi, c'est moi qui ai été nommé à sa place, ce qui fait
> que, tous les dimanches, en me rendant à la messe, je puis m'entendre dire
> comme à Louis XIV : Salut, grand roi ! »

Lettre de juillet 1871 :

> « Quoique peu nombreux à Tahiti, les Français avaient formé une com-
> pagnie pour partir au secours de la France. J'avais écrit au gouverneur que
> si le navire voulait passer ici (c'était sa route), je partais avec 250 hommes.
> Mes Indiens ne demandaient que combats. Ah ! si nous étions là avec nos
> lances ! »

Lettre du 23 novembre 1875 :

> « Pendant que je me trouvais en visite à Tahiti, le gouverneur a donné

un bal pour l'arrivée de 'amiral français à bord de la frégate cuirassée *La Galissonnière*, et de trois autres navires français. C'était la première fois que M⁰⁰ Gilbert Pierre, la gouvernante, arrivant de France, recevait. Il y eut pas mal de présentations de rois et d'altesses, car, outre Pomaré, il y avait la reine de Borabora, le roi de Huahiné et une foule d'autres princes. Le gouverneur me voyant causer avec le directeur de l'arsenal, que je connais depuis longtemps, lui dit :

— Capitaine, voulez-vous présenter M. Dutrou-Bornier à M⁰⁰ Gilbert Pierre *comme notre représentant à l'île de Pâques.* — Certainement, commandant ! — Et nous voilà, fendant la foule pour arriver jusqu'à la gouvernante, qui était au bras de l'amiral : — *Madame, j'ai l'honneur de vous présenter Sa Majesté le Roi de l'île de Pâques !* — Nous nous saluâmes profondément... »

En 1877, même après la mort de Dutrou-Bornier, le *Seignelay* constate « que les plis du pavillon de France flottaient encore au village de Mataveri », qui groupe 100 indigènes sur une population totale réduite à 130 habitants.

Quelle est l'importance économique de l'île de Pâques, triangle de 17 kilom. d'un côté, de 13 kilom. des deux autres ? Dutrou-Bornier va nous le dire dans sa correspondance où nous pouvons suivre, année par année, les progrès de sa colonisation :

Lettre de novembre 1866.

« L'île est une terre excellente, température très douce, à peine quelques gelées blanches ; tous nos fruits et légumes d'Europe viennent très bien : le blé, l'orge, l'avoine montent très haut ; la vigne est très belle ; un jour ce sera le grenier de l'Océanie ; aucun animal nuisible... »

Lettre du 18 janvier 1868.

« J'élèverai une plantation pour l'élève du bétail et pour tous les approvisionnements de Tahiti ; le gouverneur nous protégera, car Tahiti est tributaire pour les vivres frais de Valparaiso et de Santiago du Chili, qui sont à trente jours, tandis que l'île de Pâques n'est qu'à douze jours seulement. »

Lettre de mai 1870.

« ... Un navire de Tahiti m'apporte trois juments, un âne, trois vaches, des charrues et des vivres, ainsi que de la vigne pour planter !... »

Lettre d'octobre 1872.

« Mon exploitation est seulement pour l'élève du bétail, la laine, les moutons, les bœufs et les chevaux, en un mot pour l'alimentation de Tahiti. J'ai expédié dernièrement du raisin à M⁰⁰ Brander, la femme de mon associé, pour le mariage de sa fille aînée. Il a été servi au dîner de noce très bien conservé. (A Tahiti, la vigne ne donne pas de fruits.) Je suis en train de transformer une partie des terrains en vignes qui viennent très bien, et qui, dans quelques années, pourront me donner la consommation de Tahiti, c'est-à-dire quatre ou cinq cents barriques par an. Les fruits abondent ; les pêches et les figues sont fort belles.

« Je suis sous une latitude où jamais les pâturages ne manquent : le seul travail est la tonte, car il ne fait jamais assez froid pour être obligé de rentrer les animaux, ni nuit, ni jour, et il ne fait pas assez chaud pour les incommoder ; de cette façon, on n'a pas besoin d'étables ; tout reste dehors toute l'année en plein foin.

« Un mouton (laine de Sydney) rapporte 5 francs par an ; j'ai amené une première fois 13 moutons, cette dernière fois 14, et aujourd'hui j'ai 110 moutons, tous en bonne santé... j'ai de la place pour 100 000 moutons. J'ai acheté ceux des missionnaires. »

Lettre du 30 octobre 1872.

« Nous tondons les moutons en ce moment : on peut en tondre environ 150 par jour ; après, on lave la laine, on la met en balle, et on presse ; je classe moi-même les différentes laines et choisis les moutons destinés à l'alimentation. »

Lettre de janvier 1873.

« J'ai envoyé à Tahiti 6 555 livres de laine, soit pour 6 555 francs; 104 moutons à 20 francs, soit 2 080 francs ; j'ai fourni comme viande fraîche au Bruat, navire de guerre, 537 francs ; j'ai fourni comme vivres divers aux équipages de deux navires perdus à l'île 2 775 francs, ce qui me fait un produit pour cette année de 11 947 francs... »

Lettre de novembre 1873.

« Lorsque la goélette que je construis sera achevée, je pourrai jeter sur le marché de Tahiti de 25 000 à 30 000 francs de moutons d'un coup... »

Lettre de janvier 1875.

« Mes premiers envois de laine à Liverpool se sont vendus un prix satisfaisant ; je n'ai pas à me plaindre. »

Notre compatriote meurt subitement le 6 août 1876. Sa fortune s'élevait alors à 6 000 moutons, 100 vaches, 42 chevaux, 300 porcs.

Le gouverneur de Tahiti faisait savoir au ministre de la marine, en 1883, que l'exploitation fondée par Dutrou-Bornier, avait été continuée par un Tahitien et que le dernier recensement indiquait 9 600 moutons, 200 bœufs, 43 chevaux et 5 ânes.

L'île de Pâques est la clef de la route maritime de Panama à l'Australie ; c'est le parc naturel pour l'alimentation de Tahiti : le Chili ne s'en est pas moins emparé le 9 septembre 1888.

L'acte officiel de prise de possession aurait été dressé en langue espagnole et en langue indigène et signé par le capitaine de frégate Toro, au nom du gouvernement chilien.

Comme le disait M. Flourens le 22 janvier 1889, « Nous avons cependant des droits certains ; c'est indiscutable. Nos droits sur l'île de Pâques sont affirmés depuis de longues années, puisque de 1868 à 1879 nous y avons eu pavillon. »

D'ailleurs, lorsqu'en mai 1869, le Chili fit une première tentative violente contre l'île de Pâques, Dutrou-Bornier prévint notre ministre à Santiago et le gouvernement impérial obtint que « le Chili renonçât définitivement à toute prise de possession ».

LES DROITS DE LA FRANCE

SUR

LES ILES DE COOK

Depuis longtemps les Anglais convoitent la possession des îles de Cook ; la *Revue Britannique* le reconnaissait en novembre 1887 :

« L'Angleterre convoite les îles de Cook *bien que* ces îles par leur voisinage de Tahiti et des Touboual rentrent dans la *sphère d'influence de la France.* »

Dès le mois de mai 1881, l'Angleterre avait établi un agent politique à l'île Rarotonga, la plus importante des Cook ; cet agent prit le titre de vice-consul.

Le 20 septembre 1888, il proclame l'annexion anglaise.

Le but de l'Angleterre est de ruiner nos établissements français de l'Océanie. Pendant quarante ans elle nous a tenu en échec à Raïatea. A peine a-t-elle levé l'interdit sur cette île — la convention du 16 novembre 1887 l'achète par l'évacuation des Nouvelles-Hébrides — qu'elle nous dispute un autre point de notre groupe océanien.

« Pourquoi l'Angleterre s'est-elle annexé l'archipel des îles de Cook ? se demandait M. Freppel le 21 janvier 1888 à la tribune de la Chambre des députés. Parce qu'il y a dans Rarotonga un port excellent qui n'est qu'à 13 jours de l'île de Pâques, ce qui permettra aux navires étrangers de ne s'arrêter qu'à l'île de Pâques, possession chilienne, et qu'aux îles de Cook, possession anglaise, en évitant avec soin les ports français des Marquises et de Tahiti. C'est là le coup le plus funeste qu'on ait porté à nos possessions de l'Océanie. »

M. Freppel constate que les îles de Cook sont non seulement dans notre sphère d'action, mais en outre que notre influence y est solidement établie, et que l'archipel, sans être organisé administrativement comme l'île de Tahiti, dépend de notre protectorat.

« La preuve, ajoute l'évêque d'Angers, c'est que M. des Essarts, gouverneur de Tahiti, a envoyé au ministère une dépêche pour dire que notre situation lui paraissait si bien établie aux îles de Cook que l'envoi d'un résident était inutile. »

L'honorable prélat conclut :

« Voilà dans quelle sécurité nous nous endormons. L'Angleterre, moins naïve, en a profité pour ruiner définitivement notre prépondérance coloniale dans l'Océan Pacifique, car elle y est arrivée grâce à votre politique de défaillance et d'abandon. »

Le vice-amiral Krantz, ministre de la marine, a répondu à M. Freppel : 1° que la population nous était indifférente ; qu'il aurait

fallu pour établir notre protectorat entreprendre une expédition ;
2° que les indigènes refusaient les relations commerciales avec nous.

Il y a là deux erreurs graves.

La population ne nous était pas indifférente : elle nous était sympathique. Les indigènes des îles de Cook s'engagent comme travailleurs à Tahiti, où ils peuplent même un faubourg de Papeete ; de
retour chez eux, ils constituent une population gagnée à notre civilisation, à nos mœurs et à notre influence.

La grande chefesse des îles de Cook, qui habite Papeete, a toujours
témoigné le plus grand dévouement au soin de nos intérêts :
M. l'amiral Brossard de Corbigny l'a certifié à maintes reprises ;
cette chefesse, nommée Tapuni, lui a même offert avec insistance
de l'accompagner dans sa tournée d'inspection aux îles de Cook ; la
sœur de Tapuni est reine d'une des îles de l'archipel ; la plupart
des chefs sont ses proches parents : elle a mis son influence à notre
dévotion.

« Une expédition serait nécessaire ! » Jugez-en plutôt par le récit
de l'accueil fait en 1880 aux officiers d'un de nos croiseurs :

> « Notre itinéraire nous conduit ensuite à Ouaïtoutaté, au nord de l'archi-
> pel... Les gens de Ouaïtoutaté grimpèrent à bord comme des singes, chargés
> de sacs d'oranges ; les fruits d'or roulèrent sur le pont, si bien que les
> matelots en ramassèrent plus de deux mille. Les présentations faites, on fra-
> ternisa sans façon. Le roi Kouà et son bras droit le chef Tamatoa firent
> honneur à l'excellente cave du commandant, voire au champagne dont
> nous nous étions munis au départ de France en prévision des réceptions
> de ce genre... Le pont présentait une animation extraordinaire : que d'effu-
> sions naïves ! que de poignées de mains échangées ! Beaucoup de ces
> Canaques avaient des parents à Tahiti ; un nom revenait souvent dans leur
> conversation celui de Tapuni, cette Tahitienne si parfaitement française... »

D'ailleurs toutes les correspondances d'Océanie, entre autres celles
du *Temps* (janvier 1889) constataient que « les Canaques des îles de
Cook ne demandaient qu'à se jeter dans nos bras ».

C'est également contre toute vérité que le vice-amiral Krantz
venait prétendre que « les indigènes refusent les relations commerciales avec nous ». Nous n'en voulons pour preuves que les Tableaux
publiés le jeudi 20 septembre 1888, par le *Journal officiel* des établissements français de l'Océanie. Nous constatons sur le Tableau
des importations à Tahiti en 1887 :

1° Que, sur la liste des lieux de provenance des marchandises
importées, les îles de Cook viennent au quatrième rang : au premier rang sont les envois de San-Francisco (1 867 000 francs) ; au
deuxième, les envois de la Nouvelle-Zélande (306 000 francs) ; au
troisième, les envois des îles Sous-le-Vent (198 000 francs) ; au
quatrième, les envois des îles de Cook s'élevant à 123 000 francs.

2° Que les îles de Cook viennent au second rang si l'on considère
uniquement les importations faites par bâtiments français : les îles
Sous-le-Vent ayant envoyé 15 bâtiments français ; les îles de
Cook 5.

3° Qu'au point de vue de la valeur des chargements de ces bâtiments français, les importations venues des îles de Cook s'élèvent presque à la valeur des importations venues des îles Sous-le-Vent; atteignant ainsi presque le premier rang; elles sont de 85 650 francs. Celles des îles Sous-le-Vent ne dépassent guère 86 000 francs.

Notre commerce avec les îles de Cook, importations et exportations réunies, dépasse donc le chiffre de 300 000 francs; les indigènes de l'archipel étaient relativement des fournisseurs et des clients importants pour notre colonie de Tahiti. Le vice-amiral Krantz aurait dû d'autant moins l'ignorer que le numéro du *Journal officiel* des établissements français de l'Océanie dont il s'agit et que j'ai consulté, avait passé par son cabinet : je dois à la vérité d'ajouter que les feuilles n'en étaient pas coupées!

Le ministère présidé par M. Floquet a commis la faute de laisser l'Angleterre proclamer l'annexion des îles de Cook.

Cette faute peut-elle être réparée ?

Cédons la parole à M. Émile Flourens :

« Nos droits sur l'archipel de Cook ne sont pas douteux... L'Angleterre a cru le moment venu de se rapprocher de Tahiti, ce qu'elle désire depuis longtemps; son but immédiat est de faire la contrebande de la pêche des perles, ce qui ruinerait notre colonie océanienne... Je suis convaincu que l'Angleterre nous rendra les îles de Cook, mais nous aurions mieux fait de ne pas les laisser prendre. Il faut prévenir les événements plutôt que de se heurter aux faits acquis. Mais il y a des précédents : j'ai obtenu de l'Angleterre qu'elle nous rendit, en 1887, les îles Sous-le-Vent dont elle s'était emparée. »

LES DROITS DE LA FRANCE

SUR QUELQUES

SPORADES ÉQUATORIALES

Les Sporades équatoriales sont ces îles, petites et nombreuses, situées à mi-chemin entre les îles françaises de la Société et les îles libres des Sandwich.

Mal définis sont les droits de la France, de l'Angleterre ou des États-Unis sur la plupart de ces îles.

L'Angleterre se prétend des droits sur les îles Fanning, Christmas, Malden, Starbuck, Vostock, Penrhyn, Caroline, Flint.

Ces deux dernières cependant ont toujours été considérées par nous comme dépendances de la zone d'influence française.

Le Dictionnaire de Vivien de Saint-Martin porte cette mention à l'article Caroline : « Cette île est aujourd'hui rangée dans les limites du protectorat français de l'Océanie. »

Cette affirmation a pour base un rapport présenté au ministre de la marine : « Les îles Caroline et Flint, y lit-on, qu'on rattache aux

Penrhyn, sont dans notre sphère d'action entre les Marquises et l'archipel de la Société. On peut les considérer comme nous appartenant sans conteste...»

Jusqu'en 1888 les relations commerciales étaient fréquentes entre Caroline et Tahiti : les navires en quête de fret allaient y charger le guano : les opérations ont cessé par suite de l'épuisement des dépôts.

C'est à l'île Caroline que, le 6 mai 1888, M. Jannsen observa l'éclipse de soleil. Le rapport de ce savant note ces renseignements :

« Caroline est une île basse : elle consiste en une série d'îlots disposés en forme de couronne et réunis entre eux par des récifs corallifères à fleur d'eau sur lesquels la mer déferle constamment. Le phosphate est exploité par une maison de commerce de Londres qui y envoie de temps en temps des travailleurs et qui pour ses opérations a fait construire deux grands chalets en bois.

« Avant de partir l'*Eclaireur* nous laissa, d'après les ordres que M. le ministre avait bien voulu donner sur ma demande, un détachement de 17 hommes... »

L'île Flint, inhabitée d'ordinaire comme l'île Caroline, si nous en croyons le rapport cité « peut être considérée, comme nous appartenant. » Le Dictionnaire de Vivien de Saint-Martin le confirme : « Flint est aujourd'hui possession française. »

Cette petite île madréporique, de trois milles sur un demi-mille, n'est pas revendiquée par l'Angleterre dans *The British Colonial Pocket Atlas*, édition de 1887.

———

LES DROITS DE LA FRANCE

AUX

NOUVELLES-HÉBRIDES

Le conseil général de Nouméa a demandé à différentes reprises l'annexion des Nouvelles-Hébrides. Dès 1871, cette annexion est un vœu unanime de la Nouvelle-Calédonie.

En août 1871, le gouverneur de la Nouvelle-Calédonie à qui l'on demandait de faire hisser le pavillon français sur les Nouvelles-Hébrides répondait que cette précaution était inutile, que les Nouvelles-Hébrides étant une dépendance géographique de la Nouvelle-Calédonie, il n'y avait pas à redouter une prise de possession de la part de l'Angleterre.

M. Higginson n'a pas cessé un seul jour, depuis dix-huit ans, de conseiller cette annexion essentiellement utile aux intérêts français.

En 1875 et en 1876, les colons des Nouvelles-Hébrides réclament de leur côté la protection de la France.

Les résidents anglais de l'île Tanna adressent cette demande d'annexion au gouverneur de la Nouvelle-Calédonie, en 1875.

Les soussignés, résidents et autres intéressés de l'île Tanna (Nouvelles-Hébrides), ainsi que plusieurs des principaux chefs, supplient V. E. de prendre la dite île de Tanna sous le protectorat du pavillon français en l'annexant à la Nouvelle-Calédonie.

L'île Tanna est une des plus riches de la mer du Sud et se prête parfaitement à la culture de la canne à sucre, qui est indigène et qui y pousse avec une grande vigueur. Mais toute espèce de gouvernement faisant défaut, personne ne se sent disposé à risquer les grands capitaux que réclame la culture de la canne à sucre.

Le gouvernement pourrait frapper d'un droit l'extraction du soufre qui y existe en grande quantité, et se faire ainsi un revenu considérable.

Les naturels sont divisés en un si grand nombre de petites tribus, toujours en guerre les unes avec les autres, qu'ils accepteraient avec plaisir toute intervention étrangère qui rétablirait la paix.

Nous avons confiance que Votre Excellence voudra bien prendre notre demande en considération et dans l'espoir que nos vœux seront exaucés, nous nous disons, de V. E. les très humbles serviteurs.

(Suivent les signatures.)

En 1876, les colons de l'île Vaté (ou Sandwich) signent aussi une demande d'annexion :

Vaté, Port Havannah, mai 1876.

A Son Exc. le Gouverneur de la Nouvelle-Calédonie.

Les planteurs et résidents de Vaté vous présentent, avec le plus profond respect, la requête suivante :

Considérant la position géographique de cette île par rapport à la Nouvelle-Calédonie et aux autres îles dont vous êtes gouverneur ; considérant que, depuis bientôt huit ans, des relations commerciales existent entre les deux colonies par des bâtiments de commerce, relations qui vont croissant chaque année ;

Considérant en outre qu'aucune puissance n'a pris cette colonie naissante sous sa protection ;

Nous venons demander avec instance au représentant de la France de placer cette île sous le protectorat de cette nation.

Beaucoup d'entre nous résident dans cette île depuis cinq ou six ans et ont toujours vécu en paix avec les indigènes. Nous pouvons affirmer que vous n'aurez pas besoin d'un nombreux personnel pour nous gouverner.

Ce que les colons demandent surtout, ce sont les moyens réguliers de se procurer les bras nécessaires soit pour la culture, soit pour la pêche, une surveillance convenable sur les engagés et sur les engagistes et les privilèges ordinaires d'un commerce intercolonial.

En réponse à ces demandes d'annexion, le gouvernement français écrivait, le 15 janvier 1878, par l'intermédiaire de M. le marquis d'Harcourt, son ambassadeur à Londres :

Au comte de Derby, secrétaire d'État pour les Affaires étrangères, à Londres.

« ... Sans attacher à ce mouvement de l'opinion (en Australie) une très grande importance, mon gouvernement tient toutefois à déclarer que, pour ce qui le concerne, il n'a pas le projet de porter atteinte à l'indépendance des Nouvelles-Hébrides et il serait heureux de savoir que de son côté le gouvernement de Sa Majesté est également disposé à la respecter. »

A cela, le comte de Derby répond :

« ...J'ai l'honneur de faire savoir à Votre Excellence qu'il n'est pas dans les intentions du gouvernement de Sa Majesté de proposer au Parlement des mesures qui seraient de nature à modifier la situation indépendante où se trouvent actuellement les Nouvelles-Hébrides. »

Si au lieu de faire cette déclaration malencontreuse de 1878, le gouvernement français avait donné l'ordre d'établir son pavillon sur les Nouvelles-Hébrides, ni l'Angleterre ni l'Australie n'auraient songé à présenter la moindre objection.

Le gouvernement britannique eût été d'autant moins fondé à faire obstacle à l'annexion effective des Nouvelles-Hébrides par la France qu'il venait de s'emparer des îles Fidji, sur lesquelles il n'avait aucun droit de possession.

En 1881, une circulaire du gouverneur anglais des îles Fidji avisait les colons de sa nationalité établis dans les îles encore indépendantes de l'Océanie qu'ils eussent à faire enregistrer leurs titres de propriété en Australie ou aux Fidji, s'ils voulaient que ces titres fussent par la suite reconnus valables; c'était placer les propriétés océaniennes sous une sorte de protectorat britannique. Devant ces faits, les colons français se réunissent à Nouméa et fondent, en 1882, la Compagnie calédonienne des Nouvelles-Hébrides, dans le but d'acheter les terres de ces îles, d'y créer des comptoirs de commerce et de faire passer les territoires entre les mains des Français. Cette Société acheta de grandes étendues de terrain aux indigènes, plus de 400 000 hectares, et les 7/8 des 800 000 hectares de terres qui appartenaient aux colons anglais, en vertu des titres que leur avaient contresignés les autorités anglaises : elle pensait placer de la sorte sous la protection de la France des établissements exploités par des Français; elle amenait le pavillon anglais et le remplaçait par le drapeau français. Entre autres traités passés par la Compagnie calédonienne des Nouvelles-Hébrides, citons le traité du 10 novembre 1884, avec les naturels du Port-Sandwich (île Mallicollo) :

Demandons à conclure un traité en ces termes :

Article 1er. — A nous placer directement sous la protection de la société établie dans nos îles sous le titre de Société calédonienne des Nouvelles-Hébrides.

Art. 2. — Qu'en raison de la vente à elle faite volontairement par nous du territoire de la rade de Port-Sandwich presque en totalité, ainsi que l'acceptation par le mouillage de Chovert d'un centre commercial établi chez nous sous le pavillon français par ladite Compagnie, le gouvernement français, dont elle relève, veuille bien nous reconnaître comme ses sujets, et nous permettre d'adopter les couleurs de son drapeau.

Art. 3. — Que pour ces motifs, nous nous engageons à servir avec sincérité et dévouement les intérêts de ladite Société des Nouvelles-Hébrides et à protéger par dessus tout les nationaux français; que la Compagnie demande et obtienne de son gouvernement que, par réciprocité, nous soyons placés sous la protection des lois françaises.

Art. 4. — Qu'à ces conditions, conclues de bonne foi, traduites à nous par devant tous les témoins ci-dessus nommés, avons signé d'une part et l'administrateur délégué de l'autre part, nous engageant à remplir et respecter fidèlement toutes les clauses du présent contrat, lesquelles signées par nous, seront ultérieurement ratifiées, selon la bienveillante adhésion que voudra y accorder le gouvernement français duquel relève la Société des Nouvelles-Hébrides.

L'une des aspirations de la compagnie calédonienne était d'amener le gouvernement français à l'annexion.

Le 8 juin 1885, M. Higginson écrivait au ministre des affaires étrangères :

« ... Sans les Nouvelles-Hébrides, la Nouvelle-Calédonie amoindrie perdrait la plus grande partie de sa valeur ; car de la possession de cet archipel qui est son complément nécessaire dépendent entièrement son importance et son avenir.

« Que de richesses aux Nouvelles-Hébrides ! Des ports de premier ordre où des navires de tout tonnage peuvent, dans les plus violents orages, s'abriter en toute sécurité ; les terres les plus fertiles du monde ; d'immenses forêts d'arbres de toutes essences ; la main d'œuvre sur place ; de nombreuses rivières d'eau douce ; des soufrières d'une grande richesse ; un climat d'une extrême douceur ; enfin une situation géographique, qui, en plaçant ces îles sur la route directe de Panama, en fait un point d'une importance commerciale et stratégique indiscutable. »

C'est peut-être sous l'impression de cette lettre que M. C. de Freycinet, président du conseil, ministre des affaires étrangères, télégraphie le 7 juillet 1885 à M. Waddington, ambassadeur à Londres :

« Nous demandons au ministre des affaires étrangères de nous laisser toute liberté d'action dans les Nouvelles-Hébrides, contre l'engagement par nous de ne pas envoyer des relégués dans ces parages. »

M. Higginson rédige une notice sur les Nouvelles-Hébrides en septembre 1885 que nous lisons dans l'*Atlas colonial* édité en décembre 1885 :

Des colons de nationalités diverses se sont peu à peu établis et, dès 1871, ils demandaient déjà au gouvernement français de les couvrir de son drapeau. Les chefs indigènes les plus influents de plusieurs îles ont fait la même demande et hissent le pavillon français dans leurs tribus. Enfin, il n'est pas de jours où la population de la Nouvelle-Calédonie, soit par des pétitions, soit par l'organe des gouverneurs, soit par l'intermédiaire des corps élus, ne demande la prise de possession de cet archipel, où les intérêts français sont aujourd'hui de beaucoup prédominants depuis la création de la Compagnie française des Nouvelles-Hébrides. Il est à souhaiter que le gouvernement, auquel on ne demande pas de sacrifices, de conquête dispendieuse, ni même d'annexion arbitraire, mais la réparation de l'inexplicable omission commise en 1853 par l'officier chargé de prendre possession de la Nouvelle-Calédonie et de ses dépendances, et qui négligea les Nouvelles-Hébrides, ne tarde pas à faire droit à ces instances patriotiques, sérieusement causées par les intérêts aussi évidents de la métropole que de la Nouvelle-Calédonie même qui aspire à ne pas être un corps sans bras, et veut prévenir une ruine irréparable.

Le 9 janvier 1886, M. C. de Freycinet télégraphiait à M. Waddington :

« Le moment me paraît venu de reprendre avec le gouvernement britannique l'examen des propositions qui lui ont été faites naguère au sujet des récidivistes... »

En même temps M. C. de Freycinet négociait avec l'Allemagne en vue d'obtenir son acquiescement à notre établissement aux Nouvelles-Hébrides. En février, M. le baron de Courcel signait avec le comte Herbert de Bismarck un protocole, aux termes duquel l'Allemagne reconnaissait l'occupation éventuelle des Nouvelles-Hébrides par la France.

A la suite de cette entente, le 1er juin, une garnison française était installée à Port-Havannah (île Vaté ou Sandwich), puis à Port-Vila (même île), une autre était débarquée le 2 juin à Port-Sandwich (île Mallicollo).

A Port-Havannah, les troupes mises à terre, le pavillon français a été hissé et appuyé d'un coup de canon; le commandant de la *Dives* a lu en présence des troupes et des colons, le procès-verbal suivant :

Aujourd'hui, 1er juin 1886.

Nous, L. Legrand, lieutenant de vaisseau, commandant l'aviso-transport la *Dives*, de la marine nationale française,

Par ordre de M. le gouverneur de la Nouvelle-Calédonie et suivant les instructions qui nous ont été données,

Avons débarqué à Port-Havannah (île Sandwich) dans l'archipel des Nouvelles-Hébrides, un détachement de troupes appartenant au corps de l'infanterie de marine pour constituer dans cette île un poste militaire français.

Ce détachement a été débarqué le 1er juin 1886, à 6 heures 1/2 du matin, sur l'établissement destiné à servir de cantonnement provisoire au détachement susmentionné.

Après avoir procédé à l'établissement du poste militaire français dans l'île Sandwich, nous avons dressé le présent procès-verbal, qui a été signé avec nous par tous les officiers présents et par les résidents.

Le même jour, l'occupation était notifiée aux colons de l'île Sandwich par cet avis du commandant de la Dives :

Nous, Legrand, lieutenant de vaisseau, commandant l'aviso-transport la *Dives*,

Faisons savoir aux résidents de toutes les nationalités établis aux Nouvelles-Hébrides que :

Par ordre du gouverneur de la Nouvelle-Calédonie,

Un poste militaire français a été établi à Port-Havannah (île Sandwich) le 1er juin 1886, à 6 heures 1/2 du matin.

Le consul britannique à Nouméa se plaignit d'avoir été durant deux jours l'objet d'une surveillance spéciale destinée à l'empêcher de prendre des mesures de nature à devancer les Français.

L'émotion fut vive en Australie. La Chambre des représentants de Wellington (Nouvelle-Zélande) adopta une résolution de blâme contre l'occupation française, ajoutant que si le gouvernement anglais admettait l'annexion française des Nouvelles-Hébrides ce ne devait être qu'à la condition que la déportation des récidivistes cessât absolument et que le protectorat de l'Angleterre fût exercé sur l'île Rarotonga (du groupe des Cook).

Depuis les Anglais se sont établis tout à la fois aux Nouvelles-Hébrides et dans l'archipel entier des îles de Cook!

Le gouvernement de la Nouvelle-Galles du Sud (Sydney), encore plus conciliant que celui de Wellington, déclara que la cession des Hébrides serait une bonne affaire si l'on obtenait de la France l'assurance que la transportation cesserait.

Les négociations devaient échouer cependant faute de fermeté. M. C. de Freycinet écrivait en effet officiellement à M. l'amiral Aube dans les premiers jours de juin 1886 :

« Des avis d'Australie portent que notre pavillon aurait été arboré aux Nouvelles-Hébrides : j'espère que cette nouvelle est inexacte. En tous cas, je vous serais obligé de vouloir bien envoyer des ordres télégraphiques pour que notre pavillon ne soit pas arboré ou pour qu'on l'enlève immédiatement, si par aventure il avait été arboré. Le gouverneur de la Nouvelle-Calédonie ne doit pas perdre de vue qu'il ne s'agit que de mesures de protection et nullement d'une prise de possession quelconque ou de rien qui y ressemble. »

En août 1886, M. Waddington présente à lord Iddesleigh la proposition de nommer une commission mixte pour la protection de la vie et de la propriété des sujets britanniques et français aux Nouvelles-Hébrides.

Cette proposition, très favorablement accueillie et adoptée, fut la base du traité soumis à M. de Freycinet le 29 octobre 1886 par l'ambassadeur britannique à Paris.

Cette convention qui ne fut signée que le 16 novembre, dispose :

Art. 3. — Une commission navale mixte, composée d'officiers de marine appartenant aux stations française et anglaise du Pacifique, sera immédiatement constituée ; elle sera chargée de maintenir l'ordre et de protéger les personnes et les biens des citoyens français et des sujets britanniques dans les Nouvelles-Hébrides.

Art. 6. — Dès que les règlements auront été approuvés par les deux gouvernements et que les postes militaires français auront pu, par suite, être retirés des Nouvelles-Hébrides, le gouvernement de Sa Majesté Britannique procédera à l'abrogation de la Déclaration de 1847 (relative aux îles sous-le-Vent, de Tahiti).

Le protectorat anglo-français a été inauguré en avril 1888 M. Higginson écrivait à ce sujet à Sir Charles Dilke :

« Le condominium est une erreur diplomatique.

« L'abandon par la France serait la négation même du droit et de la justice. Reste une transaction sur les bases suivantes : l'Angleterre pourrait établir son protectorat sur les îles Banks et les îles Santa-Cruz ; de son côté la France prendrait possession des Nouvelles-Hébrides et s'obligerait à cesser la relégation dans les mers du Sud. »

LES DROITS DE LA FRANCE

AUX

ILES SALOMON

Les îles Salomon sont françaises par leurs noms, françaises par leur histoire.

Elles ont été baptisées et explorées par des navigateurs français, par Bougainville, Surville, d'Entrecasteaux, Dumont d'Urville.

Lorsque les Anglais émirent la prétention, à la fin du dix-huitième siècle, d'avoir les premiers retrouvé les Salomon, entrevues en 1567 par Alvaro Mendana de Neyra, les savants français protestèrent. L'un d'eux alla même publier en Angleterre une excellente étude intitulée : « Les nouvelles découvertes des Français en 1768 et 1769 dans le sud-est de la Nouvelle-Guinée et reconnaissance postérieure des mêmes terres par des navigateurs anglais qui leur ont imposé de nouveaux noms. »

Dès cette époque on songeait en France à la prise de possession des îles Salomon : la découverte constitue des droits. Le géographe Fleurieu écrivait à ce sujet : « Il est assez ordinaire à la nation française, confiante et loyale, de ne faire usage de ses droits que lorsqu'on vient les attaquer ou les méconnaître… ». L'étranger attaquait la priorité des découvertes des Français pour se prétendre des droits : les Français revendiquèrent avec la découverte les droits de suzeraineté qui y sont attachés.

Aucun établissement ne fut établi cependant dans l'archipel Salomon.

Le gouvernement français songea de nouveau à une occupation effective en 1853 et en 1881.

Les colons calédoniens n'ont cessé de demander l'occupation de l'archipel Salomon.

La Nouvelle-Calédonie ne peut nourrir ses habitants : elle est dans l'obligation d'acheter à l'étranger tous ses vivres; elle est d'autant plus dans l'impossibilité d'accroître sa production agricole que toutes les bonnes terres disponibles ont été accordées par décret à l'administration pénitentiaire. Mais comme je le disais dans mon *Atlas colonial* et comme le répétait M. Freppel à la Chambre des députés, les îles Salomon sont plus indispensables encore pour la sécurité de la Nouvelle-Calédonie qu'elles ne peuvent l'être pour sa vie : la Nouvelle-Calédonie est isolée dans le Pacifique; elle est à trente jours de la Réunion; elle est entourée, surveillée, bloquée par les possessions britaniques : si la France n'occupe pas une forte station aux Salomon, à huit jours de Nouméa, à quatorze jours de

Saïgon, à la première guerre maritime, notre colonie océanienne devient la proie de nos adversaires.

Les Salomon seraient le solut de notre colonie; grâce à leur fertilité, elles en seraient aussi le grenier.

A la suite de la convention signée à Berlin le 6 avril 1886, entre l'Allemagne et l'Angleterre, l'Allemagne prétendit annexer tout le groupe septentrional de l'archipel : l'île Isabelle avec l'île des Rameaux et l'île Inattendue, l'île Choiseul, l'île Bougainville avec les îles Fauro et Shortland (les îles de la Trésorerie restant libres), l'île Bouka. Le gouvernement français protesta. Le 31 janvier 1887, les journaux de Paris, le *National* entre autres, publièrent cette information officieuse : « Une note diplomatique affirmant les droits de la France sur l'archipel Salomon a été remise à l'Allemagne ».

Devons-nous renoncer à tout jamais au groupe septentrional, à la baie de Choiseul, au port Praslin, à la baie de Mille-Vaisseaux située sur les côtes des îles Choiseul et Isabelle?

Pourquoi ne pas prendre possession des trois îles méridionales: Malaïta, Guadalcanar, Saint-Christophe, qui sont restées en dehors de la sphère d'action que l'Allemagne s'est assignée!

LES INTÉRÊTS FRANÇAIS

DANS

L'OCÉAN INDIEN

En 1612, Richelieu concéda à la Société de l'Orient le droit exclusif, « pour y ériger colonies et commerce, au nom de Sa Majesté Très-Chrétienne, de prendre possession de Madagascar et des isles adjacentes », c'est-à-dire les Mascareignes, Sainte-Marie, les Comores.

Dès 1638, Cauche, montant le *Saint-Alexis* de Dieppe, avait pris possession de Diego-Roiz, (c'est-à-dire de l'île Rodrigue), de Bourbon, visité Maurice, et fondé un établissement à l'îlot de Sainte-Luce, sur la côte sud-est de Madagascar.

En 1642, de Pronis, agent de la Société de l'Orient, reprend possession de Rodrigue et de Bourbon, de Sainte-Marie et va fonder, un peu au sud de Sainte-Luce, l'établissement de Fort-Dauphin : le Dauphin, pour de Pronis, était alors, pour la France, le roi Louis XIV qui venait de succéder à son père. En 1714, les directeurs de la Compagnie décidèrent la prise de l'île Maurice abandonnée par les Hollandais : l'acte de possession est daté du 20 septembre 1715 ; le pavillon blanc y fut définitivement arboré en 1721. Madagascar et toutes les îles qui l'entourent à l'est comme à l'ouest furent colonisées par les Français.

Aujourd'hui, la France ne possède plus dans l'océan Indien que :

1º Diego-Suarez ;

2º Nossi-Bé et les îles voisines ;

3º Sainte-Marie ;

4º Mayotte ;

5º Les Comores ;

6º Les îles Aldabra, Cosmolédo, Glorieuses, Assomption ;

7º Madagascar ;

8º Les îles Amsterdam et Saint-Paul, dépendances de la Réunion ;

9º L'île Kerguelen.

DIEGO-SUAREZ

Par un décret du 4 mai 1888, l'organisation administrative de nos possessions de l'océan Indien a été modifiée comme suit : Nossi-Bé et ses dépendances, avec le territoire de Diego-Suarez, ne forment plus désormais qu'un seul gouvernement, dont le siège est fixé à Diego-Suarez; l'établissement de Sainte-Marie de Madagascar cesse d'être une dépendance de la Réunion pour être rattaché au gouvernement de Diego-Suarez.

Le territoire de Diego-Suarez a été cédé à la France par le traité du 17 décembre 1880, entre la France et les Hovas. La colonie française a été fondée en 1886. La baie de Diego-Suarez est assez vaste pour abriter les flottes les plus considérables; à Diego-Suarez même les exploitations agricoles se développent avec succès : un village, presque une petite ville, est sortie de terre; les nombreuses salines qui entourent la baie sont en pleine exploitation.

NOSSI-BÉ

La cession de l'île de France à l'Angleterre par le traité du 30 mai 1814 nous avait fait perdre le seul abri maritime que nous possédions dans la mer des Indes. Pour réparer cette perte, vers 1839, le contre-amiral de Hell, qui gouvernait l'île Bourbon, envoya son aide de camp, le capitaine d'infanterie de marine Passot, vers la côte nord-ouest de Madagascar, pour examiner si la France ne pourrait pas créer dans ces parages un établissement colonial.

En 1840, lors de son second voyage à Nossi-Bé, M. Passot reçut de la reine et des chefs les propositions suivantes :

1° La reine Tsihomékou, après s'être entendue avec la population placée sous son autorité, propose à S. M. Louis-Philippe Ier, roi des Français, de céder à la France les îles de Nossi-Bé et de Nossi-Comba et de lui abandonner tous les droits qu'elle tient de ses ancêtres sur la côte ouest de Madagascar.

2° En retour de cette cession, elle demande à être placée, avec sa population, sous l'autorité et la protection de la France.

Cette déclaration fut faite par écrit le 14 juillet 1840. Le 5 mars 1841, conformément à l'arrêté de M. de Hell, en date du 13 février précédent, la France prit possession des îles Nossi-Bé et Nossi-Comba et substitua ses droits à ceux des princes sakalaves sur la côte ouest de Madagascar.

Craignant qu'une puissance rivale ne vînt occuper les îlots voisins, M. Passot obtint de Tsimiharo, roi des Antankares, réfugié à Nossi-Mitsiou, la cession des groupes des Mitsiou. Tsimiharo nous céda même tout l'Ankara (pointe septentrionale de Madagascar) et Nossi-Faly.

CONSEIL D'ADMINISTRATION

Le décret du 14 juillet 1877, qui prononce la séparation administrative des colonies de Mayotte et de Nossi-Bé, a institué près du commandant de chacune de ces îles un conseil d'administration composé du commandant, président, du chef du service judiciaire (et du chef du service de l'intérieur), de deux habitants notables désignés par le commandant, et d'un secrétaire archiviste tenant la plume.

Lorsque les questions de budget local et d'impôt sont mises en discussion, le conseil d'administration se complète par l'adjonction de deux délégués désignés par les colons et jouissant de la qualité de citoyens français.

REPRÉSENTATION COLONIALE

Le décret du 30 décembre 1884 décide que le conseil supérieur des colonies comprend, outre les délégués de la Nouvelle-Calédonie, de Tahiti et de Saint-Pierre-Miquelon, un délégué pour Mayotte et un délégué pour Nossi-Bé. Ces délégués sont élus par le suffrage universel.

VŒU

Le vœu le plus instant des habitants de Nossi-Bé est de recouvrer leur autonomie et de voir rapporter la mesure arbitraire par laquelle cette colonie a été annexée au gouvernement de Diego-Suarez.

SAINTE-MARIE DE MADAGASCAR

L'île de Sainte-Marie est située sur la côte est de Madagascar dont elle est séparée par un chenal étroit, large au plus de 6 à 7 kilomètres, qui n'est à proprement parler, qu'une rade continue où les navires peuvent trouver un abri sûr par tous les temps.

L'île a la forme d'une bande étroite, longue d'environ 50 kilomètres, large de 3 en moyenne ; sa population, exclusivement malgache est de 6,000 âmes.

L'importance de Sainte-Marie est toute dans son port.

ILE DE MAYOTTE

A la suite d'un voyage effectué en 1841, dans les parages de Mayotte, M. Jehenne, lieutenant de vaisseau, fit ressortir les avantages que présentait Mayotte pour un établissement naval.

Peu après, M. Passot, capitaine d'infanterie de marine, était envoyé en mission auprès du sultan de Mayotte : il obtenait le 25 avril 1841 un traité de cession de l'île à la France.

Une décision royale du 10 février 1843 ratifia le traité de 1841.

Le contre-amiral Bazoche, gouverneur de l'île Bourbon, par son arrêté du 27 mai 1843, ordonna la prise de possession de l'île Mayotte, prise de possession qui fut effectuée le 13 juin 1843 par M. Passot, en présence de M. Protet, commandant la *Lionne*.

CONSEIL D'ADMINISTRATION

Les colons nomment deux délégués au Conseil d'administration : ces délégués sont appelés au Conseil toutes les fois qu'il y est traité des questions budgétaires ou d'impôt (décret du 14 juillet 1877).

Le conseil d'administration se compose, outre ces deux délégués, du commandant de l'île, du chef du service de l'intérieur, du chef du service judiciaire, de deux membres civils titulaires et de deux membres civils suppléants.

REPRÉSENTATION COLONIALE

Mayotte, qui n'est pas représentée à la Chambre des Députés, élit un député au Conseil supérieur des colonies (décret du 19 octobre 1883 et décret du 30 mars 1884) .

Pour cette élection, la colonie est divisée en deux circonscriptions électorales.

LES VŒUX DE MAYOTTE

Utilité de Mayotte. — Avec sa ceinture de récifs qui forme, à l'intérieur, des rades immenses, parfaitement abritées, et dont l'accès est facile à défendre, Mayotte est, avant tout une station maritime de premier ordre. En outre, par sa situation géographique, au milieu du canal de Mozambique, à mi-chemin de l'Afrique et de Madagascar, Mayotte commande toutes ces régions. Ce sont ces raisons qui ont déterminé la France à s'y établir en 1841, et si ces considérations ont été perdues de vue, depuis quelque temps, elles reprendraient de suite leur valeur au cas d'une guerre maritime.

Oubliée comme station maritime, Mayotte a dû à la grande fertilité de son sol de devenir une colonie agricole. La culture de la canne à sucre commençait à donner d'heureux résultats quand la crise sucrière est venu arrêter l'essor de l'agriculture : Mayotte est la quatrième colonie française comme importance et comme production sucrière. La culture des vanilliers a pris aussi une assez grande importance dans ces dernières années.

Régime constitutionnel. — Comme toutes les colonies qui ne sont point sous l'empire du sénatus-consulte de 1866, Mayotte est régie par de simples décrets.

C'est, en ce moment, l'*ordonnance organique du Sénégal de septembre 1840, qui lui est appliquée,* qui la régit en entier.

Aux termes de cette ordonnance, légèrement modifiée par le décret du 14 juillet 1877, tous les pouvoirs sont entre les mains du Gouverneur, qui, dans l'exercice de ses fonctions, n'est assisté que de conseils consultatifs.

Le budget local présenté par le Directeur de l'Intérieur est soumis à l'examen d'un Conseil d'administration dans lequel l'élément civil est en minorité, et *ce conseil n'est que facultatif, à lui seul le Gouverneur peut donc faire le budget, et, en réalité, seul il l'établit.*

Depuis de longues années, mais vainement, la colonie demande *que le budget local soit voté par un conseil* ayant le pouvoir délibérant et dans lequel les habitants seraient en majorité. *La colonie de Mayotte serait heureuse de devoir ce minimum de liberté au Centenaire de 1889.*

Budget local de Mayotte. — Le budget local s'élève à 450 000 francs environ, il ne peut s'équilibrer qu'à l'aide d'une subvention métropolitaine de 35 000 francs.

Un personnel administratif trop considérable, presque aussi nombreux que le personnel civil qu'il gouverne, charge inutilement ce budget; si au lieu d'être établi

par le Gouverneur et l'administration, ce budget était voté
et établi par ceux qui le payent, les habitants de la colonie,
les économies qui y seraient apportées permettraient, probablement, l'équilibre sans subvention métropolitaine.

Autonomie. — L'ensemble de nos codes, de notre législation française, ne saurait être appliqué à une population
de 300 Français et 15000 indigènes de toute origine, sans
de notables modifications.

La colonie de Mayotte demeurera donc forcément, et
très longtemps, sous l'empire des décrets, seulement la
colonie demande à être consultée pour la confection de
ses lois, rappelant que trop souvent des décrets y ont
été édictés, sans nécessité, contre les intérêts du pays, et
uniquement en vue de généraliser des mesures utiles à
d'autres colonies qui les réclamaient.

*Les habitants de la colonie de Mayotte demandent enfin
que la préparation et la discussion des décrets les régis-
sant soient rendus au Conseil supérieur des Colonies,
organe nécessaire supprimé aujourd'hui de fait; ils demandent aussi qu'il soit créé en Conseil d'État une section
coloniale et qu'aucun décret les intéressant ne soit promulgué sans l'avis de cette section.*

A. DE FAYMOREAU,
délégué de Mayotte.

ARCHIPEL DES COMORES

L'archipel des Comores comprend, indépendamment de Mayotte,
les trois îles d'Anjouan, Mohély et la Grande Comore. Depuis longtemps, toutes ces îles étaient soumises à l'influence de la France qui,
dans maintes circonstances, avait réglé leurs affaires intérieures,
quand, en 1885 et 1886, elles vinrent spontanément se placer sous
notre protectorat d'une façon définitive. Aujourd'hui ces trois îles
sont placées sous la haute autorité du gouverneur de Mayotte et
administrées par un résident qui habite Anjouan. Ce résident peut
suffire à la tâche, mais à la condition qu'on lui donne une chaloupe
à vapeur pour assurer ses communications avec l'archipel.

Par un décret, en date du 20 décembre 1888, les frais du protectorat des Comores ont été mis à la charge du budget local de la

colonie de Mayotte. *C'est une énormité*, qui ne se comprend pas plus, que de faire payer par Ajaccio les dépenses de la commune d'Alger. La raison *alléguée* par le Département des colonies est que le gouverneur de Mayotte est protecteur des Comores !

Anjouan ou Johanna. — Située à 15 lieues dans le nord de Mayotte, Anjouan est une île de forme à peu près triangulaire, d'une superficie d'environ 50 000 hectares. Au centre de l'île s'élève un massif considérable dont plusieurs points dépassent 1 200 mètres ; ce massif descend jusqu'à la côte, de profondes découpures y forment des vallées étroites mais fertiles et arrosées par de nombreux cours d'eau ; enfin, des plateaux et des pentes très douces, voisines du littoral, permettent d'y faire de riches cultures.

Trois usines à sucre importantes, pourvues d'appareils très perfectionnés, produisent environ 1 500 à 2 000 tonnes de sucre. Ce sucre est exporté à Zanzibar et à Maurice qui, en retour, approvisionnent l'île de marchandises anglaises, indiennes, allemandes et américaines.

L'île compte environ 50 000 habitants ; les principaux centres sont la capitale M'Samadou, ville assez jolie, bâtie en pierres à la mode arabe ; Bandraboa, séjour d'été du sultan Poumoni, etc.....

L'Anjouanais, de couleur assez foncée en général, parfois aussi de couleur claire, est de taille petite et semble un métis d'Africain, d'Arabe de Mascate, auxquels est venu se mêler un peu de sang européen, Anjouan ayant servi très longtemps de relâche aux navires se rendant du cap de Bonne-Espérance aux Indes et aux navires baleiniers.

Rappelons aussi qu'en 1801 le général Rossignol et une vingtaine de Français furent déportés à Anjouan : tous périrent promptement de la fièvre intermittente ou s'évadèrent aux Seychelles.

L'Anjouannais est vif, très intelligent, lettré comme le sont les musulmans de l'Archipel qui tous reçoivent une instruction primaire assez avancée. Le dialecte parlé est celui des Comores, le Kissaouéli, espèce de langue sabire qui est un mélange d'arabe, d'africain, de malgache. La numération et l'écriture sont arabes.

Mohély ou Mohila. — A 10 lieues d'Anjouan et à 25 lieues de Mayotte, dans le nord-ouest, se trouve Mohély (Mohila), la plus petite des Comores, dont la superficie est d'environ 25 000 hectares. Mohély présente sur ses côtes des plaines fertiles étagées en pente douce avec un massif central de 500 mètres de hauteur. Une grande usine à sucre fondée par un Français, M. Lambert, duc d'Emyrne, existe près de la capitale, mais elle est devenue la propriété d'un anglais. Une population de 10 à 12 000 âmes, mélange d'Africains, d'Arabes, de Sakalaves et de Hovas, occupe l'île ; remuant, toujours en discorde, le mohélien a moins été modifié par la civilisation et la religion musulmane que les habitants des autres Comores. Les principaux centres sont Fomboûni, la capitale, dans le nord ; Numa-Choa, avec un assez bon port dans le sud.

Grande Comore (Angazika). — A 10 lieues de Mohély et

À 35 lieues dans le nord-ouest de Mayotte se trouve l'île de la Grande Comore. Longue de 32 milles, large de 12 milles et d'une forme à peu près rectangulaire, la Grande Comore a plus de 100 000 hectares de superficie. Un massif central considérable, que domine un volcan en activité de 3 000 mètres de hauteur, occupe une grande partie de l'île. Aride, couverte de laves sur une grande surface, la Grande Comore est, en général, dépourvue de cours d'eau et même de sources. Il faut, toutefois, faire une exception pour le sud ou Basini, qui est fertile et arrosé, mais qui a été peu visité par les Européens. A une certaine hauteur, il existe aussi quelques plateaux fertiles ; c'est sur l'un de ces plateaux qu'une Compagnie française a récemment créé une grande exploitation où se cultivent le cacaoyer, le caféier et le vanillier. Ces plateaux élevés sont très sains et exempts des terribles fièvres paludéennes si communes dans l'archipel.

80 000 habitants, dit-on, occupent cette île.

De grande taille, bien fait, le Comorien a la peau noire, mais le nez droit ; les cheveux, en général, lisses, montrent un croisement ancien d'Africains et d'Arabes. C'est, de toutes les îles, celle qui a le plus subi l'influence de la race arabe, qui, probablement à cause de la salubrité du climat, a pu mieux s'y établir et y faire prévaloir son cachet. Intelligent, honnête, brave, fin, laborieux, sobre, le Comorien est le meilleur travailleur de tous les habitants de l'archipel ; il aime assez l'Européen, le recherche et le sert fidèlement, mais demeure inébranlablement attaché à la religion musulmane.

Trois sultanies se partageaient primitivement l'île, mais notre fidèle allié et protégé Saïd-Ali a rangé l'île sous sa domination, avec notre aide.

Les principales villes sont Mouroni, capitale de Saïd-Ali, située dans l'est ; Itsanda, dans le nord-est ; Foubouni, capitale du Basini, dans le sud ; enfin les petites villes de N'Boudé, Amoubou, Moutsa-Moulé, etc.

A. DE FAYMOREAU.

ILES ALDABRA, COSMOLÉDO, GLORIEUSES
ASSOMPTION

Les traités de 1815, qui nous ont restitué la Réunion, nous ont également rendu Madagascar et *toutes les îles qui sont à l'ouest du cap d'Ambre*. L'incident Farquar a provoqué l'interprétation de ce traité et mis nos droits hors de doute.

Aldabra et Cosmolédo qui nous appartiennent incontestablement sont inhabitées et sans cultures. Mais tous les ans, les habitants des Seychelles (colonies anglaises depuis 1811) viennent y faire la pêche et y chercher les tortues qui forment la principale nourriture des

Seychellois. En 1884, le gouverneur anglais des Seychelles a loué à bail Aldabra à un Seychellois, qui depuis s'est établi dans l'île. Pourquoi la France ne fait-elle pas respecter ses droits ? Pourquoi ne donne-t-on pas au gouverneur de Mayotte avec le titre de gouverneur de Mayotte et dépendances la surveillance de ces îles !

Les îles Glorieuses ont été concédées, il y a quelques années, à un Français.

MADAGASCAR

« De 1642 à 1862, dit M. Raoul Postel, Madagascar a été considérée comme possession française au même titre que la Réunion ou la Martinique ».

Le 24 juin 1642, Richelieu accorde à la Société de Lorient le privilège exclusif d'expédier à Madagascar des navires « armés en guerre et marchandises » : l'établissement français de Fort-Dauphin est fondé sur la côte sud-est de Madagascar, puis furent créés les postes de Sainte-Luce, d'Antongil, de Sainte-Marie-de-Fénérive ; Madagascar fut appelée la France orientale, le sol en était pris au nom du roi de France. En 1664, Colbert institue la « Compagnie orientale » au capital de 15 millions de livres. L'édit d'août 1664 s'exprime ainsi :

Nous avons donné, concédé et octroyé, donnons, concédons et octroyons à ladite compagnie libre de Madagascar ou Saint-Laurent avec les îles circonvoisines, forts et habitations qui peuvent y avoir été construits par nos sujets..., pour en jouir à perpétuité, en toute propriété, seigneurie et justice... »

En 1665, le roi envoie M. de Beausse en qualité de gouverneur général ; c'est dans un édit de 1665 que Louis XIV donne à Madagascar le nom de France orientale ; ce roi fit graver ce nom sur le grand sceau à l'usage du Conseil supérieur institué dans l'île. En 1670, la Compagnie fait remise au Roi de ses droits sur Madagascar : le Conseil d'État du Roi rend en conséquence cet arrêt le 4 juin 1686 :

« Tout considéré, S. M., en conseil, — en conséquence de la renonciation faite par la Compagnie des Indes orientales à la propriété et seigneurie de l'île de Madagascar que S. M. a agréé et approuvée, — a réuni et réunit à son domaine ladite île de Madagascar, forts et habitations et dépendances et mouvances, compris dans la concession portée par l'établissement de la Compagnie des Indes orientales du mois d'août 1664 pour S. M. en disposer en toute propriété, seigneurie et justice... »

L'île Sainte-Marie est acquise en 1750, le 30 juillet ; elle nous est restée depuis.

Le traité de Paris du 30 mai 1814 consacra nos anciens droits sur Madagascar. Le 17 octobre 1816, le gouvernement anglais ordonnait au gouverneur de Maurice de remettre à l'administration de la Réunion les établissements de la « Grande-Terre. » Notre drapeau reparut à Fort-Dauphin, à Sainte-Luce, à Tamatave, dans la baie d'Antongil; en 1822, tous les chefs du sud de l'île font acte de soumission à la France. A l'instigation de l'Angleterre, le roi des Hovas, Radama, s'étant qualifié, en 1823, du titre de « Roi de Madagascar et de ses dépendances » la France protesta le 15 août 1823 contre un titre « illégalement pris » et « attentatoire à ses droits anciens et imprescriptibles ». Depuis cette époque, l'histoire de Madagascar se résume en une série de tentatives anglaises pour amener les Hovas à s'emparer de la totalité de l'île.

Radama envahit le territoire entre la baie d'Antongil et Fénérive et incendia Tintingue. Un peu au sud, il prit Foulepointe; à l'extrémité méridionale de l'île, il s'empara de Fort-Dauphin. La France se préparait à l'expulser quand il mourut le 27 juillet 1828.

A Radama succéda l'une de ses onze femmes, Ranavalo. Le cabinet des Tuileries envoya une flottille en 1829 reprendre Tintingue et Tamatave; le corps expéditionnaire se retira après un débarquement de quelques soldats mal opéré à Foulepointe : tous nos partisans insulaires furent mis à mort.

En 1840 et 1841, notre situation s'affermissait sur la côte ouest. Le 14 juillet 1840, les chefs sakalaves et la reine de Boueni nous cédaient Nossi-Bé et Nossi-Comba; en février 1841, le roi d'Ankara nous cédait Nossi-Comba, Nossi-Mitsiou, les autres îles entourant son royaume; le chef de Nossi-Faly nous transmettait la propriété de cette île; le 25 avril, le sultan Sakalave de Mayotte cédait cette île à la France; Anjouan s'offrait. En outre, les chefs sakalaves nous abandonnaient tous leurs droits de souveraineté sur la côte occidentale de Madagascar, de la baie de Passandava au cap Saint-Vincent, le roi d'Ankara nous cédait ses droits dans la partie septentrionale de Madagascar.

En 1859 et 1860, de nouvelles conventions confirmèrent à la France les cessions de la côte occidentale; notamment, vers la baie de Baly; la côte française fut étendue de la rivière Saint-Vincent (ou Mangoka) à la rivière Saint-Augustin (ou Onilahy); dans ce traité, les anciens droits de la France sur tout Madagascar sont consignés avec soin. Le prince Rakouto qui succéda en 1861 à Ranavalo sous le titre de Radama II manifestait un amour profond pour la France. Dès 1862, il signait avec la France un traité de commerce et d'amitié.

L'article IV de ce traité concédait aux Français le droit d'acheter, de vendre, de prendre à bail, d'exploiter des terres, maisons et magasins dans toute l'étendue du territoire Hova. Radama II ratifia en outre l'acte de concession à la Compagnie de Madagascar du privilège de choisir sur les côtes et dans l'intérieur du pays toutes les terres inoccupées et d'en devenir immédiatement propriétaire. Les méthodistes anglais suscitèrent une émeute; le roi fut étranglé.

La veuve de Radama II lui succéda sous le nom de Rasoaherina ; elle s'empressa de déclarer nul le traité de 1862. Elle mourut en 1868. Sa cousine, la princesse Ramoma, fut nommée reine sous le nom de Ranavalo II. Un traité signé le 4 août 1868 renouvela la prescription principale du traité du 12 septembre 1862. C'est dans cet acte diplomatique que le plénipotentiaire français reconnut à Ranavalo II le titre de « Reine de Madagascar » : on a voulu, bien à tort, en déduire la renonciation de la France à ses droits précédents.

Le traité de 1868, comme celui de 1862, accordait aux Français la faculté d'acheter, de vendre, de louer et d'exploiter.

On ne tarda pas cependant à nous opposer la loi malgache, nº 85, qui dispose :

« La terre, à Madagascar, ne peut être vendue ou donnée en garantie qu'entre les sujets du gouvernement de Madagascar. Si quelqu'un vend ou donne en garantie à d'autres personnes, il sera mis aux fers à perpétuité. L'argent de l'acheteur ou du prêteur sur cette garantie ne pourra être réclamé ; il fera retour au gouvernement. »

L'application de cette loi équivalait à la dénonciation du traité de 1868. Elle eut lieu le 29 mars 1881.

Ranavalo déclarait en outre en 1882 « que la mer devait être la limite de son royaume » et elle s'efforçait de s'emparer par la ruse ou la force de toute la côte nord-ouest qui appartenait à la France ; le drapeau hova fut planté à Bavatoubé et à Ankify. La reine n'ayant voulu entendre aucune représentation officielle, le consul de France à Tananarive amena son pavillon et quitta la capitale.

En juin 1882, le chef de la station française abattait les pavillons hovas sur la côte ouest ; et le 16 mai 1883, l'amiral Pierre s'emparait de Majunga ; le 11 juin suivant, il enlevait Tamatave sur la côte est. Après la mort de Ranavalo II, en juillet 1883, et l'avènement de Razafindrahety, Ranavalo III, veuve du prince Ratrimo, les hostilités continuèrent. Dans sa séance du 27 mars 1884, la Chambre des députés adoptait cet ordre du jour :

« La Chambre, résolue à maintenir tous les droits de la France sur Madagascar, renvoie à une commission spéciale qui sera nommée dans les bureaux, l'examen des crédits demandés et passe à l'ordre du jour ».

Dans la séance du 27 juillet 1885, le président du Conseil, M. Brisson, déclarait « le cabinet résolu à n'abandonner rien, ni des droits, ni de l'honneur, ni des intérêts de la France ».

Le 17 décembre 1885, le contre-amiral Miot, commandant en chef la division de la mer des Indes et M. Patrimonio, ministre plénipotentiaire, signaient avec le gouvernement de la reine des Hovas, le traité suivant :

Article premier. — Le Gouvernement de la République représentera Madagascar dans toutes ses relations extérieures. Les Malgaches à l'étranger seront placés sous la protection de la France.

Art. 2. — Un Résident, représentant le Gouvernement de la République, présidera aux relations extérieures de Madagascar, sans s'immiscer dans l'administration intérieure des États de S. M. la Reine.

Art. 3. — Il résidera à Tananarive avec une escorte militaire. Le Résident aura droit d'audience privée et personnelle auprès de S. M. la Reine.

Art. 4. — Les autorités dépendant de la Reine n'interviendront pas dans les contestations entre Français ou entre Français et étrangers. Les litiges entre Français et Malgaches seront jugés par le Résident, assisté d'un juge malgache.

Art. 5. — Les Français seront régis par la loi française pour la répression de tous les crimes et délits commis par eux à Madagascar.

Art. 6. — Les citoyens français pourront résider, circuler et faire le commerce librement dans toute l'étendue des États de la Reine.

Ils auront la faculté de louer pour une durée indéterminée, par bail emphythéotique renouvelable au seul gré des parties, les terres, maisons, magasins et toute propriété immobilière. Ils pourront choisir librement et prendre à leur service, à quelque titre que ce soit, tout Malgache libre de tout engagement antérieur. Les baux et contrats d'engagement de travail leur seront passés par acte authentique devant le résident français et les magistrats du pays, et leur stricte exécution garantie par le Gouvernement.

Dans le cas où un Français devenu locataire d'une propriété immobilière viendrait à mourir, ses héritiers entreraient en jouissance du bail conclu par lui pour le temps qui resterait à courir, avec faculté de renouvellement. Les Français ne seront soumis qu'aux taxes foncières acquittées par les Malgaches.

Nul ne pourra pénétrer dans les propriétés, établissements et maisons occupés par les Français ou par les personnes au service des Français que sur leur consentement et avec l'agrément du résident.

Art. 7. — S. M. la Reine de Madagascar confirme expressément les garanties stipulées par le traité du 7 août 1868, en faveur de la liberté de conscience et de la tolérance religieuse.

Art. 11. — Le Gouvernement de la République s'engage à prêter assistance à la Reine de Madagascar pour la défense de ses États.

Art. 12. — S. M. la Reine de Madagascar continuera, comme par le passé, de présider à l'administration intérieure de toute l'île.

Art. 14. — Le Gouvernement de la République, afin de seconder la marche du Gouvernement et du peuple malgaches dans la voie de la civilisation et du progrès, s'engage à mettre à la disposition de la Reine les instructeurs militaires, ingénieurs, professeurs et chefs d'atelier qui lui seront demandés.

Art. 16. — Le Gouvernement de la Reine s'engage expressément de traiter avec bienveillance les Sakalaves et les Antakares, et à tenir compte des indications qui lui seront fournies à cet égard par le Gouvernement de la République.

Toutefois, le Gouvernement de la République se réserve le droit d'occuper la baie de Diégo-Suarez et d'y faire des installations à sa convenance.

Art. 17. — Les traités et conventions existant actuellement entre le Gouvernement de la République et celui de S. M. la Reine de Madagascar sont expressément confirmés dans celles de leurs dispositions qui ne sont point contraires aux présentes stipulations.

Art. 18. — Le présent traité ayant été rédigé en français et en malgache et les deux versions ayant exactement le même sens, le texte français sera officiel et fera foi sous tous les rapports, aussi bien que le texte malgache.

En dépit de l'art. 18, il paraîtrait que le texte malgache diffère sensiblement du texte français.

L'art. 1er serait dans le texte malgache :

Le Gouvernement de la République surveillera toutes les négociations faites par Madagascar avec les gouvernements de l'extérieur.

Et l'art. 2;

Un résident, représentant le Gouvernement de la Républ' ue, surveillera les négociations de Madagascar avec les gouvernements de l'intérieur.

Dans son livre sur Madagascar, M. Raoul Postel porte ce jugement sur le traité du 17 décembre 1885 :

« Ce traité n'est pas franc, c'est là un pire défaut ; ses clauses se contredisent en se heur tan : on y sent un conflit de restrictions secrètes des deux parts, un accord malaisé. Le traité est tout en nuances : c'est pourquoi il nous paraît difficile qu'il puisse subsister longtemps. Nous ne pouvons donc le considérer que comme une simple étape de plus, et nous estimons qu'il devra plus tard, d'autres circonstances aidant, nous mener plus loin. »

Le traité du 17 décembre 1885 a été rendu plus désastreux encore pour la France par une lettre interprétatrice que les plénipotentiaires français adressèrent au ministre Hova : bien que cette lettre ait été désavouée par le président du Conseil des ministres, lors de l'interpellation de M. de Mahy, elle n'en a pas moins été une arme redoutable que n'a cessé de nous opposer le gouvernement hova.

LETTRE DE MM. PATRIMONIO ET MIOT AU PREMIER MINISTRE RAÏNILAÏARIVONY

A bord de la *Naïade*, Tamatave, le 9 janvier 1886.

Monsieur le Plénipotentiaire,

Conformément au désir que vous avez bien voulu nous exprimer et afin de lever les doutes manifestés par le gouvernement malgache relativement à l'interprétation de certaines expressions du texte du traité du 17 décembre 1885, nous consentons volontiers à vous fournir les explications suivantes :

— Son Excellence le premier Ministre nous a chargé de préciser le sens du paragraphe 1er de l'article 2 du traité, à savoir : « un résident, représentant le Gouvernement de la République, présidera aux relations extérieures ». Cela veut dire que le résident aura le droit de s'ingérer dans les affaires ayant un caractère politique extérieure, qu'il aura le droit de s'opposer, par exemple, à toute cession de territoire à une nation étrangère quelconque, à tout établissement militaire ou naval ; à ce qu'un secours quelconque, en hommes ou en bâtiments, sollicité du gouvernement de la Reine de Madagascar par une nation étrangère, puisse être accordé sans le consentement du gouvernement français. Aucun traité, accord ou convention ne pourra être fait sans l'approbation du gouvernement français.

— Par l'article 3 du traité, il est stipulé qu'il (le résident) résidera à Tananarivo avec une escorte militaire. Le premier ministre désire savoir ce que nous entendons par une escorte militaire. Nous consentons à lui déclarer que, qui dit escorte ne dit pas corps d'armée, et pour mieux préciser, nous prenons l'engagement que cette escorte ne dépassera pas cinquante cavaliers ou fantassins. Cette escorte n'entrera pas dans l'intérieur du palais royal.

— A l'article 6, l'expression bail emphytéotique signifie bail spécial d'une durée de quatre-vingt-dix-neuf ans et renouvelable au gré des parties.

— Dans le paragraphe 3 du même article, en stipulant qu'ils (les citoyens français) pourront choisir librement et prendre à leur service, à quelque titre que ce soit, tout Malgache libre de tout engagement, nous avons nécessairement entendu exclure les soldats et les esclaves, puisque les soldats et les esclaves ont plus que tous autres engagé leur personne.

Le gouvernement de la République ne prêtera évidemment son assistance à la reine de Madagascar, pour la défense de ses États, que si cette assistance est sollicitée par S. M. la reine.

— Quant au sens de l'article 15, il nous semble assez net et assez précis pour qu'il ne soit pas encore nécessaire de le commenter. Les avantages qu'il stipule en faveur du gouvernement de S. M. la reine sont évidents, ce qui sera facile à démontrer au premier ministre, lors de notre voyage à Tananarive.

— En ce qui concerne le territoire nécessaire aux installations que le gouvernement de la République fera à sa convenance dans la baie de Diego-Suarez, nous croyons pouvoir vous assurer qu'il ne dépassera pas un mille et demi dans tout le sud de la baie, ainsi que dans le contour de l'est à l'ouest, et quatre milles autour du contour nord de la baie, à partir du point de ladite baie le plus au nord. Il est superflu d'ajouter qu'à Diego-Suarez, les autorités françaises ne donneront pas asile aux sujets malgaches en rupture de ban ou qui ne pourront exhiber un passeport des autorités malgaches.

Le traité de 1885 n'a pas donné satisfaction sincère à nos revendications; ce ne serait que notre capitulation si un point essentiel ne nous restait acquis : l'exclusion de tout droit aux puissances étrangères d'intervenir à Madagascar. Notre droit, le droit de la France vis-à-vis des puissances, reste entier. Au point de vue économique, le droit de devenir propriétaire en terre malgache est remplacé par l'emphytéose; la loi n° 85 avait été un *casus belli*, et nous consacrons le principe de cette loi. Le traité ne nous accorde aucun avantage commercial ou industriel. Au point de vue politique, nous reconnaissons la reine des Hovas pour reine de Madagascar; nous ne conservons la souveraineté directe que sur un seul point : la baie de Diego-Suarez; nous abandonnons les populations sakalaves qui ont compté sur notre appui : nous leur imposons le joug détesté des Hovas.

Nous ne nous réservons ni une partie des douanes, ni une partie des impôts, aucune ressource; les frais du protectorat incombent entièrement à la métropole, mais du moins l'ingérence officielle, l'ingérence de droit est réservé à la France seule.

Les Sakalaves ne tardèrent pas à être maltraités par les Hovas et dépouillés de leurs troupeaux.

Le 15 avril 1886, Binao, reine des Sakalaves-Bénihisatra, adressait cette requête au président de la République française :

MONSIEUR LE PRÉSIDENT,

Lors du commencement de l'expédition militaire, j'étais en intime accord avec la nation hova, avec laquelle vous venez d'avoir une action, quoique, depuis ma mère, Sahy-Mouzoungou, nous étions déjà sous votre protectorat.

Lors de cette expédition, *je reçus l'ordre de M. Le Timbre*, alors commandant la station navale sur *le Forfait*, par l'intermédiaire de M. Seignac à Nossi-Bé, *de me battre contre les Hovas et de les empêcher à tout prix de pénétrer dans mon territoire, que la France considérait comme sa propriété.*

J'ai l'honneur, à ce sujet, monsieur le président, de vous expédier vingt-six feuilles de copies de lettres m'ordonnant, m'excitant et me conseillant, ainsi que mes chefs, à *me battre à outrance même s'il le fallait* pour empêcher toute pénétration des Hovas dans mon territoire et *conserver ce point à la France,*

JE LE FIS DONC, Monsieur le président, avec espoir des promesses qui m'avaient été faites qu'après la guerre, si la France restait vainqueur, je posséderais le territoire que j'occupe actuellement et qui fut aussi celui de mon grand-père Adrian Pouly, c'est-à-dire depuis Mouroung-Sang jusqu'à Titizambatou.

Ma conviction en me battant était sûre et réelle; car je ne doutais pas que la France, pour une si juste cause, c'est-à-dire soutenir les droits qu'elle avait sur Madagascar et protéger ceux qui s'étaient mis sous son protectorat, ne fût vainqueur.

Je suis étonnée dans le moment que malgré, toutes les *promesses de M. Le Timbre,* qui est venu lui-même couper le pavillon que les Hovas avaient planté de force sur mon territoire (village Mahavarounou), du *contre-amiral Miot, des commandants Seignac et Le Maitre,* la guerre se termine d'après le traité franco-hova du 17 décembre 1885.

Je suis retirée de mon territoire pour ainsi dire, car je ne me vois aucun pouvoir sur une portion de terre que j'ai soutenue au bout du canon du fusil, puisque cette nation est autorisée par le traité à venir y résider en autorité.

Je ne sais plus, Monsieur le président, ce que je vais devenir et ce pour avoir été votre fille; vous m'abandonnez dans le plus bel espoir que je comptais sur vous; que deviendrai-je? Otée de mon peu de revenus, de mes droits de douane et de mes impôts, qui presque à peine peuvent me suffire ainsi qu'à ma sœur Cavy et à mon jeune frère Calou? *Que deviendront mes sujets sous une loi rancuneuse?*

Si vous aviez un coin de terre où me placer, je ne demanderais pas mieux, au lieu de misérer sous le joug d'une nation rancuneuse et barbare qui depuis longtemps, depuis mes ancêtres, a à cœur cette rancune par les grandes guerres qu'ils ont eues, et que je viens moi-même, petite fille de cette nation, prouver encore par mes six combats de Benameviky, Manongavirou, Berabodaka, Bekaraka, Ambolia *et enfin Beinaneviky,* en dernier lieu, avant qu'on établisse le fort d'Amboudimadirou, où aussi j'ai donné tous mes hommes, *et mes boutres et mes pirogues, avec espoir qu'un jour la France serait vainqueur* et par les soldats que j'ai fournis à ce poste et qui y sont encore et qui doivent partir pour Diégo-Suarez. *Les soldats que j'ai fournis étaient au combat d'Andampy, au nombre de quarante, ils ont eu sept blessés.*

J'ose donc espérer, Monsieur le président, qu'après tant de preuves fournies de ma bonne volonté à votre service, de mon dévouement pour la France, dont je puis me glorifier d'être la fille, vous remédierez au triste sort qui m'arrive, surtout pour une si minime portion de terre, qui est mon territoire depuis mes ancêtres : Adrian Bouly, qui donna Mayotte à la France, et Tsihomekou, Nossi-Bé (voir l'annuaire de Nossi-Bé, 1880 et 1881) et qui ont pris possession de Mouroung-Sang, puis chassés injustement par la force.

Mon territoire comprend donc depuis Mouroung-Sang au sud, jusqu'à Titizambatou, à l'est de la presqu'île d'Ankifi.

Me confiant entièrement à votre haut et loyal jugement, j'ose espérer que ma demande ne sera pas rejetée.

Je suis en attendant votre aimable réponse, Monsieur le président de la République française,

Votre toute dévouée et fidèle servante,

BINAO,
reine des Sakalaves Bénihisatra.

M. Gerville-Réache, dans son rapport sur le budget des protectorats pour 1888, disait :

« En raison de notre droit d'être représentés à Madagascar par un résident, une résidence générale a été créée et il a été pourvu à son organisation par décret du 7 mars 1886. Le résident général est investi de toutes les attributions qui ont été déléguées au gouvernement de la République par le traité du 17 décembre 1885; de plus tous les agents français installés dans la Grande Ile, à quelque titre que ce soit, sauf ceux de Diégo-Suarez, qui est une colonie, sont placés sous son autorité. M. le Myre de Vilers a été nommé résident général à Madagascar par décret du 8 mars 1886 : il est assisté d'un résident et d'un vice-résident. En outre, deux vices-résidences ont été installées à Tamatave et à Majunga. Le vice-résident de Majunga est spécialement chargé de veiller à l'article 15 du traité du 17 décembre qui garantit aux Sakalaves et aux Antankares la bienveillance du gouvernement hova avec obligation pour celui-ci de tenir compte des indications fournies par nous à leur sujet.

« Les rapports qui se sont établis de longue date entre nous et les Sakalaves, et d'autre part, le devoir qui nous incombe de veiller à la police des côtes, nous imposent de créer une nouvelle vice-résidence à la côte ouest de Madagascar. Les crédits nécessaires sont prévus au budget du département des Affaires étrangères pour l'exercice 1888. Son siège serait placé à Saint-Augustin ou à Tolia, centre d'un important commerce avec les Mascareignes et la France. La vice-résidence à créer à Saint-Augustin, combinée avec celle qui existe actuellement à Majunga, nous mettra à même de remplir les obligations que nous avons contractées à l'égard de ces populations, clientes de la France. Afin d'étendre notre champ d'action qui, en dehors de la capitale même, est limité aux côtes, il convient d'établir une vice-résidence à Fianarantsoa, au centre de l'importante et populeuse région de Betsiléos, où existent déjà de sérieux intérêts français. »

NOTRE SITUATION A MADAGASCAR

Si l'on examine la situation de la France à Madagascar, trois ans après le traité de 1885, on est obligé de reconnaître que cette situation n'est pas bonne. Sans doute, elle n'est pas encore compromise, et rien n'est plus facile que de la relever.

Que faut-il pour cela?

Appliquer le traité.

Le traité est défectueux. Mais il nous donne la direction de la politique extérieure, la protection de toutes les peuplades de l'île contre la tyrannie de l'oligarchie hova; il stipule que nos nationaux pourront, sinon acquérir des terres, du moins les louer pour une longue durée par baux emphytéotiques et il nous assure, il reconnaît à la France la souveraineté absolue, l'indiscutable propriété de la pointe nord de l'île, la baie de Diégo-Suarez, et autour de la baie, les terrains nécessaires pour les établissements à notre convenance.

Or, qu'a fait notre diplomatie à Madagascar?

Au début, elle a semblé vouloir appliquer le traité et prendre au sérieux le rôle, les intérêts de la France. Puis un jour notre résident général, s'étant absenté le matin de la capitale Hova, y rentra le soir, adorant ce qu'il avait brûlé, brûlant ce qu'il avait adoré. Ce fut le coup de théâtre du chemin de Damas, une volte-face complète.

La direction de la politique extérieure a été abandonnée par notre résident et toute prétention de notre part, sur ce point, repoussée par le ministre Hova; nos nationaux sont tenus à l'écart, ceux d'entre eux (sauf de rarissimes privilégiés) qui veulent louer des terres ou obtenir des concessions, rebutés ! et bien loin que les populations soient protégées contre la tyrannie hova, non seulement on les abandonne, mais on les dénigre, on permet aux Hovas de faire contre elles des expéditions au risque de les exaspérer et de les pousser à des représailles contre nos nationaux. C'est ainsi que notre résident général a permis la folle équipée des Hovas contre les gens de Tolia et Saint-Augustin et leur inqualifiable tentative de conquête de nos îles Nossi-Faly et Nossi-Mitsiou, banlieues maritimes de notre colonie de Nossi-Bé et anciennes propriétés de la France.

De ce, non contente, la résidence générale veut étouffer notre colonie naissante de Diego-Suarez; elle demande la suppression de notre compagnie de tirailleurs Sakalaves; elle a porté plainte contre le gouverneur de Diego-Suarez pour s'être permis d'empêcher les Hovas de prendre nos deux îles de Nossi-Faly et de Nossi-Mitsiou, qui font partie du gouvernement de Diego-Suarez.

Par bonheur, le gouverneur n'avait agi qu'en vertu d'ordres formels de son chef direct, M. l'amiral Jaurès, ministre de la marine et des colonies.

On donne pour explication ou comme excuse à cette conduite de la résidence générale, les difficultés que peuvent lui créer :

1o La fameuse lettre interprétative du traité, que MM. Miot et Patrimonio adressèrent au premier ministre hova, après la signature du traité.

2o Les différences profondes qui existent, assure-t-on, entre le texte français et le texte hova du traité.

Mais c'est le texte français que nous connaissons, nous ! c'est celui-là que notre diplomatie a fait accepter à la France, en en exaltant les avantages à la tribune du Parlement. Le traité dit expressément que les deux versions ont le même sens, et que le texte français sera *officiel* et fera foi *aussi bien* que le texte malgache.

Que nous importe dès lors, qu'on vienne nous dire, par exemple que le texte français stipule : la France préside aux relations extérieures de Madagascar, et que le texte hova stipule : le résident général *regarde passivement* la politique extérieure. Entre ces deux versions, pourquoi le choix en faveur de l'interprétation défavorable et honteuse pour la France ?

Quant à la lettre Miot-Patrimonio, n'a-t-elle pas été hautement désavouée à la tribune de la Chambre des députés, par notre ministre des affaires étrangères, auteur du traité ? Comment a-t-elle pu devenir règle de conduite à la résidence générale ?

Mais rassurons-nous ! si je suis bien renseigné, d'expresses réserves ont été faites par notre département des affaires étrangères, et en tout état de cause, les faiblesses de la résidence générale ne peuvent prévaloir contre le droit de la France.

Peu à peu la lumière se fait.

Ces Hovas formidables, que l'on défendait à notre corps expéditionnaire d'attaquer, et qui étaient censés entretenir contre nous de grandes armées autour de Tamatave, à Fort-Dauphin, à Majunga, sans compter les réserves toutes prêtes à fondre sur nous, ils nous avaient pourtant donné leur mesure !

Dans notre étrange guerre, où d'ordre supérieur, nous nous abstenions de les battre, quelques mésaventures leur étaient advenues, grâce à certaines instructions qui ayant été mal comprises, ont laissé libre cours, pour quelques instants, à l'initiative de quelques-uns de nos officiers, à Vohémar, à Amboudimadirou... Pendant toute la durée des hostilités, cinq Français et une centaine de Sakalaves les ont bravés impunément à Andalande. Aujourd'hui quelques Sakalaves du sud viennent de faire justice de leur grande expédition. Leur état social est au niveau de leur puissance militaire.

Que le quai d'Orsay donne enfin à la résidence générale l'ordre péremptoire de n'avoir souci que des intérêts et des droits de la France au lieu de s'ingénier à faire de notre grande île un Paraguay méthodiste et la question de Madagascar sera résolue.

DE MAHY.

ILES SAINT-PAUL ET AMSTERDAM

Les îles Saint-Paul et Amsterdam sont perdues au milieu de l'océan Indien, par 75° de longitude est, entre le 37e et le 38e parallèle sud.

Amsterdam, la plus haute et la plus grande des deux îles, fut aperçue pour la première fois le 18 mars 1522, par les compagnons de Magellan pendant leur voyage de retour en Europe.

Le gouverneur de la Réunion prit, en 1843, possession des îles Saint-Paul et Amsterdam; il y fit arborer le pavillon national et les plaça sous le commandement d'un capitaine au long cours français.

Voici l'acte de prise de possession de l'île Saint-Paul :

Nous soussigné, Dupeyrat, capitaine au long cours, commandant l'*Olympe*, commissionné par l'arrêté du 8 juin de M. le gouverneur de l'île Bourbon afin de prendre possession au nom de la France des îles Saint-Paul et Amsterdam;

Adam Mieroslawski, également commissionné afin de prendre le commandement des deux îles aussitôt leur prise de possession ;

Attestons de ce jour, 3 juillet 1843, prendre possession au nom de la France de l'île Saint-Paul et y arborer le pavillon national sur la digue du nord-ouest en présence de la garnison sous les armes, qui a rendu les honneurs d'usage.

Attestons de plus laisser, à l'île Saint-Paul, M. Ad. Mieroslawski à titre de chef de ces îles avec le détachement d'infanterie de marine pour garnison.

A l'île Saint-Paul, au pied du mât du pavillon, 3 juillet 1843.

L'acte de prise de possession de l'île Amsterdam avait été dressé dans la même forme, le 1er juillet.

Par dépêche ministérielle, en date du 8 avril 1844, le gouvernement fit substituer le pavillon du protectorat au pavillon national.

« Si on voulait rechercher les causes premières de l'insuccès de l'entreprise des pêcheries de Saint-Paul, — dit M. Charles Velain, géologue attaché à la mission commandée par le capitaine de vaisseau Mouchez pour observer le passage de Vénus à l'île Saint-Paul en 1874, — il faudrait assurément les voir dans le peu d'encouragement accordé par le gouvernement aux tentatives d'occupation des deux îles faites à différentes reprises par nos nationaux. Et pourtant les avantages offerts par cette occupation étaient considérables. Elles forment un poste avancé dans l'océan Indien et se trouvent être l'unique point de relâche qu'on rencontre dans plus de 2 000 lieues de haute mer. Saint-Paul, à cause de sa configuration naturelle, pouvait être facilement transformée en un port de refuge d'une utilité incontestable pour des parages inhospitaliers sur une route aussi fréquentée : il suffisait de rendre praticable, en la creusant de 5 à 6 mètres, la passe qui donne déjà accès dans le lac intérieur aux embarcations et aux bâtiments d'un faible tirant d'eau. Que de désastres, que d'infortunes peut-être eussent été évités. L'importance commerciale des deux îles était encore plus grande et surtout plus immédiate : elles devaient fournir à notre colonie de la Réunion une grande partie du poisson qui forme la base première de l'alimentation des créoles et des affranchis ; ce poisson qu'elle est maintenant obligée de tirer de Terre-Neuve ne lui arrive que difficilement dans de bonnes conditions et toujours à un prix relativement élevé à cause de l'éloignement. »

ILES KERGUELEN

On lit dans les *Relations de Voyage* du vice-amiral de Kerguelen :

« M. de Boisguehennen, second capitaine de la corvette *le Gros-Ventre*, descendit le 13 de février 1772 dans une baie qu'il nomma baie du Lion-Marin et prit possession de cette terre au nom du Roi. Il n'y vit aucune trace d'habitants. M. de Rochegude, en 1774, a descendu dans une autre baie que nous avons nommée baie de l'Oiseau et cette seconde rade est à quarante lieues de la première. Il en a également pris possession et il n'y trouva également aucune trace d'habitants. »

L'île Kerguelen et les îles qui l'entourent sont-elles susceptibles de colonisation ?

« Notre possession de Kerguelen, dit l'amiral Layrle, présente un climat froid mais supportable, un sol humide mais susceptible d'assèchement, des garanties certaines au point de vue du combustible que fournit la tourbe, des probabilités considérables en faveur de l'élevage du bétail, très grandes en ce qui concerne certaines cultures maraîchères, une vie animale relativement étendue sous le rapport de la chasse et de la pêche, des ressources inépuisables d'alimentation en coquillages et en choux de Kerguelen. Le meilleur moyen de pressentir ce que pourrait devenir Kerguelen est d'étudier ce que sont devenues les îles Malouines par 52° de latitude sud, découvertes par nous en 1700, inhabitées jusqu'en 1763, époque à laquelle Bougainville jeta les bases d'un premier établissement dans la Baie française à Port-Louis. L'Angleterre en prit possession en 1833 et aujourd'hui les Malouines comptent 1 414 habitants; elles nourrissent 500 000 moutons qui ont fourni, en 1881, 1 100 tonneaux de laine à l'exportation. »

LES INTÉRÈTS FRANÇAIS

DANS

L'AFRIQUE ÉQUATORIALE

La colonie du Gabon-Congo a pour limite vers la côte, au nord, la rivière Campo, au sud vers le Congo, l'enclave portugaise de Cabinda, l'État libre du Congo et, en amont de Manyanga, le cours du fleuve.

Jusqu'à la fin de 1885 nos possessions s'étendaient au delà de la rivière Campo, jusqu'au Kamerun : nous possédions Malimba et Batanga depuis 1883, la baie Banoko depuis 1869 : nous avons renoncé à cette côte par la convention du 24 décembre 1885, qui stipule :

« Le gouvernement de S. M. l'Empereur d'Allemagne renonce *en faveur de la France* à tous droits de souveraineté ou de protectorat sur les territoires qui ont été acquis au sud de la rivière Campo par des sujets de l'Empire allemand et qui ont été placés sous le protectorat de S. M. l'Empereur d'Allemagne. Il s'engage à s'abstenir de toute action politique au sud d'une ligne suivant ladite rivière depuis son embouchure jusqu'au point où elle rencontre le méridien situé par 7° 40' de longitude Est de Paris (10° de longitude Est de Greenwich) et à partir de ce point le parallèle prolongé jusqu'à sa rencontre avec le méridien situé par 12° 40' de longitude Est de Paris (15° de longitude Est de Greenwich).

« Le gouvernement de la République française renonce à tous droits et à toute prétention qu'il pourrait faire valoir sur les territoires situés au nord de la même ligne et il s'engage à s'abstenir de toute action politique au nord de cette ligne.

« Aucun des deux gouvernements ne devra prendre de mesures qui puissent porter atteinte à la liberté de la navigation et du commerce des ressortissants de l'autre gouvernement sur les eaux de la rivière Campo et dans la portion qui restera mitoyenne et dont l'usage sera commun aux ressortissants des deux Pays. »

De la rivière Campo au Gabon, l'Espagne nous conteste plusieurs points de la côte, bien que nos droits soient certifiés par de nombreux traités. Rappelons-en quelques-uns.

Le territoire de la rivière Campo nous a été cédé par le traité du 19 novembre 1883, ratifié le 15 janvier 1884 : un poste français a été établi sur la rivière en 1883. Ce n'est qu'en 1884 que des voyageurs espagnols remontent le Campo.

Un autre poste existe à Bata depuis 1883 ; un troisième à la rivière Benito, qui nous a été cédée complètement par le traité du 12 août 1883, ratifié le 21 juillet 1884 ; ce n'est que du 5 au 12 février 1886 que le voyageur espagnol Ossorio visite 37 chefs de la rive droite du Benito.

Du Benito au cap Saint-Jean, le long d'une côte qui n'a guère plus de 50 kilomètres, trois traités établissent nos droits : le traité du 31 mai 1884, avec les chefs de la rivière Douté ou N'Douté (ratifié le 21 juillet 1884), le traité du 6 juin 1884 avec les chefs du pays d'Andjé (ratifié le 4 juillet 1884), le traité du 14 août 1884 avec les chefs de la baie de Bapouko, vers la pointe Bilogouvé (ratifié en 1884).

Vers la rivière Mouny, nombreux traités : en 1842, premier traité avec un chef de la rivière, renouvelé le 4 septembre 1845 par le capitaine de corvette Baudin avec le chef Koako. A la mort de Koako, en 1860, le commandant Noëli, de la marine royale espagnole, assemble quelques chefs qui déclarent reconnaître la souveraineté de l'Espagne. Cette acte était de nulle valeur, puisque le traité signé par Koako engageait ses héritiers et que, devenu sujets de la France, ils ne pouvaient disposer d'un territoire dont ils ne possédaient plus la souveraineté.

La France a signé d'autres traités relatifs à la rivière Mouny, en décembre 1886 (cession du village de Giombé, à la partie sud de l'estuaire), en août 1874, en août 1884.

A titre de documents, je citerai le traité du 23 août 1884.

Au mouillage de la Pointe Ouvinia (rivière Mouny).

Nous, soussignés, chefs Seckianis de la pointe Ouvinia, assistés des principaux habitants de nos villages, faisons à M. le commandant du « Basilic » la déclaration publique et solennelle suivante :

Nos pères ont, il y a bien longtemps, traité plusieurs fois avec la France, et si nous n'avons plus le pavillon français, c'est que les Espagnols nous l'ont enlevé par force en nous disant que nous n'étions pas Français, mais Espagnols.

Mais nous sommes Français, nous voulons un autre traité et un autre pavillon. Nous promettons solennellement de le défendre, de ne jamais en accepter un autre.

Nous déclarons n'avoir jamais traité avec d'autres nations étrangères à la France...

Sous la réserve précitée, le commandant du « Basilic » prend d'ores et déjà, au nom de la France, possession des territoires qui sont en communication directe avec notre colonie du Gabon, *sur la rive droite comme sur la rive gauche*, et où tous les plus grands intérêts commerciaux sont engagés et sans protection efficace de la nation française.

Ce traité a été ratifié par décret du 23 octobre 1884.

Après avoir acquis par ces traités les pointes nord et sud de la rivière Mouny, la France se considérait comme maîtresse incontestable de cette rivière, lorsque, de 1881 à 1886, les Espagnols traitèrent avec quelques chefs de l'intérieur. Ces conventions ne peuvent, dans ces conditions, avoir aucune valeur.

La pointe Elobey (au sud du village de Giombé) a été acquise par le traité du 23 janvier 1873, ratifié le 4 décembre 1883. Une douane française y est établie depuis 1883.

La rivière Mounda et la presqu'île du cap Esteiras nous appartiennent en vertu des traités passés avec les chefs M'Pongoué et Seckiani en 1842, en 1844 (territoire entre les caps Esteiras et Santa-Clara), en 1846, en 1848 (cession de la rivière Mounda, où une douane est établie en 1870), en 1852 (cession de la presqu'île Esteiras); mentionnons enfin les traités de 1854 et de 1866 (prise de possession de la côte entre la rivière Mouny et l'estuaire du Gabon), de 1873, de 1874, de 1883 (même région).

A ces droits, bien établis, qu'objecte l'Espagne? De la rivière Campo au cap Saint-Jean, elle n'appuie ses prétentions que sur un traité de 1778, qu'elle invoque contre la France et qu'elle n'ose opposer à l'Allemagne, bien que ce traité parle de toute la côte entre le Gabon et le Niger; elle nous objecte aussi un traité du 14 mars 1843 avec le chef de l'île Corisco; ce chef insulaire ne pouvait céder un territoire continental sur lequel il n'avait aucun pouvoir et aucun droit.

Aussi constatons-nous cet aveu du lieutenant Don Luis Navarro y Canizares, ancien sous-gouverneur des Établissements Espagnols du golfe de Guinée :

« Faute d'attention, l'Espagne a, à demi perdu la côte qui va de la rivière Campo au cap Saint-Jean. »

Du cap Saint-Jean à la rivière Mouny, l'Espagne n'apporte aucun traité et ne peut qu'arguer du traité de 1843 avec le chef de l'île Corisco.

Sur la rivière Mouny, l'Espagne prétend qu'elle avait droit de traiter avec les héritiers de Koako et que la prise de possession par nous de la basse Mouny ne lui interdit pas de traiter avec les chefs de l'intérieur. Cette prétention ne paraît pas soutenable. D'ailleurs, les Espagnols n'ont aucun intérêt dans cette région, qui n'est occupée que par des maisons françaises, allemandes et anglaises, dont le siège est au Gabon. La possession de la rivière Mouny n'aurait aucun avantage pour l'Espagne : maîtres de l'intérieur et du bassin de l'Ogooué, nous pourrions toujours établir le blocus du bassin de la Mouny en l'enserrant dans un réseau de douanes.

De la rivière Mouny au cap Santa-Clara l'Espagne semble avoir abandonné toute revendication.

Plus sérieuses seraient ses revendications sur l'île Corisco; aux îles Elobey, la France tient ses droits des traités de 1855 et de 1858.

C'est en 1842, le 18 mars, que la France a pris possession du Gabon, au moment où, de concert avec l'Angleterre, elle entreprenait une campagne antiesclavagiste sur la côte occidentale d'Afrique.

Le roi Denis nous donnait le protectorat de ses vastes territoires sur la rive droite de l'estuaire ; peu après le roi Louis soumettait la rive gauche à notre protectorat. L'établissement de Libreville était fondé en 1849. Le traité de 1862 avec le roi et les chefs du cap Lopez étendait notre autorité plus au sud jusqu'au delà de l'Ogooué.

« Notre colonie du Gabon, réduite aux ressources du seul Ogooué, serait restée à jamais un modeste comptoir perdu sur la côte »,

comme le dit M. de Brazza dans son rapport politique au Ministre de la Marine sur son deuxième voyage.

Notre expansion, du Gabon au Congo, fut l'œuvre de M. de Brazza, œuvre qui exigea dix ans de persévérance, de labeur et de luttes.

La convention du 12 mai 1886 a fixé, vers le sud, la frontière maritime de notre colonie nouvelle :

Art. III. — Dans la région du Congo, la frontière des possessions portugaises et françaises suivra, conformément au tracé indiqué sur la carte n° 2, annexée à la présente convention, une ligne qui partant de la pointe de Chamba, située au confluent de la Loema, ou Louisa Loango et de la Lubinda, se tiendra autant que possible et d'après les indications du terrain, à égale distance de ces deux rivières, et à partir de la source la plus septentrionale de la rivière Luali suivra la ligne de faîte qui sépare le bassin de la Loema ou Louisa Loango et du Chiloango, jusqu'au 100,30' de longitude Est de Paris ; puis se confondra avec ce méridien jusqu'à sa rencontre avec le Chiloango qui sert à cet endroit de frontière entre les possessions portugaises et l'État libre du Congo.

La convention du 5 février 1885, signée avec l'Association internationale africaine, prolonge ainsi notre frontière méridionale :

Art. 3. — Le gouvernement de la République française et l'Association adoptent pour frontières entre leurs possessions :
— La rivière Chiloango depuis l'Océan jusqu'à la source la plus septentrionale ;
— La côte de partage des eaux du Niari-Quillou et du Congo jusqu'au delà du méridien du Manyanga ;
— Une ligne à déterminer, et qui, suivant autant que possible une division du terrain, aboutira entre la station de Manyanga et la cataracte N'tombo-Natalva et un point situé sur la partie navigable du fleuve ;
(La commission de délimitation a assuré la frontière vers Manyanga sur une longueur de 50 kilom. environ.)
— Le Congo jusqu'au Stanley Pool ;
— La ligne médiane du Stanley Pool ;
— Le Congo jusqu'à un point à déterminer, en amont de la rivière Licona-N'Kundja ;
— Une ligne à déterminer depuis ce point jusqu'au 17e degré de longitude Est de Greenwich, en suivant autant que possible la ligne de partage des eaux du bassin de la Licona-N'Kundja, qui fait partie des possessions françaises ;
— Le 17e degré Est de Greenwich

La frontière de la Licona-N'kundja indécise en 1885 a été reportée en 1887, d'un commun accord, à la Rivière N'Kundja ou Oubangui, qui servira de limite jusqu'au 4e parallèle nord.

ORGANISATION DU GABON-CONGO

Le 23 juin 1874, M. Pierre Savorgnan de Brazza, enseigne de vaisseau, dans une lettre datée du Gabon « à bord de la *Vénus* », faisait part au Ministre de la Marine et des Colonies, l'amiral de Montaignac, de son projet d'explorer le fleuve Ogooué.

Le premier voyage d'exploration et d'étude de M. de Brazza dura trois ans ; parti de Bordeaux au mois d'août 1875, il n'était de retour qu'en 1878. Il trace en ces mots les résultats de ce premier voyage :

« De 1875 à 1878 j'avais remonté en compagnie de MM. Ballay et Marche, mes courageux et dévoués compagnons, la vallée du fleuve Ogooué, à la recherche d'une voie commerciale vers l'intérieur de l'Afrique. Sortant du bassin de l'Ogooué, lorsque je fus arrivé à sa source, je m'avançai jusqu'à Okanga, au nord de l'équateur, après avoir traversé deux cours d'eaux navigables l'Alima et la Licona, dont l'embouchure restait inconnue pour moi.

« L'hostilité des indigènes Apfourou Oubandji s'opposa à une descente complète de l'Alima que j'avais tentée en barque, et le manque absolu de ressources m'empêcha de reconnaître la Licona.

« Si, après trois ans que nous parcourions ces contrées jusqu'alors inconnues, notre but n'eût été que de faire une course au clocher vers l'intérieur, de sillonner sans but des contrées inconnues, nous aurions pu, malgré bien des empêchements, faire de plus nombreuses découvertes. Notre but était tout autre.

« Nous voulions amener pacifiquement à la civilisation ces contrées éloignées.

« Notre marche avait donc été lente. Mais notre patience était soutenue par la conviction que l'application de notre programme scientifique et humanitaire établirait sur une base inébranlable notre influence dans ces régions. La renommée des procédés pacifiques employés par nous, pénétrant jusqu'au cœur de l'Afrique, y avait facilité notre tâche future. »

Le 27 décembre 1879, M. de Brazza repart. La seconde exploration dure jusqu'en avril 1882 ; ce voyage eut pour résultat la création de la colonie du Congo.

« Dans ces deux ans et demi, dit M. de Brazza, avec les faibles ressources mises à notre disposition, nous avons, au point de vue géographique, ajouté à nos précédentes conquêtes un territoire aussi étendu que le tiers de la France.

« Nos itinéraires, relevés à l'estime et appuyés sur de nombreuses observations astronomiques, présentaient un développement de quatre mille kilomètres, Le calcul de nos observations météorologiques fournissait une quantité considérable d'altitudes.

« Les divisions entre les bassins et les grandes voies de communication étaient étudiées, et les collections que nous rapportions ont permis d'avoir une idée générale de la constitution géologique de cette contrée.

« Au point de vue humanitaire, la fondation des stations hospitalières de l'Ogooué et du Congo a nécessité une étude aussi complète que possible du pays, de ses ressources, de son avenir.

« Francoville était fondée et organisée ; une route était désormais tracée entre les bassins de l'Ogooué et du Congo; la vallée du Niari ou Quillou avait été reconnue! Enfin, un traité avec Makoko, souverain des Batékés, plaçait de grands territoires sous la protection de la France et nous donnait la clef du Congo supérieur. »

L'acte de prise de possession du territoire des Batékés porte la date du 3 octobre 1880 :

« Au nom de la France et en vertu des droits qui m'ont été conférés le 10 septembre 1880 et le 30 octobre 1880 par le roi Makoko, j'ai pris possession du territoire qui s'étend entre la rivière d'Iné et Jinpila. En signe de cette prise de possession, j'ai planté le pavillon français à Okila en présence de Ntaba, Scianho, Ngackadah, Jgacko, Journa Noula, chefs vassaux de Makoko, et en présence aussi de Ngaliémo, le représentant officiel de l'autorité de Makoko en cette circonstance. J'ai remis à chacun des chefs qui occupent cette partie de territoire un pavillon français afin qu'ils l'arborent sur leurs villages en signe de ma prise de possession au nom de la France. »

L'acte de prise de possession ajoute en forme de traité :

« Ces chefs, officiellement informés par Ngaliémo de la décision de Makoko, s'inclinent devant son autorité et acceptent le pavillon. Et par leur signe, fait ci-dessous, ils donnent acte de leur adhésion à la cession de territoire faite par Makoko. Le sergent Malamine avec deux matelots reste à la garde du pavillon et est nommé provisoirement chef de la station française de Ncouna.

« Par l'envoi à Makoko de ce document, fait en triple et revêtu de ma signature et du signe des chefs, ses vassaux, je donne à Makoko acte de ma prise de possession de cette partie de son territoire pour l'établissement d'une station française. »

Au-dessous de la signature de P. S. de Brazza, cinq chefs indigènes apposèrent leurs signes.

Les traités du 30 octobre 1880 et du 10 septembre précédent furent ratifiés sur la proposition du cabinet Duclerc, par la loi du 30 novembre 1882, votée à l'unanimité à la Chambre et au Sénat. La Chambre des Députés votait en outre une subvention de 1 275 000 francs, destiné à subvenir aux dépenses d'une troisième expédition dans « l'Ouest Africain ».

Cette mission fut placée sous le patronage du Ministère de l'Instruction publique pour affirmer son caractère pacifique et scientifique.

L'avant-garde de la mission partit le 1er janvier 1883 ; M. de Brazza la suivait le 10 mars ; cette troisième expédition, voyage d'expansion et d'organisation, se prolongea jusqu'en octobre 1885.

A son retour M. de Brazza pouvait dire :

« Nos possessions, qui jadis ne comprenaient qu'une bande étroite et insignifiante de côtes, entre le cap Saint-Jean et le cap Sainte-Catherine, sont actuellement plus que centuplées. Elles ont aujourd'hui pour limites : au nord, la rivière Campo ; à l'est, l'Afrique centrale, puisque la convention du 5 février 1885 nous donne le bassin de la N'Kundja-Oubangui ; au sud enfin, elles touchent le Congo.

« Nous avons créé, dans ces trente-trois derniers mois, huit stations ou postes dans le bassin du Congo, huit autres dans celui de l'Ogooué, cinq sur la côte et dans la vallée du Quillou.

« Le plus important résultat économique est d'avoir conquis sur les populations cette influence définitive, qui doit, à mon avis, constituer l'élément
primordial essentiel de toute création de colonie. Tirer parti des indigènes,
fondre leurs intérêts dans les nôtres, en faire nos auxiliaires naturels,
c'était là, suivant moi, un des plus hauts objectifs de ma mission.

« A l'heure présente, les anciennes tribus de l'Ogooué sont complètement dans nos mains. Par les traités qui les lient, leurs hommes nous
doivent, annuellement, un temps déterminé de services : en dehors de leurs
salaires, elles trouvent, dans de sérieux avantages économiques et dans
notre protection, une compensation au temps qu'elles nous consacrent.

« Les Pahouins eux-mêmes qui, depuis vingt ans, sont en révolte constante avec l'autorité du Gabon, ont été amenés par les intérêts que nous
leur avons créés à traiter avec nous sur les mêmes bases que les autres
peuplades.

« Ailleurs que dans l'Ogooué, sur le plateau qui sépare le bassin de cette
rivière de celui du Congo, nous avons, dans les groupes de villages voisins
de la route, plus de trois mille Batékés, qui, pour n'être pas précisément
encore enrôlés et disciplinés, n'en effectuent pas moins honnêtement et
régulièrement nos transports.

« Les Batékés du haut Alima ont commencé à devenir nos pagayours.
Et à l'ouest de Brazzaville, les Ballali, en attendant de devenir nos porteurs,
nous fournissent plus de travailleurs qu'on n'en saurait utiliser.

« En un mot, à différents titres, et dans des contrées différentes, depuis
l'indigène transformé en soldat, et qui passe un an sous les armes, jusqu'à
celui qui porte un ballot pendant sept jours, environ sept mille hommes
sont employés annuellement par nous. Ils perdent à notre contact les vices
de leur sauvagerie primitive ; notre langue et notre influence se répandent
dans leurs familles et dans leurs tribus, et ce groupe, qui représente
environ cinq millions d'âmes, se forme progressivement à l'école du travail
et du devoir.

« Il nous a fallu, au docteur Ballay et à moi, dix ans pour atteindre ces
résultats.

« Je me demande ce qui reste à faire ?

« Les territoires assez vastes déjà que les traités passés par moi avec
différents chefs avaient placés sous l'influence française, le Congrès de
Berlin leur a donné plus d'ampleur encore. Il a inscrit sur la carte d'Afrique,
à côté des Possessions portugaises, deux Etats nouveaux : le Congo français, plus étendu que la France elle-même, et l'Etat indépendant du Congo.
Par la vertu des protocoles, ces deux immenses contrées, peuplées d'enfants
de la nature, sont comme entrées dans le concert des Etats civilisés...

« Il reste à poursuivre notre œuvre d'étude et d'organisation.

« Préparer un pays à la colonisation est œuvre de temps et de patience.
Notre action, jusqu'à nouvel ordre, doit tendre surtout à préparer la transformation des indigènes en agents de travail, de production et de consommation. Il nous faut, dans nos relations avec les indigènes, beaucoup de
fermeté, une bienveillance sans faiblesse et une patience sans limites.

« Je considère l'Ouest africain et le bassin du Congo comme un pays dont
l'avenir dépend du commerce et de la culture des indigènes, non de la colonisation par l'émigration.

« Notre nouvelle colonie ne pourra entrer en exploitation que le jour où
les voies de communications auront relié à la mer l'immense réseau navigable de l'intérieur. »

De 1885 à 1889 la question des voies de communication devait
rester en suspens et avec elle l'exploitation de la colonie.

Vers la fin de 1888, le gouvernement proposa enfin la création de
deux lignes maritimes postales, qui devaient relier Loango, Libreville et Benito à Bordeaux, le Havre et Dunkerque ou Oran et
Marseille, avec escales à Cotonou (Porto-Novo), Grand-Bassam, cap
des Palmes, Conakry (rivières du sud), Dakar (Sénégal).

Le rapporteur de la commission du budget reconnaissait que :

« La politique habile et pacifique de M. de Brazza nous a valu l'acquisition d'un vaste territoire de 650 000 kilom. carrés, qui ne peut être mis en valeur et amené dans l'avenir à se suffire à lui-même que par la création des courants commerciaux et la multiplication des moyens de transports.

« Au sud de Dakar, ajoute le rapporteur, les communications directes avec la métropole font absolument défaut. »

La Chambre des Députés et le Sénat ont voté cette double ligne mensuelle de navigation ; des services annexes desserviront les postes et centres de commerce établis ou à établir sur la côte du Gabon ou du Congo, ainsi que sur les rivières navigables de la même région, notamment sur l'Ogooué jusqu'à N'Djoli et sur le Quillou jusqu'à N'Gotou.

La grande artère africaine étant le Congo, qui draine les produits de l'Afrique centrale sur 10 000 kilomètres de cours navigable, il devient indispensable de joindre la côte au Congo navigable, car la navigabilité du Congo cesse, on le sait, à Léopoldville, en face de Brazzaville ; au-dessous de ce point, jusqu'à M'Boma, la voie fluviale est impraticable, obstruée par des rapides et des chutes.

La création s'impose donc d'une route, joignant à la côte Léopoldville ou Brazzaville. Cette route sera-t-elle française, traversera-t-elle tout entière notre territoire ? Viendra-t-elle aboutir à N'Gotou, sur le Quillou, point desservi par la nouvelle ligne de navigation des Côtes occidentales d'Afrique aux ports de France, amenant aux paquebots français toutes les richesses de l'Afrique ? Ou longera-t-elle au contraire le Congo, au sud, en demeurant constamment sur le territoire de l'État-libre et en traversant la région accidentée de la rive sud du Congo pour n'aboutir qu'à Matadi, point inaccessible aux navires de mer ?

La question est grave !

L'État indépendant du Congo a déjà dépensé deux millions pour l'étude d'un projet de chemin de fer de 435 kilomètres, qui longerait le fleuve sur la rive gauche. Il est vrai cependant que cette voie ferrée ne pourrait être construite que dans les conditions les plus difficiles, qu'elle coûterait des sommes considérables, que son prix de revient pèserait lourdement sur ses transports, que ce ne serait jamais une voie économique. Pour mettre en exploitation 10 000 kilomètres de voies navigables on engagerait, en amortissement, frais d'entretien et d'exploitation, une dépense annuelle de 3 millions, somme absolument disproportionnée aux besoins actuels du pays ; ce serait, pour un grand nombre d'années, une charge bien trop lourde.

La route commerciale projetée par M. de Brazza, part de N'Gotou, terminus des services annexes des lignes de France au Gabon et à Loango ; elle utilise le cours du Niari-Quillou, rendu navigable par des barrages, et du point où la navigation s'arrête un chemin de fer de 100 kilomètres pourrait relier Brazzaville sur le Congo. L'en-

treprise française est basée sur un principe économique bien différent du projet belge : une dépense de 1 million 200 000 francs, prix
de l'établissement du barrage de N'gotou, permettrait de diminuer
au moins de moitié les frais de transports actuels; cette voie de
communication et de pénétration serait améliorée au fur et à
mesure du développement du trafic; les frais seraient ainsi pro-
portionnés aux recettes. Les ressources de la colonie sont largement
suffisantes d'ailleurs, dès maintenant, pour permettre ces travaux.

Le Congo navigable, le bassin entier du Congo, l'Afrique centrale,
va se trouver ainsi en communication directe avec la France.

La colonie française du Gabon-Congo entre en exploitation.

La question douanière devra maintenant être résolue; les produits
africains sortant au nord de Cette-Cama, paient un droit de 5 p. 100;
ce droit peut être maintenu, mais les produits français sont taxés à
leur entrée d'un taux élevé, ce qui doit être modifié.

AVENIR DU GABON-CONGO

Il y a lieu de distinguer dans notre colonie nouvelle deux
zones : la zone maritime et des rivières navigables, la zone
intérieure.

Dans la zone maritime, la pratique commerciale se trouvera complètement modifiée par la création des lignes de
navigation et des services annexes : les producteurs seront
mis directement en relation avec le chef-lieu de la colonie
et avec la métropole : ces régions entrent dès aujourd'hui
dans la phase d'exploitation pratique.

Le commerce et l'agriculture pourront être développés
dans cette région; le café, le cacao, la canne à sucre, le
tabac y viennent à merveille avec le caoutchouc et les
graines oléagineuses.

Mais cette question agricole est liée à la question du
travail indigène.

Déjà les indigènes sont assez habitués à nous pour se
mettre à notre service, pour nous fournir des pagayeurs.
Nul doute que nous les amenions à la culture. Nous
devons nous efforcer de leur inspirer de la sympathie
pour les attirer à notre service comme travailleurs; en ren-
trant dans leurs foyers, ils seront des agents pour notre
influence; dès maintenant les indigènes de l'intérieur com-

mencent à envoyer leurs enfants aux écoles de la côte pour apprendre le français.

Pour la zone intérieure, il s'agit d'établir des voies de communication, c'est-à-dire canaliser le Quillou, et prolonger cette rivière par une route de 100 kilomètres vers Brazzaville, puis en améliorant cette voie par un petit chemin de fer, en subordonnant toujours les dépenses au développement du transit.

Dès qu'on pourra atteindre la région saine des Hauts-Plateaux qui s'étendent au delà de Brazzaville, il y aura lieu de tenter des essais de colonisation par les Européens, essais basés sur le travail indigène.

Exploitation, civilisation, culture et colonisation, tels sont les quatre points qui résument notre tâche à l'heure actuelle.

La colonie du Gabon-Congo n'a demandé jusqu'ici à la France ni sacrifice d'hommes, ni sacrifice d'argent; elle n'en nécessitera jamais; elle se développera modestement, pacifiquement.

LES INTÉRÊTS FRANÇAIS

DANS

LA MER ROUGE

La mer Rouge commande les routes maritimes de France à Madagascar et à la Réunion, aux possessions de l'Inde, à la Cochinchine, à l'Annam et au Tonkin, à la Nouvelle-Calédonie.

Si une puissance rivale pouvait être maîtresse d'une des portes de cet immense détroit, long de cinq jours de navigation accélérée à vapeur, si le canal de Suez pouvait nous être fermé, ou si le passage par le Bab-el-Mandeb était dangereux et infranchissable, toute relation entre la France et ses colonies deviendrait impossible.

D'où la nécessité impérieuse de garantir par conventions internationales la neutralité du canal de Suez et d'annuler les batteries de Perim par un établissement définitif à Cheik-Saïd.

D'où la nécessité d'établir dans cette région, vers Obock, un port de ravitaillement, de refuge ou de concentration.

A la faveur et sous la protection de ces établissements militaires, pourraient se développer des tentatives d'expansion commerciale, en particulier vers l'Éthiopie, dont la pénétration est, depuis deux siècles, le but des plus ardentes convoitises de plusieurs puissances européennes.

IMPORTANCE ÉCONOMIQUE DE L'ÉTHIOPIE

L'Éthiopie est un immense massif montagneux, isolé, aux flancs abrupts, un plateau qui s'élève brusquement à 2 500 mètres au-dessus du niveau du littoral. La côte de la mer Rouge est torride, desséchée et déserte ; sans transition, le climat du plateau abyssin est tempéré et semblable à celui de notre printemps de France.

Dans certaines parties, les plateaux s'effondrent en abîmes atteignant parfois plus de mille mètres : ce sont les vallées des rivières : du Taccazé, qui sépare le royaume du Tigré du royaume d'Amhara ; — de l'Abaï ou Nil Bleu qui entoure le pays de Godjam, — de l'Aouach qui contourne le plateau du royaume de Choa et va se perdre dans le lac d'Aoussa, à moins de 200 kilomètres d'Obock.

De 1000 à 2000 mètres, viennent le coton, les mils, le café, la canne à sucre, le bananier ; de 2000 à 2500 mètres, poussent les céréales, les blés et les orges, le trèfle, les plantes légumineuses et oléagineuses : c'est la région de la vigne ; au-dessus de 2500 mètres, se cultivent encore le blé et l'orge ; le cheval et le mouton y prospèrent.

L'Éthiopie produit aussi des gommes, de l'encens, des résines, des bois précieux, du kosso, du café (de Koffa), du coton, du lin et autres textiles, du savon végétal, du fer, du soufre, du cuivre, de l'or, de la houille ; les cuirs bruts constituent son principal article d'exportation.

L'industrie est toute primitive. Les Éthiopiens filent et tissent des étoffes un peu grossières quoique de genres variés ; ils travaillent les bijoux, particulièrement les bijoux d'argent pour les femmes : boucles d'oreilles, bagues, bracelets, colliers, anneaux pour les pieds ; ils fabriquent leurs armes de guerre : lances, sabres et boucliers.

« Ils aiment à posséder ce qui se fabrique en Europe. » Ils demandent aux caravanes du sel, (sel marin et sel gemme en cubes) qui a la même importance que les céréales en Europe, des armes, des tissus de coton, de laine, de soie, de la quincaillerie et bimbeloterie, des métaux (acier en barres, plomb en saumon, étain en lingot, cuivre laminé), des liquides, de la parfumerie.

L'industrie agricole, l'agriculture, serait, après les transactions commerciales, une grande source de richesses pour nos nationaux ; car dit M. A. Raffray :

« Il faut considérer que c'est peut-être le seul pays intertropical — je ne dis pas qu'il n'y en ait pas un autre à travers le monde, mais en tout cas c'est un des plus vastes — où l'homme blanc puisse travailler de ses mains dans les mêmes conditions de santé et de salubrité qu'en France ou qu'en Europe. Un laboureur pourrait partir d'ici avec une charrue — une paire de bœufs serait inutile, il y en a beaucoup là-bas, — un très petit capital, et aller en Abyssinie labourer la terre : je suis convaincu qu'il y trouverait une large rémunération de ses efforts. On a fait quelques tentatives déjà, notamment des plantations de tabac, qui ont parfaitement réussi. Quand on voudra cultiver le sol de l'Abyssinie, on aura là non seulement les produits des tropiques que l'on pourra obtenir dans les vallées chaudes, mais aussi tous ceux de la zone tempérée. Aujourd'hui, le lin pousse très bien sur les hauts plateaux ; le blé y vient à merveille, ainsi que l'orge. L'indigo pousse spontanément dans les vallées basses. On pourrait avoir la succession ininterrompue en quelque sorte de tous les produits du globe, suivant qu'on monterait ou qu'on descendrait les plateaux. — De plus le sol contient de grandes richesses minérales : sans doute il faudrait beaucoup de travail pour les en extraire : mais elles donneraient de très beaux résultats. »

D'autre part, suivant une communication faite à la Société de géographie commerciale de Paris, la sériciculture donnerait des résultats merveilleux :

« Le capitaine Girard ayant communiqué à M. Schimper, naturaliste européen établi depuis quarante ans en Abyssinie, le projet d'un établissement séricicole, celui-ci le félicitant chaudement de son projet, s'exprimait ainsi : « le climat de l'Abyssinie est favorable à l'élève des vers à soie, car il n'y a jamais ni chaleurs excessives, ni froids sensibles ; le thermomètre centigrade varie toute l'année entre 15 et 30°. Le sol est on ne peut plus favorable au rapide développement du mûrier. Si vous vous livrez à la sériciculture, je vous prédis d'avance d'immenses résultats. Les négociants européens vont à grands frais en Chine et au Japon chercher la graine du ver à soie et son cocon, tandis qu'ils pourraient se procurer tout cela presque sans dépense en Abyssinie. Les terrains ne coûtent rien ou à peu près et le prix de main-d'œuvre est insignifiant. Persistez donc dans vos projets : je vous prédis d'immenses résultats : en peu d'années, vous serez riche à millions. »

« Les industries agricoles sont d'autant plus avantageuses pour les colons que l'Éthiopie, comme le dit Paul Soleillet, est un pays de droit écrit : la propriété foncière y est établie sur des bases solides : elle y a toujours été accessible aux étrangers… les alleux se vendent et s'achètent librement.

« Avec le commerce et les industries agricoles, l'Éthiopie, ajoute Paul Soleillet, offrirait aux Européens un troisième mode d'exercer lucrativement leur activité : ce sont les grandes chasses à l'éléphant, aux buffles, rhinocéros, girafes, hippopotames, antilopes, autruches, oiseaux pour parures. »

LA POLITIQUE FRANÇAISE DEPUIS 1702

Depuis deux siècles bientôt les gouvernements de la France n'ont cessé de tendre à développer l'influence française en Éthiopie.

Louis XIV envoya, en 1701, une ambassade au Négous d'Éthiopie.

Les instructions de la Cour de Versailles avaient été rédigées à Marly en juillet 1702.

… Sa Majesté a pensé qu'on pouvait débiter en Éthiopie avec avantage les manufactures et marchandises de son Royaume, que les peuples de ce pays tirent des Indes Occidentales par la mer Rouge et qu'on y trouverait une utilité d'autant plus grande qu'ils payent en or le prix de leurs besoins, qu'ils n'ont aucuns arts, et que les plus petites marchandises s'y vendent bien. Sa Majesté veut que ledit sieur du Roule, son envoyé, en entrant à cet égard dans le plus grand détail, examine ce qui est praticable et la voye la moins difficile pour tenter le commerce de l'Éthiopie : celle de l'Égypte est trop longue et trop incommode à cause des déserts qu'il faut traverser et ne pourrait estre prise que pour les marchandises riches et de peu de volume ; mais pour les autres, celle de la mer Rouge paroist la plus naturelle en abordant à Massoua et à Souaquim, si les officiers du grand Seigneur qui y commandent le permettent.

Après avoir bien considéré ce qui a rapport au commerce en général, ledit sieur du Roule descendra au détail en faisant des estats exacts de touttes les marchandises et quincailleries qui se débitent en Éthiopie, de la valeur qu'elles y ont pour connoistre le profit qu'on y peut faire et de celles qu'on aura en retour, et s'il pouvoit juger que les unes ou les autres, la couleur ou la manière de les disposer, ne fussent pas connues, il en rapportera des échantillons, sur lesquels ceux qui voudront entreprendre ce commerce auront à se conformer.

Il sçaura aussi s'il y a, dans les villes où on aborde, des marchands riches pour lesquels il convienne de prendre confiance, et des droits de douane ou autres, dont l'exaction puisse être à charge et en ce cas, il proposera au Roy d'Éthiopie de le faire cesser pour les François, qu'il faudra bien désigner dans les privilèges s'il en est question, et si ledit sieur du Roule en obtient, les Hollandois cherchant depuis quelques temps les moyens d'en obtenir, et d'entrer en Éthiopie.

Il examinera encore, si, par quelque endroit qu'on entre dans ce Royaume, il convient d'en laisser la liberté publique, où si dans les commencements d'un establissement, qui tomberoit à la première difficulté s'il estoit entre les mains des particuliers, il ne vaut pas mieux engager quelque *compagnie* telle que celle des Indes orientales ou autre à s'en charger. Et comme en y allant par les Indes, on sera obligé de passer par Massoua et Souaquim, il verra s'il y a des moyens de se procurer quelque sureté par un accommodement avec les officiers turcs qui y résident, ce que les marchands d'Ethiopie qui négocient en Suratte et ailleurs lui indiqueront.

Sa Majesté estime encore nécessaire de luy observer qu'apparemment le Roy d'Ethiopie luy demandera des ouvriers françois pour apprendre les arts à ses sujets ; comme ledit envoy seroit une despense considérable et désavantageuse aux manufactures du Royaume, le sieur du Roule ne s'en chargera point, mais cependant sans le refuser avec quelque procédé qui pust rendre son voyage inutile, pouvant dire au Prince que le François a naturellement de la peine à quitter son pays et que celui qui est habile dans une profession, y trouvant aysément à subsister, en aura encore plus, et qu'on n'y détermineroit que de mauvais ouvriers ; que chaque pays produisant différentes choses pour servir à la subsistance des peuples, et les climats de la France et de l'Ethiopie estant aussi différents, on ne peut espérer que les choses nécessaires aux arts, qui règnent en France, se trouvent en Ethiopie, qu'ainsi l'envoi de ces ouvriers que le chagrin de ne pouvoir retourner chez eux feroit seurement mourir seroit inutile et qu'*il vaut beaucoup mieux chercher à établir les moyens de tirer de la France tout ce qui peut estre agréable à ce peuple*, et convenir à ses sujets. Après cette discussion générale, le sieur du Roule peut entrer dans le destail, s'il s'y arreste absolument, et luy promettre de luy envoyer quelques-uns des *ouvriers qui ne peuvent nuire au commerce du Royaume*, tels que fondeurs de canons, s'il en demande, ainsi qu'on le dit et autres de cette espèce pourveu qu'il leur establisse des gages et une subsistance convenable. »

L'ambassadeur de Louis XIV ayant été assassiné en route, à Sennar, en 1705, la tentative du Grand Roi demeura sans en effet.

Le premier traité entre la France et l'Éthiopie date de 1843. Il fut négocié par Rochet d'Héricourt ; il dispose :

Vu les rapports de bienveillance qui existent entre Sa Majesté Louis-Philippe, roi de France, et Sahlé Sallassi, roi du Choa ; vu les échanges de cadeaux qui ont été faits entre ces souverains, par l'entremise de M. Rochet d'Héricourt, chevalier de la Légion d'honneur et décoré des insignes de grand du royaume du Choa, le roi de Choa désire alliance et commerce avec la France ;

Vu la conformité de religion qui existe entre les deux nations, le roi du Choa ose espérer qu'en cas de guerre avec les Musulmans ou autres étrangers, la France considérera ses ennemis comme les siens propres.

Sa Majesté Louis-Philippe, roi de France, protecteur de Jérusalem, s'engage à faire respecter comme les sujets français tous les habitants du Choa qui vont au pèlerinage et à les défendre à l'aide de ses représentants sur toute la route contre les avanies des infidèles.

Tous les Français résidant au Choa seront considérés comme les sujets les plus favorisés, et à ce titre, outre leurs droits, ils jouiront de tous les privilèges qui pourraient être accordés aux autres étrangers.

Toutes les marchandises françaises introduites dans le Choa seront soumises à un droit de 3 p. 100 une fois payé et ce droit sera prélevé en nature afin d'éviter toute discussion d'arbitrage sur la valeur desdites marchandises.

Tous les Français pourront commercer dans le royaume de Choa.

Tous les Français résidant au Choa pourront acheter des maisons et des terres dont l'acquisition sera garantie par le roi de Choa ; les Français pourront revendre ou disposer de ces propriétés.

—Le roi du Choa considère ce traité comme liant encore à ce jour les deux nations.

La politique de Louis XIV et de Louis-Philippe fut reprise en 1858 par Napoléon III.

Le 7 novembre 1849, notre agent consulaire à Massaoua, M. Rolland, avait attiré l'attention du Ministre des affaires étrangères sur la nécessité d'établir une station française dans la mer Rouge :

« Tôt ou tard, écrivait-il, on doit l'espérer, il se construira un canal à Suez, et alors, sans contredit, la mer Rouge sera un des points du monde les plus importants. Dans cette prévision *vous voudrez*, à coup sûr, monsieur le Ministre, y *assurer* à notre pays un *établissement commercial et politique* convenablement situé. Ne faut-il pas un port de relâche pour nos bâtiments, un endroit pour le charbon de nos bateaux à vapeur, un *comptoir fixe d'où notre commerce et notre civilisation puissent se répandre dans ce vaste continent abyssin ?* »

Près de 10 ans après le rapport de M. Rolland, près de 20 ans après que la mission Combes avait été chargée de créer un poste commercial sur la côte d'Éthiopie, — en 1858, le gouvernement décida l'acquisition d'un établissement au centre de la mer Rouge.

Il avait d'abord songé à annexer l'île même de Massaoua.

Il s'arrêta à l'idée d'acquérir un port abyssin : M. Chauvin-Bellard, agent consulaire français à Massaoua, reçut l'ordre de rendre visite au roi du Tigré, une des trois provinces abyssiniennes.

M. Chauvin-Bellard obtint de ce roi, Négoussié, la cession de la baie d'Adulis.

Le gouvernement de Napoléon confia d'autre part au commandant Russel la mission de visiter tous les points de la mer Rouge dont l'acquisition nous serait proposée.

Les instructions qui lui furent remises par le ministre secrétaire d'État de l'Algérie et des colonies portent :

Paris, 13 octobre 1859.

M. le Ministre de la Marine vous a mis à ma disposition pour accomplir une mission dans la mer Rouge.

Cette mission doit avoir pour objet d'explorer le littoral africain de cette mer surtout la partie qui se prolonge depuis Massaoua jusqu'au Goubet-Kharab, en dehors de Bab-el-Mandeb et de recueillir des renseignements précis sur les avantages politiques, maritimes et commerciaux que peuvent présenter les divers points placés sur ce littoral, soit pour un établissement commercial, soit pour assurer nos relations avec l'Abyssinie. Plusieurs points ont été signalés ou offerts au gouvernement de l'empereur.

Le roi de Tigré, l'un des principaux chefs de l'Abyssinie, *a réclamé* par l'intermédiaire de Mgr de Jacobis, vicaire apostolique de ces contrées *le protectorat de la France*. D'un autre côté, et toujours en Abyssinie, la province d'Edd, acquise par MM. Pastré frères, de Marseille, a été gratuitement offerte à la France par ces négociants. Enfin le chef Abou-Baker-Ibrahim offre de céder à la France, les territoires de Ras-Ali et Aouana, situés sur le littoral Est, en dehors de la mer Rouge et en regard d'Aden.

Ainsi, trois parties du littoral de la mer Rouge ou de la côte qui fait suite au détroit de Bab-el-Mandeb ont attiré l'attention du gouvernement.

Je n'entends pas limiter à ces points l'exploration qui vous est confiée : je désire au contraire que vous vous considériez comme parfaitement autorisé à l'étendre en dehors de ce cercle. Une des conditions les plus intéressantes à rechercher, c'est que le territoire dont l'acquisition nous serait proposée ne se trouve ni sous l'autorité du sultan, ni sous celle du pacha d'Égypte. La Porte possède effectivement ou revendique sur la côte orientale d'Afrique, Zeylah, Massaoua et les territoires de Mokoll et d'Arkiko. On élève aussi en son nom, sur la côte des Danakil, des prétentions qui ne s'appuient, à la connaissance du gouvernement, ni sur une occupation réelle, ni sur un traité. Vous vous appliquerez à recueillir sur les lieux mêmes les informations et les indices de nature à jeter quelque jour sur la valeur de ces prétentions.....

Vous étudierez les avantages ou les difficultés de toutes les propositions sous le rapport des conditions d'accès, d'eau, d'importance commerciale maritime et militaire, du caractère des naturels, des ressources pour l'émigration de travailleurs libres...

En 1856, le gouvernement français avait fait acheter par M. Lambert, agent consulaire à Aden, le territoire d'Obock. Cet achat fut ratifié le 11 mars 1862. Le ministre de la marine écrivait à ce sujet le 11 novembre 1862 :

« La convention du 1er mars 1862 a reçu sa pleine exécution par le paiement intégral du prix qui avait été stipulé et par la prise de possession du territoire à laquelle un de nos bâtiments de guerre a procédé officiellement. »

INFLUENCE FRANÇAISE EN ÉTHIOPIE

Toutes ces tentatives pacifiques d'établissement ont eu pour résultat de rendre les Français très sympathiques aux trois royaumes éthiopiens.

Sahlé-Sallassi, roi du royaume méridional, le Choa, signait le traité de 1843 avec la France : il mourut en 1848, après avoir été plus de trente ans souverain du Choa. Son fils et successeur, Aallé Malacote fut, en 1850, détrôné par Théodoros qui emmena prisonnier le prince héritier du Choa, le jeune Sahala Mariem, âgé de 14 à 15 ans. C'est ce jeune homme à qui Théodoros donna une de ses filles en mariage, qui s'échappa de Debra-Tabor en 1866, rentra au Choa, se proclama roi sous le nom de Ménelik II et reconstitua le royaume de Sahlé-Sallassi.

Paul Soleillet a témoigné dans maintes lettres de la sympathie du roi Ménelik II pour la France.

« ...J'ai été fort bien reçu par le roi Ménelik II (Ménelik I était fils de Salomon et de Makada, reine de Saba), — écrit d'Aureillo (Choa), Paul Soleillet, le 18 octobre 1882, — je l'ai déjà vu plusieurs fois et chaque fois très longuement...

« Depuis Rochet d'Héricourt, la France est très aimée au Choa. Lorsque le roi actuel apprit nos revers et sut que les Allemands nous avaient imposé une rançon, il voulut envoyer en France quelques milliers de thalari, comme cadeau, pour aider à notre rachat. Un Européen, alors auprès de lui, l'en dissuada, en lui expliquant ce que c'est que cinq milliards. Le roi craignit que l'on ne se moquât du don qu'il voulait faire et n'osa l'envoyer, mais l'intention y était.

« Le royaume du Choa est peu de chose par lui-même, mais actuellement Ménelik a conquis tous les pays gallas jusqu'à Kaffa. Depuis la chute de Théodoros, Ménelik est le plus puissant des souverains de l'Abyssinie.

« ... L'empereur Jean a reconnu Ménelik pour son successeur à l'empire, ce dernier promettant sa succession à son gendre, Arahya Sellasie, fils de l'empereur.

« Vous voyez par là l'importance que peuvent avoir pour la France des rapports directs et amicaux avec le Choa. »

Paul Soleillet ajoute le 10 novembre 1882 dans sa lettre datée d'Ankober :

« ... j'ai obtenu du roi, avec qui je suis fort bien... la concession d'un chemin de fer, à voie étroite, d'Obock au Choa et celle des lignes à établir dans le Choa.

« ...Le ras Gobanna est le plus important des feudataires du roi. Son armée particulière se compose de 30 000 cavaliers. Il est assez riche pour avoir pu offrir en cadeau au roi Ménélik II à l'occasion du mariage de sa fille, 1300 chevaux, dont 500 harnachés : 100 de ses harnais étaient en argent. Gobanna a soumis au roi Ménélik tous les pays gallas jusqu'à Kaffa... Ce ras m'a très bien reçu, comme tous les auromons (gallas), il aime beaucoup les Français... j'ai constaté par moi-même que d'Obock à Kaffa nos négociants peuvent circuler librement en toute sécurité, sinon sans fatigues, et trafiquer sous la protection puissante du roi Ménélik... »

Notre compatriote répète dans sa lettre du 10 février 1883 :

« ... L'attachement à la France est traditionnel dans la famille de Ménélik. Nul doute qu'il repoussera les offres de certains Européens, comme son grand-père le roi Sahlé-Sallassi repoussa celle de l'Anglais Harris. »

Paul Soleillet dit encore dans son Rapport au Ministre des Affaires étrangères :

« Les sympathies du roi Ménélik II pour l'Europe en général, pour la France en particulier, sont bien connues.
Jusqu'à présent l'influence française est restée prépondérante au Choa où les grands du royaume, pieux continuateurs de la politique de Sahlé-Sallassi ont conservé pour la France un attachement jusqu'à présent inaltéré. »

Pour ce qui est des deux royaumes septentrionaux, l'Amhara et le Tigré :
M. le comte Stanislas Russel écrivait au ministre, de Halaye (Abyssinie), le 14 juillet 1860 :

« ... L'influence française et catholique est représentée et ouvertement protégée depuis son avènement régulier au pouvoir par Négoussié, qui prend le titre de roi d'Éthiopie. Neveu d'Oubié, qui régna 26 ans, Négoussié appelé au trône du Tigré après la défaite et l'empoisonnement de son oncle par Théodoros, se vit acclamé par tous les chefs réunis sur la renonciation du fils d'Oubié, alors enfant (1851). Ce jeune chef... s'est déclaré à ses risques et périls, dès le début de son règne, le protecteur des Européens et particulièrement des catholiques, synonyme de Français en Orient.... ».

En 1885, dans son livre sur l'Éthiopie, M. Gabriel Simon ajoutait :

« Johannès Kaï (le Rouge) Négouss-Négheusti (roi des rois) et son peuple tendent sans cesse à donner la main à l'Europe, en ouvrant et en assurant peu à peu de nouvelles communications entre les montagnes, le désert et les différents points du littoral ».

La mort du roi Jean, Johannès-Kaï, la mort d'un prince abyssin, ne peut rompre ce lien de profonde sympathie qui unit les peuples du Choa, de l'Amhara, du Tigré à la France catholique.

ROUTES VERS LA CÔTE DE LA MER ROUGE

Suivant l'expression de M. Rolland « quels sont les comptoirs d'où notre commerce et notre civilisation pourraient se répandre dans ce continent abyssin » où nous sommes certains d'être accueillis si favorablement,

Quatre points semblent plus favorisés par leur situation topographique :

1° Massaoua ;
2° Zoula ;
3° Obock, Tadjoura ou Sagallo ;
4° Djiboutil.

ROUTE DU PAYS DES BOGOS A MASSAOUA

Cette route devait être française : notre diplomatie l'a délaissée ; les Italiens s'en sont emparés.

L'Annuaire encyclopédique de 1868 certifie en effet :

« Les Bogos se sont même placés sous la protection de la France spontanément... ».

M. D. de Rivoyre nous donne dans son livre « Aux pays du Soudan » l'explication de ces tendances :

« Un des membres de la mission lazariste installée à Massaoua était venu jeter les fondements d'une église catholique parmi les Bogos et avait choisi Keren, leur principal village, pour y établir sa résidence. Les Bogos des hautes et des basses terres, au nombre de 18 000 environ groupés autour de lui, en étaient arrivés bientôt à ne plus vouloir d'autre loi que celles des missionnaires leurs bienfaiteurs et leurs amis et à ne plus reconnaître d'autre souveraineté que la sienne parce que au-dessus ils voyaient l'image de la France dont le reflet rayonnait jusqu'à eux. »

Nous avons abandonné les Bogos.

Le gouvernement de Napoléon III avait essayé un moment à prendre le port de Massaoua qui est le débouché de l'Éthiopie septentrionale par le pays des Bogos.

On lit dans l'*Illustration* du 5 novembre 1859 qui publie une vue et un plan de l'île de Massaoua :

« L'île de Massaoua a été cédée tout récemment à la France. On voit par les détails qui précèdent de quelle importance sera l'occupation de l'île de Massaoua pour le développement du commerce français dans la mer Rouge. On a donc sujet de s'applaudir que le gouvernement de l'empereur ait songé à créer une station navale qui est pour notre commerce un point d'appui que son développement futur rendra nécessaire. »

La Turquie protesta : le cabinet des Tuileries renonça à cette acquisition.

La Turquie n'avait cependant que des droits très contestables à la possession de Massaoua comme M. Mancini l'a démontré depuis dans un mémoire daté de mars 1882, qui se termine par ces mots :

« ... En résumé, l'histoire des périodes qui s'écoulent depuis 1625 à 1776, depuis 1776 à 1810, de 1810 à 1860 nous a montré qu'il n'a jamais existé de juridiction turque au delà de Massaoua et de sa banlieue et que même dans ce rayon restreint, cette juridiction n'a cessé d'être d'un genre tout à fait spécial, inconnu partout ailleurs au droit international. »

ROUTE DU TIGRÉ A ZOULA

Le traité de 1860, en donnant le port de Zoula à la France, nous ouvrait la meilleure route vers le royaume du Tigré.

En 1858, M. Chauvin-Béliard rendant visite au roi du Tigré avait obtenu la cession de la baie d'Adulis.

Quelques semaines après la visite de M. Chauvin-Béliard, M. de Jacobis, vicaire apostolique en Abyssinie, agissant au nom du roi du Tigré, confirmait l'offre de cession de la baie d'Adulis, des îles Dessi et Ouda.

Cette proposition devait être renouvelée quelques mois plus tard par une ambassade que le roi Négoussié envoya à Paris.

La mission de cette ambassade n'était pas un mystère. Lorsqu'elle passa à Alexandrie, où elle s'arrêta quelques jours, le correspondant du *Mémorial diplomatique* en avertit son journal dans une lettre où nous relevons cette phrase :

« ... L'objet de la mission paraît être d'engager le cabinet de Paris à fonder un établissement sur la côte occidentale de la mer Rouge, où la France possède déjà un pied-à-terre dans le village d'Edd, qu'elle n'a pas encore utilisé... »

L'ambassade éthiopienne arriva à Paris en mars 1859, et fut reçue par l'empereur le 27 de ce mois ; elle lui remit l'acte de cession à la France d'Adulis, Dessi et Ouda. Parmi les présents qu'elle offrit à Napoléon III, on remarquait un manteau en peau de lion, deux épées à manches d'ivoire incrustées de diamants, deux bracelets en lame d'or enrichis de diamants, un espadon à manche couvert de brillants, un tapis en peau de chèvre brodé d'or.

Très bienveillant avait été l'accueil fait aux trois ambassadeurs abyssins ; mais leur offre ne fut acceptée que conditionnellement.

M. le comte Stanislas Russel, capitaine de frégate, reçut mission de se rendre en Éthiopie pour fixer deux points :

1° Le territoire proposé est-il avantageux ? 2° Le territoire proposé ne se trouve-t-il ni sous l'autorité du sultan, ni sous celle du pacha d'Égypte ?

M. Russel arrivait à Suez en décembre. Il visita pendant ce mois Massaoua, Adulis, l'Abyssinie, Edd, Amphila.

Sur le premier point des instructions, il conclut :

« Le résultat de cette première étude est généralement favorable à un établissement dans les parages de la baie d'Adulis : la ville de Zoula, située sur l'emplacement de l'ancienne Adulis, colonie égyptienne, est encore aujourd'hui une des voies les plus fréquentées et la plus courte de la mer en Abyssinie. Le pays est salubre, l'eau y est bonne, et la magnifique baie de Douknou (au fond de la baie d'Adulis) offre une suite de mouillages excellents pour les grands navires de guerre.

« La possession de l'île Dessi devrait compléter celle de la baie. Cette île commande la passe du Nord, route des bâtiments allant de Zoula au détroit de Bab-el-Mandeb. Dessi est une belle île, pourvue d'eau douce et de facile défense. Nous avons fait le plan de son principal mouillage. Zoula comme point commercial, clef de l'Abyssinie, entre les mains de la France, me paraît mériter toute l'attention de votre Excellence. »

Sur le second point des instructions ministérielles, M. Russel constate que le pavillon ottoman ne flotte qu'à Massaoua.

Ces études résolues, M. Russel croit devoir accepter la cession proposée à l'empereur des Français par le roi du Tigré. Il écrit le 31 janvier 1860 :

« Le fondé de pouvoir du roi Négoussié, muni de pleins pouvoirs, est sous ma tente ; l'abbé Emnato est porteur du sceau officiel à l'empreinte du Lion... »

Et le 2 mars :

« J'ai l'honneur d'adresser sous ce pli à Votre Excellence les pièces officielles revêtues du sceau du Négoussié, que je n'ai pas voulu confier aux barques arabes. N'ayant voulu consentir aucun délai déterminé pour l'acceptation ou le rejet, il en résulte que *ces actes peuvent attendre*, sans être périmés, l'heure et le bon plaisir du gouvernement français. »

Ces actes n'accordent pas au roi du Tigré le protectorat de la France que Négoussié avait demandé en 1859 ; simples traités d'amitié, ils ratifient, comme gage de bons rapports, la cession proposée en 1859 par l'ambassade venue à Paris et le protectorat de la côte Danakil.

L'objet de la mission Russel était connu en France. Le *Monde illustré* écrivait dans son numéro du 17 mars 1860 :

« On se rappelle que les journaux ont annoncé, il y a quelques mois, le *départ pour l'Abyssinie de M. Russel, chargé, dit-on par notre gouvernement de négocier avec l'empereur d'Abyssinie la cession ou l'acquisition d'une certaine étendue de territoire* sur le littoral de la mer Rouge. »

Le résultat obtenu par M. Russel fut très favorablement accueilli. L'*Annuaire encyclopédique*, édition de 1860-1861, constate que M. Russel, chargé d'une mission spéciale en Abyssinie, a obtenu une cession de territoire.

« La France, ajoute cette revue, ne pouvait faire un meilleur choix pour la création d'un établissement dans ces parages. »

Le gouvernement témoigna à M. Russel, toute sa satisfaction pour le traité signé, en le nommant, dès son retour, capitaine de vaisseau.

Un rapport de l'agent consulaire de France à Massaoua, portant la date de 1860, insiste sur les avantages de cette acquisition : il assure le ministre que les peuplades des Danakil sont bien vassales du roi du Tigré, auquel elles rendent hommage et payent un tribut annuel.

L'Angleterre ne dissimula pas sa jalousie envieuse : elle envoya des commissaires secrets engager les Assaorta de la côte à réclamer le protectorat anglais, et pour donner plus de poids à ses propositions, elle occupa l'archipel Dahlak en face de la baie d'Adulis ; les Assaorta refusèrent toutes les ouvertures du brigadier anglais Coghlan.

Sans se rebuter, l'Angleterre invoqua les droits de la Turquie et fit occuper par les troupes turques Adulis et Dessi. Les Assaorta protestèrent ; l'Abyssinie aussi, comme le certifie un journal italien l'*Esploratore*, de Milan (mars 1885).

Au sujet de cet incident, M. Guillaume Lejean, agent consulaire de France à Massaoua, écrit :

« La Turquie réclama timidement, en vertu de je ne sais quelles prétentions surannées sur tout le littoral jusqu'au Bab-el-Mandeb. Mais ces prétentions se firent trop modestes, *en présence du pavillon français*, et plus tard la présence de la *Somme* dans les mêmes parages les réduisit momentanément au silence. Pour en avoir le cœur net, M. Gilbert, vice-consul de France à Massaoua, se rendit à Bouri, vit le chef des Assaorta et lui demanda s'il était vrai qu'ils fussent vassaux de la Porte. Ils soutinrent énergiquement qu'ils n'avaient jamais eu pour souverain que la couronne d'Abyssinie. »

La légitimité de notre acquisition et la régularité de sa procédure devenaient ainsi indiscutables.

En 1868, l'expédition dirigée par les Anglais contre Théodoros est obligée de débarquer dans la baie d'Adulis pour pénétrer en Abyssinie ; les Anglais construisirent avec des blocs de corail une jetée de 300 mètres ; ils établirent un chemin de fer de 20 kilomètres de la jetée aux défilés de Komayli.

« Les Anglais n'auront pas dépensé 132 millions dans le seul but de châtier un souverain barbare, » écrivait M. Richard Cortambert en mai 1868.

« Les Anglais évacueront-ils Adulis, qui est une possession française ? » concluait l'*Annuaire encyclopédique* de 1868.

Le cabinet des Tuileries protesta contre une tentative d'installation permanente et l'Angleterre évacua la baie d'Adulis.

Telle est la force de notre droit.

A ce droit nous n'avons jamais renoncé depuis 1868.

Un voyageur français, M. Simon, écrivait encore en 1885 :

« Il n'y a donc pas de temps à perdre si nous voulons conserver notre influence dans ces régions aujourd'hui si convoitées. La France doit prendre possession de la baie d'Adulis et de Zoula... Ce sont là les seuls moyens pratiques de se rapprocher de l'Abyssinie. Situé à quelques journées de marche de l'Akali-Koussaï et du Hamasson, Zoula est le port le plus propice aux relations commerciales intérieures, si l'on songe surtout que cette partie du plateau abyssin sera certainement la première livrée aux exploitations agricoles, les seules, à mon avis, qui soient appelées à un grand avenir dans ce pays tant à cause de la fertilité du sol que de la salubrité de l'air qu'on y respire.

« Quant à notre agent près du roi des rois d'Éthiopie, son rôle consisterait précisément à obtenir que les caravanes allant à la mer Rouge abandonnassent les routes de Zeila et de Massaoua pour se diriger vers Obock et Zoula. Il défendrait en même temps ceux de nos nationaux qui pourraient alors venir s'établir dans les riches contrées soumises à la toute-puissance de Johannès. »

Nos tentatives sur la côte éthiopienne furent attentivement surveillées par l'Italie. M. Mancini les relate en ces termes dans son mémoire de mars 1882 :

« ... Ces tribus de la côte occidentale de la mer Rouge, depuis le golfe d'Aden jusqu'à la pointe extrême de la baie d'Adulis, traitent d'égal à égal avec les Européens, disposent de leur territoire... le gouvernement français ne restait pas inactif. En 1859, il faisait des études pour utiliser sa nouvelle acquisition d'Edd... Il ne cessa de chercher d'autres points sur la côte pouvant se prêter à l'érection d'établissements français.

« *En 1859, c'est à Dessi, dans la baie d'Adulis, à quelques lieues de Massaoua que les Français s'établissent*. M. Lejean nous a laissé un récit détaillé des faits qui ont accompagné cette ACQUISITION... »

Le rapport du ministre des affaires étrangères d'Italie ajoute en note :

« M. Munzinger, ancien gouverneur égyptien de Massaoua, dans sa carte de la mer Rouge, publiée en 1867, portait l'île de Dessi avec la mention « Seit 1859 im Besitz der Franzosen. » « Possession française depuis 1859. »

Nos droits étaient donc connus par le gouvernement italien et reconnus par le gouverneur égyptien de Massaoua.

Nos géographies scolaires faisaient mention de la colonie de Zoula :

— « Les Français possèdent, d'après les traités, sur la côte de l'Abyssinie, l'île de Dessi, l'emplacement d'Adulis, aujourd'hui Zoula, et le port d'Edd... » (Cours de Eug. Cortambert, édition de 1880, p. 671.)

— « La France, en prévision de l'importance que le canal de Suez donnerait au trafic de la mer Rouge, a occupé le port d'Obock et la baie de Zoula (ancien Adulis), un peu plus au nord... » (Cours de Lejosne et Dufresne, édition de 1880, p. 238.)

— « Nous rapportons ici les établissements français d'Obock et nos autres possessions de la côte abyssinienne,, la baie d'Arkiko (l'ancienne Adulis), les îles Dessi et Ouda ; » (Cahiers de géographie de Raffy, p. 51.)

— « Dans la mer Rouge, sur la côte voisine du Tigré, nous possédons la baie d'Adulis et l'île Dessi ; » (Géographie générale de Foncin, p. 85.)

— « Le port de Zoula a été acquis en 1859 par la France en Abyssinie ; il est situé sur la mer Rouge, au fond d'un golfe, près de l'emplacement où était l'ancienne Adulis. Non loin se trouve l'île Massaoua, où la France a le droit de construire une église ; » (Petite géographie de Magin et Barberet.)

Les Italiens ont cependant planté leur pavillon à Zoula.

Dans sa note d'août 1888 adressée aux représentants de la France à l'étranger, M. Goblet, ministre des affaires étrangères, maintenait l'affirmation de nos droits par cette protestation :

« Pendant que l'on nous disait à Rome que la question de droit était à l'étude... et *quoique le gouvernement italien ait toujours réservé l'examen de nos prétentions* résultant d'anciens traités et de nos droits territoriaux sur certains points de cette région, — la baie d'Adulis, Zoula et l'île Dessi, — le drapeau italien a été arboré sur ces divers territoires... »

ROUTES DU CHOA A SAGALLO, TADJOURA, ET OBOCK ET A DJIBOUTIL

Les routes du Choa et les routes d'Harrar viennent converger vers la baie de Tadjoura : certaines caravanes descendent à la côte septentrionale de la baie, vers Sagallo, Tadjoura et Obock, d'autres gagnent Djiboutil, port situé sur la rive méridionale de la baie.

« C'est Dini, le sultan de Raheita, sur la côte abyssinienne, dit le P. Charmetant, qui a vendu Obock à la France dans le moment même où les Anglais occupaient Périm. Ceux-ci immédiatement firent offrir une somme triple pour faire résilier le traité à leur profit. Dini résista ; il refusa aussi de leur vendre une autre petite baie qu'il possédait sur la mer Rouge. Cet acte de loyauté est à citer de la part d'un roitelet presque barbare ; peut-être s'y est-il glissé une pointe de vengeance, — il est si difficile de mettre au clair tout ce qui se passe dans une conscience nègre ! — ce même sultan, en effet, était aussi possesseur de Périm, où il aimait à aller pêcher des tortues, ce qui augmentait ses revenus. Or, les Anglais ont pris cet îlot sans le consulter et sans lui rien payer. Le procédé a pu blesser le négus africain, et qui peut dire que ce n'est pas là une des causes de la fidélité de Dini à sa parole et aussi à la France qui avec lui, s'était montrée plus loyale et plus généreuse... »

La colonie d'Obock, qui n'était d'abord composée que d'un petit territoire allant de Ras Doumeirah, au nord, à Ras Ali, au sud, ne pouvait suffire pour le ravitaillement de nos navires. Par une série de traités passés avec le sultan de Tadjoura et les chefs voisins, notre influence s'est étendue considérablement et d'une manière toute pacifique. Nous sommes maîtres des côtes africaines du Ras Doumeirah (sur le Grand détroit de Bab-el-Mandeb) jusqu'au Ras Goumablé (près de Zeila) : les rives de la baie de Tadjoura et Goubbet Kharab sont françaises. On peut compter tant colonies que protectorats 120 000 kilomètres carrés à vol d'oiseau.

Au mois de mars 1888, le nouveau port de Djiboutil a été ouvert sur la côte Somali au milieu d'un grand concours d'indigènes. Une petite ville s'est élevée comme par enchantement là où il n'y avait rien quelques mois auparavant.

Nous avons donc en ce moment : Obock dont le port, éclairé par quatre phares excellents, est le point stratégique et maritime par excellence, et Djiboutil comme centre commercial des importations et des exportations en Abyssinie à Harrar et au Choa.

Le port d'Obock aurait besoin de travaux complémentaires importants pour le rendre parfait. Une grande digue, le protégeant contre la mousson du sud-ouest, et un quai intérieur seraient indispensables.

A Djiboutil, le port est plus vaste, plus tranquille en cas de mauvais temps, mais les abords sont plus difficiles. Un balisage à créer le rendrait cependant très commode pour la navigation. — Quoi qu'il en soit, si le climat torride *ne permet pas la colonisation* proprement dite, *c'est-à-dire le travail et la mise en œuvre des terrains par des Européens*, Djiboutil et Obock deviendront certainement pour *des commerçants ayant des capitaux*, des stations donnant des bénéfices assez considérables.

Les importations consisteraient en tissus, armes (prohibées provisoirement), articles de Paris, etc.

Les exportations sont : le café, l'ivoire, le musc, les peaux, etc.

Djiboutil sera la porte d'entrée sur les vastes contrées de Harrar et des pays gallas : l'entrepôt et le port de transit seront à Obock mieux situés pour le passage des paquebots rapides.

Djiboutil est à une cinquantaine de kilomètres en face d'Obock.

Les relations sont assurées par les navires en station et les « Samboucks » indigènes.

Les Messageries maritimes ont organisé un service mensuel de Marseille à Obock et Madagascar et dès que les travaux prévus pourront être exécutés, il est probable que les autres grandes lignes de cette puissante compagnie y toucheront également.

La Chambre vient de son côté de voter la pose d'un câble reliant Obock à Périm et à la ligne télégraphique de l'Extrême-Orient; dans ces conditions, tout fait espérer que notre colonie, naguère si petite, prendra rapidement une grande importance.

CHEÏK-SAÏD

Le détroit de Bab-el-Mandeb, porte de la mer Rouge sur l'océan Indien, a 26 kilomètres de large; l'île de Périm le partage en deux passes : du côté de l'Afrique, le Grand Détroit s'ouvre sur 20 kilomètres, mais il n'est praticable aux navires que sur 11 kilomètres, parce que les fonds se relèvent sur la côte. La seule passe, actuellement utilisée en toutes saisons, est le Petit Détroit, entre Périm et la côte d'Arabie; sa largeur est de près de 3 kilomètres.

Nous commandons, en partie, le Grand Détroit par notre Établissement au cap Séjarn, sur la côte Danakil, relevant d'Obock et par l'occupation des îles Suba.

La navigation du Petit Détroit serait à notre discrétion, si la France créait un établissement définitif, sur la côte d'Asie en face l'île de Périm, à Cheïk-Saïd; le point culminant de Périm n'a que 65 mètres d'altitude : le point culminant du Djebel-Manhali (territoire de Cheïk-Saïd) atteint 170 mètres : à 350 mètres du rivage, l'altitude est encore de 145 mètres.

« Depuis la chute du califat, dit M. Romanet du Caillaud, le pays de Bab-el-Mandeb n'a relevé que de lui-même. La petite tribu qui le peuple, les Akemi-ed-Doureïn, a toujours victorieusement repoussé soit les tentatives des Turcs contre son indépendance, soit les empiétements entrepris par eux sur son territoire.

« Cette indépendance a été indirectement reconnue par l'Angleterre et par la Turquie.

« C'est au cheik des Akemi-ed-Doureïn que le gouvernement anglais d'Aden a demandé l'autorisation de creuser des puits sur le territoire de Bab-el-Mandeb afin d'approvisionner d'eau la garnison de Périm.

« Un navire portant pavillon turc, ayant fait naufrage au sud de Moka, c'est au cheik des Akemi-el-Doureïn que son propriétaire, le grand chériff de la Mecque, s'adressa pour le sauvetage.

« De même, en 1863, un navire anglais ayant été pillé après naufrage sur la côte du territoire de Bab-el-Mandeb, le caïmacan turc de Moka repoussa les réclamations du gouverneur d'Aden en disant que ce territoire ne dépendait pas de l'empire ottoman..»

Le 1er octobre 1868, le territoire de Cheik-Saïd fut vendu, par le cheik des Akemi-ed-Doureïn, à une Compagnie marseillaise, qui y fit construire une factorerie.

La Turquie, à l'instigation de l'Angleterre, tentait de protester contre cette vente, lorsque l'État français prit possession du territoire et y créa un dépôt de charbon pour ses navires de guerre : ce dépôt subsista pendant toute la guerre franco-allemande.

Depuis 1870, aucun établissement définitif n'a été décidé à Cheik-Saïd. Ce serait une faute irréparable de ne pas occuper cette position.

Comme port, Cheik-Saïd a l'avantage sur Obock d'être à l'entrée de la mer Rouge, sur la route de tous les navires, de n'exiger aucun détour, sur Aden d'avoir de l'eau vive excellente à proximité et des vivres à bon marché.

Comme point stratégique, Cheik-Saïd nous permet de réduire Périm, d'emprisonner dans la mer Rouge les navires de nos adversaires, de commander la route maritime de l'Europe aux Indes et à l'Extrême-Orient.

Si nos canons ne sont pas à Cheik-Saïd nous restons à la discrétion de l'Angleterre.

CAHIER DE L'ALGÉRIE

Le 14 juin 1830, les Français débarquent à Sidi-Ferruch.

Le 5 juillet 1830, est signée cette convention entre Hussein, Dey d'Alger, et le général Bourmont, commandant l'armée française :

Article premier. — Le fort de la Kasba, tous les autres forts qui dépendent d'Alger et le port de cette ville seront remis aux troupes françaises ce matin à dix heures (heure française).

Article 5. — L'exercice de la religion mahométane restera libre ; la liberté des habitants de toutes les classes, leur religion, leurs propriétés, leur commerce et leur industrie ne recevront aucune atteinte ; leurs femmes seront respectées : le général en chef en prend l'engagement sur l'honneur.

Le Dr G. Seguy résume ainsi les diverses phases par lesquelles a passé l'administration algérienne :

« Les événements nous entraînèrent, pour ainsi dire, presque malgré nous, ou plutôt, malgré le gouvernement et la représentation nationale ; la conquête s'étendit chaque jour, d'une façon fatale, impérieuse, et en 1831, l'ordonnance royale du 22 juillet la consacra définitivement et constitua, pour la première fois, l'organisation des services publics en Algérie.

« Cet acte créait les fonctions de gouverneur général, sous l'autorité et la direction du ministre de la guerre, et établissait, pour la colonie nouvelle, le régime des ordonnances.

« Jusqu'alors, depuis les premiers jours de l'occupation, on avait administré les points occupés en y transplantant plus ou moins complètement, et à la hâte, les services financiers, judiciaires et administratifs de la métropole, légèrement modifiés. Un intendant civil, sous l'autorité du gouverneur général, centralisait la direction des affaires.

« L'ordonnance de 1834 conservait l'intendant civil ; mais en lui enlevant la direction des finances et de la justice qui fut confiée à un directeur spécial ; de là un dualisme fâcheux et des conflits inévitables. Nous aurons malheureusement plus d'une fois l'occasion de signaler les inconvénients résultant de cette dualité administrative. Si l'on ajoute à ces divers rouages une direction des affaires arabes, tantôt supprimée, tantôt rétablie, tantôt confiée à un chef indigène, tantôt à un chef français, dont le premier soin était de parodier, au point de vue théâtral, l'agha dont il prenait la place, et cela d'ailleurs sans aucun prestige, remplacée enfin définitivement en 1844 par les bureaux arabes, on pourra se faire une idée à peu près exacte, de l'organisation administrative de l'Algérie jusqu'en 1845.

« C'est à cette date qu'apparaît, pour la première fois, la dénomination officielle d'Algérie dans les actes du gouvernement, et la division du pays en trois provinces, séparées elles-mêmes en trois parties diversement administrées ; territoire civil, territoire mixte, et territoire arabe...

« Les territoires civils étaient soumis au droit commun, en ce qui concernait les Européens.

« Les territoires mixtes étaient soumis à un régime d'exception, les fonctions administratives et judiciaires y étant dévolues à l'autorité militaire, dont relevaient également les Européens qui s'y établissaient.

« Il y avait enfin les territoires arabes, qui étaient administrés militairement, et sur lesquels les Européens ne pouvaient se fixer que dans des conditions exceptionnelles soumises, au préalable, à l'approbation du gouverneur général.

« ... La République remplaça par trois départements avec trois chefs-lieux, Alger, Oran et Constantine, les trois anciennes provinces, et déclara l'Algérie territoire français, ce qui faisait du même coup passer la colonie du régime des ordonnances à celui des lois votées par le Parlement.

« L'avènement de la République marqua en même temps un grand progrès pour nous en nous donnant ces libertés locales que les Français du Canada avaient obtenues, après le traité de 1763, non de leurs compatriotes, mais de leurs adversaires. Le décret du 16 août 1848, signé du général Cavaignac, inaugura l'ère des franchises municipales...

« Nos droits politiques se ressentirent à la même époque de la bienfaisante influence du vent de liberté qui soufflait sur la France; car nous obtînmes alors d'élire un député par département. L'Algérie eut ainsi au Parlement trois nouveaux défenseurs. Le coup d'État de décembre nous priva de ce droit, que rétablit d'une façon définitive le Gouvernement du 4 septembre.

« La République maintint en outre le gouvernement général, et chaque département fut divisé en deux parties : l'une — territoire civil — administrée par un préfet, des sous-préfets, des commissaires civils et des maires ; l'autre — territoire de commandement — dont l'administration était confiée à des généraux de division, des commandants de subdivision, des commandants de cercles ou d'annexes, et enfin des chefs indigènes...

« Aujourd'hui le territoire algérien est divisé en trois départements : Alger, Oran et Constantine. Un gouverneur général civil, responsable envers les ministres dont il est le délégué, centralise la haute direction des affaires. Il est assisté d'un conseil de gouvernement, analogue aux conseils de préfecture vis-à-vis des préfets, et dont les attributions et la constitution ont été fixées par les décrets de 1860 et du 11 août 1875. Le conseil supérieur, — assemblée composée de trente-huit membres, vingt fonctionnaires chefs des différents services (les trois préfets, les trois généraux de division, et les chefs des services administratifs, judiciaires et militaires), et de dix-huit délégués des conseils généraux, élus par leurs collègues, à raison de six par département, — se réunit une fois par an à Alger, vers le mois de décembre, sous la présidence du gouverneur général, et prépare le budget algérien qui est voté par le Parlement. Le décret du 17 août 1875 qui constitue cette assemblée, telle qu'elle existe aujourd'hui, définit ainsi, dans son article 7, ses attributions : « Le conseil supérieur du gouvernement est chargé d'examiner le projet de budget, l'assiette et la répartition des impôts préparés par les soins du gouverneur général. » La discussion des propositions budgétaires lui permet ainsi de toucher à presque toutes les questions algériennes, et de manifester, sous forme de vœux, dont malheureusement on ne tient pas toujours compte, des propositions longuement mûries et discutées consciencieusement par des orateurs dont la compétence est incontestable.

« Depuis les décrets de rattachement, le budget est réparti entre chaque ministère et forme une annexe de chacun d'eux. Les fonds sont délégués mensuellement par les ministres au gouverneur général, et celui-ci ordonne ensuite, ou procède par de nouvelles sous-délégations. Chacun des départements algériens étant divisé en deux parties, le territoire civil et le territoire de commandement, la première est administrée par le préfet, assisté d'un conseil de préfecture et ayant sous ses ordres tous les services civils ; le préfet est représenté dans les départements et les communes par les sous-préfets, les administrateurs et les maires ; quant au territoire militaire, il est sous les ordres du général commandant la division, du reste sous la dépendance directe du gouverneur général, et non plus comme précédemment, du général commandant en chef le dix-neuvième corps d'armée dont les attributions sont exclusivement militaires ; en territoire militaire, les subdivisions, équivalant aux arrondissements civils, sont administrées par des généraux de brigade, les cercles par des officiers supérieurs, et les annexes par des capitaines ou des lieutenants. Le Tell forme, excepté sur les frontières, la limite de ces deux territoires.

« Chaque département élit un conseil général, composé de vingt-cinq membres français environ et de six assesseurs musulmans ayant voix délibérative, désignés par l'administration.

« Les dispositions de la loi de 1871, qui règle en France la matière, ont été appliquées à l'Algérie en 1875. Il en est de même de la loi municipale française, qui nous a été étendue et qui a enlevé aux étrangers le droit de présence dans les conseils municipaux qu'ils avaient auparavant.

« Des quatre contributions, une seule, celle des patentes, étant perçue en Algérie, il n'y a pas eu lieu de nous doter de conseils d'arrondissement.

« Enfin, l'Algérie est représentée au Parlement par trois sénateurs, un par département, et six députés, deux par département, dont l'élection est soumise à la loi électorale française.

« Telle est, en quelques mots, l'organisation de la machine administrative actuelle. »

LES FRONTIÈRES DE L'ALGÉRIE

Frontières sahariennes. — Dans son livre sur « *Nos frontières sahariennes* », M. Louis Rinn s'exprime ainsi :

« Après le Tell, étroite bande montueuse et fertile qui borde la Méditerranée, on rencontre à une altitude variant de 800 à 1 200 mètres des steppes couvertes d'alfa, de riches pacages et même des terres de labour d'une certaine fertilité.

« C'est la zone des Hauts-Plateaux qui se termine au sud par un bourrelet montagneux plus ou moins épais dont les points les plus remarquables sont de l'est à l'ouest les massifs de l'Aurès et du Djebel Amour et enfin les montagnes des Ouled-Sidi-Chikh qui se terminent près de Figuig.

« Plus au sud, à une altitude bien moindre que celle des Hauts Plateaux (car dans l'Est certaines cuvettes descendent au-dessous du niveau de la mer), s'étendent les immensités du Sahara.

« Ce Sahara, qui n'est ni désert ni stérile puisqu'on y rencontre des oasis et de nombreuses populations pastorales, forme en réalité une vaste dépression orographique entre le bourrelet sud des Hauts Plateaux algériens et l'immense massif du Djebel-Hoggar, dont les ramifications s'étendent de la Tripolitaine à l'oued N'Saoura dans une direction oblique entre le 25° et le 27° l. N.

« Au fond de cette vaste dépression, et à des distances variables des soulèvements qui la limitent, se trouve une véritable mer de sable, c'est la région des grandes dunes ou des Areg : elle s'étend du sud de la Tripolitaine et de la Tunisie jusqu'aux plages de l'Atlantique au-dessous du Sous Marocain.

« Ces Areg, qui ont parfois des centaines de kilomètres d'épaisseur, sont impraticables sauf par de rares passages dont les principaux sont l'Ighargar, l'oued Mia et la vallée de l'oued N'Saoura. Hors de ces trois grandes routes, dont le sol (hamada ou reg) est en nature de roc ou de gravier résistant, il n'existe à travers les sables meubles que des sentiers à peu près impraticables aux caravanes et fréquentés seulement par les courriers, les éclaireurs, les bergers et les bandits.

« Au nord de ces Areg sont des nomades algériens qui, avec leurs troupeaux de chameaux, s'avancent plus ou moins dans ces sables où ils ont des points sur lesquels leurs droits traditionnels de propriété sont bien connus et hors de contestation.

« Au sud des Areg, du Fezzân à l'Adrar atlantique, gravitent les quatre grandes confédérations des Touareg, dont deux seulement nous intéressent :

les Touareg Azdjer à l'est, les Touareg Hoggar au centre et à l'ouest. Eux aussi s'avancent parfois dans les Areg jusqu'à la rencontre de nos nomades sahariens, laissant bien en arrière au sud, sur les deux versants du Djebel Hoggar, leurs villages mal connus où vivent sous des tentes de cuir leurs femmes et leurs serfs pasteurs...

« Pour ces Touareg nous sommes l'ennemi.

« ... Nos objectifs sont nombreux et multiples, mais il en est un qui s'impose avant tous les autres, qui les domine tous et sur lequel tout le monde est d'accord : c'est la nécessité d'assurer sur tout notre territoire algérien la sécurité la plus absolue à la colonisation française ou indigène, tant agricole qu'industrielle, partout où ses intérêts peuvent la conduire.

« Le moyen d'obtenir ce résultat est de défendre notre sud en portant notre ligne de postes militaires en avant des terrains à protéger, c'est-à-dire sur la frontière même, tout contre les Areg et à l'entrée des grandes voies naturelles ouvrant de larges chemins aux manœuvres de nos ennemis transsahariens.

« Pour donner à ces postes militaires indispensables au sud de notre Sahara une existence normale et une action toujours réelle, il faut les relier par des lignes ferrées (à voie étroite) à notre réseau du Tell. »

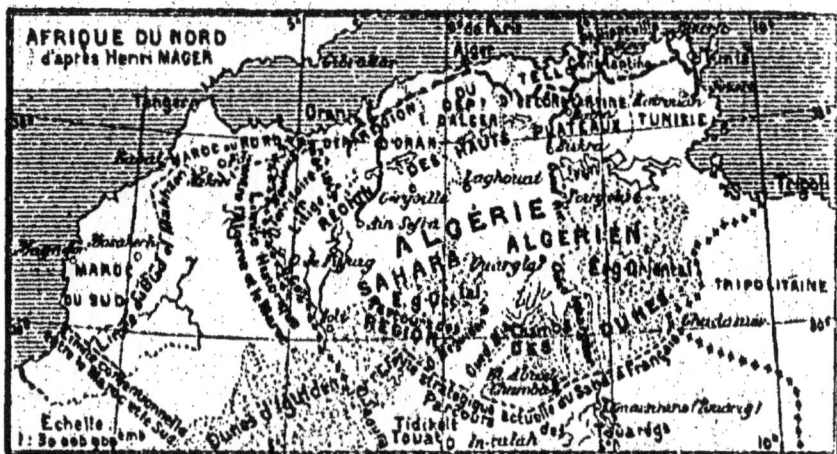

Pour tenir les portes de l'Algérie au sud, l'occupation des trois vallées de l'Igharghar, de l'oued Mia et de l'oued N'Saoura s'impose.

Vers les deux premières, nous pouvons porter une action effective jusqu'aux postes avancés des Chamba, qui reconnaissent notre autorité : El-Biod, Haci-Messiguem, Haci-Insoki, Haci-Inifel, Aïn-Taïba.

Ce n'est que du jour où ils se sentiront protégés par nous que les Chamba consentiront à mettre franchement à notre service leurs aptitudes guerrières, et aussi leurs aptitudes commerciales qui sont très développées.

Dès 1864, l'explorateur Gérard Rholfs constatait que « les Français devraient transporter leurs positions jusqu'à l'oued M'Saoura » : Igli est la place militaire à occuper, première étape sur la route d'In-Çalah « qui n'appartient à aucune puissance reconnue ».

Frontière marocaine. — Dans les *Notices sur Oran et l'Algérie*, publiées en 1887, à l'occasion du congrès tenu à Oran par l'Association française pour l'avancement des sciences, M. J. Canal écrit :

« De tout temps la Moulouïa, la Malva ou Mulucha des Anciens, a été la frontière naturelle, la ligne séparative entre le Maroc septentrional et la Numidie, devenue plus tard la Mauritanie césarienne et enfin l'Algérie.

« Léon l'Africain, dans son histoire de l'Afrique, définit ainsi le royaume de Tlemcen, qui portait au temps des Berbères le nom des Maghreb-el-Ouest, c'est-à-dire du milieu, par opposition au Magreb-el-Aksa, ou le plus occidental qui était le Maroc :

« *Le royaume de Telensin dans la partie du ponant (ouest) se termine au fleuve Za et à celui de Malva ou Molouya.*

« Dans Sallusto, on trouve que le royaume de Bocchus, roi des Masséssyliens, dont la capitale était Siga (Rachgoun), était séparé de celui de Jugurta, roi des Maures, par le fleuve Mulucha (Moulouïa).

« L'historien Berbère, Ibn-Khaldoun, dans sa table géographique, cite la Moulouïa comme une rivière qui, *jusqu'à l'occupation française, séparait le Magreb-el-Aksa (Maroc) du Magreb central (Royaume de Tlemcen).*

« Plus loin, le même auteur dit : le Magreb-el-Aksa est borné à l'est par la Moulouïa. »

M. L. Demaeght ajoute :

« La Moulouïa a toujours été une limite. Si on examine la région qu'elle traverse, on reconnaît facilement que c'est le seul obstacle naturel, le seul grand accident physique qui puisse remplir ce but.

Il est donc non seulement regrettable mais encore incompréhensible que le traité de 1845 ait pu substituer la ligne conventionnelle actuelle à une frontière qui fut celle des provinces et des États pendant plus de deux mille ans. »

Le *Moniteur algérien* (journal officiel de la colonie), a publié, le 20 septembre 1845, le traité conclu avec le Maroc, pour la délimitation des frontières.

La version officielle française n'étant pas la traduction fidèle du texte arabe, le seul que connaisse l'empereur musulman, nous reproduisons en partie non le texte français, mais la traduction littérale du texte arabe fourni par le *Moniteur algérien*.

Louange au Dieu unique : Il n'y a de durable que son règne.

Ceci est le traité dont sont convenus le représentant du sultan du Maroc, de Fâz et du Sous-el-Aksa et le représentant du sultan des Français et de tout le royaume d'Alger.

L'intention des deux sultans étant de rectifier et de consolider l'acte de l'amitié qui a précédé, chacun d'eux a demandé à l'autre l'accomplissement de la cinquième condition du traité de paix conclu le 10 septembre an 1845 de l'ère du Messie, date correspondante au 25 du mois de Chaban (26?) de l'hégire. A cet effet, les deux secrétaires ont désigné chacun leur représentant investi de pleins pouvoirs pour déterminer exactement et d'une manière stable les frontières des deux gouvernements.

Pour première condition, les deux mandataires sont convenus que *les frontières entre le gouvernement du Magreb et celui d'Alger demeureraient telles qu'elles existaient autrefois* entre les précédents rois du pays Turc et ceux du Garb (de l'occident), de telle sorte qu'aucune des deux parties ne dépassera les frontières de l'autre, n'élèvera l'avenir à de constructions sur lesdites frontières, *ne les distinguera pas par des pierres*, mais qu'au contraire elles resteront dans l'état où elles étaient *avant la conquête du royaume d'Alger par les Français...*

Troisième condition: Désignation du commencement des frontières et des lieux par lesquels passe la limite séparative: Son commencement est à l'embouchure de l'Oued (cours d'eau) d'Adjéroud dans la mer, remonte cet oued jusqu'au gué appelé Kiss ; de Sidi Aïça continue ainsi jusqu'à la colline El-Debâgh qui forme la limite extrême du Tell (pays cultivé); marche ensuite toujours au sud jusqu'à Khenig-el-Hada, et de là jusqu'au col El-Sasi, connu pour appartenir aux deux royaumes.

La susdite ligne séparative s'étend dans toute la longueur depuis la mer jusqu'au Sahara (désert).

La quatrième condition est que dans le Sahara (désert) il n'y a pas de ligne frontière entre les deux parties parce que la terre ne s'y cultive pas et qu'elle n'est qu'un lieu de pacage pour les Arabes des deux gouvernements qui y campent et qui profitent des pâturages et des eaux qu'ils y trouvent. Chacun des deux sultans exercera tous les droits de souveraineté sur ses sujets, comme il l'entendra... les arabes du Magreb sont...

La cinquième condition a pour objet la désignation des Ksour (villages du désert) dépendant des deux royaumes dans le Sahara. Les deux rois devront suivre envers eux la coutume ancienne et traiteront les gens de ces Ksour avec égards, comme il est de la dignité de chacune des parties contractantes.

Quant aux Ksour de Figuig et de Iche, ils appartiennent au Magreb, et quant à ceux de Aïn-Sefra, de Sfissi-fa, de Asla, de Tiout, de Chélala, de El-Abiod, et de Bou-Semroun, ils appartiennent au Cherk.

La sixième condition est que la terre qui s'étend au sud des Ksour des deux puissances dans le Sahara n'ayant pas d'eau, et étant une solitude proprement dite, il n'y a pas besoin de la délimiter.

Après la ratification du traité de Tanger (18 mars 1845), le général de La Rüe avait été choisi comme commissaire du gouvernement pour la délimitation de la frontière avec le Maroc; le commandant de Martimprey, chef du service topographique de la division, lui avait été adjoint.

« Il fut convenu, ajoute M. J. Canal, qu'on maintiendrait la frontière telle qu'elle existait du temps des Turcs, et tout le travail se borna à retracer ces limites par renseignements. On voit par là que la question topographique fut traitée exclusivement par nos soins et que, s'il y eut alors des fautes commises, elles incombent en entier à la commission française. Il est non moins certain que la bonne foi du commandant de Martimprey fut surprise, quand il s'agit d'assigner une limite au delà du Tell, c'est à dire au delà des pays civilisés. C'est ainsi que sur la foi de certains témoignages, aussi affirmatifs qu'intéressés, qu'il ne lui était guère possible de contrôler, Martimprey crut que les Oulad Sidi Cheik Gharaba et les Hamian Djemba étaient marocains et qu'il les laissa bénévolement en dehors de la frontière, alors qu'ils formaient partie intégrante du Sahara algérien. »

Le commandant de Martimprey avoue lui-même qu'il fut joué :

« Je fus conduit, dit-il, à une erreur grave en m'en rapportant aux témoignages du caïd de Tlemcen, Si Hamadi-Sakal et de l'Agha Si-ben-abd-Allah.

« Ils nous certifiaient que les Oulad-Sidi-Cheik Gharaba étaient marocains. Ce mensonge, car ce ne pouvait être une erreur, était léger à des Musulmans, témoignant de la non-appartenance aux chrétiens de populations musulmanes. »

Les choses se passèrent avec une extrême légèreté : aucun membre de la commission ne se rendit sur les lieux.

« Au lieu de nous donner la Mouloufa comme limite, disait M. Canal devant la Section de géographie du congrès d'Oran, on choisit par suite de perfides renseignements l'oued Kiss, frontière fictive, conventionnelle, illusoire, qui n'est indiqué sur le sol par aucun obstacle naturel. *Le désiratum de tous les les Algériens réside dans la rectification de cette frontière actuelle jusqu'à la rive droite de la Moulouïa.* Cette revendication ne saurait être confondue avec les idées de conquête et d'annexions coloniales. C'est une restitution que nous demandons au Maroc pour faire cesser ces conflits permanents à main armée, qui ensanglantent journellement notre pseudo-frontière.

« En demandant la rectification de notre frontière de l'ouest jusqu'à la rive droite de la Moulouïa, ce n'est pas une annexion immodérée de territoire que nous cherchons ; ce n'est pas une conquête coloniale nouvelle, c'est la simple restitution de la frontière naturelle entre les deux pays, depuis les temps les plus reculés jusqu'à nos jours. »

AUTONOMIE OU ASSIMILATION

Vous voulez bien demander mon opinion sur l'organisation politique et administrative qui conviendrait le mieux à l'Algérie, c'est-à-dire sur la question d'autonomie et d'assimilation, deux termes qui paraissent être dans votre esprit les deux extrêmes du problème. Je le fais bien volontiers et en quelques lignes. Les autonomistes proprement dits, les partisans d'une constitution coloniale indépendante de la Métropole comme celles qui régissaient les anciennes colonies grecques qui ont donné leur nom à la chose, n'ont jamais existé en Algérie. L'Algérie, depuis la conquête, a toujours été considérée comme le prolongement de la France et comme devant constituer, dans un avenir plus ou moins éloigné, un ou plusieurs départements français. Cette idée est de tradition chez nous ; elle n'a fait que se développer, en se fortifiant, dans le cours des temps, malgré les entreprises et les promesses du royaume arabe. Et chose singulière que l'on ignore de l'autre coté de la Méditerranée, c'est que cette tendance de l'élément civil et de colonisation n'a jamais été contredite par l'élément militaire.

Les Algériens sont donc tous assimilateurs ; tous nous aspirons au régime politique, administratif et légal de la mère patrie : c'est notre but et c'est notre politique. Nous ne sommes divisés que sur la question d'heure et d'opportunité. Alors que les uns veulent l'assimilation immédiate et par décret, les autres la veulent progressivement et par l'action du temps. Je suis de ces derniers.

L'assimilation d'un pays à un autre suppose une similitude, ou au moins une quasi-similitude, dans les populations, les mœurs et les besoins. L'assimilation est le résultat d'une situation. Elle doit se faire pour ainsi dire toute seule. L'ancienne Rome cherchait à *romaniser* un pays par ses *Reges inservientes* avant de le réduire en province, c'est-à-dire avant d'y établir ses colonies *Juris civium.* C'est là une pratique commandée par le bon sens et l'intérêt supérieur.

Quel est l'état actuel de l'Algérie comparativement à celui de la métropole?

Nous avons en Algérie 3 000 000 d'indigènes éparpillés sur d'immenses surfaces, appartenant à une race fière et guerrière, chez laquelle le souvenir de l'indépendance n'a pas encore disparu, de mœurs et d'habitudes absolument différentes des nôtres, vivant sous l'empire d'un statut personnel que nous devons respecter en l'améliorant et en le corrigeant, et nécessitant une surveillance continue.

La propriété immobilière est bien fixée dans les territoires de colonisation, mais elle est encore à préciser et à constituer dans la plupart des territoires de tribus.

Comme le pays sort à peine de l'enfance, il n'est pas encore assez fort pour supporter les charges de l'impôt. La production du sol a encore besoin d'une protection particulière.

La justice française doit remplacer la justice musulmane pour les Arabes et les Kabyles; c'est un travail de transformation qui s'opère.

Nos voies de communication sont encore loin de présenter un réseau parfait. Il nous faut des ressources puissantes et exceptionnelles pour les mettre en harmonie avec les exigences de la circulation.

Le territoire algérien va de la Méditerranée à Ouargla et du Maroc en Tunisie. Il est immense et il faut y développer la colonisation, y appeler des travailleurs français, y assurer la sécurité par des moyens particuliers et presque violents. Comme vous le voyez, notre pays est un pays encore neuf et en voie de formation, mais ce travail de formation se fait. Les populations indigènes viennent à nous par l'instruction publique, la justice, la culture du sol, la communauté d'intérêts, les garanties de sécurité et le respect de leur droit de propriété et de leurs croyances. Les chemins de fer se construisent; les richesses terriennes s'accroissent, les communications entre l'Algérie et la France sont d'une telle régularité et d'une telle fréquence qu'on peut dire que la traversée de la Méditerranée n'est que la traversée d'un lac.

L'œuvre de l'assimilation progressive n'est pas en retard. Chaque jour nous faisons un pas en avant, mais la condition anormale des populations et de la terre ainsi que les besoins supérieurs de la colonisation nous retiendront encore longtemps dans l'exception.

Mais précisément à cause de cela et parce que pendant longtemps il y aura des questions algériennes, le système administratif appliqué à la direction des affaires de la colonie pendant la période transitoire est chose importante. Sur ce point, les

Algériens cessent d'être d'accord. Dans la controverse, c'est naturellement le gouvernement général qui est visé.

Si on supprime le gouvernement général, l'Algérie reste en préfectures civiles et militaires, mais presque entièrement civiles; c'est l'unité administrative d'autorité, de vues et de direction qui est détruite; c'est l'administration centralisée à Paris; c'est à Paris qu'on étudiera nos besoins; c'est de Paris que l'on colonisera. Ce sera dangereux, ce sera même impossible. Le gouvernement général est donc toujours nécessaire et, à mon avis, loin de le réduire et de l'affaiblir, il faut le fortifier et accroître son autorité. Dans ce but, il faudrait décentraliser au lieu de centraliser, comme on le fait depuis quelque temps. Je voudrais que le gouvernement général fût organisé de telle manière que toutes les affaires importantes de l'Algérie fussent traitées et résolues à Alger.

Les lenteurs administratives ne conviennent pas aux pays neufs. Le formalisme nous paralyse. Je ne voudrais pas, par exemple, que, pour construire un tramway à vapeur, on fût obligé de circuler pendant des années d'Alger à Paris et de Paris à Alger, Oran ou Constantine. Je voudrais, en un mot, une décentralisation aussi large que possible. Il ne faut pas confondre décentralisation avec autonomie.

Telle est la formule qui résume, à mon avis, le cahier algérien.

Eug. Robe.

CONSEIL SUPÉRIEUR DE GOUVERNEMENT

RAPPORT DE LA COMMISSION CHARGÉE D'EXAMINER

LES

PROJETS ET VŒUX

DU

CONSEIL SUPÉRIEUR

Messieurs les Conseillers, vous avez renvoyé à l'examen d'une commission spéciale la proposition suivante présentée par M. Allan et quelques autres de nos collègues :

« Considérant que depuis quelques années le budget de

l'Algérie est un budget d'entretien qui comporte à peine quelques ressources de création absolument insuffisantes aux besoins du pays et aux nécessités de son développement ;

« Que le Conseil supérieur, dans ses précédentes sessions, a étudié les moyens de remédier à cet état de choses ; qu'il y est arrivé par des combinaisons qui n'imposeraient à la mère patrie aucun sacrifice pécuniaire ; que les projets qui s'y appliquent sont prêts et ne demandent pour être appliqués que la sanction législative, notamment le projet de budget algérien et celui de la création d'une caisse de colonisation ;

« Considérant qu'il est à peine besoin de faire ressortir la nécessité de mettre un terme à cette situation désastreuse pour l'Algérie et pour la France elle-même, que celle-ci perd sans profit des ressources considérables, dont l'utilisation serait pour la nation une source de prospérité,

« Prient le Conseil de vouloir bien émettre le vœu que les projets relatifs à l'Algérie et préparés par le Conseil supérieur soient étudiés par le Gouvernement et soumis par lui aux délibérations du Parlement ; que ceux de ces projets qui sont en ce moment à l'étude dans l'une ou l'autre Chambre soient mis à l'ordre du jour le plus tôt possible. »

En accueillant avec faveur cette proposition, vous avez voulu, sans aucun doute, jeter un regard sur le passé, vous rendre compte de ce que vous avez fait en dehors de vos attributions purement budgétaires. Vous avez voulu aussi savoir ce que sont devenus les projets que vous avez préparés ou examinés et les vœux que vous avez émis sur les questions et affaires de l'Algérie. Vous avez désiré qu'il fût procédé à un relevé de tout cela, afin de pouvoir insister, s'il y avait lieu.

Ce que vous avez or... né est une excellente chose, car les revues de cette nature sont toujours instructives. Elles appellent d'abord l'attention, et peut-être la sollicitude des pouvoirs compétents, et nous en avons besoin. Ensuite, c'est sa propre histoire que l'on fait, et l'on y trouve toujours, soit une satisfaction, soit un enseignement , et souvent un encouragement. Mais ce travail pour être complet serait trop long, car il faut bien le dire, nous avons plus de causes en instance que de causes jugées. Nous avons donc dû le réduire considérablement et nous borner à vous signaler les points principaux de vos études.

I. **Crédit aux colons.** — Comprenant que la colonisation est l'œuvre capitale de l'Algérie, celle qui domine et absorbe même toutes les autres, vous vous en êtes saisis dès les premiers jours, à la première heure de votre institution. C'est ainsi que, dans votre séance du 29 octobre 1872, ~~ous~~ avez demandé la création d'une *caisse de prêts aux ~~·~~lons du titre II du décret du 16 octobre 1872.*

Le 26 mars 1873, vous recommandiez l'étude d'un pro· . de *caisse de crédit agricole,* projet dont quelques dis-~~·~~sitions présentaient un caractère particulièrement nou-~~·~~eau au point de vue économique et financier.

En ~~···~~ et dans votre séance du 26 décembre, vous votiez, ~~·····~~ une discussion approfondie, d'autres ajoute-raient remarquable, un projet complet de *crédit aux colons par la constitution d'un privilège spécial.*

Par la création de ce privilège, les colons attributaires se procuraient immédiatement et à peu de frais des res-sources pour faire leurs défrichements, leurs construc-tions et leurs ensemencements. Vous trouviez cette insti-tution tellement excellente que vous émettiez le vœu que le projet fût soumis d'urgence aux délibérations du Par-lement.

En 1885, vos résolutions précédentes paraissaient être oubliées ; aussi dans votre séance du 4 décembre vous invitez l'administration à reprendre l'étude générale du *crédit aux colons.* La question revient en 1887, et le 26 no-vembre, vous décidez la nomination d'une commission spéciale pour l'étude et l'établissement d'un projet.

Cette commission a été nommée ; elle a fonctionné et son rapport sera prochainement déposé.

Désormais la procédure marchera vite et la loi ne se fera pas attendre.

II. Caisse de colonisation. — Dans le même ordre d'idées, mais dans des conditions plus larges et avec un autre but, vous avez, dans votre séance du 3 décembre 1885, examiné un projet de *caisse de colonisation* qui vous avait été présenté par le Gouvernement général. Ce projet, vous le savez, a été provoqué par le rejet du crédit de 50 000 000 de francs, demandé au Parlement pour l'établissement de nouveaux centres. C'est une combinaison fort simple et d'une application facile. Par cette combinaison, les fonds nécessaires à la création de ces villages seront fournis par la vente des terres domaniales. Le projet avec votre approbation a été envoyé à Paris le 7 décembre 1885. Le Gouvernement en a saisi le Sénat qui a renvoyé l'affaire à une commission dont M. Jacques est rapporteur.

Personne ne saurait douter de l'intérêt considérable qui s'attache au vote de la loi projetée. L'œuvre de la colonisation est aujourd'hui arrêtée faute de fonds, et il est nécessaire de la reprendre au plus tôt, afin de développer la richesse productive du sol et d'accroître les forces défensives du territoire par l'établissement d'une population plus nombreuse de colons. « Il faut, disait votre rapporteur de 1885, M. Allan, que le pays soit relié par un réseau de villages en quelque sorte stratégique, non seulement au point de vue de la défense du pays, mais encore à celui du peuplement. L'initiative privée fera le reste. »

Nous sommes à une heure où nous devons retenir ces paroles.

Il est nécessaire que le projet soit voté à bref délai. La colonisation et la défense sont deux intérêts tellement supérieurs et tellement connexes qu'il est inutile d'insister pour que le pouvoir législatif nous accorde l'urgence.

Au surplus, nous devons espérer une prompte solution, car la Commission sénatoriale a terminé son travail. Une difficulté s'était présentée à l'origine. Notre projet autorisait la concession gratuite à titre exceptionnel. La Commission sénatoriale n'admettait que la vente. Le différend n'avait pas d'importance. Il a disparu. L'essentiel était d'aboutir. Le Ministre a écrit le 13 septembre dernier que le Sénat ne tarderait pas à statuer. Nous sollicitons son honorable et vigilant rapporteur pour qu'il en soit ainsi. Dès que la loi sera votée, elle pourra être mise immédiatement en application par l'administration algérienne qui nous affirme que les études sont terminées pour la création de cinquante à soixante centres nouveaux.

III. **Impôts arabes.** — Les contributions arabes qui constituent la principale ressource du budget algérien ne pouvaient pas échapper à votre sollicitude. Dès 1873, vous demandiez plus de fixité et plus d'équité dans leur assiette, plus de régularité et plus de justice dans leur perception ; vous demandiez en un mot leur transformation en un impôt de répartition et d'un caractère presque foncier. Cette conversion allégeait le contribuable sans diminuer les recettes.

Vous revenez à la charge en 1874.

C'est à la suite de vos délibérations que le Gouvernement de l'Algérie prépare et envoie à Paris un projet de décret, lequel est communiqué au Conseil d'État.

Dans votre session de 1876, l'esprit qui paraît animer le Conseil d'État vous inquiète, et vous demandez communication du projet. Une commission l'examine et le Conseil supérieur le vote après l'avoir remanié dans sa séance du 3 décembre.

Nous sommes encore au Conseil d'État ou dans les bureaux du Gouvernement. Comme la situation au point de vue de l'assiette et de la perception s'est beaucoup améliorée, et que d'un autre côté cette question des impôts arabes tend à se rattacher à l'opération du cadastre et de la constitution de la propriété indigène, personne ne semble plus s'en occuper. Elle semblerait même abandonnée, si en 1884 le Conseil de Gouvernement ne l'avait reprise dans le seul but probablement d'empêcher la prescription.

IV. **Forêts.** — Lorsqu'on suit vos délibérations, on rencontre à chaque session un témoignage de votre sollicitude pour les forêts. C'est qu'en effet, Messieurs, les forêts ont toujours constitué une partie féconde des richesses du sol algérien, Pline les appelait déjà *formosissimæ Sylvæ*, et elles rapportaient au trésor public près de 80 000 000 de sesterces, c'est-à-dire, près de 20 000 000 de notre monnaie. Les Berbères ne les méprisaient pas autant qu'on le croit communément ; seulement ils ne prenaient pas des broussailles pour des forêts ; ils laissaient, au contraire, la broussaille pousser naturellement sur leurs terres, ce qui fait que, plus tard, les administrations dites forestières ont compris dans leur domaine ce qui n'était en réalité que terres de culture. Ce procédé a produit deux résultats : le premier, d'enlever à la colonisation des surfaces considérables qui ne sont que des broussailles ou des clairières ; le second, de rendre difficile, sinon impossible, la surveillance et l'entretien de nos véritables massifs forestiers. Cette situation mauvaise et dangereuse, vous l'avez constatée à maintes reprises. La superficie qualifiée forestière est de 2 786 186 hectares. Une portion de cette superficie, la plus riche, représentant 159 000 hectares environ, a été aliénée au profit des particuliers par application du décret du 2 février 1870. Il reste donc à l'État 2 600 000 hectares dans lesquels il y a plus de 600 000 hectares de terres de culture. Sur les 2 600 000 hectares, 800 000 ont été sénatus-consultés et attribués au domaine forestier. Le surplus soit 1 800 000 hectares sera soumis à l'opération prescrite par l'article 2 de la loi du 28 avril 1887 et du décret du 22 septembre suivant.

C'est dans ces conditions que dans votre séance du 26 novembre 1886, vous avez décidé qu'il fallait poursuivre vos revendications sur le groupe sénatus-consulté et avez demandé à M. le Gouverneur général la nomination d'une commission spéciale qui serait chargée de rechercher les surfaces qualifiées à tort forestières.

Quant au groupe non sénatus-consulté, vous avez pensé que vous obtiendriez aisément satisfaction lorsqu'il serait procédé à la délimitation définitive par le service forestier. Aujourd'hui la situation a changé, cette délimitation devient inutile en présence de la double délimitation prescrite par la loi du 28 avril 1887 dans les territoires non sénatus-consultés. C'est donc à cette double opération, qu'en fait, vous vous êtes ajournés.

M. le Gouverneur général a cru devoir solliciter du Ministre l'autorisation de former la commission que vous aviez demandée. Cette autorisation fut refusée. Nous prions M. le Gouverneur général d'insister auprès du Ministre et de lui faire observer combien cette commission de recherches serait utile.

D'après les investigations auxquelles on s'est livré, les surfaces à désaffecter dans le groupe sénatus-consulté ne s'élèverait pas à moins de 400 000 hectares. Ce chiffre nous paraît exagéré ; mais en le réduisant de beaucoup, il restera encore respectable. La désaffectation faite jusqu'à ce jour ne dépasse guère 5 000 hectares.

Si on admet comme chose indiscutable, et cela doit être ainsi, que dans le groupe forestier sénatus-consulté, il peut être distrait plusieurs centaines de mille hectares de terres cultivables pour être livrés à la colonisation, et que le service des forêts, par les lenteurs inhérentes à l'insuffisance de son personnel ou à l'esprit de son institution, n'est pas susceptible de faire le travail de reconnaissance aussi rapide et aussi exact que le sujet et nos besoins le réclament, il faut aussi admettre qu'on doit recourir à un moyen exceptionnel et efficace pour faire ce travail. Ce moyen, c'est la nomination d'une commission, car on ne peut espérer que l'État nous donne une augmentation de personnel propre à faire cette opération. Mais alors pourquoi le ministère s'oppose-t-il à la nomination de cette commission dont la composition doit donner toutes garanties aux intérêts en présence ? — dira-t-on qu'une telle procédure est contraire aux usages et aux traditions du service ? — mais les usages et les traditions varient et se modifient avec le changement dans les choses. Il est aussi dans les usages et les traditions qu'on ne doit faire entrer dans le périmètre des forêts que des essences forestières, et cependant s'il était vrai, comme des personnes autorisées l'affirment, que l'Administration eût considéré comme forêts, ce qui n'était que broussailles et clairières, elle eût certainement fait une chose anormale, contraire aux habitudes de justice et de savoir qui doit être la règle de conduite de toute administration.

L'intérêt général, l'intérêt du pays sont seuls à considérer en pareille matière. Or, cet intérêt est manifeste et urgent; nous avons besoin de terres pour faire les fonds de la *caisse de colonisation*, ce que nous avons de disponible à ce jour, étant absolument insuffisant. Notre espoir est dans l'application de la loi de 1873 et dans la désaffectation d'une partie du sol portée, à tort et au détriment du domaine de colonisation, dans le domaine forestier. La restitution sollicitée est intimement liée à la caisse et au succès de la caisse de colonisation, c'est-à-dire à la défense et au peuplement du pays. Nous sommes d'accord, sur le principe; il y a même eu déjà un commencement d'exécution; il ne s'agit plus que d'une vérification; et nous sommes dans le besoin. Ne semble-t-il pas qu'il n'y ait pas une minute à perdre? nous allons avoir très prochainement notre caisse de colonisation; ne faudra-t-il pas l'alimenter?

L'État, soit le service des forêts, doit être d'autant plus empressé à opérer la désaffectation, qu'en réalité il y trouvera des avantages, car en réduisant les espaces à surveiller, il pourra concentrer toute son activité et tout son personnel sur ce qui est véritablement forêt. L'aménagement des bois, leur conservation, le boisement et le régime des eaux ne pourront qu'y gagner.

L'urgence se justifie d'autant mieux que, pour la partie sénatus-consultée, la délimitation, à l'aide de laquelle on pourra obtenir la distraction des surfaces cultivables, soit comme domaniales, soit comme propriété collective, sera une opération à bien longue échéance, et dont les résultats pratiques se feront probablement attendre. Ils seront même peut-être fort maigres, puisque ces forêts sont situées dans les régions reculées et offrent, par conséquent, peu de ressources à la colonisation.

D'un autre côté, et à un point de vue autre que celui qui vient de nous occuper, nous rappellerons qu'il y a une loi du 9 décembre 1885, relative à l'*aménagement* des forêts et au rachat des droits d'*usage, aux exploitations et abus de jouissances dans les bois des particuliers, à la police des forêts et aux reboisements*. L'article 15 de cette loi dispose que les mesures à prendre pour assurer son exécution seront déterminées par un règlement d'administration publique.

Le Gouvernement général a préparé le projet de règle-glement d'administration publique et l'a envoyé, le 11 décembre 1886, au Ministre de l'agriculture. En avril 1888, le Ministre de l'agriculture répond qu'il a examiné le projet et l'a transmis à son collègue, le Ministre des finances ; que M. le Ministre des finances lui a renvoyé le dossier le 3 avril 1888 avec ses observations ; que maintenant il allait faire un examen complémentaire de la question ; que, lorsque cet examen serait terminé, il transmettrait les pièces au Conseil d'État !

La loi est du 9 décembre 1885, nous sommes en novembre 1888, comptez. — Il s'agit d'un règlement administratif pour l'exécution d'une loi, nous n'avons plus à invoquer l'urgence, nous n'avons qu'à prier M. le Ministre de ne pas nous oublier désormais.

V. Tabacs. — En 1885, par suite de la concurrence des tabacs étrangers qui venaient d'être exonérés du droit d'octroi de mer, l'industrie et la culture des tabacs algériens étaient dans une condition ruineuse. Dans le but de les protéger, vous avez émis le vœu que le droit de douane sur les tabacs fabriqués étrangers fût porté à 250 francs les 100 kilos ; vous avez renouvelé ce vœu en 1886. Le directeur général des douanes s'est opposé à la fixation de ce droit qu'il considère comme trop élevé, et il a proposé 150 francs. C'est sur ces données qu'un projet de loi a été déposé à la Chambre des députés le 14 janvier dernier.

VI. Expropriation pour cause d'utilité publique. — Dans

ce qui reste encore de notre législation des premiers jours de la conquête, se trouve l'ordonnance du 1er octobre 1844 relative à l'expropriation pour cause d'utilité publique. D'après cette ordonnance, l'indemnité due à l'exproprié est fixée par le tribunal civil, sans discussion orale et en dernier ressort, quel que soit le chiffre.

De sorte que celui qui est poursuivi en payement d'un billet s'élevant à 1 505 francs a le droit de se défendre comme il l'entend et d'épuiser les deux degrés de juridiction, tandis que celui dont on prend le champ ou la maison — le différend porterait-il sur un million — est soumis à une procédure secrète et à un jugement définitif. Cela pouvait être bon en 1844, époque où les expropriations étaient rares et faites pour les besoins de l'État.

Mais la situation n'est plus la même aujourd'hui ; tout a changé ou disparu depuis 1844 dans l'ordre administratif et judiciaire, et cependant cette anomalie dangereuse de l'ordonnance reste toujours. Aussi, à votre session de 1881 et dans votre séance du 30 novembre, vous avez fait comme les Conseils généraux, vous avez émis le vœu que la procédure exceptionnelle, en matière de règlement d'indemnités, soit remplacée par la procédure ordinaire avec débat oral public et droit d'appel.

Quelle suite ce vœu a-t-il reçue ?

Il paraît qu'il a été transmis au Ministre de l'intérieur dès le commencement de 1882 avec un avis favorable du gouverneur général. Et puis, on n'en entend plus parler jusqu'en 1888. Mais, en 1888, le Conseil de gouvernement, à propos d'une pétition faite par certains indigènes, croit devoir s'occuper de la question. Le 20 janvier, il déclare être d'avis qu'il n'y a rien à faire, que tout est pour le mieux et qu'il faut respectueusement maintenir le *statu quo*.

Cette délibération est envoyée au Ministre de l'intérieur qui répond que l'avis du Conseil de gouvernement est marqué au coin de la sagesse et qu'il le partage. M. le Garde des sceaux a écrit à son tour qu'il a une opinion absolument semblable.

C'est dans cette situation que nous nous trouvons aujourd'hui, après une étude faite par le Gouvernement pendant huit ans !

Naturellement la Commission est d'avis que le Conseil supérieur doit persévérer de plus fort dans son vœu de 1881, lequel, pour le dire en passant, a été présenté par les chefs de la cour. M. le Gouverneur général aura la bonté d'éclairer le ministère sur le caractère et la portée de notre vœu. Le ministère croit qu'il s'agit d'introduire en Algérie le jury d'expropriation, tel qu'il fonctionne en France. Or, vous savez qu'il n'en est rien. Nous demandons seulement, pour le moment du moins, que les indemnités d'expropriation soient réglées et jugées conformément au droit commun. Nous pensons qu'il suffit que l'on comprenne cela pour qu'immédiatement on déclare que nous avons raison.

VII. Régime de la propriété foncière. — Dans votre séance du 30 novembre 1886, vous avez voté un projet de loi sur le *régime de la propriété foncière;* ce projet, basé sur le principe de l'*Act-Torrens*, a été accueilli avec bonheur par les populations. Il a été considéré comme un acte de vaillance de la part du Gouvernement général. Il est évidemment appelé, vous l'avez constaté, à apporter des modifications profondes, salutaires et particulièrement efficaces au point de vue économique dans nos lois hypothécaires et la constitution de la propriété immobilière. Son application sera tout à la fois un honneur et un profit pour l'Algérie. A cause de cela, et, s'il est vrai que nous sommes dans un pays neuf, en voie de formation, qui, par conséquent, n'a pas, comme les pays régulièrement organisés, le temps d'attendre, où l'immigration est sans cesse renouvelée et la propriété foncière l'objet d'un échange continu, nous devons croire que le projet deviendra bientôt une loi. Il n'y a encore que deux ans que vous l'avez revêtu de votre autorité ; on ne peut donc pas se plaindre. Il a été soumis, vous vous en souvenez, à une étude multiple et approfondie : une commission spéciale, que nous appellerons volontiers extra-parlementaire et composée des hommes les plus versés dans la matière, a jeté les bases du projet. Une autre commission du Conseil supérieur l'a ensuite étudié avec un soin que vous avez remarqué. C'est ce double travail que le Conseil supérieur s'est approprié après un nouvel examen. On pouvait donc espérer qu'il ne serait pas ordonné un plus ample informé. Cependant nous venons d'apprendre qu'il en est autrement et que la Commission extra-parlementaire est à nouveau saisie de quelques changements que le Gouvernement voudrait apporter à notre projet. Soit, ces changements ne touchent pas au principe. Ces changements se rapportent à des mesures fiscales ou de détail ; une nouvelle étude ne pourra donc pas occasionner un retard sensible. Espérons que cette étude sera la dernière, et que le Parlement statuera bientôt.

VIII. Budget spécial. — Nous négligeons d'autres projets d'un ordre tout à fait secondaire mais qui prouvent néanmoins que rien n'échappait à notre sollicitude, et nous arrivons immédiatement au dernier, lequel est certes le plus important de tous : *c'est le budget spécial de l'Algérie.*

Ce projet de budget spécial, que beaucoup de personnes continuent à appeler *autonome*, ce qui est absolument contraire à l'histoire et à la grammaire, vous l'avez examiné aussi en Commission particulière dans votre session de 1887, et voté avec une conviction et une espérance qui faisaient bien voir que pour vous c'était là l'œuvre de salut pour l'Algérie. Ce vote est trop récent pour que nous nous permettions de vous en rappeler les circonstances. Les avantages et la nécessité d'un budget spécial pour l'Algérie vous ont été si complètement démontrés, lors de la discussion qui a eu lieu, que nous ne pourrions que tomber dans les redites et la paraphrase, si nous voulions revenir sur ce sujet. Pour développer les richesses du pays, nous devons faire pour 500 000 000 de francs de travaux (ou 320 000 000 de francs si vous voulez réduire au chiffre porté dans le rapport de M. Sabatier sur le budget de l'Algéric), en chemins de fer, routes, ports, colonisation hydraulique agricole, reboisement ; — et la Métropole nous alloue à peu près 5 000 000 de francs par an !

Pour avoir ces 500 000 000 de francs par annuités de dépenses, nous ne demandons rien à la Métropole ! nous demandons seulement le droit d'établir nos recettes et nos dépenses à la condition de les soumettre au Parlement. Il n'en sortira pas de charges nouvelles pour la Métropole. Au contraire, puisqu'elle pense que l'Algérie dépense encore aujourd'hui plus qu'elle ne rapporte ; et elle y trouvera un élément de développement de son commerce général d'importation et d'exportation. Ainsi la Métropole sera dégrevée, et même enrichie ; et nous, nous développerons la richesse chez les colons et l'aisance dans les populations ouvrières. Il faudra que nous empruntions, c'est évident ; mais nous le ferons par nous-mêmes, si on nous donne la personnalité civile, ou par l'intermédiaire des départements si on nous la refuse.

Permettez-nous de faire l'application du budget spécial sur un point, sur l'hydraulique agricole, par exemple. S'il y a des travaux d'accroissement de la fortune publique en Algérie, ce sont bien ceux-là. Chaque barrage, chaque endiguement, chaque aménagement d'une rivière, fournit sans délai une augmentation dans la production agricole de la contrée, tout en aidant à accroître le volume des eaux. C'est là un phénomène certain. Or, nous pourrions sans imprudence dépenser pour les travaux hydrauliques 3 000 000 de francs par an ; et le Parlement ne nous a crédité pour 1889 que pour 600 000 francs !

La même démonstration pourrait être faite pour les autres branches de travaux.

Les avantages du budget spécial sont donc communs à l'Algérie et à la Métropole, et il semble que nous n'avons à craindre aucun échec.

Cependant, M. le Gouverneur général qui connaît son monde, nous a dit que pour présenter au Gouvernement et aux Chambres un projet de ce caractère et de cette importance, il fallait choisir le moment opportun et que jusqu'à présent ce moment opportun ne lui avait pas encore apparu. Certes, nous sommes loin de vouloir contredire M. le Gouverneur général sur ce point et le pousser à la précipitation. Nous sommes aussi de ceux qui pensent que tout esprit sérieux, sage et avisé, est et doit être opportuniste, en ce sens que pour faire une chose que l'on croit bonne, il faut la faire au moment opportun, c'est-à-dire, au moment qui peut assurer son succès. Mais, d'un autre côté, il ne faudrait pas que la prudence dégénérât en timidité ou en circonspection excessive. Aussi nous espérons que M. le Gouverneur général trouvera prochainement l'heure psychologique. Le projet est Algérien, patriotique, indiscutable en principe. Le rapport de M. Sabatier a déjà prévenu les esprits et préposé les voies parlementaires en sa faveur ; aucun obstacle sérieux ne peut donc être redouté.

IX. Par ce qui précède, vous voyez, Messieurs, que la Commission insiste surtout auprès du Gouvernement de la Métropole et du Parlement en faveur du budget spécial, de la caisse de colonisation, du régime de la propriété foncière, des forêts et de la procédure en matière d'expropriation pour cause d'utilité publique.

X. Tel est, Messieurs, le résumé des questions principales que vous avez étudiées et résolues et qui attendent une solution. Les aspirations que vous avez formulées constituent un véritable programme et sont pour ainsi dire vos *Cahiers*. Ces *Cahiers* ont d'autant plus d'autorité qu'ils sont faits par des Algériens, en dehors de tout esprit politique et de parti, et inspirés par le seul sentiment de l'intérêt du pays. Aussi, Messieurs, la Commission vous propose de les affirmer à nouveau par votre vote.

Le Rapporteur,

Eug. ROBE.

CONSEILS GÉNÉRAUX

Chacun des trois départements de l'Algérie élit un conseil général.

CONSEIL GÉNÉRAL D'ALGER

VŒUX ÉMIS PAR LE CONSEIL

Travaux publics. — Vœu pour que le chemin de fer transaharien soit mis à l'étude avec Alger pour tête de ligne (1889).

— Vœu pour qu'aucune entrave ne soit plus apportée à l'exécution du chemin de fer d'Alger à Laghouat par la compagnie concessionnaire, ou par toute autre, si cette dernière n'est pas en mesure de remplir ses obligations dans un bref délai (1885, 1886, 1887).

— Vœu pour la révision de la classification des marchandises transportées par la Compagnie de l'Est-Algérien et pour que les prix perçus par cette compagnie soient ramenés à ceux du Paris-Lyon-Méditerranée (1886).

— Vœu pour que tous les tarifs de pénétration des chemins de fer soient revisés de façon que le produit français soit traité au moins sur le pied d'égalité pour lutter contre la concurrence des produits étrangers (1886).

— Vœu tendant à la création d'un train-poste sur la ligne d'Alger à Oran (1887).

— Vœu tendant à l'organisation d'un service de défense contre les invasions des sauterelles (1886).

— Vœu tendant à ce que les Européens et indigènes condamnés en vertu de l'art. 30 du code forestier soient employés au débroussaillement des forêts (1886).

Agriculture. — Vœu pour que le gouvernement recherche les moyens de donner une sanction nette à la répression des importations de boutures provenant des pays phylloxérés.

— Vœu pour qu'une caisse de viticulteurs soit constituée dans le plus bref délai (1885).

— Vœu pour que la loi concernant la destruction des altises soit soumise au Parlement dans sa prochaine session (1885).

— Vœu pour que les communes, la voirie, les ponts et chaussées, et les compagnies de chemins de fer soient mis dans l'obligation de nettoyer les fossés qui longent les routes et tous les terrains qui dépendent de leurs services, en en détruisant les altises (1885).

— Vœu tendant à ce qu'ils soit procédé à l'établissement définitif du périmètre forestier et du programme du reboisement (1887).

— Vœu tendant à ce que le Conseil général soit appelé à répartir les crédits alloués aux communes pour création de pépinières et travaux de reboisement (1887).

— Vœu pour l'application en Algérie à toutes les sources d'eau, de la loi du 11 juillet 1856 en vue d'assurer la conservation des sources d'eau douce.

Commerce. — Renouvellement du vœu pour que l'administration prohibe l'exportation des cannes d'arbres d'essence forestière.

— Proposition de vœu pour l'extension de la juridiction du conseil des prudhommes à la circonscription du tribunal de commerce.

— Vœu tendant à l'adoption du droit gradué pour les céréales proposé par la Commission parlementaire (1886).

— Vœu tendant à ce que les raisins secs soient frappés à l'importation d'un droit supprimant toute possibilité de la fraude qui se produit pour la fabrication des vins de raisins secs alcoolisés entrant dans la consommation comme vins naturels.

— Vœu pour que l'administration générale des douanes, redouble de surveillance tant en France qu'en Algérie, pour empêcher toute fraude sur les vins et que les pénalités encourues soient appliquées avec rigueur (1887).

Postes et Télégraphes. — Vœu pour que les gares des réseaux de chemins de fer soient ouvertes à la télégraphie privée (1887).

— Vœu pour que la presse algérienne jouisse pour les dépêches télégraphiques d'une réduction de 50 0/0, et pour que les dépêches particulières soient taxées pour les communications entre la France et l'Algérie comme elles le sont pour la métropole (1887).

Intérieur. — Renouvellement du vœu pour l'application en Algérie des lois et règlements en matière de roulage (1885).

— Vœu tendant à ce que le gouvernement mette à l'étude un projet d'organisation administrative et de police locale à établir au sein des populations indigènes (1885.)

Justice. — Renouvellement du vœu pour que le diplôme de licencié en droit ne soit pas indispensable pour remplir les fonctions de juge de paix (1885, 1886, 1887).

— Vœux pour la création de tribunaux à Médéah (1885-87), Milianah, Aumale (1885-87).

— Vœu tendant à l'institution d'un jury d'expropriation en Algérie (1886-87).

— Vœu pour que le Conseil général soit appelé à faire la répartition des crédits accordés aux communes pour travaux de reboisement (1886).

Finances. — Renouvellement du vœu pour que l'impôt foncier sur la propriété rurale soit promptement voté (1885).

— Renouvellement du vœu tendant à autoriser le département à frapper des centimes additionnels sur l'impôt des patentes (1885).

— Renouvellement d'un vœu tendant à autoriser le département à percevoir un impôt d'un décime sur les licences (1885).

— Vœu pour le rétablissement de la taxe d'octroi de mer sur les vins importés en Algérie (1885).

— Vœu tendant à ce que les impôts arabes soient transformés et unifiés de manière que les charges soient plus égales et mieux proportionnées à la fortune de chacun (1886).

CONSEIL GÉNÉRAL DE CONSTANTINE

VŒUX ÉMIS PAR LE CONSEIL

Travaux publics. — Vœu pour l'établissement d'un réseau secondaire des chemins de fer à voie étroite (1885).

— Vœu qu'un taux commun analogue à celui établi pour le transport des vins algériens sur les lignes ferrées de France et d'Algérie soit étendu aux céréales du département (1885).

— Vœu tendant à l'exécution immédiate des travaux du port de La Calle (1886).

— Vœu tendant à ce que la déclaration d'utilité publique de la construction du port de Djidjelli soit prononcé le plus tôt possible (1886).

— Vœu au sujet de la création d'un port militaire à Bougie (1886)

— Vœu tendant à ce que le Ministre accorde un crédit supplémentaire pour permettre d'allonger de 50 mètres la jetée du port de Collo (1886).

— Vœu tendant à l'organisation d'un train direct entre Alger et Tunis (1886)

— Vœu tendant à l'établissement d'un tarif général à prix réduit pour les vins sur les chemins de fer français, algériens et tunisiens.

Agriculture. — Vœu tendant à ce que la franchise accordée aux produits tunisiens et marocains soit supprimée à moins que la réciprocité ne soit accordée aux produits français en Tunisie (1887).

Commerce. — Vœu tendant à ce que la loi sur les élections des juges consulaires soit promulguée en Algérie (1886).

Postes et Télégraphes. — Vœu tendant à ce que toute la presse algérienne bénéficie de la réduction des dépêches et que la décision qui l'attribue exclusivement à l'agence Havas soit rapportée (1881).

Intérieur. — Vœu tendant à ce que le droit de participer à la nomination du bureau du conseil général soit retiré aux conseillers généraux indigènes (1885).

— Vœu tendant à ce que la région de l'Aurès soit remise, le plus tôt possible, à l'autorité civile (1885, 1886).

— Vœu tendant à ce que les grandes surfaces de terre occupées sans droit ou sans loyers par les chefs ou ex-chefs indigènes soient au plutôt reprises et livrées à la colonisation (1886).

— Renouvellement du vœu au sujet de la caisse de colonisation (1886).

— Vœu tendant à conférer aux communes mixtes le droit d'élire les délégués sénatoriaux dans les mêmes proportions que les communes de plein exercice (1886).

Justice. — Vœu pour voir créer, dans le plus bref délai possible, une Chambre d'appel à Constantine (1885) et en 1886 une cour d'appel pour le département de Constantine.

— Vœu, que le principe actuel de l'institution du jury en Algérie soit maintenu, que cependant pour améliorer son fonctionnement une cour d'assises soit créée dans l'ouest du département, soit à Sétif, qui jouit dans cette région d'une position centrale et est doté d'un palais de justice assez vaste pour satisfaire à ce nouveau service, subsidiairement à Bougie, s'il y a lieu (1881, 1885).

— Vœu relatif à l'application du décret du 10 septembre 1886 réorganisant la justice musulmane (1887).

— Vœu portant naturalisation en masse des indigènes musulmans (1887).

Finances. — Vœu renouvelé tendant à obtenir le rétablissement du droit d'octroi de mer sur les vins (1885).

— Vœu au sujet de l'ajournement en 1890 de la perception des droits sur les alcools (1886).

— Vœu réitéré qu'une statistique soit établie pour permettre de suivre l'évolution des immeubles domaniaux aliénés par la voie des enchères publiques (fermes isolées et autres) et la création dans les nouveaux centres de réserves domaniales qui seraient ultérieurement réparties entre les fils de colon (1886).

— Vœu tendant à ce qu'un câble français, soit établi au plus tôt entre la France et l'Est des possessions françaises de l'Afrique du Nord (1887).

Instruction publique. — Vœu tendant à ce que la part contributive du département de Constantine relativement à l'organisation de l'enseignement supérieur en Algérie soit ramenée à ses proportions normales, soit au tiers du coût de l'institut 1 500 000 francs, et que le surplus de la vente des terres soit affecté à la colonisation dans le département de Constantine exclusivement (1885).

— Vœu relatif au sujet de la gratuité du passage aux professeurs se rendant en France (1885).

— Vœu tendant à la création à Constantine, d'une session d'examen pour le baccalauréat (1881-1887).

CONSEIL GÉNÉRAL D'ORAN

VŒUX DU CONSEIL

Le conseil général du département d'Oran a émis et renouvelé ces dernières années un grand nombre de vœux pour lesquels il attend avec impatience les légitimes satisfactions qui lui sont dues, car il s'est inspiré en les soumettant à l'administration des sentiments unanimes des populations.

A l'heure où commence le centenaire de 1789 et où l'on a tenu à résumer les *desiderata* de notre département, ces vœux sont les suivants :

Voies d'accès et de pénétration. — Nos chemins sont dans un état déplorable; les ressources actuelles du budget départemental permettent à peine de faire face aux frais d'un entretien tout à fait sommaire; une grande quantité de routes manquent d'empierrement ; certaines sont encore seulement à l'état de piste, carrossables seulement en été; d'autres sont en lacune ou à l'état de projet.

Cette dernière catégorie constitue un état de chemins à ouvrir présentant un caractère d'extrême urgence et dont la construction est renvoyée à une époque qu'il est difficile de déterminer, la caisse des chemins vicinaux ayant refusé de laisser réaliser par le département un emprunt de 3 000 000 pour lequel il est en instance.

Nous disons que l'emprunt a été rejeté, car on ne peut qualifier autrement les nombreuses fins de non recevoir opposées à l'assemblée départementale depuis nombre d'années pour compliquer l'examen d'une demande des plus légitimes.

Le département s'est donc vu dans l'obligation de renoncer à sa demande et cherche une combinaison financière qui lui permette de réparer complètement ses chemins et d'ouvrir de nouvelles voies d'accès jugées depuis longtemps indispensables.

Ports. — Les Chambres ont accordé il y a quelques mois les crédits nécessaires pour réparer le port d'Oran dont la jetée principale avait été fort endommagée il y a trois ans.

On procède actuellement aux travaux de pavage d'un immense quai, dit quai de la gare, qui doit permettre aux navires d'un fort tonnage de débarquer leurs chargements sans recourir à l'intermédiaire de chalands.

Tel qu'il est, le port d'Oran suffira pendant longtemps au mouvement de la navigation, mais il importe d'éviter par des travaux de défense, par un brise-lame, le retour des catastrophes qui ont eu pour résultat de faire à la jetée principale des brèches qu'il faut réparer en dépensant plusieurs centaines de mille francs.

Le port d'Oran manque aussi d'un outillage bien souvent réclamé par le Conseil général, un bassin de radoub permettant aux navires qui le fréquentent d'y trouver le moyen de faire les réparations au moins les plus urgentes.

Actuellement, lorsqu'un navire arrive en avaries dans le port d'Oran, il est obligé de se faire remorquer à grands frais à Carthagène (Espagne), à Alger ou à Marseille, ou s'il ne peut pourvoir à ces frais de remorquage, ou si ses avaries sont trop importantes, il est condamné à être vendu sur place à vil prix.

Des docks sont non moins nécessaires au port d'Oran : les marchandises sont entassées sur les quais, en attendant la vente ou l'embarquement et restent exposées pendant de longs mois à toutes les intempéries.

Les ports secondaires de Nemours, d'Arzew et de Mostaganem sont actuellement de simples rades foraines, et on demande pour eux, pour Nemours et Mostaganem surtout, les travaux indispensables pour assurer le débarquement des marchandises.

Port militaire de Mers-el-Kébir'. — Depuis nombre d'années le Conseil général appelle l'attention des pouvoirs publics sur la magnifique rade de Mers-el-Kébir une des plus belles du monde, immense, bien abritée pouvant recevoir plusieurs escadres.

Malgré des vœux répétés, on n'a pu obtenir que l'on fasse de Mers-el-Kébir un port militaire si nécessaire à la France, de ce côté de la Méditerranée, à quelques lieues du détroit de Gibraltar.

On a en vain fait remarquer combien il serait utile d'entreprendre sans retard des travaux qui en cas de conflagration européenne permettraient à notre flotte d'y trouver un refuge absolument sûr, un point de concentration et de ravitaillement.

Il n'y a à Mers-el-Kébir qu'un dépôt de charbon, point d'approvisionnements en vivres, point de bassin de radoub, point de cale.

Services maritimes. — Les services maritimes du département d'Oran sont insuffisants. Alors qu'Alger a un service de paquebots rapides quotidien avec la France, Oran '' qu'un service rapide direct sur Marseille par semaine et un se   ordinaire, par semaine aussi, sur Port-Vendres.

C'est tout à fait insuffisant ; le conseil général l'a fait observer à maintes reprises ; ses vœux restent lettre morte et Oran se trouverait dans le plus grand embarras si l'initiative privée, si des Compagnies de transports non subventionnées n'avaient créé un certain nombre de services absolument nécessaires, pour les exportations et les importations si considérables du port d'Oran.

Les voies ferrées. — Le département d'Oran est bien favorisé au point de vue des chemins de fer. Il y a peu de pays neufs qui soient sillonnés d'autant de lignes ferrées. Des réseaux secondaires sont demandés, mais les lignes principales suffisent amplement aujourd'hui surtout au déplacement rapide des nombreux produits du département. La constante intervention de la représentation oranaise, de M. le sénateur Jacques et surtout de M. le député Etienne ont fait obtenir à la province d'Oran un réseau de voies ferrées qui ont longtemps excité l'envie des deux autres provinces algériennes.

Les vœux du Conseil général en ce qui concerne ces voies portent, maintenant, sur l'augmentation du nombre d'arrêts, sur une installation plus commode et plus confortable des gares, sur la rapidité du parcours sur la ligne d'Alger à Oran et enfin sur la réduction des tarifs.

Câbles et Télégraphes. — Le réseau télégraphique est aussi étendu que possible ; l'Administration a tenu compte, autant que les crédits l'ont permis des demandes du Conseil général et le service des transmissions télégraphiques reçoit chaque jour de notables extensions.

Mais la province d'Oran réclame en vain d'être reliée à la France par un câble direct.

Actuellement Oran et le département sont tributaires d'Alger pour les communications sous-marines. Les inconvénients qui en résultent sont multiples. Tout d'abord, la transmission des télégrammes à Alger seulement produit un encombrement qui occasionne des retards, d'autre part, en hiver surtout et, même en été lorsqu'il y a de grands vents, la ligne terrestre d'Alger à Oran subit des dégâts qui ne sont réparés qu'en vingt-quatre heures ou deux jours ; les télégrammes à destination d'Oran restent à Alger, et Oran se trouve privé pendant ce temps de toutes communications avec la France et les autres pays.

Ce fait, nous le répétons, se produit très souvent ; pendant le mois de janvier 1889 ce déplorable accident s'est renouvelé trois fois. On juge de la perturbation qu'il occasionne sur une place commerciale comme Oran qui occupe le 5e rang par son mouvement maritime parmi les ports de France et d'Algérie.

Aussi le Conseil général insiste-t-il énergiquement à chaque session pour qu'un câble relie directement Oran à la France.

Il demande également que le tarif actuel qui est de dix centimes par mot soit réduit à 5 centimes pour les télégrammes à destination de France et vice versa.

Les téléphones sont installés à Oran depuis sept ou huit ans et y rendent les plus grands services, mais on demande instamment la réduction des tarifs d'abonnement.

Pêche cotière. — Depuis six ans, le Conseil général insiste en vain auprès de l'autorité maritime pour la surveillance et la réglementation de la pêche cotière.

Actuellement un certain nombre de pêcheurs étrangers, vrais écumeurs de la mer, quelques-uns sous le couvert du pavillon français, drainent littéralement nos côtes à l'aide d'engins dits *lamparos* qui leur permettent d'enlever une très grande quantité de poissons, mais qui détruisent le fretin de telle sorte qu'avant un an ou deux, si l'on ne tient compte des réclamations réitérées du Conseil général sur ce point, nos populations seront privées du poisson qui avait constitué jusqu'ici une alimentation aussi saine qu'abondante et peu coûteuse.

Échanges. — Les vœux concernant les *industries*, les *exportations* et les moyens propres à développer les *importations* françaises et les échanges se résument en une série de demandes tendant à la réduction des tarifs de transport et à l'accroissement des facilités de communication soit sur le territoire algérien, soit avec la métropole.

En parlant des chemins de fer, nous avons dit que la province d'Oran a été favorisée ; l'ouverture d'un grand nombre de lignes ferrées assure maintenant aux produits de l'agriculture et de l'industrie, des débouchés certains. Les régions de Tlemcen et de Tiaret surtout reliées au réseau général pourront aujourd'hui diriger sur les ports de la province leurs magnifiques récoltes de vins, de céréales, d'huiles, de fruits de toutes sortes si, répondant aux nombreux vœux du Conseil général et des populations, les compagnies établissent des prix de transport abordables,

Le Conseil général a mis à l'étude la création de lignes secondaires, dites chemins de fer départementaux, qui se relieraient aux lignes principales, draineraient les produits de diverses régions et rendraient ainsi les plus grands services au commerce, à l'industrie et à l'agriculture.

Mais, nous le répétons, le but principal à atteindre est la réduction des tarifs ; la plupart des produits, tels que l'alfa et le minerai, par exemple, doivent être transportés à des prix réduits si l'on veut que l'industrie locale se développe.

Alfa. — L'exportation de l'alfa, cette industrie créée pour ainsi dire dans la province d'Oran, a atteint pour ces derniers exercices un mouvement annuel de près de cent mille tonnes.

Or ce commerce périclite et est sérieusement menacé parce que la province d'Oran est la seule dont les compagnies de chemins de fer aient des tarifs si élevés que bientôt elle ne pourra plus soutenir la concurrence avec les autres régions de production, alors que cependant nos alfas sont spécialement recherchés par l'Espagne et surtout par l'Angleterre.

Il en est de même pour le crin végétal exporté d'Oran sur tous les points de l'Europe et jusqu'en Amérique, pour les laines, les céréales, les vins, etc. etc.

Minéraux. — Dans ce même ordre d'idées, le grand désir des habitants de la province d'Oran serait d'amener la houille sur leur territoire à de faibles prix de transport ; elle deviendrait alors un pays industriel très important.

Ses minerais si considérables et si appréciés pourraient ainsi être traités sur place dans de hauts fourneaux ; ses alfas seraient transformés en pâte à papier ; on éviterait de cette façon de transporter inutilement aux lieux de consommation de matières premières dont le déchet, la partie inutilisable, est environ de moitié.

Il y a là, même avec les tarifs maritimes ou terrestres actuels du transport de la houille, une tentative à faire pour une personne hardie, entreprenante qui calculant la somme que l'on dépense inutilement pour transporter ce qui constitue le déchet de l'alfa ou du minerai l'emploierait au transport de la houille.

Nous pensons qu'il y aurait un bénéfice certain à réaliser en même temps que l'on doterait ce pays d'industries qui accroîtraient sa prospérité.

Régime douanier. — Les vœux de la province d'Oran sur le *régime douanier* sont ceux des deux autres départements. D'un bout à l'autre de l'Algérie on insiste pour que les traités de commerce avec l'Italie et même avec l'Espagne ne soient pas renouvelés.

La production des vins, aujourd'hui si abondante en Algérie, ne peut avoir des débouchés qu'à la condition de ne plus voir le marché français inondé véritablement par les vins d'Italie et d'Espagne, sinon ce pays sera fatalement ruiné, les prix de vente actuels étant déjà à peine rémunérateurs.

Pour l'écoulement de ses céréales, la province d'Oran demande aussi avec la dernière insistance le maintien des taxes qui frappent les grains exotiques.

Th. MONBRUN,
Vice-Président du Conseil général d'Oran.

REPRÉSENTATION COLONIALE

L'art. 19 de la loi organique du 30 novembre 1875 accorde deux députés à chaque département de l'Algérie.

L'art. 2 de la loi du 9 décembre 1884 accorde un sénateur à chacun de ces départements.

DÉPARTEMENT D'ALGER

PROGRAMME DU COMITÉ QUI PATRONNAIT

MM. LETELLIER ET BOURLIER

ÉLUS DÉPUTÉS LE 4 OCTOBRE 1885

Politique algérienne

I. Maintien du gouvernement général civil.

II. Maintien et perfectionnement du conseil supérieur.

III. Suppression progressive de la justice musulmane.

IV. Extension du réseau des voies ferrées et en général de tous les grands travaux publics nécessaires à la mise en valeur de l'Algérie.

V. Constitution immédiate de la propriété chez les indigènes.

VI. Maintien et perfectionnement d'une législation spéciale destinée à assurer la sécurité chez les indigènes.

VII. Développement de l'instruction chez les indigènes.

VIII. Revision de la loi sur la naturalisation tant pour les indigènes que pour les étrangers habitant l'Algérie.

IX. Réforme des impôts arabes.

X. Développement de l'enseignement agricole et en général de tout enseignement professionnel.

XI. Construction d'un nouveau câble sous-marin entre la France et l'Algérie et réduction des tarifs de transports.

XII. Reprise de l'œuvre de la colonisation interrompue depuis le rejet de la loi des 50 millions.

XIII. Déclassement des fortifications de la ville d'Alger.

A ce programme s'étaient ralliés : la Vigie algérienne; — l'Akhbar; — le Moniteur de l'Algérie; — la Dépêche algérienne; — le Petit Algérien.

DÉPARTEMENT DE CONSTANTINE

PROFESSION DE FOI

DE MM. THOMSON ET TREILLE

POUR L'ÉLECTION DU 4 OCTOBRE 1885

... Au point de vue algérien, nous nous appliquerons à obtenir :

— Le maintien du service militaire d'un an ainsi que la Chambre l'a déjà voté sur nos instances;

— Les crédits qui permettront d'améliorer certains services intéressant directement la colonisation et notamment les allocations nécessaires à l'augmentation du personnel et du matériel des forêts;

— Un traitement plus favorable pour le service des douanes;

— L'adoption immédiate du projet de loi sur la constitution de la propriété indigène et celle du projet de loi sur la colonisation, grâce auquel on pourra créer de nouveaux centres, développer les centres anciens, donner de la terre aux fils des colons et des agrandissements à ceux qui n'ont obtenu que des concessions dérisoires;

— La réforme de la taxe télégraphique;

— La prorogation des pouvoirs disciplinaires des administrateurs;

— Dans le département de Constantine, sauf un seul chemin de fer dont il faudra assurer la rapide construction, toutes les lignes classées par la loi de 1879 ont été votées. Il s'agit, à l'heure actuelle, de préparer le classement et le vote des lignes appelées à constituer ce qu'on pourrait appeler le second réseau algérien;

— Il est indispensable qu'on s'occupe d'une façon toute spéciale des études hydrauliques; les premiers, il y a quatre ans, nous avons signalé la nécessité de créer un service chargé de régler toutes les questions afférentes aux eaux. Il faut activer la création des barrages si indispensables dans un pays comme l'Algérie, où la sécheresse est le fléau le plus redoutable : on a dit avec raison que les crédits relatifs à ces travaux hydrauliques répondaient à des besoins d'ordre supérieur, nous en réclamerons l'accroissement;

Nous demanderons enfin :

— La mise à la charge de l'État de l'entretien et de l'achèvement de nos principales routes départementales, ce qui allégera d'une manière sensible le budget du département et permettra de reporter sur d'autres points des ressources devenues disponibles;

— L'abaissement des tarifs de transport.

Telles sont, chers concitoyens, les réformes pratiques qui nous paraissent devoir être prochainement accomplies. Tels sont les intérêts que nous comptons servir, si nous sommes de nouveau vos élus.

DÉPARTEMENT D'ORAN

PROFESSION DE FOI

DE M. ÉTIENNE

POUR L'ÉLECTION DU 4 OCTOBRE 1885

... Telle est l'œuvre accomplie. La législation qui va s'ouvrir doit continuer l'œuvre si laborieusement commencée.

Il est indispensable de créer une armée coloniale pour la garde de nos nouvelles possessions. Si la politique de conquête brutale doit être sévèrement condamnée, je déclare que, comme au Tonkin et à Madagascar, je soutiendrai énergiquement les droits et les intérêts de la patrie partout où ils se trouvent engagés. Prétendre que l'on songe à la frontière de l'Est et souffrir que des traités au bas desquels figure la signature de la France puissent être impunément déchirés est une politique qui ne trouvera jamais d'échos dans le pays. Pour faire respecter le drapeau en Europe, il faut le faire respecter partout où il est planté, en organisant, je le répète, une armée coloniale, dont les attributions seront bien déterminées.

... Au point de vue purement algérien, nous poursuivrons le vote du projet de loi sur la colonisation, actuellement soumis à l'examen du Sénat, ainsi que celui qui concerne les modifications à apporter à la loi de 1873 sur la constitution de la propriété indigène, également déposé au Sénat.

Nous réclamerons énergiquement la réduction de la taxe télégraphique qui facilitera nos rapports avec la métropole : nous insisterons pour que notre département augmente, par de nouvelles lignes, son réseau de chemins de fer; nous chercherons les moyens de procéder le plus rapidement possible à la construction des ports, des barrages, au reboisement des montagnes...

CE QUI RESTE A FAIRE

M. Étienne, rapporteur du projet de loi portant fixation du budget général civil de l'Algérie pour l'exercice 1887, s'exprimait ainsi dans son rapport :

De grandes choses ont été accomplies, mais l'œuvre n'est pas achevée et il est indispensable de se hâter, d'autant plus que les résultats à en recueillir seront plus considérables. Ce qu'il faut rapidement, en Algérie, ce sont des villages où viendra la population de France, des routes, des ports, des barrages pour retenir les eaux qui se perdent dans la Méditerranée.

L'ensemble des travaux à exécuter, représente une somme de 270 millions se décomposant ainsi :

Routes nationales, 9 000 kilomètres.	71 000 000
Forts..................	82 000 000
Reboisement...............	17 000 000
Barrages.................	100 000 000
	270 000 000

Où trouver ces ressources ? La crise, que traverse l'Europe et qui influe d'une façon si terrible sur les budgets, ne nous permet pas de discuter la possibilité de l'intervention de l'État sous une forme quelconque. Le conseil supérieur de l'Algérie a émis un vœu à l'unanimité qui aurait pour effet de distraire un tiers des recettes générales de l'Algérie, de les mettre à la disposition du gouverneur général, celui-ci, avec cette somme, aurait à pourvoir aux dépenses de colonisation et de travaux publics, de barrages et de reboisement qui figurent actuellement au budget.

Comme à chaque exercice, les recettes augmentent, le tiers réservé à l'Algérie profiterait d'une plus-value qui viendrait grossir le chiffre primitivement affecté et permettrait dans une période de 20 années de réaliser sinon tout le programme, du moins une grande partie.

Ce projet, d'une conception ingénieuse, a été donné à l'examen du gouvernement : il n'y a pas lieu d'en poursuivre l'adoption pour l'année 1887, mais nous appelons l'attention de M. le Ministre des finances sur cette importante question.

Nous serions également conduits à appeler la bienveillante attention des Chambres sur l'insuffisance des crédits dont est dotée l'instruction publique en Algérie.

Nous avons des écoles préparatoires pour l'enseignement supérieur, on vient dernièrement même d'autoriser l'école de droit d'Alger à délivrer le diplôme de licence; l'enseignement secondaire est, ou va être, pratiqué dans les trois départements : la loi sur l'enseignement primaire est appliquée : certaines craintes avaient surgi quand il s'était agi d'y faire participer les indigènes : ces derniers consentaient en effet à céder leurs garçons, mais ils refusaient obstinément à laisser leurs jeunes filles aller à l'école. La femme arabe est donc en état d'infériorité lamentable et les chefs de famille veulent l'y maintenir. En procédant avec ménagement, avec prudence et douceur, ainsi qu'on le fait en ce moment, nous atteindrons le but désiré : mais le nombre des écoles à construire et à ouvrir est considérable et, faute de ressources, bien des localités ne peuvent en avoir.

L'enseignement supérieur est suivi par 904 élèves, l'enseignement secondaire compte 3 531 élèves et l'enseignement primaire écoles maternelles et enfantines comprises, 80 840.

Ces chiffres sont on ne plus intéressants et ne peuvent qu'attirer l'attention de M. le Ministre de l'instruction publique.

Nous terminerons par quelques lignes sur la situation politique de l'Algérie.

Au début de notre rapport nous avons établi que la race indigène était excessivement guerrière, qu'elle pouvait toujours être en butte aux suggestions de fanatiques, susceptibles de l'entraîner contre nous dans de nouvelles luttes. Nous avons indiqué que le meilleur moyen, pour gagner la confiance des indigènes, était de nous transporter au milieu d'eux, de nous faire connaître, de les faire jouir de tous les bienfaits de la civilisation et de doter le pays de tous les instruments de progrès capables de développer leur bien-être. Dans le Tell et dans les Hauts Plateaux, la tranquillité est aujourd'hui complète : mais nous devons voir plus loin et nous demander sans cesse ce qui se passe sur nos frontières sud, mal délimitées, et ouvertes à tout chef de bande à qui il plaît de venir prêcher la guerre sainte. Tout dernièrement, dans la province d'Oran, des tribus marocaines sont entrées en lutte et l'une d'elles est venue se réfugier sur notre territoire. Le représentant de l'empereur du Maroc, impuissant à dompter l'insurrection, nous a demandé aide et secours. Nous avons refusé de l'entendre. Il nous eût été facile de répondre à son appel et d'obtenir de l'empereur du Maroc, après le service rendu, une rectification de frontière de ce côté : le gouvernement, consulté, n'a pas voulu entamer de négociations à ce sujet : nous ignorons le motif de son refus.

Tant que par un moyen quelconque, nous n'aurons pas assuré d'une manière efficace, absolu, la sécurité dans le Sud, nous n'aurons pas assuré notre domination dans le nord de l'Algérie. Aussi longtemps que les tribus indépendantes qui, nominativement dépendent du Maroc, mais qui n'obéissent qu'à leur instinct d'aventuriers, pourront venir presque impunément jusque sur notre territoire pour y jeter le désordre moral, nous devons être sur le qui-vive et redouter les surprises.

Il n'est qu'un moyen de parer à ces difficultés et il a été tout dernièrement indiqué dans une brochure écrite par un homme de talent et de cœur, le commandant Rinn, conseiller de gouvernement, après avoir fait un tableau saisissant de notre situation dans le Sud, après avoir signalé les dangers que nous pouvons courir dans l'avenir, il déclare que le seul remède est de poursuivre sans relâche, avec la dernière célérité, nos chemins de fer de pénétration. Dans l'est de nos possessions, nous allons atteindre Biskra ; il faut poursuivre jusqu'à Ouargla par Touggourt ; dans le centre, il faut nous diriger bien vite vers Laghouat d'abord et Metlili ensuite ; enfin, dans l'ouest, il faut prolonger la ligne d'Aïn-Sefra jusqu'à Igli. Ces lignes exécutées à voie étroite, dans un pays où les accidents de terrain sont presque insignifiants, ne coûteront qu'un prix fort restreint, à peine 60000 fr. le kilomètre. Nous avons déjà exécuté la ligne de Saïda à Mecheria dans ces conditions, et personne n'a pu oublier les services qu'elle nous a rendus pendant l'insurrection de 1881 : nous pourrions ajouter que l'État trouvera un bénéfice sur les dépenses annuelles occasionnées par le ravitaillement des colonnes qui occupent les postes du Sud. Pour ne citer qu'un exemple, le bataillon détaché à Aïn-Sefra coûte annuellement 630 000 francs pour le transport par chameaux. La ligne de Mecheria à Aïn-Sefra est votée et elle coûtera 7 500 000 fr., soit 350 000 francs d'intérêt par an : bénéfice pour l'État 280 000 francs. Il sera loisible d'employer pour les constructions de ces lignes les détenus militaires qui séjournent inutilement dans les ateliers. Nous ne pouvons mieux terminer qu'en reproduisant les dernières lignes de la brochure Rinn : « Ni progrès, ni extensions, ni sécurité intérieure ou extérieure, sans l'occupation pacifique de la totalité du Sahara algérien, sans l'occupation pacifique et productive du Sahara, sans des chemins de fer nous éclairant en avant et nous gardant en arrière ». Les Chambres et le gouvernement entendront cet avis formulé par un homme qui a le souci de la grandeur de la patrie. Le jour où cette solution interviendra, l'Algérie sera à l'abri de toute éventualité dangereuse, et il sera loisible à la France de disposer, comme elle l'entendra de ses meilleures troupes que son honneur et sa sécurité lui commandent de conserver pour l'avenir.

CAHIER DE LA TUNISIE

Depuis l'époque de la conquête de l'Algérie, deux principes guidèrent constamment la politique française en Tunisie : l'exclusion de l'étranger, l'établissement de la prépondérance française à Tunis.

Guizot résumait en ces lignes, dans ses Mémoires, la politique du gouvernement de Juillet dans l'Afrique du Nord :

« Nous voulions le maintien du *stato quo*, et chaque fois qu'une escadre turque s'approchait ou menaçait d'approcher de Tunis, nos vaisseaux s'approchaient de cette côte avec ordre de protéger le bey contre toute entreprise des Turcs. »

La politique du second empire fut de tous points identique à celle du gouvernement de Juillet. Le ministre des affaires étrangères écrivait à notre représentant à Tunis, en 1861 :

« Si vous prévoyiez que la dynastie des Hassanli fût menacée par l'action de quelque puissance étrangère, vous auriez à m'en informer immédiatement par le télégraphe, et vous devriez même, en cas d'urgence, vous entendre avec M. l'amiral d'Herbinghem pour aviser aux moyens de prévenir une catastrophe. »

En janvier 1868, le ministre des affaires étrangères proposait d'occuper la partie sud de la Tunisie, pour prévenir toute tentative d'occupation étrangère ou de révolte.

Le gouvernement de la République a maintenu la tradition de la politique française. Notre représentant à Tunis écrivait, le 28 décembre 1871 :

« Le rapport que j'ai eu l'honneur de vous adresser le 21 de ce mois conclut à la nécessité d'occuper la Régence dans un avenir peu éloigné : je ne crois pas que cette occupation puisse désormais être évitée. »

En 1881, l'occupation de la Régence devient inévitable pour repousser les ingérences étrangères, et conserver notre prépondérance. A MM. Barthélemy Saint-Hilaire, Roustan et Jules Ferry revient l'honneur d'avoir eu le courage de sauvegarder les intérêts français.

Le traité de Kasr Saïd a placé la Tunisie sous le protectorat de la France, le 12 mai 1881 ; ce traité a été complété par la Convention du 8 juin 1883.

TRAITÉ DU 12 MAI 1881

Entre le Gouvernement de la République française et le Bey de Tunis.

Le Gouvernement de la République française et celui de Son Altesse le Bey de Tunis ;

Voulant empêcher à jamais le renouvellement des désordres qui se sont produits récemment sur les frontières des deux États et sur le littoral de la Tunisie, et désireux de resserrer leurs anciennes relations d'amitié et de bon voisinage, ont résolu de conclure une convention à cette fin dans l'intérêt des deux Hautes parties contractantes.

En conséquence, le Président de la République française a nommé, pour son Plénipotentiaire, M. le Général Bréart, qui est tombé d'accord avec Son Altesse le Bey, sur les stipulations suivantes :

Article premier. — Les traités de paix, d'amitié et de commerce et de toutes autres conventions existant actuellement entre la République française et Son Altesse le Bey de Tunis sont expressément confirmés et renouvelés.

Art. 2. — En vue de faciliter au Gouvernement de la République française l'accomplissement des mesures qu'il doit prendre pour atteindre le but que se proposent les Hautes parties contractantes, Son Altesse le Bey de Tunis consent à ce que l'autorité militaire française fasse occuper les points qu'elle jugera nécessaires pour assurer le rétablissement de l'ordre et la sécurité des frontières et du littoral.

Cette occupation cessera lorsque les autorités militaires françaises et tunisiennes auront reconnu, d'un commun accord, que l'administration locale est en état de garantir le maintien de l'ordre.

Art. 3. — Le Gouvernement de la République française prend l'engagement de prêter un constant appui à Son Altesse le Bey de Tunis, contre tout danger qui menacerait la personne ou la dynastie de Son Altesse ou qui compromettrait la tranquillité de ses États.

Art. 4. — Le Gouvernement de la République française se porte garant de l'exécution des traités actuellement existants entre le Gouvernement de la Régence et les diverses puissances européennes.

Art. 5. — Le Gouvernement de la République française sera représenté auprès de Son Altesse le Bey de Tunis par un ministre-résident, qui veillera à l'exécution du présent acte et qui sera l'intermédiaire des rapports du Gouvernement français avec les autorités tunisiennes pour toutes affaires communes aux deux pays.

Art. 6. — Les agents diplomatiques et consulaires de la France en pays étrangers seront chargés de la protection des intérêts tunisiens et des nationaux de la Régence.

En retour, Son Altesse le Bey s'engage à ne conclure aucun acte ayant un caractère international sans en avoir donné connaissance au Gouvernement de la République française et sans s'être entendu préalablement avec lui.

Art. 7. — Le Gouvernement de la République française et le gouvernement de Son Altesse le Bey de Tunis se réservent de fixer, d'un commun accord, les bases d'une organisation financière de la Régence qui soit de nature à assurer le service de la dette publique et à garantir les droits des créanciers de la Tunisie.

Art. 8. — Une contribution de guerre sera imposée aux tribus insoumises de la frontière et du littoral. Une convention ultérieure en déterminera le chiffre et le mode de recouvrement dont le Gouvernement de Son Altesse le Bey se porte responsable.

Art. 9. — Afin de protéger contre la contrebande des armes et des munitions de guerre les possessions algériennes de la République française, le Gouvernement de Son Altesse le Bey de Tunis s'engage à prohiber toute introduction d'armes ou de munitions de guerre par l'île de Djerba, le port de Gabès ou les autres ports du sud de la Tunisie.

Art. 10. — Le présent traité sera soumis à la ratification du Gouvernement de la République française et l'instrument de ratification sera remis à Son Altesse le Bey de Tunis dans le plus bref délai possible.

Kasr Saïd, le 12 mai 1881,

MOHAMMED-ES-SADOQ BEY,

Général BRÉARD.

CONVENTION DU 8 JUIN 1883,

Entre la France et la Tunisie pour régler les rapports des deux pays.

Son Altesse le Bey de Tunis, prenant en considération la nécessité d'améliorer la situation intérieure de la Tunisie, dans les conditions prévues par le traité du 12 mai 1881, et le Gouvernement de la République française ayant à cœur de répondre à ce désir et de consolider ainsi les relations d'amitié heureusement existantes entre les deux pays, sont convenus de conclure une convention spéciale à cet effet : en conséquence, le Président de la République française a nommé pour son Plénipotentiaire M. Pierre-Paul Cambon, son ministre-résident à Tunis, officier de la Légion d'honneur, décoré de l'Haïd et grand-croix du Nichan Iftikar, etc., etc... lequel après avoir communiqué ses pleins pouvoirs, trouvés en bonne et due forme, a arrêté, avec Son Altesse le Bey de Tunis les dispositions suivantes :

Article premier. — Afin de faciliter au Gouvernement français l'accomplissement de son Protectorat, Son Altesse le Bey de Tunis s'engage à procéder aux réformes administratives, judiciaires et financières que le Gouvernement français jugera utiles.

Art. 2. — Le Gouvernement français garantira, à l'époque et sous les conditions qui lui paraîtront les meilleures, un emprunt à émettre par Son Altesse le Bey, pour la conversion et le remboursement de la Dette consolidée s'élevant à la somme de 125 millions de francs et de la Dette flottante jusqu'à concurrence d'un maximum de 17 550 000 francs.

Son Altesse le Bey s'interdit de contracter à l'avenir aucun emprunt pour le compte de la Régence sans l'autorisation du Gouvernement français.

Art. 3. — Sur les revenus de la Régence, Son Altesse le Bey prélèvera : 1° les sommes nécessaires pour assurer le service de l'emprunt garanti par la France; 2° la somme de 2 millions de piastres (1,200,000 francs) montant de sa liste civile, le surplus des revenus devant être affecté aux dépenses d'administration de la Régence et au remboursement des charges du Protectorat.

Art. 4. — Le présent arrangement confirme et complète, en tant que besoin, le traité du 12 mai 1881. Il ne modifiera pas les dispositions précédemment intervenues pour le règlement des contributions de guerre.

Art. 5. — La présente convention sera soumise à la ratification du gouvernement de la République française et l'instrument de la dite ratification sera remis à Son Altesse le Bey de Tunis dans le plus bref délai possible.

En foi de quoi, les soussignés ont dressé le présent acte et l'ont revêtu de leurs cachets.

Fait à la Marsa, le 8 juin 1883.

ALI BEY,

PAUL CAMBON.

La France est représentée à Tunis par un Ministre-résident général qui est chargé de veiller à l'exécution du traité de protectorat.

Les attributions du résident général ont été déterminées par un décret du président de la République en date du 23 juin 1885, rendu sur la proposition du ministre des affaires étrangères.

Ces rapport et décret sont ainsi conçus :

Paris, le 23 juin 1885.

Monsieur le Président,

Lorsque le gouvernement de la République a voulu organiser son protectorat dans la Régence, il a dû se préoccuper de choisir une autorité unique pour être dépositaire des pouvoirs que les traités lui avaient reconnus en Tunisie. Il est en effet de principe dans les colonies et dans les pays de protectorat relevant de la France, que les différents services ne doivent pas y être simplement juxtaposés, ni garder la faculté de correspondre isolément avec les ministres français compétents. Dans chaque contrée, un agent d'un rang élevé est investi du droit de communiquer avec le gouvernement central, de le représenter auprès des diverses administrations locales et de prévenir les difficultés en veillant à ce que chacune d'entre elles ne sorte pas trop de ses attributions.

C'est ainsi qu'en Algérie, il a été décidé par décret du 15 mars 1879, que le Gouverneur général aurait sous ses ordres les commandants des troupes de terre et de mer et tous les services administratifs concernant les Européens et les indigènes.

Les ordonnances du 21 août 1825, du 9 février 1827, du 22 août 1833, etc. ont établi de même pour les colonies de la Martinique, de la Guadeloupe, de la Guyane, de l'Inde, etc., que le Gouverneur de chacun de ces pays y serait le représentant suprême du Gouvernement français et serait chargé du commandement général et de la haute administration. Une ordonnance de 1869 a conféré les mêmes attributions au Commissaire du Gouvernement aux îles Tahiti, alors pays de protectorat.

Conformément à ces divers précédents, il fut décidé en 1882, qu'en ce qui concerne la Tunisie, ces fonctions supérieures seraient confiées au Résident. Le décret du 23 avril 1882, tout en rattachant aux départements ministériels français les différentes administrations existant dans la Régence, a fait du Résident l'intermédiaire obligé entre les ministères et les divers services ou établissements institués en Tunisie.

Toute la correspondance devait passer par ses mains et être ensuite examinée au point de vue politique, par le ministre des Affaires étrangères qui se chargeait de la répartir entre ses collègues.

Une pratique de trois années et le développement pris à la suite de nos réformes par certaines branches de l'administration ont démontré qu'il était nécessaire de préciser les termes du décret du 23 avril et de mieux définir les pouvoirs du Résident, tout en supprimant ce qui pourrait conduire à un formalisme excessif. Plusieurs services tendent à prendre une extension considérable et il paraît difficile de leur imposer, pour tous les détails, les lenteurs d'un double intermédiaire.

D'autres et non des moins importants, ont été jusqu'ici, pour des raisons diverses, en partie soustraits au contrôle du Résident.

Il conviendrait de distinguer désormais, dans chacune des branches administratives, les affaires d'ordre technique, celles qui constituent le fonctionnement en quelque sorte intérieur et normal du service, des affaires qui présentent une portée politique ou qui exigent le concours de plusieurs administrations différentes. Les premières peuvent, sans inconvénients, être traitées en dehors de l'intervention du Résident. Pour les secondes, il est au contraire, l'intermédiaire désigné et aucune mesure pouvant engager d'un degré quelconque la responsabilité du Gouvernement ne devra être prise sans son approbation préalable.

Des actes tels que des déplacements importants de troupes, des modifications dans l'armée indigène, des règlements ou des décisions touchant à des questions de police et à la sécurité des personnes, des projets de travaux d'intérêt public, des remaniements d'impôts, des changements de circonscriptions administratives, et, en général, toutes les dispositions ayant un caractère permanent et réglementaire ne pourront intervenir sans le concours ou le consentement du Résident. Il aura, de plus vis-à-vis de toutes les administrations de la Régence, un rôle naturel de modérateur, et son intervention opportune préviendra les conflits, qui, dans les pays nouvellement soumis à l'influence européenne, tendent souvent à se produire.

Les administrations, d'autre part, garderont une indépendance suffisante pour que toutes les mesures de simple exécution puissent être appliquées sans encourir d'inutiles délais. Elles pourront se mouvoir librement dans leur domaine naturel et ne risqueront pas de modifier l'état de choses en vigueur et d'engager indûment l'action du protectorat.

A cette occasion, il paraît convenable par assimilation au régime que le traité de Hué vient de mettre en vigueur dans l'Annam et le Tonkin de remplacer le titre de Résident par celui de Résident général, mieux approprié à l'étendue et à l'importance des attributions qui sont dévolues à ce haut fonctionnaire.

Si vous adoptez cette manière de voir, je vous prie, Monsieur le Président, de vouloir bien revêtir de votre approbation le décret ci-joint.

Je vous prie, Monsieur le Président, d'agréer l'assurance de mon profond respect.

Le Ministre des Affaires étrangères,

C. DE FREYCINET.

Le Président de la République française,
Vu le décret du 23 avril 1882,
Vu les lois des 27 mai 1881 et 9 avril 1881,
Vu la loi du 27 mars 1883,
Sur le rapport du ministre des Affaires étrangères,

Décrète :

Article premier. — Le représentant du gouvernement de la République française en Tunisie porte le titre de Résident général et relève du ministre des Affaires étrangères.

Art. 2. — Le résident général est le dépositaire des pouvoirs de la République dans la Régence. Il a sous ses ordres les commandants des troupes de terre et de mer et tous les services administratifs concernant les Européens et les indigènes.

Art. 3. — Il a seul le droit de correspondre, avec le Gouvernement français. Exception est faite pour les affaires d'un caractère purement technique et d'ordre intérieur dans chaque administration française. Ces affaires pourront être traitées directement avec les ministres compétents par les chefs des différents services institués en Tunisie.

Art. 4. — Le Résident général communique avec les divers membres du gouvernement par l'intermédiaire du ministre des Affaires étrangères. Il les saisit sans délai de toutes les questions qui intéressent leur département.

Art. 5. — Le décret du 22 avril 1882 est abrogé en ce qu'il a de contraire aux dispositions sus-énoncées.

Art. 6. — Le ministre des Affaires étrangères est chargé de l'exécution du présent décret.

Fait à Paris, le 23 juin 1885.

JULES GRÉVY.

Par le Président de la République,

Le Ministre des Affaires étrangères,

C. DE FREYCINET.

Sous les ordres du résident général, et en correspondance directe avec lui sont placés des contrôleurs civils, destinés à surveiller les actes de l'administration indigène et à renseigner le Résident sur tout ce qui intéresse l'état du pays. (Décret du 4 octobre 1884.)

AUTONOMIE OU ASSIMILATION

NÉCESSITÉ DE MAINTENIR L'AUTONOMIE POLITIQUE ET ADMINISTRATIVE DE LA RÉGENCE DE TUNIS

« Toute annexion de sa nature est mauvaise, corruptrice, principe de despo-
« tisme, cause de déficit, utile seulement à ces grands acteurs dont le génie
« étoufferait dans une confédération de villes libres, et à qui il faut des
« empires de quarante millions d'hommes ». J. PROUDHON.

Établi en Tunisie par le traité de Kasr-Saïd (1881), le Protectorat français ne fonctionne régulièrement, et de fait, que depuis le mois d'avril 1884, date de la ratification, par la Chambre et le Sénat, de la convention passée le 8 juin 1883 entre la France et la régence de Tunis, convention dont la synthèse et l'esprit sont contenus dans l'art. 1er ainsi conçu :

« Afin de faciliter au gouvernement français l'accomplissement de son pro-
« tectorat, S. A. le Bey s'engage à procéder aux réformes *administratives*
« *judiciaires et financières* que le gouvernement français jugera utiles »,

Depuis cette date mémorable qui marque la fin de la gestion financière des créanciers de la Tunisie représentés par une commission internationale, la France administre réellement les affaires de la Régence de Tunis dont le système politique peut être défini comme suit :

« Le Bey règne, mais la France gouverne. »

Que de chemin parcouru depuis ?

La Tunisie pacifiée;

La justice française remplaçant les juridictions consulaires;

L'ordre et l'économie succédant au désordre et au gaspillage;

Les communes créées, organisées et subventionnées, en attendant qu'elles aient des ressources propres ;

Les impôts régulièrement perçus et diminués dans de

grandes proportions, principalement ceux pesant sur la production ;

Aucun impôt nouveau créé ;

Les recettes budgétaires passant progressivement de 6 125 000 francs en 1884 à 19 125 000 francs en 1888-1889, après avoir atteint 22 millions de francs ;

Le paiement des intérêts d'emprunts et de la rente 6 328 000 francs, le tiers de nos recettes définitivement assuré ;

Le contrôle civil établi partout, administrant au nom de la France ;

L'enseignement public accomplissant un bond colossal comme aucun état européen n'en a jamais fait en s'élevant de 1 800 fr. (mil huit cent francs) en 1884 à 430 000 fr. en 1888-1889 ;

La langue française répandue partout et partout enseignée, dans les villes aussi bien que sous les tentes des douars ;

Plus de neuf millions de francs consacrés aux routes et aux ponts en cinq années ;

La Tunisie reliée à la métropole par un service rapide de paquebots et à l'Algérie par une voie ferrée ;

Un excédent de recettes de plus de 7 millions de francs dévolu au port de Tunis ;

Les côtes de la Régence garnies de phares et de bouées lumineuses ;

Le service des ports constitué ;

L'agriculture et l'élevage dotés d'une organisation pratique qui a déjà rendu de grands services ;

Le mouvement commercial de la Régence qui était de 23 millions de francs avant l'occupation, porté en 1887-1888 à 51 millions ;

La part de la France, aussi bien dans les importations que dans nos exportations, constamment en progression et se chiffrant, pour les dernières années par 9 950 000 francs d'*achats* faits à la Tunisie, soit 48.5 o/o des exportations tunisiennes ; par 18 405 000 de *ventes* faites à la Tunisie représentant près de 59 o/o des importations tunisiennes, c'est-à-dire un chiffre d'affaires de 30 millions environ;

Un réseau télégraphique sillonnant la Tunisie de la frontière tripolitaine aux monts de Khroumirie;

Des bureaux de poste fonctionnant à peu de frais, non seulement dans les villes et les bourgs, mais même dans les grandes exploitations rurales; bref, un service postal vivant non seulement sans le secours de la Métropole, mais donnant même des excédents de recettes malgré les créations et les améliorations nombreuses, tandis que, en Algérie, l'État est obligé de combler par des versements annuels le déficit des recettes;

Des milliers d'hectares de biens de mainmorte (habbous) livrés par l'adjudication publique, à la colonisation française, sans que les Musulmans, si chatouilleux cependant au point de vue religieux, aient essayé de s'y opposer.

Telle est, *grosso modo*, l'œuvre du Protectorat, que deux hommes éminents qui honorent la Patrie française MM. Cambon et Massicault, ont su édifier et qui ne demande qu'à être complétée progressivement et sans précipitation.

Que nous donnerait l'annexion ?

Quels seraient les avantages qui en résulteraient pour nous ?

Le rattachement à l'Algérie? non seulement il est impossible, mais je mets au défi qu'on trouve même parmi nos plus enragés annexionnistes, un seul Français établi en Tunisie se déclarer prêt à l'accepter. Tous au contraire le combattent.

C'est que, entre la Tunisie des Beys et l'Algérie des anciens Deys, la différence est grande, et n'était une religion commune, elle serait complète.

En Tunisie, la civilisation a pénétré bien avant l'occupation française. Mis en contact avec les nombreuses colonies européennes, les indigènes des villes ont acquis par le frottement un vernis que n'ont jamais eu les Arabes algériens. L'origine même diffère, et c'est avec un légitime orgueil que les Arabes de Tunis et des villes importantes revendiquent pour ancêtres les fiers Andalous, les Maures chassés d'Espagne, qui ont joué en Tunisie le rôle que les protestants français, fuyant les persécutions religieuses et l'intolérance gouvernementale, jouèrent en Allemagne, en Angleterre et en Suisse. De là, des mœurs différentes, une organisation autre que n'eurent jamais les Arabes, les nomades d'Algérie.

Le mode de culture des terres, le système propriétaire lui-même, les industries, l'art, la législation, la littérature, l'urbanité dont nous trouvons encore des traces profondes en Tunisie, attestent ce que nous avançons.

En 1830, l'Algérie n'était qu'un corps *inorganisé*, tandis que la Tunisie, en 1881, était un corps *organisé* qui se désorganisait, c'est vrai, mais que nous devions traiter avec ménagements.

A tous les points de vue, la Tunisie a une vie propre, une vie qui diffère de sa voisine l'Algérie.

La conscription, ce mode de service militaire, qui marque le degré de civilisation auquel un peuple est parvenu, existe en Tunisie. Il y fonctionne, avec le remplacement, comme il fonctionnait encore en France à la fin de l'empire.

Les indigènes tunisiens répugnent à l'idée d'être assimilés aux Algériens. Ce sentiment, produit de luttes séculaires, est tellement profond qu'aujourd'hui même, aucun Tunisien ne s'enrôle volontairement et malgré la prime dans le 4e tirailleurs algériens, créé par le général Boulanger, malgré les avis contraires, tandis que les Tunisiens s'enrôlaient fort bien sans prime dans les compagnies franches organisées après l'occupation et qui ont servi à créer le 4e tirailleurs.

Tout diffère donc entre les deux pays et vouloir précipiter, forcer leur rapprochement, est une sottise qui *pourrait coûter* cher à la Métropole.

L'annexion signifierait-elle rattachement direct à la France ?

Quels en seraient les avantages ?

Sans vouloir rechercher si, en l'état actuel des choses, cette annexion serait possible, nous ne voyons pas quel

bénéfice nous en tirerions, mais en revanche, nous apercevons fort bien les désavantages qui en résulteraient
pour nous.

Au système politique et administratif qui nous régit,
système simple, facile qui permet de créer ou d'annuler
par décrets les rouages reconnus utiles ou jugés nuisibles,
succéderait le régime parlementaire. Les Algériens qui,
depuis des années, attendent du Parlement et du Gouvernement la promulgation de nombreuses lois reconnues
indispensables, réclament eux-mêmes pour l'Algérie
cette autonomie qu'ils voudraient voir disparaître en
Tunisie.

L'annexion directe à la Métropole serait dispendieuse,
car elle entraînerait la transformation complète de tous
nos services publics fonctionnant aujourd'hui à peu de
frais, puisqu'ils sont organisés non d'après le système
métropolitain, mais d'après les besoins locaux et les
ressources locales.

L'annexion aurait pour conséquence immédiate de sur-
charger d'impôts les Européens qui ne payent aujourd'hui
que 10 %, 8 % et 3 % *ad valorem* de droits sur les marchandises importées et de modifier les impôts indigènes, la
capitation, les dîmes, dont la perception annuelle est
aujourd'hui régularisée et dont ne se plaignent pas les
indigènes, habitués qu'ils étaient avant l'occupation, à
payer ces mêmes impôts deux ou trois fois par an.

A un autre point de vue, l'annexion ne serait-elle pas un
danger politique très grand ?

Dans l'œuvre de nettoyage, de modifications, de reconstruction patiente entreprise par la France en Tunisie,
c'est le Bey de Tunis qui signe tous les décrets ; ce sont
ses ministres qui en assurent l'exécution sous l'impulsion
et le contrôle du Résident général.

Que ces mêmes décrets, que les lois promulguées,
appliquées et obéies sans murmures, même ceux touchant
aux questions religieuses — on l'a bien vu pour les biens
de mainmorte — soient promulgués directement au nom
de la France ou par ses représentants, immédiatement

la situation change d'aspect, nous devenions des ennemis imposant notre volonté, des Roumis touchant aux choses de l'Islam.

Habitués au respect de l'autorité, les Tunisiens s'inclinent devant les *amras* du Bey. En serait-il de même avec l'annexion ? Non.

Ce serait une source de conflits, de difficultés que le Gouvernement local seul peut éviter, parce qu'il est le produit historique d'un milieu déterminé.

A tous les points de vue, le principe même de l'annexion doit être repoussé.

Est-ce bien à la France, à qui l'annexion brutale a ravi deux provinces, à la France qui avant de restituer à l'unité nationale deux provinces d'origine française, Nice et la Savoie, soumit la question aux suffrages des intéressés, est-bien à la France, dis-je qu'il appartient de donner cet exemple ?

Ne serait-elle plus le représentant de la Justice et du Droit?

Qu'elle reste fidèle à ses principes, au nom même de ses intérêts, en suivant les sages conseils que M. de Lanessan lui donnait dans une conférence faite à Lyon sur les colonies françaises de l'Extrême-Orient :

« Il faut placer à côté des autorités locales les autorités françaises respectant les mœurs et les lois indigènes et se bornant à imprégner lentement la population de nos idées. Ne soyons pas des conquérants barbares. Soyons dans l'Extrême-Orient la science, la force civilisatrice et le progrès. »

Ces conseils judicieux s'appliquent à la Tunisie.

En Tunisie, où tout diffère de la Métropole, race, religion, climat, lois, mœurs, vouloir introduire brusquement le rouage français, l'organisation française, vieille de mille ans, et produit d'un autre milieu, serait une sottise pure. Ce qu'il faut ici, en tenant compte des leçons de l'histoire, c'est une *adaptation* intelligente de nos mœurs, de notre droit, de notre civilisation, quand les institutions musulmanes ne s'y opposent pas, quand l'état des esprits le permet.

Mais il est un terrain sur lequel la France, sans crainte de froisser personne, aurait dû depuis longtemps se placer, celui des intérêts à créer, à développer entre les deux pays.

C'est par la réforme économique, par une union douanière assimilant la Tunisie — où tant d'intérêts français sont engagés — à une colonie française que la France doit cimenter l'union des deux États, et ce n'est qu'en favorisant les échanges entre le Pays protecteur et le Pays protégé que la Métropole préparera sans secousse l'évolution future, qu'elle assurera l'avenir et qu'elle attirera dans son orbite, par la simple force attractive, la Tunisie, qui est déjà pour la France, pour sa politique, le plus éclatant exemple de propagande par le fait que le monde musulman apprécie à sa juste valeur.

J'allais oublier un avantage, le seul que nous donnerait l'annexion. Nous élirions des députés et des sénateurs. Est-ce bien un avantage ? Que nos voisins d'Algérie répondent. Pour nous, la politique introduite en Tunisie produirait l'effet d'un trait barbelé dans un corps sain.

Vouloir précipiter les événements, négliger avant de faire un pas ou de tenter une réforme, de s'assurer que le terrain est solide et que les esprits sont mûrs, c'est en Tunisie, plus qu'ailleurs, nourrir des mécomptes, semer des catastrophes qu'une occasion fera éclore.

Que la France n'oublie pas que dans la guerre future où les nations s'entrechoqueront, le monde musulman — aussi bien les fils de l'Islam qui subissent impatiemment le joug anglais que les Baschkirs et les Kirghises aujourd'hui les plus fidèles soldats du tsar de la sainte Russie et les musulmans français — le monde musulman, dis-je, sera appelé à jouer un grand rôle. Si la France est habile et sage, les Musulmans soumis à ses lois pourront lui être d'un grand secours. A elle d'aviser et de réfléchir, mais en présence des résultats obtenus par le Protectorat depuis huit ans, la France ne doit pas abandonner la sage et habile politique qui les lui a acquis. Le présent est assuré, quant à l'avenir, il est au temps, notre maître à tous, au temps de qui relèvent toutes les institutions humaines : solidement établies, elles lui résistent en faisant corps avec lui; bâties, édifiées à la hâte, elles s'écroulent ou s'effritent en poussière !

JULES MONTELS.

POLITIQUE ANNEXIONNISTE

Aux élections de décembre 1888, pour le renouvellement de la Chambre de commerce, le seul corps électif en Tunisie, les candidats annexionnistes ont obtenu la majorité des suffrages.

Quel était leur programme ? Quelles sont leurs tendances.

Le journal *La Tunisie* s'expliquait en ces termes à ce sujet :

Il ne peut être question, pour le moment, de l'annexion pure et simple. Cette mesure, qui aurait pour la colonie de grands avantages, ne dépend ni du gouvernement local, ni même du gouvernement français. Facile à faire en 1881, l'annexion rencontrerait aujourd'hui de sérieuses difficultés diplomatiques. On sait qu'au Congrès de Berlin, la Tunisie avait été offerte à la France : ce que l'on sait moins, c'est que la France crut devoir la refuser parce que l'Angleterre et l'Italie voulaient qu'elle prît l'e))gement de ne jamais fortifier Bizerte. Au moment de l'expédition contre les Khroumirs, le gouvernement français jouissait d'une entière liberté d'action, mais il se lia lui-même les mains par le traité du Bardo, dont l'article 4 est la cause unique de toutes les difficultés que nous rencontrons dans la Régence.

Pourquoi prendre un tel engagement que personne ne demandait ? Ce fut une maladresse de M. Barthélémy Saint-Hilaire, alors ministre des Affaires étrangères de la République française, maladresse inexcusable dont les conséquences se font lourdement sentir. En admettant, en effet, que le gouvernement beylical eût été conservé, notre protectorat eût pu, sans ce malencontreux article, s'établir sur d'autres bases : le changement du régime politique de la Régence devait entraîner la nullité des conventions jadis signées par les Beys avec les puissances européennes, et nous ne nous trouverions pas aujourd'hui enchaînés par des traités dont la durée, fort longue encore, fait obstacle au développement de notre influence et à l'établissement définitif de notre domination.

Mais à quoi bon récriminer ? Le traité du Bardo a été signé : il est en vigueur, nous devons le respecter. Nous avons garanti, sous certaines conditions, la royauté beylicale : il faut la maintenir, et nous verrons tout à l'heure que son maintien n'empêche aucunement l'annexion telle que nous la comprenons.

Ce que nous demandons, en effet, c'est d'abord ce qu'on a appelé *l'assimilation*, c'est-à-dire le rattachement, *au point de vue douanier*, de la Tunisie à la France; c'est l'annexion commerciale, ou mieux encore l'annexion économique. Il est incontestable que, si le mot *Protectorat* présente un sens, il doit signifier une forme nouvelle de colonie, soumise à un régime politique spécial, mais identifiée à la Métropole au point de vue commercial. La création de colonies ne peut avoir qu'un but : le développement des intérêts commerciaux de la Métropole. Que la colonie soit donc placée sous tel ou tel régime politique, qu'elle soit gouvernée par un préfet, par un gouverneur, par un vice-roi, par les anciens souverains du pays; qu'elle soit province d'un empire ou qu'elle ait son autonomie, peu importe! sa raison d'être est toujours la même; elle fait, au point de vue économique, partie intégrante de la Métropole et elle est destinée à recevoir de celle-ci l'excès de ses produits et à lui fournir le complément de sa consommation. L'existence de barrières douanières entre une colonie et sa métropole constitue donc un fait anormal, une monstruosité, car elle est aussi nuisible à l'une qu'à l'autre et s'oppose au résultat que le colonisateur a poursuivi.

Ainsi, théoriquement, l'annexion commerciale s'impose comme une nécessité absolue. En pratique est-elle possible pour la Tunisie? Sans aucun doute. On nous a longtemps objecté les traités internationaux : « Si la France laisse entrer librement les produits tunisiens, nous disait-on, les nations qui ont, par leurs conventions, droit au traitement de la nation la plus favorisée, seront fondées à réclamer la même franchise pour elles. » L'argument n'était pas sérieux; il ne pouvait pas l'être, car les puissances qui, au Congrès de Berlin, nous avaient offert la Tunisie, ne devaient pas hésiter à reconnaître les droits indiscutables de la France sur un pays qu'elle occupe du consentement de l'Europe.

Cette objection avait été inventée par des adversaires animés contre nous d'une jalousie mesquine et qui, n'ayant pas de motif plausible à faire valoir pour écarter notre concurrence dont la crainte les affole, avaient spéculé sur l'inquiétude, très légitime, que pouvait jeter dans le public l'hypothèse de complications européennes.

Aujourd'hui la lumière est faite sur ce point. Le gouvernement français n'aurait pas proposé la suppression des droits d'entrée sur nos céréales, nos huiles, notre bétail, si cette mesure avait pu autoriser les autres nations à demander les mêmes dégrèvements.

Mais alors, si la France accorde la franchise à certains de nos produits, pourquoi ne l'accorde-t-elle pas à tous? L'exposé des motifs du projet de convention douanière nous apprend que le gouvernement français était partisan de la suppression totale des barrières douanières, et que, s'il ne l'a pas proposé aux Chambres, c'est parce que *la Tunisie ne serait pas encore en état de s'imposer les sacrifices considérables qu'entraînerait l'application absolue de ce principe de réciprocité.*

Donc l'opposition à l'union douanière pure et simple est venue de Tunis, et si la colonie a la douleur de voir encore retarder le jour où elle sera considérée comme une terre française, c'est au gouvernement local, c'est à la Résidence qu'elle le doit. L'administration tunisienne a craint de ne pas pouvoir équilibrer son budget, si on la privait du produit des droits d'importation dans la Régence : peut-être aussi a-t-elle eu peur des conséquences que pourrait avoir pour elle l'union plus intime de la France et de la Tunisie.

Il est à remarquer, en effet, que notre Gouvernement ne perd pas une occasion d'affirmer des tendances séparatistes. Voyez ses actes ! Tantôt il supprime la Poste française et la remplace par un Office tunisien; tantôt il crée un tribunal spécial dont il n'y a pas d'exemple en France. Les lois qu'il imagine diffèrent essentiellement des lois françaises quand elles ne contiennent pas des prescriptions en opposition absolue avec celles du droit français; il maintient contre toute raison, contre tout bon sens, une monnaie particulière dont la valeur variable est un embarras pour toutes les transactions, etc. En un mot, il semble prendre à tâche de creuser plus profondément le fossé qui nous sépare de la patrie.

Une telle politique se comprendrait de la part d'un souverain étranger qui pourrait craindre d'être absorbé par la nation protectrice; mais de la part d'un Résident français, elle est inconcevable; car enfin, il n'y a pas à dire le contraire, l'intérêt de notre colonie est de se rapprocher de plus en plus de la France.

Quel est le moyen le plus simple, le meilleur, d'obtenir la suppression des barrières douanières et des droits d'exportation ? C'est incontestablement l'*annexion*.

Prenez, l'une après l'autre, toutes les réformes que la colonie réclame: suppression des monopoles, diminution des traitements exorbitants des fonctionnaires, organisation de la justice, garanties à donner aux citoyens français, contrôle administratif et financier, etc., etc., et demandez-vous comment on pourrait les opérer le plus facilement. La même réponse viendra forcément à tout le monde : par l'*annexion*.

Et il en est de même pour tout : qu'il s'agisse de combattre la concurrence commerciale de l'Italie ou son envahissement politique, qu'on veuille supprimer les institutions étrangères ou empêcher les débarquements inquiétants de milliers de misérables émigrants, on en arrive toujours à formuler le même vœu : *il faudrait l'annexion*.

Mais, nous dira-t-on, cette annexion qui serait la véritable solution à toutes les difficultés, pourquoi la demander, puisqu'elle n'est pas possible ? Évidemment l'annexion ne peut pas se faire aujourd'hui, mais qui nous dit qu'elle ne pourra pas se faire demain, dans six mois, dans un an ? Comment prévoir les événements extérieurs qui peuvent se produire et rendre faciles du jour au lendemain des solutions qui la veille encore semblaient inapplicables ?

Aussi avons-nous le devoir de préparer l'annexion ; et pour cela il faut la demander en toutes circonstances, afin de faire connaître nos vœux et d'habituer la France et l'Europe à nos réclamations. Il faut surtout insister pour obtenir toutes les mesures commerciales, économiques et administratives qui peuvent rapprocher la Tunisie de la France, amener une union plus intime entre les deux pays et les assimiler si bien que l'annexion soit faite longtemps avant d'avoir été décrétée.

Doit-on conclure de ce que nous venons de dire que nous désirions former un quatrième département de l'Algérie ? — Non. — Cette solution ne nous semblerait acceptable que si nous ne trouvions pas d'autre moyen de sauvegarder nos intérêts, et nous n'en sommes pas là !

L'Algérie est en proie à deux maux qui ont entraîné et qui entraînent encore pour elles les plus fatales conséquences : ce sont l'agitation politique et le décret Crémieux. En principe, une colonie ne devrait pas avoir à s'occuper de politique : à quoi bon susciter des divisions et des luttes entre des colons qui sont venus dans un pays neuf pour y faire leurs affaires et dont l'intérêt est de se grouper et de marcher tous unis vers un but commun qui est la prospérité de leur nouvelle patrie ?

Cette opinion grandit de jour en jour en Algérie où beaucoup de bons esprits seraient heureux d'avoir un gouvernement autonome. C'est basé sur l'autonomie que nous voudrions voir l'annexion s'opérer dans la Régence.

Notre désir, c'est une Tunisie française, gouvernée par un Résident, aidé d'un Conseil colonial élu, soumise aux lois, aux aux traités de la France, mais s'administrant elle-même, avec son budget propre, sous la surveillance du gouvernement français.

Cette annexion là ferait de la Régence l'un des coins les plus heureux du monde ; elle ne mécontenterait pas les indigènes, car elle n'a rien d'absolument incompatible avec le maintien du Bey ; elle nous donnerait toute satisfaction aux divers points de vue économique, administratif, judiciaire ; elle ne créerait pas de partis là où il n'y a, où il ne devrait y avoir que des intérêts communs.

Et qu'on ne vienne pas nous dire que nous poursuivons un rêve ? Ce rêve existe et c'est l'Angleterre qui l'a réalisé. Pourquoi n'insisterions-nous pas ? Pour l'Angleterre qui, dans les questions coloniales, a sur les autres nations une supériorité incontestable, il suffirait de comparer ses colonies aux nôtres pour voir que nous n'aurions rien à perdre à l'application d'un système qui a déjà donné de brillants résultats.

Notre programme peut donc se résumer ainsi : Annexion commerciale immédiate, annexion politique autonome dès que les circonstances le permettront.

CHAMBRE DE COMMERCE FRANÇAISE
DE TUNIS

Le Chambre de commerce de Tunis a été instituée par arrêté du ministre résident de France en date du 23 juin 1885.

Cet arrêté dipose :

Article premier. — Une Chambre de commerce est instituée en Tunisie : elle aura son siège à Tunis et se composera de 12 membres.

Art. 2. — Les membres de la Chambre de commerce seront nommés dans une assemblée d'électeurs pris parmi les commerçants français recommandables par leur probité, esprit d'ordre et d'économie.

Art. 4. — Tout commerçant ou agent de change, âgé de trente ans, inscrit au Consulat depuis un an, et domicilié au moment de l'élection dans la Régence de Tunis, toute personne ayant rempli pendant un an les fonctions de directeur de sociétés anonymes, tout capitaine au long cours et maître au cabotage, ayant commandé pendant cinq ans, justifiant des mêmes conditions d'âge et de domicile, porté sur la liste des électeurs ou étant dans les conditions voulues pour y être inscrit, pourra être nommé membre de la Chambre de commerce. Les anciens commerçants et agents de change seront éligibles s'ils ont exercé leur commerce pendant cinq ans.

VŒUX DE LA CHAMBRE DE COMMERCE
DE TUNIS

La Chambre de commerce de Tunis a demandé :

1. *L'assimilation des produits tunisiens aux produits algériens à leur entrée en France.*

2. *L'admission en franchise, à leur entrée en Algérie, des produits tunisiens par « voie de mer » comme cela a lieu par « voie de terre. »*

3. *Le port de Tunis.*

4. *La création d'une banque d'État autonome.*

5. *L'extension de la compétence des tribunaux français (au*

sujet des difficultés que rencontre, dans la pratique, l'application de la loi immobilière).

6. *La création d'une cour d'appel à Tunis.*

7. *La création d'un tribunal de première instance dans le sud de la Régence.*

8. *Le développement des travaux publics.*

9. *La réforme monétaire.*

10. *L'emploi du produit de la conversion de la dette tunisienne* (construction d'un Mont-de-Piété, d'une Bourse de commerce, reconstruction du palais de la résidence).

Assimilation douanière. — Dès août 1885, la Chambre de commerce de Tunis demande, par un vœu adressé au ministre résident, l'assimilation des produits tunisiens à ceux de l'Algérie

En mars 1886,

« La Chambre, regrettant de constater que la question n'avait fait aucun progrès contrairement aux espérances qu'elle était en droit de concevoir d'après les déclarations officielles, et désireuse de dégager sa responsabilité vis-à-vis de la colonie, décide de nommer une commission chargée d'étudier la situation économique faite au pays par le régime actuel et de montrer au Gouvernement, dans un rapport détaillé, à quel point cette question est capitale pour l'avenir de la Tunisie. »

Le rapport de la commission d'assimilation fut adopté à l'unanimité dans la séance du 21 mai 1886.

Le rapport rappelle l'assurance donnée le 14 juillet 1885 par le ministre résident qui disait :

« Je ne vois pour la colonie française qu'un intérêt à l'annexion immédiate de la Régence, c'est l'assimilation de ses produits aux produits algériens à l'entrée en France. Point n'est besoin de recourir à l'annexion pour obtenir ce résultat et je puis annoncer que, sur ma demande, le Gouvernement français étudie en ce moment un projet de loi destiné à vous donner satisfaction. »

Quels sont les motifs qui ont pu amener le gouvernement français à différer la solution d'une question qui intéresse si vivement nos nationaux, puisqu'il verront à Tunis la France, voulant, tout en ouvrant un nouveau débouché à ses produits manufacturiers, alimenter l'industrie française de matières premières qui lui manquent et assurer sa propondérance maritime et commerciale dans la Méditerranée par la création d'un port de commerce à Tunis.

Les réformes administratives qui ont suivi de près l'occupation de la Tunisie : 1° Suspension des capitulations; 2° Remplacement des juridictions consulaires par les tribunaux français; 3° Suppression de la commission financière, ont pu faire croire que la Tunisie était définitivement terre française. Pourquoi ne pas la traiter comme telle ?

La métropole ne doit pas oublier que c'est son intérêt propre qu'il s'agit de ménager, dit en substance le rapporteur ; elle a voulu ouvrir un débouché à ses produits. Conserver aux puissances étrangères les droits que leur conféraient les traités de commerce conclus avec la Tunisie serait fermer la colonie aux produits nationaux, manquer l'un des buts de l'occupation, faire de l'intervention française une aventure désastreuse. La métropole n'a pas craint de garantir la dette beylicale, elle est intéressée à développer la production et le commerce tunisiens : seule l'assimilation des produits tunisiens aux produits algériens peut produire ce développement et ramener la prospérité dans le pays.

Le rapport conclut :

« L'opposition ne peut venir des puissances, car l'intérêt des colonies étrangères en Tunisie est le même que le nôtre et toutes profitent également des bienfaits de l'assimilation.

« Nous n'avons aucun produit contre lequel la France ait à se protéger : elle est tributaire de l'étranger pour les blés, pour les huiles, les vins, les orges, les citrons, les oranges qui constituent la grande production de la Tunisie. Le seul intérêt que puissent avoir les colonies pour la Métropole est de lui donner les matières premières qui lui manquent en consommant en échange ses produits manufacturés. »

En mars 1887 la Chambre de commerce d'Alger émet le vœu de voir l'assimilation douanière entre la Tunisie et l'Algérie effectués dans le plus bref délai possible.

En avril 1887 le président de la Chambre de commerce de Tunis complète, par ces déclarations, le rapport de 1886 :

« Admettre que la France n'a pas le droit absolu de concéder à la Tunisie un traitement de faveur, ne serait-ce pas déclarer implicitement que le protectorat, qui est impuissant à ouvrir le débouché de la Tunisie aux produits nationaux et le débouché des ports français aux produits tunisiens, n'est qu'une organisation décevante qui n'impose au gouvernement protecteur que des charges sans contrepoids, que des sacrifices sans compensation ? »

Comme le constate la Chambre de commerce en 1889, cette assimilation douanière de la Tunisie à la France, à l'instar de l'Union franco-algérienne, a été repoussée comme prématurée.

Le Ministre des Affaires étrangères a proposé une convention qui, sans donner une complète satisfaction au vœu de la colonie, règle cependant d'une façon équitable ses rapports douaniers avec la Métropole. La Chambre de Tunis s'est ralliée à ce projet de loi.

Dans les premiers mois de 1889, la commission des douanes apporta de profondes modifications au projet de convention douanière franco-tunisienne.

La société d'agriculture, informée de ces modifications, vota à l'unanimité le vœu suivant :

« Considérant que la convention douanière a été modifiée de telle sorte par la commission des douanes qu'elle n'atteindrait pas le but poursuivi par la colonie;

« Considérant que les franchises accordées à l'entrée en France sont insuffisantes pour favoriser le développement de la colonisation européenne en Tunisie;

« Considérant qu'une convention douanière a un caractère international, puisqu'elle suppose deux nations contractantes; que, conséquemment, par le seul fait d'une telle convention, la Tunisie est traitée par la France comme une nation étrangère;

« Prie le Résident général de vouloir bien retirer purement et simplement le projet de convention douanière soumis aux Chambres françaises.

« Elle reprend le vœu unanime de la colonie française dans une réunion plénière du mois de février 1888 et réclame de nouveau que la Tunisie soit considérée, au point de vue commercial, comme un prolongement du territoire français. »

Le 6 mai 1889, les délégués de la Chambre de commerce et des sociétés d'agriculture adoptèrent par 8 voix contre une seule l'ordre du jour suivant qui reproduit en d'autres termes les principales dispositions du vœu émis par la Société d'agriculture au sujet de la convention douanière :

« Les délégués de la Chambre de commerce, de la Société d'agriculture et du Comice agricole prennent acte des dégrèvements déjà consentis par la commission des douanes; mais, considérant que les restrictions apportées dans le projet du gouvernement en dénaturent l'esprit et le but, considérant, d'autre part, que le principe de réciprocité est la base de la convention douanière et peut seul assurer le développement de la colonisation française en Tunisie, ils prient le gouvernement de maintenir intégralement le principe de réciprocité sans lequel la convention douanière ne répondrait plus aux aspirations de la colonie et se trouverait sans objet. A défaut du vote de la convention intégrale, ils préféreraient que la question restât entière devant les représentants de la mère patrie. »

Admission en franchise dans les ports algériens. — Depuis que l'Algérie a fait une campagne si opiniâtre contre l'adoption de la convention douanière franco-tunisienne, les colons tunisiens semblent moins favorables à l'admission en franchise de leurs produits à l'entrée en Algérie par voie de mer; ils pensent même que la perception de droits à la frontière terrestre avait pour eux un avantage, en développant le mouvement du port de Tunis qui centraliserait tous les échanges.

Port de Tunis. — Dans sa séance du 18 février 1887, la Chambre s'occupe à nouveau du port de Tunis; elle déclare que l'exécution de travaux du port, depuis longtemps décidés en principe, est vivement attendue et serait un bienfait pour toute la région.

Banque d'État. — La question d'une banque d'État, introduite à la séance du 7 janvier 1887, a donné lieu à une discussion animée; la nécessité de cette création fut votée à l'unanimité.

Dans la séance du 7 février 1887, le président résumait ainsi les conclusions du rapport que la Chambre adoptait à l'unanimité :

« Utilité d'une banque d'État placée sous la tutelle et le contrôle du gouvernement français ;

« Nécessité de donner à cet établissement un caractère tel que si le régime actuel de la Tunisie venait à changer, la banque d'État puisse subsister jusqu'à expiration de son privilège, ou bien que, si cette condition ne pouvant être réalisée, le rachat de son privilège ne donnât droit, en aucun cas, à une indemnité pour les concessionnaires ;

« Que l'émission du capital soit fait en souscription publique au pair, en France et à Tunis ;

« Que si le gouvernement français jugeait un jour utile une refonte ou une transformation de la monnaie actuelle, la banque d'État prit à sa charge les frais de cette opération en échange du privilège qui lui était concédé. »

Plusieurs membres firent remarquer que le gouvernement réaliserait une notable économie en centralisant à la banque d'État les recettes provenant de la perception des impôts.

Grâce à une banque d'État, l'escompte qui est de 12 o/o tomberait totalement à 6 o/o et à 5 o/o.

Compétence du tribunal civil en matière immobilière. — La question de la compétence immobilière est résolue toutes les fois qu'un litige de cette matière surgira entre Européens : le tribunal français en est valablement saisi.

« La question reste entière lorsqu'un sujet indigène est en cause, soit comme demandeur, soit comme défendeur, soit même comme appelé en garantie : elle tient en suspens les décisions de nos nationaux et fait singulièrement réfléchir les personnes qui auraient l'intention de placer leur fortune ou des capitaux en acquisition de terres en Tunisie. »

En présence de ces considérations, la Chambre émet le vœu que le tribunal civil soit seul compétent entre Européens et Tunisiens, en matière immobilière, qu'il s'agisse de litiges ou de demandes d'immatriculation.

Réforme monétaire. — Dans les bonnes années, les importations et les exportations sont équivalentes ; mais si l'année est mauvaise, les importations sont de beaucoup supérieures aux exportations, la monnaie de l'Union latine disparaît parce qu'elle est envoyée à l'étranger en paiement ; et comme la piastre (unité du système monétaire tunisien) a été fixée à 60 centimes par décret beylical et que, à part les changeurs, peu de personnes ont des monnaies de l'Union latine, on est forcé de passer chez les changeurs pour les traites à payer, pour l'argent à envoyer en France, il y a perte de 2,50 à 3,50 p. 100 suivant le cours du jour. L'office postal tunisien lui-même est l'objet de vifs mécontentements à ce sujet. Ainsi, vous encaissez à l'un de ses guichets une valeur en recouvrement de 100 fr., par exemple, il vous paye en monnaie tunisienne ; sans sortir, vous allez la verser à un autre guichet pour l'expédier en France ; on ne l'accepte pas, il faut faire le change !

La réforme monétaire s'impose donc et dans un bref délai,

car aucun commerçant ne pourrait résister à de pareilles épreuves.

Création d'une cour d'appel. — Ce vœu se légitime par l'importance de la Tunisie et son étendue, sa constitution particulière et la nécessité d'assurer une prompte solution des affaires en litige.

Création d'un tribunal de première instance dans le Sud. — Mêmes considérations

Développement des travaux publics. — Les travaux publics, c'est-à-dire l'outillage économique de la Colonie, sont indispensables à son exploitation et à son essor.

Service militaire. — Dans sa séance du 15 janvier 1886, la Chambre de commerce vote le vœu suivant :

« La Chambre émet le vœu que les Français nés en Tunisie, ou ceux qui y sont domiciliés, qui souscriraient l'engagement d'y résider dix années, ne soient assujettis qu'à une année de service militaire, par assimilation aux Français d'Algérie. »

Le Ministre des affaires étrangères répond en avril 1886 que le Ministre de la guerre a fait savoir que la loi du 6 novembre 1875 sur le service militaire en Algérie étant un texte de droit strict, ne peut être appliquée à la Tunisie par voie d'extension.

La Chambre de Tunis demande alors qu'un projet de loi spéciale sur la matière soit élaboré en faveur des Français résidant en Tunisie.

Le Ministre des affaires étrangères transmet ce vœu nouveau au Ministre de la guerre, M. le général Boulanger.

Ce dernier répond à M. de Freycinet le 12 juin 1886 :

« Bien que je ne méconnaisse pas l'intérêt qu'il pourrait y avoir, pour le développement de nos opérations commerciales, à accorder certains privilèges aux jeunes gens résidant en Tunisie, je ne pense pas qu'il y ait lieu de présenter une loi de recrutement spéciale en leur faveur.

Les *pays de protectorat* ne me semblent pouvoir en aucune façon être assimilés à nos colonies ou à l'Algérie, et j'estime que les jeunes gens qui y fixent leur résidence ne sauraient être considérés que comme étant domiciliés dans un *pays étranger.* »

Quoi qu'il en soit, la *loi militaire*, promulguée le 16 juillet 1889, dispose dans son article 81, dernier paragraphe :

Les Français ou naturalisés Français établis dans un pays de protectorat, où seront stationnées des troupes françaises, pourront être admis, sur leur demande, à bénéficier des dispositions qui précèdent.

C'est-à-dire des dispositions applicables aux colonies (envoi dans la disponibilité après une année de présence effective sous les drapeaux).

LES INTÉRÊTS FRANÇAIS

DANS

LA MÉDITERRANÉE

MAROC

Comme le reconnaît l'*Allgemeine Zeitung* :

« Il existe en France un sentiment général : c'est que tout l'occident musulman (El Maghreb) doit, tôt ou tard, directement ou indirectement, tomber sous l'influence des maîtres de l'Algérie ».

Dans un travail publié par la Société languedocienne de géographie, M. Léon Malavialle montre les raisons de ce sentiment :

« Nous ne devons pas souffrir, sans manquer à tous nos intérêts, qu'une autre puissance européenne s'installe au Maroc à côté de nous. L'avenir de l'Algérie en dépend. C'est là une question de vie ou de mort pour la France africaine. Ce fâcheux voisinage serait une source de craintes continuelles, et arrêterait son expansion naturelle vers l'Océan, le Sahara et le Soudan ; car le Maroc est la clef des routes de Timbouctou. A défaut d'une politique plus active, nous devons au moins nous imposer le rôle du chien de garde, ce qui est facile, et barrer la porte à tout envahisseur.

« Notre situation nous permet et nous commande plus encore. Maîtres de la moitié du Maghreb, nous avons plus d'intérêt et plus de chance que personne d'avoir un jour le reste ; l'intérêt est évident. Qui ne voit l'avantage que nous aurions à être chez nous dans cette région naturelle, dans cette « île de l'Occident », si bien limitée par la nature et si bien défendue par les sables ou par la mer contre les attaques du dehors ? Cette possession nous vaudrait la liberté du détroit de Gibraltar, aujourd'hui gardé par l'Angleterre, la domination incontestée dans la Méditerranée occidentale, où nous occupons déjà une place prépondérante, et l'hégémonie de l'Afrique du nord jusqu'au Soudan. Cet avenir si beau est-il un simple rêve ? Nullement, à mon avis ; j'y verrais plutôt une nécessité historique et géographique. Il n'y a pas de raison pour que le Maroc n'ait pas le sort de la Tunisie : il y en a beaucoup au contraire pour qu'il suive les mêmes destinées. »

Limites du Maroc. — Le Maroc n'est pas un empire, ce n'est qu'une expression géographique. Il se divise d'abord politiquement et commercialement en deux régions distinctes et presque sans rapports l'une avec l'autre. La première a Fàs pour centre : on peut l'appeler Maroc du Nord ou Royaume de Fàs ; la seconde a pour centre Maràkech : elle peut se désigner sous le nom de Maroc du Sud ou Royaume de Maràkech ; elle s'étend jusqu'au Sous.

Ces deux régions ont chacune leur capitale, chacune leur ports, chacune leur commerce : séparées par une longue ligne de tribus indépendantes, elles ne communiquent guère l'une avec l'autre que par le chemin qui longe l'Océan en passant par Rabat-Salé, qui, étant ainsi le lien entre les deux royaumes, a reçu le nom de Pont de l'Empire. Pour aller de Maràkech à Meknas, le chériff doit éviter les tribus indépendantes et faire le tour par Rabat.

Les limites de chacun de ces deux royaumes ne sauraient être définies avec précision.

« Les cinq sixièmes de l'ancien Maroc sont dès maintenant en fait indépendants. L'autorité du Sultan ne s'étend réellement — dans ces deux royaumes — que sur la vallée du Sebou, la presqu'île de Tanger, le Gharb, le littoral de l'Atlantique, et le cours inférieur de l'Oued-Tensift, qui forment le *Blad-el-Makhzen*, c'est-à-dire l'ensemble des pays qui consentent à la fois l'impôt et le service militaire. Et encore pour y lever des contributions ou des soldats, faut-il de véritables armées. »

Tout ce qui n'est pas pays soumis, Blad-el-Makhzen, est pays autonome, Blad-es-Siba. Certains districts du Blad-es-Siba ont des cheiks héréditaires et envoient chaque année au chériff un cadeau insignifiant ; la plus grande partie du Blad-es-Siba n'admet ni représentants ni troupes du gouvernement (le Makhzen) :

« Le Sultan, nous écrit-on de Mogador, en avril 1889, n'est, à proprement parler, que le maître des villes du littoral, de ses trois capitales, Fàs, Meknas et Maràkech et de leurs provinces : le Soûs lui est bien soumis ainsi que le Riff, mais ces deux vastes provinces font ce qu'elles veulent ; au Tafilet, patrie originaire des chériffs, situé à quatre jours de marche de Maràkech, il ne fait pas bon se recommander du Sultan ; c'est ce qui explique surabondamment ses expéditions annuelles, où tantôt il revient victorieux, et plus souvent battu à plate couture... »

Débouchés commerciaux. — L'Angleterre chiffre ses affaires au Maroc par millions, tandis que les nôtres se chiffrent à peine par quelques centaines de mille francs, tandis que nous achetons plus que nous ne vendons.

Un Anglais qui habite le Maroc nous disait à ce sujet :

« Si mon pays possédait l'élément que j'ai vu à Alger mais dont vous ne savez pas vous servir, vous ne vendriez pas un kilogramme de sucre au Maroc. Vous n'avez pas su établir votre influence au Maroc en y fondant des écoles arabes françaises qu'il vous aurait été bien aisé de faire diriger par les indigènes lauréats du lycée d'Alger... »

L'Angleterre nous a évincés presque totalement du marché marocain.

« Par la ruse et par la prévarication, nous écrit-on, elle achète la conscience des fonctionnaires de l'entourage du Sultan et obtient des marchés qui lui rapportent gros. Par son thé, elle empoisonne le Maroc; par son transit, elle favorise l'écoulement des produits belges et allemands; elle nous empeste avec ses bougies faites au pétrole; pour lui porter un rude coup, il suffirait de baisser les prix du sucre et de la bougie, de fabriquer en camelotte des tissus d'or et soie, d'adopter son système de crédit : nous ne lui laisserions ainsi que le placement de ses cotonnades.

« Nos bons amis les Anglais ne se gênent pas pour insinuer que nos produits sont très chers et ne valent rien, que nous sommes un peuple conquérant et voleur dont il faut se défier, qui n'a aucun sentiment de justice, et qui ne jouit plus d'aucune considération en Europe, et ils ajoutent à l'appui de ces dires ce que certains de nos journaux impriment sur la probité et la valeur des hommes qui dirigent nos affaires. »

Il nous serait pourtant facile de lutter contre la concurrence anglaise puisque par l'Algérie nous pourrions ravitailler la moitié du Maroc, et en tirer directement des céréales, de la viande et de l'huile.

« Le Maroc, — nous écrit de Marâkech, en mai 1889, M. Th. Belin, — peut nous vendre de bon blé à 5 ou 6 francs le quintal et de la viande à 40 francs. Qu'avons-nous fait pour alimenter la marmite du travailleur en France? Ici je mange du pain à 40 centimes le kilogr., de la viande à 40 centimes, quand elle provient des boucheries juives, qui perçoivent un impôt pour les pauvres, à 20 centimes, quand je l'achète chez les bouchers arabes, des œufs à un centime et demi chaque, du beurre à 60 centimes le kilogr., de l'huile à 70 centimes le kilogr., de belles oranges à raison de dix pour deux sous; tous les produits du pays sont à l'avenant, et notez que je ne suis pas précisément dans un centre de production : Marâkech étant plutôt une ville de transit. Il me faudrait écrire un volume pour énoncer toutes les richesses du sol, lequel ne produit pas la vingtième partie de tout ce qu'il pourrait produire en céréales et en bestiaux. »

Influence française. — Pour établir son influence la France devra :

1º Créer des écoles arabes françaises pour les deux sexes à Fâs, à Meknâs et à Marâkech à l'intérieur, et sur le littoral à Saffi, Mazagan, Casablanca, Rabat, Laraehe, Tanger. Le lycée d'Alger formerait des professeurs indigènes. Ces écoles coûteraient d'autant moins qu'il serait facile d'obtenir du sultan une maison dans chaque centre avec une subvention de quelques millions de francs contre l'obligation d'instruire un certain nombre de boursiers.

Nous trouverions à placer là ces indigènes d'Algérie que nous avons instruits et qui ne savent que faire à leur sortie du collège.

Le sultan n'aurait plus à débourser les sommes considérables pour l'instruction des enfants et des jeunes gens qu'il envoie chaque année en Espagne, en Italie et en Allemagne.

En propageant notre langue, nous nous ferions en même temps connaître sous un jour plus favorable : ce serait aussi ouvrir une porte à notre industrie;

2º Faire connaître l'Algérie aux Marocains : on ne veut pas croire au Maroc que nous sommes les protecteurs de la religion musulmane, en payant le personnel du culte, que l'État restaure de ses deniers, les mosquées et les chapelles, que les enfants sont instruits gratuitement, que les malades sont soignés dans des hôpitaux, que les pauvres reçoivent des secours en argent, en pain et en viande.

Pour faire connaître ce qu'est notre domination en Algérie et en Tunisie, pour montrer comment nous avons su organiser, développer et enrichir ces contrées, il ne faut manquer aucune occasion d'amener chez nous les négociants marocains aux époques des concours régionaux, quelques ulémas, quelques savants à l'occasion de chaque fêtes, et faciliter à tous les moyens de voir et de parcourir l'Algérie ; ainsi nous gagnerons leur confiance et leur sympathie : nos détracteurs qui auront semé le mensonge, dès qu'il sera dévoilé, récolteront la méfiance.

Il serait politique d'amener en Algérie, à l'époque de la moisson, plus de Marocains que d'Espagnols. Les ouvriers espagnols rentrent chez eux sans avoir dépensé le dixième de leur gain : on en a vu apporter des vivres pour six mois de séjour et ne pas dépenser un centime dans la colonie ; le Marocain, au contraire, bon travailleur, se nourrit dans les villages. Le département d'Oran en compte déjà près de 40 000 employés aux travaux des routes, des chemins de fer et des champs. Pour en augmenter le nombre, il faudrait faciliter aux Marocains le voyage à bas prix et réduire les frais de chancellerie perçus sur les permis de circulation en Algérie ; le Marocain qui s'embarque à Tanger paye 15 francs pour le voyage, 15 francs pour le permis, comptons 15 francs pour le retour et 60 jours de séjour à 0 fr. 75 de nourriture par jour, soit 45 francs ; sa campagne de 3 mois lui coûtera 90 francs ; s'il travaille 60 jours à 2 francs 50, il remportera 60 francs d'économie ; mais s'il ne peut travailler qu'un mois, comme cela arrive d'ordinaire, il se trouvera en perte. Réduisons leurs frais, les Marocains afflueront chez nous et de retour chez eux, ils nous créeront une réputation d'honnêteté et de richesse.

3° Exiger du personnel consulaire la connaissance de la langue arabe et choisir les interprètes parmi les indigènes algériens si ce n'est parmi les interprètes judiciaires et militaires d'Algérie, qui connaissent le monde arabe.

4° Nous montrer forts. Le vicomte Charles de Foucauld prétend, non sans raison, que c'est une grande faute de ne pas occuper Figuig et que notre prestige en souffre cruellement dans les pays arabes :

« On juge notre puissance d'après notre conduite à Figuig. On n'en saurait avoir une haute idée : notre réputation est telle dans le Sahara marocain ; on n'y admet pas que notre patience à Figuig soit respect pour le sultan : il n'est pas le maître de Figuig ; qu'existe-t-il de commun entre lui et cette oasis ? »

Faire respecter les droits de tous nos protégés. Aux termes de la convention franco-marocaine de 1863, nous pouvons accorder notre protection aux indigènes employés dans nos consulats, et aux agents des maisons de commerce européennes : par extension, tout indigène peut même réclamer notre protection.

En 1884 nous accordions cette protection au chériff d'Ouezzàn, Sidi-Hadj-Abd-es-Salam, chef de la confrérie de Moulay-Taïeb, la plus puissante du Maroc, qui s'étend jusqu'à la Tripolitaine et compte trois millions de sujets : le chériff d'Ouezzàn est plus proche descendant du Prophète que son cousin le sultan Muley-Hassan.

L'un des fils de Sidi-Hadj-Abd-es-Salam sert au 1er régiment de spahis ; deux autres font leurs études au lycée d'Alger.

5° Obtenir enfin la pénétration économique du pays, la substitution d'un droit proportionnel au droit de 10 0/0 qui frappe indistinctement tous les produits, la liberté des importations et des exportations tout au moins par les frontières terrestres, à titre de réciprocité.

Avenir du Maroc. — Si ces réformes économiques ne peuvent aboutir, préparons-nous au moins et promptement le terrain politique.

« Il n'y a de progrès possible dans l'état lamentable du Maroc, écrivent Ball et Hooker, que si ce pays passe sous la loi d'un peuple civilisé assez fort pour briser promptement la résistance inévitable de la classe dirigeante, assez éclairé pour avoir à cœur la prospérité de la nation marocaine. Si nous nous demandons quel est le peuple européen indiqué par les circonstances comme le plus propre à réussir dans cette entreprise, nous n'en voyons pas de plus indiqué que le peuple français.

« La France a déjà mené à bien une tâche semblable dans la portion de l'Afrique septentrionale qui confine au Maroc : elle a toutes espèces de motifs d'ajouter à ses possessions un territoire qui offre de bien plus grandes ressources naturelles que celui qu'elle possède déjà. Sans doute cette conquête serait déjà faite si les compétitions de certaines puissances européennes sur cette portion du sol africain ne l'avaient arrêtée. La France trouverait là un nouveau théâtre pour répandre l'énergie vitale qui se trouve trop à l'étroit sur le continent : elle se fortifierait en même temps par le sentiment intime qu'elle jouerait un rôle utile dans le progrès du monde.»

M. Léon Malavialle voit dans le contact immédiat des populations marocaines et algériennes et dans la séduction d'une civilisation supérieure l'absorption fatale du Maroc :

« Cent cinquante mille Marocains, dit-il, viennent travailler tous les ans dans la province d'Oran et sont à même d'y constater une tranquillité, un bien-être, un bonheur qu'ils n'ont pas, en même temps que la tolérance et le respect de la foi musulmane ; ils rapportent chez eux, une fois la saison des récoltes passée, avec un petit pécule, le souvenir et l'envie de tous ces bienfaits que la France a donnés à leurs frères, tout en leur laissant la liberté de leur culte et de leurs mœurs, Nous devons beaucoup compter sur cette propagande spontanée.

«M. de Foucauld a rencontré dans ses courses à travers l'Atlas des tribus opprimées qui soupirent après l'heureux jour où les Français viendront. Il ne tient qu'à nous d'entretenir et de développer ce sentiment dans le cœur de ces malheureux. Que le Maroc s'ouvre au commerce, aux travaux publics, à l'exploitation pacifique de l'Europe, une des premières routes qui s'imposent avec la voie de Tanger-Fâz-Maroc, c'est la ligne d'Oran à Oudjda, Taza et Fâz. Dès lors, les rapports se multiplieront. L'influence française ou algérienne débordera par cette artère sur le Maroc, comme elle a débordé sur la Tunisie par le cours de la Medjerdah.

« Notre principal obstacle au Maroc, comme dans tous les pays musulmans, sera le fanatisme ; mais la tolérance, l'instruction, la civilisation n'en auront-elles jamais raison ? N'avons-nous pas déjà pour nous le chériff d'Ouezzân ? Le respect des croyances et des superstitions mêmes que nous avons montré en Algérie et en Tunisie n'est-il pas un argument victorieux à opposer aux marabouts, qui accusent les Roumis de vouloir la destruction de l'Islam ?

« Plus on y réfléchit, plus on trouve de raisons de se convaincre que l'avenir du Maroc est étroitement lié à celui de l'Algérie. Que notre colonie naissante grandisse ; qu'elle se développe par la paix, l'instruction et le travail ; qu'elle augmente sa richesse, sa force, sa population ; qu'elle tienne en un mot ses promesses et devienne au nord de l'Afrique une petiteFrance nouvelle ; alors elle exercera sur sa sœur moins fortunée du Maroc l'attraction irrésistible du fort sur le faible, du riche sur le pauvre, de la civilisation sur la barbarie. Le Maroc, comme un fruit mûr, tombera entre nos mains. Les Marocains eux-mêmes, pressurés, opprimés, mourant de faim par la faute de leurs maîtres imploreront le protectorat bienfaisant de la France, comme les Tunisiens. Forts de l'assentiment tacite des populations, il nous suffira d'une chiquenaude pour jeter bas ce gouvernement vermoulu et pour lui imposer notre direction.

« L'annexion du Maroc sera comme l'expédition de Tunisie, moins une guerre qu'une démonstration militaire et l'Europe ne pourra que s'incliner devant un fait accompli, auquel l'intérêt général et la civilisation n'auront du reste qu'à gagner. »

C'est à la France qu'incombent le droit et le devoir de reconstituer l'unité du Magreb.

Une prophétie arabe, souvent citée à Fâs, assure que la dynastie chérifienne périra par les chrétiens venant de l'Est, l'Algérie.

SAHARA

Comme l'écrivait, M. Onésime Reclus en 1881 :

« Jamais l'avenir de la France n'a été aussi clairement indiqué qu'aujourd'hui. Plus nous nous engageons en Afrique, plus nous marchons dans le sens de nos vraies destinées. Le Tchad et le Niger sont moins loin que le Rhin, et le transsaharien vaut mille fois le grand tunnel de la Manche, le chemin de fer du Simplon, le canal de Bordeaux à Cette. »

La voie ferrée qui reliera, à travers le Sahara, l'Algérie au Niger, empruntera l'une des trois vallées qui coupent les dunes ; l'Oued Igharghar, l'oued Mia ou l'oued Saoura.

Par l'oued Igharghar. — Le tracé recommandé par le colonel Flatters partant de Biskra (terminus du chemin de fer de Philippeville et El-Guerra) atteignait Ouargla par Touggourt et se dirigeait droit au sud sur Temassinine ; de ce point il pourrait traverser le territoire des Touareg Azdjer, en se rapprochant de Ghât (ou Rhât), puis celui des Touareg Kel-Oui.

Les Touareg Azdjer ont pour les Français de l'amitié ; « de l'enthousiasme », disait le colonel Flatters.

La principale route de l'Algérie au Soudan (celle des États Iaoussa et du Bornou) traverse uniquement leur territoire et celui de leurs alliés, les Kel-Oui.

Le cheïk des Azdjèr, El-Hadj-Ikhenoukhenn, qui, né vers 1770, est plus que centenaire, écrivait au maréchal Pélissier, gouverneur de l'Algérie :

« Quiconque de vous viendra ici ne rencontrera que le bien, la paix et la plus grande sécurité ; soit actuellement, soit dans l'avenir, quiconque désirera commercer sera le bienvenu et pourra aller d'ici au Soudan sans que personne ne l'inquiète en quoi que ce soit. »

Un chef azdjèr était venu à Alger, en 1855, nous offrir l'alliance des Touareg. Une mission officielle fut envoyée à Ghadamès (ou Rhadamès) en 1862-1863 pour y signer un traité de commerce avec les Touareg.

Ce traité fut signé le 26 novembre 1862.

Art. 1er. — Il y aura amitié et échange naturel de bons offices entre les autorités françaises et indigènes de l'Algérie ou leurs représentants et les chefs des différentes fractions de la nation Touareg.

Art. 2. — Les Touareg s'engagent à faciliter et à protéger à travers leurs pays et *jusqu'au Soudan* le passage tant à l'aller qu'au retour des négociants français ou algériens et de leurs marchandises sous la seule charge par ces négociants d'acquitter entre les mains des chefs politiques les droits dits coutumiers, ceux de location de chameaux et autres, conformément au tarif annexé et lequel recevra de part et d'autre toute publicité nécessaire pour prévenir les contestations.

L'article 4 additionnel garantit plus complètement la sécurité sur la seconde partie de la route de l'Algérie au Soudan :

« Le cheïk El-Hadj-Ikhenoukhenn et les autres chefs politiques du pays d'Azdjèr s'engagent à mettre à profit dès leur retour à Ghât leurs bonnes relations avec les chefs de la tribu des Kel-Oui pour préparer aux négociants français et algériens le meilleur accueil de la part de cette tribu, afin que les caravanes traversent également en toute sécurité le pays d'Aïr. »

En 1876, le même Ikhenoukhenn fit mettre à mort les assassins de l'explorateur Dourneaux-Dupéré.

En 1881, le même Ikhenoukhenn écrivait à l'autorité française, après l'assassinat de Flatters : « Soutenez-moi par le nord, je vais châtier les assassins de la mission Flatters, vous ne pouvez pas les laisser impunis. »

Pourquoi ne pas tirer parti d'une si constante amitié ?

Pourquoi ne pas échelonner sur la route de Touggourt à Ghât, par l'oued Igharghar et la vallée des Igharghariens, une vingtaine de Ksour, ou villages fortifiés, espacés de 50 en 50 kilomètres, qui jalonneraient le tracé d'un transsaharien ; l'effort que demanderait l'exécution de cette voie de fer ne serait pas le double de celui qui a été atteint pour le chemin de fer d'Arzew à Aïn-Sefra.

L'oasis de Ghadamès (ou Rhadamès) reste un peu à l'est de cette route : c'est un point de transit.

« Les différentes dynasties tunisiennes attachèrent une grande importance à la possession de Ghadamès, cette ville étant avantageusement située sur les routes de Tunis au Tidikelt, au Fezzân et au Soudan par le pays d'Aïr et le Tebbou. »

Actuellement, Rhadamès paye impôt aux Turcs.

La France n'a jamais reconnu cependant à la Tripolitaine un droit quelconque sur Rhadamès.

« Les Ghadamésiens, dit Largeau, qui voient la prospérité de leur oasis décroître rapidement sous l'administration turque sont disposés à se jeter dans les bras de qui voudra les débarrasser au plus tôt des Turcs. »

Ghât ou Rhât est la seule ville du territoire des Touareg Azdjèr. Avant la prise de cette ville par les Turcs, deux partis s'y disputaient l'influence : le parti français composé de la grande majorité des Azdjèr et de quelques marchands, et le parti turc. La prise de Ghât, livrée aux Turcs en 1880, avait été une défaite française. En décembre 1886, les Touaregs attaquèrent la petite garnison turque (40 hommes) et la firent prisonnière.

Il ne tient donc qu'à la France d'assurer, par une étroite entente avec les Azdjèr — le parti français — la sécurité absolue de cette route.

Par l'oued Mia. — La voie ferrée pourrait partir d'Alger ou d'Affreville (station sur la ligne d'Alger à Oran), s'enfoncer au sud par Boghar, Laghouat et El-Goléah, pour atteindre ensuite le Touât : une variante passe par Constantine, Biskra, Touggourt, Ouargla, El-Goléah.

Par l'oued Saoura. — Cette voie aurait pour grandes sections : les lignes de Oran à Ras-el-Mà (130 kilom.), Ras-el-Mà à Figuig (300 kilom.), de Figuig (El-Outed) à Igli (300 kilomètres), d'Igli au Touât et In-Çalah (500 kilomètres), du Touât au Niger (1.000 kilomètres).

Au point de vue technique, la construction de ce transsaharien ne rencontrerait pas de difficultés sérieuses : le pays est absolument plat, l'eau est très abondante et de bonne qualité sur tout le parcours.

Solidement retranchés à Igli, nos soldats, par leur seule présence, protégeraient toutes les populations du Sud contre les nomades pillards; l'installation de nos soldats, dans l'extrême Sud-Oranais, a permis aux caravanes, parties en 1886 du nord de la province d'Oran, à destination du Gourara et du Touât, d'effectuer leur trajet sans rencontrer la moindre difficulté ; leur effectif comprenait 3 400 personnes et 14 000 chevaux.

« Par le transsaharien, disait M. G. Bédier devant le congrès d'Oran, le territoire de la France va s'étendre de la Belgique aux profondeurs de l'Afrique. Au lieu d'étouffer sur un petit territoire de cinq cent mille kilomètres carrés, le grand peuple français pourra s'épanouir sur un vaste empire : il retrouvera ainsi son génie, ses destinées.

« Nous n'avons plus grand temps à perdre si nous ne voulons pas voir le chemin coupé par nos pires ennemis; les Allemands convoitent ardemment la vallée de l'Oued-Dra pour accaparer le Tafilalet et nous couper la route du Niger.

« Aujourd'hui, construire le transsaharien n'est pas seulement pour la France un devoir, c'est encore une honte à éviter, car on dit partout que tout autre peuple à notre place l'aurait déjà fait. »

TRIPOLITAINE

« La Tripolitaine, écrivait M. Gabriel Charmes en avril 1882, est un pays de transit où passent, d'une part, l'ivoire et les plumes d'autruche du Soudan, qu'on transporte en Europe, et, d'autre part, les différents produits de l'Afrique. Ce n'est pas cependant par l'exportation, c'est par l'importation que Tripoli devrait acquérir rapidement une grande importance : les populations du Fezzân, du Bournou, du Ouadaï, et en général du Soudan, réclament de plus en plus nos étoffes et nos produits. Mais, pour les leur envoyer, il faudrait faire la police des routes.

« La France ne saurait négliger d'exercer une influence aussi grande que possible sur un pays qui confine de si près à ses possessions. Elle y arrivera sans peine, pourvu qu'elle envoie à Tripoli des agents qui aient une grande connaissance des Arabes et sachent les moyens de leur inspirer confiance.

« C'est de la diplomatie arabe qu'il faut faire à Tripoli...

« C'est surtout par les écoles et par les établissements de bienfaisance que l'action de la France peut être efficace.

« Il existe à Tripoli une école de filles placée sous la direction de sœurs françaises, qui compte 100 élèves A côté de cette école s'élève un hôpital, où tout le monde, Européens et indigènes, chrétiens et musulmans, reçoivent des soins gratuits. Cet hôpital est très propre, très bien tenu : il rend d'inappréciables services. Les pères missionnaires de Mgr Lavigerie, établis dans l'oasis, donnent également aux malades de toute provenance des soins qui les rendent très populaires. La paroisse catholique est gérée par des Italiens ; mais, comme nous sommes les protecteurs du catholicisme en Orient, le clergé d'une nation rivale est tout entier à notre discrétion. Enfin, depuis quelques mois, notre consul a organisé une école de garçons dirigée par des Pères français, appelés les Pères mariannistes. Bien que toute nouvelle, cette école compte déjà 140 élèves. Les bâtiments en sont d'une grande propreté, d'une salubrité parfaite. J'ai assisté à quelques cours : ils m'ont frappé. Naturellement les élèves sont Italiens ou Maltais; car c'est à peine s'il y a à Tripoli une trentaine de Français. Néanmoins, ils connaissent et ils aiment tous la France, dont l'histoire, la géographie et la langue leur sont familières. En quelques mois ils ont appris le français d'une manière surprenante; ils le parlent sans accent, presque sans incorrections : chose d'autant plus remarquable que leur supérieur est un Auvergnat ! Chaque cours se termine par un exercice musical. Je n'ai pas entendu, j'en conviens, sans une agréable surprise, dans

une ville où le nom de la France vient d'être outragé de tant de
manières, de jeunes Maltais et de jeunes Italiens chanter en chœur,
et avec une conviction parfaite, des refrains en l'honneur de notre
pays, de ses gloires et de son drapeau.

« Puisse l'influence de la France en Tripolitaine grandir de jour
en jour, et rendre inutile une conquête qui nous coûterait beaucoup
trop cher! »

ÉGYPTE

En 1796, le consul de France à Alexandrie avait adressé un
mémoire au Directoire, pour insister sur l'utilité de la colonisation
par les Français de la vallée du Nil. Le projet avait séduit Bonaparte, qui reçut le commandement de l'expédition chargée de conquérir l'Égypte.

Avec son artillerie et ses soldats, Bonaparte avait embarqué
sur ses navires toute une armée pacifique de savants : 20 ingénieurs,
16 géographes, 3 archéologues, 3 architectes, 4 astronomes, en tout
122 collaborateurs.

Débarqué en juillet 1798, dès le 22 août, il créait l'Institut d'Égypte,
qu'il divisait en 4 sections : mathématiques, physique, économie
politique, littérature.

Ces savants firent des prodiges : ils tirèrent l'Égypte du dépéris-
sement où l'avaient fait tomber les Mameloucks. Ils construisirent
des moulins, des fours, des magasins; ils creusèrent des puits; ils
introduisirent de nouvelles cultures et améliorèrent les procédés
agricoles.

Ils fournirent au pays les moyens de se relever et, après le départ
des Français, Méhémet-Ali (Mohammed-Ali) n'eut qu'à suivre le
plan qu'ils avaient tracé.

D'ailleurs, ce prince fit venir de France des ingénieurs, des méca-
niciens, des entrepreneurs pour construire des forteresses, des
arsenaux, des écoles, des hôpitaux, des ponts, des bassins : il envoya
toute la jeunesse égyptienne étudier en France; il introduisit en Égypte
les oliviers, les mûriers, le coton, toujours par l'intermédiaire des
Français.

« Ce maître de l'Égypte, dit M. Pierre Giffard, fait de l'Égypte une France
africaine, plus française que Bonaparte n'eût osé la rêver. »

C'est surtout après la révolution de 1830 que se fit sentir l'influence française. En 1833, notamment, l'Égypte reçut de la France
une singulière colonie, celle des Saint-Simoniens.

« La petite église Saint-Simonienne que le Père Enfantin avait fondée
après son schisme avec Bayard venait de traverser une épreuve doulou-
reuse (Procès des Saints-Simoniens, août 1832), dit M. E. Guillon. Sur l'in-

vitation de Méhémet-Ali, elle quitta les hauteurs ingrates de Ménilmontant pour la vallée du Nil, plus hospitalière. Parmi ces martyrs de la foi nouvelle, il y avait des artistes comme Félicien David qui devait rapporter de l'Orient *Lalla-Roukh* et cet admirable poème symphonique qui s'appelle : le *Désert* ; des élèves de l'École polytechnique, comme Bruneau qui devint directeur de l'École d'artillerie ; des ingénieurs, comme Charles Lambert qui créa l'École de Boulaq ; Henri Fournel, qui présenta un projet de percement de l'isthme de Suez ; des savants, comme Yvon Villarceau aujourd'hui astronome à l'Observatoire de Paris ; des agriculteurs, comme Busco, gendre de Mathieu de Dombasle, qui créa une ferme-école à Choubra... Nous avons donc raison de dire que c'est la France qui a fait l'Égypte contemporaine. »

Sous le règne de Mohammed-Saïd est entrepris le percement de l'isthme de Suez, œuvre essentiellement française, conduite à bien malgré l'opposition passionnée du cabinet britannique.

Des difficultés financières amenèrent le khédive à faire entrer dans son ministère, en 1878, un Français et un Anglais : ainsi fut institué le contrôle anglo-français.

La révolte d'Arabi amena dans les eaux d'Alexandrie les escadres française et anglaise. Mais, le 10 juillet 1882, au soir, un peu avant le coucher du soleil, l'amiral Conrad donne à la flotte française le signal du départ.

Ce jour-là le rôle de la France en Égypte était terminé.

L'escadre anglaise bombarda Alexandrie le 11 juillet : le contrôle français fut supprimé en fait le 30 octobre, officiellement le 11 janvier 1883.

Écoutons M. Edmond Planchut :

« Que dire de cette incomparable politique qui livre à l'Angleterre cette Égypte si française par tant de souvenirs, souvenirs plus vivants peut-être sous la tente du Bédouin et la hutte du fellah que dans nos esprits : l'Égypte où Damiette rappelle saint Louis, les Pyramides Bonaparte, Héliopolis Kléber, et Ismaïlia la plus grande œuvre du siècle. Notre abstention a été non seulement une faute dont nous subissons les conséquences depuis qu'elle a été commise, mais elle est encore pour l'Égypte une aggravation de la crise dont elle souffre depuis 1872. Il n'est pas un homme de valeur — depuis Son Altesse le Khédive jusqu'au dernier de ses fonctionnaires — qui ne jette à la face de la France le reproche d'avoir livré leur pays à la rapacité anglaise.

« Que devient en tout ceci l'influence française prépondérante autrefois en Orient ? Où sont nos intérêts en Égypte ? On bat en brèche la première en mettant la main au collet de nos sujets algériens jusque sous le péristyle de nos consulats ; on sape les seconds en éliminant nos compatriotes des postes qu'ils occupent, en faisant à la douane d'Alexandrie, dont la direction est anglaise, une nuisible guerre à nos importations... »

Jugeant les événements de 1882, M. Gabriel Charmes portait ce jugement qu'il importe de méditer :

« On refuse de sentir aujourd'hui les pertes que nous faisons et on les accepte avec philosophie ; on n'y pense même pas. Mais qui sait ? Un jour peut venir où il ne sera plus possible de conserver cette insensibilité. La place que nous laissons libre en Orient ne restera point vacante. D'autres brûlent de s'en emparer. Quand tous nos nationaux, abandonnés par le gouvernement métropolitain auront quitté leur industrie, leur commerce et seront revenus en France, quand le protectorat catholique déserté par nous sera passé aux Italiens ou aux Autrichiens, quand nous aurons laissé le champ libre à l'Angleterre, quand l'Allemagne, grâce à son alliance avec la Turquie, se sera peu à peu infiltrée dans les pays où nous aurons renoncé à continuer notre œuvre historique, croit-on que notre sécurité intérieure, cette sécurité pour laquelle nous aurons accepté tant de pertes, sera mieux assurée? »

SYRIE

Trois nations habitent le Libân.

Au nord, les Maronites seuls : vers le centre, juxtaposés, les Maronites, les Druses et les Grecs orthodoxes ; au sud, jusqu'à Saïda, quelques Maronites, des Grecs orthodoxes en plus grand nombre, des Druses en majorité.

Les Maronites sont les plus nombreux : ils forment au moins la moitié de la population entière; viennent ensuite les Druses ; les Grecs orthodoxes sont les moins nombreux.

Les Maronites se disent les Français d'Orient ; ils sont absolument dévoués à la France.

Les Druses sont divisés en deux partis ; le parti français et le parti anglais, qui est de beaucoup le plus nombreux.

Les Grecs orthodoxes aiment les Russes parce qu'ils prétendent professer la même religion. Cependant, beaucoup préféreraient la domination française parce qu'elle est plus libérale et respecte les convictions religieuses.

Toutes ces sectes ont en horreur la domination ottomane. Aussi est-il difficile à un musulman d'élire domicile dans le Libân, surtout dans la partie du nord, le Kesrouân ; il n'est absolument permis qu'aux Français d'y habiter. En général, toutes les populations de la Syrie aiment la France.

J'en citerai pour preuve, sans parler des Maronites, la population Insériée (ou Ansariyée) qui habite le prolongement de la montagne du Libân, de Tripoli jusqu'à Suédié (échelle d'Antioche). Lors de l'invasion de 1870, chaque désastre de la France causait dans ces villages une profonde affliction ; l'autorité locale, par ordre supérieur, fit toute espèce de misères à ceux qui avaient vendus des terrains aux Français ; la prison, les coups de bâton, la ruine enfin, rien ne leur fut épargné. C'est alors que beaucoup de jeunes gens de 20 à 30 ans, solides et robustes gaillards, très courageux, me demandèrent des armes et me supplièrent de les transporter pour aller se battre dans les rangs des Français.

Si j'en avais eu les moyens 1 000, 6 000 même, de ces gaillards-là seraient partis joyeusement.

Ils se seraient battus pour la France tous, alors que le gouvernement ottoman ne peut réunir dans la montagne, chaque année, qu'une fraction très restreinte de conscrits.

Les riches musulmans sont hostiles à notre influence, parce que dans l'ordre de choses actuelles, dès qu'ils ont un emploi du gouvernement, ils peuvent pressurer à loisir les classes moins aisées. Ce sont des concussionnaires sans pitié qui ruinent le pays. J'ai souvent entendu des paysans musulmans maudire le sultan et prier Dieu et son prophète Mohammed de leur envoyer le gouvernement de la France.

En un mot, les Français peuvent compter sur la fidélité des Maronites, des Insériés et sur une fraction des Druses, c'est-à-dire sur la grande majorité du pays.

Les Anglais ne peuvent compter que sur quelques Druses, les Russes sur les Grecs orthodoxes, les Anglais et les Allemands n'ont pu établir leur influence.

Les Italiens cependant et les Allemands, après les Anglais, ne négligent rien pour faire une propagande active ; le consul général d'Italie ne manque pas de trouver des occasions pour aller lui-même visiter le Libân.

Que disent nos rivaux à ces populations ? Ils ne cessent de leur insinuer que la France ne compte plus parmi les nations.

Les gouverneurs, les officiers turcs eux-mêmes, qui déjà en 1870 avaient reçu l'ordre de combattre notre influence par tous les moyens, aujourd'hui, répètent et proclament ces insultes.

Notre devoir est d'agir, de soutenir notre prestige, de donner du courage aux chrétiens indigènes.

Pourquoi nos consuls, comme leurs collègues étrangers, ne vont-ils pas de temps en temps parcourir le Libân, visiter les nombreuses usines à soie françaises ?

Il est fâcheux de constater que nos consuls sont circonvenus par leur entourage composé de drogmans indigènes vendus secrètement aux autorités locales. Quelle est l'origine de la fortune de ce drogmans de Syrie qui possède aujourd'hui 25 000 hectares de terres magnifiques ?

Pourquoi ne soutenons-nous pas efficacement les Français qui sont allés s'établir en Syrie ? Pourquoi ne les mettons-nous pas à l'abri des injustices flagrantes des autorités ottomanes ? Ne se souvient-on plus qu'en 1870, le gouverneur général de Syrie, déclara les biens des Français propriété de l'État !

B.

Français de Syrie.

LES MARONITES

PROTÉGÉS FRANÇAIS

Les Maronites sont des chrétiens de Syrie qui, lors des premières persécutions religieuses, se réfugièrent dans les montagnes du Libân. À cette époque (cinquième siècle) un moine, nommé Maron, après avoir été ordonné prêtre en 405, s'établit sur une haute montagne et réunit autour de lui un grand nombre de disciples. Inspirés par leur chef, ils résistèrent aux empereurs d'Orient dans leurs luttes contre le Saint-Siège romain. Ils ne tardèrent pas, du reste, à être désignés par les hérétiques et les schismatiques sous le nom de Maronites. Au septième siècle, un de ces Maronites, appelé lui-même Jean Maron, fut proposé pour remplacer, sur le siège d'Antioche, le patriarche schismatique. Ce prélat savait au besoin défendre par l'épée la foi religieuse et l'indépendance politique de ses ouailles.

Le Liban devint, grâce à lui, un vaste camp retranché où les catholiques formèrent une nation séparée de l'empire de Byzance. Cette nation était déjà assez importante à la fin du onzième siècle pour fournir un renfort de 30 000 guerriers à Godefroy de Bouillon, marchant à la conquête de Jérusalem. A partir de cette époque, les Croisés savent qu'ils peuvent compter absolument sur la fidélité des Maronites, et quand viendra l'heure fatale où ils seront impuissants à conserver le royaume chrétien de Jérusalem, quand il faudra reculer devant les hordes innombrables des Sarrazins, le Liban deviendra pour eux un refuge assuré et sera plus que jamais la citadelle du catholicisme en Palestine et en Syrie.

Le Liban occupé ainsi par la nation maronite a un développement de 450 kilomètres environ, s'étendant de la rive gauche de l'Oronte aux villes de Sour et Saïda anciennes Tyr et Sidon.

Une autre chaîne de montagnes, qui se détache du versant oriental du Liban et qui se prolonge jusqu'à la mer Morte, est appelée Anti-Liban. On y rencontre encore quelques villages maronites, mais ils sont moins nombreux que dans le nord et ont été souvent décimés à la suite des guerres et des bouleversements de voisins hostiles et fanatiques.

L'attachement des Maronites pour les Francs daterait, comme nous l'avons signalé, de la première croisade, bien que le grand patriarche Jean Maron ait déjà reçu le nom de « fils des Français » (bar frangoïes). Mais ce fut surtout saint Louis qui cimenta l'union de la France et du Liban par une charte inoubliable.

En débarquant à Saint-Jean-d'Acre, saint Louis avait trouvé le fils de l'émir du Liban, venu pour lui rendre hommage. Dix mille maronites avaient suivi saint Louis en Égypte et étaient morts à ses côtés. Ce fut aussi à la nouvelle qu'une armée de trente mille Maronites s'apprêtait à marcher à son secours, que saint Louis obtint une honorable capitulation. Touché de l'admirable fidélité de cette nation, il adressa à leur émir la charte suivante :

Louis, roi de France,

Au prince des Maronites du mont Liban ainsi qu'au patriarche et évêques de cette nation.

« Notre cœur s'est rempli de joie lorsque nous avons vu votre fils Simon, à la tête de 25000 hommes, venir nous trouver de votre part, pour nous apporter l'expression de vos sentiments et nous offrir des dons, outre les beaux chevaux que vous nous avez envoyés. En vérité, la sincère amitié que nous avons commencé à ressentir avec tant d'ardeur, pour les Maronites, pendant notre séjour à Chypre, où ils sont établis, s'est encore augmentée. Nous sommes persuadé que cette nation, que nous trouvons établie sous le nom de saint Maron, est une partie de la nation française, car son amitié pour les Français ressemble à l'amitié que les Français se portent entre eux. En conséquence il est juste que vous et tous les Maronites jouissiez de la même protection dont les Français jouissent près de nous, et que vous soyez admis dans les emplois, comme ils le sont eux-mêmes.

Nous vous invitons, illustre prince, à travailler au bonheur des habitants du Liban et à vous occuper de créer des nobles parmi les plus dignes d'entre vous, comme il est d'usage de le faire en France.

Et vous, seigneur patriarche, seigneurs évêques, tout le clergé et vous, peuple maronite, ainsi que votre noble prince, nous voyons avec une grande satisfaction votre respect pour le chef de l'Eglise, successeur de saint Pierre à Rome, nous vous engageons à conserver ce respect et à rester inébranlables dans votre foi. Quant à nous et à ceux qui nous succéderont sur le trône de France, nous promettons de vous donner à vous et à votre peuple, protection comme aux Français eux-mêmes et de faire constamment ce qui sera nécessaire pour votre bonheur. »

On voit par cette charte que saint Louis considère la nation maronite comme une partie de la nation française. La convention est tellement formelle à cet égard qu'il engage le prince du Liban à donner à son peuple une organisation sociale semblable à celle des Français. Il l'invite à créer des nobles parmi les plus dignes comme il est d'usage de le faire en France.

Les successeurs de saint Louis considérèrent comme un legs sacré l'obligation qu'il leur avait faite de donner au prince du Liban et à son peuple protection comme aux Français eux-mêmes.

François Ier, le seul prince chrétien ayant contracté alliance avec la Turquie, obtint des privilèges importants pour les chrétiens de Syrie, et de cette époque date l'empressement de tous les catholiques, quelle que fût leur nationalité, à venir se placer sous le protectorat de la France. Fidèle à la politique de ses prédécesseurs sur le trône de France, Henri IV obtint des firmans en faveur des chrétiens d'Orient. Mais Louis XIV, de concert avec Abou-Naufel, qu'il avait nommé son consul général au Liban, s'occupa d'une façon toute spéciale de la nation maronite.

Dans les archives du patriarchat maronite on possède une lettre autographe du grand roi où il s'exprime en ces termes :

« Nous voulons qu'en toute occurrence, les Maronites sentent l'effet de notre protection. En conséquence, nous enjoignons à nos consuls et vice-consuls établis dans les ports et échelles du Levant et autres arborant la bannière de France (présent et avenir) de favoriser en tout leur pouvoir ledit sieur Patriarche, tous lesdits chrétiens Maronites du mont Liban et de faire embarquer sur les vaisseaux français ou autres les jeunes hommes et tous les autres chrétiens Maronites qui nous voudront passer en chrétienté, soit pour étudier ou pour quelqu'autre affaire, sans prendre ou exiger d'eux que les nolis qu'ils leur pourront donner, les traitant avec toute la douceur et charité possible. »

Louis XIV établit aussi le premier consulat français à Beyrouth en faveur de l'émir Ibanun.

« Je suis, lui écrivait-il le 3 juillet 1691, si persuadé du bon usage que vous ferez de ma protection et des secours que nos sujets qui trafiquent en Syrie recevront de vous que j'ai bien voulu réparer en votre faveur l'échelle de Baruth du consulat particulier dont j'ai voulu et ordonné qu'on vous expédiât les provisions qui vous mettront en droit, non seulement d'arborer le pavillon de France sur la porte de votre palais, mais même de jouir des prérogatives et privilèges attribués aux consuls de la nation française. J'ai aussi fait donner à votre employé plusieurs lettres tant pour mon ambassadeur à Constantinople que pour les consuls de votre voisinage, par lesquelles je leur ordonne d'envoyer leurs officiers et tout ce qui dépendra d'eux lorsque vous le requerrez pour vos avantages et le soulagement de votre nation. »

Louis XIV tint parole et ne tarda pas à donner aux Maronites une nouvelle preuve de sa bienveillance et de sa puissante intervention. Le 10 août 1701, il écrit à son ambassadeur de Constantinople d'aviser à ce que la Porte défendît au pacha de Tripoli de se mêler, dorénavant, du pays des Maronites et la Porte s'empressa d'obtempérer aux réclamations justifiées du roi de France.

Plusieurs consuls de France à Beyrouth furent choisis parmi les Maronites : tels sont Abou-Naufel de la famille de Kazen dont les fils occupèrent ce poste jusqu'en 1753 ; en 1787, Louis XVI nomma consul le cheik Gandour, fils du célèbre Saad, de la famille de Kouris, enfin M. le comte Dahdah occupa pendant trois ans le consulat français vers 1810.

Louis XV lui-même, si peu soucieux de conserver à la France ses magnifiques colonies du Canada et des Indes, entendit faire respecter la politique traditionnelle et protectrice de la France en faveur du Liban.

La lettre suivante, écrite de sa main et conservée dans les archives du patriarchat maronite, le prouve d'une façon péremptoire.

« Louis, par la grâce de Dieu, empereur et roi très chrétien de France et de Navarre à tous ceux qui ces présentes verront, salut.

Le Patriarche d'Antioche et les chrétiens Maronites établis au mont Liban nous ont fait représenter que, de temps immémorial, leur nation est au-dessous de la protection des empereurs et rois de France, nos glorieux prédécesseurs, dont ils ont ressenti les effets en toutes occasions...

A l'exemple du feu roi notre très-honoré seigneur et bisaïeul, qui leur en fit expédier de pareilles le 28 avril 1649 et voulant de notre part traiter favorablement les exposants ; pour ces causes et autres bonnes considérations, à ce nous mouvant ; Nous les avons pris et mis, comme ces présentes signées de notre main ; nous les prenons et mettons sous notre protection et sauvegarde : en sorte qu'il ne leur soit fait aucun mauvais traitement et qu'ils puissent au contraire continuer librement leurs exercices et fonctions spirituels, car tel est notre plaisir.... »

Pendant la Convention, elle-même, ordre fut donné aux agents de la République en Orient d'y protéger les chrétiens, et quand Bonaparte fit le siège de Saint-Jean-d'Acre, les Maronites envoyèrent « à leurs frères les Français » de nombreux vivres.

Bonaparte les fit remercier par son secrétaire-interprète, Amédée Jaubert, chargé de leur traduire textuellement ces paroles :

« Je reconnais que les Maronites sont Français de temps immémorial. Quant à moi, Bonaparte, je suis aussi catholique romain et par moi l'Église triomphera et s'étendra au loin. »

Cette politique traditionnelle de protection du Liban par la France fut malheureusement oubliée par M. Guizot dont le protestantisme fut peut-être froissé par les manifestations antiprotestantes de la nation maronite. Ces manifestations, tout en revêtant un caractère religieux, visaient surtout les menées de l'Angleterre. Agents préparateurs de la domination britannique, des missionnaires évangéliques avaient cherché à s'implanter dans le Liban et à y fonder des écoles. Il s'agissait, en effet, pour l'Angleterre de se créer un chemin direct vers l'Inde, sans avoir à doubler le cap de Bonne-Espérance. Une voie ferrée établie dans la vallée de l'Oronte, au pied du Liban, eût abouti à l'Euphrate, où se serait établi un service de bateaux à vapeur. Le catholicisme maronite déjoua ces projets et les Bibles protestantes distribuées par les missionnaires évangéliques furent brûlées en face de leur résidence. A cette époque, le Liban était gouverné par un prince d'une haute valeur, l'illustre émir Béchir Scheab. Son autorité était également respectée par les Druses, les Métualis et par les Maronites. Les Anglais bombardèrent Beyrouth, attirèrent l'émir Béchir sur un de leurs vaisseaux et s'en emparèrent au mépris de la foi jurée. Après un premier séjour à Malte, l'émir fut transporté à Constantinople.

Le Liban fut alors divisé en deux gouvernements, celui du Nord et celui du Sud. Dans le Nord, où la nation maronite était plus compacte, le sultan choisit un administrateur maronite, mais le Sud fut placé sous la tutelle d'un kaïmmakam (préfet) druse. Les Maronites du Sud ne tardèrent pas à ressentir les effets désastreux de cette division administrative de leur principauté. Ce fut pour eux le début d'une ère de persécutions, de pillages et de massacres. Quatre cents villages, sept cent cinquante-cinq églises, quarante-huit couvents furent brûlés ou détruits. Dans deux districts, plus de mille Maronites furent froidement égorgés, après avoir mis bas les armes.

La nation maronite se décida alors à envoyer un ambassadeur en Europe pour intéresser les princes chrétiens à sa cause et obtenir la cessation des massacres et des persécutions. Cette mission fut confiée à un prêtre, à l'abbé Azar, vicaire général de l'évêché de Saïda. Étant arrivé à Naples, l'abbé Azar y fut reçu par le roi qui le recommanda à l'empereur de Russie ; mais le czar lui fit répondre par son ambassadeur « que les Maronites étaient sous la protection de la France et qu'il ne pouvait rien tenter pour eux sans l'assentiment du gouvernement français. »

En France, M. Guizot fit fermer à l'abbé Azar la porte de tous les ministères, mais un député angevin, le comte de Quatrebarbes se souvint fort à propos des traditions séculaires de la France au Liban et porta éloquemment à la tribune de la Chambre la cause de la nation maronite. Cet appel fut entendu, et on vit alors le catholique

Dufaure, le protestant de Malleville, et l'israélite Crémieux, faire cause commune pour affirmer une fois de plus, ainsi que l'avait fait Bonaparte, que « les Maronites étaient Français de temps immémorial. »

M. Guizot fut contraint de céder à ce courant sympathique. Une enquête fut ordonnée, et un savant, un catholique fervent, transformé pour la circonstance en diplomate, M. Bori, fut chargé d'aller sur les lieux accorder une protection efficace et officielle à cette population tant éprouvée.

Quelques années après, à la suite d'un appel éloquent de l'archevêque de Saïda adressé aux femmes de France, une association se formait afin de soulager les misères des Maronites. Cette association, placée sous la présidence de la duchesse de Narbonne, fut approuvée et encouragée par un bref de Pie IX, daté du 29 janvier 1848.

Malheureusement on continua dans les sphères gouvernementales à se montrer insouciant de la question du protectorat français au Liban. La France oublia de rappeler ce protectorat dans le traité de 1856 et ce qu'elle avait négligé d'obtenir par la plume, elle fut contrainte à le revendiquer par l'épée à la suite des nouveaux massacres de 1860. Une fois encore l'Europe chrétienne autorisa la France à faire débarquer en Syrie un corps expéditionnaire pour sauver la nation maronite d'un massacre général. De son côté, l'abbé Lavigerie, alors professeur à la Sorbonne, fut chargé d'aller distribuer au nom de la France catholique des secours qui dépassèrent bientôt un million.

Depuis longtemps, ainsi que l'a prouvé M. le baron d'Avril, ancien ministre plénipotentiaire, dans une remarquable étude publiée par le *Bulletin de Saint-Louis* et intitulée : « Les droits du Liban », la nation a joui d'antiques privilèges. « Dès le septième siècle, écrit M. le baron d'Avril, les Maronites étaient constitués dans le Liban en une agrégation indépendante de fait... Il y a quelque analogie entre la situation du Liban et celle du Monténégro : des populations chrétiennes fuyant la conquête étrangère et le prosélytisme armé des musulmans viennent chercher un asile dans des contrées montagneuses aux deux extrémités de la Turquie. C'est seulement après la conquête de la Syrie par les Turcs que les Maronites furent soumis en 1588 à un tribut annuel, moyennant lequel ils conservèrent leur autonomie intérieure. »

On a reproché aux Maronites d'avoir fait preuve d'ingratitude à l'égard de la France lors des événements qui eurent lieu au Liban en 1840. M. Guizot, ainsi que nous l'avons dit déjà, avait complètement abandonné la politique traditionnelle de la France à l'égard du Liban. M. le baron d'Avril justifie complètement les Maronites de cette odieuse accusation.

« A cette époque (1840), écrit encore le savant diplomate, le ministère français était aveugle, il ne voyait et ne voulait voir que Méhémet-Ali. Malgré les sages observations de M. Bourie, notre consul de Beyrouth, nous eûmes le tort impardonnable de ne pas imposer à notre protégé, Méhémet-Ali, le respect des droits d'une population catholique notre alliée séculaire. Or Méhémet-Ali, qui avait besoin d'hommes et d'argent pour lutter contre la Turquie, crut pouvoir pressurer la Syrie comme l'Égypte, et lever des recrues pour être incorporées dans l'armée égyptienne,..... c'était violer les privilèges de la Montagne. Les Maronites se révoltèrent, mais leur résistance n'était pas dirigée contre la France. Ils protestaient contre la violation de leurs droits, contre l'oppression égyptienne. »

On connaît le triste compromis intervenu entre les puissances européennes et la Turquie en 1842 au sujet du Liban. Les nombreux documents diplomatiques cités par M. le baron d'Avril établissent que dans toutes les discussions qui se produisirent alors, il fut question des antiques privilèges du Liban. En 1845, la Porte elle-même les reconnaît formellement et le ministre des affaires étrangères écrit le 28 juillet :

« Sa Majesté le Sultan, dans sa paternelle sollicitude pour ses peuples, a voulu..... que les anciens privilèges locaux des habitants du Liban soient maintenus..... »

Aussi M. le baron d'Avril a-t-il eu raison de conclure en ces termes :

« Nous croyons avoir prouvé surabondamment que les privilèges du Liban résultent d'une possession *ab antiquo* antérieure à la conquête musulmane et qu'ils ont été reconnus diplomatiquement. Cette consécration place les privilèges du Liban au rang le plus respectable dans le droit public européen. »

A la suite de l'intervention française, nécessitée en 1860 par les épouvantables massacres de Syrie, le sultan octroya une constitution spéciale au peuple libanais, constitution qui reçut l'agrément des puissances européennes. Des conditions spéciales furent exigées pour la nomination du gouverneur du Liban et pour la durée et le renouvellement des fonctions de ce pacha, lequel doit toujours appartenir à la religion chrétienne.

Il est certain que l'influence française déplaît en général aux pachas investis des fonctions de gouverneur du Liban. Les deux derniers, Rustem et Wassa n'ont pas dissimulé leur hostilité à la France. Nos consuls sont considérés par eux comme des gêneurs. Il n'est pas agréable pour un fonctionnaire tenté de s'ériger en prince de la Montagne de s'entendre menacer par ses administrés, soit d'un recours pour abus de pouvoir, soit d'une plainte au consul de France. Il n'est pas agréable d'apprendre que ce consul a été l'objet de manifestations enthousiastes, s'il s'avise, comme le fit M. Patrimonio, de parcourir le Liban.

Aussi, les ennemis de la France et notamment les Italiens aiment-ils à signaler les difficultés que rencontre la France au Liban. Ces difficultés, qu'on ne l'oublie pas, proviennent de pachas étrangers au Liban, mais jamais des Maronites eux-mêmes. En 1886, notamment l'*Osservatore romano* se constitua l'éditeur d'une menace contre l'influence séculaire de la France dans le Liban. « A l'imitation des

catholiques chino'   'nait la feuille romaine, les Maronites, ces
vieux chrétiens du   Liban, viennent de s'adresser directement
au Saint-Père, pour lui demander d'intervenir personnellement en
leur faveur. »

On s'émut en France et la question fut posée en ces termes dans
un de nos journaux les plus répandus :

« Allons-nous perdre un à un tous nos vieux privilèges orientaux et ce prestige du protectorat de la clientèle catholique que nous possédions en Asie de
temps immémorial ? Encore un fleuron qui tomberait de notre couronne,
encore une brèche dans ce glorieux héritage de prestige extérieur que nous
avait légué la monarchie !... »

Avant de connaître l'effet que pourrait produire cette nouvelle, le
Bulletin de Saint-Louis, organe trimestriel d'une association destinée
à s'occuper exclusivement des intérêts de la nation maronite, publia
la note suivante

« Au Liban, on aime la France comme on l'aimait en Alsace, et de même
que les Alsaciens n'ont jamais réclamé leur annexion à l'Allemagne, de
même les Maronites n'iront jamais solliciter un autre protectorat que celui
de la France. »

La confirmation de cette affirmation ne se fit pas attendre : quelques semaines après, la lettre suivante, si française et si énergique,
émanant du patriarchat maronite, était adressée au directeur du
Bulletin de l'Association de Saint-Louis.

Mont-Liban, 2 octobre 1886.

Monsieur le Comte,

La nouvelle insérée dans quelques journaux français affirmant que les
Maronites auraient demandé à se soustraire à la protection française est
absolument fausse. Vous pouvez la démentir formellement. La sottise et
l'ingratitude ne sont pas le propre de la nation maronite. Au milieu des plus
grandes vicissitudes, l'attachement séculaire du Liban pour la France ne
s'est jamais affaibli. Notre affection, comme nos intérêts, nous poussent vers
cette grande, puissante et généreuse nation, à laquelle nous sommes unis
par tant de liens et qui, malgré ses malheurs, n'a pas cessé d'être à nos yeux
la Fille aînée de l'Église.

La France a droit à notre reconnaissance et nous ne cessons de former
des vœux pour sa prospérité...

Je n'en écris pas plus long, Monsieur le Comte, car Sa Béatitude Monsei-
gneur le Patriarche veut vous témoigner lui-même toute sa sympathie... etc...

Croyez, monsieur le comte, à la nouvelle assurance de mes sentiments
les plus distingués.

Dr ÉLIAS EL-KOURI,
Secrétaire de Sa Béatitude le Patriarche maronite
d'Antioche et de tout l'Orient.

Commenter un tel document serait en amoindrir la valeur. Il émane en effet du patriarchat lui-même, c'est-à-dire de l'autorité la plus haute, la plus incontestée et la plus légitimement respectée du Liban, et, avec une franchise toute patriotique, il nous dépeint le peuple maronite, tel qu'il est réellement, fidèle à la foi religieuse comme à ses affections politiques. Aussi, en terminant cette étude, sommes-nous en droit de constater l'actualité persistante de l'appréciation de saint Louis à l'égard de la nation maronite :

« Elle est une partie de la nation française, car son amitié pour les Français ressemble à l'amitié que les Français se portent entre eux. »

Comte d'Aviau de Piolant.

VŒUX DES MARONITES

Quelle est la raison d'être de cette « amitié des Maronites pour les Français qui ressemble à l'amitié que les Français se portent entre eux ? »

C'est l'uniformité des croyances religieuses, question fondamentale en Orient ; c'est l'affinité du caractère des deux peuples.

Les Maronites sont des chrétiens qui ont gardé leur foi intacte à travers les siècles, malgré les persécutions et les massacres ; la France en Occident est la fille aînée de l'Église.

Les Libanais, nommés *maradats* « les indépendants, » *gargoumoiés* « les audacieux » ont fait les croisades avec les croisés : vingt-deux mille Libanais ont mis en fuite les quatre-vingt-cinq mille soldats d'Ibrahim-Pacha. La franchise des Maronites leur fait proclamer hautement le nom de la France, lors même que leurs intérêts demanderaient quelquefois de le taire.

Tantôt ils laissent s'échapper de leurs cœurs le cri réitéré de « Vive la France ».

Tantôt, c'est au bruit de leurs armes, dont retentit toute la montagne, au milieu des chants de joie et de triomphe, qu'ils viennent au-devant du représentant de la France.

Quelquefois c'est un mouvement généreux qui les porte à élever un palais à Bécharri pour y faire venir le consul de France. Ailleurs ils construisent encore des maisons pour les offrir à leurs frères les Français.

A Constantinople, l'un de nous a osé défendre la France par sa plume ; ce noble Maronite est aujourd'hui à Paris en exil.

Dans leur pays, les Maronites ont su prendre en mains les intérêts de la France contre des insolents dont les paroles portaient atteinte à l'honneur français.

Fidèles et pleins de reconnaissance, les Maronites souffrent, sans faiblesse, toutes les tracasseries, toutes les persécutions qu'on leur fait en haine de la France.

Que de fois la cruauté des ennemis a occasionné chez eux des massacres, des pillages et des ravages de toutes sortes. Pour mieux manifester leur haine contre la France, les musulmans et les Druses prenaient tous les individus nommés François ou Francis et les torturaient avec une cruauté toute particulière. Pendant que ces malheureux recevaient la bastonnade, leurs bourreaux leur disaient : « Vous êtes Français? Appelez donc vos concitoyens à votre secours ! Qu'ils viennent ces fils de prostituées et vous verrez le sort qui leur est réservé. »

En 1840, l'Angleterre, par l'organe du colonel Rose, son agent politique, offrit son protectorat au patriarche maronite. Celui-ci refusa pour laisser la France l'unique protectrice de ses fidèles. Après une première tentative, le chargé d'affaires de l'Angleterre se présenta une seconde fois accompagné du représentant d'une puissance catholique : « Mettez votre nation sous le protectorat de cette puissance, dit le colonel Rose au patriarche. » Il essuya un nouveau refus.

C'est alors qu'il prit d'office les Druses sous sa protection et sépara des Maronites cette race qui leur était jusque-là si dévouée. Jamais les Druses n'avaient songé, avant cette époque, à s'insurger contre les Maronites. Ils allaient même jusqu'à payer la dîme au curé maronite en l'appelant dans leur langage « curama, notre curé. »

Tous nos malheurs, de 1840 à 1860, furent les déplorables effets des trames lâches et perfides de l'Angleterre. C'est à bon droit que M. Billault disait dans un discours prononcé à la Chambre : « Vous savez trop bien d'où soufflent les tempêtes qui bouleversent ces malheureux pays, elles ne viennent pas de la Méditerranée, elles partent de l'autre côté de la Manche. »

Il y a donc entre Maronites et Français sympathie dans les tendances et dans les caractères.

Il s'est produit entre eux une intime pénétration soit par le mélange du sang maronite et du sang français sur le champ de bataille, soit par la fusion des deux races, pendant toute la durée des croisades, soit par l'incorporation de nombreuses familles françaises au peuple maronite pendant le treizième siècle; quelques-unes d'entre elles ont gardé jusqu'à nos jours leurs noms d'origine française ; ce n'est donc pas en vain qu'on nous a dit : « Vous avez du sang français dans les veines ! » Voilà pourquoi nous aimons tant la France, et nous ne voulons jamais nous séparer d'elle.

Pour nous, nous désirons :

Un peu plus de liberté civile;

L'observation légale du principe d'égalité mieux garantie ;

Une justice qui ne s'achète pas à prix d'argent et qui soit indépendante des caprices du pacha et de ses agents ;

Un gouvernement qui sache favoriser la civilisation, les sciences, les arts, les métiers et l'agriculture, qui veille davantage sur les intérêts de ses sujets ;

Le rétablissement de nos émirs et de tous nos anciens privilèges ;

Et nous faisons des vœux :

Pour que les Français et les Maronites restent toujours fortement unis entre eux;

Pour que la France garde tous ses privilèges ; toutes ses traditions en Orient;

Pour qu'elle reprenne le rang d'honneur parmi les autres puissances.

UN MARONITE.

LES ÉTATS-UNIS DE LA MÉDITERRANÉE

La Méditerranée est longue de 4000 kilomètres, soit de 9 jours et 6 heures pour une navigation à la vitesse de 10 nœuds : elle est large entre Marseille et Alger, à la même vitesse, de 48 heures, de 24 heures à la vitesse de 20 nœuds ; les paquebots rapides de la Compagnie transatlantique la traversent de Marseille à Alger en 28 heures, de Marseille à Tunis en 36 heures ; les paquebots de la Compagnie des Messageries maritimes font le trajet de Marseille à Port-Saïd en 5 jours.

Fermée d'un côté par le détroit de Gibraltar, de l'autre par le canal de Suez, la Méditerranée est un lac.

« Notre lac » disaient les Français au treizième siècle, lorsque Charles d'Anjou était maître de Malte, de la Sicile, des îles Ioniennes, de Naples, protecteur de la Toscane et des villes lombardes, suzerain de Tunis, lorsque le Portugal et la Castille avaient des rois issus des Capétiens.

« Un lac français » rêvait Napoléon Ier qui résumait dans ces mots son but : « Les Français une fois maîtres des ports d'Italie, de Corfou, de Malte et d'Alexandrie, la Méditerranée devenait un lac français.

Ce rêve s'est évanoui en 1815.

Nous ne songeons plus à imposer par la force notre joug aux nations méditerranéennes. A l'aurore de l'ère chrétienne, la Méditerranée était une mer latine : latine elle doit être.

Au quatrième siècle, le diocèse d'Espagne, le diocèse des Gaules, le diocèse d'Italie, le diocèse d'Illyrie, les diocèses de Macédoine, de Dacie et de Thrace, en Europe, les diocèses de Pont, d'Asie et d'Orient, en Asie antérieure, les diocèses d'Égypte et d'Afrique, dans l'Afrique du Nord ne formaient qu'un même état, l'empire romain, baigné et relié par une mer intérieure, l'*Internum Mare*.

Cet empire doit être reconstitué, non pas au point de vue politique, mais au point de vue économique : les Français, les Espagnols, les Italiens et les Grecs, héritiers des rivages de la Méditerranée, doivent s'allier pour jouir en commun, à l'exclusion de toute autre nation, de cet héritage indivis, et il serait à souhaiter que les États méditerranéens arrivassent à s'entendre pour opposer un Zollverein méditerranéen au Zollverein allemand.

« Cette Union douanière, — dit M. Gromier, le fondateur de cette bonne œuvre, l'Union méditerranéenne, — cette Union douanière procurerait pleine liberté de communications et d'échanges entre les habitants méditerranéens faisant partie de cette association purement économique, quelle que soit la forme de leur respectif gouvernement... tout peut devenir possible aux peuples latins si un Zollverein méditerranéen leur apporte l'union qui fait la force. »

Les bases premières du Zollverein seraient :

1o L'abolition des douanes à l'*intérieur* des États-Unis méditerranéens, c'est-à-dire la pleine liberté d'échanges et de communications entre les habitants des pays composant cette association internationale économique ;

2o La liberté et la gratuité des débarquements dans tous les ports du littoral pour les bateaux et les navires appartenant à la marine des pays riverains alliés ;

3o L'uniformité des poids, des mesures et des monnaies, d'après le système métrique décimal.

L'union intime et indissoluble des races latines est leur sauvegarde commune. On chercherait en vain les raisons qui peuvent s'y opposer : leurs intérêts sont identiques, leurs langages ont la même source, leurs aspirations tendent au même but.

Dans la Méditerranée, les peuples latins sont chez eux : ils sont en famille. Qu'ils abattent les barrières qui les séparent et les divisent, qu'ils s'unissent pour développer leurs relations, leurs échanges, leur commerce, qui est leur fortune, et qu'ils s'unissent aussi pour chasser les intrus.

Les Anglais n'ont pas plus le droit de se maintenir dans la Méditerranée à Gibraltar, à Malte, à Chypre sous le prétexte d'assurer leur communications que les Espagnols, les Italiens, les Grecs n'auraient de droit de s'emparer des rivages britanniques du Pas de Calais pour garantir à leurs navires le commerce de la mer du Nord. Unissons-nous, peuples frères, pour fondre nos intérêts, pour resserrer nos liens, pour constituer une puissance immense, pour reprendre notre héritage. Assez de terres sont encore sans maître de Tripoli à Constantinople pour satisfaire l'amour-propre et les convoitises de tous. Opposons au Zollverein allemand un Zollverein méditerranéen ; nos États-Unis deviendront une force redoutable ; l'équilibre européen y gagnera la stabilité, nous imposerons la paix, suivant nos convenances et à la faveur d'une ère de tranquillité certaine, nous pourrons songer chacun à notre expansion commerciale et à la colonisation des terres lointaines que nous convoitons.

AUX COLONIES

Que les Français des Colonies se disent bien que d'eux seuls dépend la revision du régime organique dont ils souffrent.

Qu'ils n'oublient pas que les fonctionnaires ne font que bien peu de cas de leurs vœux.

Il est nécessaire qu'ils les imposent.

Pour obtenir ce résultat, il y a lieu de constituer dans chaque Colonie des comités qui auront pour tâche de poursuivre notre enquête sur le sentiment de la colonie et d'aboutir à la rédaction d'un *Cahier* unique pour leur pays.

Plusieurs comités fonctionnent déjà ; il est urgent d'en constituer partout.

En présence d'un puissant mouvement de l'opinion, le Sous-secrétariat d'État sera dans l'obligation d'agir. Soit qu'il réunisse des commissions spéciales — prises en dehors de l'Administration, — soit qu'il demande aux Conseils généraux un avis sur le régime que la Possession préfère, il ne pourra étouffer les revendications si justes de nos colons.

Quelques comités me demandent de faciliter leurs travaux en leur indiquant sous forme de questionnaire toutes les questions qu'ils doivent aborder et résoudre.

Je crois répondre à leur désir en leur soumettant un cadre de constitution. Ils pourront l'utiliser en reprenant chaque mot et en décidant pour chaque point la solution qu'ils adoptent. La formule que j'inscris n'entend en rien préjuger ; elle n'indique que la place d'un casier. En ce qui concerne les attributions du Conseil général — partie capitale d'une réorganisation — dès que toutes les questions du ressort des Conseils seront énumérées, il suffira de les répartir dans l'une des quatre divisions : délibérations exécutoires de plein droit, sauf annulation — délibérations exécutoires, sauf suspension — délibérations soumises à une approbation expresse — décisions réservées au pouvoir législatif métropolitain.

Si la Colonie veut l'assimilation, elle se rapprochera du classement donné par la loi sur les Conseils généraux du 10 août 1871.

Si la Colonie préfère une décentralisation plus large, elle étendra la compétence des Conseils en ce qui concerne les délibérations exécutoires sauf suspension.

La tâche des comités revient ainsi à une question de classement, en quatre chapitres.

A l'œuvre !

Le Sous-secrétaire d'État, qui dirige les Colonies depuis quelques mois, s'est toujours montré favorable à une idée de réorganisation radicale. Esprit large et libéral, député d'une Colonie, M. Étienne, semblerait disposé à favoriser, de préférence aux théories autoritaires, les vœux des colons.

Ne cessons de faire entendre nos revendications et nos vœux.

HENRI MAGER.

CADRE D'UN PROJET

D'ORGANISATION COLONIALE

I. — Conseil supérieur des colonies et protectorats.

1o Le Conseil supérieur des délégués des colonies et protectorats est composé de membres élus pour 4 ans, conformément à la loi électorale : il nomme son président qu'il choisit dans son sein : il est convoqué à toute époque par son président ; chaque colonie est représentée par ses députés et sénateurs auxquels est adjoint un nombre égal de délégués : les pays de protectorat.....

Les membres du Conseil sont répartis par colonie et délibèrent tantôt par colonie, tantôt en assemblée générale.

Le mandat de délégué est incompatible avec toute fonction publique salariée.

2o Les attributions du Conseil supérieur sont purement consultatives.

Le Conseil supérieur est obligatoirement consulté :

En section :

En matière législative sur les projets de lois préparés par le gouvernement et les projets d'initiative parlementaire ;

Sur toutes les questions à l'égard desquelles le gouvernement est autorisé à statuer par voie de décret sans intervention des Conseils généraux ;

En Assemblée générale :

Sur l'organisation de l'Administration centrale des colonies et protectorats ;

Sur les mesures relatives à l'institution des Archives coloniales ;

Sur les mesures relatives aux questions commerciales, à l'organisation de l'exposition permanente des colonies, et à la participation des colonies aux expositions...

Dans tous les cas ces avis ne lient jamais le pouvoir qui les a demandés et qui peut ou non les suivre.

3o Le Conseil supérieur peut exprimer des vœux sur les matières qui intéressent les colonies ou les protectorats. Il fait parvenir ces vœux par l'intermédiaire de son président, soit au gouvernement, soit aux Chambres.

II. — Représentation coloniale.

1o Toutes les colonies sont représentées au Parlement ;

2o La colonie de..... nomme.....

III. — Droits individuels et politiques.

1o Les lois métropolitaines qui garantissent la liberté individuelle, la liberté religieuse, la liberté d'enseignement, la liberté de la presse, l'inviolabilité du domicile et de la propriété, le jugement par le jury, les droits de réunion, d'association et de pétition, et qui ne seraient pas déjà en vigueur dans la colonie, y seront immédiatement rendues exécutoires; les indigènes devront en bénéficier au même titre que les citoyens français, après avis conforme émis à la majorité absolue du Conseil général.

2° Les lois à venir, qui auraient pour but de mieux assurer l'exercice des droits individuels, y seront aussi promulguées dès qu'elles l'auront été en France.

IV. — Distribution des pouvoirs législatifs.

Sont faites par le Pouvoir législatif de la République :
1o Les lois relatives à la Constitution coloniale ;
2o Les lois relatives à l'exercice des droits individuels et politiques;
3o Les lois civiles et criminelles ;
4o Les lois sur l'organisation judiciaires ;
5o Les lois sur l'organisation militaire ;
6o Les lois sur l'organisation municipale.

V. — Conseils généraux.

1o Il y a dans chaque colonie un Conseil général : la loi du 10 août 1871 est applicable à la formation et au fonctionnement de ce Conseil, sauf les réserves et modifications ci-après.

2o Le nombre des membres du Conseil général est fixé à... et sera réparti entre les cantons proportionnellement à leur population ; l'élection aura lieu au scrutin de liste par canton (ou au scrutin uninominal par commune, et les sections électorales seront déterminées par le Conseil général.

3o Le Conseil général actuel, et, à défaut, le Gouverneur, procédera à la première répartition.

4o Avant la clôture de la dernière session ordinaire qui précédera l'époque de son renouvellement, le Conseil fera cette répartition électorale.

5o Le Conseil général se réunira en session ordinaire chaque année, sans qu'il soit besoin d'une convocation spéciale. Cette réunion aura lieu le troisième lundi du mois de mai, à moins que le Conseil ne détermine une autre époque pour l'ouverture de ses travaux ordinaires.

6o Il pourra, en outre, être réuni en session extraordinaire, sur la convocation du Gouverneur, toutes les fois que les circonstances l'exigeront. Dans ce cas, l'objet de la session et sa durée seront déterminés par l'arrêté de la convocation. Il pourra être réuni extraordinairement si les deux tiers de ses membres en adressent la demande écrite à la Commission coloniale.

7° La session ordinaire sera d'un mois. Le Conseil pourra la prolonger d'un mois, si les affaires l'exigent : mais ce temps passé, la session ne pourra être continuée sans un arrêté du Gouverneur.

8° Le Conseil vérifie lui-même les pouvoirs, valide l'élection et reçoit la démission de ses membres.

9° Le membre élu dans plusieurs circonscriptions électorales est tenu de déclarer son option aussitôt après la validation de ses pouvoirs ; faute par lui de la prononcer, le Conseil détermine, par le sort, à quelle circonscription électorale il appartiendra.

10° A l'ouverture de chaque session ordinaire, il procède à l'élection d'un président, d'un vice-président et de deux secrétaires. Le bureau de la dernière session reste en fonctions jusqu'au moment où le nouveau bureau est formé.

11° A chaque nouvelle législature, le plus âgé des membres présents remplit les fonctions de président ; le plus jeune remplit les fonctions de secrétaire

Il est procédé immédiatement à l'élection du président, du vice-président et des secrétaires.

L'élection a lieu à la majorité absolue des suffrages ; si les deux premiers tours de scrutin n'ont pas donné de résultat, il est procédé à un scrutin de ballotage entre les deux candidats qui ont obtenu le plus de voix. En cas d'égalité de suffrages, le plus âgé est nommé.

12° Les séances du Conseil général sont publiques. Les procès-verbaux sont publiés. Toutefois, il peut se réunir en comité secret.

13° Dans le but d'assurer la liberté d'action et la tranquillité du Conseil, le président a le droit de requérir la force publique.

14° Le Conseil fait lui-même son règlement.

15° Il est renouvelé intégralement tous les trois ans. Les membres sortants sont indéfiniment rééligibles. Le Conseil général élit dans son sein une commission coloniale.

16° Il peut être dissous par décret du Président de la République ; par le même décret les électeurs sont convoqués pour le quatrième dimanche qui suit la publication du décret au *Journal officiel* de la colonie. Le nouveau Conseil se réunit de plein droit le quatrième lundi après élection.

17° En cas de vacance par option, décès, démission ou autrement, le collège électoral qui doit pourvoir à la vacance est convoqué dans le mois du jour où elle a été dénoncée au Gouverneur.

18° Est démissionnaire, tout membre qui, dans le cours d'une session, a manqué à dix séances sans excuses admises par le Conseil.

19° Les délibérations du Conseil ne sont valables qu'autant que la moitié plus un du nombre de ses membres y a concouru, et qu'elles ont été rendues à la majorité absolue des suffrages exprimés.

20º Chaque membre a le droit d'initiative sur les questions qui sont de la compétence du Conseil.

21º Le Conseil général adresse au Ministre, par l'intermédiaire de son président, les réclamations qu'il peut avoir à présenter dans l'intérêt spécial de la colonie. Le président du Conseil général se tient en communication constante avec les délégués de la colonie au Conseil supérieur.

22º Le Gouverneur fait l'ouverture de la session.

23º Il nomme un ou plusieurs commissaires pour soutenir les propositions qu'il présente au Conseil.

24º Ces commissaires assistent aux séances et sont entendus quand ils le demandent.

25º Aucune proposition, lorsqu'elle est rejetée, ne peut être présentée de nouveau dans la même session.

Délibérations exécutoires, sauf annulation pour excès de pouvoir.

1º Sur l'organisation administrative, pour tous les services soldés par le budget local, instruction publique, police municipale et rurale, grande et petite voirie, organisation des milices ;

2º Sur le régime des eaux et forêts ;

3º Sur les acquisitions, aliénations et échanges des propriétés mobilières et immobilières de la colonie ;

4º Sur le changement de destination et d'affectation des propriétés de la colonie ;

5º Sur le mode de gestion des propriétés de la colonie ;

6º Sur les baux de bien donnés ou pris à ferme ou à loyer, quelle qu'en soit la durée ;

7º Sur les actions à intenter ou à soutenir au nom de la colonie, sauf dans les cas d'urgence, où le gouvernement peut intenter toute action ou y défendre, sans délibération préalable du Conseil, et faire tous actes conservatoires ;

8º Sur les transactions qui concernent les droits de la colonie :

9º Sur l'acceptation ou le refus des dons et legs faits à la colonie ;

10º Sur le classement, la direction et le déclassement des routes ;

11º Sur le classement et la direction des chemins d'intérêt collectif, la désignation des communes qui doivent concourir à l'entretien de ces chemins, le tout après avis des conseils municipaux ;

12º Sur les offres faites par les communes, par des associations ou des particuliers pour concourir à la dépense des routes, des chemins et d'autres travaux à la charge de la colonie ;

13º Sur les concessions à des associations, à des compagnies ou à des particuliers, des travaux d'intérêt colonial ;

14º Sur la part contributive de la colonie dans la dépense des travaux à exécuter par l'État et qui intéressent la colonie ;

15° Sur les projets, plans et devis des travaux exécutés sur les fonds de la colonie, et sur les marchés de plus d'une année ;

16° Sur les assurances des propriétés mobilières et immobilières de la colonie ;

17° Sur l'établissement et l'organisation des caisses de retraites et autres modes de rémunération, en faveur du personnel autre que le personnel emprunté aux services métropolitains ;

18° Sur le concours de la colonie dans les dépenses de travaux qui intéressent à la fois la colonie et les communes ;

19° Sur le règlement d'admission dans un établissement public des aliénés dont l'état n'est pas compromettant pour l'ordre public et la sûreté des personnes ;

20° Sur les difficultés relatives à la répartition de la dépense des travaux qui intéressent plusieurs communes ;

21° Le Conseil peut demander la promulgation de certaines lois et décrets de la Métropole, notamment en matière commerciale.

Délibérations exécutoires sauf suspension.

1° L'Assemblée coloniale vote les taxes et contributions de toute nature nécessaires pour l'acquittement des dépenses de la colonie. Elle en détermine le mode d'assiette et les règles de perception.

2° Elle discute et vote, sur la présentation du Gouverneur, le budget de la colonie.

3° Elle entend, débat et approuve le compte des exercices clos et surveille ainsi l'emploi des crédits ouverts.

4° Elle vote les droits de douane sur les marchandises étrangères, droits obligatoires si les produits de la colonie sont protégés à leur entrée en France ; elle vote les droits d'octroi de mer sur les marchandises de toute provenance, qu'elles aient ou non des similaires dans la colonie.

5° Elle décide le mode de recrutement et de protection des immigrants qui restent placés dans la colonie sous un régime spécial.

6° Les délibérations prises sur les objets mentionnés ci-dessus sont exécutoires si, dans le délai de trois mois à partir de la clôture de la session, un décret motivé n'en a pas suspendu l'exécution.

Délibérations qui ne sont exécutoires qu'après une approbation expresse.

1° Sur les emprunts à contracter et sur les garanties pécuniaires à consentir ;

2° Sur les changements proposés à la circonscription du territoire des arrondissements, des cantons et des communes, et la désignation des chefs-lieux ;

3° Les délibérations sur ces deux points ne seront exécutoires qu'après avoir été approuvées par le pouvoir législatif métropolitain.

Avis et vœux.

1° Le Conseil général donne son avis lorsqu'il est consulté.

2° Il peut, dans l'intérêt général du pays, émettre des vœux sur toutes les questions économiques et d'administration générale.

VI. — Pouvoir exécutif.

1° Le Gouverneur est le délégué du pouvoir exécutif métropolitain; il est nommé par décret du Président de la République.

2° *Quid* du Conseil privé?

3° *Quid* des pouvoirs propres des chefs de service?

4° *Quid* de la direction de l'intérieur?

5° Le Gouverneur promulgue les décisions du Conseil général et assure leur exécution; il veille à l'exécution des lois, décrets et règlements en vigueur dans la colonie. Il pourvoit à la sûreté et à la tranquillité de la colonie.

VII. — Divisions territoriales.

1° La colonie est divisée en...

VIII. — Régime financier.

1° Sont supportées par l'État les dépenses des services ci-après :

Traitement du Gouverneur ;

Services militaires, à l'exception du casernement ordinaire de la gendarmerie;

Services de la transportation ;

Subvention à l'instruction publique...

2° Des subventions peuvent être accordées à celles des colonies dont les ressources seraient insuffisantes pour faire face aux dépenses locales, et réciproquement des contingents pourront être imposés sur les excédents des budgets locaux : ces subventions ou contingents seront fixés par la loi annuelle des finances.

IX. — Questions indigènes.

Respect du statut personnel.— Naturalisation politique. — Instruction. — Représentation des indigènes : Conseils consultatifs des indigènes non naturalisés.

ORDRE DES MATIÈRES

Paris. — Imp. E. Capiomont et Cᵉ, rue des Poitevins, 6.

A LA MÊME LIBRAIRIE

Paris. — Imp. E. Capiomont et C¹⁰, rue des Poitevins, 6. — 978-89.

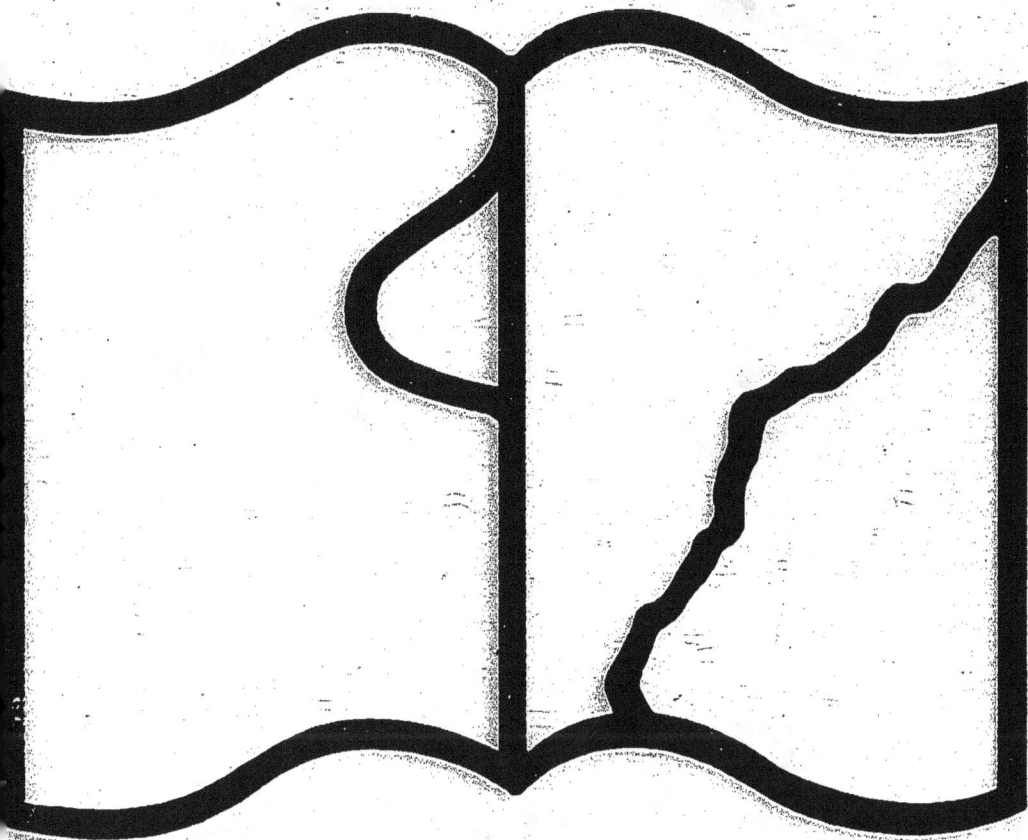

Texte détérioré — reliure défectueuse

NF Z 43-120-11

Contraste insuffisant

NF Z 43-120-14